重庆市高等教育教学改革研究项目
重庆大学"三进"工作专题课程建设项目
重庆市教委人文社会科学研究项目
重庆工商大学融智学院教育教学改革研究项目

文化与社会通识教育读本

Reading Book of General Education on Culture & Society

（第一辑）

主　编　　彭小兵　　贺双艳　　常晓薇

西南财经大学出版社
中国·成都

图书在版编目（CIP）数据

文化与社会通识教育读本(第一辑)/彭小兵,贺双艳,常晓薇主编. —成都：
西南财经大学出版社,2021.1
ISBN 978-7-5504-4542-0

Ⅰ.①文…　Ⅱ.①彭…②贺…③常…　Ⅲ.①中华文化—高等学校—教材
②社会教育—中国—高等学校—教材　Ⅳ.①K203②G779.2

中国版本图书馆 CIP 数据核字（2020）第 173979 号

文化与社会通识教育读本（第一辑）
WENHUA YU SHEHUI TONGSHI JIAOYU DUBEN(DI YI JI)

主　编　彭小兵　贺双艳　常晓薇

策划编辑:李特军
责任编辑:李特军
封面设计:张姗姗
责任印制:朱曼丽

出版发行	西南财经大学出版社(四川省成都市光华村街 55 号)
网　址	http://www.bookcj.com
电子邮件	bookcj@foxmail.com
邮政编码	610074
电　话	028-87353785
照　排	四川胜翔数码印务设计有限公司
印　刷	郫县犀浦印刷厂
成品尺寸	185mm×260mm
印　张	22
字　数	548 千字
版　次	2021 年 1 月第 1 版
印　次	2021 年 1 月第 1 次印刷
印　数	1— 2000 册
书　号	ISBN 978-7-5504-4542-0
定　价	39.00 元

文化与社会通识教育读本
编　委　会

主　编：　彭小兵　贺双艳　常晓薇

副主编：　侯　耘　杨邓旗　颜萌萌　张　爽

内容简介

本书介绍了"公益慈善与社会发展""美术欣赏与情智提升""《离骚》卓绝一世的千古绝唱""文化映像：中国传统文化思想的展映""健康心理与幸福人生""中国诗词艺术及当代价值"六个专题，并以原典精读与阐释性解读，为选修通识与人文素质教育课程的各学科的本科生提供通识教育基础读本。

本书可作为高等院校人文科学、社会科学等相关专业的本科生、研究生教材，也可作为人文与社会相关研究人员的科研参考资料，还可以作为政府教育行政部门、高校教务管理部门、社会组织等单位制定政策与决策的参考文献。

主要作者简介

　　彭小兵，男，管理学博士，重庆大学公共管理学院教授、博士生导师，重庆市人文社会科学重点研究基地——公共经济与公共政策研究中心副主任，重庆大学公益慈善与社会发展研究中心主任，重庆长江工商管理研究院研究员；重庆市应急管理专家，重庆市沙坪坝区人大常委会预算审查专家委员会成员，入选第二批重庆市社会科学专家库。

　　贺双艳，女，发展与教育心理学博士，国家二级心理咨询师，政治学硕士，现任重庆工商大学融智学院思想政治理论教学科研部通识教研室主任。多年的学术积累开阔了自己的学术视野，擅长跨学科、跨领域教学与研究。从事高等教育17年来，其曾先后开设11门通识课程，先后在重庆邮电大学、重庆工商大学、西南大学、重庆南方翻译学院等高校讲授通识课程；主研国家社科基金项目1项，主持主研省部级项目5项，出版专著《遇见最美古诗词》，出版教材《大学生心理健康教育》《应激状态下大学生心理关爱读本》，公开发表学术论文10余篇。

　　常晓薇，女，哲学硕士，副教授，中共党员，2010年毕业于安徽师范大学，主要研究方向包括青少年德育教育、生态文明建设、中西方伦理学、中国哲学、思想政治教育研究等；2010年至今就职于重庆工商大学融智学院，现任重庆工商大学融智学院思想政治理论课教学科研部主任，主持部门教学科研工作。常晓薇教授的本科思政类课程，多次获得市级和校级教学科研奖励；其于2018年成为重庆市社科联科普专家库成员。她曾公开发表学术论文10余篇；主持重庆市社科联、市教委等省部级课题8项；主研教育部课题1项，参研省部级社科规划等项目4项；主持、参与院级各类课题多项；合著专著1部，主编教材2部；获第十五届全国多媒体教育软件大奖赛三等奖1项；获重庆市民办教育协会优秀成果一等奖1项；获校级教学成果奖2项，任职以来，积极致力于高校思政教育教学改革，取得显著成效，于2020年被重庆市教委指定为"共建思政课行动"的5所高校组长单位负责人。

　　侯耘，男，知名艺术家、画家，重庆国际艺术品博览会艺术总监，重庆市税务干部学校艺术类授课教师，重庆电视台专题节目特约嘉宾。侯耘自幼酷爱绘画艺术，长期坚持绘画与理论实践，并不断扩展艺术修为，于2006年在"重庆中国三峡博物馆"举办大型个人画展，成名作《警惕！绿色正在消亡》为媒体、大众所熟识。其后多次展览和发表作品，《不夜三峡》荣获"庆祝建党90周年"优秀奖，《无人赴宴》被国家税务总局收藏等。而个人知名组画代表作"巴渝十二景"分别在"新华网"、《党员文摘》《今日重庆》《重庆文艺》上发表，更是以《重庆晨报》头版头条及内页整版报道的方式与大众见面，开启各期刊、媒体、网络争相报道的局面。

前　言

　　教育是"立德树人"的过程，不仅包括知识教育，也包括情感与人格教育。这种理念体现在高等教育上，意味着大学教育本身不仅是专业教育，也应包括通识教育。通识教育着眼全人教育，培养人文素养与科学精神兼备的全面发展的人，旨在倡导充分发掘学生的潜能，致力于传授宽厚的知识、锻炼卓越的能力、塑造健全的人格，并在坚定中华传统文化自信，培养德才兼备、具有服务社会的公民意识、社会责任意识和公共精神的高素质人才方面发挥积极而又重要的作用。基于此，我国"十三五规划"明确提出实行"通识教育与专业教育相结合的培养制度"，强调发挥通识课程的育人功能。习近平总书记在 2018 年 9 月的全国教育大会上强调要"提高学生审美和人文素养"。《教育部关于一流本科课程建设的实施意见》（教高〔2019〕8 号）提出专业教育与社会服务紧密结合，培养学生认识社会、研究社会、理解社会、服务社会的意识和能力。这些国家政策、规划和指导意见，都揭示了通识与素质教育在大学本科乃至研究生教育中的重要作用。具体到本书，笔者认为，大学的通识教育是引导学生正视文化与社会问题并回应社会文化生活诉求的主要力量；是当今世界高校提升影响力、竞争力以及积极"社会参与"、促进高校教育与社会实践及人们的文化生活需求相结合的重要环节；有助于实现大学生对中国传统文化、对社会、对他人生活的深入认识，能更深刻地提升大学生的专业素养。基于此，国内高校通识与素质教育课程教学应顺应这样的社会要求和教育改革趋势。国内高校应该通过"传统文化熏陶"和"促进社会发展"这两座桥梁，来体现"大学与文化""大学与社会""大学与生活"之间的关系，紧跟时代趋势。正是在上述背景下，近年来国内很多高校实施了"大类培养"的招生和教育教学过程的改革，目标是在扩展学科专业的广度上发力，不仅要培养学生具备开阔的视野、深厚的学科基础、较强的交叉融合能力，也要培养学生的人文素养和服务于社会的文化视野，强化学生对中华优秀传统文化继承和发扬、对社会责任意识的认识。

基于对传统文化、家国情怀与社会责任担当的深刻认识，在"佑启乡邦，振导社会；经世济民，止于至善"的教育宗旨和教学目标下，重庆大学和重庆工商大学融智学院近年来持续合作开展了一系列通识教育的改革研究与实践，包括在重庆工商大学融智学院开设"屈原与楚辞""传统文化的影视化传播""论语与儒家思想""中国古典诗词选读""中西文化比较""中国传统礼仪面面观""中国茶文化""文学与我们""经典建筑美学赏析""中华书法鉴赏""金融通识与好的生活""大学美育——走进高雅艺术"等课程，并获批重庆工商大学融智学院高等教育教学改革项目"财经类高校通识类教育模式构建与实践"（项目编号：2018001）；在重庆大学开设"公益慈善与社会发展"通识与素质教育选修课，并获批重庆市高等教育教学改革研究项目：高校"通识与素质教育"课程实践教学体系构建研究及应用：以重庆大学"公益慈善与社会发展"课程为例（项目编号：153001）、基于"一个意识+两大能力"导向的公共管理专业人才培养改革研究与实践（项目编号：203201）以及重庆大学"三进"工作专题课程"公益慈善与社会发展"建设项目，初步形成了"知识、能力、素质、人格"并重的"全人"教育共识，即以立德树人为根本任务，推动通识教育与专业教育的深度融合，将中华传统文化和慈善责任的"根本"呈现在通识教育过程中，带领学生感悟综合交叉的知识，锻炼其适应未来的能力、涵育其人文科学的素质、培养其担当社会责任的人格，将学生培育成具有厚实文化底蕴和公共意识的社会主义建设者。为进一步打造通识教育品牌，提升通识教育在重庆市乃至在我国西南地区的影响力，在重庆大学教务处通识教育办公室和重庆工商大学融智学院教务处的支持下，重庆大学公共管理学院与重庆工商大学融智学院思想政治理论教学部通识教研室，在多年通识与素质教育相关课程教学讲义、教案和教学经验的基础上，合作编写《文化与社会通识教育读本》教材，以服务于我国各高校的通识教育与人文素质教育。本书具有以下三个方面的特点：

（1）本教材按照通识教育教学关于培养"全人"、跨学科整合、涵养人文精神的内涵对文化与社会的相关知识体系进行编排，涵括了古典与人文、现代与社会最核心的知识框架。

（2）本教材紧扣当前经济社会发展的现实需求，突出对社会与人生的分析、讨论，注重培养读者独立思考和判断的能力，强调对读者社会责任的培养。这使本教材的现实性、广博性、价值性大大增加，不仅有助于提高学生参与社会生活的能力和积极性，也有助于作为一种课外经典读物向全社会普及。

（3）鉴于通识教育特别强调自由和博雅教学，本教材在内容上兼顾了对自由精神的追求、对理想人格的培育和对社会发展的促进等价值理念。

本教材由重庆大学彭小兵和重庆工商大学融智学院贺双艳、常晓薇担任主编，侯耘、杨邓旗、颜萌萌、张爽担任副主编。全书共六章，具体的写作分工为：前言，专题一，彭小兵；专题二，侯耘；专题三，贺双艳；专题四，杨邓旗；专题五，颜萌萌；专题六，张爽。在分工与合作的基础上，全书由彭小兵、贺双艳、常晓薇统稿、修改和定稿。本书在编写过程中借鉴了一些优秀的研究成果，参阅了国内外相关学术专著、期刊和报纸、网络上的相关文献资料、案例素材，在框架结构、章节安排上参考了国内外著名通识教育教材的编写体例、结构。这些借鉴或参考，有些已在注释或参考文献中列出或标注，有些可能未列出。在此，我们谨向有关作者、出版单位以及相关领域的前辈、同仁表示诚挚的谢意。

本教材是重庆市高等教育教学改革研究项目（项目编号：203201）、重庆市教委人文社会科学研究项目（项目编号：17SKG242）、重庆工商大学融智学院高等教育教学改革项目（项目编号：2018001）、2019 年度重庆大学"三进"工作专题课程建设项目的重要成果。本教材的出版，还得到了国家自然科学基金项目（批准号：71573024）的资助和重庆市人文社会科学重点研究基地——公共经济与公共政策研究中心、重庆大学公共管理学院、重庆工商大学融智学院、重庆大学公益慈善与社会发展研究中心的支持。重庆大学公共管理学院的陈培峰副教授、郭英慧博士、李凯博士、杨永娇副教授承担了"公益慈善与社会发展"这门通识与素质教育选修课的教学工作，并为本教材的编写提供了大量素材。重庆工商大学融智学院沈民副校长，教务处周雄处长、滕学英副处长为本教材的编写提出了具体指导意见。重庆大学教务处通识教育办公室的郑泓女士、周晓梅女士为本教材的编写提供了指导和帮助；西南财经大学出版社为本书的出版也做了大量编校工作。在此一并表示感谢。

由于编者水平有限，书中难免存在不足甚至错误之处，敬请读者批评指正。

编　者

2020 年 7 月

佑启乡邦　振导社会
经世济民　止于至善

——字解通识教育的内涵

贺双艳

何谓"通识教育"？中西方学者各有不同见解。余以为，"通识教育"就是导向认知上能"佑启乡邦"，行为上能"振导社会、经世济民"，修养上能"止于至善"的人性教育。下面，我们运用汉字中蕴含的密码来字解通识教育的内涵。

一、认知上"佑启乡邦"

"佑"字同"右"，《说文解字》（以下简称"《说文》"）里说"右，助也。""言不足以左，复手助之"。"启"字《说文》里说"启，开也。教也。"因此，"启"字也常与"明"字合用为"启明"。《尔雅·释天》里说"明星谓之启明"。这样联起来"佑启乡邦"的意义可就大了。这是指学者能以自己的所学，帮助一方百姓开启民心民智，使其能懂得天道以及天道启发下的人道，即明白真理。这里有个前提是学者一定要自己明白什么是真理，才会使百姓明白。可以看到，通识教育在这里有两层内涵：第一层是让受教育者认识真理；第二层是受教育者受教的目的是帮助一方百姓，开启他们的心智，使其认识真理。"真"有不同形式的表现，在艺术、社会治理、哲学、数学、心理层面、制度设计、科学等不同领域甚至在日常生活中，都会涉及"真"的终极命题。因此，导向认知上"佑启乡邦"的通识教育就在于教师尽己所能帮助学生在多领域认识真理，学生学成之后尽己所能帮助一方百姓认识真理。人们启明了心智，才会发现生活的多样性与丰富性，才会拥有更多选择的能力，才不会被一些现实的或假想的环境所拘囿，让每一个自我活出其存在的重要意义。

二、行为上"振导社会、经世济民"

"振"字的甲骨文写法很有意思：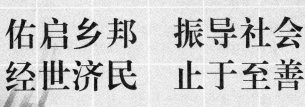。我们注意到，这个字里有个 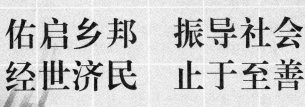（"行"字的甲骨文写法），表示十字路口。"振"字画的是在一个十字路口，有人走来，用双手拿着石锄辛勤劳作。"导"字《说文》里说"导，引也"。其小篆写法为 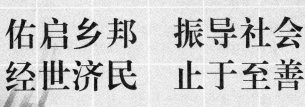，也可以看到其与"引路"有关。这样看来"振导社会"的意思就太丰富了。社会的每一步前行，都像是走在十字路口，到底该往哪个方向走，需要有人出来做指引。首先，这样的人具有高度的智慧：石锄代表当时的先进生产力。其次，这个人辛勤奔走，并且肯付出自己

的努力。最后，这个人的行为会促进生长：手拿石锄表示耕地，再引申出来，可以想象庄稼的茁壮成长。"振"字让我想到一个人，就是孙中山。他似乎是"振"字的近代注释。他最早提出了"振兴中华"的口号。由此解读，通识教育旨在培养在社会发展的十字路口，愿意付出自己的努力，促进社会积极向上、健康发展的智者。

当前，中国经济快速发展，深度参与国际社会，不断进入世界中心。中国在前行道路上如何做出正确的选择？"经世济民"四字可以提供继续前行的方向。

"经"字的金文写法是 ，画的是三条（多条，古代"三"表示"多"的意思）纵向的丝线系在织机上。《说文》里说"经，织也"。"济"字的金文写法为 ，画的是众人在同一船上喊着号子，以统一节奏发劲，整齐划桨，强渡激流。这个字蕴含着力量、勇气、合一、安全、保障。我们用一个成语来理解，就是"同舟共济"。"世"字的金文写法为 ，我们可以看到，"世"字跟"止"有关，是在"止"字上加了三点。这三点是指事符号，是对"止"的强调。《说文》里说"止，下基也。象草木出有址，故以止为足。"金文的"止"就是画了一个脚板。综合以上汉字溯源，"世"与四个要素有关：一与"脚板"有关，二与"根基"有关，三与"行动"有关，四与"持久"有关。《说文》也说"三十年为一世"。世界需要我们用脚步一步步走出来，需要打牢根基，长期发展。这样"经世济民"的内涵就很广大了。结合当代对"经济"一词的理解，"经世济民"是指通过一系列经济制度和经济活动，奠定个人、家庭、国家与民族发展的基石，使上述多个主体在多方面具有持久发展的可能，这种发展导向生生不息。同时，这种经济制度和经济活动可以促成广大民众同舟共济，合力克服发展的困境，还可以保障广大民众基本需要的满足。由此看来，通识教育旨在培养能够设计或参与合理的经济活动的人才，使他们能帮助个人、家庭、国家与民族等多个主体通过其活动获得持久发展的基础，同时这类人才可以调动广大民众参与发展的积极性，并保障他们基本需要的满足。这样的人才不仅仅是一个技术性人才，而且是有着更高更开阔的视野、更综合更全面的学养、更深厚更严格的自我修养的通才。

三、修养上"止于至善"

"善"的金文写法为 。上面一个"羊"，下面两个"言"。《说文》里说"善，吉也"。"善"字的异体字写法还有 。这样看来，"善"是指人说话时要多说吉祥话。金文的"止"写为 ，就是画了一个脚板，与"根基"有关。"止于至善"，就是指尽力多说吉祥话，这是人的根基。会说话的本领并不是与生俱来的，是一个心的修炼过程。王阳明《传习录》里说"心者身下主宰……口与四肢虽言动而所以言动者，心也"。自己有怎样的心，才会说怎样的话。由此看来，通识教育旨在涵养每一颗心灵，使其可以"格物、致知、诚意、正心"，在人与人、人与群体的互动中，能够克服自我的有限性，用言语建构和谐关系。这个根基稳固了，修身、齐家、治国、平天下便可顺利达成。

综上所述，通识教育是建构"人"的教育。孟子说："人之所以异于禽兽者几希。"希望上述由汉字构字法解读的通识教育，能帮助青年学子们提升人性，活出孟子所说的那宝贵的"几希"，活出人存在于世该有的样子。

致敬经典

贺双艳

　　我常常喜欢找个安静的书店，听着外面雨打芭蕉的声音，品着淡淡幽香的茗茶，细细咀嚼每一本经典散发的甘甜的味道。

　　经典之所以让我们流连忘返，是因为经典本身是一个个活生生的生命，是一个个有血有肉有骨有灵气的活人。手捧经典，虽然不能穿越时空，但我们却能够清晰地感受到作者的存在，体悟到作者全部的经历、深邃的思想、丰富的情感。只要人性不变，只要生命感悟常在，只要一直存有对人生意义的追寻，经典就会永远活着。庄子平淡的一句"且举世誉之而不加劝，举世非之而不加沮"，就够我们受用一生。陶渊明随口吟出"采菊东篱下，悠然见南山"，就能感受到他绚烂之极归于平淡的从容与自由。苏轼的"莫听穿林打叶声，何妨吟啸且徐行。……一蓑烟雨任平生。……回首向来萧瑟处，归去，也无风雨也无晴。"让我们能感受到他虽居处患难，但却旷达、潇洒。李白的"举杯邀明月，对影成三人。……我歌月徘徊，我舞影零乱。"表达了他那深邃的孤独、失意与不得志，虽荏苒千年，仍令人扼腕叹息。杜甫的"感时花溅泪，恨别鸟惊心"是如此沉郁顿挫，忧国哀民。还有陆游，他北上抗金前偶遇唐婉隐忍着巨大悲痛写的《钗头凤》，也常常让人惋惜哀叹。翻开经典，其实就是与这些鲜活的生命对话。而借着这些经典，作者就永远活着，不仅活在每一个读者的心中，而且建构着读者的生命。

　　经典之所以让我们流连忘返，是因为它经得起时间的考验。经典是作者脑力劳动和生命体验的结晶。当作者将其全部思考融入作品，无论经历多少岁月蹉跎，经典都可以毅然站立。子曰："己所不欲，勿施于人"。子曰："夫仁者，己欲立而立人，己欲达而达人。能近取譬，可谓仁之方也已。"不管哪个朝代，这两句话都不会过时，是适用于人与人、人与自然、人与社会关系的标准。老子一句"反者道之动，弱者道之用"，在人生、历史、思想、艺术上都有多种表现途径和存在方式。伏尔泰一句"我坚决反对你的观点，但我誓死捍卫你说话的权利"，虽然穿越百年，仍掷地有声，成为西方文化的经典代表。伯尔曼一句"法律必须被信仰，否则它将形同虚设"，道出了法律最重要的原则。埃里克森提出"自我同一性"的经典概念，揭示了人在青春期需要成长的重要功课。弗洛伊德发现了人的意识状态下隐藏的巨大冰川：人的潜意识，这是决定人的行为与情感的重要因素。经典之所以让一代代学子追逐、品味，就在于他们找到了经典，就找到了一种永恒。尽管永恒的存在方式和表现手法不一样，但他们都能发现背后不变的意义和价值。这是经典了不起的地方。

经典之所以让我们流连忘返，是因为它深刻启迪着现在和未来。英国前首相丘吉尔曾说："你能够看到多深多远的过去，就能看到多深多远的未来。"孔子也说："吾非生而知之者，好古，敏以求知者也。"如果把经典放在历史的长河中来考量，你会发现，经典都是对过去经验的深刻总结，在个人、国家、民族前行的道路上，经典往往是照亮前行道路的明灯。它可以让个人、国家、民族少走弯路，少受挫折，少涉探险，少感后悔，少担自责。传承经典之所以很重要，就在于它能让人在未来发展过程中节约时间，提高成长的效率，提升成长的品质。但有一点需要指出，经典的特点是"难"，不是那样可以轻易被理解并自发接受的。读者往往需要经过长时间的甚至系统的训练，才能深刻地把握它。而读者一旦把握，就有一种豁然开朗的感觉，人生一下子明朗了许多，对自己和国家、民族的未来一下子"看见"了许多。当每个人都有这种"看见"的时候，那个民族必将未来可期。

经典之所以让我们流连忘返，是因为她让我们遥寄情思，放飞想象。人生不如意十有八九，所以林清玄写了篇经典散文《常想一二，不思八九》，以纪念这不容易的"一二"。经典往往可以升华人的精神情感，提升人的生命品质，在这不容易的"一二"上面有了生命的厚度与宽度。很久以前看过林语堂先生的传记，说他在创作《京华烟云》时常常为剧中人物的命运而泪流满面。其实那不过是他精心构思的人物和情节，但却可以这样真实地打动作者的心。我在学生时代，看过西南大学戏剧社同学表演巴金先生同名小说改编的话剧《家》，虽然那不过是演戏而已，但却那样深刻地感动着剧中所有的演员，以至于领导上台慰问时，他们还泣不成声。这就是经典。著名诗词大家叶嘉莹先生，从北平（今北京）到中国台湾再到加拿大，最后定居天津，生活颠沛流离，但她从未放弃，各种诗词版本以及它的老师顾随先生的诗词笔记都随身携带，最后终于结集出版了顾随先生的全部讲课笔记。诗词是她全部的生命寄托。经典真的可以让人的生命有寄托。流连于经典，可以放大那不容易的"一二"，慢慢扩展成"三四"甚至"五六""七八"，那时真可以做到孔子所说的"乐"了。

最后，我们出版这部《文化与社会通识教育读本》，是要告诉更多的读者，要品出上述经典的内涵，引领自己的生命品质，拓展国家和民族的未来，都必须自己亲自躬耕阅读。没有哪部经典是容易读的，也没有哪部经典是可以让别人代替自己读的。经典的一个特点是它的不可替代性。他人品出的东西不一定适合自己，也不一定能关照到自己生命的当下。例如读《西方哲学史》，我们得自己从泰勒斯、阿那克西曼德、阿那克西美尼等西方最初的哲学家开始读起，才能慢慢走进西方哲学的世界，这个过程自己必须亲自经历。这部《文化与社会通识教育读本》就是一本"原著导读"，其目的在于引导读者走进经典的世界，减少一些读者在阅读过程中的困难，进而激发读者去阅读原著的兴趣，为走进大家的经典起到"抛砖引玉"的作用。

致敬经典！谢谢你给了我们真、善、美的生命！

目录

公益慈善与社会发展

　　尽管公益慈善事业及其所开展的公益慈善活动对社会文明与进步的促进和推动作用处处可见、每每可感受，但学术界鲜有专门介绍"公益慈善"与"社会发展"之间关系的理论研究，相关的课程建设、课程教学和教育教学改革研究也比较少见。在重庆大学通识与素质教育选修课"公益慈善与社会发展"的课堂教学积累和主持完成的相关教育教学改革研究项目成果基础上，本章将尝试深入介绍公益慈善理论、实践及其变化发展对社会建设、社会发展、社会治理的重要影响，重点以《爱的纽带与美利坚的形成：温斯罗普、杰斐逊和林肯的慈善观念》《中国慈善事业的精神》《谁会真正关心慈善——保守主义令人称奇的富于同情心的真相》《慈善的意义与使命》《非营利组织的管理》《慈善资本主义：富人在如何拯救世界》《因信而生：中国慈善组织的信任问题研究》《慈善事业的伦理根基和理性建构研究》来呈现公益慈善领域的通识知识、社会思想和价值伦理，为探索公益慈善事业及其所彰显的社会文化价值理念如何更好地推动中国社会发展和中西方慈善文化会通提供思想启迪。需要特别说明的是，本章精选的上述公益慈善领域的论著，内容丰富，思想深邃，见解主张也各异，但基于本书的主要目的，本章原著导读只择取其中"公益慈善促进社会发展"的关联内容。

第一节 "公益慈善与社会发展"主题介绍

一、公益慈善相关通识教育缘何需要刻画社会发展命题

（一）公益慈善教学培育人的精神长相

　　教育，尤其是高等教育，其目的、目标绝不仅仅是学习知识、掌握技能，它更为深刻的意义在于建立一个独立自我的文化意识、区别于他人的文化标记以及精雕细琢的人文品质。大学就是要做现代文明社会的基石，占领人类灵魂深处的善良、怜悯、人道的道德制高点。

那么，什么可以很好地用来作为个人和社会的文化意识、文化标记和人文品质呢？答案是公益慈善事业。评价一个社会，不仅要看这个社会及其个人的物质财富和精神生活的丰富程度、发展水平，还要看这个社会如何去对待最不幸的人。经济发展水平催生了社区服务、环保、教育、特殊困境群体关怀等各类社会性公共需求的快速增长，进而激发并推动了公益慈善事业的快速发展。发达的现代化社会，所需要的不仅是鳞次栉比的高楼、川流不息的车流、人如潮涌的商场，也应该是社会中每个人从内心深处发出的对他人的怜悯、同情与关爱。无论是城市还是乡村，其长久的魅力和品格的力量，不仅要看它发展的速度、成长的高度，还要看它能否持续传递人性化的爱的温度。而人们参与公益慈善活动、从事公益慈善事业、践行公益慈善理念，就是在强调这份公益使命感，表达人们心中涌动着的那份爱心，彰显那种对他人、对社会、对周遭世界的人文关怀和对未知领域的敬畏，并在动员社会力量、参与公共服务、维系和谐稳定、促进社会正义以及创新社会治理等方面都发挥着不可或缺的作用。

但当前，我国公益慈善事业的发展水平与社会发展的要求还不相适应，与一些国家或地区的公益慈善发展情况相比，我国公益慈善的规模、实力以及公益慈善项目运作的科学化、社会化、规范化和影响力，还有较大的差距，难以满足社会发展的需要；且如何通过公益慈善事业的进步，来促进社会发展，增进社会和谐，我国在公益慈善教育、公益慈善实务和公益慈善相关人才储备上均未做好充分准备。尤其是，我国高等教育课程体系和课堂教学在培育公益慈善文化、熏陶公益慈善伦理、培育公民的社会责任感和公共精神、营造公民积极参与公益慈善活动的良好环境、使公益慈善行为真正成为社会公众的自觉行动等方面，还存在相当大的不足。因此，我国公益慈善领域的高等教育和课堂教学，还需要紧密结合社会建设、社会发展和社会进步的要求，全面推进教育教学体系的改革与创新。

（二）通识课堂是回应社会问题的关键阵地

有别于建立在学科细致划分基础上的专业性、技能性、技艺性或其他专门性课程，通识教育课程是一类"提高学生思维方法、审美情趣、文化品位、科学素养、人文关怀及社会责任，旨在将学生培养成具有健全人格、思辨能力、社会责任感、创新精神的高素质公民"的高等教育课程模块，是高校课程体系中的重要组成部分。曾任哈佛大学校长的德鲁·福斯特说过："通识教育的目的在于让人有意识地经历人生，让人追问并界定自身所有行为中固有的意义；通识教育使人勇于剖析自我、批评自我，从而看顾好自己的生活，在渐次展开的人生画卷中游刃有余。"北京大学元培学院、南京大学匡亚明学院、复旦大学复旦学院、中山大学博雅学院、重庆大学博雅学院等，都是以通识教育为重点而专门成立的教研部门。

但长期以来，通识课程教学效果并不理想，表现在：其一，学生不重视或偏科，即在实用主义导向下，学生选择科技类、经管类、竞技类通识课程居多，而对倡导人文情怀、社会责任和公共精神的人文社会类课程关注不够；其二，忽视了深入社会底层的实践教学，即偏重课堂的"熏陶"或教师"面授"，普遍缺乏"实践认知"和"社区服务"的教学环节，忽视了学生主动去回应社会问题的意识塑造。当前，社会对大学生培养的评价正在深刻变革，但高校通识课程的教学方式、教育模式及其评价机制还不能适应这种变革。实际上，大学毕业生无论从事何种具体专业，以及无论在何种职业岗位上，全社会对他们的评价不仅会涉及专业理论、专业能力，也会涉及专业实践、服务意识。于是，教育教学评价，需要由对侧重理论教学考评转向注重全面教育考核，教学模式不仅要强调学生对广博知识的掌握，还要强调在教学过程中的实践以及对社会弱者的服务体验，通过引导学生正视、面对贫困、弱势、疾病、不公正等问题，来唤起学生的内在觉醒，鼓励学生用乐观的精神和同情心，通过切身感受困难人群的生活，运用自己的知识、智慧和专业伦理去回应社会问题，去影响乃至改造社会。

基于此，重庆大学"公益慈善与社会发展"的通识与素质教育选修课教学，至2012年来通过课堂理论教学、案例教学和课外实践教学的方式，探索如何借助"团队实践"和"社会服务"环节来推进学生对社会发展的关注和回应，达到通过"社会体验""公共参与"的方式来培养、塑造、锻炼大学生（特别是理工科、经管类大学生）的服务意识与人文精神。

二、公益慈善在社会发展中的功能和价值

21世纪以来的这20年，中国至少发生了3次大的灾难，分别是2003年非典（SARS）、2008年汶川大地震、2020年新冠肺炎疫情（COVID-19）。面对这种自然灾害或烈性传染病的肆虐，全社会需要上下一心、众志成城，而公益慈善事业就在其中发挥了巨大的作用。

（一）公益慈善是社会发展的重要资源

公益与慈善事关社会安全体系的建设，是帮助处于困境中的人（家庭、特定群体）摆脱各种困难、抵御各类风险的重要途径，是有效调剂贫富差距、缓解社会矛盾、促进社会和谐、增强社会凝聚力的重要手段。

一般地，任何国家都存在一个具有三个层次的国民财富分配体制。第一层次基于市场机制，按劳分配，通过劳动所得，这一层次的分配有助于提高社会效率；第二层次基于国家财政税收所分配的社会福利、社会保障，这一层次的分配有助于促进社会公平，弥补市场的不足；第三层次基于社会机制，通过公益慈善捐赠来弥补政府和市场的不足。通常，促进社会发展的物质资源，主要源于国民财富的第二次分配和第三次分配。公益慈善事业在任何国家或地区当中都具有救助、扶助、资助等公益性功能，因此，社会捐赠和志愿服务是一个国家或地区社会发展资金的重要来源。譬如，美国每年的公益慈善捐赠贡献甚至可能超过全年社会保障金，普通民众的小额捐赠和志愿服务大大推动了美国公益慈善事业的发展。数据显示：2018年，美国慈善捐款总额约4 300亿美元，其中个人捐款占3 000亿美元；全年有7 700万人做义工，占成年人总数的三分之一；男童军有230万人参与志愿服务；美国老牌慈善机构救世军有330万义工，他们能帮助2 500万人[①]。可以说，慈善或爱的各种观念在美国人日常生活中占据了宗教上的中心位置和政治上的显著位置，在美国政治中具有独特和持久的地位，美国历史上多个有影响力的伟大人物为此树立了榜样或确立了国家制度根基，例如：马丁·路德·金的著名演说《我有一个梦想》、卡特的政治理念、乔治·W.布什在其州长任期内和第一次总统竞选时所展示的"富有同情心的保守主义"、林肯703字的第二任总统就职演讲。可见，公益慈善是社会发展的重要资源。

① 数据来源：https://giving usa.org/giving-usa-2019-americans-gave-427-71-billion-to-charity-in-2018-amid -complex-year-for-charitable-giving/.

（二）公益慈善促进社会发展的具体功能

公益慈善事业是社会再分配的实现形式，在化解社会矛盾、促进社会互动、优化社会结构、增进社会公正和培育社会主义核心价值观方面有着重要的作用（周静雅，张丽芬，2013）。

（1）公益慈善事业是化解社会矛盾的重要手段。其一，收入差距方面。经济形势、社会结构、利益格局、意识观念等各种结构性要素总是处于动态变化过程中，由于地域差异、资源禀赋、社会环境、历史因素，我国行业之间、社会各阶层之间客观上存在一定程度的收入分配差距，自然灾害、意外事故等突发事件频现，导致各种需要救助的困境群体数量庞大，统筹兼顾各方利益难度加大，再加上灰色收入等各种不规范收入甚至非法收入问题层出不穷，困境群体的相对被剥夺感增强，心理不平衡、新的社会矛盾容易滋生，各种社会利益冲突问题或社会不安定因素容易积累。公益慈善活动的开展，如动员社会组织和社会成员凝聚爱心，促进社会捐赠并对贫困者实施救助、扶助，有助于缩小贫富差距、改善贫困群体、失业群体和弱势群体的生存状态，消弭社会因贫富差距而形成的对立情绪，缓和弱势群体与其他群体之间的社会矛盾，有力推动社会各方面利益关系的协调。其二，区域差距方面。由于历史因素、资源禀赋、经济政策、地理环境差异等各种因素的影响，我国整体经济取得巨大成就的同时，也呈现了区域差距拉大、城乡社会发展不平衡、地区之间经济发展不平衡、城市和农村发展不平衡等问题，导致了区域矛盾、城乡矛盾等社会问题。而在环保、教育、卫生、文化、体育等领域的相关公益慈善活动，有助于解决因地区差距、城乡差距造成的社会差别和不平等，消除欠发达地区、农村地区民众的不平衡心理，防止区域矛盾的激化。其三，社会差距方面。在工业化、经济快速发展和人口的大规模流动过程中，一部分农民和城市社会底层群体可能会因文化程度低、能力不足、缺乏技能、就业竞争力不强、生活困顿被社会边缘化，甚至受到社会排斥、歧视。通常，这部分群体物资相对匮乏，文化娱乐精神贫乏，政治、社会资源占有非常匮乏，在社会生活中缺乏安全感和支持感，心理上常处于抑郁、苦闷、焦虑、悲观等负面状态，社会承受能力脆弱，社会公德观念淡薄，容易走上偏激的道路。而公益慈善活动的开展，能够唤起全社会对弱者的关注、同情和怜悯，从而给予他们实质性的帮助、救助、扶助，改善其穷困的生活状态，努力营造平等、尊重的社会环境，使之在心理上得到支持和慰藉，这有助于维护个体追求幸福的尊严和权利，吸纳和凝聚社会弱势群体，促进社会参与，缓和社会冲突，激发弱者努力改善生存境遇，主动谋求自身幸福。

（2）公益慈善事业是实现社会公正的重要途径。对处于困境中的个人（家庭）或其他弱势群体进行救助、扶助，既是维护社会公正的基本要求，也是公益慈善事业的存在理由。一方面，公益慈善事业是一种社会再分配的实现形式，即动员各界社会力量，建立民间捐赠、志愿者行动等社会救助、扶助机制，对弱势群体和处于困境中的个人（家庭）进行救助，既是对政府宏观调控机制的重要补充，也是优化社会福利资源配置、平衡社会利益的有效途径，是对社会公平正义的彰显。另一方面，公益慈善活动能够激发社会成员的公共意识和社会责任感。社会不是一个个独立个体的简单加总，而是一个不可分割的有机整体。在一个特定社会里，通常每个人在心理和感情上都负有一种对他人的伦理关怀，需要相互提供必要的帮助，友善相处，对自己、他人，尤其不幸者及整个社会负责，满足一部分处于不幸中的社会成员的基本物质生活、教育、医疗、卫生、安全等需要，努力促进社会公平与正义。

（3）公益慈善事业是促进社会阶层结构优化的有力杠杆。随着经济发展和收入差距的扩大，中国社会阶层结构也在潜移默化地发生变化，并制约着我国经济社会的协调健康发展。即便是在合理的橄榄形社会阶层结构里，也必然有一部分群体处在不利的社会阶层上，更何况我国尚未达到橄榄型的理想社会阶层结构形态，贫富差距、两极分化现象严重，中产阶层相对弱小。这时，一方面，公益慈善事业可以帮助建立起较为完善的医疗卫生服务体系、教育体系、养老体系和其他公共服务体系，阻挡低收入阶层生活的恶化，摆脱极度贫困的状况；另一方面，公益慈善活动由于倡导互帮互助的价值观，形成良好向上的社会风气，因而有助于实现良好的阶层互动以及社会阶层之间的互惠互利，促进群众相互信任、相互理解和相互支持，进而缓解社会阶层关系紧张的局面，增强社会凝聚力，促进阶层流动融合和社会结构优化。

（4）发展公益慈善事业是培育社会主义核心价值观的重要途径。我国社会主义核心价值观是富强、民主、文明、和谐，自由、平等、公正、法治，爱国、敬业、诚信、友善。发展公益慈善事业既是社会主义核心价值观建设的需要，也是加强精神文明建设的重要内容，表现在：其一，大灾救助、应急反应、医疗救助、心理救援等志愿服务或其他公益慈善行动，有助于同舟共济、团结互助，提升了民族凝聚力、向心力，倡导了国家层面的文明与和谐；其二，通过公益慈善事业来践行公民的社会责任意识，有助于倡导社会层面的平等与公正，缓解因机会不平等（包括接受教育机会的不平等、享受医疗机会的不平等、就业机会的不平等）、收入分配不公等引发的社会矛盾，在很大程度上保证了社会成员共享改革发展的成果，实现社会平等与社会公正；其三，基于奉献爱心、诚实守信美德的弘扬和心灵的净化，公益慈善事业有助于倡导个人层面的诚信与友善，纠正价值观扭曲、道德滑坡、社会诚信缺失等问题，净化了社会风气。进而，社会主义核心价值观得以彰显。

（三）公益慈善对创新社会治理的当代价值

现代社会，公益慈善越来越呈现出以组织化、规范化、制度化方式参与到社会问题的解决之中，成为参与社会治理的重要力量（匡建，匡和平，2017）。现代公益慈善包括了个人理想与公民意识成熟而带来的关心社会事业、参与社会治理的现代人的理性诉求。由于社会治理与公益慈善无论在目的上，还是在多元主体的要求上，抑或是在运行方式上都是同向同行的，公益慈善自然而然地参与到社会治理中，并顺理成章地成为社会运行必要的整合手段，以至于创新社会治理体制都内含着对公益慈善的要求。

首先，从创新社会治理体制来看，中国社会正处于转型期，社会矛盾凸显，群体性暴力事件增多。社会的治理转型需要依靠政府、市场和社会组织的相互协作和合作治理才能完成。特别地，公益慈善组织活跃在社会基层，较为关注边缘群体和弱势群体的诉求和需求，且公益组织的非营利性可以使其进入市场不愿意介入的社会治理领域，为弱势群体、边缘群体、压力群体提供了精神安慰、压力排解、临终关怀等特殊的社会公共产品和服务。

其次，近年来，公益慈善事业的内容和范围不断拓展，从传统的救助性质开始走向引导性质，从传统的扶贫济困、救灾恤孤到当代的助学、环保、文化、权利维护等多个社会领域，体现了公益慈善的现代性转型和对社会发展的关注。正是在这一转型的过程中，公益慈善事业以其特有的方式参与到创新中国的社会治理中，整合、凝聚当代社会治理的主体力量，降低了社会治理成本，在社会保障、财富分配、公平有序和社会正义等方面发挥着积极作用，实现了社会整合与团结的现实诉求。实际上，公益慈善构建了一种温和、渐进的可能性道路，成了民间和政府的桥梁，以及社会矛盾的缓冲地带和安全阀。

再次，从制度保障上来看，《中华人民共和国慈善法》以法律形式保障了民众和民间慈善组织直接参与社会治理，推进公益慈善事业以合法的方式在社会治理中积极作为，肯定了公益慈善事业在社会治理体制改革与创新中的重要作用。

最后，公益慈善事业的当代价值不仅在于其能够为社会弱势群体和边缘群体提供帮助，更为重要的是公益慈善事业发展本身意味着理性社会成长的过程，这一过程同时也是公民诉求合理表达、社会矛盾及时解决、公民参与能力锻炼和政府与社会组织协商对话的过程。

三、爱与公义：公益慈善促进社会发展的文化信仰解释

（一）爱的社群纽带

公益慈善促进社会发展，可以通过"爱"的多种形式展示其作为社群纽带的意义。著名歌手韦唯演唱的那首《爱的奉献》响彻大江南北，"只要人人都献出一点爱，世界将变成美好的人间"那句歌词，曾感动了一代人，直到现在仍被无数人传诵，其内在道理是因为爱本身揭示了一种社群意义和价值。爱，可以给人温暖与力量；爱，可以融化人际间的隔阂，弥合社会的对立分化。公益慈善的本质就是传递一种爱，因此，公益慈善事业本质上就是爱的事业，它在现代社会中的社群纽带作用越来越大，受到了越来越多的关注。

"爱"在西方的传统文化中是一个普遍而又复杂的概念。社会学家弗洛姆（Erich Fromm，1900—1980）将爱定义为给予和分享。尽管有关"爱"的界定比较复杂，但其核心内涵不变，"爱"天生地具有群体性的意涵（孙艳萍，2014）。英国女作家玛格丽特·德拉布尔（Margaret Drabble）在"光辉灿烂"三部曲（The Radiant Trilogy，1987—1991）中以"爱"的普世价值来对抗异化的、碎片化的现代生活，坚持用情感来补充现代理性世界，建构起现代社群道德，并传递给人们这样一个温馨的信息："爱"是人类形成亲密无间、相互信任的关系的纽带；"爱"是人与人之间建立守望相助的伦理团结的纽带。

（1）自爱。"爱"是一种美德。爱邻舍、爱他人，也要爱自己，这就是"自爱"（self-love），是人类美德的根源。"自爱"不是"利己"，而是内在创造力的表现，是爱别人的一种表现，因为自己和他人都是美好、平等的存在，都值得每个人去爱、去珍惜。以卢梭（Jean-Jacques Rousseau，1712—1778）和弗洛姆（Erich Fromm，1900—1980）为代表的哲学家不仅肯定"自爱"，而且从不同角度指出了"自爱"的社群意义。例如，卢梭在《爱弥儿：论教育》（Emile, or On Education，1762）中区分并肯定了爱自己这种关心自己、渴望自己幸福的人类最原始的情感和爱他人这种随着群居生活状态带来的持久、稳定的社会交往；在《爱的艺术》（The Art of Loving，1956）中，弗洛姆主张爱他人和爱自己都是美德，"爱我同爱另一个生命是紧密相连的"，并把"自爱"看作爱的能力的体现、爱的起点。《圣经》中"爱人如己"的教导更展示了人类应该向往和被驱动去做的一个完整的爱的架构，即对自己完整的、独特的尊重，爱自己，

理解自己，与尊重、爱和谅解别人一样，是完整不可分割的。这种对"自爱"的理解和认识，实际上把"自爱"与"爱人如己"这种社群意识、社群精神联结起来了。真正的自爱是内在创造力的表现，因为对自己成长过程的确认、认同，会强化一个人爱他人的能力。只有自爱的人才有能力去爱别人，才能在一个群体中让他人感到爱的存在。

那么，什么是自爱呢？可以肯定的是，"自爱"不是以自我为中心，自爱不是自私，"自爱"不等于把追求个人欲望和利益作为行动的出发点。与自私的损人利己、取小利失大利不同，自爱是建立在与他人和社会和谐共生的基础上，目标是共赢，这就是爱的社群意义。此外，自爱者绝不妄自尊大、自夸自傲、妄自菲薄和自暴自弃。相反，自爱是寻求内心的平静——人内心深处的坦然，对生活中发生的事情抱以温和宽容的态度。自爱的内涵及价值包括：①承认自己的不完美、缺陷和不足，进而愿意谦卑下来；②关心自己的幸福和正当利益，肯定自己的价值，把自己看成是有价值的、宝贵的，不断地实现自我发展；③爱是不加害于人的，当然也包括不能加害于自己，自爱是爱护自己的身体，珍惜自己的名誉；④有信心、有喜乐和有盼望；⑤为自己预备时间，锻炼自己的身体和建造自己的心灵；⑥重塑对他人的信任，改变不信任，允许爱进驻（let love in）。此外，加德林（Eugene Gendlin）博士在《聚焦姿态》一文中也总结了真正自爱的三个方面：其一，温柔地对待自己，要友好地对待自己内心的感受。有时感觉伤心、受伤或者害怕是很正常的。这是力量的象征，而不是懦弱的表现，注重这些感觉，友好地对待它们。其二，正视我们的经历，爱自己就是允许我们去体现自己的感受。其三，拥抱未知的智慧，因为我们内在的感觉是模糊不清的，需要暂停下来，为这些模糊不清的事情腾些空间，耐心地去探索那些模糊不清的感觉。

（2）亲情。亲情是每个人最宝贵的感情。亲情给人以群体的安全感和归属感。由婚姻、血缘和家庭衍生的各种亲情关系是情感的主要寄托，也反映了人类对亲情的向往。在困境中，人们可以用亲情抵御生活的磨难，在充满艰辛的生活中坚强成长；人们也会想方设法地保护好亲人和家园不受侮辱和侵犯，是因为人们相信亲情能赋予人坚守自我的强大内心，不被战争、灾难、困境、难处所吞噬，不对生活失去信心和希望。2020年，面对突发其来的新型冠状病毒肺炎（COVID-19）的肆虐，亲情是燃起希望的火把、支柱。

因此，以亲情为纽带的家庭的爱乃是一种博大无私、超脱于利欲熏心的怜悯，是授予、牺牲、仁爱。作为一种物质、心理、血缘和社会关系的存在，以家为中心的亲情和生命真谛，具有极为重要的社群意义。这种关系的推演，可以成为公益慈善的基础、最初起源和表现形式，如关注对方的需要，学会真诚地付出，尊重对方的独立性，认识到他们和我们一样有自身的需求、会因为无法实现需求而遭到挫折，在沟通中了解和倾听他们的需要。当然，正如我们不会纵容亲人犯错一样，在社群中关注他人的需要不意味着纵容，而是支持对方通过积极、健康的方式来实现自我。

（3）友情。友情是家庭之外的社群中最重要的情感和关系。公元前326年，亚里士多德（Aristotle）在其论著《政治学》（*The Politics of Aristotle*）中具体阐述了群体生活的重要性，认为"人类生来就有合群的性情""城邦出于自然的演化，而人类自然是趋向于城邦生活的动物"。亚里士多德通过阐释城邦的存在说明了群体生活是人的本性，也通过人的本性论证了城邦的合理性。亚里士多德一切以城邦为重的政治学思想，映射到伦理学中就是倡导社会成员之间的友爱。亚里士多德的城邦政治思想，实际上也揭示了社群主义当中的友爱故事。在亚里士多德眼中，友情之爱或者说友爱，对于个体和共同生活都占有十分重要的地位，是人要跨越疏离之樊篱、拥有丰富多彩社群生活的重要途径。此外，亚里士多德用"友爱"是一种非情绪的理性化情感，所强调的是纳斯鲍姆（Martha Nussbaum，2007）所评价的"那种无私的帮助、共同的分享和相互的依存"以及"一种罕见的均衡与和谐"。这是友谊的本质：理性、交流、慰藉、认同、尊重、患难与共。同时，友爱还是一种行动。友情的本质表现在为朋友而行动的过程中，即人追逐友谊不能只从记忆或想象中去寻找意义，而是要去亲身体验，主动去为友人和自己思考生存、现实、人际关系、社会实质等问题。真正的友情是基于善的友爱，是人们在共同生活中培养出来的，社群生活是友情的承载体，只有这样友情才能实际地存在。

那么，友情从何而来呢？一方面，通过共同学习的经历、共同奋斗的生活、共同信仰的真理，人与人之间相互了解、相互帮助、相互鼓励，从而结下友谊；另一方面，不同教养、不同职业、不同背景的人之间也可以通过聚会这种公共空间，聚集在一起各抒己见，去交流和传递各种迥异的生活经历和心得体会，让各种思想意识和价值观念碰撞交汇，人们集体性地感受历史和现实，从而逐渐形成个体间的友爱关系和群体性的集体意识。

综上，爱是内心的一种感受、一种自我救赎的体验和一种超越现实物质束缚的人格。在当今全球化日渐深入，世界却又泛起层出不穷、错综复杂的意识形态矛盾时，唯有公益慈善中的"爱"，才是打破人与人之间的隔膜、找到群体归属感的精神核心。这是爱的社群功能，也是透过公益慈善促进社会发展的桥梁。

（二）社会公义的普遍追求

公益慈善事业为什么会存在，以及为什么需要存在？这个问题有不同的答案。从公益慈善服务供给的个体或自身角度来看，企业和个人（家庭）的公益慈善捐赠有心理和功能上的双重作用。其一，心理上的原因：成就需求。美国社会心理学家马斯洛（Abraham H. Maslow）把人的需求依次分为五个层次：生理需求，安全需求，社交需求，尊重需求，自我实现需求，其中参与公益慈善活动、从事公益慈善事业是满足尊重需求和自我实现需求的重要途径。其二，功能上的原因：公共关系和社交手段。公共关系是指企业利用自己的资源影响利益相关者（stakeholder）的行为，利益相关者包括政府、行业组织、媒体、意见领袖、社会公众、供应商、代理商、客户、股东、员工等，参与慈善公益活动是提升政府、媒体、客户和社会公众对企业品牌的知晓度、偏爱度、信任度的重要公关和社交方式。当企业或个人承担社会责任、为社会做出贡献时，企业也会从社会得到各种性质的回报。而从公益慈善服务需求的角度来看，以慈善捐赠为核心的公益慈善事业，是消弭社会成员之间贫富差距和事实上的财富不平等乃至社会不公平问题的最佳"社会润滑剂"。公益慈善事业已经成为国际通行的企业文化色彩，能提升企业和企业家的知名度，也能给企业巨大的市场。

但对于"公益慈善何以会存在以及为什么需要存在"的回答也可以从社会的角度给出解释，即出于正义、公义与怜悯的需要。如果遵从社会视角的解释，这就意味着，更好地了解公益慈善事业，还需要更准确地把握正义、公义等概念，要明白什么是真正的公义。

一个首要的问题是，人类在乎正义或公义吗？在动物世界里，母螳螂为了繁衍后代会吃掉公螳螂；一头熊猫生下双胞胎，她可以丢掉一个而只抚养另一个。那么人类呢？

现实的观察是，人类社会也到处有不断地牺牲他人利益的现象。也可以说，这是一种自我保护。一个人越弱小就越容易被欺负；且这种事情不仅发生在个人层面，也发生在家族和社会层面，甚至在所有的社会文明中都发生过，从而导致不公义的事，尤其是针对弱势群体。问题是，这些现象，动物那样做，我们没有谁会去谴责；但人类做了同样的事，人们可能会说这是错误的、不公正的。也就是说，人类很在乎人类自己的非正义与不公义现象。

为什么人类这么在乎公义呢？在传统上受基督教深刻影响的西方国家社会中，公义和正义指的是一种彻底的、无私的生活方式。在中国传统文化中也是如此，即公益慈善不仅是社会个体行为，更是一种追求公义的治国理念和生命价值。中华民族自古以来就有乐善好施、济贫帮困等"慈心为人，善举济世"的优良传统，且从公益慈善文化的利他精神上来看，中国传统文化具有极其丰富的利他精神，而且这种利他精神不仅仅局限在现代人所理解的社会个体的公益慈善行为上，还构成了整个社会和国家的基本治理理念。儒家主张"修身、齐家、治国、平天下"，构筑了从社会个体行为到整个国家治理、社会治理的思想、伦理架构；《孟子·梁惠王上》中说"老吾老以及人之老，幼吾幼以及人之幼"，《礼运》说，在大同社会"人不独亲其亲，不独子其子，使老有所终，壮有所用，幼有所长，鳏、寡、孤、独、废疾者皆有所养"，实际上表明中国许多传统文化思想均认可抚孤托幼、养老济贫乃至残疾人保障等属于公益慈善的事业也是个人和国家的共同责任，是一种社会公义。以公益慈善精神要求执政者和每一个个体、家庭、族群，是中国公益慈善传统文化所蕴含的社区建设与社会治理内涵。因此，就中国传统文化而言，利他的公益慈善精神既是治国、平天下的主要内涵，也是心存怜悯、追求社会公义等生命终极价值的奥妙所在。

进一步地，按公义判断究竟是什么意思呢？以下的描述深刻揭示了社会发展、社会文明与进步的本质内涵。那就是，有了机会，就当向众人行善；个人的重担要互相担当；要为不能自辩的人开口说话；要施行公平和公义，就是解救被抢夺者脱离欺压者的手，为受欺压的人申冤；不可虐待或以强暴对待寄居的、孤儿和寡妇；拿食物给饥饿的人，拿水给口渴的人；遇见做客旅的、流浪的，给他提供住宿；看见赤身露体的，给他衣服穿；有生病了的，去看顾他；有在监狱里的，去探望他；使被囚的人得到自由，使恶人①的行动挫败。

不幸的是，这个世界，有人故意做不公义的事，其他人甚至会把这种不公的社会结构看作理所当然，并从中获利。更可悲的是，历史告诉我们，这种不公还会历史循环：当被欺压的人获得权力之后，他们往往会成为欺压者。所以，无论是主动或被动，甚至是无意的，在某种程度上，我们都参与在不公义当中。且只因不法的事增多，许多人的爱心才渐渐冷淡了。于是，面对人类持续不断的不公义，我们就号召要去行公义，而公益慈善事业就是一种行公义的方式和途径。公益慈善，不止包含了一种新的身份，更是改变他们生命，并推动他们以惊人的方式去行动的一种途径（而不需要像古代侠客一样去替天行道），去为其他人寻求正直、公义——这是一种颠覆的生活方式，且并不总是简单的、轻松的，而是要求人勇敢地把他人的问题变成自己的问题，要求人行公义、好

---

① 这里说的恶人，不单是指通常人们说的坏人或那些道德败坏、品质恶劣的人，而是包括被定有罪的人或品行恶劣的人，或处在错误中的、无视他人尊严、错误地对待他人的人，或遇事不肯行方便而执意为难人的人。

怜悯、谦虚谨慎，也就是所谓的爱人如己、爱邻舍，或牺牲的爱。因此，爱心不单是一种情感，更是一个行动，一种态度，是一个人有了新生命之后的产物，爱是为着他人的好处而决定去行。

四、中国公益慈善事业兴起的社会历史背景

中国近现代公益慈善的兴起有其复杂的社会历史背景，这种社会历史背景也深刻揭示了公益慈善事业对社会发展的推动作用。中国近代以来，频发的自然灾害、惨烈的战祸兵燹以及大地震、洪水、干旱、烈性传染病传播等各种各样的灾难，造成了大量缺衣乏食、无家可归的受灾民众，迫切需要、也客观上激发了公益慈善人士、公益慈善组织的急赈或其他形式的救济、赈济。但封建时代传统的慈善机构大都因社会环境的变迁而走向困顿，难以适应社会发展的需要，社会影响日渐消退；此时，近现代公益慈善事业日渐兴起。总体上看，近现代中国公益慈善事业的兴起和发展，有其深刻的社会历史背景和客观的自然环境因素。

（一）客观因素：频发的自然灾害

中国是一个自然灾害频繁的国家。在政治经济动荡不安、农民起义、外国侵略等多重因素的交相作用下，晚清及民国时期是中国历史上自然灾害频发的时期。中华人民共和国成立后，又先后经历了干旱饥荒、唐山大地震、长江洪灾、SARS、汶川大地震、COVID-2019 等灾难。灾荒、瘟疫流行等作为一种消极的重大破坏力量，不仅会直接造成重大的财物毁坏、家园破碎、人口伤亡、灾民流离失所等一系列生命财产安全后果，也会严重破坏原有的社会秩序，并可能酿成社会动荡。这个时候，单靠政府单一的力量难以战胜灾难，难以满足灾民恢复生产生活的需要。此时，社会有识之士纷纷借助民间资源，做出善举，形成巨大的社会力量，并在近现代和当代直接促成了众多赈灾慈善组织的产生。一些公益慈善组织以全新的赈灾模式投入了赈济灾民等社会发展活动中。

（二）人为灾难：惨烈的兵燹匪患

1840 年以来，中华民族外患日亟，兵连祸结，战火频仍。两次鸦片战争、中法战争、中日甲午战争、八国联军侵华战争、日本侵华战争等，给中国民众带来了无穷无尽的灾难。与此同时，国内战事也频繁发生，如太平天国运动、捻军起义等。清政府曾举全国之兵力进行围剿，造成神州遍地硝烟战火，绵绵不绝，不少地区的居民死伤转徙，十室九空，以至于出现了灾民遍野、饿殍塞道的悲戚景象。屡经战争破坏之后，中国社会各阶层普遍趋于贫困化，处在社会最底层的广大农民更是生计窘促。一些人为生计所迫，或背井离乡，沦作流民，或铤而走险，成为盗匪。由此，兵灾导致了匪患，匪患加剧了兵灾，使得社会更加骚动不安。动荡的社会、悲戚的民众自然需要公益慈善救济，让其生产生活渐渐得到恢复。频仍的兵燹战事等人为灾难，也在客观上促进了公益慈善组织的产生，红十字会、中国救济善会、上海济生会得以创设，一些具有国际视野的新型公益慈善机构得以产生，为推动中国近现代公益慈善事业的兴起与发展带来了巨大的影响。

（三）物质基础：工商业的繁荣

近代以来，随着外国资本主义的进入，中国经济社会发生了一系列重大变化，其中最引人注目的，是传统自然经济的解体和传统经济结构的崩溃瓦解。这种解体和瓦解，剪断了耕织结合的纽带，造成了中下层民众的经济状况日益恶化。农村经济的凋敝，导

致了贫民日增、失业日众情况的出现。这种传统经济环境的变动，同时为近代资本主义这一新的经济形态在中国的产生与发展创造了有利条件，上海、广州、汉口、天津、南京以其特殊的地理位置，成为全国工商业中心、商贾之市，灯火万家，贸易繁华。这时，一些新兴的富有阶层伴随着这种新经济因素的产生而出现，并在机器化大生产的西方近代工业的示范下，推动中国民族工业的起步，很多官办和民间企业由此兴起。与此同时，有一部分民族资本家也热衷于公益，关心桑梓，屡屡用其实业所得盈余赞襄慈善事业。以张謇、卢作孚等为典型的一大批民族资本家走上了实业、教育、慈善三结合的救国之路（茅家琦，1996；刘泓泉，2006），在许多公益慈善机构所募善款中有相当大的份额来自那些殷富的绅商阶层。各地方公益慈善事业在清末和民国时期的中国社会产生了广泛的社会影响，促进了社会发展。总之，城市工商业日益繁荣以及城市富绅阶层的捐助成为近代公益慈善事业兴起和发展的重要经济基础，也为我国现代公益慈善事业的发展奠定了物质条件。此外，除了绅商阶层，普通百姓的捐赠尽管数额较微，但广大百姓聚沙成塔，集腋成裘，整个社会的捐输也是构成我国近代公益慈善事业兴起、发展不可或缺的经济来源。广大普通民众的热心善举，涓涓细流、绵绵不绝，使得我国近现代公益慈善事业的发展更具备了可靠的社会基础。中华人民共和国成立后尤其是改革开放以来，中国经济取得了举世瞩目的伟大成就，城市经济、现代化工业的发展和教育、科技的进步，为中国当代公益慈善事业的发展奠定了深厚的经济基础。

（四）文化融合：中西方慈善文化的冲突与激荡

自明朝中后期利玛窦传教士相继东来，西方文化开始传入中国，开启了西学东渐的帷幕。鸦片战争后，中西关系发生剧变，中国被迫向西方世界开放，中国传统文化、社会历史都置于与西方文化的交锋中。在这急剧的社会变迁中，中国传统慈善事业与西方公益慈善事业进行了碰撞、冲突，最后趋于融合，相关慈善文化与慈善理念也在中西方政治、经济、社会、科技、文化、教育的冲突与激荡中不断走向融合，中国社会产生了具有近现代意义上的公益慈善组织和现代性公益慈善事业，各种育婴堂、孤儿院以及含公益慈善性质的诊所、医院、学校等慈善机构、福利机构、教育机构纷纷兴起，客观上对中国公益慈善事业由传统走向现代带来了巨大的刺激作用，成为中国近现代公益慈善事业兴起的重要背景。

在西方慈善思想与文化的影响下，中国许多传统善堂开始改弦更张，扩充传统慈善活动的内容和服务范围。一些义赈活动、传统慈善组织或机构，在很大程度上也借鉴了西方传教士的"洋赈"的运作模式和管理经验，突破了以往狭隘的乡土观念、地域观念，开始在全国范围内开展大规模的劝募与救济活动，最终形成了网络化的义赈。《海国图志》提到欧美各国政府对慈善事业的资金投入、机构设置与救助办法等情况。譬如，在善款来源上，英国开征特殊税种以专赡"瞽目废疾"；在机构上，法国有救济贫民的"养济院"；英国有"公正之人董理"的贫院、幼院、病院；美国也有救济贫人的"济贫院"、救助孤儿的"育婴院"。在救助对象与方法上，欧美的"贫院"不独供给衣食，还会教给贫民谋生技能，使其能自食其力。美国还设有为残疾人服务的慈善教育机构。郑观应在《盛世危言·善举》中全面介绍了英、法、美、俄等国的慈善机构，并称赞说："泰西各国以兼爱为教，故皆有恤穷院、工作场、养病院、训盲哑院、育婴堂。善堂之多不胜枚举，或设自国家，或出诸善士。常有达官富绅独捐资数十万元，以创一善举。……而思虑之周密，规制之严明，有远非今日各省善堂所及者。"这些著述表明社会各界人士对西方慈善事业给予了极大的关注，加深了中国人对西方慈善文化的了解，为中国人逐步认识、接触和学习、接受西方公益慈善事业的理念、管理与运作模式产生了很大的作用，也为推动与革新中国的传统慈善机构和慈善文化价值理念带来了很好的借鉴。例如，中国红十字会组织的成立，就是中西慈善文化交融的产物。

第二节 "公益慈善与社会发展" 精选作品

一、《爱的纽带与美利坚的形成：温斯洛普、杰斐逊和林肯的慈善观念》

（一）原著概述

按照译者的说法，马秀·S.胡兰德的《爱的纽带与美利坚的形成：温斯洛普、杰斐逊和林肯的慈善观念》（*Bonds of Affection: Civic Charity and the Making of America—Winthrop, Jefferson and Lincoln*）这部作品，既是艰深的神学作品，又是深刻的政治哲学作品。原作者马秀·S.胡兰德将神学和政治哲学糅合在一起，非常系统地回顾、全面反思和矫正了西方社会尤其是美国独立建国之前及之后的政治演变逻辑，这种以慈善为纽带的政治逻辑，对美国政治与社会的演变架构提出了一个与现有主流观点不同的解释框架，并从政治哲学的角度诠释了西方视野尤其是美国社会中的"慈善"。从这部著作出发去纵观整个美国的慈善历史，我们可以发现传统美国社会中的慈善具有强烈的宗教性。

这怎么说呢？在马秀·S.胡兰德看来，传统的美国社会的慈善的核心是爱。在自由、法治和完善的法律保障下，传统的美国社会中任何人都可以凭着精明的头脑、准确的判断、过人的勇气，获得某种成功，实现所谓的"美国梦"。而《爱的纽带与美利坚的形成：温斯洛普、杰斐逊和林肯的慈善观念》一书将政治科学的视角与文献、美国宗教史与政治理论结合在一起，为美国政治属性的研究做出了重大贡献。作者清楚地指出，市民慈善尽管遭到人们普遍拒绝，被认为是与政治活动不相关的，甚至是有害的，但实实在在是美国民族性中的一个重要组成部分。特别地，马秀·S.胡兰德指出，爱或慈善的观念是约翰·温斯罗普、托马斯·杰斐逊和亚伯拉罕·林肯的政治思想的强大基础，他解释了他们作为美国民主制度形成关键奠基时刻的领导者是如何理解和使用慈善的，并揭示出使这种观念成为一种政治理想的可能性与问题所在。

该书作者马秀·S.胡兰德（Matthew S. Holland），1966年生，曾在杜克大学从事美国政治思想研究，并于2000年获得该校政治科学博士。2007年，他根据自己的论文修改并出版了《爱的纽带与美利坚的形成：温斯洛普、杰斐逊和林肯的慈善观念》一书。2009年春季，他被任命为犹他谷州立大学（UVU）第六任校长。在加入犹他谷州立大学前，他曾在普若佛（Provo）的杨百翰大学（BYU）政治科学系任副教授。他是美国政治科学协会会员、美国历史学联合会会员，同时加入多个委员会，包括犹他州新闻编辑咨询委员会、犹他州技术咨询委员会、盐湖议事会等。

（二）原著导读

《爱的纽带与美利坚的形成：温斯洛普、杰斐逊和林肯的慈善观念》这本书极为艰深，内容广泛，不仅探讨关于政治和慈善的关系，其蕴含的许多思想（如批判思想，非标题主义思想）也对我们的学习和生活有莫大启发。

以时间为线索，该书描述了美国形成至今的过程中，政治与慈善（或是博爱，即拉丁文的 caritas）的关系，其博爱与基督教中的博爱密不可分。作者选取了三大奠基人物（温斯罗普、杰斐逊、林肯），并且描述了他们的主要的慈善观点。这三人分别对应了美国历史上的三大最重要的事件，即美国的最初形成、美国独立战争、美国南北战争，虽然作者在书中并没有直接说明，但其发生的时间和作者在书中的描述却刚好与美国历史上三个重要时间相符，也显示了时代对于美国慈善和政治发展的意义。

1630 年春天，约翰·温斯罗普在从英国驶向北美洲的阿尔贝拉号帆船上做了一次平信布道，听众们专心听着他的演讲，内心也树起了崇高的敬意，这份敬意随着他们对帆船前行道路上危机四伏的焦虑而进一步加强。温斯罗普坚持说道：他们需要生活在一起，"以兄弟间情感的纽带"。虽然只有很少的美国人熟悉温斯罗普这个名字，但他却是美国最开始形成的奠基人之一。温斯罗普主张，任何违反盟约的行为都应予以重罚。

1801 年 3 月 4 日，托马斯·杰斐逊接替约翰·亚当斯，成为美国的新一届总统，开始为"自由民主和理性的基督教能够合力，共同赐福于美国，并最终取代基督教的所有派别，取代那些以宣言神启、正统教条、主动的上帝而著称的基督教派别"的愿望而努力。与温斯罗普不同，温斯罗普主张的马萨诸塞的政体基础是一种"道德"或"市民"自由，即只做善的事；杰斐逊则认为这应该是一种"自然"自由，即根据个人意愿选择善恶，确保这种基础性的自然自由才是政府唯一的目标。杰斐逊关于自然权利的核心教义便是"不言而明的真理"，即不需要证明，自然存在。杰斐逊认为：有人在身体、智力等方面有超人天赋，但这个人并没有统治其他人的权利，人是完全自由的，"完全自由的状态"便是不受"他人意志"控制的自由状态，人们有"生命、自由、追求幸福"的内在的、不可剥夺的权利。尽管成为总统之后，杰斐逊也宣扬"博爱"，他同温斯罗普一样倡导人们去爱人，即"爱邻人如爱己"，但他着力想要抹除基督、上帝或神的存在，认为人应根据个人意志选择善，而不是因为上帝选择善，人有自由的权利选择，不被其他意志左右。可以这么认为，杰斐逊的个人意志选择观点是今天欧美社会左派自由泛滥的思想根源。

出版于 1852 年 3 月的斯托的作品《汤姆叔叔的小屋》在出版后的一年时间里被卖到了史无前例的 30 万册，也是美国第一部销量超过 100 万册的小说。慈善，是斯托整个故事的核心内容，书中主人公黑人奴隶汤姆身上洋溢着爱的光辉，感染了无数人。更重要的是，这部小说对林肯的影响，甚至《汤姆叔叔的小屋》的场景和语言神奇地预示了林肯第二次总统就职演讲中的言论。其实，在林肯的第一次总统就职演讲中就提到：我们不是敌人，我们是朋友，尽管目前情绪有些紧张，我们也绝不容许它使我们之间的亲密情感破裂。历史证明，林肯确实做到了这一点。在早期政治生涯中，林肯主张"向无助的年轻人和遭受苦难的人提供帮助"，这虽然不是政府的首要目标，却是"政府的合法性目标"，并在后来发展出了一整套对奴隶制及其蔓延带来的后果的批判，这种批判表达了正在兴起的共和党和数百万忠于共和党的北部人的核心价值观。同时，林肯公开挑战史蒂芬·道格拉斯（Stephan Arnold Douglas，1813—1861）关于政府任何的"仁慈"的项目都是"不公正的、不适当的和违宪的"的观点，他说：我认为人活在这个世上，就有义务不仅改善自己的生存环境，还要帮助改善全人类的生存环境。在林肯的第二次总统就职演讲中，他提出：我们没有资格谴责南方的行为，即使确实是南方打响了战争的第一枪，而南方也不能对北方（林肯所属）加以评论，即使北方在战争中表现得异常残酷。他认为：我们要去爱人，尽管他们是我们的敌人。我们要以博爱之心去爱人，爱任何人，我们之间以爱的情感纽带相连，即"公民慈善的典范"。很明显，与杰斐逊极力地想要抹除上帝的存在很不同，林肯将废奴主义者的道德热忱与更为保守、对上帝更虔诚的北方人对秩序和宪法的尊重结合起来。虽令人难受但还是有必要提到的是，胡兰德认为，斯托在《汤姆叔叔的小屋》小说中提出的慈善观念，几乎预言了林肯的第二次总统就职演讲以及林肯的最终结局的慈善内涵，也说明基督徒之爱强有力、复杂的观念在领导美国踏入血腥的争斗，然后又领导美国走出血腥的争斗方面具有十分重要的作用。

综合全书的主要思想，林肯没做温斯罗普"基督慈善的典范"中的错误之事，实现了杰斐逊的"个人自由"的观点，还做了杰斐逊之外的事，而那恰好是杰斐逊想做的事。温斯罗普认为，人应该信仰基督上帝，以基督的慈善去爱人。杰斐逊认为，人自始而平等，人是自由的，有根据个人意志选择善恶的权利，极力抹除上帝的存在，以自由选择善。而林肯却将两者结合，将自由的意志和上帝的干扰和谐地融在了一起，创建了美国自由的爱的纽带：人自始平等，人是自由的，而人活在上帝之下，上帝在积极干扰人事，所以我们有义务帮助他人，帮助遭受苦难的人，爱我们身边的任何人。

美国应该感谢林肯的存在，这位美国历史上最伟大的总统创建了"公民慈善的典范"，让美国避免了陷入分裂之中，把美国从"个人自由"与"上帝存在"的矛盾当中解救出来，真正实现了"正义与怜悯"的同时存在，才有了美国如今的"自由的爱的纽带"。反观我国，数千年来，家庭本位思想依然是中国慈善的主流，即爱别人就像爱自己的兄弟姐妹一样。中国传统文化中某些"人生来平等"的观念实际上也蕴含了家庭本位思想，即我们是由父母所生，生来平等，与西方"自始而平等"有所差异。中国的慈善之爱更多的是长辈对晚辈的爱，晚辈要回报长辈，是一种家庭之爱，难以摆脱家庭慈善提出普遍性的、不求回报的公益概念，"个人自由"与"爱的义务"的矛盾仍然没有得到解决。

通识课面向各种专业，学生未来的职业也千差万别，但不管怎样，对于个人所学领域来说，在我们今后从事各自的专业领域时，也应该以博爱之心去做，去爱自己的专业领域，爱自己的职业，因为我们必须明白，我们是自由的，但是爱别人、爱职业、爱自己的领域也是我们的义务，因为爱而自由。这种矛盾论思想在我们生活中随处可见，将林肯的"个人自由"与"上帝之爱"理解之后，对于我们思考自身的意义和职业的价值也有莫大好处。

二、《中国慈善事业的精神》

（一）原著概述

朱友渔的《中国慈善事业的精神》（*The Spirit of Chinese Philanthropy*，商务印书馆，2016 年 1 月出版）共分为六章，分别讨论中国慈善的思想、人口与社会福利、慈善、互惠以及最后的结论，是首部系统梳理中国古代慈善事业传统及其精神的经典之作，也是理解我国传统公益慈善观念与实践的重要参考资料。该书也论述了中国古代先哲的慈善思想，包括历史上对鳏寡孤独者的各种救济方式，特别分析了宗族、村庄、行会等在这方面所起的作用，并首次提出"中国独自的慈善博爱精神可以成为近代民主主义的基础，中国土生土长的善会善堂可以成为近代都市行政与近代地方行政的基础"等一些前瞻性的观点。

朱友渔（Andrew Yu-yue Tsu，1885—1986），1909 年赴美国留学，1912 年获哥伦比亚大学社会学博士学位，是中国首位留美的社会学博士，回国之初任圣约翰大学社会学教授和燕京大学的兼职教授，兼任上海童子军协会主席，在任职期间对社会工作进行介绍和推广（彭秀良，2010），是我国社会工作专业领域倡导者、践行者的先驱。

（二）原著导读

1. 传统的社会互助意识及其慈善价值

社会互助是中国慈善的重要特征之一。中国人民自古以来就有团结起来扶危济困的传统。这种团结合作救危解难的传统倾向是中国慈善事业显著的社会特点。中国传统经济活动中商业合作的习惯和互助意识（如行会）加深了这样的倾向。中国传统社会的互助意识强烈地受到宗族意识、同乡意识的深刻影响，表现为在外经商过程中，同族、同乡的人往往更加愿意加入一些互助组织。与此相似，同行业的人也更可能加入互助组织。换句话说，尽管中国传统上的社会互助的确反映或萌芽了社会慈善意识，但这种具有某种慈善意味的社会互助是建立在熟人社会、同乡意识或利益共同体上的，所以学术界普遍认为中国传统的社会慈善本质上还是一种宗族慈善，或者说是家族、宗族慈善的演绎。

不过，社会慈善意识的传播深度和辐射广度决定了社会互助的发展程度。通常，一个社会的慈善意识的发展是不均衡的，社会慈善有许多重点发展区域（善意和善行充沛的地区），通过不同社会小团体的交流合作，慈善意识会从重点区域辐射延伸，直至散播到全社会。于是，公益意识也会从一开始局限在宗族、村庄和行会这样的小范围内，最后冲破限制散播到全国范围。这种社会互助对社会发展的价值体现在：虽然社会互助的力量并不足以解救社会危难，但社会互助精神源于社会公正原则和社会团结意识，无疑推进了公益慈善事业。中国古代的社会互助虽由集体推行（如宗族、行会等），但同时也强调个人的责任；虽然也是一种慈善性援助，但同样并不贬损个人尊严，不会将接受帮助的人视为乞丐。

2. 会馆的社会作用和慈善功能

古代中国大的贸易市镇里，都或多或少会聚集着外乡人，这些人有的来做生意，有的来游玩，有的为公务逗留，有的是进京赶考而临时歇脚。城市中，外乡人与本地人自由交流，来自同省、同城、同乡的人总会聚集成小圈子，这样的小圈子就是所谓"同乡会"。中国人的思乡之情尤为深厚。事实上，客居异乡的人往往会更加思念自己的家乡，也自然而然会亲近同乡。而且，中国人普遍将自己祖父的籍贯当作自己的祖籍，对自己的出生地怀有眷恋之情。同乡会正是建立在人们对家乡的思念、眷怀之情上。

来自同一个省的同乡会被称作"会馆"。会馆设立的目的主要是为保护同乡，增进同乡间社会交往与经济交流而设。例如，重庆的湖广会馆就有广东会馆、江南会馆、两湖会馆、江西会馆及广东公所、齐安公所等，其中的湖广填四川移民博物馆，就生动地呈现了 300 多年前那段波澜壮阔的移民运动及其对此后川渝地区文化经济生活的影响。会馆的司董（董事）由名望人士担当；会馆的管理制度有公管制和董事制，其经费来源主要是会费、向同乡发放的公债及房租收入，管理人员由会员选出。尽管会馆成立之初多是基于利益和乡情，但随着时间的推移和人物命运的变化，自然而然就会演化为扶助同乡人的慈善组织：会馆为旅居外地的同乡人提供帮助，为贫困同乡提供免费交通、无偿丧葬，为赴京会试的同乡贫困考生提供便利，也帮助同乡人讨公道。当然，会馆同时也成为同乡寻求慈善帮助的便捷通道。

3. 行会的商业作用及其慈善功能

商业、手工业行会建立在共同利益、共同行业、共同职业门类和共同商业活动的基础上。行会作为一种社会组织，被称为公所，有具体目标。一般来说，同乡情谊有助于促进行会的形成，但行会成员之间的互利意识并非来源于同乡情谊或宗族关系，而是建立在共同经济利益和文化利益的基础上。行会的数目庞大，有多少种行业、商业，多少种劳动形式，就会有多少个行会存在，如金融业行会、茶叶行会、药铺行会、渔民行会、磨坊行会、车夫行会、铁匠行会、医师行会等各种行会。行会繁荣了商业和手工业经济，也促进了社会的发展。

行会是为维护某个特定行业（商业）的利益而存在，行会掌控贸易，确定劳动报酬，制定商品价格，监督服务，也负责管理其他与行会利益相关的事务。从这个角度上看，我国传统社会的商业或手工业行会主要是一种同舟共济、利益捆绑的经济性互助组织和行业自律组织。但是，行会作为互助组织，必然也蕴含了慈善功能。譬如，行会成员通常会对处于困境的其他成员或其成员家庭施予援手，这样的援助是建立在同为行会成员的基础上，带有慈善的价值。如同会馆是寻求慈善帮助的便捷通道一样，商业、手工业行会的成员通过行会也可以得到店主、商业机构、职业团体、劳工团体的慈善性帮助或救助。因为行会有能力和强大的号召力联合行业成员，动员整个行业捐资捐助。由于行会的筹资方式很有成效，因此行会的捐赠模式也通常被许多专事慈善事业的善会善堂所采用。总之，行会不仅仅推动了自身成员的经济互利，也极大地推动了社会的进步，支持了公益慈善事业的发展。

综上所述，中国传统的民间社会组织不仅大力发扬了民间的互助合作精神，也为中国古代的慈善实践提供了可行的方法、手段，更是推动了当时整个社会的发展。

三、《谁会真正关心慈善——保守主义令人称奇的富于同情心的真相》

（一）原著概述

《谁会真正关心慈善——保守主义令人称奇的富于同情心的真相》[①] 建立在统计学上，通过翔实的数据引证，向人们说明，美国的保守派比自由派[②]更加富有同情心，对公益慈善事业所做的贡献更多，所捐出善款的数量占自己收入百分比更大。美国保守主义者认为自力更生比接受施舍更道德。作者还认为，保守派更虔诚的基督教信仰，是其投身公益慈善的重要原因，即有宗教信仰作支撑更乐于慈善。在书中，布鲁克斯引用了一段经典名句"如今常存的有信，有望，有爱，这三样，其中最大的是爱"，然后提出一个看似简单实则深刻的问题，即"我们都知道要给予慈善，然而，谁会真正去做呢？"亚瑟·布鲁克斯对美国赠与习惯具有颠覆一般认知的研究，粉碎了"政治上的左派永远比右派富有同情心"之类的有关美国慈善的老套说法，结论非常令人惊讶、富有趣味，即什么样的人更关心慈善（金钱、努力、时间的奉献）？布鲁克斯的研究表明，

[①] 亚瑟·C. 布鲁克斯. 谁会真正关心慈善：保守主义令人称奇的富于同情心的真相 [M]. 王青山，译. 北京：社会科学文献出版社，2008.

[②] 这里的自由派即今天美国支持民主党的左派，而不是传统美国自由主义者；可能译者不太清楚美国传统自由主义者与今天的美国自由派的区别，两者之间从根本上是对立的。

信仰、婚姻、家庭影响、收入、社会福利政策等都将影响个人慈善行为。具体来说，他发现下述这些人更关心慈善：①有新教信仰的；②不主张政府应该使人们收入平等的（而是基于人的知识、能力、素养和努力程度的不同而实质上必然有差异）；③不接受国家救济的；④家庭完整、稳定的。这些人更有积极向上的态度和爱心，真正参与到公益与慈善事业当中，而不只在嘴上嚷嚷。在书中，布鲁克斯除了告诉读者谁是美国现今真正的赠与者之外，还告诉人们为什么会存在慈善赠与的问题。因为这不仅关系每个赠与者和被赠与者，而且关系整个国家。因为布鲁克斯坚定地认为，慈善既是一种国家经济财富的重要标示，也关系民众幸福、健康和公民作为一个自由人所具有的赠与能力。另外，该两条反驳自由派（即左派）的结论很值得关注和深思：①美国自由派虽然表面上表现得更关注慈善，关注贫富差距，但却是寄希望于政府，通过劫富济贫的征税来解决，而自己很少做出实质性行动；②因为政府征税方式的某种替代效应，反而让纯粹的慈善望而却步。当然，作者并非反对（或者完全主张不要）政府的社会保障，而是坚持，政府的社会保障只应关注老人和孩子以及其他真正处于不幸的、依靠自身难以走出困境的人或家庭。

亚瑟·C. 布鲁克斯（Arthur C. Brooks）是美国雪城大学（Syracuse University）马克斯韦尔公共事务学院教授，曾撰写过大量有关慈善和市民生活的文章与著作，他的作品经常刊登在《华尔街日报》和其他出版物上。布鲁克斯坚信慈善的道德力量，认为"慈善是运转良好社会和机能健全的生命的关键"以及"慈善与我们的身心健康、社团的生命力、国家繁荣甚至与我们作为自由人来支配自己的能力密切相关"。

（二）原著导读

多年来，很多人包括相当多的美国人一直都有一个普遍认识，即主张高福利、高税收、财富转移、大政府的民主党，更关心穷人的福祉；而保守的共和党对穷人冷血无情，自私自利，缺乏社会责任感。但亚瑟·C. 布鲁克斯《谁会真正关心慈善：保守主义令人称奇的富于同情心的真相》一书却用无可辩驳的数据、事实、案例反驳了这种误区，批驳了关于美国保守派不关心民众，不热心公益，只为富人服务等诸多虚妄之言，展示了保守主义慈善对于人生的魅力，也呈现了如何耕耘有助于公益慈善事业生长的社会土壤。布鲁克斯通过大量调查研究的案例和实证数据，得到了令许多人难以接受的结论：以拥有虔诚信仰为主的保守主义者（且中等收入者或中产阶层而非富贵家族占最大比例），无论是慈善捐款，还是公益参与、志愿服务，表现得都比追逐世俗主义的自由派优秀得多。美国现今的自由派大多数是美国民主党的坚定支持者，也是那些支持美国政府无条件无差别买单、高税收制度的坚定支持者。但布鲁克斯提供的很多调查数据表明，即使都是同一低生活水平的穷人，拥有工作的自食其力者参与慈善活动的比例也远高于只满足于享受政府福利的人，而后者不仅政治上倾向自由派，对慈善也持不甚关心甚至反对、敌视的态度。布鲁克斯的研究发现为人们揭示了一个常人难以觉察的深刻主题：私人意义的民间慈善行动而非政府的高税收、强制性摊派福利更彰显道德，后者反而是道德堕落的重要原因。细究下去其实道理并不艰深：政府福利来源于纳税人，对那些本来可以自食其力的人（家庭）来说，强制性福利摊派虽然能够在一时取悦民众，但却变相地鼓励人们不劳而获；同时，社会上真正的弱者、因遭遇不幸处于困境中的个人（及其家庭），全社会本因伸出援助之手，但自由派很容易将责任单纯地推脱给政府，自己置身事外，这就容易引发公众社会责任感、同情心与怜悯心泯灭的道德危机。

布鲁克斯也从经济学角度分析了政府强制性福利摊派对私人慈善的"挤出效应"等缺陷。政府无差别地对那些吸毒者、非法移民以及其他有劳动能力却不劳动的人进行强制性社会保障，以及对慈善机构的主持或注资，不仅会导致政府臃肿、腐败和经济阻滞，而且会直接减少私人慈善捐款或投资的机会，使人们行善动机削弱的同时，也减少了民间慈善捐赠。其背后的逻辑是：政府在公益慈善上的开支会导致大众减少对公益慈善机构的捐赠，这种"随着政府福利馈赠的增加，每个人的捐赠随之下降"现象的解释理由，就是人们会关注政府的援助而把个人慈善作为替代品，也就是"如果政府用自己的钱帮助其他人，我就会减少个人捐助"。经济学家把这种现象称之为"公共支出的挤出效应"（public goods crowding out effect）。或许，以劫富济贫的方式来解决贫富分化，从整体和长期上看只能是一厢情愿。

不过，有必要指出的是，正如"授人以鱼不如授人以渔"，传统以捐款、志愿服务为主要形式的公益慈善并非解决贫困问题的良药，政府应注重慈善与公益的具体方式，如洛克菲勒基金和尤努斯的格莱珉银行，公益慈善事业需要关注长期效益、可持续性和一定的绩效与创新。这种认识在马修·比索普和迈克尔·格林的《慈善资本主义：富人在如何拯救世界》①中得到印证。马修·比索普甚至还做过另外一项调查：在相同收入的条件下，一个"冷血的共和党"，慈善捐款额比一个"心怀苍生的民主党"高出37%；同样，他们也比民主党人士更加热心公益，他们参与社区公共事务、当志愿者的比例以及为公益慈善事业所奉献的时间，也比一般民主党人士高出很多，这样看来布鲁克斯与毕肖普的认识相当一致。布鲁克斯甚至还不无嘲讽地指出，美国的自由派尽管没有像保守派那样主动去行善，却巧舌如簧地大谈贫富悬殊和政府福利，这不过是慷他人之慨，拿别人的钱为自己脸上贴金罢了。

马修·比索普关于美国民主党（自由派）和共和党（保守派）慈善态度的两个有趣案例：

案例1：在同等收入条件下，一个民主党，一个共和党，各赚一千元。民主党建议政府收五十元的税用于救济穷人，共和党不肯。按人数投票后，民主党赢了，五十元税被收走了，现在每人只剩下九百五十元。在这种情况下，反而是那个不情愿交税的共和党人，又自愿额外拿出更多的钱对穷人进行慈善救济。

案例2：面对他人的不幸，左翼的主张是：除非大家都拿出钱来，否则我不同意掏钱；右翼的主张是：这事儿各随心意，搞什么强迫？（但在以税收形式被强迫随了份子之后，右派仍然不愿意放弃个人的责任）

---

1. 慈善的概念及内涵

根据《谁会真正关心慈善》，为了他人受益而做出的自愿奉献就是慈善。这个定义实际上强调了慈善的社会公共属性。正确地理解慈善，我们还要把握以下内涵（钱正荣，2010）。

（1）捐赠者不一定非是巨商大富，贫困者也可以行慷慨之举。虽然富人可能捐献

---

① 马修·比索普，迈克尔·格林. 慈善资本主义：富人在如何拯救世界 [M]. 丁开杰，苟天来，朱晓红，译. 北京：社会科学文献出版社，2011.

钱财更多，但更多普通人的日常捐赠，更能彰显一个社会的健康程度和道德水准。

（2）受益方也并非一定是弱势群体，譬如大学等科研机构一直都是慈善捐赠的最佳领域。这个问题实际上触及了公益与慈善相关概念的内涵与外延问题。但自由派认为，如果捐赠品不能促进社会平等，那它就不是慈善。布鲁克斯认为这种观点太过于主观，因为每个人都有自己认为最重要的捐助对象，捐助者也有选择捐赠对象的权利。而且，正是这种对个人利益正当性的认可，才不断促使美国的慈善更广泛和有效地处理各种社会问题。

（3）社会或个人的捐赠物不一定非是金钱，且捐献也并非只意味着捐出你已经拥有的钱财，实际上，每个人贡献的时间、精力和智力服务往往更能体现出慈善的本质。

（4）慈善不是一种动机，而是一种行为。人们很难在慈善动机上达成一致意见。因为人容易推测、推断他人的慈善行动是否怀有仁慈之心，但是动机本身却是难以测量的，且动机具有多样性，一味地追溯或揣测动机无益于理解私人的慷慨行为对于社会发展的益处。

（5）不同于政府强制下的税收行为，慈善是一种自愿行为，彰显的是一种志愿精神，体现出人类的博爱之心，是超越个人私利的利他行为、同情心以及对群体、对社会的责任感。

（6）支持慈善行动不等于一定会支持政府的福利计划。布鲁克斯认为，不能根据是否支持加大对富人的税收或是否支持政府的福利计划来判断一个人是否具有仁慈之心，也没有充足的证据表明高声疾呼、抨击经济不平等的人一定是乐善好施的人。慈善是人类正当的需求；用道德义愤来绑架、取代个人慈善行为是不明智的。与政府的直接救助相比，慈善具有比较优势，组织化慈善运作更能维护穷人的自尊，"为那些有抱负的人提供向上攀爬的阶梯"。

2. 慈善行为的影响因素

那么，什么因素会激发或抑制公益慈善行为呢？布鲁克斯挖掘了保守派比自由派更能亲力亲为地为公益慈善事业做贡献的原因，认为"宗教信仰""大政府经济运作""工作"和"健康的家庭"是影响大多数人慈善行为的重要因素。

（1）宗教信仰。布鲁克斯通过民意调查发现，"有信仰的人远比世俗主义者仁慈得多。在多年的研究中，迄今为止我还从没有发现过一种调查方式，它可以证明世俗论者比宗教信徒更加慈善。""即使剔除掉宗教性质的捐赠和志愿服务后，在对所有的非宗教性慈善行为的评估中，例如通过对世俗的捐赠、非正式的捐献甚至善意和诚实行为等的调查，事实证明信奉宗教的人们比世俗论者更富有仁爱。"布鲁克斯进一步认为，信仰和保守主义之间保持着一种强有力的联系；而民主党愈演愈烈的世俗化，凸显了其日趋增大的对慈善行为的抑制力；信仰与政见的联系正是保守派与自由派之慈善表现差距的恰当解释。的确，信仰对心灵的净化鼓励了慈善行为。

（2）大政府经济运作。常识告诉我们，那些大声疾呼、极力抨击经济不平等的人一定会更乐于行善好施。但布鲁克斯通过大量的调查数据，证明这样的常识是错误的；相反，那些崇尚经济自由进而强烈反对过度再分配政策的人更加仁慈。疾呼经济不平等的人之所以远离捐献，是因为通过政府的再分配计划也即转赠他人金钱的想法取代了他们自己捐赠的实际行动。即使在志愿服务乃至在路边给人指路、还回找错的零钱、给无家可归的人一些食品和零钱、无偿献血等方面，民意调查显示崇尚大政府的人与反对政府过度干预的人有着明显差距。调查表明，政府是否实施收入再分配政策或减少不平等政策本身的影响并不重要，重要的还是人们对政策的支持，也就是用政治观点代替了个人捐赠。但慈善从根本上而言是个人行为，当政治倾向于由政府来承担济贫助人的责任时，个人捐赠的积极性受到了抑制。洛克菲勒的名言"尽其所能获取，尽其所能给予"表达了在肯定个人贡献的基础上对群体和社会的责任，而过度的再分配政策将会对其造成双重的打击。

（3）工作。布鲁克斯的多项调查显示，收入对慈善的影响微乎其微；当然，由于"精英慈善文化"的存在，富人因肩负更大的"义务"捐赠数额往往较大，但是收入对志愿行为这种非金钱性质的捐赠没有影响。总体上，如果从捐赠的绝对数额来看，穷人不如富人多，但是从捐赠所占收入的平均比例来看，穷人更有爱心。特别地，倘若比较收入接近的"有工作的低收入家庭"和"享受政府福利家庭"的慈善表现来看，统计数据显示，有工作的贫困家庭的捐款是享受政府福利家庭的2倍，前者参与志愿服务的比例也是后者的2倍。关于这个调查结论，布鲁克斯认为，可靠的解释在于，不是贫困使人冷酷无情，而是政府过分的福利政策泯灭了慈善之心。不当的、过度的社会福利政策操作可能造成不利后果，也与公益慈善助人自助的理念相悖。所以，工作，不论其挣钱多寡，本身代表着自立、坚强、担负责任以及努力遵守相应的工作规范和道德标准。鼓励积极工作与慈善理念相契合。

（4）健康的家庭。家庭与慈善又有什么关联呢？首先，生育与慈善有关，在某种意义上，养儿育女本身就是另种类型的慈善；生育本身就是慈善，放弃生育在某种程度上就是自私的表现。因为养育过程对个人（家庭）来说，付出了诸项成本和代价，对于社会和国家来说，造就了富有生产力的新公民，并通过纳税支撑了公共支出，创造财富进行经济投资，更何况，养育过程本身也有一种心满意足的回报。其次，慷慨的家长会培育出慷慨的孩子。父母通过言传身教传授慈善理念、传递爱心，或者通过赠予子女财产刺激其行善的愿望；而慷慨善良的孩子，也必然使父母无比自豪。再次，家庭也是孩子从小接受宗教洗礼和信仰活动的最佳场所。最后，完整、稳定的婚姻生活，父母角色的正面影响，将促进孩子慈善品性的养成，而一味地享受政府福利、离婚或单亲家庭、贫困和自私等社会行为的交织，极有可能对慈善产生负面的影响。动则离婚、不肯担负家庭责任的自私行为，不可能促进公益慈善。

3. 对自由派质疑的反驳

更难得的是，布鲁克斯充分意识到，人们可能会因为他这些让人很意外和震惊的结论而对他加以批判和反驳。因此，他在书中主动梳理了一些可能的质疑意见并尝试进行了辩论。

质疑一：书中对慈善行为定义过于狭隘，而且仅仅关注自愿的捐赠行为，却把最重要的一种手段即纳税排除在外了。对此，布鲁克斯认为福利计划不属于慈善范畴。政府的福利计划属于公共政策，而公共政策对保守派和自由派这两个群体的影响是公平的，主流政策或多或少反映出投票者的意愿，所以不能仅仅根据对政策的态度（如是否支持加大对富人征税，是否赞许政府福利计划）来断定一个人是否有同情心。尽管某些面向穷人的公共政策的冷酷性会引起人们的义愤，这种义愤会引发道德思考，它很可能是正义的，但不能解除任何人的痛苦。如果道德上的义愤成为个人慈善行为的替代品的话，穷人的困境只会更糟糕。

质疑二：除非考虑一个人的捐赠动机，否则就会把保守派的捐赠与"真实的"慈善混为一谈。布鲁克斯认为，慈善依赖于行动而不在于动机。捐赠的动机具有多样性，没有谁能真正了解别人的行为动机。如果仅凭想象或猜测某位捐赠者的动机不纯就排斥他的慈善行为，是很荒谬的。试想，一位像铁公鸡一样一毛不拔却声称信奉帮助他人的理念的人，能比一位有实际慈善行动或其他善举但外表上不显得那么仁慈的人更慷慨吗？

质疑三：很多保守派的捐赠没有帮助到"真正贫困者"，绝大部分的捐赠捐向了教堂、上流社会的非营利组织，比如常春藤大学或交响乐团等。很多美国政治"左派"人士认为，如果捐赠不能减轻或促进社会平等，就不具有慈善性。因为这样的捐赠不能帮助美国贫困的人们，所以它不是真正的慈善行动。布鲁克斯认为，这个论点歪曲了很多事实。首先，捐款绝对数的增加补偿了相对较低的对公共事业的捐款数；其次，若真的只是捐给了教堂或上流社会的非营利团体，就是不正当的捐赠了吗？左翼自由派认为"慈善捐赠的对象是至关重要的，所以有被视作不仁慈的捐赠"，但布鲁克斯认为捐赠对象选择的差异性是美好的，除了出于满足人类基本需求，文化、教育、体育、宗教、科学研究等社会发展方面的无私奉献同样重要。

总之，布鲁克斯以大量的调查数据作为支撑，论证了美国自由派和保守主义者在慈善实践上的差距及导致差距的原因所在，且论证始终贯穿了一个绕不开的核心主题，就是政府应该如何做才能充分激发慈善和广泛的私人捐赠，怎样搭建公益慈善发展的最佳制度平台。

四、《慈善的意义与使命》

（一）原著概述

《慈善的意义与使命》（*Understanding Philanthropy：Its Meaning and Mission*）[①] 探索的是美国的慈善现象和行为。不过，尽管慈善在不同的文化传统中的表现形式及行为动机有所不同，但慈善作为一种人文特征的行为，具有普遍性。慈善与每个人相连，每个人都有过邻里互助、对乞丐的施舍、对灾区的捐赠；而且每个人也都受益于慈善，因为今天社会的文明、科技的进步既是前辈们辛勤创造，也是慈善家大力支持科学研究、科技创新的结果。因此，作者提出，要"认真对待慈善"。

但随着时代的变迁和市场的创新，公益慈善事业今天遭遇到的一个问题是，很多人已经相信，通过从社会企业购买产品或通过提供低利率贷款的方式，而不是靠慈善家的施舍，同样可以获得公共物品，甚至这些方式对社会还更有益。这时，该如何看待公益慈善事业在公共物品供给中的作用呢？正如公益人在实践中也会被迫时不时地思考：何为慈善？慈善为何？慈善如何运作？慈善在社会中发挥的作用有什么？公益慈善究竟有何特异之处？更进一步站在社会发展的角度上，公益慈善事业不可回避地还要回答，公益慈善是否会从本心的、个人的善，走向追求自由、公正、开放、包容的社会？对社会发展的追求是否应该成为公益慈善组织演进道路上的使命？《慈善的意义与使命》或许会对回答这些基本的问题有所帮助。《慈善的意义与使命》一书的出版实际上也表明，在创新蓬勃发展、市场竞争日趋激烈的纷繁世界中，公益慈善事业的确有必要向世人厘清其道德属性，作为公益慈善事业重要载体的非营利组织也迫切需要更为详细地论证其职责、其存在的价值和理由。

---

① 罗伯特·L 佩顿，迈克尔·P 穆迪. 慈善的意义与使命 [M]. 郭烁，译. 北京：中国劳动社会保障出版社，2013.

《慈善的意义与使命》一书的作者罗伯特·L.佩顿，早年毕业于芝加哥大学，担任过印第安纳大学慈善研究中心主任，曾任艾克森教育基金会（Exxon Education Foundation）主席、霍夫斯特拉大学（Hofstra University）校长、C. W. Post 学院院长以及林登·贝恩斯·约翰逊总统时期的美国驻喀麦隆大使，是一位专门从事慈善研究的荣休教授，他另一本慈善著作是《慈善：致力于公益的志愿行为》（*Philanthropy: Voluntary Action for Public Good*，1988）。迈克尔·P.穆迪（Michael P. Moody），文化社会学家，伟谷州立大学（Grand Valley State University）约翰逊慈善研究中心（Johnson Center for Philanthropy）弗雷基金会（Frey Foundation）家庭慈善部主任，从事慈善的理论研究与实践，在家庭基金会、第二代捐赠者、战略性和道德性的慈善、捐赠教育、"反哺"式慈善等领域著述颇丰。

（二）原著导读

在罗伯特·L.佩顿曾任职的印第安纳大学慈善研究中心获得慈善学博士学位，后执教于纽约佩斯大学文理学院公共管理系以及曾在福特基金会、鲁思基金会担任项目研究员的何莉君（2009）详细梳理了《慈善的意义与使命》这本书的基本内容和佩顿、穆迪在书中要表达的主要思想。慈善本身既关乎行动也关乎价值，个人只有对慈善的意义和使命有了真正的理解后，才能正确认识慈善的合法性、商业化、全球化以及可持续性发展等问题。在慈善事业高度发达的美国社会依然存在耽于做而忽于思、重技能而轻人文的情况，《慈善的意义与使命》一书就是在这样的背景下应时而作的，其深刻地揭示了欧美传统慈善的社会性转向。

1. 慈善的意义

慈善的英文名称为 philanthropy，缘于埃斯库罗斯（Aeschylus）古希腊神话中普罗米修斯为人类从天神宙斯处盗取火种，给予人类生存希望，而后被宙斯捆缚在悬崖上任飞鸟刁啄身体。普罗米修斯这种舍己的行为被神话中另一个人物赫菲斯托斯（Hephaestus）称为 philanthropia，意即"爱人类"。罗伯特·佩滕把慈善理解的"为公众谋福利的志愿行为"，即通过志愿行为给予三"T"，即金钱（treasure）、时间（time）、智力（talent）来实现两种目的：第一，减轻他人（与自己没有血缘或法律关系）的痛苦、帮助他人走出困境，如提供衣食、提供住所、治病等；第二，改善社区群体的生活质量，如促进或改善社区文化、教育、体育、娱乐、环境等。两种目的都具有明显的道德维度（moral dimension），即慈善与公益的重要特征。这意味着，慈善是一个更具总括性的词汇，可以涵盖志愿行业、非营利组织（NPO）、非政府组织（NGO）、第三部门（third sector）、公民社会（civil society）等概念，覆盖了做好事、善行、利他、人道主义等意义，也概括了善行的多样性，且能够与政府、市场等并列。

2. 慈善的开展

慈善行为和慈善组织广泛活跃在社会生活中，涉及教育、医疗、环保、文化艺术、人权、宗教、社会服务、国际事务等诸多领域，与政府、商业一起构成美国社会发展的三驾马车。

那么，是什么促成了美国公益慈善事业的蓬勃发展呢？罗伯特·L.佩顿和迈克尔·P.穆迪认为，没有志愿组织，就没有慈善事业。不断涌现的志愿组织使美国产生有组织的慈善成为可能。志愿组织可以团结个体的力量、聚集全社会的救助力量，如通过社会筹资，哪怕是一点一滴，也可以积少成多，从而有能力为暂时无家可归的人提供临时的庇护住所，建立免费的戒酒戒毒场所，提供免费的淋浴、衣物等。而且，志愿组织通过有序的筹资、管理和评估，可以长期提供各种人们所需要的必需品，维护困境中人必要的尊严，帮助困难群体度过难关，帮助其自力更生。从单个情形上看，这只是暂时的救济，但是它的社会影响是长期的。

此外，美国慈善令人瞩目的地方在于志愿组织募捐的广度、效度和专业化。募捐、筹资使得志愿组织变得更具竞争力，也更有机会接受或更经得住公众的考验，进而赋予慈善组织更强的行动力，并发展出了个别的筹资人、筹资公司、私人基金会、公共基金会、社区基金会和家庭基金会，以及专门为富人提供慈善捐赠建议的经纪机构、专门为儿童获取免费医疗救助、夏令营和电脑等需求的组织、专门为非营利组织进行政治游说的倡导型组织。

3. 慈善的使命

任何组织、机构的项目和策略都是围绕某种使命展开的，使命是其价值、宗旨的体现。其中，公益慈善组织的使命，应该是在发现社会问题的基础上，利用创新的道德想象对社会问题进行回应。不过，使命并不总是显而易见，发现使命需要发挥道德想象，好的使命陈述应该是对公众的再认识和再教育的过程。成功的公益慈善组织，其经营秘诀在于让捐赠者忠于并奉献于该组织的使命（某种价值），而不是组织本身。

那么，社会问题为什么需要通过慈善的方式去回应呢？人们通常会希望通过一种受尊敬、被期望、合适的方式去表达并传递一种关爱，这种方式最好的就是慈善。回应社会问题的常见方式有自救、互助、政府援助和慈善。

（1）自救是首要的和最根本的。慈善的最重要原则就是尊重个体自救的尊严。帮助那些有劳动能力而不工作的人可能是有害的，它可能助长个体对别人的依赖性，致使他们在放弃经济独立的同时，也放弃了道德尊严。所以，慈善应该扮演的合适角色应该是助人自救。

（2）个人遭遇困境的时候，一般会首先寻求家人、朋友的帮助，或者向邻舍、同事、所属协会的成员等寻求帮助。这是一种互助，其规范的建立依赖于成员之间彼此的信任。

（3）政府面对人民的医疗、住房、生活等难题时，提供必要的社会福利保障，提供公共产品进行兜底。

（4）当自救、互助等无能为力，满足不了需要，而政府的资源不充足或者得不到、政府失守的时候，公益慈善就可以填补空白。

当然，慈善组织或慈善行动的个体在决定是否通过慈善行动进行回应之前，应该先知道发生了什么事，然后再从自身所处的政治、经济、文化条件，来决定采取什么样的行动形式。践行慈善的最高指导原则是：做好事而不要伤害别人（seek to do good but do no harm）。

4. 慈善的信条

慈善的根本目的不是对某一个人或者几个人的救济，而是关注社区和整个社会的发展。美国社会另一个令人瞩目的地方就是发达的社区服务。支持社区发展，既是对社区的答谢，也使社区的成功成为可能。在美国，人们常说回报社会（giving back），其实也就是推进社会（giving forward）。美国人和社会普遍信奉回馈社区、为社区付出的价值观。例如，利里基金会（Lily Endowment）的70%的拨款都用来支持印第安纳州以及利里基金会所在城市印第安纳波利斯的发展，践行了基金会创立者的意愿和基金会的价值观：回报和扶持所在社区的发展。福特基金会设立专项资金帮助所在社区解决贫穷、低程度教育以及失业问题，实际上创新了企业的商业策略，因为社区文明程度和文化程度越高，就越可以提供更好的劳动力和发展环境，进而增加公司的竞争优势，实现社区和企业的共赢。

上述的慈善行为实际上遵循了慈善的两个原则：其一，慈善"序列互利"（serial reciprocal）原则，捐赠者也是受益者；尽管捐赠者不一定是直接受益者，但它的帮助是期望他人能够将这种利益传给下一个需要帮助的人。其二，受托人义务（stewardship）原则，慈善组织或其工作人员只是捐赠者的受托人，帮助捐赠者实现为公众谋福利的目的，将这种利益向下传递。

5. 慈善的制度根基

在《慈善的意义和使命》一书的结尾，罗伯特·L. 佩顿和迈克尔·P. 穆迪概括了新教经典对慈善的各项引述，强调新教经典并呼吁人们关注和爱护社区。基于新教传统，英国的《1601 年慈善用途法》（The Statute of Charitable Uses，1601）标志着世界上的贫困问题首次纳入有组织的官方解决途径中，并成为中世纪传统慈善与现代慈善的分水岭。一般地，传统的慈善公益在规模上有限，主要依靠个体或者少数志愿组织，常常是杯水车薪，收效甚微。《1601 年慈善用途法》呼吁用税收支持、鼓励私人慈善机构以及基金会的成立，来更系统、广泛地解决贫困问题。此后，英国政府与富人基层共同修建公园、桥梁、学校、图书馆、医院等公共设施。公益慈善事业经历了由感性捐赠到理性分析，由零散捐赠到组织化的基金会，从不分捐赠对象到有区别地帮助受助者，从暂时性物质捐赠到激励受助者自强自立，从松散性、临时性公民志愿到有专业技能、职业道德的职业慈善等的过程，公益慈善深刻地促进了社会的发展。

五、《非营利组织的管理》

（一）原著概述

医院、基金会等非营利组织如何通过管理，实现组织目标，展现组织的社会价值？彼得·德鲁克（Peter F. Drucker）的经典之作《非营利组织的管理》（Managing the Nonprofit Organization：Principles and Practices）① 从使命到绩效，再到策略，勾勒出了清晰、具体的操作方法，具体通过确立使命、从使命到成果、绩效管理、人力资源与关系网络、自我发展五个方面系统而全面地阐述了非营利性组织管理的问题：非营利组织与企业、政府机构使命的重大区别；究竟什么是"非营利性工作"的成果；非营利组织提供服务及获得运营资金的策略；因大量依赖志愿者，导致无法推行强制性命令，由此而引起的进行机构改革和调整的种种挑战。德鲁克认为非营利组织领导的工作重点应该是思考组织的宗旨和使命、实现组织的目标、展现组织的社会价值。

《非营利组织的管理》一书的主要结构是：①确定使命和领导者角色探讨，以访谈事实为基础，提出了非营利组织的使命是改造人类和社会。②从使命到成果，勾勒出了非营利组织市场营销、创新和基金发展的有效战略；认为使命的提出只相当于建筑的地基，战略才是完成建筑的中流砥柱。计划、营销、人才和资金是非营利组织管理中的基本原则。③提出绩效管理，20 世纪 70 年代以来，绩效管理成了推进地方治理变革的重要工具。德鲁克明确地指出：自己对什么负责，组织要确定具体的目标。④从人力资源与关系网络进行分析，发展人际关系是组织成长的必要条件。而在构建关系网络框架

---

① 彼得·德鲁克. 非营利组织的管理 [M]. 吴振阳，译. 北京：机械工业出版社，2018.

时，德鲁克强烈主张换位思考，参与实际工作，鼓励和引导员工一起工作，且换位思考也是人力资源发展的重要措施。⑤明晰个人、管理者和领导者的角色，强调个人的自我发展。在大量的访谈和事实基础上，德鲁克深刻地认为，没有人会是一座孤岛，只活在自己的世界里；每个人都应该规划未来，尽心尽职地做好自己的事情，尽可能地完善自己，发现不足，加以改正。

《非营利组织的管理》尽管是一部管理学的书籍，却通过非营利组织（医院、协会等非政府公共组织、基金会等公益慈善组织）的使命、目标和社会价值，在字里行间中清晰地呈现了公益慈善事业的社会使命以及公益慈善与社会发展之间的密切关系。对于这种紧密关系，我们可以从彼得·德鲁克创作《非营利组织的管理》这本书的背景、认识中看出来。

彼得·德鲁克写作《非营利组织的管理》的起始认识（"作者语"摘录）：

在过去40年间，非营利组织在美国取得了令人瞩目的成就。从许多方面来看，非营利性部门已成为美国蓬勃发展的"朝阳行业"，无论是卫生保健机构，如在重大疾病研究、预防和治疗方面发挥领导作用的美国心脏协会和美国癌症协会（American Cancer Society），或公益服务社团，如分别为全球最大的少男少女组织的美国男童军和美国女童军；或迅速发展的教会和医院；又或是在迅速变化、浮躁不安的美国已开始成为社会活动中心的其他成效斐然的非营利组织，都取得了巨大的成功。非营利性部门已成为美国的"公民社会"。

然而，如今非营利组织也面临巨大而且不同于以往的挑战。

首先，挑战来自如何使捐赠者转变为奉献者。按捐赠金额与收入之比而言，受过良好教育的富有年轻人目前捐赠的数额少于他们的父母——贫穷的蓝领工人——过去捐赠的数额。非营利性部门的健康状况令人担忧。美国民众对于非营利组织这种人类改造机构的捐赠占GNP（国民生产总值）的比重没有增加。捐赠是必须的，非营利组织借此才能履行它们共同的使命：满足美国人民自我实现、活出理想、活出信仰、活出真我的需要。使捐赠者成为奉献者，意味着美国人能看到他们想要看到的，或是他们应该想要看到的形象，正如我们每个人清晨在镜子中看到的自己：一个勇于承担责任的好市民，一个守望相助的好邻居。

其次，非营利组织所面临的第二个主要挑战来自实现社区的共同目标。40年来，很多美国人从小镇出生成长，然后搬到大城市或郊区，远离了家乡，但仍需要一个社区，所以为非营利组织无偿工作，可以给人们提供社区的归属感、发展目标及方向——无论是与当地的女童子军们一起工作，还是在医院充当志愿者，或是在当地教堂里担任读经小组的领读。在与非营利组织的志愿者们的交谈中，德鲁克反复问道："为什么你们愿意奉献你们本可以为薪水而努力工作的全部时间？"答案总是相同："因为在这里我清楚自己在做什么，在这里我是在奉献自己，在这里我感到自己是这个社区的一员。"从某种意义上来说，非营利组织就是美国的社区，它们赋予并增强个人履行公民义务和实现自我价值的能力。虽然志愿者们并不满足于有偿工作，希望从无偿奉献中获得更大的满足，但仍然需要把他们当作义工来加以管理，然而，大多数非营利组织在这方面还有待学习。我希望通过一些成功的案例而不是简单的说教来使其明白应该如何进行管理。

彼得·德鲁克（Peter F. Drucker，1909—2005），出生于奥地利的维也纳，1931 年获法兰克福大学法学博士，1937 年移居美国，终身以教书、著书和咨询为业，是当代最著名的管理学家，被誉为现代管理学之父，曾担任由美国银行和保险公司组成的财团的经济学者，美国通用汽车公司、克莱斯勒公司、IBM 公司等大企业的管理顾问，被《纽约时报》赞誉为"当代最具启发性的思想家"，7 次获得"麦肯锡奖"。彼得·德鲁克也是一个社会生态学家，他对社会学和经济学的影响深远，无论是英特尔公司创始人安迪·格鲁夫，微软公司的董事长比尔·盖茨，还是通用电气公司前 CEO 杰克·韦尔奇，他们在企业的管理思想、管理实践及其企业社会责任理念、公益慈善行动等方面都受到了彼得·德鲁克的启发和深刻影响。2002 年 6 月，时任美国总统的小布什授予彼得·德鲁克"总统自由勋章"，这是美国公民所能获得的最高荣誉。为表彰彼得·德鲁克为非营利领域所带来的巨大影响，国际慈善机构"救世军"授予德鲁克救世军最高奖项"伊万婕琳·布斯奖"。彼得·德鲁克一生著述丰硕，包括《管理的实践》《卓有成效的管理者》《管理：使命、责任、实务》《旁观者》等 39 部著作，并在《哈佛商业评论》发表了 38 篇文章，他的著作架起了从工业时代到知识时代的桥梁，其管理思想传播到全世界 130 多个国家。

（二）原著导读

根据彼得·德鲁克在《非营利组织的管理》一书中所铺设的理论体系，非营利组织的管理是一个从使命开始（组织存在的目的），到组织管控、募资计划、绩效表现、绩效评估，再到如何有效发掘组织内外部资源，最后到如何让组织领导发挥潜力的动态过程。使命（vision），即强调组织的宗旨和价值观，也即组织存在的意义、目的。良好的动机、明确的使命、清晰的目标、正确的策略和卓有成效的管理方式，都为非营利组织的持续发展提供了保证。使命应该是可以实现、能够产生成效的，能得到各利益相关方的支持。因此，非营利组织必须区别道德理念和经济现实。一个非营利组织的使命不能仅仅是一个美好的道德理念却不能产生结果。成功的使命需具备三要素：机会、竞争力和奉献精神。其中，机会是指"使命须符合需求，这样组织才有机会，才能获得外部资源"；竞争力是指每一个组织都应该有自己的不可替代的独特之处，以彰显其存在的价值、意义和核心竞争力；奉献精神是指像信仰一样可以为人注入希望和力量。从彼得·德鲁克对非营利组织使命的阐释中，我们可以发现公益慈善组织及其事业对社会发展、社会文明、社会进步的重要价值。

对《非营利组织的管理》一书导读的重点放在组织的使命上。既然非营利组织的存在会给个人和社会带来深刻的变化，那就要首先讨论，什么样的组织使命是有用的，什么样的组织使命是无用的以及如何来定义使命。组织使命的最终的检验标准，不是组织宗旨中哪些辞藻华丽的使命陈述，而是一个组织正确恰当的行动。非营利组织重要的不是领导的魅力，而是领导的使命。因此，领导的第一要务应该是思考并定义组织机构的使命。

1. 明确组织的使命

举几个简单的例子。一家医院急诊室的使命陈述："我们的使命是为受病痛折磨的人提供保障"——简洁、清晰又直观。美国女童军的使命陈述同样简洁明了："帮助少女成长为自豪、自信和自尊的年轻妇女。"美国东海岸一所新教圣公会教堂确定了这样一项使命："使耶稣成为教堂和主教的指南。"美国救世军的使命是："使公民不再被社会所抛弃。"英国拉格比公学的第二任校长阿诺德（Thomas Arnold）是 19 世纪英国最伟大的教育家之一，他创建了英国公学，把其使命定义为"使绅士告别野蛮状态"。

几乎所有的医院都说："我们的使命是保健。"然而这是个错误的定义。医院所做的其实并非保健，而是治病。人们通常采取不吸烟、不酗酒、晚上早点休息以及控制体重等措施进行保健，只有在生病时才上医院看病。更糟糕的是，在阐述了"我们的使命是保健"之后，没有人告诉他们将采取什么行动或措施来贯彻落实所陈述的使命。使命陈述必须是切实可行的，否则就只是良好的愿望而已。使命陈述必须着眼于组织机构，确定计划采取的行动，然后加以贯彻落实，并使每一个组织的成员都能明确地表示：这是我对组织目标的贡献。

许多年前，彼得·德鲁克和一家大型医院的主管进行座谈，探讨急诊室的使命陈述。我们用了很长的时间才达成一个非常简单并且极其浅显的陈述方式：急诊室就是为受病痛折磨的人提供保障的地方。要做好这一点，你必须明确实际行动和措施。使医生和护士们感到十分惊讶的是，一流急诊室的职能仅仅是如此直白地告诉大多数就诊者：只要就诊者能够一夜安睡，不需照料，就不会有什么问题。你也许会对此感到惊讶，而实际上即使婴儿得了流感，变得烦躁不安，也不是什么很严重的问题，因为有医生和护士提供保障。于是，我们就这样确定了使命，虽然它看起来实在是太浅显了。然而使之转化成实际行动，则意味着前来就诊的每一位患者在一分钟内就能得到一位训练有素的医生或护士的接待。这就是使命的意义，这就是组织的目标。剩下的是如何执行的问题：一些患者被立即安排接受治疗，一些被安排去接受检查，还有另外一些则被告知："不用担心，回去睡上一觉，服片阿司匹林。如果没有好转，明天再来看医生。"显然，急诊室首要的目标就是立即接待每一位患者，因为这是为患者提供保障的唯一方式。

2. 将使命转化为行动目标

非营利组织管理者的任务是将组织的使命陈述转化为明确而具体的行动方向。组织使命可以是永恒的，至少应该和我们所能预见的一样久远。只要人类存在，就有饱受疾病煎熬的人们；只要人类存在，就有酗酒、吸毒及其他诸如此类的悲惨故事。也正因如此，为了减轻人类的病痛和私欲等诸如此类的问题，千百年以来我们建立了各式各样的学校，想方设法将一点一滴的知识灌输给才六岁的学龄儿童，尽管他们更喜欢的是出去游玩。

目标也可以是短暂的，其可以因为使命的完成而进行重大调整的。譬如，100 年前结核病疗养院还是 19 世纪最伟大的发明之一，但今天在大多数国家它的使命已经完成了，因为人类已经掌握了如何使用抗生素来治疗结核病。因此，非营利组织的管理者必须对目标及时进行审核、修正和系统地扬弃。使命是永恒的，而目标是短暂的。

很多组织常犯的一个普遍错误是把使命陈述弄成一锅良好愿望的大杂烩，可实际上，使命陈述必须简洁、明了。这就意味着，要增加新的任务，就得放下原先的任务，因为你只能做有限的事情。比如，有一些学院把使命陈述弄得混杂不堪，设法或寻求做50 件不同的事情，这样的使命陈述毫无意义，因为一个学院实际上做不了这么多。而另一些学院能够以非常精炼的使命陈述吸引许多年轻人，清晰、明确，使学生容易理解，也使教师了然于胸。

有得必有失，一个组织必须仔细考虑能够完成、最重要的几件事，以及作用不大或不再重要的几件事。譬如，100 年前，医院对社会所做的最大贡献是妇产科，因为当时在新兴城市由于容易感染和接生员没有经过严格系统的培训，在家分娩被认为是相当危险的。但现在并非每家医院都会开设妇产科，部分原因在于现在已经可以相当精确地预测分娩情况，分娩已经十分安全，且需要集中医疗资源才能解决今天妇产方面的重大问题，无须每个医院都做。又如，半个世纪以前，在精神药物问世之前，医院对精神疾病的治疗往往都感到力不从心，而现在大多数精神病患者或潜在患者都能在社区医院得到诊治，对于诸如抑郁症此类的患者只需在医院做短期治疗就可以康复。因此，社区医院就能治疗大多数的精神疾病。医院要做的是治病救人，这是使命；但医院特定的目标需要调整变化，其首要的业务可能会变成次要的甚至无关紧要的业务。非营利组织必须时刻关注社会的变化发展，否则也会很快被淘汰。

3. 成功使命的三要素

关于非营利组织优势和绩效方面的问题。首先需要确定所做的事情是否正确（明确是非），其次再精益求精。如果行动与组织的目标、价值观背道而驰，就会一事无成。比如，研究城市问题，学术界的价值观并不适用于政治问题，学者也因不谙权术而无所作为；医保健教育并非医院专长，医院也不精通疾病预防之道，医院擅长的是治疗已经产生的疾病。因此，首先，组织要向外寻求机会和了解社会需求，再基于所拥有的有限资源，踏实地做事并做好事情，创建一个崭新的行业绩效标准。组织的资源不仅包括人力和资金，还包括竞争力，即组织在哪些方面能够真正地形成独到之处，真正地创立行业新标准？其次，组织要评估什么是其真正信仰的。因为使命是具有感情色彩的，一个缺乏奉献精神的组织成员是不可能做好事情的。因此，一个组织，其成功的使命需要具备三要素：机会、竞争力和奉献精神。任何使命陈述必须全面地反映这三要素，否则，组织无法达到最终的目标、最终的愿望及通过最后的检验，无法调动组织的人力资源来做好正确的事情。

《非营利组织的管理》金句摘录：

● 非营利性组织是人类改造的机构，"产品"可以是一个康复的病人、一个有学习能力的孩子、一个年轻人成长为自尊自重的成年人，也可以是一个被完全改变的人生。

● 对非营利组织而言，除自身必须具备良好的动机外，明确的使命、清晰的目标、正确的策略和卓有成效的管理方式都为非营利组织的持续发展提供了保证。

● 如果说商业机构第一要务是利润的话，那么对于非营利组织来说，领导的第一要务应该是思考并定义组织机构的使命。

● 成功的使命需具备三要素：机会、竞争力和奉献精神。

● 如果只帮助一个人，不太需要什么策略，但要帮助一百人，就需要良好的装备和计划，而要帮助一万人或更多，则必须要有一套完整的策略和管理体系，将每一个实施环节落实到位。值得非营利组织领导者汲取的教训是，组织在取得成功时，必须乘势进去、不断成长，但同时也必须确保组织能够进行调整变革。

● 董事会是捐赠者，还是积极的资金筹措者（基金发展者）。

● 非营利组织所有成员，不管是领薪员工还是不领薪的志愿者，都应使其他成员理解自己。

- 人们都希望知道结果如何，志愿者亦如此。如果没有金钱报酬，成绩就是唯一的回报。
- 人才培养基地为他人成长提供的四项服务：导师精心督促、教师传授技能、评估专家测评进度状况、鼓励者鞭策激励。
- 非营利组织的一个优势是组织成员不是为了生存而是为了理想而工作。
- 非营利组织每个成员首先要考虑清楚自己的工作任务是什么，应该为这个组织做什么？
- 自我发展既非高深的哲学，也非空泛的美好愿望，自我超越也非狂热的激情，两者都是需要付诸踏实的行动。在多数情况下，你只能成为卓有成效和具有奉献精神的普通人。

六、《慈善资本主义：富人在如何拯救世界》

（一）原著概述

《慈善资本主义：富人在如何拯救世界》论述慈善的历史发展以及慈善在当今社会的作用，同时论述了慈善运作与国家、市场的关系，考察了当今世界那些领头的慈善家们是如何通过改革创新来解决一些世界性问题。以往的慈善似乎仅指捐款。但今天富豪们的公益慈善事业如同商业运作，采用了许多商业策略，其捐赠方式完全改变了。在书中，马修·比索普（Matthew Bishop）和迈克尔·格林（Michael Green）考察了这种全新的慈善运作模式，采访了比尔·盖茨（Bill Gates）、比尔·克林顿（Bill Clinton）、沃伦·巴菲特（Warren Buffett）、奥普拉·温弗瑞（Oprah Winfrey）、波诺（Bono）等具有世界影响力的大人物，探索由资本与捐资者所构成的庞大慈善网络是如何运作来解决全球问题。譬如，比尔·盖茨（Bill Gates）开发了一些创新的慈善模式：把慈善资金投入治疗贫困地区肆虐儿童的致命疾病中，同时揭示了其中的政治争议。该书包含了具体案例、专业分析以及与财富巨擘们的近距离访谈，精彩地展现了这一小部分引领全球的著名人物是如何改变亿万民众的社会生活状况的。

马修·比索普是《经济学人》杂志的商业评论作者，迈克尔·格林从事一些政府机构与非政府组织间的沟通工作，擅长国际关系发展的促进工作。有关"慈善资本主义"的在全球学术界和实践界充满了争议，其中不乏批评的声音，包括慈善的商业化运作是否还能称之为慈善吗？其运作边界在哪里？作为一种通识教育读本，本书不触及这些争议，只把该书主要的核心思想和基本观点呈现在读者面前。

（二）原著导读

近20年来，越来越多的慈善家们开始将自己视作"社会投资者"，主动寻找解决一些世界性问题的治本之道，改变以往被动寻求帮助的状态。换一种更直接的方式来表达就是，这些新的慈善家们正在努力运用赚取利润的商业性方法来从事公益慈善活动——马修·比索普把这些新的慈善家们称为"慈善资本家"。马修·比索普、迈克尔·格林在《慈善资本主义：富人在如何拯救世界》一书中认为，慈善基金会模式、慈善资本主义的慈善模式在全球性的贫困、教育、赈灾、弱势人群适应社会竞争等方面发挥了积极作用，更值得赢得人们的信任，因为这种慈善模式能填补政府和市场的不足，也可能找到了解决人类前途命运的另一种出路。

早期的英国都铎王朝及欧洲文艺复兴时期的富裕商人热衷于向逐渐发展起来的贸易城市中的贫困居民提供某些帮助。在18世纪，从事慈善活动的主要是新兴的股份有限公司的创办者、最初的对冲基金投机商，例如托马斯·盖伊就利用其攫取的投机利润，在伦敦盖起了盖伊医院。19世纪后，慈善是一些欧洲国家富豪的日常生活方式。20世纪，安德鲁·卡内基、约翰·D.洛克菲勒等成为当代慈善资本主义的奠基者。但问题是，在15世纪至20世纪的各主要资本主义国家里，资本家、富人、投机商对公益慈善事业的那些慷慨解囊，未能从根本上缓解同时期这些国家或城市的贫困、疾病及由此造成的各种复杂社会冲突问题，并没有实现慈善家们所预期的救济效果，如预防和缓解阶级矛盾。社会所需要的一些基本公共物品的供给主要还是依靠政府，由此倒逼政府对其公共服务和福利制度加以改革。因此，大约从20世纪初开始，尤其是第二次世界大战之后，许多欧洲国家政府开始致力于向公民提供各种基本的公共服务和福利保障，此后很多国家不断地效仿，因此欧洲大陆的公益慈善事业今天看来并不发达，而国家的福利制度却很完善。

由比尔·盖茨、沃伦·巴菲特等商业领袖和许多大公司驱动的慈善资本主义，改变了以往的慈善模式，逐渐形成了所谓的慈善基金会模式：在商业战略中推动社会公益，帮助解决许多社会问题。具体来讲就是，慈善资本主义号召富豪阶层在有生之年投身到"高度参与的慈善"和"结果导向的捐赠"中来，把捐赠视作投资，并用风险投资战略和研究工具去管理慈善投资，以灵活的方式利用资源杠杆，建立网络，以问题为导向寻找治本之道，在慈善领域实现生产的效率革命。

2007年，比尔·盖茨在哈佛大学的毕业典礼致辞中说道，"这个星球上的每一个人都应该享受到基本的医疗服务"，而他有机会利用自己的巨额财富来纠正基本医疗服务中的不平等。这就是慈善资本主义的精神，即成功的企业家有能力、有义务、也有办法参与解决重大社会问题。杜克大学商学院教授格里克·迪斯把慈善定义为"运动和调动私人资源，包括金钱、时间、社会资本和企业家才能，以此改善我们生活的世界。"在当前慈善资本主义时代，西方社会传统的慈善运作方式做了重大的调整，他们将慈善捐赠视为投资，且对被资助项目要求苛刻，严格确定量化的、可测度的绩效指标。

《慈善资本主义：富人在如何拯救世界》一书有相关案例来解释上述问题，譬如，盖茨基金会规模庞大，目标明确，其使命之一就是致力于解决全球健康状况不平衡的问题，其慈善"投资"的主要领域包括：传染病、艾滋病、结核病、全球健康战略和全球健康科技等。盖茨基金会期待用财富激励医疗产品和服务供应覆盖贫民市场，让穷人获得所需的药品和治疗，消除因市场失灵而给贫穷的消费者带来的痛苦。一个典型的案例是，比尔·盖茨很揪心于非洲的疟疾问题，但是让欧美的制药公司研发治疟疾的新药显然不经济，因为发达国家几乎没有疟疾了，可非洲人又付不起大价钱。比尔·盖茨的办法是，为格兰素威康公司提供研发抗疟疾新药的经费。而沃伦·巴菲特呢？其行善很简单：他信任比尔·盖茨，赞赏盖茨延续了自卡耐基以来富人的责任与荣誉。所以，他选择了把自己的钱捐给盖茨基金会。

通过慈善资本主义这种公益慈善模式来促进社会发展在中国也有实践案例。例如，比尔·盖茨支持美国中华医学基金会在中国开展禁烟运动和中国西部农村公平就医项目。洛克菲勒1914年筹办的美国中华医学基金会（CMB），其初衷是为了帮助改变中国在医疗卫生方面的落后面貌，最初的职责主要是创建并运营北京协和医学院。CMB 于 1950 年撤出中国大陆，1980 年应邀重返中国大陆，并先后在中南大学、中国医科大学、四川大学、北京协和医学院分别支持建立了四个医疗卫生专业教育中心，其资助对象逐步扩展到目前的二十余所医学院校，帮助这些医学院校改善、提高医学教育和研究水平。CMB 近几年在中国大陆的几项公益行动，一定程度上促进了中国社会的发展（吴帆，2011）。

> **比尔·盖茨资助的控烟运动。** 中国是世界卫生组织《烟草控制框架公约》的签署国之一。但中国也是世界上最大的烟草生产国和消费国，比尔·盖茨选择了美国中华医学基金会作为合作对象开展控烟运动并初见成效。根据框架公约，2011 年 1 月起，中国在所有室内公共场所、室内工作场所、公共交通工具和其他可能的室外公共场所完全禁止吸烟。
>
> **公平就医。** 公平就医致力于帮助改变中国良莠不齐的医疗卫生水平，让更多中国人享受平等的医疗条件。建立了覆盖中国西部的农村卫生协作网，在两个方面改善西部欠发达地区的医疗条件：一是帮助该地区的医学院培养更多优秀医务工作者，将来更好地服务该地区的居民；二是密切医学院同地方政府的联系，提高医务工作者的生活水平和待遇，为改善西部农村医疗条件吸引更多人才，集中整合资源，提供更好的医疗服务。
>
> **推出《柳叶刀》期刊中文版。** 推出世界顶级医学期刊《柳叶刀》（Lancet）中文版，目的是：①让中国在医疗技术上的成就得到更多国际社会认可；②在国际医学界能够听到来自中国的声音，让更多的中国医学家展示其研究成果，让更多来自中国的杰出医学家们有机会在世界顶级刊物上发表文章；③增强中西方在医学领域的合作研究。

"慈善资本主义"也突破了非营利组织的一般管理框架，它将每项投资的评判标准确定为能否推动实现其社会使命，看重一些项目的可持续发展而非短期赞助，明确了成果衡量方面的确定性标准。当然，慈善资本主义也有缺陷，例如，很多慈善基金会并不具备吸纳大规模资金的能力，一些富翁或企业的资产流动性也欠佳，这会制约慈善资本主义的发展。书评人小巴（2011）更是直接指出了"慈善资本主义"问题所在：其一，慈善资本主义对价值伦理的过度强调或对价值伦理外延的过度阐释，成为慈善基金会过度参与国家政治、干预国际问题的理由；其二，慈善资本主义模式在获得越来越多公众关注、掌控越来越多资源的同时，却基本是按照捐赠者或基金掌控者的个人意愿，而非需要帮助救济的人群及具体需求来投放资源，并对慈善资本主义效用、伦理造成更大的危害，可能削弱慈善资源的整体社会效益，导致优质慈善资源流向的马太效应。

七、《因信而生：中国慈善组织的信任问题研究》

（一）原著概述

中山大学社会学文库收录的《因信而生：中国慈善组织的信任问题研究》[①] 一书认

---

① 杨永娇. 因信而生：中国慈善组织的信任问题研究 [M]. 北京：社会科学文献出版社，2018.

为，公益慈善事业从慈爱和善意的道德层面出发，通过实际的自愿捐赠行为和志愿服务举动，对社会的物质财富进行第三次分配，是物质文明、制度文明与精神文明的综合体现，也是一定社会利益的调节器，是构建和谐社会的重要力量。然而，近年来一系列慈善丑闻不断拷问着中国慈善组织的公信力，中国的公益慈善事业始终遭遇着信任危机。如何重建我国慈善组织的公众信任？这是值得深思的重要命题。

《因信而生：中国慈善组织的信任问题研究》一书分为上篇、中篇和下篇，旨在探讨信任的重要性、内涵、信任测评以及探索通往信任路径等问题。上篇围绕"信任为何重要"，通过介绍慈善组织的本质和我国慈善组织的生长环境，剖析了公众信任对于慈善组织的重要意义，以及慈善组织的公众信任存在的问题及影响因素。这是公益慈善促进社会发展的关键思想根基。中篇围绕"信任是什么"进行了剖析，内容包括信任的内涵、信任的测量，以及对"慈善组织的公众信任"这一概念的解构。下篇围绕理解、共识与共融，对"通往信任之径"进行了探索，主要通过在中国测量"慈善组织的公众信任"，建立慈善组织与公众个体之间的共识，以及实现慈善组织与社区的共融。在《因信而生》一书中，杨永娇博士认为，对于全球的慈善组织而言，公众的信任紧密联系着慈善组织的生死存亡。高信任水平是公众支持慈善组织的前提，保持公众信任才能确保慈善组织最大限度地解决社会问题，也才能维持慈善事业作为价值产业的属性。然而，以"道德完美"光环谋取私利，则会有损社会福利与慈善价值的实现，从而影响社会公众对慈善组织的信任。

杨永娇先后在四川大学、北京师范大学、英国赫尔大学（University of Hull）获得学士、硕士和博士学位，曾任中山大学社会学与人类学学院副研究员，现任重庆大学公共管理学院副教授，兼任广州社会组织研究院特约研究员，在公益慈善领域有较为丰硕的研究成果，包括主持国家社会科学基金项目，以及在 *Policy Studies*、*Voluntas：International Journal of Voluntary & Nonprofit Organizations* 等 SSCI 国际期刊和《社会学研究》《学术研究》等国内高水平刊物上发表了多篇公益慈善领域的学术成果。

（二）原著导读

根据本书的宗旨和主要目的，笔者把《因信而生：中国慈善组织的信任问题研究》作品中有关公益慈善促进社会发展的相关内容节选、摘录如下。

1. 公信力是慈善组织促进社会发展的根本

公益慈善组织的信任度是公益慈善事业在何种层面和程度上能够促进社会发展的根本。改革开放以来，中国的公益慈善组织呈现前所未有的蓬勃发展态势。其最根本的原因在于自 1978 年开始的体制层面的深度变革。改革开放不仅推动了经济的持续稳定发展，还释放出蕴藏在中国民间社会中的巨大能量，凸显了多样化的社会需求，唤起了国民对社会问题的关注，为慈善组织和慈善事业的发展带来了广阔的空间。对于全球的慈善组织而言，公众的信任紧密联系着慈善组织的生死存亡。由于慈善组织的非营利性、志愿性和价值导向等特征，一般来说，慈善组织一诞生就被公众认为是高尚和值得信任的。然而，现实却并非如此，许多学者对慈善组织的公众信任问题提出质疑。萨拉蒙（Salamon）认为，应除去包括慈善组织在内的非营利组织"道德完美"的神圣光环。有研究发现，近年来由于慈善组织对资金的不当使用，以及由此而产生的社会丑闻，慈善组织的公众信任水平大打折扣，公众对于慈善组织的认识也越来越负面。有学者认为，公益慈善组织的"道德完美"假设使公众容易过于信任慈善组织，这为慈善组织谋取私利提供了便利，有损社会福利和慈善价值的实现，反过来更有可能降低公众对慈善组织的信任。而且这个过程往往是不可逆的。换言之，公众信任一旦失去就难以恢复。

公众信任的缺失一度为我国慈善组织的生存带来了致命危机。一系列慈善丑闻不断拷问着我国慈善组织的公众信任。其实，公众信任的培养和维护是全世界各类慈善组织都面临的挑战。高信任水平是公众支持慈善组织的前提，保持公众信任才能确保慈善组织最大限度地解决社会问题，也才能维持慈善事业作为价值产业的属性。公众信任是整个公益慈善事业的生命线，由于慈善组织同时发挥着构建社会信任和社会资本的重要功能，对一个国家软实力的提升有着不可小觑的力量，在现代慈善事业刚刚起步的中国，维护慈善组织的公众信任具有更加深刻的意义，这关系稳定中国慈善事业的根基，也是公益慈善事业在何种层面和程度上能够促进社会发展的根本。

2. 公益慈善组织具有重要的社会发展功能

对于慈善组织的角色，我们可以从不同的角度去看待。从经济学角度来看，慈善组织在补充市场失灵方面发挥了关键作用，同时，慈善组织是信任的符号象征，而信任被视作社会关系和交易中节约交易成本的一种有效方式；从社会学角度看，慈善组织是培育价值、公民身份和社交网络的重要平台，对构建社会资本和社会信任，提高公民道德水平有着不可替代的作用。显然，对于慈善组织的角色我们可以从不同的角度加以解读，而且随着时间的推移、社会环境和政治环境的变化，这些角色会发生改变。公益慈善组织的关键社会功能总结如下：

（1）公益慈善组织是社会服务的提供者。公益慈善组织对于社会服务具有独特的优势：公益慈善组织来自"社会"，因而比市场部门更关注公共福利；其追求"社会"价值，因而更关注价值理性，愿意长期投身于福利领域；其标榜"非营利"的性质，因而在那些微利且需承担社会义务的领域可大显身手。因而，公益慈善组织可以弥补"政府失灵"、纠正"市场失灵"，在市场和政府最力不从心、时常不愿意做的社会服务领域发挥着拾遗补缺的重要作用。"政府失灵"主要是指由于社会成员的需求多样性和差异性，导致一部分社会成员的特殊需求和过度需求不能被满足，出现公共服务不均等的情况。"市场失灵"是由市场配置资源时缺乏效率而造成的，主要表现为信息的不对称、公共物品的公共产权导致的"搭便车"问题、不完全市场所产生的服务供给不均。

此外，慈善组织将其动员的社会资源按照组织的公益宗旨和理念，开展各种形式的公益性社会服务。公益慈善组织所动员的社会资源包括以金钱或是物资形式为主的捐赠以及人力资源形式的志愿服务和互助服务。公益慈善组织通过链接社会资源来提供多个领域的社会服务、应对各种社会问题，例如养老、教育、救灾、扶贫、卫生健康、艺术、文化等，实现了"第三次分配"，增进社会公共利益。公益慈善组织无疑是社会服务的重要提供者。慈善组织提供社会服务的功能是其社会性和公共性的体现，构成了慈善组织构建社会信任的基石。

（2）公益慈善组织是社会治理的参与者。公益慈善组织承担了社会治理的重要功能。首先，公益慈善组织为社会弱势群体发声，保护社会边缘群体的利益，促进社会公平。例如中国残疾人联合会、中国扶贫基金会、英国的关爱癌症病人信托基金（Caring Cancer Trust）、关爱老年人协会（Age Concern）等公益慈善组织为由于疾病、残疾、生活困难、年少或年老而陷入困境的弱势群体提供救济。公益慈善组织在多个方面改善弱势群体的物质生活和精神生活，在一定程度上推动了社会均衡发展。其次，公益慈善组织推动了社会的整合。公益慈善组织通过有组织的社会动员和社会参与，为人与人之间的交流和合作搭建了桥梁，建立起社会信任、认同和共识，构建社会资本。大多数公益慈善组织加强了民众的联结，并且在它们擅长的社区服务领域引导公民成长，促进互助。公益慈善组织还通过推动不同机构间合作关系的建立提升了社会的协同性，促进了社会和谐。公益慈善组织为缓和社会矛盾，推动不同宗教与种族之间和谐与融合，维持社会的多样性做出了不可替代的贡献。再次，公益慈善组织作为环境和动物的保护者，为人和自然之间搭建理解的桥梁。例如世界野生动物基金会（World Wild life Fund），绿色和平组织（Green peace）以及野生动植物保护国际协会（Fauna & Flora International）等公益慈善组织对环境保护和保护动物福利做出了巨大贡献。这些公益慈善组织大多是直接投身于一些生态保护的项目之中，或是发起运动促使政府和企业停止一些破坏生态环境的活动来发挥保护环境和动物的作用，帮助建设更美好的家园。最后，正如英国的财务部和内阁所述，公益慈善组织传达民意，发表意见，发挥着第三部门的先锋角色和文化变革作用，它们加强了建设国家的能力，建立了强健活跃的社会，并且创造了适合创新和变革的环境。公益慈善组织根植于民间、作用于社会的社会治理功能进一步体现了其社会性和公民主体性。这构成了公益慈善组织合理性与合法性的基础。

（3）公益慈善组织是公共政策的倡导者。公益慈善组织在公共政策的倡导中日益体现出重要作用。公益慈善组织往往扮演了社会边缘群体和弱势群体的利益代言人，力求让草根力量参与到地方、全国及全球范围内的政策制定过程中去。公益慈善组织通过倡导对社会边缘群体和弱势群体的利益有影响的公共政策、社会政策和相关法律法规，在构建西方"小政府、大社会"和建设我国"和谐社会"的过程中发挥着关键作用。公益慈善组织在公共部门立法和公共政策过程中推动了更广泛的社会正义，这也反映了公益慈善组织对于社会政治过程的影响力。

公益慈善组织作为非政府性的组织，还通过发挥监督政府的功能，从而影响政策过程。从理论上说，公益慈善组织能够在挑战政府的绝对权威以及在促进政府及公共部门机构改善绩效方面发挥重要作用。这一作用清晰表明了公益慈善组织和公共部门之间的界限，并且它对于获取公众的信任非常关键。然而，近年来国内外普遍存在的公益慈善组织与政府部门的不良互动模糊了两者的界限，例如有的公益慈善组织常规性地承担政府机构的职能，为了获得政府资金支持超越了底线，甚至威胁到公益慈善组织"非政府"的这个特性，这也威胁到社会信任。

八、《慈善事业的伦理根基和理性建构研究》

（一）原作概述

在学术论文《慈善事业的伦理根基和理性建构研究》[①] 中，作者认为，慈善是一种德行，是一种为公众谋福利的行为，已拓展到社会生活的方方面面，而非简单的救助救济行为。公益慈善既是个体利他倾向的人性光彩，也是社会得以存在与发展的天然纽带和共同责任，即任何人处于困境中的时候都拥有向他人或社会各部门请求援助的权利，同时也负有提供援助的人道责任。因此，慈善作为一种社会爱心事业，需要创新激励机

---

① 郑雄飞. 慈善事业的伦理根基和理性建构研究 ［J］. 学术研究，2011（12）：85-91.

制和运行模式，合理开发社会慈善资源，动员个体、企业和公民社会组织积极参与，共同汇成一股"社会亲和"的力量，推进社会健康和谐发展。

作者郑雄飞发表论文时任职于华东师范大学社会发展学院，是上海市"浦江人才"，华东师范大学"紫江优秀青年学者"，现为北京师范大学政府管理学院教授。

（二）原作导读

发展公益慈善事业，通过民间捐赠和志愿行动汇合社会各界力量，对于应对突发事件、缓解人们的生存危机、缩小贫富差距、缓和社会矛盾具有重要作用，公益慈善事业的良性发展和运行还有助于在全社会范围内形成一种富有人文关怀精神的社会风尚，推进社会主义和谐社会主流价值的形成，对于提升社会凝聚力、增进民族团结与融合具有不可替代的重要作用。论文当中有关"公益慈善与社会发展"的具体观点摘录如下：

1. 公益慈善事业焕发人性光彩

（1）公益慈善是一种"利他"的行为倾向。社会学家孔德用"利他"（altruism）一词来代表一个人有利于他人的无私行为，或者说为了他人的福利改进而牺牲自己福利的行为。人性中蕴含了"利他"的倾向，富于同情心，对在周围播撒快乐感到愉快，对别人因他们的工作而满足感到欣慰。儒家的"仁爱"、墨家的"兼爱"、道家的"积德"等慈善思想，塑造了中华民族"乐善好施"的性格，成为我国公益慈善事业的思想渊源。

（2）公益慈善是共同体中个人的责任。"社会"是由众多个体组成的共同体，人们在共同体里休戚与共。康德则把"利他"称为"责任"：尽自己所能对他人好，为别人谋福利，是每个人的责任。人们应该懂得其个人利益都是社会和他人给的并应怀抱"报恩之心"，以帮助他人改进福利，实现全社会的福利最大化。

（3）人道主义主张尊重人的价值、把人的价值放在首位，提倡"自由、平等、博爱"精神，要求人们对需要援助的人乐于伸出援助之手，尊重他人生命、存在和价值，富于人文关怀精神和同情心，履行关爱他人的义务。

（4）每一个人都有慈善享受权或者说福利请求权。"人性利他"主要是从爱心、同情和人文关怀等情感因素来论述慈善的人性根源，"人情责任"则从休戚与共、推己及人等角度来论述慈善的人情依据；但真正把慈善上升为一种道德义务来加以阐述的当属"人道主义"。同时，"人性利他"和"人情责任"是从"慈善供给"（慈善捐赠）端来探讨的；而人道主义及其衍生物——"人权"，尤其是后来被法律化了的"公民权利"则第一次从"慈善需求"端论述了慈善事业的必要性。

2. 公益慈善事业彰显组织的社会责任

康德说："在有能力行善的时候去行善，乃是一种责任。"他进而声称，"如果一个人在帮助别人的时候内心产生了愉悦的情绪，那么他的这个善举便不再拥有任何道德的意义。"

（1）企业的社会责任。彼得·德鲁克认为，企业的目的必须在企业本身之外，事实上，企业的目的必须在社会之中。21世纪"企业公民"一词的出现明确表示企业是社会的公民，在享受社会赋予的条件和机遇时应承担起相应的责任和义务，以符合伦理、道德的行动回报社会。企业不仅应当承担解决就业、赚取利润和缴纳税收等经济功能，还应在关心环境和生态、扶助社会弱势群体、参与社区发展等一系列社会问题上承担起相应的责任和义务。

（2）社会组织的社会责任。社会组织是政府和企业以外的第三部门，又称非营利组织、非政府组织，志愿组织或慈善组织属于社会组织。汇聚个体的利他精神，对弱者实施人道主义关怀，无私奉献、为社会公共利益服务，追求社会福利改进是社会组织自身生存与发展的使命、行为准则和伦理属性所在。

3. 公益慈善事业的社会调适功能

公益慈善事业素有"第三次分配"的美誉，能够克服第一次分配（市场分配）的弊端，弥补第二次分配（社会保障等政府主导的收入转移支付）的不足，是托起社会的第三只手。公益慈善事业的第三次分配是按照"道德原则"对社会资源和社会财富进行的分配，即出于自愿的、相互之间的捐赠和转移收入，有助于照顾到弱势群体的需要和社区进一步改善福利的需要，具有明显的社会调适功能，对于维护社会共同体的稳定，保障社会各子系统的正常运作意义重大。

 参考文献

[1] 周静雅，张丽芬. 论发展慈善事业与促进社会和谐 [J]. 贵阳学院学报（社会科学版），2013（6）：15-20.

[2] 匡婕，匡和平. 社会治理语境中公益慈善作用发挥的价值与路径 [J]. 中共成都市委党校学报，2017（4）：82-86.

[3] 孙艳萍. 爱是社群的纽带：玛格丽特·德拉布尔"光辉灿烂"三部曲研究 [A] //Proceedings of 2014 4th International Conference on Applied Social Science（ICASS 2014）Volume 53. Singapore，2014-03-20，406-411.

[4] ARISTOTLE. Politics [M]. London：Cambridge University Press，2011.

[5] MARTHA C. Nussbaum，The Fragility of Goodness：Luck and Ethics in Greek Tragedy and Philosophy [M]. London：Cambridge University Press，2001.

[6] 茅家琦. 张謇的"三元"思想 [C] //严学熙. 近代改革家张謇：第二届张謇国际学术讨论会论文集. 南京：江苏古籍出版社，1996：35.

[7] 刘泓泉. 张謇的慈善事业及其当代价值 [J]. 南通大学学报（社会科学版）2016，32（5）：134-139.

[8] 彭秀良. 社会工作专业教育体系的建立和完善 [J]. 中国社会工作，2010（28）：52-53.

[9] 钱正荣. 慈善的认知及其影响因素：读布鲁克斯的《谁会真正关心慈善》 [J]. 天水行政学院学报，2010（1）：112-116.

[10] 何莉君. 慈善为何：读《理解慈善：意义及其使命》 [J]. 开放时代，2009（4）：151-156.

[11] 吴帆. 陈致和：大洋彼岸的慈善使者 [J]. 国际人才交流，2011（4）：19-21.

[12] 小巴. 慈善3.0有喜也有忧：读《慈善资本主义：富人在如何拯救世界》 [J]. 企业观察家，2011（5）：124.

[13] 马秀·S 胡兰德. 爱的纽带与美利坚的形成：温斯罗普、杰斐逊和林肯的慈善观念 [M]. 褚鎏，译. 北京：社会科学文献出版社，2018.

[14] 朱友渔. 中国慈善事业的精神 [M]. 北京：商务印书馆，2016.

[15] 亚瑟·C 布鲁克斯. 谁会真正关心慈善：保守主义令人称奇的富于同情心的真相 [M]. 王青山，译. 北京：社会科学文献出版社，2008.

[16] 佩顿，穆迪. 慈善的意义与使命 [M]. 郭烁，译. 北京：中国劳动社会保障出版社，2013.

[17] 彼得·德鲁克. 非营利组织的管理 [M]. 吴振阳，译. 北京：机械工业出版社，2018.

[18] 马修·比索普，迈克尔·格林. 慈善资本主义：富人在如何拯救世界 [M]. 丁开杰，苟天来，朱晓红，译. 北京：社会科学文献出版社，2011.

[19] 杨永娇. 因信而生：中国慈善组织的信任问题研究 [M]. 北京：社会科学文献出版社，2018.

[20] 郑雄飞. 慈善事业的伦理根基和理性建构研究 [J]. 学术研究，2011（12）：85-91.

美术欣赏与情智提升

艺术作品是人类情感与智慧的结晶，它晶莹透明、魅力四射、美丽神秘，鉴赏艺术作品就是对艺术作品的欣赏。在人类历史长河中，留存有许许多多高度浓缩人类情感智慧的经典艺术作品，在作品呈现出的作者所抒发的精神世界里，不外乎一枝一叶总关情，而情感的表达方式却穷尽作者的经验和特长，并凝结汇聚着他们的聪明才智与高超技能。

艺术发展始终伴随着人类的历史进程，在某些特定时期迫于生存的无奈与压力，艺术发展或有停滞、或短暂脱离社会发展主轨道，但当社会发展进入平稳和繁荣时，艺术又将发挥出指导生活、提升情趣、丰富情感的特有功能。物质生活的富足必将引发对精神生活的需求，艺术欣赏正是满足精神生活所需要的及时良品。及时是指迫在眉睫，千载难逢；良品是指在多样性的精神生活选择中，文学、艺术欣赏为有益的佳品。如未能及时把艺术欣赏引入精神生活，不良嗜好将乘虚而入填充精神生活，所以精神生活的填充，我们要只争朝夕，让艺术欣赏在最恰当的时机与我们结伴相遇，让艺术如暖阳照耀我们生活的土壤，让美好善良的种子在文明中发芽，与之相伴而终身偕老。

艺术概念是抽象的，人们能通过艺术作品使之具象化，我们能与具象的艺术作品共鸣互动，去感知艺术魅力。艺术的形式多样：文学、绘画、雕塑、舞蹈、音乐、摄影、电影等，都属于艺术的具体形式。我们通常把绘画、雕塑列属于美术范畴，这类作品也称为美术作品，我们通过美术作品的欣赏来达到对艺术的欣赏。

艺术来源于生活，对生活中的人文、历史、现象等都有着高度的情感表达，因此作品创作往往代表着作者对精神层面追求高于生活层次的一种艺术审美观。面对浩如烟海的美术作品，如何欣赏？怎样欣赏？我们茫然不知所措，但艺术殿堂中的美术作品却时时闪烁着诱人的光芒！那我们该怎样进入这辉煌的殿堂，进行艺术欣赏呢？这已经成为当前一种刚需。贺双艳老师是一位富有家、诗、国、天下的才情女子，她自己也是位具有艺术性感召情怀的人，我们在与她的交谈中得知当下对"通识类课程"的迫切需要正摆在面前，也非常感谢她在特殊时期给予笔者的关注、敦促问询与支持！

鉴于此，在总结以前对艺术学习概要的理论研究笔记基础上，笔者着手整理了一套结合这 30 余年来，在绘画实践中的应用思想，以美术理论为指导，有益于普通在校大学生和成人再教育学员的艺术类课程《美术欣赏与情智提升》。此系列中《中国美术欣赏》（宋代部分）、西方美术欣赏（文艺复兴部分）先行整理引入"通识类课程"；同时，这样做也便于美术专业人员对美术知识进行重点提取、应用性回顾。

此系列的内容，精选了中西美术史中大量的、具有代表性的经典艺术作品，进行开放性的、从"精"到发散性的思维导读。谢谢我的家人在多次协助整理与编辑中，保留了我在描述方面带有灵活、有趣多样的叙述性转换方式，并与历史文化有机地结合，借以阐述如何欣赏美、发现美和传播美，这个从基本面中的闪亮点，逐渐探究艺术之美的过程，以引领学员在解读名家美学思想后，逐步培养出自己美好的生活、艺术情操与兴趣，为全面提升精神素养而做必要的储备。

对于一份要交出的作品，我们总是想再推敲二三，谢谢初期在看稿后给予鼓励的学界朋友们，不完善处敬请读者雅正！

第一节 "美术欣赏与情智提升"主题介绍

人类的文明由一脉生两体，即物质文明和精神文明，两者从实践、指导又到客观，互为创造地产生形成，并又互为依托地促进发展。在通识课里表述的艺术就归属于精神文明的文化范畴。"艺术学"除了诠释基础的美学知识外，还为我们进行艺术欣赏打开了通路，提供了一种有效实用的学习方法，并培养个体独立完成对美术作品的欣赏，以形成独特开元的思想见解或生活感悟。

物质生活水平在当下一直在飞跃般地提升，而对于另一个精神层次的需求，也一直在被现实所冲击，怎样实现有质量、有品位的精神生活？解决之道还得归于从艺术的审美中获取艺术欣赏的必要积累。

通识课易学吗？怎样学好？与其他众多的艺术学知识有什么不同？

首先，通识课更多的是传授一种方法技能，由逐个典例带进实操，便于让读者在生活中获得帮助。何为艺术？此时你大脑得出的是什么答案？我们简单地叙述它，艺术就是利用手艺和技术满足人们审美需求的精神产品。我们主张从广义上探讨艺术，即把文学纳入艺术的范畴。这样做的意义是非常积极的，因为很多艺术门类都从文学中汲取了养分，同时又促进了文学的发展。

其次，艺术欣赏必须先从整体上把握艺术分类。由于艺术分类的标准不同，分类方法会有多种，这里推荐遵从《艺术学概论》（第三版，彭吉象著）的第六种分类法，它是根据艺术的美学原则将整个艺术区分为五大类别：

①实用艺术（建筑、园林、工艺美术与现代设计）；

②造型艺术（绘画、雕塑、摄影、书法）；

③表情艺术（音乐、舞蹈）；

④综合艺术（戏剧、戏曲、电影艺术、电视艺术）；

⑤语言艺术（诗歌、散文、小说）。

重点提示：第六种分类法，将"造型艺术"分类出来，这样更有利于我们接近美术欣赏。这里的"美术"就特指"造型艺术"大类中的绘画和雕塑，绘画、雕塑就是构成美术欣赏的具体要件。

现在我们明白了何为艺术，厘清了艺术、造型艺术、美术、绘画和雕塑的关系后，美术欣赏就有了具体的欣赏对象。《美术欣赏与情智提升》课程，通过对绘画、雕塑的欣赏进行学习与指导，来完成由美术欣赏到情智提升的过程。

艺术学是探讨艺术的学科，艺术学的内容应当包括"艺术史""艺术理论"和"艺术批评"。艺术史作为必须学习的基础性知识，可以使我们了解到艺术发展和演化的规律；艺术理论则研究艺术现象背后的本质原因，深挖总结艺术现象为什么会出现在社会生活中和它的根源，这对提高艺术综合分析能力非常具有指导意义；艺术评论，是以丰厚的艺术基础知识储备作为底蕴，来对艺术现象和作品进行评述，具体地对单个艺术现象和作品进行深入解析，当然其中代表的个人见解成分较重，但它提供了评论的积极思想参考面。

《艺术学概论》归纳和总结出目前的艺术，涵盖有 5 大部类 17 门类。人的精力和时间是有限的，短时间内不可能对 17 门艺术面面俱到地深入了解；新学者只能选择其中一门或几门，快速地进入状态，进行了解学习，至少在一定时间内只能是这样。

选修美术欣赏，就必须对美术学科的具体分项有所了解。艺术学是艺术类学科的总纲领，而艺术学中的艺术史好比是艺术类学科的敲门砖，美术欣赏应当从了解和学习美术史开始。所谓外行看热闹，内行看门道，在美术欣赏方面我们一定要变得内行起来，从外行到内行的演变是一种专业系统的学习过程，看热闹往往只留意于事物的表面，一晃而过，体会不到美术作品给我们带来的更深层次的美学享受；门道除了欣赏美术作品形式美所呈现出来的情节构造、气氛烘托、通篇布局外，更重要的是可深扎于美术作品内部汲取智慧、感知情怀，那些凝结了作者智慧和情怀的美术作品，不仅经得起时间的考验，而且大都被奉为经典，因为时间磨砺出的经典作品，超越了一般常态意义上的呈现，贡献给我们的是一种"妙"与"绝"，让人耳目一新，茅塞顿开。

将美术作品的欣赏，努力耕耘到深入感知作者在特殊历史背景下的情感智慧这一层次，有利于启迪我们在思想表达方面，更加丰富优雅且具有准确内涵。我们可以练习深入进行个人的艺术性探索，但更多从情感上把握赏析画面内容，不建议新习者过分拘囿于将精力投入"考古式发现"，非要再新探出这一定是哪儿，这个人物一定是谁，等等；我觉得有历史学家与考古学家、学者们在做深入的研究工作，且已提供了比较完善可靠的相关信息，在网络上，尤其对经典作品的基本信息，都可以方便地查阅搜索到，所以我希望作为广大的欣赏者，能更多地从画面所体现的思想情节与艺术氛围出发，做出个人的感怀、感悟性理解；且允许各抒己见，做出发自身心的领略性感叹！这才是绘画带给艺术欣赏者的主要语言，即一种纯画面感与精神深层次交融的享受。

人生是一个不断修行的过程，当然以后在面对经典艺术之美时，我们应将领略作品艺术带来的智慧，视为有益提升情智而不断参与这种实践的过程。就让我们通过窥探艺术"面"中极具代表性的亮"点"，来得到发现艺术光波的密匙；这门为我们未来撞击出波点二重艺术性延续之路的发现式"通识课程之美术欣赏与情智提升"的课程，将带领我们采用抽丝剥茧的赏析学习方式，由表及里，一层一层地揭示美术作品所传达的深层内涵！

上篇 《中国美术欣赏》

一、原著概述（宋代部分）

推荐原著：《中国美术简史》（新修订本）由中央美术学院美术史系中国美术史教研室编著，中国青年出版社出版，2011年。

以下为引用的原著内容：

第四编 第一章 五代两宋的绘画艺术

第二部分 宋代绘画的繁荣兴盛

北宋的建立结束了五代十国的纷争局面，有利于经济文化的发展。首都汴京，画家云集，名手如林，原来在西蜀、南唐的一些画家也相继来归，是继唐代长安、洛阳之后的又一个古代绘画中心。中原一带的绘画成就突出，并与辽金地区形成艺术交流，但江南一些地方绘画也有一定实力，1127年宋室南迁，绘画的中心又转移到杭州。

宋代绘画与社会各阶层都保持着相当密切的联系。贵族、文人士大夫及商人市民等对绘画多方面的需求，特别是世俗美术的发展和宫廷绘画的繁荣，使绘画题材更加广泛，风格多样。画家们注意观察生活形象及精微生动的塑造形象，画风严谨、精密不苟，技巧上有不少新创造。

（1）职业画家的活跃。

绘画作为固定行业与社会建立更广泛的联系，突破了宗教题材及贵族范围的羁绊，扩大了视野，使世俗美术有了很大的发展，影响所及，也促进了画院画家。

（2）宫廷绘画的兴盛。

宋朝在建国之初就设立了翰林图画院，先后集中了社会上的名手及西蜀、南唐两地的画院画家。宋代皇帝又都不同程度地爱好书画，重视画院建设，因此，画院体制逐渐完善，规模不断扩大，尤以徽宗时最为突出，成为古代宫廷绘画最为繁荣的时期。南宋画院则沿袭了北宋画院的体制。

（3）士大夫绘画潮流的形成。

宋代文人士大夫把绘画进一步视为文化修养和风雅生活的重要部分，出现了很多收藏家、鉴赏家和画家。他们都有精深的文化修养和书法造诣，绘画多为寄兴抒情之作，题材偏重墨竹、墨梅、山水树石及花卉，追求主观情趣的表现，反对过分拘泥于形似的描摹，艺术上力求洗去铅华而趋于平淡素雅，力倡天真清新的风格。

（4）题材风格的多样化。

宋代绘画题材内容之广泛在古代绘画史中是突出的。因题材扩大，所以绘画分科变细，计有佛道、人物、山水、屋木、走兽、花卉、翎毛、蔬果、墨竹、龙水等门类。优秀画家往往各有专长而又兼善其他，但总的趋势是向专门化发展。工笔绘画有突出成就，青绿重彩仍然流行，但水墨着色在山水画中占有重要地位，形简意赅的写意画也开始抬头。宋代绘画体裁样式多种多样，巨幅壁画、高屏大幛仍在流行，长卷立轴也颇常见，画在团扇、灯笼及屏风上的小幅及册页形式也受人欢迎，作为画稿的粉本小样因为技术高超同样也受到收藏者的重视，白描就是在这个基础上发展形成优美朴素的艺术形式的。

二、原著导读

（一）品读宋朝

历史在经过唐朝两百多年的稳定发展，又经历了五代十国短暂的动乱之后，天下再次回归到大一统的时代，建立了宋朝。

宋朝，可谓是一个使文人士大夫疯癫的时代，因为它对文人士大夫所给予的极大包容，除了政治上的保证，还有制度上的保证。其包容的上限为，可与文人士大夫共治天下，包容的最大底线为：绝不杀进谏的文人士大夫。这种宽容与包容是历史上前所未有的，因此建国初期的宋朝，很快就迎来了天下文化艺术的大繁荣，五代十国的文人士大夫们，几乎全都无负担地跨入了宋朝的主流文化。

曾经的五代十国，七十余年间那些相继存在的小朝廷，虽朝不保夕，但文化和艺术却一直在大力发展，其中南唐和后蜀，还兴建了自己的皇家画院。南唐后主李煜的确算不上一个好的统治者，却是一个温文尔雅的诗人；而后蜀主孟昶也是一个艺术水准极高的皇帝，他懒与大宋朝廷抗衡，为力求一方太平，便拱手相让了江山，这样，大宋朝便轻松地接手了后蜀、南唐的皇家画院和投奔而来的诸多画家。宋朝以此为依托，丰实地建立了属于自己的皇家画院。

朝代的更迭从来都是对政治上的毁灭，好在宋朝没有扩大更迭的杀伤力，还谦虚地继承了文化和艺术，正所谓是，前朝国家不幸，但诗画家幸，一旦诗画家有幸则当朝的文人兴，文人兴后，国家必定迎来盛唐之后的再一次文化艺术的高峰。

文化和艺术若要求得发展，必须依靠两块基石，一为经济基础，二为社会提倡。宋朝的经济基础是从夯实土地制度开始的，首先，变革前朝"官僚等级世袭占有土地制度"为买卖方式，这一举措使生产力得到迅速的释放，随即全国土地耕作面积持续增加，出产量大幅提升，很快人口得到相应增长，仅北宋都城汴梁便攀升至135万人口，就连偏安一隅的南宋都城杭州人口，也达100万人以上。其次，改革管理城市结构的方式，变"坊"为"街"。我们今天所说的街坊邻居中的"街、坊"是两个不同含义的词，在宋朝以前的城市，一直是以坊为单位进行着布局和管理，每一个坊，就是一个小城池，四面高墙林立，仅设进、出口的门，商铺一律只准朝内开，晚上坊门一关，宵禁开始，人员禁止在坊与坊之间流动。我们现在通俗讲的街，是到宋朝发明的，即把朝内开设的店铺，反转过来朝外开，彼此相连形成街，沿街都可以开设店铺营业，取消了商业活动的受限时间，没有了宵禁后，城市管理就扩大至以街为单位的全城统管的局面。

文人士大夫享受着经济繁荣带来的城市生活，却日益反感由市民生活制造出来的"俗"，这种"俗气"简直就快把文人士大夫给憋死了，他们纷纷自救，在自救中达成共识，提倡生活中的"雅"。宋朝文人士大夫待遇极高，享受着丰厚的国家俸禄，即使胆大妄为也没有杀头的风险，顶多被治一个流放之罪，甚至还从精神上寻找到人格的高尚点，为此"乐此不疲"。我们的苏轼就连续流放三次，每一次都佳作妙文存世，真如其"也无风雨，也无晴"。市民的"俗"与文人士大夫的"雅"，构成了雅俗共赏的形态，互不干涉。但终究市民争不过文人士大夫，"雅"被抬升为社会意识主流形态，"俗"则不入流。市民本就无心与文人士大夫们争这些对他们来说一点也不实用的所谓"高下"，而是一心忙碌着自己的小日子，不信就去看看张择端的《清明上河图》。倒是文人士大夫们在"拓雅"的道路上越走越宽，别出心裁地玩出各类诗词、文人画的新花样，自然而然地昭示了自己的尚雅身份。

宋朝重文轻武，使武将都觉得憋屈，骁勇善战的将领本来就不多，好不容易出个狄青，还被文人士大夫们进行舆论群殴，"打"得鼻青脸肿，实在不敢高调，关门谢客深居不出，生怕说其有谋反之心。狄青，出身贫寒，从士卒干起，每次都冲锋陷阵，屡立战功，官至枢密使，相当于现在的国防部长，深受士卒拥戴。本可作为号召士卒效仿的标榜，却由于文人士大夫们的猜忌，让皇帝觉得狄青位高权重，广受拥戴后，会对朝廷不利，便收回了狄青的军权，使其抑郁而终。

其实宋朝的"为将者"哪有什么至高军权，权力都在皇帝手中，在军队实行的是带兵者不能操练兵，而练兵者又无权带兵作战，因此将不识兵，兵不认将，战时靠临时组合后再上战场，吃败仗就是必然的事。武将的憋屈再其次就属练兵的教头了，典型的例子，我们可以侧面从反映现实的小说作品《水浒传》中窥得一二。主要人物——林冲，八十万禁军枪棒教头，一位在军队很有声望的总教头，因其妻被太尉高俅的养子看上，而多次遭到陷害，最终被逼上梁山落草为寇，被整得家破人亡。从狄青和"拟现实写照"人物林冲来看，这两个有身份地位的武臣，他们的最终结局都成这样，可知，武官在宋朝地位有多差，被排斥打击得有多惨。

相对于文人士大夫出身的文官来讲，在文治之道施政背景下，那就别有一番天地了。他们心中抱定只要是忠君为国，议起事来有时甚至忘我地在朝堂上颐指气使，皇帝即使被他们气得吹胡子瞪眼，但多惜于爱才，最多将文官贬职流放。对于敢挺身而出指责皇帝的文官，也有留下美名赞誉的，如端拱二年（公元 989 年），宋太宗听不进寇准的奏议，生气地起身欲离，却被寇准扯住自己的衣服，劝重新落座，等事情说完才能离开。事后宋太宗对寇准的率直忠谏赞赏道："朕得寇准，犹文皇之得魏徵也。"而在宋真宗时期，澶州之战，寇准排迁、逃之议，力请并几乎强劝再度犹豫的宋真宗立即御驾亲征，这又臭又硬或过于刚直的性格成了部分宋朝文官鲜明的个性招牌，为"铮铮铁骨"的武将好男儿所不及。

如此重文轻武的思想，决定了当朝者的外交态度，即能和平谈下的事情，绝不以武力解决。当辽军抛来议和意愿，即使宋军已折辽先锋大将，正值士气高整之时，但对于辽宋议和，宋真宗迫不及待地愿给辽岁币以平息战争。这谈和又得靠文官出马。的确，寇准威嘱了前去议和的使者曹利，这让宋真宗看到了文官再一次发挥出的巨大作用，以远低于宋真宗叮嘱的一百万岁币的标准，用三十万岁币达成了"澶渊之盟"。但城下之盟用钱买的和平，毕竟有辱气节，文人士大夫迈不过心中的这道坎，低了气节的未来生活将情何以堪，所以他们扭转注意力，索性转身努力在"塑高精神"方面寻找安慰和寄托，而不必执拗于心理桎梏而像鸵鸟那样把脸埋入沙中。

这一华丽的转身立刻让文人士大夫忘记了羞涩，随同他们一起转身的还有皇帝本人，共同转向文艺。此时若把幸福指数分成十等份，最高级别的幸福为十，并以此来问卷，享受文艺的君臣都会异口同声地答出："我们十分幸福"。"君君臣臣"其乐融融，这融洽中当然不会有武官。

宋朝初期的诗文继承晚唐五代的风尚，文字上追求艳彩藻丽的骈文，绮丽但却生僻晦涩的"西昆体"占据主流，大煽浮艳华丽之风。这股文风遭到了以欧阳修为代表的新文人的迎头痛击，最终以王安石、苏轼等的加盟而完胜，彻底地扭转了文风。宋初的文人士大夫原本是有在诗与词上全面超越唐朝的雄心壮志，但面对唐朝近 300 年的诗歌发展拓起的高峰，实在是力不从心，难以企及，只好来个弯道超车，在唐人耕耘不深的词上一见高下，赚得钵满盆满，赢得重要一席，让后人高山仰止。其实，词是内外焦虑困惑的畸形宠儿，面对北方强悍游牧民族的侵扰，军事上一败再败，跪地乞求来的和平始终是颜面扫地。

面对强大的商品经济带来的繁荣，发展起来的另一种小市民文化的"俗"，文人士大夫又无法降低身份附和，顽固地标榜清高，那是他们认同的摆脱世俗的清高。两方面的焦虑与迷惑，加之诗歌多言志，且已无超载前人之感，选择词就成为必然。被压抑的雄心壮志，得到了一个释放的出口后，于是源源不断的抒情之词便奔涌而出。

对于聪明的文人士大夫，所谓的心灵慰藉只可能来源于自己，节操、既得利益，两者皆不能失，那就身心分离，"身在仕途心在林，半隐半退还齐名"，山林遥远不可及，既然身不由己，无法逃遁，便臆想入得深云闻大道，心入山林得安抚。文人画就此应景而出，承载的是文人士大夫敏感的情怀。

诗在宋朝已被降格使用，偶尔言志主要抒情，这降格正好配合文人绘画，使诗中成画意，画中待诗情，形成完美的诗情画意组合。书法、印章后续也加入文人画之中，最终造就了"文人画"的"诗、书、画、印"全汇通的最高组合形式，实现了文人士大夫绘画的最高境界。综合来看宋朝的文人画，是文人士大夫阶层，对国运不得志的客观精神焦灼的主观回避，而采取的一种转移束缚让精神重获自由的有效方式。

纵观成为中国古代社会文化艺术发展转型期的宋朝，它的人物画、花鸟画、院体画都蓬勃发展并走向成熟；山水画、文人画，在此期间得到兴创；显然宋词与唐诗交相辉映，成就了中国文化的另一高峰，从此中华文明的天空中，多了一颗璀璨耀眼的星星。

由于城市环境宽松自由，经济发展相对良好，百姓富足；边患问题也凭借宋人智慧被屡屡解决；造纸术和印刷术广泛应用的条件已经成熟，使书籍的发行量陡增，从而带来知识的传播革命，这一切都加快了文明的发展进程。

（二）皇家风味

皇家的审美情趣是通过皇家画院来实现的，这类作品就是我们所说的院体画。院体画贯彻执行的肯定是皇家的审美标准，对整个社会的审美标准产生巨大的影响，社会各阶层的意识形态、审美观念反过来也会影响皇家画院，画院画家以高超技术服从权力，严格执行皇帝的标准。宋朝皇家画院即"翰林图画院"建立的班底，就直接来自西蜀和南塘，尤其以来自西蜀黄荃之子黄居寀的"黄派绘画"独领风骚，他们所倡导的富贵气象在宋初画坛起主导作用。所选定的绘画题材都是皇家所喜欢的珍禽瑞鸟，以细腻工整的笔法，丰富浓艳的色彩加以表现，画面柔美而细腻尤其受皇家恩宠和喜爱。原本还有徐熙一派，以笔墨表现野趣，灵动自由淡雅，但不得皇家恩宠，到孙子徐崇嗣一辈实在熬不下去了，终究还是饭碗决定立场，不得不放弃主张，改学黄派。

1. 黄荃《写生珍禽图》（见图 2-1）

图 2-1 《写生珍禽图》

黄荃（公元 903—965 年），字要叔，今四川成都人。五代西蜀宫廷画家，历职前蜀、后蜀，后随蜀主孟昶归宋，仍以画艺得官职入北宋画院，但常念及自己的前朝，不久便郁终。

《写生珍禽图》为黄荃之作，黄荃虽不是宋朝的画家，但他是宋朝"黄派"开创人物黄居寀的父亲。《写生珍禽图》就是黄荃为教儿子绘画的范本。传说中黄荃非常能画，所画的仙鹤可引来真仙鹤，与画中的仙鹤结伴而居；所画花竹雉鸡惟妙惟肖，过于逼真，引得空中盘旋的猎鹰俯冲来擒。禽类其实都色盲，无法以人的视觉来看待东西，未必能识别画中的同类或猎物，传说无非是想证实黄荃绘画特别逼真。观《写生珍禽图》也确有同感，画中昆虫、鸟雀、爬龟各具姿态，造型准确，特征鲜明。二十多个角色各有各的戏，各有各的台词，同时登场共同完成一台好戏。

图的右下方的两只龟负重登场，一大一小的两种龟就像一老一少，被龟壳压得气喘吁吁，却毅然注视着前进的远方，观者有感，但承老少结伴而行之喜；叽叽喳喳，传来了鸟鸣，哦！原来是只小麻雀正在讨食，它着急地扇动翅膀，母亲温顺地站在旁边，对嗷嗷待哺茁壮成长的小家伙，既欢喜也犯愁；左上角两只秋蝉一鸣一放，为农人唱出了收获的歌；画中不见花蕾，却见为人辛苦、为人甜的蜜蜂，敛翅欲停于花蕊，观察的视线像是跟随蜜蜂一会嗡嗡振翅一同寻觅，一会忽停跃出画面聚焦，凝视细观。整个画面如同由各个精致细节共同构成的一台大观，各角色画得饱满充分，鸟雀羽毛随风可动，龟甲坚实厚重充满质感，蝉翅、蜂翼，薄得透明而脆朗，毫发毕现，清晰动人，历经千年时光鲜活如初。

2. 黄居寀《山鹧棘雀图》（见图 2-2）

图 2-2 《山鹧棘雀图》

　　黄居寀，黄荃之子，北宋皇家画院"黄派绘画"的掌门人，上阵父子兵，确实厉害。《山鹧棘雀图》是黄居寀之作，一股富贵之气扑面而来，雍容华贵，因为太华丽、太完美、太优雅，仿佛一般的人家承受不起这气息，有些招架不住。黄居寀显然是在以艺术拔高生活，剪裁稍纵即逝的瞬间，把最美好、最完美的画面，凭自己的一举之力编辑后展现给我们，补足了现实生活所缺失的部分，平和而美妙，慰藉感明显。

　　秋后的山林小溪旁荆棘已退尽葱绿，杂草、竹、蕨刚为秋雨所梳理，收捡了凌乱，排序出了章法，山溪少了夏天湍急，放缓的节奏好似在等待什么，原来是鸟雀的雅集盛会，最显眼的位置被谦虚地推让，其实鸟雀们早已心知肚明这份显赫应属于谁。谦让只是等待主角的到来，山鹧长翎华丽，俏不弄姿，无意争春，汲水前的稍稍停顿换取惊艳永恒，群鸟心甘情愿作为陪衬。所以君臣有别，德不配位注定会沦为笑话，只有卓尔不群，停于显赫之位才会恰如其分。黄居寀完全能揣摩透彻皇家的心思，所以当好自己的配角，专心用画营造皇家喜好的富贵氛围，把那一份显赫永远预留给皇家，这是皇家画院内画家必备智力，黄居寀深谙其道，成全了自我"黄家富贵"的延续和发展。

3. 赵佶《听琴图》(见图 2-3)

图 2-3 《听琴图》

　　宋朝皇家画院有严格的管理制度，入院考试极严，除了强调画家的技法，更注重诗意成画。宋徽宗赵佶本人就是皇家的"翰林图画院"院长，考试常以诗句命题，如"万绿丛中一点红"，考生若从绘制花卉上考虑立马打入二流，须得从字面上转几个弯弯，营造出意境。据说第一名画的是一位美人在绿林深处倚栏而立，犹抱琵琶半遮面，露出朱唇一点，现在反观说俗气，但那时应考，必须迎合皇家标准。又如"深山藏古寺"，凡在画面出现古寺，哪怕是露一角都不为妙。第一名是在满山的葱郁中，画了寺院的一竿旗幡。在我个人看来，要达成其古寺藏而不露的妙，在"藏"字上还得重下功夫，画面山色葱郁不褪，前方一条山溪，伴小路而起，若隐若现不知不觉就消失在密林之中，只留先前路上，孤僧取水而归的背影。再如"踏花归去马蹄香"，考生在"香"字上，下足了功夫，一骑轻衣踏花而归，马蹄扬起的花香，让一群蝴蝶围绕追逐，甚是惟妙！虽蝴蝶能不能闻到花香我不知道，但人羽化蝴蝶，却有庄子梦早成。

远处传来了悠扬的琴声，循声而行，穿过幽幽竹林，路的尽头有人在松下抚琴，恐惊打扰，驻足而听，一曲高山流水觅知音，左右各坐一人心领神会。抚琴的人好面熟，竟是实施画院考试的那个主考，儒雅而多几分惆怅，今天此地身着道袍凝神于指端，已迷幻于神定气闲的超然之中，休管身前身后事。事事违愿，想轻松洒脱，却偏偏与自己脱不了干系。难呀！做皇帝可真难，祖宗的江山社稷，怎非要交到只知写字、画画、弹琴的赵佶手里，挑不起的担子，放不下的责任，无人可解的忧愁。

重症下的朝廷逆袭乏力，已是岌岌可危，任凭一江春水向东去，丢了江山，成为阶下囚，我们不能过多责备只配当艺术家的宋徽宗赵佶，在面对内忧外患时，真的无计可施，是个人能耐不够，还是集体智慧的缺失，结局都一样。他可以写字一流，画画艺压群芳，弹琴举世无双，可要做拓、守江山的好皇帝，怎可能仅"文"字担当，真不忍心把这么一个大好"文人"拉回落得昏庸的"皇帝"宝座，且让它留在自己的《听琴图》中，做一个好文人吧！

4. 王希孟《千里江山图》（见图 2-4）

宋徽宗赵佶为皇家画院的院长还身兼教师，发现好苗子，必亲自精心调教。青年才俊王希孟入画院后绘画方面一直不得要领，经赵佶精心辅导，半年后交出了惊世骇俗的《千里江山图》。该作品为长卷形式，青山绿水画，长达十二米，宽半米，绢本。

绘《千里江山图》的作者王希孟，年仅十八岁就完成了该鸿篇巨制，这让许多人自觉惭愧，想到自己这个年龄与王希孟相比真是有负韶华。骇俗是作品的形式和内容的与众不同，个人才华没得比，羡慕也好，嫉妒也好，那是老天爷说了算，就当他是神仙，凡人岂能与神仙相比较，以此得宽慰。

《千里江山图》以长达十二米的篇幅来容纳单一的山水，这本身就给自己出了一道难题，体量巨大故事单一，弄不好就是又臭又长。好在王希孟年轻，他有的是精力做加法，天不怕地不怕索性就这么干了，结果弄成了。青山绿水画可以说是中国山水画的鼻祖，发端于隋唐，到徽宗一朝经文人士大夫几百年的挤压已退居边缘。但青山绿水画出生显赫，生于朝堂之上是皇家的嫡子，它富贵气象的遗传基因一直为皇家所保留。

鸿篇巨制没有实际内容就会落于"假、大、空"，这是王希孟必须解决的首要问题。而解决之道就是确立主题，以此构思开局，再向两边徐徐扩展，以郭熙提到的高远之法，由低向高的视觉来营造中部中心位置的突起，借此主导以便掌控全局的布置。大的总体主架搭好后，余下注入连绵的、有节奏的江山之韵遂成大局，不朽气势跃然纸上。

在群山错落起伏中点缀平实祥和，只见山岸渐开换水行，水路漫漫助山势。独立的山以样式不同的桥相连，水面广阔处以船而渡，实现山水相连，气韵贯通。全画中间紧两头松，中部高耸塑造敦厚稳健，两旁舒展即得舒畅通透，这样有紧有松，有疏有密，妥当地处理好了空间关系。楼台殿阁依山居高，渔村野市随坡处低；水榭亭台邻岸，茅屋草舍闲置；水以开阔起再以浩渺去，山凭远近阔又依高低绣。延绵群山柔情江水，最终都统一于色彩的绚丽，这绚丽明艳又比隋唐时的青山绿水多了几分柔和。

图2-4 《千里江山图》

王希孟变革了青山绿水创作方法，变单一涂抹青绿的方式为笔墨设色相结合。先墨色起稿再施皴擦，水墨铺垫后多次设色渲染，山峦突出部设青，见缓处涂绿，衔接处以水墨溶赭石润色，江水罩青绿，远山刷淡墨淡青，林木、房舍、舟桥以墨色勾勒再施以颜色，人物、飞鸟虽小，姿态和动感犹在。王希孟想到了的都做到了，他目光敏捷，思路清晰，有股子雄心又不缺失细心，更有福星高照的运气，能成为天子门生，真是光彩耀人。

更为明确地说，王希孟是在宋徽宗授意下完成的这幅政治题材的名画。宋徽宗胸有成竹，以画表现理想的政治秩序，展示帝国的辉煌才是他真正的目的，从而扭转被文人士大夫把持许久的审美时尚，给文人审美换换口味，重新回到皇家所倡导的方向并为朝廷歌功颂德。就这样，在宋徽宗的完全把控下，其不露声色地准备开始了，胜券即将在握，只待选定代言人选。

目标明确，寻找机会，很快，血气方刚的王希孟进入了他的视野。一个是文化底蕴深厚，慧眼识英才，一个正是才气过人又青年可造，宋徽宗亲自出马面授机宜，王希孟也心领神会，师徒俩一唱一和完美收官。王希孟凭其才华承揽圣意，以有底线的坚守又具冲锋陷阵的前卫斐然建功，他璀璨光耀却如流星划过，对于他个人的记叙，历史上并没有任何更多的史料记载了。

以《千里江山图》说事，王希孟完全彻底地贯彻了最高旨意，宋徽宗很满意，但后果也很严重。宋徽宗后将《千里江山图》赏赐给当朝重臣蔡京，喻意文武百官请跟我来，棋子放于棋盘哪个位置由不得棋子，"普天之下，莫非王土；率土之滨，莫非王臣"。棋子可用可弃，蔡京最懂，忙在卷尾补上题跋："政和三年，闰四月一日赐。希孟年十八岁，昔在画学为生徒，召入禁中文书库。数以画献，未甚工。上知其性可教，遂诲谕之，亲授其法，不逾半岁，乃以此图进，上嘉之，因以赐臣京。谓天下士在作之而已。"

一位美少年就这样迎面走来，风流跌宕，清秀逼人，留下一幅长卷《千里江山图》后，又毫无顾虑的转身走了，一人一画是历史留给我们关于他的全部记载，还有——那年他十八岁。

纵观审美趣味差异性，也是有盐有味。前些年我的画室开设于闹市之中，挂画时，都是临时在楼下经营五金建材的小卖部借钻、借锤自己施工，一来二往小卖部老板与我熟了，也知我画画，有一日正巧他闲，我又要挂画，想必他对我绘画的神秘猜想也许压抑了很久，所以这次一定要随我去画室看看，我欣然答应，俩人气喘吁吁地爬上九楼，可进了画室还没等我备以茶水寒暄几句，老板就匆匆告辞，出门时不屑一顾地撂下一句话："哪晓得是这些，我还以为你画的雄鹰展翅、猛虎下山、花开富贵……"这自觉或不自觉的话语，折射出的是他的失望，我的尴尬，所以只有全心全意的作品，没有全心全意的观众。

审美取向是分层次和阶段的，这里不谈褒贬。每个人都有自己心中的世外桃源，繁花似锦还是秋风凋碧树，完完全全取决于个人状态。大俗可以成就大美，大雅也可以沦为大俗，恰当与否，世外桃源均由自我划定，愿意亲近于青山绿水，还是独爱水墨寒林均无可厚非。但进入社会属性，每个时期都有文人志士所追捧的主流文化，而今天青年才俊们的文德修养才是主导未来主流文化倾向的可塑的基石。

（三）寂寞山林

宋朝已没有"九天阊阖开宫殿，万国来朝拜冕旒"的大唐气势了，它的疆域还不及盛唐时期的三分之一，帝国周边都是虎视眈眈的强悍外族，对于重文轻武的宋王朝，开疆扩土已无希望，偏隅一方自保成为上策。

以大搞经济建设和文化建设为大前提的国策，让宋朝收效显著，很快人口剧增，持续的稳定与繁荣，及文化的大力提倡，让读书人增多，文化人占总人口数比例越来越高。富足起来后的部分文人开始寻找自己的世外桃源，他们有着独特的思想感情和艺术追求，并主导着社会意识，而寄情于山水是他们共通的价值取向。

另外，深深的忧患意识对于宋朝文人来说，一直是不敢捅破的触及，文人一旦失去稳定太平作为庇护，将是最没有生存能力的弱势群体，心有恐慌却不敢外露，而文人气节仍需气定神闲,那就到山林里去,到外界不知的山林里去,那里最安全,万变犹我定,即使此生寂寞也罢。

晚唐时期的朱温就是个毫无政治节操的"大军阀",一手炮制了文人们的"白马驿之祸",把知识分子杀了个稀里哗啦,管你什么清流自清,一律被他投于黄河成浊流。朱温篡夺唐朝,从此,天下翻开战乱的一页,五代十国登上了历史舞台,这台戏就是一场历史闹剧,闹得轰轰烈烈,连历史课本都不愿意多叙。弑君篡权在那时期成为常态,王朝更迭如走马灯,朱温的名字使知识分子们不寒而栗,五代十国的战乱,就这样把知识分子们打得鸡飞狗跳,凡人扎堆的地方都不安全,唯有逃遁于深山方能保全性命。

幸好宋朝及时出场收拾了乱局,才没有演化成大悲剧。行伍出身的宋太祖赵匡胤深知打天下靠武功,治理天下还得靠文略,所以刀枪入库,广招贤达,开始建设文艺的宋都。

1. 李成《读碑窠石图》(见图2-5)

图2-5 《读碑窠石图》

宋朝的李成出山了,流着曾经的唐朝皇室血脉的他,骑着驴带着侍从,从荒凉寂寥的山林穿行而出,此时人困马乏,恍惚中来到了一块石碑前,岁月的无情使石碑上的文字风蚀斑驳,模糊中依稀辨出李唐王朝微弱的气息,这令他顿感伤情,犹如唐朝陈子昂《登幽州台歌》诗中所写,"前不见古人,后不见来者,念天地之悠悠,独怆然而涕下",他掩泪荡墨,绘成《读碑窠石图》,满绪思愁无处话凄凉。

画中无字碑,非刻意营造"由后人去评说",而是注重心境之情境;无须在意拘囿于它的地理位置,只为造就自己寄情久远而要表达的旷思,让思维在空间上带着物是人非的情感穿越深远而寄表画家哀愁。六朝画家、理论家王微,对此种故意模糊而令观画者无法识别画中准确位置的方式,曾有趋于理论性上的描述,以"神似"解脱出"俱俱"必有"形似"，这也说明画家在选择营造、拓展开阔性思维意境的这种表达方式上，由来已久。

前人创造的丰功伟业到自己这里已丧失殆尽，时过境迁，天下由李姓改为了赵姓。他望碑兴叹"无可奈何花落去，似曾相识燕归来"。无可奈何是真的，燕归来却是幻觉，王谢堂前燕只好作罢飞入寻常百姓家，万般的惆怅，万般的无奈，画中的树、画中的碑、画中的窠石，唤起了对前朝的幻觉。

那时这里林木葱葱郁郁，石碑上清晰地铭刻着盛世王朝的功绩，窠石见证了车水马龙人头攒动的太平盛世。往事如烟，不堪回首，眼下的苟且换来的一世之安，李成身为李唐王朝的后裔，读书多、学问大、境界高，当时就美誉远扬，省级政府拜他为官，他欣然接受，但又瞧不上，所以就职后并没好好工作，自由放达的天性没有因为做了公务员就有所收敛，而是任性到底，一路狂歌痛饮，醉死他乡，因为他的不适应，因为他的放不下，终究是不能释怀，一生高冷只到四十九岁，忧郁的他本应还归寂寞山林。

2. 范宽《溪山行旅图》（见图2-6）

图2-6 《溪山行旅图》

范宽，一个寻找了一千年的名字，压抑着我，激励着我。我能想到的，我要做到的或者我将要做到的，都被千年前的范宽做到了，恰似自己极好的奇思、妙想、创意被人抢注一般难受。他的成就是一道难以逾越的屏障横跨过我的世界，我不能逾越，更没有洞穿的能力，只能在范宽营造的世界中艰难的跋涉，成为一名步行族。范宽以自然之态奉献出自然之神品《溪山行旅图》，将大自然最原始的神妙，全息化地转化成精确的话语，似乎只要我屏气凝神，立刻就能感受到大自然奉献出的神韵，山川的威武雄壮与神秘幽深，予人直接的震撼，使观者自觉渺小。

作品以塑型山川的美丽、壮观来传达人与自然的关系，雄伟厚重的气势和庄严朴素的气氛，同样来自巧妙的构图和布局。近、中、远景三重的三角形构图举升了观者的视线，沿着视线形成的中轴线仰视，将会收获到巨大的崇高感，大胆地以二分构图取代了三分构图，一般的山水立轴画，会采取三分构图的布局来保持画面的均衡，近景、中景、远景各占三分之一的画幅。

《溪山行旅图》以三分之一的空间容纳近景与中景，压缩后的中景融入前景并稳居下方，为远景置留出更大的空间，而占三分之二的远景，则向前一步成为中景，这种从布局上进行移景换位的妙用，使远景更显靠近与突起，甚至有咄咄逼人之气势，三分之二用以造势，三分之一用来助势，最终使山之气魄直贯苍穹，壮硕、墩厚、稳健。

坐落在中景的主峰以凝重逼人之势压顶而来，云气弥漫山岗间，山之深难以探究；山顶略缓平，有灌木生长相拥成林；山壁迎面，陡峭坚硬，没有给植被生长的机会；峭壁缝隙间垂下细长的瀑布，好似一条白色尺子正在丈量难以丈量的高度；山体冷寂硬朗，而山泉飞练为其添得几分柔美。

近景的巨石与山岗间有一块稍缓的坡地，有小路通行其间，两侧山岗一高一矮相对峙，岗上古木参天，急促而过的山涧小溪与小路相会后结伴而行。缓坡上出现了正在赶路的驴队，一声吆喝，几处铃响，四匹载满货物的驴，由一前一后的两人押解，承重缓行而来，《溪山行旅图》以此而得名。

初识《溪山行旅图》，我正少年时，折服于它刹那而至的视觉冲击力，陶醉其精辟的独特形式美，更是钦佩范宽塑造山水的天赋能力。小时，尚是被画里山势所震撼，长大后二十年后的我，有了一次亲身体验，让我从外间所观的"界"再回到画里，重新收获了一次由感性到理性的提升。

川藏路上二郎山段山高路险，等待在山段两侧准备通行的车辆总会排出十千米长，通常左边放行一天，右边放行一天，即实行隔日单侧放行，它是川藏路线上的第一道屏障，也是从成都平原抬升至青藏高原的第一道坎，不光地险，要通行还得看老天爷的脸色，若遇天灾频频，等待的风险会更长，堵几十千米也成常态。

我那一次恰遇大堵车，可谓白天黑夜的大堵车，在幽深狭长的山谷里滞留了两天三夜，苦苦地期盼，轮到通行时，已是第三天的凌晨时分，车在峡谷中缓慢爬升，行驶得小心翼翼，看不见首尾的车辆走走停停，形成一个超大的车队，排出的阵形足有近三十千米长。天快亮时可以遥望到一个即将翻越的山口，对于我来说，青藏高原就像一座高耸的希望，屹立在山后那边已有数万年，此时由于视线逐渐开阔，可以观察到，盘旋而上的山路满是灯光，在山谷中迂回又几重徘徊、缓慢地照着前行，这正应景了清代词人纳兰性德《长相思》里的一段语境"山一程，水一程，身向榆关那畔行，夜深千帐灯。"此时是我身临其境的完全感受。后来，我连续画了《关山夜渡》（见图2-7）和《关山夜行》（见图2-8）两幅作品，不愧了我对范宽"溪山行旅"二十余年的壮记，所自然流露出的一次划时空的真情表白，"溪山千年，相隔千里的行旅不孤单，千山万水，与你同行的人尚有我"。

图 2-7 《关山夜渡》

图 2-8 《关山夜行》

在溪山中行进的驴队，与巨大山势形成强烈反差，显得弱影而渺小，表现出的是范宽谦卑折服于自然的态度。左边山岗忽有一人，转折间，已若隐若现于一块山石后，仔细一瞧，是一位虔诚的僧侣正从容而行，如此安排，画者范宽再一次描绘了人与自然"大与小"的关系——不求征服，但求和谐；沉心聆听，似有人语，很快被潺潺溪流与鸟语之声覆盖淹没，恍若空山无人；再看溪上有座木质小桥，顺此延展开来，它搭起的是观者的视线，再者流水或急或缓，迸出错综复杂的节奏，它激发起的，是观者的想象与感官。顿时，视觉、听觉都被眼前此情此景所充分地调动。

做一个行人过客，慢待不起山水，而赶路的驴队要快快而行，不敢迟缓，僧侣放慢了脚步，聆听着他的觉悟。此时，右边山岗亭台楼阁，虽精细地描绘于瀑布下，又渐隐于树林间，虽位居要处却又并不显眼。显然范宽把"有人"或与人相关的信息，都在弱化、淡化、小化或边缘化，他清晰地传达出的，是自己的山水自然观。

中国山水画，从来都不是单纯模仿地在画自然，而是先要在艺术与自然之间斟酌，"融合"是画家心灵再造的结果。融入自然更要体验享受自然，山水画要传达的不只是山水的形，更是山水的意。传统的山水画，不遵循只画单一的真实景观，也不以固定的视点观察景观，画家与自然随时进行着互动，因此山水画的创作，非常强调体验与感触，以眼下的山水景观、气象与自己的感受相融合，成为日后创作的主要依据。画家经常出入于山水间，体会自然与人的微妙关系。中国山水画就是行动后感悟出的作品，行走中看到的、想到的都可在不经意间入得画里，看似不经酝酿却一气呵成，形成大作。

范宽是陕西耀州区人，他的画多描绘此地，具有很明显的故乡地理地貌。那里的峰如巨碑矗立，峰顶均灌木丛生，岩壁清泉飞溅，谷底乱石嶙峋，山涧水行急。范宽穿行于耀州区的山水风景之中，静静地享受着自然的启迪，揣摩创作的心境。终南山就在耀州区附近，那里是更高一层的精神圣地，范宽也常行其间，受道家的自然观思想影响极深，主动寻法自然，与自然融为一体，在观察自然中领悟到"与其向其他画家学习，不如向自然学习"。

范宽对道法自然的体悟，使其进入了绘画的最高境界，并建立起属于自己的山水画风格。集点成线，可以勾勒出山体的外形轮廓，坚实有力；停顿挫点又有了山势力量的驶入，而挫点后收笔带出的线，最后可以转化成力量的舒放，节奏和韵律都在笔尖游刃有余。其所独创的雨点皴，最是恰如其分地展现了山体的质感，中锋行笔，垂直以短线点凿，这一切都干练地再现了北方山石的纹理特征——阳刚之美。

3. 郭熙《早春图》(见图 2-9)

图 2-9 《早春图》

"年年岁岁花相似，岁岁年年人不同"。

郭熙的《早春图》与宋初的李成画风极为相似，我们若抹去作者信息而单看画，很难将两作者区别开来。将郭熙的《树色平远图》和《寒林图》，与前辈李成的《寒林平野图》《读碑窠石图》进行两两比较，这些作品简直就是同出一辙。如前所述，李成虽贵为李唐皇室的后裔，但他生在五代，平生踌躇多潦倒，最后客死他乡；再看郭熙，生为一介平民，却可平步青云、名利双收。这一比较，只能说郭熙的运气实在是太好了。

郭熙所在时期的当朝皇帝，宋神宗赵顼，非常喜欢李成的作品，此时李成已不在世，因此与李成画风有几分相似的郭熙，立即转移了皇上的注意力，得到皇上的欣赏重视，真是天上掉金砖，砸中了郭熙，他顷刻间身份转型，"熙宁元年召入画院，后任翰林待诏直长"。这古典版的屌丝逆袭，不知李成作何滋味。然而郭熙却是很刻苦地向李成学习，才成为后来打动宋神宗，被招入国家画院，作为朝廷重点培养的人才。宋神宗将珍藏的李成作品提供给其研习，郭李两路山水，开的是同样的花，可观花的人不同，此生待遇可谓天壤之别啊！

郭熙有着最好的经纪人宋神宗，还有最好的买家——朝廷，想不红都不行，三个人的时空交错在一起，成就了郭熙的这般辉煌。但郭熙的成就完全是靠的运气吗？显然不是！

我们先看《早春图》，或可得一解。

"树才发叶溪开冻，楼阁仙居最上层。不藉柳桃闲点缀，春山早见气如蒸"，这是清乾隆皇帝在《早春图》上御赋的提诗，我斗胆改一个字，把第一句的"才"改为等待的"待"，变为"树待发叶溪开冻"，画的意思就全部诗情画意了。《早春图》的"早"字，限定了它的时节，只能是乍暖还寒的惊蛰前，天气回暖寒气退却万物等待复苏，山林被温润的新气包裹，恰似褓褓中的婴儿只需一声唤醒就春雷始鸣。

郭熙精准地把握了时节，观者很容易被主峰两侧的山涧流水所吸引，进入画里，而若以主峰为中轴线进行视觉观察，首先驶入眼眶是气势恢宏的主体山峰，它巍峨挺拔，叠嶂间又隐藏着风云变幻，再目之极左，只见左边水流渐缓，巨石后有木桥，若隐若现中，有行人穿梭于桥上行，绕过桥梁去，溪流已隐于大石后，再露头时便探到了潭水边，水流经潭注入河中，此时得见挑担离船登岸的二人带着小孩，面向寒意刚退却的山林，有说有笑，注定了是一场欢快的回家。

右上溪泉，划出一波清泓三束轻弦，有节奏地汇入河水，泉水最上端置有楼宇平台，不知为谁辟出了这般世外桃源。前景中，形成三角结构的三块大石稳定而有力，撑住了画面的上方山势所带来的压力，又从下至上地贯通了雄壮，轻逸间众云揽翠，极目至最远缥缈山巅。

独创的卷云皴恰到好处地表现了北方坚硬嶙峋的山石特点，树木采用了最擅长的蟹爪法描画，主干坚实有力枝条遒劲苍老。郭熙没有表现花红柳绿的时节，而是选择经过一个漫长冬天蓄势待发的早春，将按捺不住的勃勃生机蕴藏于画中。

宋神宗是一个励精图治，想有所作为的皇帝。力挺王安石主持进行的锐意改革，史称"王安石变法"，但以司马光为首的一帮能臣就是不依，极力反对，一把鼻涕一把泪地劝皇上不要这么搞，天下会乱的，苏轼也掺和其中，搅得宋神宗心很烦，身也疲。处理完朝政，避开争论不休的朝臣，身心疲惫的宋神宗，通过欣赏画作，平复情绪。郭熙的画使其心悦，特别是以中间一峰主导，众峰相拥的画面布局，很符合他的心意。宫廷内朝堂上可以挂画的地方，都挂上郭熙的作品，郭熙就通过感动一人，而获得感动天下的效果。

郭熙在绘画理论上的贡献也十分显著。他提出了著名的三远法，即把山水画分为高远、深远、平远来取景——自山下仰望山巅谓之高远，自山前而窥山后谓之深远，自近山而望远山谓之平远。特别是他把描绘的山川情感化，一年四季的山川有着不同的情绪，"春山淡冶而如笑，夏山苍翠而如滴，秋山明净而如妆，冬山惨淡而如睡"。这些具体的方法，和在创作时的体验，都被收录整理进了他的《林泉高致集》册子里，成为中国历史上最早的一本有关山水画创建的理论专著。

4. 李唐《万壑松风图》（见图 2-10）

图 2-10 《万壑松风图》

堂堂正正的一棵松，正儿八经的一个人，立得住、站得稳，任风雨飘摇我自岿然不动，这是我喜欢李唐的理由，喜欢他不认命的硬朗之劲。"靖康耻，臣子恨，八千里路云和月"，李唐就身处这个时代，时代具备的苦难他也都亲历，北宋覆灭、国破家亡时被掳走北方，历经苦难逃回南宋，流落街头风餐露宿，这就是耄耋老人所经历的一切，多少苦难尽管放马过来，一支画笔足以应对，吾是一棵老树，根紧紧抓扣岩石，风是代我吟唱的歌。

山坚不可摧，水百折而不挠，傲然如松挺立的坚韧之质，以排山倒海之气概迎面袭来，这是我拜读《万壑松风图》的感受。决不遁逃直面以对，这是我从精神层面对李唐的理解；任凭苦难泛滥，我自气象万千，画如其人，展开的是作者之精神，雄浑静默；以铜墙铁壁铸成的山，任风吹雨打皆无法撼动，遇强不弱，遇弱不欺，这是画所蕴藏的魄力与精神之气。

欲破苍穹的主峰虽被刀劈斧削的险峰所环抱，依领群山对峙巍峨耸立的奇峰之峻，山顶虽临险境，但又不失苍翠葱木点缀，或透秀美之气；重崖叠嶂，还教云雾弥漫，衬托树梢枝端清晰轮廓，更添枝繁叶茂于林木间。瀑布发端于生机勃勃的山林，缘山分左右款款而来，两组百年老松扎根于乱石上，苍老挺拔枝叶浓郁繁茂，雄健的山，深邃的壑，层层的松，以流水为伴，任凭山风吹过。

"西风烈，雄关漫道真如铁，而今迈步从头越。"

李唐八十岁再入南宋画院，开枝散叶，以高龄缔结老树之新气象。

在我的旅程中，喜马拉雅山的雨季，寒冷而孤寂，为了寻找自然之力，获取灵魂的震撼，我作为一个孤独的行者，在人迹罕至的崇山峻岭中，独自一人穿行跋涉了多天，依然还与之遥远，水气云雾中的珠穆朗玛，你在哪里？我坚定意志，决不放弃。疲困交加的我，每跨前一步，便幻想着获得与它更坚实的靠近，四天的历练终于换来蓦然回首的惊艳。

雨过天晴云开处，珠峰一展尊容，淡定而安详，伟岸而崇高，落日余晖下，我似觉悟的行者，经千年跋涉，屹立在坚石前，与时空中的画者共处时光，吸纳支撑灵魂的力量。我恭敬大自然，并尊崇自然，把自然而不是人奉为至高，山川永恒，溪水长流，你我都是山间的行族与过客。行者，是我，山在那里，绘珠峰，取画名《至臻无尚》（见图 2-11），即意志至上！

图 2-11 《至臻无尚》

（四）世俗到底

宋朝之前的城市，就像是一个扩大的政治军事堡垒，以"坊"为单位进行功能区域划分，居民日常生活居所与城市功能区域分开，每一个坊都是独立的，全城实行宵禁制。这种格局其用意就是隔绝危险，防患未然，便于城市的管理和保卫，城市处于时刻备战状态，气氛凝重压抑。宋朝建立以后，拆"坊"建"街"，取消宵禁，使城市白天商贾云集，夜晚歌舞升平，变得活力四射。

据资料记载，当时宋朝都城汴京人口大约在 135 万，人口的结构比例为，官吏占 20%，文教人员占 10%，工商业者占 30%，余下的为百姓、军士、流动人口等 40%。宋朝是一个没有军事实力对外实施野心的王朝，但内部管理抓得很紧，都城人口 20% 用于内部管理建设，10% 用于文化建设，30% 都派在了繁荣经济上。因为有强大的经济能力作为支撑，所以边患以购买和平的方式来解决，这时王朝内外环境一片大好，经济、文化、艺术都呈现出一片繁荣的景象。无内忧无外患的宋朝，人口暴增，人口红利得以体现，富足起来的宋朝人，开始悠闲地干什么了呢？

种由原来皇宫、贵族、官吏独享的，被视为娱乐化的奢靡生活，逐渐扩展至全民化，娱乐方式按社会成分进行分化，然后又互相渗透。城市中生活富足的市民人数日益壮大，适应市民生活方式和生活趣味的娱乐方式也随即孕育而生。

新的娱乐方式摒弃了浓重的宗教色彩、政治气氛，显得更加随意化，纯娱乐化，没有了讲究的程式、仪式、章节，取而代之的是开放、自由、豁达。娱乐方式撷取到的精神层面越多，它所反映出的生存琐碎就会越少，我们通常把精神层面附加值高的东西称为雅，把浸满生活痕迹的东西称为俗。

社会生活最真实的一面被负载在了"俗"上，也就是我们所指的世俗，它本是生活的一些常态，这些常态未加修饰，直来直往，毫无察觉地存在，悄无声息地滑走。记得我有一次在看文献资料的时候，有一段记载了考古学者在考察千年古迹时，发掘到古时垃圾填埋场，这让考古学家们欣喜若狂。因为他们可以考证和看到古人是怎样生活的！吃什么？穿什么？用什么？古人们在不经意的丢弃中，为我们保存了大量的生活信息。这些丢弃物真的与精美的艺术品没得比，甚至还比不上博物馆的博物架，但却有一股来源于生活的真实与亲切。

秦朝的一封木牍家书，我们现在读也觉得感人肺腑，它诠释了秦兵马俑中真正的将士们是什么状态。

两位秦国的士兵"黑夫"和"惊"兄弟俩，写给他们大哥"衷"的家书，大概就是：大哥为什么不给我俩回信？母亲的身体还好吧？我和弟弟都还活着，兄弟俩刚团聚，军队马上又要开跋，去攻打睢阳，不知这次还能不能活下来。我的妻子"婉"，真对不起她，新婚就未能留下相陪，经常梦到她，告诉她不要去偏远的地方打柴，一定要注意保护好自己，拜托大哥一定要去拜拜神，向神灵祈祷，保佑我们和家庭。我们俩离开家时只备有冬装，估计战要打到秋后，辛苦母亲做些夏天的衣服寄给我们，布料一定用便宜的，要是布料贵，就直接寄一些钱过来吧……

这份家书作为陪葬品，在大哥"衷"的墓中被发现，不足三指宽的几块木片，饱含深情地介绍了一个普通的秦国家庭，他们的辛酸苦辣、悲欢离合，帝国的辉煌伟业是以无数个家庭的支离破碎作为代价的。母子情、手足情、夫妻情渗透薄薄的木片，穿越两千多年后依然催人泪下。木牍家书虽是人世间"俗物"，无法与秦兵马俑相提并论，但那些被历史推至前排，并注入帝国荣耀的军士们，用缺乏生活温情的威武，为亲人们遮挡着人间烟火。

宋朝没有那么多豪情壮志要抒发，社会的刚性降低，用不着绷面子，平和的生活给人们带来真实的犬马声色、诗词歌赋，吃饱后想做什么就做什么！随着工商业的发展和都市的繁荣，市民阶层的队伍和力量也逐渐壮大，画家的艺术取向和艺术趣味随着社会的多元化各有归宿，有一批画家把目光转向了市井，乐意表现他们最熟悉的百姓生活和精神状态。

这些画家没有过多精神层面的压力，舒缓地游荡于市井和乡村，以轶闻趣事为内容描绘成画，对所见所闻平铺直叙的表达，以现实主义的手法完成作品，不求作品能登大雅之堂，只求闲情志趣的表达，题材选定和创作手法的改变，使这类作品具有轻松、快乐、单纯、亲切的元素，从而激活人的感官。他们用这些世俗生活的画面，收录社会更多真实的信息。

世俗就是真相，了解真相是人获得生存安全的一种本能，精神的真实可以通过宗教、信仰、情趣求得，生存安全取决于对周边事物的了解程度，世俗生活的画面化是真相的艺术化，那到底什么是真相？

镜头对准了鲜活的生活，形形色色，来去匆匆。为了真相，我们世俗到底。

1. 张择端《清明上河图》（见图 2-12）

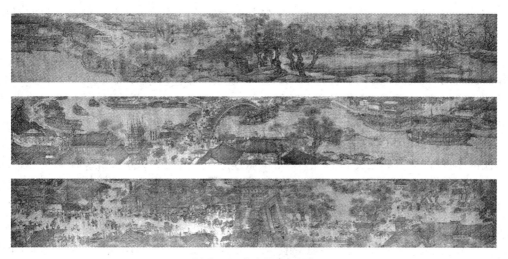

图 2-12 《清明上河图》

张择端是谁，你或许可以不知道，但不知道北宋世俗画代表作品《清明上河图》，那是绝对不可以的！

《清明上河图》头衔实在太多了，最响亮的是"世界十大名画""中国十大名画之首"等，传世到现在的珍藏版本达 30 多个，这还仅指各大博物馆（院）的收藏，而散落在民间的那就无法估量了，现被公认的正宗真迹版为：北京故宫博物院馆藏版。

关于张择端的身世，可考的仅限《清明上河图》的 85 字题跋，北宋灭亡 58 年后，由金朝人张著所提。此后 800 年间，它就一直徘徊在失踪与再现的拉锯中，光是进、出宫廷就多达五次，其中的颠沛流离、神秘隐藏不言而喻。张择端在北宋末年后，踪迹扑朔迷离，传说有随朝廷向南渡迁，后即偏安的南宋，也有一说被虏，北上屈居于与南宋对峙的金。以他为对象的传说和杜撰，就像雪花一般飞向世人，而唯独清晰可考的就是《清明上河图》本身。

《清明上河图》，绢本，长 528.7 厘米、宽 24.8 厘米。全卷采用散点透视，以全景式构图，将繁复的各式情景、各色人物、角色动态，都惟妙惟肖地容纳于具有情节性的、不断变化场景的长卷中。全画分三部分，从右向左展开画卷，在时间、空间上依次安排画面描绘：从宁静清新的城郊早上到逐渐忙碌起来的汴河两岸，再至繁华热闹的城内街景。画中有 814 人，牲畜 83 匹，船只 28 艘，房屋楼宇 30 多栋，车 20 辆，轿 8 顶，树木 170 多棵。人物造型生动准确，动态神情各异，社会身份明确。

此画在是否全本、创作寓意方面都有不同的解读。首先，人们基本认为还是全本，除了对损坏的边角，历代在重裱时多有一定裁除，其余此画基本保持原貌，这与明代苏州片《清明上河图》"补全本"全然不同，有兴趣深入探究者，可参照张著题跋所述："翰林张择端，字正道，东武人也。幼读书，游学于京师，后习绘事。本工其界画，尤嗜于舟车市桥郭径，别成家数也。按《向氏评论图画记》云：'《西湖争标图》《清明上河图》选入神品。'藏者宜宝之。大定丙午清明后一日，燕山张著跋。"苏州片补全部分描绘的内容，更像是与《清明上河图》形成一对姐妹篇的单独画卷，即如题跋中记载的《西湖争标图》。其次，对创作寓意的解读，一种认为是张择端故意在画中隐藏了一些警示，像是太平盛世里的危机图，里面有一些不和谐的暗示、警示国家危机感的画面；另一种认为这就是歌颂北宋国泰民安，在经济繁荣下的盛世国风、民俗民貌。由于观点不同，人们对画中个别场景功能及人物的解读区别就比较大，甚至很大。我们对描绘的政治目的，即预见性不做太多的考证，仅就绘画本身从欣赏角度做一个描述。

画中的北宋都城，汴河两岸人口稠密，店铺林立，船运繁忙，热闹地再现了北宋时期的城市场景、面貌和当时各阶层人物的生活状况，详尽而生动地描绘了汴京的繁荣，广阔而细致地记录了北宋都城的民俗风情，为北宋晚期的都市民情世故的写照。张择端发挥"界画"工整准确的优点，以半工笔、半写意的笔墨章法，灵活巧妙的构图，进行着疏密有致的描绘，手法甚见功力。

由右向左，每一部分我们都由上至下的叙述。汴京郊外，天蒙蒙亮，还未全然披绿的村舍树木旁，一条自上方远端，隐隐从山色茂林中流淌至画前端，汇成一条河流的大水渠，将农舍与郊外沿水渠而设的开阔路径上赶驴的货队，分隔在左右两旁，路径右边是更加广袤开阔的田径，近处快至河流入口段的水渠上，一架显眼的木桥，将村庄、屋舍与田野缓缓地连接在了一起，张择端选择以水渠、路面的正斜面视角，来展示水的绵长，地的远，郊的阔。从画面的一开始，我们就看到张择端山水画的风格，也受到了北宋李成、郭熙树石造型和皴法的影响。而我们现在可以像看似一台平行移动的摄像机在河的一侧向对岸拍摄，是的，完整的"界画"情景。

进入木桥左边，一片舒缓的河滩地带，树林环绕中的茅屋零零落落，无叶的树杈上鸦雀巢特别显眼，如白纸上的墨点，河滩与水泽之间空旷无人，近处几棵老柳初放新绿，透过柳梢又见一队人马从拐弯的大路而来，有坐轿的、骑马的，行色匆匆。倒是屋舍柳边分岔下道的小路上，骑驴老者带着家人走得从从容容！大路转了个弯后与汴河相向而行，远田、春树、房舍、行人在此交集。越过冬后的新枝老干，欣然享受着春风，吹来的隐隐地暖，萌动着期待的盎然。

小街伴汴河而行，河上漕运繁忙，沿河停泊的船只，已遮挡住了河的堤岸。那载着重物的商船，船舷已经离水很近，而旁边被对岸大树半遮掩的同样的船只，显然已先卸上了一阵。左边不远处，还有一些船显得很轻，船舷高拱着。此刻正是早上开工后的时分，到处都可以看到忙碌起来的景象，驳船的船夫、牵航的纤夫、卸货的力夫……他们共同完成将货物最终送到街边靠河岸仓库的任务；一家馆子设在了船与船停泊的空档处，正开张迎客，与街对面的小酒馆、小旅馆、小饭店共同组成船运的配套歇息点；正验货的应该是大掌柜，有交货的船主穿梭其间；疲了累了的船夫、纤夫、力夫可在此打打尖、歇歇脚、饮饮小酒，钱多的有地方花，钱少的有地方待，各行其道。

布满大窗格的船只，应是一艘远行或刚归来的客船。一女子出了船舱，凭栏而望，又似旁还有一小孩与女子（母亲）往外观景，此时另一艘有着船头船尾各八人强劲摇橹的大货船，动力十足地急驶而过，在它通过后随之而起的大浪摇晃着女子所处的客船，画面留下了她惊魂未定的样子；远处对岸的小船，一妇人刚洗晾了衣服，正在倒水，新发绿的柳丛遮隐了前面刚才那艘，争行船只的大部分身影，任由人猜想那装载的是啥？非如此急行"不守交规"，过桥洞前应"减速慢行"，似乎船头的8名橹手，已发现了前方虹桥下正遭遇险情的大货船，所以此时比船尾的几名橹手，显然减了些猛拽摇橹的劲儿。这一段是《清明上河图》围绕着虹桥，桥上桥下及各周围，画得最热闹的一段。

这段虹桥下的险情，在前、后船的争行中出现。我们可以看到，桥洞左侧靠边一些还有一艘大货船，船头探出在桥外，船身大半没于桥洞里，但见尾侧长长拖入水中的尾舵，其右后方正是那艘速度很快正要进桥洞，但还未及时放下桅杆正身处险境的大货船，就要与桥梁迎面相撞。

船上船下、桥上桥下、远处、周围、临近，都惊乱成了一团，组成喧闹的险情场面。连远处已靠岸的船上除了众人惊呼，一船夫已急得跃上船篷最高点，歇斯底里地对那艘险情中的船只指手画脚，恨不能亲自跃过去力挽狂澜，他极力探出的脖颈，正最大限度地伸了过去；再来看那艘惹得众人担忧，处于虹桥段画面中心险情中的船只，船上的船夫们，到处手忙脚乱，他们中的一些人正惊慌地招呼对侧船只散远些，一些人从船身各个方向伸出船篙撑向四方，顶上还有急着收桅杆的，桥洞里、岸旁有慌忙扔了纤绳的纤夫，桥上面的围观群众中，还有准备跃出栏杆想帮上一把的，或扔出绳索，挽救可能在险情中落水的人，令得观画者与画中的人一起紧张。

危急时分，有一人急中生智，于险情中用篙杆抵住桥洞的顶端，救下了一船人的性命，惯性将整个船身横了过去，顺在了河面的中央，没有了"船到桥头自然直"，事后少不了的总会有相互埋怨，或互相感叹好险的吧！

虹桥是连接汴河两岸交通的枢纽，建设得非常别致与智慧，全木质结构如一道彩虹飞跨南北，地处要道，热闹非凡。桥面两边占满小摊小贩，撑伞搭棚忙生意活的，争相招揽着行人驻足小食的，也有就这么站在桥中央攀谈的，使得桥面通道狭窄拥挤。面画快到正中，坐轿子的文官和骑马的武官从桥面通过，正面相遇，又都带着一众家仆互不相让，摩拳擦掌，示意对方闪开，互相指责好不胶着，谁都想先行通过。

城市的拥堵是自古有之，古今难全，繁华京都尤其！推车的、挑担的、赶驴的、拉人看生意的云集桥头，人头攒动，好不热闹。时值中午，人们错开拥挤，可以迈进店中先独享一份美食，对面的高档酒店，生意买卖做得好，正搭上了架子，给店面扎起了花灯。

越过酒店屋顶，就来到了十字街头，汴河便转弯向北而去，绕出了画面，大路继续向西行，路口有两辆牛车，是公共交通工具，一辆往返东西，一辆载客南北，分行方向别而有序。

随着熙熙攘攘的人群，很快就到了城门楼，门洞旁有两人席地而坐，摆谈着什么奇闻趣事，那笑颜喜上眉梢，都有些收不住了。宽敞的城内景观步行桥面，连接着左城门，桥面两边护栏上趴满了赏景的人，有朝水里指指点点的，观赏着春江水暖，或鱼儿浮起追戏逐食。一群远行而到的驼队，叮叮当当的驼铃声，它们正整齐而有序地通过城门。领头的一只骆驼，在胡人带领下，已探出城门大半个身子，和另一边正依次鱼贯而入的骆驼们，自然流畅地连接保留了城楼两端画面的连续性，摆脱了往常因城楼的出现而使画面前后脱节的生硬感。

向左穿过城门后，店铺更显宽敞高大明亮，行人更为闲散衣着更为讲究，茶楼、酒馆、当铺、作坊招牌林立，打出了各自行业特色的广告。街边柳树下有一口公用的水井，三个人正在汲水、挑水，井架上设有方便取水的绞绳架。打着御医坊旗号的赵氏诊所，今天生意应该不错， 位无痛满身病的贵妇正在问询，赵人大笑语盈盈相解答。街对面骑驴的清秀男子，戴着薄斗笠，目光炯炯，温文尔雅，文儒之气袭人，他应是画家张择端，还有另外多种对此身份的说法，各有说辞，这里暂且不叙。

《清明上河图》描绘了主城的近郊春色，汴河上的船舶往复，虹桥桥头的游商坐贩，还有船过虹桥洞时的遇险自救以及城门内外的街市铺面。粗质的市井生活，经过张择端的提炼、加工而变为画作。细观画面内容面面俱到，繁简适中，各式人物角色定位、场景细节真实准确，观之觉得气韵贯通，这是因为所有画面上的细节安排，都从整体上服从总体的宏观需要，节奏把控得适当巧妙，重点突出使得观者心情也跌宕起伏，这表明了作者对生活观察细致入微，对正确反映现实的艺术概括能力强。

画家深入生活需要极大的勇气，走出生活则需要智慧，而把生活的感触变为艺术品则是能力。能力是一次一次地不厌其烦地深入生活，又一次一次不辞辛苦地重归艺术，反复锤炼的结果。这种读历史经典作品，向经典要勇气、要智慧、要能力的实践，拓展了我们对艺术见解的能力，同时对我个人的绘画技能，也起到了很大的提高作用。

中国幅员辽阔，东西南北跨度大，尤其南北气候变化明显，地理面貌多样，在960万平方千米的锦绣中华大地上，呈现出各具特色的自然风光，历代文人多赞"江山如画"。每每想到这，我荡气回肠，如何表现江山如画的确是一场考验，必须缜密地思考，尔后我选定了十处具有代表特色的风光，来组成《大美中华》图（见图2-13）。

南海，珠美渔丰，椰风踢浪，怡人南国风光；桂林，文心徜徉，雨浸桑田，巧舒秀美甲天下；夔门三峡，江岸青色茂进，待时迎来枫叶红，霜嵌白露晨最新，长江欣航，千里江轮，跨洋海航弋梭江风；再看徽州，和风细雨的三月、一脉相承的忠祠桃园，盛野油菜花揽趣，夏暑小儿们戏荷，而黑白双饰的徽州印象，浓淡的墨色总能唤起画家的乡居情怀；千百年来在中国的西北尽头，总有伊犁杏花迎春自放，当她圣洁吐蕊于山野时，表明中华大地早已是春暖花开，一片生机盎然；徐上青藏高原，珠穆朗玛峰以大地之母的尊颜，宽容持重平稳的巨大体积感，铸就着跨越极限的世界巅峰；北方的胡杨林，浓烈绚烂、奔放，恰似荒漠中奏响出最热情的秋之华章；站在激流飞溅的"黄河壶口瀑布"边仰望，刹那万丈豪情，这是天下黄河水带着一曲曲高亢的信天游从陕北高原一路唱响，澎湃纵荡至此；长城延绵有节，述说春秋，如今早已是华夏地理山脉上筑起的一道人文脊梁；白山黑水，雪国风光，千里冰封，只为蓄能修养，为来年蕴藏生机，总有新蕾，秒争春回大地。

十景组成全景式的《大美中华》，东西南北中地质地貌，西至东的三级阶梯式的地缘风貌，都在作品中进行了均衡的体现。祖国家乡地标美景虽远不止于此，但心有长篇，画十景于5.3米长卷，以表美好。笔者在构思创作"大美中华"之前，走遍了祖国大好山河，选定具有代表性意义的实情，再对大脑中所记忆的山山水水进行有机的编撰，经过两年时间完成。全景式《大美中华》整体气势磅礴，单品则是记忆犹新的风景。

图2-13 《大美中华》

2. 李嵩《货郎图》（见图 2-14）

图 2-14 《货郎图》

"哎……打起鼓来，敲起锣来哎，推着小车来送货，车上的东西实在是好阿！有文化学习的笔记本、钢笔、铅笔、文具盒，姑娘喜欢的小花布，小伙扎的线围脖。穿着个球鞋跑得快，打球赛跑不怕磨。秋衣秋裤号头多呀，又可身来，又暖和。小孩用的吃奶的嘴呀，挠痒痒的老头乐，老大娘见了我呀，也能满意呀！我给她带来汉白玉的烟袋嘴呀，乌木的杆呀，还有那睁碧瓦亮的烟袋锅来啊呀。老大娘一听抿嘴乐呀，心思货郎的心肠热。我想买的东西你车上没有阿！大娘我工作在托儿所，给孩子做点针线活，这孩子一多没管住呀。把我的镜腿给掰折，我能描龙，能绣凤。离开花镜就没折，常把鞋里当鞋面，常把鸭子当成鹅。阿老大娘不用再说了哦，我明白了，您是上了年纪眼神弱，想买花镜不费事呀，得等到明天风雨不误送到你们那个托儿所，还给您捎来那眼镜盒呀！金色晚霞照山坡呀，货郎我推着空货车，乡亲们亲亲热热送到村子口阿。送货不怕路途远，翻山越岭过大河。站在桥头四下望，是珍珠玛瑙挂满坡。苞米棒子金闪闪，高粱带点红似火，大豆结夹的里嘟喽蜜，气死风的谷穗压弯了哥，水库的鲤鱼直打漂，鲑呱乱叫那是鹅，清汤瓦舍南山下，哎，那是啥时候又添了一个变电所哎，货郎我越唱越高兴哎，底脚板颂颂颂就好像登上了摩托车来哟哦。……唉……唉……唉。"

这是东北民歌手郭颂老师演唱的《新货郎》，是我见到的最长的歌词，足有 500 字，不重复段落，全部歌曲就一段。郭颂老师的演唱欢快、幽默，珠炮似的吐词一气呵成。《新货郎》是我幼稚时期的美好记忆，那时还生活在山区，货郎虽没法推着小车来，但也是挑着担来了，太贪玩的孩子，会像时钟一样准确，到点与货郎会面，可惜那时没有照相机，记录下这欢快的童年。后来学习美术史，欣赏到南宋画家李嵩的《货郎图》，便勾起了我美好的回忆，见到了自己活灵活现的影子。

看向画中，清脆诱人的手鼓声老远就能听到，咚、咚咚、咚咚，敲得孩子们欢呼雀跃，敲得妇孺昂首企盼，货郎来啦，货郎来啦！货郎挑着满满担子，担子好似诸葛亮草船借箭的草人扎满箭羽。期盼已久的货郎如期而至，孩子们跑出老远去迎接，妇孺放下手中的活儿等待，在一阵簇拥、拉扯中，货郎的担子还未踩稳，孩子们就迫不及待地自己拿上了手。

我要这个，还要这个……货郎应接不暇，忙乱又开心。先到的六个孩子围住了货挑子，四个在前两个在后，如饥饿的狼群扑向食物，那小劲子，快把货担挑子扯翻，及时赶到的母亲拽住孩子，就怕惹祸，成为整个挑子的买主。货郎见有人解围，急忙腾下手来解决另三个失控的孩子，眨眼的工夫三个孩子取得了自己想要的东西，却丝毫没有就此打住的想法，看来他们都可以满载而归了，而货郎顾了前，却顾不了后，挑子后两个男孩趁机开始洗劫，正在赶来的两孩子，还嫌怀抱婴儿的母亲走得慢，推拉母亲快步向前，就怕好东西被先到的孩子抢光了，母亲满脸欢颜以最快的速度配合孩儿，更妙的是大狗带着三只小狗跟随其后，活蹦乱跳。一个稍大的女孩，手中提着一个装酒的葫芦，脚步迈向相反的方向，身子折回来，恋恋不舍，正在思考是立马加入还是把酒葫芦先放回家中。还有一对哥俩，哥哥正把弟弟往后拽，弟弟哪会依，拼着命地往回蹦。再看货郎为了提高载货量，除了满满一挑子货，浑身前后左右都挂满了货物，连头巾上也插满了货源。

宋朝的经济物质空前丰盛，"坊""市"的局限打破后，便利的交通让贸易不再受区域所限，李嵩的《货郎图》展现了商贩"走村到户"的真实场情，乡土气息浓郁，货物繁多，刻画精细，儿童活泼顽皮，妇女笑逐颜开，以神情动态烘托热闹的气氛，表达了对生活的乐观豁达。

3. 王居正《纺织图》（见图 2-15）

图 2-15 《纺织图》

房前屋后，民间的柳荫树下，恰似要呈现理想的桃花源式的田园生活。

此画曾为元朝赵孟頫所私藏，并作有题跋两则，其中一处诗云"田家苦作余，轧轧操车鸣。母子勤纺织，不羡罗绮荣"……画中虽描绘一简单的生活场景，却让观者能设想感觉到，这是一个充满成长气息又有活力的农家：一老一少正在纺线的俩村妇，老妇持线配合，摇轮少妇怀抱一小婴孩，身后大孩儿正在把玩一蟾蜍，少妇旁添一小狗；画面虽不见男主人，却可设想出正当国泰家安宁，男人们有所事事、有所为。一个家庭不光岁月静好，还充满着跳跃的活力。即使是一则朴实的生活再现，也不经意地添上了宫殿画师们愿意呈现给皇家，描绘完美农家理想生活愿景所具备的故事情节要素，这不就是他们想看到的天下富足、国泰则民安、归亦乐兮、户户安居乐业的生活吗？

历史遗留下的作品，给不了方方面面的信息，我们不必纠缠这是婆媳或是女儿回娘家，帮老母做事或倒插门什么的，等等。常说还历史一个真相，历史也有侧重，哪些真相需审慎，过于拘泥的小事，自固当作解不开的谜而妨碍宏观的视觉，成了一叶障目弃森林。艺术作品它就是艺术作品，你不能把它看作是说明书。

赏析北宋王居正的《纺织图》，"简洁明了"的第一印象，大概就如此吧，它开门见山，轻易地就带我们进入了场情。北宋一个普普通通男耕女织的家庭，老少村妇在风和日丽的村院绿树映衬下，敞开了纺线的架式，老牵线来少摇轮，一家人的主心骨，就如同手中的两股纺线一样，在流畅的协同配合下，由虚而实渐渐凝聚成一股坚韧的粗麻线。

画面细节处，老妇留出足够牵线的空间，这空间的线正好占据画面的中心，它牵引着生活两头的情节。这边，线儿频频在苍指间穿梭，老人十指已捻出了千丝岁月，虽容颜不再，但她的目光仍毅然明确地关注着从手中滑出的麻线，连接至对面，那个曾经的自己，一如年青少妇，不断操纵着机轴，"吱呀呀踉儿"地，旋转出可以憧憬的未来。老人头裹深色织巾，裤腿膝盖一处大大的补丁，对己勤俭这就是老人留余，给对面后辈们多留可以拥有的希望。劳作是温暖的，发热脱下的外衣缠系于老妇的下腰际，无畏开得很低的前胸衣襟，袒露着劳动光荣的心襟，榨干了的"青春"是老人对家奉献已然，生活后的实在。

牵线的另一端坐着发髻高盘的摇轮少妇，宋制纺车清晰地再现于画中，旁侧一箩筐。对于"交椅""杌凳"等这些合称的坐具，古时不同的身份和在不同场景中会区别使用。我们可以清晰地看到画中民间常用的小板凳，少妇一手搂抱婴儿在怀，一手摇着纺车。婴孩头顶整齐地梳着两束发髻，系有红绳，小手抓出了还未脱奶的稚气。婴儿的母亲此时注意力不在孩子身上，她目不转睛地与牵线老妇的眼神在劳作中交流着。少妇着衣整洁，说不上刻意讲究，但也穿出了民间少妇的得体，绿衣红裤黑布鞋。身后席地而坐的是大孩子，自由披散的头发，看得出母亲有限的精力，只能更多地分给更需要呵护的幼孩，其实这也正好刻画了民间所谓"百姓爱幺儿"俗语的真实写照。独自玩耍的他，活脱脱地扮出了个"刘海"戏金蟾，他手执系绳小木棍，一只肥硕的蟾蜍拴于绳端，蟾蜍越是想挣脱他越高兴，自得其乐又多想母亲、弟弟与己分享这快乐，忙碌的母亲顾不上搭理，只有无聊的小狗，讨趣地回身叫闹着。

北宋王居正，虽描绘的是寻常劳动的画面，但从每个人物的神情气息上，却可透射出静逸安详的宋人生活状态。祖孙三代其乐融融，不求一时的华而不实，但求长享的温暖、家庭、土地。就像农村的俗语"人生有三宝，丑妻、薄地、破棉袄"，粗茶淡饭民间自有逸，当然就有了在画中再现安然的布衣而居。

4. 苏汉臣《杂技戏孩图》（见图2-16）

图2-16　《杂技戏孩图》

苏汉臣的这幅《杂技戏孩图》，区别于他的另一类过度唯美、情节过于安排、构图过于摆弄的风格，那些美好得不能再美好，完美得不能再完美，虽有说不出的无懈可击，却总又觉得差了些什么的画。私底下想来，差的应该就像《杂技戏孩图》所具有的独特和惊奇吧！

我喜欢《杂技戏孩图》，是因为它的题材从生活场景中截取了偶然小段，看似出乎所料，却又在情理之中，这就是我们所赞叹的惊奇。苏汉臣画有很多的婴孩图，但大都画的是珠圆玉润，懂事乖巧，富有涵养的孩童，当然这也是成人需要的孩子。这幅画与其他不同，我看到此画，让我想起了一则经历：一次，我在公交车上，遇到几位坐在我斜后方车尾处的家长们，聊自家小孩，无非是你家孩子乖，他家孩子好又爱学习之类什么的。摆谈中一大人突然问自家小孩："儿子！你也像那个'某某'去参加兴趣班！有兴趣没得？"儿子回答："我没兴趣。"他又追问道："那你对啥子感兴趣呢？"儿子不假思索响亮地回答："我只对耍感兴趣。"男孩铿锵高亢的回答，引来众人回头探看，其中就包括我，这弄得男孩的家长极不好意思。我至今对他无可奈何又羞涩的目光记忆犹新，大人觉得这真是一场哭笑不得的自讨没趣的丢脸，这是我唯一记住摆谈孩子的场景，其他表现优秀的画面，反而都没令我记住。

咚咚嚓！咚咚嚓！……这边走来，这边瞧！浑身挂着响器的卖艺人，正手舞足蹈地吆喝着，他们就是咱们最早流行的"说唱家"了吧，用他们最为夸张的架势招揽着生意。两个脱离了大人监管的孩童立马被吸引过来，好奇驻足地望着眼前的卖艺人，只见艺人全身上下挂满锣、鼓、铃、镲，头巾手腕处也都系满铃镲，双手分执着粗细不一的棍、扦，击打着系于身前的各类响鼓，怪不得他的一串蹦跳呀，齐身都在作响，尤其胸前挂着的鱼形响器更是吸引着孩子们，一小孩亲密地搭着手心摊开有钱的小伙伴的肩膀，并比划出"二"字，暗示这是他两人的观看费用，希望足够他们一起去到围棚中观看杂技。当然画面可以给予观者更多丰富的联想，孩童的世界应是探索充满好奇的，我们这些成年人总是要预先设计他们生活的轨迹，所谓有意义、无意义到他们那只会化为有趣或无趣。这幅画取材随手拈来的生活一面，无"摆拍式"的预先设计，这就是真实生活中的场景。孩童的天性，就是易被稀奇古怪、奇装异服的艺人所吸引，否则就不叫孩童。我乐于在画中看到孩子们久违的天性。

（五）文人画画

宋朝的文人士大夫与皇帝向来就是一对欢喜冤家，爱恨交织，见面就吵，不见面又想，是一种爱你在心口难开的状态。皇帝有时就是哀求：为了黎民百姓，你们好自为之，不要这样"哼"，好不好？文人士大夫的回答：为了国家，我们不哼不行。在宋朝就没有出现过弑君篡权的乱臣贼子，只偶有几个落草为寇的山毛小贼出现，根本不足以威胁皇室。宋朝可以说对文人士大夫打开了一扇敞亮的门，也打开了一扇明净的窗，文人士大夫活得好透彻。

宋朝在开国之际设计了一套新的管理国家的体制，聘用知识分子来参与国家管理，这样可避免豪门望族在参与国家管理的过程中，将权力做大形成与皇权对峙的势力。宋朝让有知识、有文化的庶民百姓，通过录取考核制度进入国家管理体系，以聘用方式拿薪上班并述职考核，到点时再退休走人，由于他们没有后台背景，便不会强大到成为一枝独秀而形成对宋室的巨大威胁。

在宋朝以前也有科举制度，但录取一向都偏向于世家子弟，寒门学子入围机会不多，招录庶民子弟的名额更少。到了宋朝，招科录取反其道而行之，限制任何对世家子弟科举的优惠和特殊待遇，并规定世家子弟在通过科举考试后，还要有相关部门进行再考核，有时皇帝本人也亲自组织他们的复考；对于寒门学子，朝廷大开绿灯，除了鼓励报考，国家还报销其参加考试来去的费用，给予经济上的补助，给到的录取名额，也大幅提升。据史料记载，北宋末年的一次进士录取曾高达800多人，这相当于唐朝30年间的进士录取的总和。

同时宋朝也对太学生、国子生入学品级对象做了调整。以前唐朝的太学生，必须是五品以上官员的子孙或皇族子孙，而在宋朝，则放宽至八品官员子孙，且庶民百姓中的口碑较好的学子们均可入学；国子生在唐朝则要三品以上官员的子孙或皇族子孙才能入学，宋朝时条件已改为七品以上的官员子孙。

这些措施，使得宋朝的文人士大夫数量暴增，因此国家有了庞大的文人基数来确保质量。唐宋八大家，宋朝就占了六家，足以佐证宋朝文人士大夫的厉害。

宋朝对文人士大夫的追捧达到了极致。最高权力在号召，民意也在此，使得整个宋朝的社会风气都是广泛地尊师重教，文人就是那个时代的宠儿，"书中自有黄金屋，书中自有颜如玉"是宋朝皇帝宋真宗亲自所写的《劝学诗》中流传最广的两句。

今天我们要将这两句诗理解为，"要解决国家的问题请读书，要解决家庭的问题请读书，要解决个人的问题还是请读书"。《劝学诗》就是要号召天下学子，通过努力读书的途径，成为有地位、受尊敬的人。"万般皆下品，唯有读书高"，出自北宋年间著名学者汪洙的《神童诗》，其毫不遮掩地表达了文人的得意心态及受重视的程度。不管哪个行业多有前途，若与读书相比，那都显得微不足道的，只有读书获取功名入仕，才是走的正途大道。

在宋代，被天下认可的最高贵的行业其实就是读书。入仕做官锦绣前程，光宗耀祖，只要能沾上点读书人的边，都是偌大的荣幸。科举皇榜在张榜时，每一位榜上有名的士子，都将成为热议的话题和被追逐的对象，所以曾出现过在皇榜下抢金龟婿的场面，入榜的士子被直接拉上轿子抬走迎为女婿。

被娇宠的文人进入仕途，成为国家管理人员后，按文人士大夫的身份标准，对文化生活要求层次则更上一层楼，他们要琴、棋、书、画样样玩得转，这叫品位，否则入不了"高层文人俱乐部"的格。他们基本不近民间的俗，也不追皇家的艳，自成体系"高为平淡"，所谓的"换位思考"在文人士大夫这里，表现得淋漓尽致，平寒时谋求富贵，富贵时欣赏平淡，生活现状与审美趋势，完全错位。

同样的野菜，在酒店吃与平寒时在家里只有野菜吃的味道，截然不同。文人士大夫所表现的平淡则更为孤傲，是卓尔不群的冷眼看世态，也是在低调宣传自己的高品质。他们绝非粗茶淡饭凄惨度日，当然也是因为他们见多识广，享受的奇珍玩意也多了去，所以才趋于平淡低调。他们其实要追求更为高调的文人精神品质，而文人画则正好适应文人士大夫所标榜的格调品质，所以应时而生。

书画同源专属文人画，绘画的材料工具与书写材料工具相同，就是文人桌案上的笔墨纸张，取来就用，为文人画画提供了方便，文人的书房也成了画室，把书法引入绘画，绘画借鉴书法的技巧，文人画的基本功就是书法。文人绘画讲究诗、书、画的融合，画中有诗是第一位的，画中的诗意，书法的表达方式，绘画所讲究的书法功力笔法，全都融入了文人画里。其最为基本的特征是：崇尚简洁，以神似代形似；精神层面要高于物质层面，诗意要入画，书法要有功力，文人所要表达的精神自由全都在文人画里。

1. 苏轼《潇湘竹石图卷》（见图2-17）

图2-17　《潇湘竹石图卷》

我喜欢苏轼的痴情，"十年生死两茫茫，不思量，自难忘……夜来幽梦忽还乡，小轩窗，正梳妆……料得年年肠断处，明月夜，短松冈"；欣赏他的豁达，"莫听穿林打叶声……谁怕？一蓑烟雨任平生……归去，也无风雨也无晴"；钦佩他的张狂，"老夫聊发少年狂，左牵黄，右擎苍……亲射虎，看孙郎……西北望，射天狼"；敬仰他的睿智，"横看成岭侧成峰，远近高低各不同。不识庐山真面目，只缘身在此山中"。

痴情、豁达、张狂、睿智是我对苏轼的认识，后来知道他又是文人画的扛旗手，使我对他佩服得五体投地。他一个人承载了宋朝文人太多的文化符号。

在小学课本里我们熟知，苏轼，号东坡居士，世称苏东坡，北宋著名文学家、书法家、画家，治水名人。历史上因他太多的成就，而与许多响当当的人物齐名，如与黄庭坚并称"苏黄"；与辛弃疾并称"苏辛"；与欧阳修并称"欧苏"。宋朝文人士大夫所经历的录用、谏言、流放，他一样都没有落下。一生官海几番沉浮，被贬黄州，召回京城后又被贬惠州，最后再贬海南儋州，但他一路放歌，一路美文，所以也留下了一路诗画。

苏轼所作的关于画论的诗文，"论画以形似，见与儿童邻。赋诗必此诗，定非知诗人。诗画本一律，天工与清新……"阐述了他对画画的见解，其实也就是文人画的标准。

他认为绘画人和欣赏者把形似作为绘画的第一要素而论，强调对事物的外观形态的刻画，这种只求表现外观而不追求本质的方法，水平极低跟小孩子见识差不多；文章和诗歌如果是对眼下的事实进行描述，没有拓展思考，肯定不是高明的作者；对文人画而言，有诗意而画，以诗统领全画是最高境界，具有新意又是天然合成。

文人画要的是诗有情、画有意，画意诗情在他们这里从来都不缺少，为使这一理论成为指导文人画的核心标准，苏轼还特意请出了一位文人圣坛的老祖宗，唐代的大诗人、大画家王维。王维早就说过，"诗中有画，画中有诗"，文人画是以作者为中心的绘画，首先满足的是作者的情感，评判标准是作者自己，文人们聊以自慰、自娱自乐，根本无须外界的评判。

《潇湘竹石图卷》画的是湖南零陵县的潇水、湘江汇流地，在春雨刚过后，河面漫起了薄雾使远方对岸的树林只见树梢，不见树身，此时水面最为宽阔寂寥；清风拂过江渚，依稀可以见到潇水、湘江最后的含情脉脉，此后琴瑟合鸣并称为潇湘，潇湘缠绵到洞庭；近岸一大一小两石压竹，竹倔强生长。苏轼以文人士大夫的语境，诉说自己的心情，"人生到处知何似，应似飞鸿踏雪泥""是非成败转头空，古今多少事，都付笑谈中"！

2. 米芾《春山瑞春图》（见图2-18）

图2-18 《春山瑞春图》

从我小学初习绘画起，就最爱临摹米芾的画，因为他的画简单、好学，这会给我带来自信。没入行的人，就是这样简单地把意境抛在一边，只追求形似，这不正是苏轼所说的小儿学绘画吗？我那时学画从来不看作者，单纯地从画册上翻选简单的画来学，后来稍有领悟大道至简，于至简中，其实孕育着无穷变幻的量，是啊！画也如此，形式上可模仿得有模有样，可一到要将精神造诣予以画上，去理解绘画作者，那就太难了。我们只好回到文人画盛起的根源，如同米芾，他的简单源于文人的气质，发于悠远的意境，呈于惊澜后的淡宁，此般意境似梵语常伴的幽香，可以嗅到，触之则不及。

《春山瑞春图》，画中就是简简单单的三重山、三棵松、一条路，再加山脚下一个空亭子，这是我学的"最简单"的一幅画。

国人，尤以文人对其仰慕奉之，一位经历过人生几番风雨，见过多少大世面的国之泰斗，我们的文化老前辈，在得知米芾的一件书法作品从海外回归，交由故宫博物院收藏时，瞬即老泪纵横，用颤抖的声音说道，"是《研山铭》回来了吗？想不到我这一辈子，还能够见到它！"

《研山铭》横卷，全文 39 字，2002 年 12 月以 2 999 万元人民币的价格购回，每个字相当于人民币 76.9 万元。文人信奉一诺千金，米芾书写了一字千金，这就是现实版。文化的价值，更是来源于文化历史再造的价值。

米芾洁癖到手不碰东西；好石，痴到娶石为妻；因把朝服洗得发白而继续穿上堂而被贬官；个性怪异，举止癫狂，乖张、不合群。而这些反而成就了他。对于米芾来说，他根本不在乎，也无暇去周旋现实之事、之人，他一心只向内，甚至有些苛刻地探寻灵魂深层的问题，这种在外人看来近似求疵的自我标准，不断地重复放大着他的外在行为举措。

是的！米芾的天空，唯有山林的清风可以寄托，书画里的规章，是他唯一需以遵循的法度，所有其他皆可以不及。米芾因为一生痴迷于文、石收藏，并不断积累鉴定能力，所以带来的真知灼见，会准确投射到画中，他在画风的选择上尽可能扬长避短，他避开了宫廷画家的标、范、权威、式、陈，也避开了职业画家的功、力、基、底，直接将画玩出了始料未及的新意，无按常规判优劣，这让米芾更加前卫了。

绘画不再是继承前代名人、大家，而是个人兴起发挥，不受标准范式约束。米芾独创了米点山水，即后人皆知的"以点代皴"，它足以表达米芾心中的山和万众风林、万重云。润泽的米点由中锋横笔点出，可塑山可造林，笔锋不行处便是云，画云淡风轻，画山色气新。米芾就是这样简单地越过了千山万水，从容、平淡地删繁取精髓，天真、就简，它就是自亡后的重生。

3. 李公麟《临韦偃牧放图》（见图 2-19）

图 2-19　《临韦偃牧放图》

李公麟，北宋著名画家，如雷贯耳的传世作品《五马图》，今贵为国之瑰宝，而在当年作此画之时，李公麟已是大名鼎鼎的画家。"韦偃"又是谁？李公麟为何要去临摹他的作品？

韦偃，唐朝响当当的在朝画家，名声显赫，诗圣杜甫曾以韦偃画作《双松图》，特意创作了一首七言诗《戏为韦偃双松图歌》，杜甫在诗中以"绝笔长风起纤末，满堂动色嗟神妙"的文笔溢喻其画作之精湛美妙，可见韦偃作画非同一般。

三百年后，韦偃还收获了一位有着至高权力的铁杆粉丝，宋朝皇帝宋徽宗。宋徽宗不属于治国的明君，但他的确是天下君者中最负盛名的"文艺青年"，当"文艺皇帝"看到韦偃的《牧放图》，立即就联想到他的王朝，以后耀如大唐盛世的繁荣景象。

虽然宋朝对待外患，习惯采取软施的做法，但是畅想着在帝国辽阔的疆域上万马奔腾，宋朝文人还是胸有豪情的，尽管在现实中并不一定能施展宏图，但借文艺的方式来表达这种抱负却是可以的。宋徽宗特急招李公麟觐见，"速速照此画好后呈上"，李公麟诚惶诚恐又受宠若惊地领命而去，以他的盖世绝技，很快便圆满地完成了任务，并恭恭敬敬地在画中写上："臣李公麟奉命敕摹韦偃牧放图"。

《临韦偃牧放图》绢本，长卷，纵 46.2cm，横 429.8cm，共画 1 286 匹马和 143 个人，现藏故宫博物院。唐代韦偃原版佳作无处寻觅，幸有李公麟临摹传本在世，时人尚可领略其技之风采。

夏末初秋，时逢择选良马之期，皇家马场的御马，膘肥体壮，弼马官与驭手将马倾巢而出，是好马拉出来溜溜，走两步，接受朝廷的验收。

中国绘画长卷的观赏方式是由右展开，此画我们按今天的习惯从左到右，展开场景叙述，主要原因在于，此种顺序解读方式对于欣赏此画，更显趣味，让情绪可以随着场景一步步升起。

微微起伏的山坡上草味十足，良马享受完这自然的馈赠后，三五成群地聚集在低处，牧马人悠闲地躺在一旁的树荫石头下，任由马儿打滚，相互追赶嬉闹。

展开到画卷的中段部分。在广阔的平原间，马低头食草，远处的小河蜿蜒而至，慷慨地吸引着马儿沿岸饮水，牧马人则左顾右盼地提防着，避免马儿失散得太远，随时预备着将其活动范围缩小。突然，马嘶人喧，悠闲的牧场热闹起来，驭手、马官们驱赶着一大群马匹蜂拥而至。

朝廷派出的高级验马师到了，他们穿戴整齐、趾高气扬，很快这百多十号人，跃上了马背，各自对马进行测试，马官则紧随陪伴，下面的驭手作揖礼让。千匹马千种姿态，但都动感十足，而人物就不一样了，因为等级尊卑的悬殊，所呈现的现场表情差别，也就相当妙然。

原画面的布局，从左到右，采用前疏缓后紧凑的方式，因为有了刚柔舒密的转换，便赋予了画面更灵活的韵律和节奏。李公麟勾勒的马匹和人物在用线上，挺拔有力，色泽上又清淡透气，恰好刚中带柔。在梳理复杂的场景思路上，也是细致缜密，他对各种物像刻画的手法，不重复也不呆板，虽是临摹，却以自己的深厚功底，敏锐的见解，使其华彩再现。

李公麟完成了作品，虽只是一次锻炼的临作，但宋徽宗甚是满意。临摹先贤的优秀作品，是学习绘画非常好的路径。被徐悲鸿先生称为五百年来第一人的现代绘画大师张大千，特别看重对先贤的学习。

张大千早期潜心钻研古人书画，最推崇临摹，从石涛、八大山人、徐渭到宋元诸家逐一临摹个遍。他尤为崇拜石涛，称其为无声不见的老师，即使在名声鹊噪之后，依然坚持临摹，特别是中年后的敦煌之旅，个人偏居沙漠戈壁两年半，大量临摹敦煌壁画，储备了厚积薄发的能量，这是其艺术生涯的转折点。他在继承传统的基础上开创了泼墨、泼彩手法，同时也拓宽和丰富了中国画创作的艺术表现形式。

4. 刘松年《四景山水图》（见图 2-20）

图 2-20 《四景山水图》

　　"山外青山楼外楼，西湖歌舞几时休？暖风熏得游人醉，直把杭州作汴州"。杭州也罢，汴州也罢，到刘松年放眼观世界，冷眼看人生的时候，南宋立国已五十载，应有的国仇家恨已经淡然。刘松年是地地道道的南方人，对他出生前所发生的"靖康耻"，没有切肤之痛的亲身体验，也没有刻骨铭心的"臣子恨"，所以也没有心如刀割的紧迫感，或许是肝肠寸断已经习惯了隐而不露。

　　生活在南宋，围绕西湖过日子还是不错的。一切无妨，生活还在继续，朝廷还在，踏青、纳凉、观山、赏雪也是生活，何必要"折戟沉沙今未销，自当磨洗认前朝"，南宋自折精兵良将，没有回望中原的勇气，既无此能力，偏安就偏安吧！何必把自己搞得这么累，在残酷的现实面前自讨没趣。

　　《四景山水图》便是只求生活不求雄心，"春有百花秋有月，夏有凉风冬有雪。莫将闲事挂心头，便是人间好时节"。南渡后的宋朝以杭州为都，西湖就成了皇亲国戚、达官显贵的后花园，围绕西湖建造的庭园别墅如雨后春笋，蜂蛹而起。朝廷无心复国，官僚专注享乐，南宋的笔墨，塑造不起巍峨挺拔的山川，唯能营造柔煦婉约的园林，审美取向从大山大水的自然野趣，转移到人工堆砌而成的再造小景，虽小家碧玉，实不免因为曾动荡的局势扰得失魂落魄，绷紧的神经也需和弦伴轻音。

刘松年的《四景山水图》画面以人为中心，建筑为依托，叙述了人在四季的活动。

"春"，东风拂堤，雾隐山色，堤上春色盎然，两位牵马小童有说有笑行于堤上，欢快间，便要来到分行两方的岔路上，一方折向了木桥，木桥的两头桃花点点笑春风，木桥过后是庄园的大门，门前有卸下担子清理行李的先行仆从，画面中一路上未曾出现春游的庄主，想必是早已入内休息。

"夏"，硕大的庭院，建于围水筑坝的平台上，平台向外有一水中亭，庭院主人闲坐檐下纳凉观景，侍者立旁待招，庭前湖石嶙峋，花团锦簇，整座庭院仅见此主仆二人，意已足矣！

"秋"，远水浩渺，近山遮蔽处，有岩石滴翠，秋染树梢，两横一纵的三楼阁安于岩壁之下，依山傍水，阁院曲径两桥而通幽，小径尚无人，只见阁中老者独坐待饮，宽衣解带一片闲情雅趣。

"冬"，白茫茫，雪皑皑，唯有松树见本色，松下滨水而居有一四合院。院外于拱桥上，一老者骑驴撑伞，一侍童在前行引，正是踏雪寻梅季，俏色当寻处。

刘松年的《四景山水图》，构图考究，描绘精致，笔墨精准；四季之景，季节渲染，烘托到位。无论是依景成画还是想象而为，皆不过亦真亦幻，"夜阑卧听风吹雨"不见"金戈铁马入梦来"。

（六）高峰论坛

桂林山水甲天下，阳朔山水甲桂林。某年某月我沿漓江写生，到了阳朔的兴坪镇，在此休息整理稿件，透过旅店的平台望出去，见奇峰上，有小路盘旋，山顶有一小亭，我欣然而登，披荆斩棘后得于亭上四望。

漓江山水疏朗得很，山体都是一个一个独立的峰峦，横空而来，拔地而起。水绕平坝，平坝生奇峰，坝上炊烟袅袅，水上渔舟唱晚。退得极远极远的山，在视觉里连成一脉，很难分清哪峰从属哪山，清晰而全面的是中景，近景只缘身在其中，不识真面目。

"华山论剑，孤峰论坛"，此时"论坛"是一个人的论坛，眼前，我自觉是在看历史延绵的群山众峰。极远连成脉的地方是盛唐以前，如遥遥时空有些模糊；最精彩的部分在中景，它们是两宋，章节清楚；元、明、清只缘太近，反而有些茫然。

独立的奇峰，看似不相往来，基脉却连在一起，其实是一个共有的整体。

往高处看院体画、世俗画、山水画、文人画都是独立的峰，从低处瞧一脉相承，两宋延绵300余年，给予了文化发酵的足够时间，相同的文化底蕴酿造出的甘露醉了不同的人，从庶民到寡人的醉态各异，发酵的酵母取自盛唐，文人士大夫是酿酒师，皇家是掌柜，添薪加火的是平民百姓。

豪门宗法制度到唐末藩镇割据时代被彻底打破，新霸军阀，哪管什么豪门宗族，有人马、有刀者说了算，五代十国豪门宗族继续被轮番洗牌，当宋朝建立时，宋太祖赵匡胤明智地选择了另一条路，以避开形成新的豪门宗族，因此变革了土地法和权力世袭制，土地可以自由买卖，权力被分散到士大夫各阶层。

士大夫依科举制筛选产生，朝廷对士大夫实行聘用，权力只在聘期内有效，过期作废。宋朝因对权力和财产进行了有效分离，使社会人员结构发生了变化，增加了文人和市民两个新阶层，这两个阶层对文化艺术有了新的追求和要求标准，本来只围绕在皇权喜好而兴的文化艺术，分化为了三个圈子，并按各自团体人员内部共识为中心标准发展，当然也保留了跨圈互相交流。

皇家提倡秩序和平稳，文人提倡逸情，市民提倡及时行乐，因此宋代便有了专门为皇家服务的画院画家，自娱自乐的士大夫圈内的文人画家，为市场服务的地方职业画家，三类画家彼此的最高形态也在相互融合、彼此渗透，所以并不能单纯地、硬要固定地划归于某一类。

皇家风味的审美在北宋初期一家独大，民间的绘画高手都为皇家所录用了，靠着皇权，顺利地拉大和巩固了画院派的精英规模班子。黄氏花鸟画风格尤为盛行，珍禽瑞兽华丽威严又寓意吉祥，这种靓丽的色彩极富装饰性，直接表现富贵之气，审美直接简单，主题一目了然，对表现手法的评析也标准明确，只需无限接近事物原生面貌，能给人客观具体的直接视觉感受，无添含沙射影的潜层意义，除非皇家另有需要，一般考究的都是对事物各细节的准确把握，姿态上无失态，数目上无偏差，时节上无不适。

这些硬性的评判条件和清晰的标准，是画院画家等级划分的依托，很快就使画院的创作程序化，从而失去活力。北宋早期的山水画采用全景式构图，山高林深地势险峻是共同的特点，这与唐末到五代十国乱象有关，唐朝经安史之乱以后藩镇割据愈演愈烈，乱世最没有发言权和生存权的是知识分子，面对乱世他们仅有的自保就是逃离，遁迹大山密林。宋初的山水画隐蔽性极强，营造的气氛就是与世隔绝，非常具有安全感，可把自己蛰伏其中。到了南宋，疆土损失一半，山水画中的气势直接垮掉一半，"马一角夏半边"的空灵幽静成为特质。南宋绘画四大家中的马远和夏圭，他们常画一角山，半边景，被称为"马一角夏半边"，倒不是非要契合南宋的半壁江山，但确实是审美方式的大转换。北宋山水画是先藏后出，先逃避乱局待太平而出，从野山野水转换到心平气和；南宋的山水画是主动走入云蒸雾绕的小山水，从眼下的太平引入虚无幻象境界。北宋山水向外开放，南宋山水向内隐蔽。世俗画镜头对准了市民生活常态，表现新兴市民阶层生活和情趣，冲破了传统题材的局限，世俗画中的主角已不是先贤贤达、帝王皇族、名臣良将，而是抬头不见低头见的左邻右舍。题材也不选从前的宗教活动、记录建功立业、贵族生活为内容，而是登不了大雅之堂的家长里短。世俗画就是画世俗，去高端化，去显贵化，记录生活。文人画为荣誉感特强的人群所画的，他们没有皇室画家的职责，没有必须执行的标准和须及时完成的任务，也不像职业画家那样为了生活而迎合市场，他们做的是纯精神层面，获得超凡脱俗的感觉。

中国绘画的高下之分，发生在皇家画与文人画之间，皇家的标准是神品、逸品、妙品、能品，这种划分到了文人士大夫这里，变为逸品、神品、妙品、能品。由此，我们看得出两者的划分标准和争论的焦点是在神品与逸品的先后排序上，其他基本一致。

能品展示画家绘画的能力，即有没有能力画画；妙品在能力的基础上再添上巧妙，即有表现妙趣的巧思；神品则以法度而动，遵循客观的章法，由形的准确带动神韵，达到神形兼备（如画孔雀上台阶，是先迈左脚还是先迈右脚，凡画右脚在先的都视为失败）；逸品则以神得形，轻法度越章法，不管形似如何，意到神韵自然来。

苏轼画竹，以朱砂成画，有人问：世上有红色的竹吗？苏轼则反其而为：你见过世上有墨色的竹子吗？朱砂的红与墨色都不是竹的本色，是文人画画择用的表现形式，与竹的自然属性没有关系，只借竹以强调精神罢了！

神品与逸品的重要地位之争，其实是儒家标准和道家标准的地位之争。在宋朝，治理国家当以儒家遵先，讲求标准和次序，按章法行为；而文人士大夫要求的是自修身心，强调的是人品独立，因此道家所提倡的自由豁达，是他们的必然选择。服从与独立，在朝堂上是不能公开的，借绘画的高下之分以表立场，高手过招不留痕迹，看似风平浪静却暗潮涌动。神品为上的皇家审美情趣坚持了上百年，到宋神宗一朝来了一位郭熙，郭熙画风跨越两界，以水墨为画，既有文人们所强调的平淡雅致，又能营造皇家所需要的中心尊崇感。皇家的审美情趣由崇尚富贵转为有诗意的闲情雅致，这与文人士大夫所推崇的尚简与诗意生了共鸣，山水画打开了皇家与士大夫沟通的局面，模糊了事先人为造成的成见界限。探求真实是人性本能，不管是皇帝还是士大夫，还是需要看到世界的本源样貌，世俗画很好地充当了这一角色，它截取生活的层面，如身临其境。两幅长卷，张择端的《清明上河图》与王希孟的《千里江山图》，同时摆在了宋徽宗的面前。《清明上河图》人物喧杂凌乱，有学之士与三教九流混杂，人畜同道，楼阁与茅屋同处，汴河拥堵。《千里江山图》重峦叠嶂起伏，水色艳丽，平祥安和，无不洋溢锦绣江山的华彩，无以复加地赞颂了盛世明君之气象。宋徽宗最终留下了《清明上河图》，而把《千里江山图》赏赐给了臣子。《千里江山图》虽然更符合皇家的审美情趣，而且在此画的创作过程中，宋徽宗也在对王希孟的指点中倾注了太多的心血。但他明白《千里江山图》是颂歌中的江山，是理想中的王土。《清明上河图》是眼下帝国的现状，声色犬马，贩夫走卒，心悦诚服安于现状。宋徽宗明白，本分安详的现状比华彩乐章中的想象更靠得住，在幻想与真实之间，他选择了真实。

半个月亮爬上来，天色渐晚，那些独立的山峰在夜色的淹没下又彼此相连。一次学术会议的画面浮现在我的眼前，会议中讨论了中国画的灵魂是什么。如果现在再让我来回答这个问题，我一定要从宋朝说起。

下篇 《西方美术欣赏》

一、原著概述（文艺复兴意大利部分）

推荐原著：《外国美术简史》（增订本）由中央美术学院人文学院美术史系外国美术史教研室编著，中国青年出版社出版，2009 年。

引用的原著内容：

第三章 欧洲文艺复兴时期美术

文艺复兴时期是指 14 世纪到 16 世纪西欧与中欧国家在文化思想发展中的一个时期。正是在这个时期，欧洲的各大国家日益强大，宗教思想和行为也都发生了变化。"文艺复兴"的原意是"在古代规范的影响下，艺术和文化的复兴"。其变化的思想基础就是关怀人、尊重人，以人为本位的世界观。这个世界观是在 14 世纪通过一系列科学家、思想家和文学家重新对古代文化的发掘而得以建立的。当时的人们从古文献中发现了对自然和人体价值的重视，使他们对人和自然做出了新的评价。实际上，文艺复兴作为欧洲历史上的一个伟大转折点，其含义还要广阔得多。在经历了封建教会势力

1 000 年的统治后，人们开始挣脱精神上的束缚与奴役，被禁锢多年的古典文化又引起人们的重视，并成为驱散中世纪的黑暗、建立新型的资产阶级文化的重要武器。资本主义生产方式的出现，不仅动摇了中世纪的社会基础，也确立了个人的价值，肯定了现实生活的积极意义，促进了俗世文化的发展，并在这个基础上形成了与宗教神权文化相对立的思想体系——人文主义。人文主义肯定人是生活的创造者和主人，要求文学艺术表现人的思想和感情，科学为人生谋福利，教育发展人的个性，即要求把思想、感情、智慧都从神学的束缚中解放出来。因此，人文主义的学者和艺术家提倡人性以反对神性，提倡人权以反对神权，提倡个性自由以反对人身依附。文艺复兴时期的美术就是在这个基础上发展起来的。

资本主义的因素在意大利萌芽，市民阶层的形成有力地促进了世俗文化的发展，文艺复兴运动首先发生在意大利。西欧洲北部的尼德兰地区当时也出现了资本主义经济的萌芽，政治上相对独立和自治，有较发达的工商业和海外贸易。繁荣的城市和新兴的资产阶级为人文主义思想的引入和传播提供了条件，也因为受到意大利文艺复兴的影响，尼德兰的文艺复兴也随之兴起了。尽管受到了意大利的影响，但尼德兰文艺复兴时期的美术主要还是从尼德兰本地的哥特式艺术传统中发展而来的。尼德兰的艺术家首先发明了油画技法，然后传入意大利。因为政治、经济上的联系，尼德兰的艺术还对德国和西班牙产生了影响。在 15 世纪和 16 世纪，由于与意大利在政治、经济和文化上的密切联系，更主要的是由于德国城市工商业的发展，以及宗教改革运动和农民战争，带了德国文艺复兴的辉煌成果。在 16 世纪，西班牙因哥伦布发现美洲大陆和在欧洲的领土扩张而突然变得强盛，尼德兰和意大利的南部都成为西班牙的属地。西班牙的文艺复兴也因此获得了推动力量。法国文艺复兴时期的美术主要是受意大利和尼德兰的影响，法国长期占有意大利北部的米兰等地区，有许多意大利艺术家到法国工作，促进了法国文艺复兴的发展。

二、原著导读

（一）复兴的前蒙

公元 1077 年 1 月 27 日，神圣罗马帝国的大地，还笼罩在冰封的世界里，神圣罗马帝国皇帝、德意志国王亨利四世翻越阿尔卑斯山，来到了卡诺萨城堡前，此时他正赤脚虔诚地站立着，这一站就是三天三夜，他终于盼来了一个人的宽恕；是谁可以让一代君王如此虔诚地等待着宽恕呢？毫无疑问，拥有罗马帝国最高神权的罗马教皇格里高利七世可以做到。

一年前，德意志国王亨利四世与教皇发生了激烈的冲突，亨利四世主张"俗世间的事由凡人管，仙界的事由神仙管"，直接的意思就是让教廷收下手，收下已触及国王利益的权力之手，地上的王是我，地上的事我说了算，教廷请只管好天上的事。这还了得，教皇格里高利七世，立刻开出了最严厉的罚单，禁止神职人员主持帝国内的任何"神圣仪式"，并开除亨利国王的教籍。

禁止主持神圣仪式，这在国民上下都信奉基督教的地域里意味着什么？

在亨利四世管辖的疆域内，神职人员不得为信徒主持各种宗教仪式，即包括刚出生的婴儿得不到洗礼、年轻人结不了婚、逝去的人无法安葬等，这几乎是将整个帝国的日常生活陷于持久的停摆状态中；而更为严重的是一个被废除了教籍的国王，待在普遍都信奉基督教的帝国里，后果将多么严重，教义有明文规定：基督徒不得和被开除教籍的人，发生任何联系。帝国内诸侯也郑重表态："如亨利四世拿不到教籍，不能管理国家，大伙就不再跟随"。

所有这些，令世俗的生活完全乱套，同时王权也即将分崩离析。这时，再怎么傲世的亨利四世也不得不向教皇所屈服。当教皇格里高利七世，再次出现在亨利四世的面前时，国王以俯身亲吻教皇脚背的方式，完成了回归为信徒的神圣仪式。这一场"人神之争"，以神权的彻底胜利告捷，就此，作为一位帝国的皇帝，亨利四世本人，致力于在帝国境内加强自己的皇权的构想落空。这次最高权力的抗争，再一次地证实了太阳与月亮之说，即"教皇是太阳，皇帝是月亮"。

在此之前的公元 3 世纪，古罗马帝国进入衰退期，帝国原有的尊崇和荣誉感均已丧失。到了公元 4 世纪初，古罗马皇帝君士坦丁大帝为了挽救颓势、重整精神，采取收拢意识形态的做法，定基督教为罗马帝国的国教。自此，基督教经过三个世纪的艰难传播，终于获得了最正统的认可。

真是此一时彼一时，最初的基督教，连传教行为在罗马帝国内都会被严厉禁止。基督教创始人耶稣被罗马人钉死在十字架上，而此时，原来的冤家成了当下的救命稻草。到了公元 4 世纪末，在皇帝狄奥多西的包办下，基督教成了帝国唯一可以合法存在的宗教，其他宗教则被一律禁止。

为了强化基督教组织的管理职能，教方制定了各种严厉的惩罚措施。俗人担心的是：不遵从教义就会罪孽深重，上不了天堂。而基督教里的地狱之说，更是让凡人毛骨悚然，如果一生的罪孽没在今生赎清，那么将会被下地狱，让灵魂得不到安息。侍奉上帝的神职人员，把世俗的一生都献给了神，因此没有罪孽，他们在信徒中拥有无比崇高的荣誉和地位，他们拥有获得永生的权利。逐渐地，这成了帝国里权势家庭们所追求的目标：长子继承家业，次子成为神职人员，三子从军或者经商。这是那时可最大限度地保障一个家族安全的、最理想的家庭结构布局。

进入宗教界充当神职人员，不再仅是缘于信仰，而是更多地为了对世俗利益的考虑。这完全违背了宗教信仰的初衷，宗教的高层神职人员，披上了宗教的神圣外衣后，以神的身份包办各种人的事儿越演越烈。宗教上层神职人员与广大底层信徒的身份地位也越来越悬殊，这严重影响了基督教的声誉和传播。基督教正逐渐被看不见希望的底层信徒们所疏远，这种情形下，有个人按捺不住了，必定要振臂一呼，他就是圣方济各。

圣方济各主要的宗教活动是在 13 世纪初，他提倡用充满爱意的教义感召人，不主张以既严厉又恐怖的教义恐吓人，他希望让人们体会到基督教是充满仁爱和善良的宗教。圣方济各极力反对高层神职人员业以日盛的奢靡与腐化作风，整天养尊处优，饱食终日享乐生活的样子。他自己一生清贫，只穿一件粗布深色道袍，腰间系以麻绳，以意大利语四处传教。当时的意大利语被叫作俗语，上流社会流行的是拉丁语，宗教传道士们用的也是拉丁语，这使得与普通民众在进行沟通时，产生了极大的障碍，而圣方济各希望能与每一位信徒进行无障碍的沟通交流，以广泛传达上帝的福音。

他开导信徒们，可以尝试用自己的大脑来思考，用自己的心去感受和体会基督教的教义。这打破了由部分神职人员故意建立起来的，只有神职人员才可以领悟神旨的独裁体系所造成的隔阂，这些举措重新换来了很多信徒们，对基督教的信任和希冀。圣方济各的这种不提条件，只重实干又使教会受誉的传教方式，很快便得到教皇英诺森三世的肯定。圣方济各的所为，使得宗教从神的天地，向世俗的凡间迈了一大步。

圣方济各所处的年代，罗马教皇有不可逾越的最高地位，开始被神圣的罗马帝国皇帝即身兼德国霍亨斯陶芬王朝、那不勒斯国和西西里国多重国王身份的腓特烈二世所动摇。此时的腓特烈二世所拥有的实力，已不是一个多世纪前，那个站立在雪地里三天三夜，请求教廷赦免的亨利四世皇帝那般纤弱。起于1096年，由教廷主导下的欧洲对中东长达两个世纪的十字军东征，逐渐在改写王权与神权博弈双方权力大小的转换。

11世纪末的欧洲，现有的经济发展已严重跟不上人口增长的速度，欧洲养活不了这么多人口，正为此犯愁的教廷和王廷，将眼光瞥向东方，东边还有现成的富庶之地，令人垂涎。东边的阿拉伯地区，麦加人穆罕默德于公元7世纪，在阿拉伯半岛上创建伊斯兰教，经过四个世纪的宗教传播和经济发展，在欧洲的东面形成了一个令欧洲教廷和王廷所觊觎的宝藏之地。其中，阿拉伯商人还控制和垄断着在欧洲大受欢迎的最昂贵的香料，并对来源秘而不宣。

最初的理由总是冠冕堂皇，即神之愿望不能让基督教的圣地耶路撒冷落入异教徒之手，现在需要以宗教的名义，去夺回属于自己的圣地耶路撒冷。而拜占庭帝国派来的救援出战请求，则更加充实了发动战争的借口。

从1096年开始，以"神之所望"口号，发动的十字军东征，鼓动着欧洲社会底层充满狂热宗教热情的、自发的、吃不饱饭的欧洲"饥民们"，急不可待地先行踏上东征之路。他们装备简陋，掺杂着携家带口的小贵族和商人，就像去打家劫舍或去游山玩水，毫无组织与战斗力。他们在巴尔干半岛被盗匪袭击，在小亚细亚被塞尔柱人阻杀。随后在教廷的积极正式策动和各路领主的号召下，由堪比国王实力的三大诸侯，率领着诸侯各国装备齐全的正规骑士十字军，沿途收捡了这些农民十字军的散兵游勇，向阿拉伯地区浩浩荡荡地发起了征讨之战。他们虽一开始就并不顺利，还异常艰难，但最终使重视商业贸易的阿拉伯世界的伊斯兰国家和教民们损失惨重。

经过这次巨大的教训，伊斯兰人不再以商人思维的模式，来看待和解决财富掠夺的争端，而是随后在本土上逐渐统一为以伊斯兰教信仰为核心且政教合一的强大阿拉伯帝国，来捍卫抗击心怀鬼胎的欧洲十字军。他们态度非常鲜明，"敌人在哪里出现，我们就让他在哪里灭亡"。

从1096年第一次十字军东征到1270年结束，170年间欧洲共发起八次十字军东征（第四次十字军东征将在后面"威尼斯人"中详述）。为了维护第一次东征的战斗成果，后续发起的由欧洲各雇佣兵乌合之众组成的所谓东征，都被具有强大核心力量、训练有素的阿拉伯帝国迎头痛击，被教训得不敢轻举东征。期间，一门心思传教，却从不向罗马教会提条件的圣方济各，以自身强大的宗教信仰做支撑，勇敢地站出来。他要凭一己之力，去说服信奉伊斯兰教的阿拉伯世界改变宗教信仰，通过改变信仰，来结束战争、实现和平。

就这样甘洒热血的圣方济各，连一把水果刀都没有带，怀着强烈的宗教热情、带着理想主义，突然出现在阿拉伯人的阵营前。这些长期与西边基督教作战的伊斯兰勇士们惊呆了，他们见到打西边过来的都是从头到脚，以重铠甲包裹得密不透风的基督教斗士，哪里见过这般仙风道骨的打扮，只当他是疯子。阿拉伯人没有逮捕他，更没有加害他，而是恭恭敬敬地把他送回对垒的阵营。

与圣方济各不同，腓特烈二世则是位利己主义的明白人。他的祖上曾作为十字军主帅参加过四次东征，均损失惨重，轮到他这一代就是第五次参加东征。祖宗留下的教训和体会是：以他们这些征集组合起来的多国雇佣兵，一帮不爱洗澡的龌龊鬼，去对付东方那些在伊斯兰文明影响下的爱沐浴、讲究清洁卫生的伊斯兰士兵，是不可能成功的。教皇不知出征的艰难，仅仅动下嘴皮子，提出神之意，他们就得拼命踏上东征，还得自备钱粮武器。所以，腓特烈二世对"神之所望"借口的十字军东征，极不赞成，他认为耶路撒冷是基督教的圣地，同时也是穆斯林的圣地。

东征打仗这些事，"神仙"不会干，全得依托俗世的凡人，即身兼数职的俗世领袖腓特烈二世。这是教会赋予他的神圣职责，同时也是教皇强加给他的任务，他以各种借口进行推脱。教皇发出了最后通牒，严令他必须立刻率十字军东征，否则开除教籍，禁止神职人员组织神圣仪式。腓特烈二世只好装装样子，率部登船驶向茫茫大海，执行毫无胜算的东征，出发一周后他就返航回来，理由是船队内发现瘟疫。这可彻底激怒了罗马教廷，震怒之下终于开出了罚单，开除教籍，禁止组织神圣仪式。早有准备的腓特烈二世，决定扛到底。

腓特烈二世对"教皇是太阳，皇帝是月亮"尊卑排序也极其反感，他主张"神的东西归神，皇帝的东西归皇帝"，并为此做了许多的准备。他对宗教的态度是信神而不迷神，就是在不否定神存在的前提下，严格区分宗教领域和非宗教领域，他要从根本上做到政教分离。

第一，他效仿古罗马帝国依法办事的国体，加强和完善法律，以法律为基准进行国家管理，摆脱教会对国家的控制，建立起只服从、听命于皇帝的行政管理机构来控制和管理国家。行政管理机构的设置阻断了教会对国家日常事务管理的直接插手。第二，重视海外贸易，降低海关关税，实行国内税制改革，增强经济实力，废除信用等级极低的欧洲旧货币。以前的欧洲君主因敛财发行了大量的劣币，欧洲人都不敢使用。腓特烈二世以国家经济实力作后盾，强行发行金币，最终完成了良币对劣币的驱逐。第三，削弱教会对文化和艺术的控制，他深知接受宗教教育越多，被灌输的陈腐观念就会越多。他果断地创立传播新思想的大学，广泛地接收其他领域的文化和艺术，并与之融合交流。第四，破除拉丁语作为基督教神职人员的唯一传教语，把意大利语作为一门独立语言进行推广，让普通老百姓都可以参与、学习和思考领悟圣经教义，排除了罗马教廷对本国基层百姓掌控的风险。

正是因为有了这一系列之前做好的充分准备，此时的腓特烈二世，很有底气地面对罗马教廷的罚单。他要求所有的神职人员不得擅离职守，必须一如既往地开展工作，否则当以死问罪。同时，他又积极地与东方的伊斯兰帝国进行联络，与之达成一个对罗马教廷来说，显然是对其阳奉阴违的"默契"。十个月后，腓特烈二世假装面对教皇的施压，带领着他的士卒，在阿拉伯的土地上，如旅行般地晃晃悠悠走了一遭，双方不见兵刃。就这样，腓特烈二世在不伤一兵一卒的条件下，带回了他的士兵们并向罗马教廷交了差。腓特烈二世可谓内外兼修，既有勇敢刚毅的品行，又有以柔克刚的智慧，这是十字军东征历史上，避免生灵涂炭的最值得称赞的一次智慧东征。因为东征，腓特烈二世也带回了阿拉伯国家地区的文化和他们所保留的古希腊古罗马文化典籍。

1348 年欧洲瘟疫"黑死病"大流行，欧洲人口锐减三分之一，越是人口集中的大城市受害程度越大，佛罗伦萨损失人口近一半，当时人口最多的两个城市是佛罗伦萨和威尼斯。在这次瘟疫面前，传言中无所不能的上帝，未有显灵救民于水深火热之中。在灾害面前，上帝也无能为力，这动摇了基督徒们的信仰，反倒是著书人薄伽丘，借三男七女逃离城市，隐藏进山间城堡，以躲避瘟疫为题材写成了《十日谈》：书中的十位主人翁为了打发无聊的时光，每天每人讲一个故事，其中许多故事揭露了高层神职人员的荒谬和虚伪。《十日谈》实际上是觉醒的知识界人士对神教界的清醒认识，以宗教教义制造出来的神秘和恐吓，再也不能压制住觉悟的人们，他们纷纷开始思考上帝存在的价值。

1453 年，君士坦丁堡沦陷，东罗马帝国灭亡，土耳其帝国兴起，基督教不得不在欧洲进行重组。1455 年德国发明欧洲印刷术即铅字活字印刷术，印刷术的广泛使用，结束了又贵又少的手抄本时代，同时也是对神职人员独霸知识时代的终结，这意味着知识可以为民众所有。

欧洲如同架到火上烘烤的高压锅，若不卸压后果不堪设想，意大利就是那个卸压阀。从公元 4 世纪到公元 16 世纪的 1 200 年间，意大利是欧洲的神权所在地，也是王权的所在地，同时由于优越的地理位置，可与亚洲、非洲直接进行贸易通商，所以经济繁荣得特别快，由此便产生了一个庞大的群体——商人。

意大利有神权、王权，还有日益壮大的商人权利团体，他们都需要维护自己的权利，这三股势力此消彼长，但也相安无事地和平共处了一段时间。到了公元 13 世纪末，这种平衡被打破，三股势力不得不寻求新的平衡：神权越来越弱，王权越来越大，商人的政治地位越来越高。整个欧洲都看向意大利，只要意大利稳定则欧洲稳定，意大利繁荣则欧洲繁荣，意大利无事则欧洲无事，此地牵一发而动全欧洲。

（二）领跑的佛罗伦萨

地图上如一只长靴伸向地中海的半岛就是意大利，靴尖朝西触及西西里岛，西西里岛往北分别有撒丁岛、科西嘉岛。历史上这三座岛屿，分别建立了不同的王国，归属于不同的领主。三座岛屿与意大利半岛环抱着第勒尼安海，半岛的另一侧是亚得里亚海。

在意大利半岛上，靠近第勒尼安海中部位置的是罗马城，往北一点，就到了重要的佛罗伦萨，两座城市都不直接临海，而是以一条河流与大海相通。而亚得里亚海的尽头，则是著名的水上城市威尼斯。三座城市从 14 世纪到 16 世纪，在欧洲分别作为最精彩的主场，轮番上演着欧洲文艺复兴的重头大戏，并波及、影响整个欧洲。历史的聚光灯总是将主场照得特别的闪亮。

罗马城内是欧洲主要的神权所在地并汇集着王权，两者若即若离地已相处了一千年，明争暗斗虽是常态，但也并未发展出什么大事。作为远在亚得里亚海北边尽头的威尼斯，由于神权、王权都鞭长莫及，所以获得了较充分的自由发展。佛罗伦萨是依靠经济发展，而成为可以跟罗马城相抗衡的地方诸侯。此地商人云集，商业集团家族与神权、王权之间产生的国仇家恨也在此拉开了帷幕。

佛罗伦萨城建于公元前 59 年，它的缔造者是赫赫有名的尤里乌斯·恺撒。按照古罗马人对上天的崇拜及对天意的理解，他们也在城市中心位置设立了祭坛。由于在举行祭祀仪式时恰逢花季，所以佛罗伦萨也被称为"花都"。最初的佛罗伦萨呈四方形，依亚诺河而建，并在城市中心处，向东西南北城门各铺设大道，形成沿十字架结构发展的城市布局。至公元 14 世纪，城市规模不断扩展，亚诺河已成为城中之河，由东向西穿过城池。这座美丽的城市没有得到上天的格外关照，在 1348 年瘟疫"黑死病"大流行时，仅仅一年时间，城市人口锐减到只有原来的一半，一年之后瘟疫得到了控制。

受到了重创的佛罗伦萨，从这次瘟疫大爆发中得到极大教训。城市的发展不在于人口的数量，而在于人的素质与文化层次的总量以及对环境卫生的关注程度。人口锐减后的佛罗伦萨，因此并没有盲目增加人口，反而拟定了人口准入制度，主要对高素质的人才进行吸纳。同时迅速改善城市的基础设施：整治街道，拆除乱搭乱建的违章建筑，增设医院，积极疏导城市的排污系统并加以完善。通过一个多世纪的休养生息，佛罗伦萨焕发出新的生机，以崭新的姿态，挺立在 15 世纪的欧洲前沿。

欧洲 14 至 15 世纪，是属于佛罗伦萨人的 2 个世纪，鲜活光亮，人才辈出。但丁、彼特拉克、薄伽丘并称为"文艺复兴理论思想三杰"。他们都来自佛罗伦萨，也都以意大利语编写完成了人生中的思想巨著。这对视拉丁语为正统，意大利语为俗语的上流社会主导的语言意识形态来说，无疑是给意大利语带来了巨大的契机，起到了积极的推波助澜作用，知识可以顺利地在市民当中进行传播，崇尚知识成了佛罗伦萨良好的市风。

但丁的《神曲》用极具深度的诗性语言来描述地狱、炼狱、天堂，将自身置于书中与不同的著名人物进行对话，以解惑人生旅途经历的各种痛苦和迷茫；彼特拉克是誉满全冠的抒情诗人，他最大的贡献是：整理和挖掘了古罗马的思想著作，并使这些束之高阁的人类智慧重现光芒。薄伽丘的《十日谈》则以一百个故事直诉伪圣的黑暗和罪恶，使其丑恶的本性无法遁形。人性的智慧光芒在佛罗伦萨逐渐升起，而愚昧的阴霾被人们所驱逐。

佛罗伦萨有两大支柱型产业：金融业和纺织业。纺织业属本国的外向型产业，佛罗伦萨充当了全欧洲的纺织加工厂。金融业为内向型产业，其中很大部分就是为教皇管理资产。罗马教廷在管辖区内，统一按教民收入的 10%，征收名为"什一税"的宗教税。教廷除"什一税"这项稳定的收入外，还会接收到大批捐赠。罗马教廷全都是神职人员，对数额如此庞大的财富毫无管理能力，只能将这些巨额财产托管给有能力的金融经营者，而佛罗伦萨的金融业巨头则成为他们托管的首选。因此佛罗伦萨，不但有为全欧洲生产纺织品的业务收入，还有替教皇管理资产的经济所得。将这两大美差独揽，等于是在用全欧洲的资本为己谋福利。

经济繁荣还必须以政局的稳定为基础。经过近百年的博弈，美第奇家族脱颖而出，佛罗伦萨政局的稳定始于美第奇家族的族长，科西莫掌握执政权的时期。1434 年，佛罗伦萨实现了国家统一，美第奇家族的科西莫确立了僭主政治，实质上就是君主专制佛罗伦萨。美第奇家族对当时人文艺术的关注和扶持、贡献是直接的，科西莫说："我了解这个城市的心情，我们美第奇家族若被赶出历史舞台，大约用不了 50 年，但我们的东西会留下"。这里的东西就是指艺术作品。

在美第奇家族卓有成效的领导下，市民的自由和城市秩序同时得到兼顾。秩序下的自由确保了城市的活力，城市活力促使经济繁荣，权力疏导下的自由和秩序在佛罗伦萨各行其道，恰如其分地发挥着作用。美第奇家族爷孙三代的努力确保了佛罗伦萨 60 年的平稳发展，实行僭主政治的 60 年间，也就是 15 世纪后半期，佛罗伦萨迎来了文艺复兴的鼎盛时期。在美第奇家族的治理下，佛罗伦萨成了经济大国，同时也是文化大国，由他们扶持的艺术家，如华丽烟火连续绽放星空。

1389 年出生于佛罗伦萨的科莫西，为了寻求佛罗伦萨城市的政治稳定，与当时强大的商人集团进行了较量，不幸惨遭失败，被到流放到威尼斯。1434 年，45 岁的科西莫有权有势、风风光光地回到了佛罗伦萨。虽然没有大规模地惩罚反对派，但对其主要成员同样进行了流放。安定好局势后，科西莫奔忙于意大利半岛上的各大势力集团之间，呼吁大家和平共处，并极力改善与土耳其的关系。

科西莫于 1464 年去世，享年 75 岁。没有政治头衔的他享受了国民最高的礼遇，被尊为国父。他的儿子皮耶罗因身体虚弱在位仅 5 年，便由 20 岁的孙子洛伦佐接管。1478 年反对势力与罗马教皇联盟，共同策划了刺杀科莫西的两个孙子洛伦佐和朱利亚诺的行动。朱利亚诺遇难身亡，洛伦佐侥幸逃过一劫，在佛罗伦萨民众的支持下，阴谋反叛很快被反击平复。事件失败后，逃往土耳其的反叛人员，被遣送回来，洛伦佐以强硬的政治手段处置了叛乱。

"美第奇家族的男人是佛罗伦萨下的美第奇人，佛罗伦萨人则是美第奇家族下的佛罗伦萨人"，这句流行在佛罗伦萨的谚语，代表的是具有强烈批判精神的佛罗伦萨人对美第奇家族的认可。批判精神对学术、艺术领域来说是最好的土壤，美第奇家族优待艺术家，并尊重他们的个性和艺术创作。

科西莫曾经为了艺术家能够专心创作，不为生计奔波而打扰，特意赠送庄园于艺术家，他的儿孙们也一直遵守这个承诺，不为其变。现在的佛罗伦萨这座城市中，所收藏的文艺复兴时期的艺术作品，有一半以上是由美第奇家族所订制或者是由其他的佛罗伦萨人为投美第奇家族喜好而委托制作和收集的。

1492 年，42 岁的洛伦佐英年早逝，守旧势力卷土重来。修道士杰洛拉谟·萨伏那罗拉的说教开始流行，他谴责佛罗伦萨人的生活方式过于奢靡，训诫道：若不悔改必将遭到神的惩罚。这一年法国国王率大军入侵意大利，他叫嚣着这就是神对佛罗伦萨的惩罚，并与入侵大军里应外合，把佛罗伦萨城贡献了出去，其后又大搞复辟，焚烧他认为"不相符"的一切书籍、艺术品等。他倒行逆施所建立起来的政权，很快又被觉醒的佛罗伦萨人所推翻。洛伦佐去世后，佛罗伦萨人失去了政治权威，陷于纷乱。洛伦佐去世后的短短 38 年后，即 1530 年，佛罗伦萨共和国走到了尽头，同时与其一起辉煌的佛罗伦萨文化艺术，由于缺少政治和经济的庇护后，在 16 世纪也一起沉默。

1. 乔托《哀悼基督》（见图2-21）

图 2-21 《哀悼基督》

契马布埃是家喻户晓的大画家，最近因接活太多已忙不过来，他正为此犯愁。在一条他必经之路的石头崖壁上，不知是谁留下了特别灵动的画作。他每每经过时，画又有新的增添，他认为这一定是位高手的杰作。大画家契马布埃的好奇心被极大地调动起来，萌生要会会这位高手的期盼。当心中的高手真正出现在眼前时，契马布埃惊愕出一身冷汗，原来是他每天经过路旁从未留意的牧羊少年。震惊之余的契马布埃，顿时又惊又喜、如获至宝，将其收为徒弟并带回佛罗伦萨，亲自教授绘画绝技，用心栽培以备分担任务。

在这次师徒相逢中，契马布埃如愿以偿。他哪知，他只因为向崖壁上多看了一眼，就被牵走了魂，然后师徒恰好相遇，看似偶然，其实必然。得偿所愿的其实还有徒弟，因为这是他一手导演的。师傅契马布埃认同相逢何必曾相识，徒弟认为相逢必须先相知，这聪明的徒弟名叫乔托。

乔托，公元1266年出生于佛罗伦萨乡下一个普通的农民家庭。从小就具有极高绘画天赋的他只能做个放羊娃，他非常仰慕大画家契马布埃，对其极为崇拜羡慕。他得知契马布埃会时常路过他放羊的山坡时，便精心"导演"了名师收高徒的千古传奇。为徒后的乔托干得热热闹闹：磨制颜料、配置色彩、端茶送水，凡脏活累活都抢着干。在契马布埃的身边，他快乐地成长。

契马布埃比乔托年长二十多岁，他的壁画作品多以宗教故事为题材，在表现手法上已经有了创新，开始利用明暗对比来营造立体效果，于作品中显露出人世温情。契马布埃以前的画家都使用平涂法绘画，没有立体效果；画中的宗教人物都显得冷冰冰，没有俗世的亲切感。契马布埃在绘画上这一小小的改良，为其赢得了很多的买家。请他去绘制作品的邀请使他应接不暇，圣方济各宗教派尤为喜欢契马布埃这种有新意的绘画。

1290 年，乔托随契马布埃到圣方济各教堂绘制壁画。24 岁的助手乔托崭露头角，绘画水准明显高于师傅契马布埃，师徒俩共同完成 36 幅壁画后分道扬镳。随后乔托独立完成了 28 幅作品，前后的作品风格迥异，很难分清是一人所为。这趟出行令乔托光鲜照人且收获颇丰，他锐不可当地走上了自己独立发展的道路。

乔托与契马布埃的差异是时代造就的观念差异。契马布埃承袭中世纪观念，只是在技法上有所小突破；乔托生存在新纪元开启的年代，他从观念上进行了技法革新。契马布埃是探索者，乔托是青出于蓝而胜于蓝的革新派。

乔托的绘画虽仍以宗教故事题材为主，但他已经完全放弃了中世纪僵硬的拜占庭风格。他从哥特艺术和古希腊古罗马艺术的雕塑作品中吸取营养，并尝试在平面上营造三维空间。他大胆地应用透视法和明暗对比法，变平涂为明暗对比来塑造人物，使画面人物立即具有雕塑般的立体感。他以透视法来处理背景，从而营造出具有深度的空间感。在构图上，他也完全放弃了中世纪人物位于中央的呆板构图，通过巧妙的组合使画面人物与环境情节之间相匹配。乔托画的是具有情节性的宗教故事，而不是供人朝拜的单纯圣像，他的作品充满着人文主义色彩。这是因为他的受托人圣方济各教派，喜欢歌颂生灵，赞美自然，一改原来宗教的威严冷漠传教方式。他们和蔼仁慈地传播仁爱之心，让乔托耳濡目染、深受影响。所以越到后来，他所绘的宗教人物越是有血有肉地具有感召力，使观者更能身临其境。

乔托一生中完成了大量丰富作品，意大利境内现存有许多他的作品。他曾一次性完成 38 幅高工作量的重要壁画，《哀悼基督》就是其中的一幅。作品取材于圣经故事，讲述的是基督受罗马人迫害致死，众人赶来哀悼的场面，具有强烈的悲怆感和感召力。作品构图唯美、雅致，又富有戏剧性。

图中，在基督徒视为天堂之色的宝石蓝天空上，小天使们张开天使之翼缓缓地飞来；天空下悲伤的人群中，圣母玛利亚正忧伤地俯身，把赤身死去的耶稣环抱在怀中，她用一只手怀托耶稣的头，用另一只手轻轻地触摸着儿子耶稣的身体，目光深切地望向耶稣的脸，仿佛他的儿子基督没有死去，只是睡着了。乔托要表达人间传递出的母爱，多么慈祥的母亲，多么优秀的儿子。托住耶稣双脚的是从良后的抹大拉的玛丽亚，他无比痛心地看着耶稣脚上的伤口；圣约翰绝望地张开双臂，俯身注视着耶稣，耶稣的逝去使他陷入悲恸与迷茫；只有背影的一名妇女，右手帮助圣母玛利亚在另一侧扶住耶稣的头，虽见不到她的面容，但抽搐的身体已传达出无比的忧伤；俯身拉住耶稣双手的妇女不愿松手，生怕这一松手就会永远地失去耶稣。整个画面只有耶稣静静地躺着，余下的人簇拥在耶稣周围，都笼罩在无比哀痛中。人群后边的巨石由高向低倾斜，将观者的视线引向圣母和耶稣。高处的一棵枯树喻示了生命的凋谢，画面非常的亲切，就如身边的亲人去世一样，感人至深。

乔托的作品在构图布局上，已不再像中世纪绘画那样将人物位于构图的中心，而是根据画面情节需要，灵活地进行编排，避免人物设置的僵硬和呆滞。他注重人物感情的刻画，以人物的面部表情来揭示不同人物在不同场景中，所呈现出来的思想状态。姿态的描绘多以生活中的常见姿势为参照，不再是单一范式的固定姿态。在画中引入情景后，画中人物的肢体得到解放。他将神的容貌常人化，使宗教题材中的人物具有了可以表现出喜怒哀愁的面部表情，所以在乔托笔下变得生动而具有生命力，不再是盛气凌人。

乔托对透视法和明暗法的应用虽然还很笨拙，算不上完美，但已是向前迈出了坚实的一步。他大胆地尝试和突破，为后续的画家找到了前行的方向。正是因为他把宗教题材人物世俗化并作为人文主义思想体现的起步，人们尊称他为文艺复兴绘画第一人。人文主义思想一直体现在乔托的绘画中。

2. 马萨乔《纳税钱》（见图2-22）

图2-22 《纳税钱》

既然乔托在13世纪末，已经打开了文艺复兴绘画之门，人类就应该一脚跨进去，并如火如荼地开展文艺复兴，让我们的文明走得更快。可事态发展并不任由人的意志而转移，在文艺复兴的起跑令刚发响之际，一场突如其来的灾害降临了。1348年，瘟疫"黑死病"大爆发，传说中的恐怖之魔"黑死病"肆虐欧洲。来势汹汹的"黑死病"在短短几年间就夺走欧洲1/3的人口，商业繁荣的佛罗伦萨损失更为惨重，他们半数以上的人都未能幸免。一场天灾全面阻断了文明的步伐，文化和艺术在14世纪的几十年间，开始止步不前。这种停滞一直持续到15世纪20年代，差不多经历了一个世纪，病魔控制下的欧洲才见到了光明。近百年的文明断层需要续接，黑暗中睡去的文化艺术巨人应当觉醒。百年沉寂后，在佛罗伦萨的一个叫马萨乔的人被艺术唤醒，人们期盼他是乔托第二。

马萨乔不是人名，在意大利语中它是"傻瓜蛋""糊涂蛋"的意思，他原名叫托马索。从童年开始，他就整天糊里糊涂、昏昏然，好像永远没有睡醒的样子，做什么事情都心不在焉；当在触及绘画后，他立刻就变得灵敏、专注甚至精明。大灾后的欧洲，恢复生产一直是当务之急，一切选择都以生存为第一要素，绘画被认为是一种不着调的生活举措。选择绘画不但填不饱肚子，还会被旁人取笑为"只有傻子才会专注的事"，旁人不能理解托马索，认为他本末倒置、可笑，于是取了个绰号，管他叫"马萨乔"。托马索对此毫不在乎，他只想走自己的路！他执拗在自己的绘画世界里，索性就叫"傻瓜蛋""糊涂蛋"。

马萨乔心无旁骛、才华横溢，21岁就进入了把关极为严格的行业协会，拿到职业画手的证书，证明其有绘画资质，可以对外承接业务。资质颁发后，马萨乔在绘画大道上一路领跑，如一道闪电划入欧洲绘画大师的神坛。

马萨乔与乔托的经历有几分相似之处，出道时都与人合作过，都对透视法和明暗法感兴趣并潜心研究。马萨乔刚开始是与马索里诺合作教堂里的壁画。马索里诺比马萨乔年长，当时已是佛罗伦萨著名的画家，二十几岁的马萨乔初出茅庐时应该是他的学生和助手。这一对半路师徒，合作得顺心愉快。到马萨乔能够独立承揽绘画工程时，两人还时常在一起工作，但两人的画风迥然不同。马索里诺相对于马萨乔更为保守，画风受拜占庭哥特式艺术的影响较重；而马萨乔是在乔托的基础上一路狂奔，把中世纪的艺术风格远远地甩在了后面，人文主义的色彩更为浓烈。

对透视法和明暗法的研究，契马布埃只是刚开始察觉，乔托是有所感知，而马萨乔却是有所感悟。在此之前的 200 年间，即使经过了好几代画家的努力，透视法和明暗法在科学原理上，还是没有被完全透彻地掌握。此时马萨乔只差半步，他再努力一点点，艺术皇冠上的那颗"透视"的宝石非他莫属，可是到 27 岁那一年他突然离世，如流星陨落，璀璨而短暂。

《纳税钱》是马萨乔的代表之作，题材取自于圣经里的故事：耶稣与他的门徒们到达迦百农城时，被罗马税务官吏所拦下，并要求缴纳入城税的故事。当作品完成时人们惊讶于马萨乔的才华：被拦、筹钱、缴税。三个连续的情景空间，被马萨乔很贴切地布置在一个画面里，每一单个场景故事均是对前一时空的延展。耶稣和门徒们一路风尘仆仆地赶到迦百农城，正准备通过城门时，被把守城门的罗马官吏突然拦下。因为当时基督教的传教在罗马帝国还是非法的，所以众人无比紧张，以为被识破了身份。众人惊愕中，只有耶稣不慌不忙地、从容而对前来盘问的罗马官吏。位于画的中心，身披蓝色披风的人物就是耶稣，四周环绕着耶稣的众门徒；罗马官吏则左手摊开以右手指地，背对观众。罗马官吏指地的动作通俗地理解即为："此路是我罗马修，此城是我罗马建，要打此城过，留下买路税。"说话间摊开的手伸到了耶稣面前，原来是收税，大家虚惊一场。可是身无分文的他们又犯愁起来，只有耶稣和气地说道："这个我们还是应该遵守"，然后转过头去，指向身后渔夫出身的圣徒彼得，吩咐他到水中去捞鱼，说鱼嘴中会含着金币。彼得露出一脸的疑惑，老实地去水边捞鱼，他将外套脱在一旁，蹲下身子后果真捞到了鱼，并神奇地从鱼嘴中取到了金币。彼得兴高采烈地拿着金币缴清了入城的税，心里还想着"耶稣怎会知道金币在鱼嘴中？"此画着重点就在于要表现耶稣能通过超凡的神力来沉稳机智地应对险情。

《纳税钱》中耶稣和他的众门徒被拦下的情景，集中在作品的中心位置，而两边空出来的少量空间，则分别放置了彼得捕鱼和交税的情景。通过彼得三次出现在不同场景中的形象，来延展和切换时空，使得在绘画中时间空间的关系与经典故事都得以全面展示。画中的每一个人物都被精彩地刻画，他们造型立体、姿态精准，各自的面部表情和独特的形象特征，都栩栩如生，身上的衣纹皱褶随着肢体而变动，非常符合动作的节律。背景中的建筑物和远山都已经采用了透视法加以表现，获得极深的空间感。马萨乔是乔托之后的另一位开拓者，他从乔托那里汲取营养，且更加系统科学地研究透视，为在二维平面解决三维立体空间的探索上奠定了坚实基础。

3. 多纳泰罗《希律王的宴会》（见图 2-23）

图 2-23　《希律王的宴会》

在佛罗伦萨璀璨的艺术明星中，少不了大雕塑家多纳泰罗。他是美第奇家族所宠幸的艺术家、一位知识渊博的学者，他对古典艺术颇有研究，特别是对古代的雕塑艺术见解独到。若将他的名字和另外两人放在一起，简直是太具有轰动效应了，另两位人物中的布鲁内莱斯基是他真挚的朋友，而马萨乔则是受他影响成长起来的大画家。这三位艺术名人，被称为"文艺复兴早期的艺术三杰"。

布鲁内莱斯基，一位鼎鼎有名的建筑设计师，举世瞩目的佛罗伦萨圣母百花大教堂就是他的杰作。圣母百花大教堂从竣工那刻起，至今一直是佛罗伦萨的城市地标建筑。人们从佛罗伦萨任何一个居高的角度进行观看，都能欣赏到这八棱白边、巨型橘红穹顶的大教堂。

圣母百花大教堂并非一开始就由布鲁内莱斯基设计。它始建于 13 世纪末，工程及其雄伟浩大。当人们正如火如荼地建设它的时候，可怕的"黑死病"爆发了，圣母百花大教堂的建设被迫地暂时搁置。这场给全欧洲人带来浩劫的瘟疫，几乎使欧洲的文明脚步停滞了一个世纪。待瘟疫消除之际，百废待兴的佛罗伦萨，决定重启对圣母百花大教堂的建设，可是怎么也找不到当初的设计图纸，于是佛罗伦萨广招圣贤，看谁能让圣母百花大教堂起死回生。许多艺术家、设计师都来尝试，但都在面对巨大的穹顶设计时放弃了。此项艰巨的任务最后落到了 40 岁的布鲁内莱斯基肩上。布鲁内莱斯基对古代建筑研究极深，在古典艺术鉴赏方面，他自然而然地想到了好友多纳泰罗，两人结伴而行，对古代建筑进行了实地考察。而建于古罗马时代的万神殿，给予了他们极大的启发。布鲁内莱斯基从万神殿的穹顶结构设计中拓展灵感，解决了困惑众人许久的难题。

布鲁内莱斯基对透视法的观察可称得上是相当敏感，他很容易地就从透视现象中找出了它的科学规律，多纳泰罗则将这些规律应用于铜像浮雕作品《希律王的宴会》，他顺利地在二维平面上实现了立体雕塑表现的显著效果。

马萨乔又受多纳泰罗的启迪很深，他在绘画中找到了塑造立体空间的有效办法。所以，"文艺复兴早期的艺术三杰"，在你来我往的交流中夯实了绘画理论基础。这种从不同艺术领域中相互影响、总结而形成的基础极为牢固，为文艺复兴盛期的到来奠定了基石。

多纳泰罗的浮雕作品《希律王的宴会》讲述的依旧是圣经里的故事，故事的主角，是一位因爱生恨，怀有杀戮之心的妙龄女子，情仇之间瞬息转换。希律王欲娶自家弟弟的妻子希罗底为妻，施洗约翰认为这有悖伦理，但却并不能阻止事情的发展，只能痛斥这大逆不道的行为，结果招来一心想改嫁的希罗底的嫉恨。而希罗底之女，即希律王的侄女莎乐美，正发狂地爱着约翰，约翰对她却一直不屑一顾。得不到心上人眷顾的莎乐美，渐渐由爱生恨。

那日希律王正好过生日，宴请了众多宾客，早有预谋的希罗底故意叫女儿莎乐美为希律王献舞，莎乐美则向希律王提出：在跳舞完毕时请满足她一个愿望。希律王十分宠爱继女，便欣然答应。莎乐美在一曲舞罢，竟然提出了要约翰头颅的愿望。希律王虽然正关押着约翰，但仅是对他干涉自己婚姻一事还有气，故意关他几天，灭灭约翰的威风，维护王者的尊严而已，并没想处死他的打算。但此时金口已开、玉言难收，即使万般不愿也只能命人处死约翰。

多纳泰罗的《希律王的宴会》，节选自约翰头颅被端上宴会的刹那间。众人在突然目睹施洗约翰的头颅时，所流露出的不同反应。希罗底坦然地侧身用手引导希律王，看向对她来说就像是上了一道菜似的血腥头颅，希律王惊乍得腾空悬坐，瞬间的惊恐促使他的身体急速地往后退缩。宴席上的其他宾客，也都大惊失色地闪躲一旁，只有莎乐美泰然处之，对眼前这一幕表现出了如愿以偿的神态。隔着墙透过窗，乐队和在厨房备菜的仆人们，还在有条不紊地工作着，他们对堂前所发生血腥之事茫然不知。雕塑家通过在作品上一张一弛的对比处理后，更加地烘托出了恐怖的紧张气氛，而透视法的成熟应用，使得作品所展现出来的空间也更加地接近了真实。

凭借深厚的文学功底和对古典艺术的鉴赏能力，多纳泰罗将血腥题材以文学方式表述出来，并打造成类似戏剧性的观摩效果；通过人物的表情与姿态把事态应有的紧张、惊魂不定等细节通通释放出来，让观者体验到，但又不过分强调血淋淋的杀戮；衣物的质感很明显是希腊式的古典风格，对皱褶展现人体姿势方面描绘细致，墙面与地面的处理也以最大突出人物为限，删繁就简恰到好处。

多纳泰罗的艺术才华，倍受美第奇家族欣赏。美第奇家族对艺术的资助是货真价实动真格的，除了出巨资购买艺术品外，还为艺术家提供优越的创作环境。美第奇家族对许多艺术家以支付年薪的方式保证他们的生活，多纳泰罗就是一位特别受到关照的艺术家。

多纳泰罗性格孤僻、个性很强，在创作中常与不懂雕塑的顾客发生矛盾。为了使多纳泰罗专心创作，不为生活担忧而分心，美第奇家族的科莫西把一个农庄赠予多纳泰罗，以为农庄的丰厚收入，会确保多纳泰罗安心地自搞创作。但没过多久，多纳泰罗就来退回农庄，原因是他不善于，也不想去管理农庄的琐碎杂事。美第奇家族欣然地接手退回的农庄，但只是替多纳泰罗代为保管，他们仍把农庄的每年收益折算成货币，存入多纳泰罗的账户中。多纳泰罗终身沉浸在自己的艺术中，没有妻室儿女，但因为他是生活在那个对艺术备受尊崇的大时代，所以有着欣赏者的恩宠与关怀，以 80 岁的高龄安然地离开人世。

4. 波提切利《春》（见图 2-24）

图 2-24 《春》

"盼望着，盼望着，东风来了，春天的脚步近了。一切都像刚睡醒的样子。欣欣然张开了眼。山朗润起来了，水涨起来了，太阳的脸红起来了。……春天像刚落地的娃娃，从头到脚都是新的，它生长着。春天像小姑娘，花枝招展的，笑着，走着。春天像健壮的青年，有铁一般的胳膊和腰脚，领着我们上前去"。这是散文大家朱自清的《春》，恰是水墨淡彩的笔墨描绘出欣欣然的春天，一段文字、一幅画面，令人幻想、令人愉悦。

"小鸟甜蜜地歌唱，小丘和山谷闪耀着光彩，谷音在回响。啊，春天穿着魅力的衣裳，同我们在一起，我们沐浴着明媚的阳光，忘掉了恐惧和悲伤。在这晴朗的日子里，我们奔跑，欢笑，游玩"。这是奥地利音乐家小约翰·施特劳斯的名作《春之声圆舞曲》，由旋律译成文字的华章。圆舞曲伴随着女高音的鸣唱，让我的思绪一直都飘在繁花似锦的旋转之中。

朱自清的《春》，为我们描述出了人间的春色，一个历历在目、每年都要亲身体验的春之歌；而小约翰·施特劳斯的《春之声圆舞曲》，是理想中的美幻春色，仿佛有一股仙气诱导你的想象。

波提切利的绘画名作《春》，让生于凡界的我们，能从画中同时享受到人间和仙界的春天，完成两全其美的人生奢望。波提切利通过自身的两次跨越，也梦想成真地完成了他的人生奢望。波提切利 1445 年出生于佛罗伦萨，父亲是一位经营鞣皮作坊的工匠，希望把经营得不错的家族产业传给波提切利。像父亲那样老老实实、勤勤恳恳地一辈子给鞣皮打交道，不是波提切利的未来理想。满尝艰辛的父亲深知生活的不易，一门手艺才是存活的资本，知道儿子看不上潮湿又异味熏天的鞣皮作坊，托人找关系送儿子到金银店学习首饰制作。当时金银匠是匠人行业中最体面的职业，慈祥的父亲愿为儿子尽其所能。波提切利不愿伤父亲的心，服从了父亲的安排，学习金银首饰的制作但并未放弃自己钟爱的绘画。

功夫不负有心人，暗地里学习绘画的波提切利，很快就有名师来指点，进步得非常快。1470 年，25 岁的波提切利终于可以挺直腰杆做一名画师了。这一年，他有了自己独立的绘画工作室，在人物绘画方面小有名气。经过层层关系，他结识到一位贵人，美第奇家族掌门人洛伦佐的表弟，经过其引荐最终得以认识洛伦佐。洛伦佐艺术修养极深、鉴赏能力极高，更为重要的是，他是佛罗伦萨实际意义的一代君主。归于美第奇家族麾下后，波提切利的绘画事业风生水起。洛伦佐十分器重波提切利，把他作为好友推荐到上流社会，私下以兄弟相待。由于洛伦佐的赏识和关照，波提切利的事业如日中天，身份和地位迅速提升。父亲眼中的鞋皮匠儿子，如今身着华丽衣裳，漫步于皇家的花园，出入侃侃而谈的各界名流之间，迎来了人生的巅峰，成为佛罗伦萨的新宠。

波提切利没有忘记知遇之恩，更知道知恩图报和处事的分寸。波提切利钟情于时常出入美第奇家族的一位女子，被她的美丽、端庄、典雅深深打动。这位拥有倾国倾城美貌的女子名花有主，也是洛伦佐的弟弟朱尼亚诺的情人。波提切利能拥有今天的地位，全仰仗于美第奇家族的提携与资助，所以波提切利把爱深藏在心底，只远远地痴情于自己的"维纳斯"，不敢越雷池半步，他把所有的爱都倾注于笔尖，以心中倾慕的女神作为原型，创造出旷世名作《维纳斯的诞辰》，让自己的爱在画里得到永恒。在洛伦佐侄子的大婚之际，为了感谢洛伦佐表弟的引荐之恩和这个家族的知遇之恩，波提切利奉上了最美好的祝福——作品《春》。

在盛开着奇花异草的花园里（画家添上了不同季节，包括冬天盛开的花朵），美惠三神手拉手围成圆圈翩翩起舞，身体曲线被透明幔纱映衬得婀娜多姿，纤纤细手忽高忽低，呈现出女性柔美的万般风情；画面右侧代表着春风的西风之神强行抱住了爱慕许久的森林宁芙——克罗莉斯仙女，她惊慌失措地回目看向有些无理的风神；在"春风"温煦的吹拂下，克罗莉斯从口中溢出了春之花朵绽放成衣妆，并化身为颈戴桃金娘花环、发间编织着紫罗兰花、裙里兜满代表爱情的玫瑰花的花神福罗拉，将春天洒向大地，她的到来代表着妩媚的春天欣然而来；另一端的信使之神墨丘利，身体矫健、举止稳重，以身体挡住季节变换，让春色永驻维纳斯花园；满园春色中众神围绕的花园中央，橘树枝营造衬托出的代表主角出现的拱形背景前，正是爱神维纳斯，她轻举右手，五指呈半开祈祷的姿势，体态慵懒地以左手护裙，微侧的脸庞流露出一丝静静忧郁中美轮美奂的春之期盼；在维纳斯头顶上飞翔着她的弓不离手、箭不离弦的儿子小爱神丘比特，此时他又在准备射出爱情之箭，不知又将射向何方？这里的拱形背景前安排的维纳斯母子正是借鉴了中世纪圣母圣婴题材的表现方式，而文艺复兴的新思潮又对人物的姿态与表情进行了逐渐转变与尝试。此时的维纳斯比任何时候都更宁静慈祥与优雅，因为她正孕育着新的生命，不久之后，丘比特就会迎来新的小玩伴。

波提切利以音乐的韵律，诗的意境营造出仙界明快、清新、优美的春天。它安慰祝福着这对纯政治婚姻（两大敌对家族进行政治联盟）下的年轻人，就如画中的花神即使没有爱的开始，也可能会收获满意的爱的结果，丘比特爱之箭不正一直都在盲射着吗。在爱神的祝福中，大地披春，一切都在缓慢中舒展，于舒展中释放出新的希望并孕育新的生命；同时《春》也是画家——一个世俗间的痴情男子对挚爱与仙界的迷恋，不仅美丽还带有忧伤。

（三）罗马之城

罗马不是一天建成的，而毁掉罗马只需一夜。公元前 753 年 4 月 21 日，母狼哺婴传说中讲述的古罗马建城日，被古罗马人作为罗马开国精准纪念日，正式载入史册并沿用至今。这种现象在世界城市史中，实属罕见。每年的此时，罗马城都要对纪念日举行庆典活动。公元 395 年，罗马帝国分化为东、西罗马后，人们将此之前的罗马，正式称为古罗马。公元 476 年西罗马帝国灭亡，奴隶制度在西欧崩溃，王权结束后取而代之的以神权为主导的欧洲，进入了长达一千年的中世纪。1453 年，君士坦丁堡被奥斯曼土耳其人攻陷并改称伊斯坦布尔，成为他们的首都，东罗马帝国灭亡。公元 1527 年神权被彻底动摇，反对神权提倡人文主义的意大利文艺复兴运动，在经历了光辉的古典艺术回归后，也完成了自己的使命而走向末端。

罗马帝国于公元 395 年分裂为东西两部分，我们在这里所谈及的罗马，只限于文艺复兴时期。文艺复兴运动最美的华章，谱写于公元 15 世纪末到 16 世纪初，近三十年的罗马时期。达·芬奇、米开朗基罗、拉斐尔，三位文艺复兴时期的巨匠都生活在这里，这座城市犹如一块巨大的吸铁石，将各路英雄吸引至此同场竞技、施展才能。从 15 世纪中期到 16 世纪中期，经历了近百年文艺复兴鼎盛期的十位罗马教皇，或多或少与文艺有染，都积极参与推动了各种文化艺术的创作活动，基督教似乎总能把握好驶入历史主航道的最佳时间，两百年前圣方济各的清贫思想深得民心，罗马教皇放下身价，主动示好接纳，而在对奢侈豪华的追求上，他们也绝不逊世俗。

这一时期的第一任教皇庇护二世，是一位人文学者、知识分子，出有著作《评论集》，1453 年奥斯曼土耳其帝国攻陷君士坦丁堡（东罗马帝国首都），覆灭东罗马帝国后，他振臂高呼，四方奔忙，希望再次组建十字军，重夺君士坦丁堡，但已经十分务实的意大利各城邦，没有一个积极地站出来响应。

第二任教皇保罗二世出生于威尼斯，他有着威尼斯人特有的聪明实惠，继位后没有继承前任劳民伤财、无端地挑起战事之举，而采取积极贸易的方式来改善与东方的关系，用不流血的方式挽回了西方国家的利益并确保和平。

第三任教皇西克斯图斯四世，是阴谋推翻佛罗伦萨美第奇家族统治的幕后策划者，因为利益关系他憎恨美第奇家族，但对美第奇家族在文艺方面的贡献又全盘接收，把美第奇家族创办的柏拉图学院迁入罗马，兴办罗马学院。著名的西斯廷礼拜堂也是由他一手创建，他聘请包括效忠美第奇家族的波提切利在内的许多画家进行西斯廷礼拜堂的第一阶段绘画创作，美第奇家族也视此为改善与罗马教廷的契机，鼓励波提切利等前往罗马，艺术成了化解仇恨的愈合剂。

第六任教皇朱利奥二世是第三任教皇西克斯图斯四世的侄子，在发现绘画人才方面独具慧眼。西斯廷礼拜堂的第二阶段绘画，由他来主持，教廷集中了庞大的画家队伍，米开朗基罗、拉斐尔就在其中。朱利奥二世与性情温和的拉斐尔关系极好，也极能容忍米开朗基罗的火暴脾气。

美第奇家族产生过三代僭越政治领袖和两代教皇。

利奥十世教皇为美第奇家族洛伦佐的次子，出任文艺复兴鼎盛期第七任教皇，他把家族对文学艺术的热爱带进教廷。在任期间，达·芬奇、米开朗基罗、拉斐尔都为其效劳，他是把艺术的最高形式适用于政治的典范。利奥十世在作为失败方与法国国王展开谈判时，站在他身后的不是暗中保护的武士，而是达·芬奇、米开朗基罗、拉斐尔这三位大艺术家，他还准备了罗马教廷收藏的古代雕塑，拉奥孔群像作为礼物，这正合艺术粉丝法国国王的心意，并因此拿到了有利于自己的和平条约。利奥十世是一位艺术发烧友，怎么舍得把真版的拉奥孔群像奉上，他所献出的，其实只是一件复制品。

美第奇家族的第二代教皇是克莱门特七世，他的父亲是遇刺身亡的洛伦佐之弟朱利亚诺，洛伦佐把他当亲儿子一样抚养，扶持他登上了第九任教皇宝座。克莱门特七世没能赶上好时节，在政治上的处理不当导致了1527年的"罗马浩劫"，这一事件也导致了三年后的佛罗伦萨共和国灭亡，佛罗伦萨失去独立的政治环境，其文艺发展随之走到了尾声。

文艺复兴鼎盛期最后一任教皇是保罗三世，他接手的罗马城经过"罗马浩劫"已是满目疮痍，一派凋零，文艺急需艺术大师们的拯救。这时达·芬奇、米开朗基罗、拉斐尔三位大艺术家中只有米开朗基罗尚活于世，保罗三世重用了米开朗基罗，完成了一系列艺术杰作。在城市建设方面，保罗三世观念前瞻，他认为罗马城遭受破坏严重，急需重建，在重建的路上不能走老路，要完全采取新的设计思维，罗马因此迎来了全新的巴洛克时代（"Baroque"源于西班牙语及葡萄牙语"变形的珍珠"，形容"俗丽凌乱"；原是古典艺术崇尚派对不同于文艺复兴风格的带贬义的称呼，其意是指缺乏古典主义均衡特性的作品；现仅作为17世纪的一种艺术风格称呼）。

佛罗伦萨的艺术繁荣，绝对地依赖于其城市经济的有力支撑。罗马城除产生权力之外，并不能创造财富，没有创造财富的能人和机制，又拿什么来支撑艺术的繁荣呢？答案是：首先依靠权力。基督教教义中规定基督教徒有救济穷人的义务，每年必须将收入的十分之一上缴给教会，这就是"什一税"；其次教会还会得到信徒们的大量捐赠。

"什一税"与捐赠尚不能满足教会的庞大开销时，教会就会巧立名目发行"赎罪券"，他们告知信徒们，今世的罪孽可以通过金钱赎买来消除，不仅能免下地狱，还可在天堂里，预定好位置。最初，这种荒谬言论的确可以蒙骗广大信徒，收敛到巨额财富，但是到教皇利奥十世登场时，这种方法在意大利已经不管用了，信徒们已经识破，假借上帝之名以白纸换取钱财，用于教廷奢靡开销的把戏，教皇利奥只好把把戏玩到阿尔卑斯山以北，去骗德国淳朴的善男信女，这种行为激起了德国宗教人士马丁·路德的极大不满，他可是亲眼见识过教廷上层的勾当的知情者，他在德国民众中，以宗教领袖的身份，号召大家极力抵制罗马教会那帮吸血鬼，并提倡进行宗教改革。

教皇利奥十世企图以"开除教籍"相威胁，马丁·路德根本不管这一套，反而把进行宗教改革的旗帜举得更高，拉开了基督教世界一分为二的改革序幕，直接促成了基督教的第二次分裂（1054年，基督教第一次大分裂，分成了罗马天主教和东正教，第二次大分裂则从罗马天主教中分出了新教）。

权力也遵循着能量守恒的原理，此消彼长，总量不变。罗马的权力集团，起初是基督教一家独大；尔后，王权与神权来回博弈，王权分得了权力；再后来，又有商人集团参与进来；权力的拉锯战，将神权一点一点地剥蚀，最后进行的是宗教内部权力分化，将绝对权力降为了相对权力。

固若金汤的罗马城，很难被入侵者从外面攻破，一旦攻破，就是万劫不复，所谓坚持得越久，毁灭得就越彻底，西罗马的灭亡与"罗马浩劫"，正验证了此说。

文艺复兴时期，错综复杂的时局变迁，虽充满了谋略与算计，但遥远的刀光剑影早已经黯淡，留下的却是忙碌的艺术大师们往来穿梭的身影和他们所铸就的精品，他们把不食烟火的神灵，变为了七情六欲的凡人。

1. 米开朗基罗《创世记》（见图 2-25）

图 2-25　《创世记》

"什么时候完成？"

"完成的时候！"

问话的是教皇朱利奥二世，答话的是米开朗基罗。罗马城西斯廷礼拜堂，教皇仰望着正在高高脚手架上，对着天花板作画的米开朗基罗发问，米开朗基罗头也不回地，猛然扔下这句冷冰冰的回答，目不转睛地继续着自己的绘制，也没再搭理教皇，教皇只好摇摇头，默默地走开。

米开朗基罗在艺术圈中是出了名的火药桶，一点就炸，是位有着火暴脾气的超凡艺术家。1475 年，他出生于官宦之家，父亲是一位极有声望的行政长官，为名门望族。父亲对挚爱绘画艺术的儿子，起初并不支持，因为他打心眼里不喜欢绘画这个行当，在他眼里画家只是个手艺人。倔强的儿子最终战胜了父亲，13 岁时父亲送他进了佛罗伦萨最好的画家工作室里当学徒。一年后他被请出了师门，原因是过于优秀提前毕业，实为老师的才华不及徒弟。

正巧，佛罗伦萨美第奇家族的洛伦佐，新创雕塑学校，此时米开朗基罗发觉自己更适合干雕塑，以他的话说："我从小就喝着浸润有锤子和凿子信息的奶水，生来是搞雕塑的。"原因是从小把他带大的奶娘是一位石匠的妻子，叮叮当当的凿石声伴随他成长，更能激起他的激情。洛伦佐的雕塑学校让米开朗基罗大开眼界，学校聘请的各门学科老师都是拔尖的名师，同时还可以近距离接触古代艺术珍品。他在学校期间完成的雕塑作品，就已使他初获名气。

1501 年，佛罗伦萨共和国的一件委托件使米开朗基罗大放异彩。一项雕塑工程因石质不够优良而搁置了 40 年，其间有许多雕塑家企图尝试，因实现太困难而放弃了。米开朗基罗接手这巨大石料，历经 3 年，以难以想象的卓越才华，化腐朽为神奇，为佛罗伦萨献上了匡世之作《大卫》。

这尊高 5.5 米，重达 5 吨的雕塑作品，塑造的是以色列英雄大卫。牧羊人出生的大卫是以色列第二任国王，年轻、英俊、机智、勇敢，少年时斩杀入侵以色列的巨人哥利亚而成为英雄。米开朗基罗的《大卫》没有表现大卫获胜喜悦的情景，而是选择即将投入战斗之前最为紧张的瞬间。大卫侧身怒目而视，右手垂放在大腿侧面，左手扶握搭在肩上的投石袋，身体的重心在右脚。大卫每一个关节都充满力量，仿佛就要一跃而起，眼疾手快地斩哥利亚于掌中刀下。为解决雕像因过于高大而产生的不协调视觉差，米开朗基罗略微加大了头部的比例，巧妙地避免了因透视带来头小身大的不适感。整座雕塑情绪刻画充分，身体储满力量，在时间、空间上给予人足够的延展与想象。

米开朗基罗的光彩，被远在罗马的教皇朱利奥二世所殷切盼望。他立刻将其招至罗马，并将自己的陵墓修建重任交给了他。米开朗基罗正处青春年华，很快就拿出了设计图纸，令教皇非常满意，并催促尽快开工。佛罗伦萨的《大卫》，的确使米开朗基罗的名声斐然，但这块劣质石料，也使得他在雕塑制作时尝尽了苦头，这次他要亲选石料。他将采石场上，每一块开采下来的石料，都经过仔细琢磨，按材质划分出适合雕塑制造的哪一部分，用在整体的什么位置更为恰当。耗费大半年时光，他将所需的全部石料备齐并运到了罗马。

教皇朱利奥二世望着广场上堆积如山的石料，结合头脑中米开朗基罗设计的蓝图，幻想出陵墓竣工后的样子。他迫不及待地催促米开朗基罗，并对其为自己制造的未来归宿，充满信心，仿佛死亡令他欣喜若狂。教皇朱利奥二世此时需要的是进度，隔三岔五跑来巡视。米开朗基罗铆足了劲儿，准备大干一场，让自己的天赋才华与智慧再迎来一次辉煌。

鼓足干劲全身心投入的米开朗基罗，每天汗流浃背、尘埃扑面、毫无懈怠。可就在此时，教皇朱利奥二世让他泄气了，教皇要重建圣彼得大教堂，下令停止对陵墓的修建。一时间，修建陵墓工程的人员和资金又全都被调走了，昔日热闹的工地上，只剩下米开朗基罗孤零零一人，他受不了这种被冷落的待遇。圣彼得大教堂工地里人声鼎沸，教皇朱利奥二世时时现身，身旁总有一位叫布尔班的建筑师，如影随形地陪伴其左右。米开朗基罗与布尔班格格不入，曾批评布尔班徇私舞弊，他见这般小人都能得宠，于是火暴脾气立马上来，管他什么教皇不教皇，什么招呼也不打，自己就回佛罗伦萨去了。

得知米开朗基罗出走，教皇朱利奥二世十分着急，重新召回米开朗基罗，安排他为自己塑造一尊青铜塑像。米开朗基罗对青铜塑像从未涉足，毫无把握，畏难退缩意味着对自己的否定，这是雄才大略的米开朗基罗所不能接受的。米开朗基罗雄才确实是真，大略与教皇朱利奥二世相比只是小巫见大巫，教皇的谋略是一定要让这旷世神才，留在身边为我独用。

在米开朗基罗的心中只有神圣的艺术，他是一个为人处世的"低能儿"。暴躁的性格，不留颜面的话语，不分场面的自我膨胀意识，很难与人相处。为此他与人斗殴，挨过同行的重重一拳，在鼻子上留下永久的痕迹，也只有教皇能容忍这跋扈的艺术家。青铜塑像的制作耗时三年后，在财政困难的教皇朱利奥二世终于缓过气来时，一项更伟大的任务降临到米开朗基罗肩上，为西斯廷礼拜堂穹顶创作壁画《创世记》。

米开朗基罗挚爱的是雕塑，对壁画创作兴趣不大。得知与他有过节的建筑师布尔班等着看他出洋相时，米开朗基罗的肾上腺素再一次飙升，干就要干出最好的，他披挂上场。性格缺陷又一次暴露无遗，苛刻的要求，过分的自我逼能，使他与助手们无法相处。空荡荡的礼拜堂内，高高的脚手架上，最后又只留下他孤单单一人。缺乏经验、单枪匹马、工程进度缓慢、绘制好的壁画又因为霉烂变质不得不重新再来，这一切让措手不及的米开朗基罗有些应接不暇。家中不断地催促他拿钱回家，教皇的薪酬却迟迟不能兑现，繁重的工作和状况百出的生活开始使他憔悴。

其实米开朗基罗并没有家室，他终生未娶。不断要钱的只是他的几个弟弟，真是能耐越大，责任越大。当朱利奥二世前来视察工地问询进度时，就发生了开头的一幕，专注工作的大师没有给教皇好脸色。

任何困难在天才的米开朗基面前都算不了什么，那都是暂时的，很快他就调整思路扭转了颓势，越画越来劲，不仅绘满了整个穹顶，还余兴未尽，居然干起了加工加量不加价的蠢事，将穹顶四周的墙壁也绘满了画作。

经过三年多的不懈努力，500多平方米的巨幅画作终于呈现在人们眼前。人们为此震撼，为此欢呼，却找不到画家本人，原来米开朗基罗靠在墙角睡着了。穹顶绘画难度非常大，额头顶壁，只能仰面而画，眼睛、嘴巴、胡须时常滴进颜料，每天疲惫又狼狈的米开朗基罗超负荷的运转，身心得不到放松与休息，这一天他终于能够好好地美美地睡上一觉了。事后，当人们问及他《创世记》是怎样创作出来的时，他形容自己已经在此死过一回了，《创世记》的绘制过程，的确让他羽化成蝶，有了重获新生的感觉。

在《创世记》获得了巨大成功后，朱利奥二世又让米开朗基罗再一次启动陵墓工程。米开朗基罗兴奋不已，终于可以干回期盼许久的老本行雕塑了，但这一份欣喜来得实在是有些短促，米开朗基罗正准备一展宏图时，教皇朱利奥二世不幸去世，新上任的教皇利奥十世下令停止了陵墓修建工程，调米开朗基罗另为他用。

新任教皇利奥十世在宗教建筑上，有着更宏大的野心，要在他的主持下超过所有的以往。这次面对浩大的工程，米克朗基罗真是力不从心，事必躬亲耗费了他过多的精力，过度的追求完美使他举步维艰，工程进度十分缓慢。教皇利奥十世失去了耐心，解除了合作，米开朗基罗在此耗费了大量心血和年华，为此懊悔不已，又无可奈何。

米开朗基罗总有干不完的活，伺候不完的教皇，权力与米开朗基罗的名字一经结合好像就可以不朽。他的工程经常是刚开始就被迫搁置，每一任教皇都有自己的主意，他必须停下手中的工作，去满足新任教皇的急需，他被使来唤去，折腾得焦头烂额。

教皇利奥十世刚逝世，新教皇克莱门特七世又来了，克莱门特七世出生于佛罗伦萨美第奇家族，一上任就调米开朗基罗去为美第奇家族修建陵墓；陵墓尚未完工，教皇克莱门特七世又调米开朗基罗去绘制西斯廷礼拜堂西墙的大型壁画《最后的审判》，20年前他在这里完成了《创世记》，此时经验和技术远超当初；他正忙于施展才华时，老顾主朱利奥二世的继承者找上门来，请他去完成朱利奥二世的陵墓工程；先皇朱利奥二世对米开朗基罗是有大恩的，正当米开朗为难之时，教皇克莱门特七世突然过世，委托的《最后的审判》可以暂缓，他立即腾出手去，以报上天恩人。

新上任的教皇保罗三世迫不及待召回米开朗基罗去做新项目，这一次米开朗基罗的条件是一定要让他完成《最后的审判》，教皇欣然答应，历经六年，《最后的审判》终得以完成。罗马城在历经 1527 年的"罗马浩劫"后颓废凋零，教皇保罗三世计划重振罗马，米开朗基罗加入其间，辛勤工作数十年，以 89 岁的高龄走完了荣耀的一生。

2. 达·芬奇《最后的晚餐》（见图 2-26）

图 2-26 《最后的晚餐》

在意大利北部，盛放着美味佳肴的米兰公爵官邸里，正高朋满座，葡萄美酒散发诱人芳香，悠扬的琴声忽然响起，一位英俊的小伙，手弹七弦琴，优雅地边弹边唱步入大厅，嘈杂的宴厅立刻安静下来，人们循声望去，将目光投射到演唱者的身上，只见他衣着别致而得体，儒雅中带几分风趣，米兰公爵忙招呼他来到跟前，隆重而诚恳地向大家推荐，这位是来自佛罗伦萨，名叫达·芬奇的青年，宾客们纷纷投以赞赏，青年也彬彬有礼地逐一回应。

谈起达·芬奇，人们必定会谈到他的《蒙娜丽莎》，这幅享誉世界的经典之作，赋予了她太多的传说，人们津津乐道于这件作品，甚至有人从她的面部表情中，分析出各种情感所占的比例，愉悦、悲愁、忧伤各有多少？其实艺术最不应该的就是量化，一旦被量化必将走向呆板，还有人说达·芬奇在创作的时候为了出效果，请来了乐队伴奏，并有歌唱家和喜剧演员在旁逗乐。

作为一个喜好丹青的人，我负责任地告诉大家这样会适得其反。欣赏《蒙娜丽莎》，我们更多的应该是从美学元素上去看待大师为我们留下的这部佳作，避免走入歧途，甚至被一些妄加的推测所误导。达·芬奇在《蒙娜丽莎》的创作中利用了他所发明的"薄雾法"和"晕染法"。薄雾法，从背景上进行处理，越往远处景色越模糊并会带上淡淡的蓝色，远景就像笼罩在薄薄的雾中，这种处理方法是达·芬奇总结光线在空气中的漫射作用而得出的结果，以此方法绘出的风景，会有空气的湿润感，令远近在视觉中变得通透。晕染法，在处理人物的轮廓和五官上，让达·芬奇得心应手，人物的轮廓渐渐融合于背景之中，没有生硬的边界线；表现的五官也是渐渐融合到肌肤中，这种处理让人物五官柔和地嵌入脸颊，恰似润物细无声般的表达。

薄雾法和晕染法让达·芬奇的作品总有一种雾里看花的感觉，《蒙娜丽莎》美就美在朦胧，妙就妙在不可全知，她真的不神秘，神秘是因为想全知。蒙娜丽莎只是佛罗伦萨一个普通的女子，神秘的应是达·芬奇。

人在成才的道路上，总要过父亲这一关。达·芬奇的父亲是一位公证人，与她的母亲没有正式结婚，甚至在很长一段时间里，父亲都没有公开地与儿子相认。达·芬奇从小与他的祖父生活在庄园里，既得不到父爱也没有母爱，这种缺失父母关爱的环境，让他在成人之后表现出异常的行为。少年时的达·芬奇对绘画就已表现出极高的天赋，作为公证人的父亲一向稳重，少年时的志趣能否支撑起儿子未来的生活，父亲思考不定，对儿子未来的发展迟迟不能表态。达·芬奇觉察到父亲的这一丝犹豫，极力想打消父亲的顾虑，使他对自己有信心，因此他要设法证明自己具有的能力。

忙碌的父亲回到庄园，每次都会若无其事地去儿子房间看一看，其实就是在暗中观察。"不得了啦，有鬼！"达·芬奇父亲夺门而出，失魂落魄地冲出儿子的房间，惊恐喊叫，众人循声而来，惊魂未定的他语无伦次地向大伙描述房间所见。众人持刀弄棍与他重返探究，进屋后也吓得大惊失色，昏暗的房间中在一束光线的照耀下，蛇发妖女吓得大家节节后退。

此时，达·芬奇不慌不忙，拉开窗帘，让光线照亮全屋，原来妖怪是他画的一幅作品。缓过神来的众人连连称赞，被弄得有些狼狈的父亲，心底里暗自高兴，预感到自己的宝贝儿子未来不可估量。

父亲把达·芬奇送到了佛罗伦萨，去与波提切利齐名的画家韦罗基奥处学习，达·芬奇很快成为了老师的得力助手。三年后，达·芬奇在老师的作品《耶稣洗礼》的左下方画了一个天使，不知内情的人纷纷赞美这美轮美奂的天使是神来之笔，老师韦罗基奥自觉惭愧，从此不再画画，改为从事雕塑。

达·芬奇在20岁时，受到美第奇家族洛伦佐的关注，在佛罗伦萨发展良好，前途一片光明。随后，因从小缺失母爱，成年后的达·芬奇更倾向于欣赏男性。这种情感发展，让他后来在佛罗伦萨身陷诉讼。所以洛伦佐推荐他去米兰发展。

他来到了米兰后，一切从零开始。米兰公爵忙于备战，对艺术类人才的需求多少还不急迫，好在达·芬奇是一位全能型的人才，除了绘画，他在其他领域也很在行，他开始为米兰公爵设计战争性武器，借此取得了米兰公爵的信任和宠幸。闲暇时，他为米兰公爵写诗、谱曲、唱歌，米兰公爵骨子里是一个艺术类粉丝，应付战争只是当务之急，热爱艺术才是他的本质，达·芬奇逐渐显现出的艺术天赋，深深吸引了米兰公爵，很快，他就在米兰站稳脚跟，进入了绘画创作的高峰期，完成了最具代表性的作品《最后的晚餐》。

耶稣和他的十二门徒一起共进晚餐，席间耶稣突然发话道叹息："我知道你们之中有人出卖了我。"话音刚落，立刻引起不同的反应，十二门徒各持表情，有愤怒的、有惊恐的、有绝望的、有心慌的，心慌者便是出卖耶稣的犹大。

达·芬奇利用透视法把观者的视线引向耶稣的面部，十二门徒分两边而坐，所有的人员面朝观者。犹大隐藏其间，故作镇静地坐着，内心的慌张已让其姿态失控，身体不由自主地后倾，手肘碰翻桌上装盐的瓶子；端坐中央的耶稣摊开双手，头微微的左倾，神情流露出不可挽回的失望；两边的十二门徒分为三人一组，通过手势和表情将四组人物统一于画面。达·芬奇的《最后的晚餐》虽是一幅宗教题材的绘画，但它的意义在于把人引向了独立的思考，而不只限于故事本身，人生的复杂和多变是每一个人必须面对的，耶稣也逃脱不了。

米兰公爵为达·芬奇提供的庇护，使其能够安心作画，《最后的晚餐》《岩间圣母》《抱银貂的女子》都完成于这段宁静的生活期。但宁静很快就被入侵意大利的法国军队所打破，米兰公爵为应对战争，而把事先为达·芬奇准备制作青铜雕塑的材料，改铸成大炮，为此达·芬奇心痛不已。更让达·芬奇心痛的是法军占领米兰后，向他的《最后的晚餐》投掷石头取乐，而他为青铜雕塑所做的黏土模型，还成了射击的靶子，子弹让模型千疮百孔，面目全非，殊死抵抗的米兰公爵，在法军进攻面前败下阵来，逃亡维也纳避难，准备蓄势反攻，但终遭失败，最后客死他乡。

达·芬奇被抛入动荡的生活，他前往罗马，拜在了曼托瓦侯爵夫人伊莎贝拉·德斯特门下，侯爵夫人没有看重他的学术，只把他看成是个有名望的手艺人，只是要他为自己画肖像，这让他大失所望，答应了又心不甘情不愿，侯爵夫人于是辞退了他。

达·芬奇再次回到佛罗伦萨，投靠波吉亚家族，波吉亚家族是与美第奇家族齐名的名门望族，此时在佛罗伦萨掌握政权的正是波吉亚家族的切萨雷。切萨雷正踌躇满志地想要建设佛罗伦萨，在城市规划和基础设施设计上急需人才，达·芬奇主动地向切萨雷请缨，切萨雷十分钦佩达·芬奇的才能，对其委以建筑总监的重任。

如果历史顺其发展，我们定会在佛罗伦萨的基础设施上看到达·芬奇留下的超乎凡响的杰作，可惜切萨雷仅仅执政一年就垮台了，51 岁的达·芬奇又没有了工作着落，重新回到颠沛流离的生活中。

美第奇家族再一次成为达·芬奇的依靠，洛伦佐的次子利奥十世当上了教皇，应这位教皇之弟的邀请，达·芬奇来到了罗马，利奥十世接见了达·芬奇，安排他逗留在罗马。利奥十世并不十分看重达·芬奇的绘画，他更喜欢另一位画家拉斐尔的绘画风格，拉斐尔很投利奥十世的缘，两人相处非常融洽，教皇交办的每一件事情拉斐尔都能圆满完成。

达·芬奇的作用反倒是与绘画无关的一些事情，利奥十世与法国国王弗朗索瓦一世进行谈判，达·芬奇作为陪同一起前往，钟爱艺术的弗朗索瓦一世对达·芬奇印象极好，达·芬奇逗留罗马的岁月，全依仗教皇利奥十世之弟的关爱，达·芬奇 64 岁那年，教皇弟弟去世，他再一次失去了保护。

法国国王弗朗索瓦一世得知达·芬奇没有了依靠，向他发出了邀请，达·芬奇携心血之作《蒙娜丽莎》欣然前往法国，投奔只有一面之缘的弗朗索瓦一世。弗朗索瓦一世没有以保护人的姿态自居，而以崇敬、崇拜的姿态欢迎达·芬奇的到来，他为达·芬奇安排了法国南部最好的葡萄园，负责达·芬奇在法国的所有开销，还为达·芬奇提供丰厚的年薪，他不安排任何事情给达·芬奇，也不安排达·芬奇绘画，他要的是达·芬奇能够愉悦地生活在法国。

达·芬奇沐浴在法国南部的阳光中，平静地享受着舒适安宁的生活，三年后与世长辞，按照他的遗嘱，《蒙娜丽莎》赠送给了法国国王。这位生前善待他的弗朗索瓦一世国王，他以卑微之心为法国留下了一件艺术瑰宝，我们可以设想一下，卢浮宫如果没有《蒙娜丽莎》，会是什么样子？

3. 拉斐尔《雅典学院》（见图 2-27）

图 2-27 《雅典学院》

　　生一个聪明的儿子，让他十年间就吸纳自己一身的本事，实现自己可望而不可及的人生目标，对父亲来说，这是多么心满意足的荣耀。画家乔瓦尼就得到这么一个宝贝儿子，因为儿子出生那一天，正好是耶稣受难日，故取名为拉斐尔。拉斐尔与米开朗基罗、达·芬奇并称为"文艺复兴盛期三杰"，他比达·芬奇小 31 岁，比米开朗基罗年少 8 岁。

　　画家乔瓦尼为人温和，做事勤恳敬业，却时运不佳，一直默默无闻未能成名，老天赐予他一个儿子拉斐尔，在少年时期就吸纳了父亲所有的才华，父亲乔瓦尼知道，儿子的广阔前景在自己的画室外。他带着儿子向贝鲁吉诺求学，贝鲁吉诺是当时画坛上的名将，他被乔瓦尼的谦虚与真诚打动，更是喜欢聪明灵巧的小拉斐尔，收下拉斐尔为徒，两位老辈画家还为此结为世家好友。

　　拉斐尔起初模仿老师，很快就成为老师最得力的助手，不久后，他与老师的作品难分高下，几乎所有的绘画天才，都是从超越师傅开始走向成熟的，拉斐尔也无例外。21岁时，拉斐尔以老师贝鲁吉诺的作品为蓝本，创作完成了《圣母的婚礼》，这幅作品带有临摹的性质，但又远远超出了老师的水准，老师作品中的精华被他吸取，不足和缺陷又被他巧妙避开，他将原作中的拘谨与紧张感、沉稳与老气感，以活泼轻松的画风进行代替。拉斐尔谦逊地摆脱了老师的影响，实现自身的突破，以柔美画风名声大噪，却没有一点骄气，还以此作品来表达了对老师的敬意，他成熟了，即将振翅高飞。

　　在锡耶纳的拉斐尔，正是干得风生水起，事业如火如荼之际，当在闻知达·芬奇、米开朗基罗两位大师的声誉后，拉斐尔果断地放弃当前的丰厚收入，向两位大师飞奔而去。在佛罗伦萨，面对乔托、马萨乔等前辈大师的画作，他顶礼膜拜，虚心向每一位高于自己的画家学习，很快就在佛罗伦萨打开了局面，与一批有才华的画家友好相处，互通有无，相互帮助，同时又结交了许多政界名流与商界大贾，几乎所有的人都喜欢他、欣赏他，乐于同他相处。

　　拉斐尔 25 岁那年，远在罗马的朋友布尔班来信邀请他前往罗马，他敏锐地觉察到这一行可能带来的不寻常机会，欣然地接受。给他来信的正是与米开朗基罗有着磕绊的建筑师布尔班，布尔班是教皇朱利奥二世身边的红人，他对拉斐尔赤诚相见，待他极为友善，还为他赢得一次绝佳机会。朱利奥二世，就是那位锁定米开朗基罗来绘制西斯廷礼拜堂穹顶壁画《创世记》的教皇，米开朗基罗才华超众，但性格怪癖，极难与人相处，这让《创世记》的绘制进展缓慢，因另有工程还需同时开展，布尔班在教皇朱利奥二世面前极力推荐了拉斐尔，教皇思量片刻，决定让他一试身手。

《雅典学院》很快就亮相，教皇为之倾倒。巨大的穹拱连接宽敞的门厅，门厅中央是深邃的走廊，走廊两边神龛里，矗立着古希腊众神，左边第一位是阿波罗，右边第一位是密涅瓦，两尊雕塑象征着理性、精神是人类的最高智慧；走廊正中，风尘仆仆的两位学者一路辩论而来，进到满是圣贤的大厅，他们停下了脚步，有意将自己的言论呈现给众人，着红袍的是柏拉图，右手指天，左手携挟厚书，说着天上的事，着蓝袍的是亚里士多德，右手覆地，左手持掌厚卷，正说着地下的事，两位大贤振振有词互不相让，一时难以辩出高下；走廊两旁伫立的圣贤们，认真地听着两位的辩论，肢体与表情展露出各种状态，有疑惑的、有质疑的、有赞赏的、有附和的；大厅与走廊连接着台阶，台阶上半躺着古希腊的哲学家欧根尼，他是一个什么都不在乎的人，甚至连亚历山大大帝的加冕仪式也被他抛之脑后，当亚历山大大帝登门讨教时，他却说"你别挡住了我的阳光！"在这里，亚历山大大帝生怕再一次惹怒古怪的老头欧根尼，身着铠甲躲在远远的左边台阶上聆听苏格拉底的教诲；左边离观者最近的是古希腊数学家毕达哥拉斯，此时正半蹲身体以大腿为依托，支起手中的厚本，专注地进行运算，他倡导在知识面前人人平等，他从不拒绝女性参与到他的学科中来；在毕达哥拉斯前面的是赫拉克利特，他手拿一支笔，正倚案思考，他本是希腊爱菲斯城邦王位继承人，却将王位让与了弟弟，自己隐居起来当起了哲学家；画面右边，执圆规带着弟子在石板上运算的，是数学家欧几里得，此处，拉斐尔将建筑师朋友布尔班，巧妙地绘进了画里，以报此友在教皇朱利奥二世面前的举荐之恩，自己则退到画面的最右端，只露出一侧身影。为表达对达·芬奇和米开朗基罗两位大师的崇拜与敬意，拉斐尔把画中最显赫的人物，即柏拉图形象绘为达·芬奇，亚里士多德绘为米开朗基罗，至于在画面中回眸的美丽白衣女子，其身份虽经多方考证，到如今也一直是迷，人们推断那可能是拉斐尔的秘密恋人，人们也希望这位旷世奇才，有一位佳人相伴。

《雅典学院》把古希腊到古罗马近千年的圣贤达人融合在一个画面中，人物特征明显，组织安排具有舞台效果，主要人物与次要人物安排得当，透视法运用娴熟，以中心人物柏拉图和亚里士多德为发散点逐级描绘人物场景，画面宏观并具有强烈的纵深感，仿佛先贤们就在眼前，时时刻刻可以听从他们的教诲。拉斐尔以自己的才华征服了朱利奥二世，也征服了整个罗马，他的名字瞬间传遍罗马城。

一举成名的拉斐尔异常地繁忙，请他作画的教堂和宫殿排起了长队，而人们更希望得到他的一张圣母画像。他塑造的圣母，集人间和仙界女性美德于一身，完美无瑕，有世俗女子的朴素温柔及母爱，同时在气质上又具备贵族女子的风韵，在朴素中显庄严，既高贵又不缺平易近人，这完全迎合当下人们对完美女性的构想，她就是人们心中的圣母应有形象的再现。

《西斯廷圣母》是拉斐尔黄金时代的扛鼎之作，指定为纪念教皇朱利奥二世重建西斯廷教堂礼拜堂而创作。绿色的帷幕缓缓拉开，圣母怀抱圣婴耶稣从天而降，宛如停于人神两界之分的云端，再往前一步她就要把自己的亲生儿子献给人类，此时此刻圣母面露不舍神情，内心也正在做煎熬的抉择，作为母亲她舍不得交出自己的儿子，作为为人类谋福祉的圣母又必须把儿子奉献给人类，圣母坚定而痛苦，温柔中带着刚毅；教皇朱利奥二世恭敬地迎接圣母的到来，虔诚地在前方引路；淳朴单纯的圣女渥瓦拉不忍看见圣母此刻的痛苦，悲哀地转过脸；从云层中钻出的两位小天使愣头愣脑，着实可爱。拉斐尔把圣母画得有血有肉、有魂有情。

"拉斐尔之风"席卷全罗马，人们以认识拉斐尔为荣，以拥有他的作品为幸。这位由底层走向辉煌的艺术家，全身都散发出贵族的气质，英俊潇洒，风流倜傥，活得最像一位王子的艺术家，在 37 岁那年的耶稣受难日突然离世。巨星陨落，让罗马城悲痛不已，人们还没有做好失去他的准备，罗马还有好多事等着他去做。拉斐尔一生短暂但却耀眼，他的作品风格优美堪称完美，他就是古典主义者美学追求的标尺。

（四）商人之都威尼斯

英国剧作家莎士比亚的《威尼斯商人》中，商人安东尼贷款装载货物的船只遇险沉没，破产后又不得不履行合同，而向放贷人夏洛克，割肉偿还债务的戏剧性故事扣人心弦。莎翁（莎士比亚）是职业剧作家，他写出的剧本不是免费让人看，而是要卖给职业剧团去表演的。

威尼斯商人航行在地中海的船只是大型划桨船，这种船归国家所有，由国家统一调配使用，国家不允许某位商人将所有的货物装在同一条船上，货物一旦装船就交由专业的经纪人去负责，船上货物与货主是分离的，货主只跟经纪人对最后收益进行分成。如果以割肉的方式在威尼斯进行借贷，马上就会遭到管事部门的问责，因为这破坏了威尼斯基本的商业规矩，有豪赌一把诈骗的嫌疑，所以《威尼斯商人》的剧情，在威尼斯不可能发生。

威尼斯是商人们缔造出来的王国，在这个国度里，规避风险是头等大事，一切都得按规章来，不主张、更不允许冒险行为带来的不安定因素存在，所以，在完善的商业制度里，商人不是想干啥就能干啥的。

我们现在看到的威尼斯，是意大利的一座城市，其实在历史上威尼斯一直是一个独立的国家，叫威尼斯共和国，存在了近 1 200 年，最后并入奥地利，到 19 世纪中叶以所谓公投的方式又划归意大利。现在的威尼斯是一座迷人的以旅游度假为主的观光之城，很少有人清楚威尼斯建城立国的历程。公元 5 世纪北方蛮族入侵蹂躏西罗马帝国，罗马人四处逃散，有那么一批人逃到了亚得里亚海尽头，实在是没有可去的地方，就在亚得里亚海的浅海湾筑地为家，开始了艰难的求生。

威尼斯是海湾中的一个浅滩，荒无人烟，靠打桩垒石才得到的陆地极为珍贵，将之用以放牧耕种是不可能的，人们若想下海为盗呢，拖家带口且不论，一望无垠的海岸是毫无隐蔽性的，此地也不适合干此行当，多种尝试都不可行，面对生存问题，人类的智慧总能超常发挥。聪明的威尼斯人于困境中，看到了自己的地理优势：背靠欧洲大陆腹地，东临东罗马帝国，可与亚洲相连，往南航行穿过地中海，又可与非洲大陆相通，是天然的货源发散地。优势随后被发挥到了极致，威尼斯全民经商，人人都是一名自由贸易主，贸易使威尼斯立城建国，还使威尼斯民众富足。

穷日子没人管，好日子总有人惦记，生存危机解决后，生存安全问题又接踵而至，首先要解决的是政治站位问题，在这个问题上，威尼斯人可谓只有口号，没有行动，威尼斯人的老祖宗都是从西罗马城迁来的，与罗马教廷有着千丝万缕的联系，威尼斯人承认自己在精神上归罗马教廷管辖，同时又将皮囊归顺了东罗马帝国拜占庭，并从东罗马讨到了不少实惠。这种灵魂在罗马教廷，身体在拜占庭的处世方式，使威尼斯在东西两大对峙势力间，保持了若即若离的关系，同时还在其中获得平衡的、独立发展的好处。

威尼斯归顺于基督教，罗马教廷没有任何理由向同属基督教的威尼斯发难，但家园再富足，若自己没有看家本领，那积攒起来的财富，早晚也会是别人的。打铁还得自身硬，威尼斯人建立了当时欧洲最强大的海军，谁也不敢轻易来犯。东罗马拜占庭与罗马教廷虽说都信奉基督教，但也有派别的差异，东罗马拜占庭奉行东正教，威尼斯就装出一副属于遥远拜占庭帝国管辖的样子，而拜占庭极为乐意在罗马教廷的势力范围内安插威尼斯这么一个堡垒。

威尼斯为了防范罗马教廷的干预与渗透，可谓是用心良苦。罗马教廷在各教区的主教堂，都是居于中心显要位置，便于施展罗马教廷的影响；而威尼斯的主教堂，则是被安排在主城之外的偏僻小岛上，罗马教廷任命的大主教被隔离于政治中心之外。

罗马教廷共发起过八次十字军东征，而部分学者提到的第九次也可归入第八次。威尼斯在近两百年间，除了第四次十字军东征，他们始终保持着中立。第四次十字军东征在威尼斯商人式的思维作用下，最后彻头彻尾地沦为还未踏出东征前，对基督教国家的一次内部洗劫，当然只要有足够大的胜算和利益驱使，他们也会主动请缨加入东征，但这种决定，一定代表着全体威尼斯人的决定，他们在这次基督教国家内斗中，收获并成功搭建起了完整的海上贸易网络。站在战争的外围，威尼斯商人明白自己的顾客不是罗马教廷，而是富裕的东方异教徒，威尼斯经济依赖于和东方异教徒之间的贸易往来，十字军东征使欧洲诸侯疲惫不堪，威尼斯从中却赚得盆满钵满。

为保持亚得里亚海的海湾宁静，威尼斯反对绝对的权威，也不崇尚英雄，国家实行国会选举总统制，国会议员都由有名望的大商人担任，国会选举产生的总统的任命为终身制，但不可世袭。为避免国会议员选举总统时作弊，他们还引入复杂的抽签制，先由全体议员抽签决定人选，再由这些人选抽签决定下一轮人选，如此反复数次，最终由最后一次人选投票决定，选举出总统。国会议员们没有特权，反而有很多的义务要服从，平时要积极纳税，打仗时要身先士卒，每年还要接受财产普查，购买国债，财力由国家看管，纵有叛国之心，也没有叛国之力。

威尼斯八成国民属于中产阶级，搭建命运共同体是威尼斯人发展的精髓。他们以相信人的良知，搭建出合作机制并创造财富，又以人的良知不确定性为警戒，去规避风险。

阳光照耀下的威尼斯是座迷人的自由国度，言论自由、出版自由，在欧洲其他地方禁止出版的书籍，在威尼斯都能刊印发行，欧洲其他地方受迫害的自由人士，一旦逃往威尼斯，都能得到庇护。这里没有宗教迫害，在欧洲其他地方搞得人心惶惶的异端审判和巫术审判，在威尼斯共和国一次也没有出现过。威尼斯人没有宗教的狂热信仰，对罗马教廷的发号施令置若罔闻，他们享受着世俗的富足生活，不在乎教皇开出的罚单。

由此教皇发出感叹："教皇到哪里都是教皇，唯独在威尼斯不是！"

威尼斯人的回答是："我们首先是威尼斯人，然后才是基督徒！"

1. 贝尔尼尼《众神的盛宴》（见图 2-28）

图 2-28 《众神的盛宴》

　　欧洲有句谚语：如果一个人驾驭马车行驶得歪歪扭扭，他一定来自威尼斯。

　　的确，威尼斯人驾车，就是这幅窘态。威尼斯是水上之城，是由 150 个岛屿、180条运河组合成的海上之都，车辆没用武之地，但城市因水而美丽兴旺。蓝天飘着白云，河道中泛着粼粼水波，色彩缤纷的水手划着贡多拉独木舟穿行其间，两旁的建筑鳞次栉比，样式繁多。

　　这样宜人的风景，这样舒缓的生活又会孕育出怎样的艺术家呢？

　　贝尔尼尼出身于绘画世家，父亲、哥哥、姐夫都是知名的画家。起初的贝尔尼尼只是父亲的小跟班，在四人中并不显眼，但他后来博众家之长、避自家之短，向雕塑家学习塑造形体，向大自然要色彩，将学来的多种技巧与自身的感悟相融通，最终形成了自己的绘画风格。

　　夏末秋初，林间的草坪上，诸神应酒神之邀相约而来。酒过三巡，众神没了神样，好似一群烂醉的世俗酒徒，各有失态。信使之神墨丘利喝得脸色红润，目光有些呆滞地背靠酒桶，憨坐于地，并将亮黄黄本是盛装食物的金属器皿，当作头盔倒扣于头上，直愣愣地看着对面因醉意靠树熟睡的仙女罗狄斯；美貌的罗狄斯，其甜美的睡姿吸引来不怀好意的男性生殖之神普里阿普斯。他是酒神和爱神之子，他轻手轻脚地靠近罗狄斯，并着迷地看着罗狄斯裸露出来的迷人身段，情不自禁地撩起她的裙摆；此时，一声驴的长鸣，救了罗狄斯，它打断了普里阿普斯，并让其在众神面前出丑。森林之神西勒诺斯故意拍打自己的毛驴，发出高亢的警报。腰间挂着一个小酒桶的就是西勒诺斯，他手拍毛驴的仗义行为，让普里阿普斯记恨于心；背对观众的是羊腿人身的萨提斯，他以双手扶酒壶，顶在头上欢乐地蹦窜；头戴葡萄藤的小酒神巴科斯，正蹲下身子从信使之神墨丘利背靠的酒桶中接酒。美酒源源不断地注入硕大透明的酒器，时下众神们的酩酊大醉，与这勤快的小酒神脱不了干系吧！主神闪电之王朱庇特身着红衣位于中央，正举杯畅饮，他身旁坐着的是手持水果的婚姻主宰女神；海神尼普顿丢下三叉戟，手搭在了婚姻之神的大腿上，婚姻之神惊愕地收紧了身子；太阳和艺术之神阿波罗头戴桂冠，在仙女的劝导下，一杯接一杯地还在狂饮，身子不稳地借助着手中持有的乐器，触地撑住。以上是威尼斯画家贝尔尼尼的作品《众神的盛宴》的场景，画面中还有三件显眼的中国青花瓷器：一件被装满了水果置于众神之间的草坪上、一件在婀娜多姿的仙女手上轻捧着、还一件被醉醺醺的神仙单手扶执顶在了头上，白底蓝花的青花瓷器在画中闪烁浸润的光泽。

　　贝尔尼尼的《众神的盛宴》展现的是神仙之事，画的是人间之态。画面色彩明亮，气氛轻松，柔和的光线笼罩众神，衣衫、酒具、器皿都很讲究，其实这就是威尼斯人现实生活的浓缩投影，他们创造财富享受生活，没有庄严而神秘的使命感，从不看重来世，只注重当下的美好时光。贝尔尼尼用光鲜的色彩来表达欢快的情绪，传递出威尼斯人无比自信的欢乐，他们自由地生活在亚得里亚海，朝气蓬勃并笑迎八方客，船载天下货。

　　2. 提香《诱拐欧罗巴》（见图2-29）

图2-29 《诱拐欧罗巴》

　　华丽的客厅中，画家正在为气宇轩昂的神圣罗马帝国皇帝，查理五世绘制肖像，画家托举调色板的手里，还兼握着一大束画笔，其中一支正不慎从手心滑落，画家如此专注地执笔描绘，对此全然不知，查理五世不动声色，弯腰捡起了画笔，并亲自递回画家手里。受此礼遇的画家正是贝尔尼尼的学生——提香，他青出于蓝而胜于蓝，开创了威尼斯画派的辉煌并享誉欧洲，被后人尊称为"操控色彩的大师"。

提香进入贝尔尼尼画室为徒时，遇见了比他大 14 岁的同门师兄乔尔乔内，对这位才华横溢的兄长，提香佩服得五体投地。乔尔乔内除从自己老师贝尔尼尼那里学习绘画技法外，还受到达·芬奇"晕染法"的影响，他巧妙地将贝尔尼尼与达·芬奇的技法优势相结合，以形成自己的画风。

乔尔乔内在处理光线和把握绘画色彩上都卓有成就，特别是将风景画与人物画巧妙结合，使他名声远播。提香尤其崇拜他的兄长乔尔乔内，不仅模仿他的画风，还模仿他的诗人气质和温文尔雅的举态，与兄长如影随形地简直是把自己打造成了乔尔乔内第二。可惜这位偶像型的兄长不幸英年早逝，33 岁过早结束了充满才华的一生。乔尔乔内的突然离世，留下了许多未完成的作品，提香以这些作品为范本加以琢磨学习，同时也替兄长完成了这些作品，了却了兄长的夙愿。

提香早期的作品风格与乔尔乔内十分接近，因为乔尔乔内性情放达，在许多作品上不留签名，致使后人很难甄别他俩同时期完成的作品。提香得力于老师贝尔尼尼与兄长乔尔乔内的指导，进步非常迅速。他 24 岁时完成《神圣与世俗的爱》，使其名声大噪，画中营造了当时很受人们喜欢的田园牧歌式的情调。我们从画中能看出，贝尔尼尼与乔尔乔内对提香的影响都十分明显。他在画《圣母升天》时，就已开始在色彩上大胆尝试，并终于有了自己的小风格。提香随后几年完成的《酒神祭》《巴科斯和阿里阿德涅》《乌比诺的维纳斯》，表明他在色彩方面，已经开始走上独立发展之路。当他画出《狄安娜与卡利斯忒》《诱拐欧罗巴》《维纳斯给丘比特蒙眼睛》这类作品时，画面已是焕然一新。这些作品与他先前画作相比，完全摆脱了贝尔尼尼与乔尔乔内的影响，他终于确立了自己独立的画风与特点。

《诱拐欧罗巴》取材于希腊神话故事。宙斯瞄上了美丽的欧罗巴，化成一头白色公牛，趁驮着欧罗巴渡河之时将其诱拐；当宙斯驮着欧罗巴到达河中央时，欧罗巴识破了宙斯的阴谋诡计，欲求挣脱又无能为力，惊恐地在牛背上挣扎着，手执的红绸腾空翻飞，狡诈的宙斯以牛的容貌露出了得逞的坏笑；一位小天使骑着一条大鱼紧随其后，天空中还飞翔着另两位手执弓箭的小天使，而河对岸欧罗巴的女伴们，眼看欧罗巴身陷危情却束手无策，只能惊慌失措地挥舞着手。提香的《诱拐欧罗巴》打破了以往以画讲故事的沉闷，他以色彩来诠释充满着躁动与欲念的激情，强烈的色彩更易打破人们内心的平静，故事本身的情节被淡化，用色彩来替故事说话，再赋予其生命的热情。提香精妙绝伦的色彩造诣，使其成为驾驭色彩的经典之作。

这种大胆的色彩创新是建立在精湛的绘画技巧基础之上，提香放弃绘画时先素描，再以素描关系来统筹全局的做法，而是技巧娴熟地直接上色，色彩不再是素描的附属，成为了能够独立完成作品的基础元素。直接使用色彩作画的好处在于，画面效果更加灵动，层层叠加的颜色，给予画面丰厚的质感，颜色绚丽多彩又不失恢宏气势。

过于追求精致的严谨素描式打底所带来的拘谨，被提香尽情的涂抹所化解，光与色的交织波澜壮阔，对比强烈而鲜明。人们痴迷于提香明晃晃、亮晶晶的光影之中，更迷恋画面金色彰显出的高贵气质，并把这种美妙且能带来虚幻之感的色彩称为"提香金"。

提香少年时勤恳好学，年轻时又兢兢业业、精益求精，换来了高超的画技和事业的蒸蒸日上，他彬彬有礼、温文尔雅，国王、君主、主教和贵族都不惜重金聘请提香作画，人们争相收藏其作品。提香作为绘画界的宠儿，罗马皇帝查理五世封他为"公爵画家""金花骑士"等画家最高荣誉。提香不但收获了极高的荣誉和声望，还倍受老天的眷顾，安然在世享有 86 岁高龄。

（五）复兴的土壤

没有吹响统一的号角，也没有征伐的檄文，一切都在悄无声息中顺利进行，文艺复兴的当事人，没有谁知道自己是在干文艺复兴的伟业，他们只是每一个单独觉醒的个体，并跨出了自己的那一步，终以人文主义的步伐，科学思考的头脑穿越出中世纪重重封锁的浓雾，迎来了对艺术释放的活力。三个世纪风雨历程，成千上万人的踪影，他们的故事画面虽有些斑驳不清，但他们的思想、精言片语和绘制成的图像，早已令文艺复兴精神不朽。

文艺复兴运筹于 13 世纪末，发端于 14 世纪初。13 世纪末是中世纪与文艺复兴时期的分水岭，圣方济各和腓特烈二世，都是生活在 13 世纪前叶的人物，一个从神权内部改变固有观念，一个从王权方面，对神权进行了公然挑战并松动了至高神权。1291 年，最后一个十字军士兵被逐出了巴勒斯坦，由罗马教廷发动的西方向东方的军事行动，以西方的彻底失败而告终。

罗马教廷通过对内压制，对外战争，极力想稳固自己的神权地位，反而招致祸害从而面临随时土崩瓦解的局面。内因和外力的助推启动了文艺复兴的文明旅程，最终把欧洲从神权的看管下解救出来。

被宗教板结了的大地，一旦有了松动就会冒出新芽，新芽就是商人这个群体，他们为谋利而来。他们用逻辑思维来思考成本与利润的关系，对于增加成本、阻断利润的事他们不做，更不会单向思维地为一种理想或信仰而赴汤蹈火。这种发自本能的逐利行为具有强大的动力和自觉性，起初的新芽逐渐成长为参天大树后，根深叶茂的商人集团，便形成了要成为一片森林的小气候，要风得风，要雨得雨，而翻云覆雨的操控按钮就是政治权力。

佛罗伦萨商人经过一个多世纪的努力，终于拿到了操控权力的按钮，并以最高权的形式登上了政治舞台，一切因权力而改变，为权力而动，艺术也应当如此。佛罗伦萨的美第奇家族，代表商人们制定了新的艺术标准，将所有符合这种标准的拔尖人才一一招募门下。新的艺术标准要求逐渐淡化宗教神圣感，要求艺术要为活人服务，而不只是作为宗教的代言人。佛罗伦萨铸就的艺术标准，很快蔓延到意大利全境，甚至影响到宗教政治中心罗马，威尼斯紧随其后，玩出了更加富有生活情趣的艺术。

整个意大利的社会经济靠商业驱动着，社会意识形态也因商业地位的迅速提高而发生转变。罗马教廷由纯粹的宗教领袖变为对社会新文化的接纳者，兼收并蓄地经常从弗罗伦萨以及意大利全境调配艺术家到罗马城，这些艺术家正是按商人制定的标准培养出来、并服务于商人集团的。文艺复兴时期的教皇有的就直接出自商人集团，他们自然而然地把商人意识形态带进了罗马，围绕商人所建立起来的社会意识形态，最终也影响到了教廷内的审美风格和生活品位，宫殿中的绘画雕塑由原来的偶像崇拜向世俗生活化转变。当艺术转向于为人的审美需求服务后，充满个性化的不同需求必然将艺术创作的多样性和灵活性尽情展露无遗。

在文艺复兴以前，并没有"艺术家"这一称谓，之前的画家、雕塑家、建筑师们和匠人归于一类，他们都是按订单做活，靠手艺吃饭。而手艺仅是纯粹的技术传承，几代人甚至十几代人只要熟练掌握了技术，就都可以吃饱饭，而不需要更多的发挥与创造，但是，文艺复兴却让匠人们有机会可以成为艺术家，区别是，老老实实完成订单的仍是匠人，而利用订单来呈现个人精神层面才华的则称为艺术家，手艺被赋予了思想后成了艺术品。文艺复兴时期的艺术家大都身兼数职，包括诗人、鉴赏者、批评家、画家、雕塑家、建筑师。文艺复兴时期的作品仍是按订单进行制作，但订制者给予到艺术家一定的创作自由发挥空间，相应地对艺术品完成质量的要求呈显著性提高。

艺术作品以前倾向于一致性的总体风格，在文艺复兴时期被分化为不同的个人风格后，市场上对艺术品的鉴定，逐渐开始从鉴定年代风格转向为鉴定画家风格。

文艺复兴时期的艺术创作氛围，较中世纪有了很大的改善，但创作还是必须遵循时代的特性，即这一时期，没有独立的艺术家，他们的艺术活动都是建立在供需关系之上的。遵守需方要求是艺术家普遍的法则，艺术家发挥个性还得看需方的态度，在绘画题材选定方面首先还是多以选定表现当时的宗教题材为主，其次也选择一些古希腊、古罗马神话的传说和故事。再结合新颖的表现手法去迎合教皇、国王、贵族、商人的趣味，满足其需要，但艺术品终究是供需双方艺术趣味相投的最终产品，艺术家不能一厢情愿地自由发挥，所以没有真才实学的艺术家是混不下去的。

佛罗伦萨文艺复兴的推动者是佛罗伦萨的巨商们，罗马文艺复兴的推动者是历代罗马教皇。我们从中可以发现：艺术要寻求发展，离不开权力的庇护和经济的支持。庇护和支持最终都是表现为对艺术品的购买，如果艺术品没有被购买，那就会给艺术带来伤害。文艺复兴时期的艺术家们为了在行业中站稳脚跟，在竞争激烈的艺术品市场求得一席之地，必须在年纪尚幼时，就进入老师的工作室学习，而且也只有那种天赋极高、又极其勤奋的学生才有可能出人头地。关于学生一旦成年后，必将超越老师的说法，其实并不是普遍现象，这是因为成功的个例被记录夸大后所造成的必然误会，其实更多的学生还在老师的工作室当学徒时，就已经被淘汰，所以他们只有比老师更强、更厉害，才有可能生存下来，而最后留下来的，当然都成了我们现在所看到的精华。

文艺复兴优秀的艺术作品能得以保存传承，更是依赖权力与经济的直接参与，这些作品要么在教廷之中、宫殿之上，要么在有经济实力的收藏家手中。文艺复兴坦然地处理好了政治与艺术、权利与艺术、经济与艺术的各层关系，倘若排斥这种关系，就不可能迎来对文艺的复兴。

 参考文献

［1］彭吉象. 艺术学概论［M］. 3 版. 北京：北京大学出版社，2007.

［2］中央美术学院美术史系中国美术史教研室. 中国美术简史（新修订本）［M］. 北京：中国青年出版社，2011.

［3］高居翰. 图说中国绘画史［M］. 上海：三联书店，2015.

［4］黄福康. 中国画特质与技法［M］. 上海：上海科学技术出版社，2015.

［5］支英琦. 读画：中国历代名画精赏［M］. 济南：济南出版社，2016.

［6］巫鸿. 废墟的故事：中国美术和视觉文化中的"在场"与"缺席"［M］. 上海：上海人民出版社，2017.

［7］中央美术学院人文学院美术史系外国美术史教研室. 外国美术简史（增订本）［M］. 北京：中国青年出版社，2009.

［8］丁宁. 西方美术史［M］. 北京：北京大学出版社，2015.

［9］克雷纳，马米亚. 加德纳艺术通史［M］. 长沙：湖南美术出版社，2015.

［10］盐野七生. 文艺复兴是什么［M］. 北京：中信出版集团，2016.

［11］盐野七生. 我的朋友马基雅维利：佛罗伦萨的兴亡［M］. 北京：中信出版集团，2016.

［12］王月亮. 你不可不知的西方画家及其作品：巨匠辈出的文艺复兴［M］. 北京：中国法制出版社，2009.

中国诗词艺术及当代美育

中国诗词，以其卓尔不群的独特气质，引领着中国古典时尚。无论经历多少岁月的淘洗，它始终熠熠生辉。中华民族正是因为诗词而拥有了独特的魅力，使它能够吸引外邦，归顺远人。虽然当今时代，科学技术日新月异，但只要人生主题不变，只要风花雪月依旧，只要生命感悟常在，诗词也始终不会退出时尚舞台。

在西方文化大量进入国门的今天，中国诗词艺术在多元文化的审美领域仍然掷地有声。当代青年学子如果能够广积累、多吸收，就可以提升其审美修养，使"中国美"在青年一代继续传承。更重要的是借着这种审美熏陶，青年的文化品格、精神气质，甚至生命风骨都可以被塑造，为中华民族的继往开来肩负起时代的使命。

第一节 "中国诗词艺术及当代美育" 主题介绍

一、中国诗词艺术的当代价值

（一）中国诗词艺术是促进中国加速发展，深度参与国际化的必要条件

日本明治维新时期，大久保利通的全盘西化政策，差点让明治维新夭折。伊藤博文上任后一改前任的做法，在恢复日本传统体育运动——相扑的同时，日本传统艺术也大大兴旺发展起来。例如日本的能剧、浮世绘、歌舞伎都发展了起来，也渐近成为世界艺术的重要组成部分。正因为如此，日本最终恢复了元气，这让明治维新不仅得以延续，更是促进了日本社会的加速发展。任何一个国家在自我蜕变的过程中都需要深度思考自己的定位。众多历史事实也证明这个深度思考往往事关文化、事关思想、事关审美、事关情感，因为这是触及一个民族最核心和最根本的部分。中国目前正在深度参与国际化过程，这在中国自我发展史上是第一次。而中华民族几千年的发展伴随着弦诵不绝的诗词传统。如果离开了这一传统，中华民族的发展就会陷入枯竭的境地。因此，在深入全面参与国际化的过程中，中华民族这棵生命树还必须向传统扎根，而中国诗词等传统文

化则是最好的营养。全民族都需要重抬弦诵不绝的诗词传统，最好能够重回自发创作诗词的传统。只有这样，才能让这棵生命树更健康，更有活力，更有生机。所以，中国诗词艺术是促进中国加速发展，深度参与国际化的必要条件。

当西方的普通民众也能自觉追随中华审美，我们中华民族将真正立于世界民族之林。从这个意义上来讲，进行中国诗词美育，并不仅仅是对大学生兴趣爱好的培养、个人情操的陶冶，更重要的是关乎中华民族生存与发展的未来，关乎中华民族在世界的影响力。但要达到这种状态不容易，因为中华审美有一个特点是"难"，不是可以轻易被理解并且自发喜欢的，它需要经过长期严格的训练方才能实现。这样看来中华诗词美育任重而道远。

（二）中国诗词艺术是中华民族国民性以及中华民族情感的雅正延续

孔子，是深耕人性的大思想家。他深深地明白，人性由理性与感性两部分组成。但人的理性有时往往是脆弱的，当邪情私欲控制人的身心时，人的理性，即区别"应该"与"不应该"的理智就统统退到脑后了。因此，在孔子看来，感性是决定人性的关键成分。所以他不仅写了《论语》，也编了《诗经》。一方面教导人区分"应该"与"不应该"，另一方面，用诗来潜移默化地熏陶人的感性，使人有雅正情感，从而可以在行为上表现出刚健有为。当今时代，各种文化思潮充满中华大地，有精华，也有糟粕。而中国诗词，历经两千年而不衰，是经过了无数先贤在人生历练和审美判断中精选的结果，更重要的是她带着中华民族的传统基因。因此，传承中国诗词艺术就是在延续中华民族的国民性，并且让这份高雅、清雅、新雅、典雅、文雅在后代身上能够再次重现。相信有了这份情感的雅正延续，中华儿女们更能拥有"长风破浪会有时，直挂云帆济沧海"的使命感和执行力。

（三）中国诗词艺术可以照亮中国文化前行的方向

受弦诵不绝的诗词传统影响，中国文化其实一直都不缺创新的活力。从诗经、楚辞到汉乐府、汉赋，再到唐诗、宋词，及至元曲、元杂剧，到明清小说，都一脉相承。以至于到了近现代，张恨水、林语堂、巴金、金庸、张爱玲等大师的作品，以及当代琼瑶、余秋雨、周汝昌、叶嘉莹、林庚、袁行霈等大师的作品，哈辉的新雅乐作品，范曾等绘画大师的作品，还有现在国家艺术基金所支持的各种文艺作品，例如重庆市歌舞团创作的史诗级舞剧《杜甫》等都一脉相承，其核心和精髓没有变。但以此为根基，却一直不断地变换着题材、形式和内容。因此，我们只要继续传承中国诗词艺术，一定会看到形式更多样，内容更丰富，题材更广阔的中国文化表现方式。这是中华民族生生不息的活力源泉之所在。所以，中国诗词艺术可以继续照亮中国文化前行的方向。

二、中国诗词美育对大学生的重要作用

（一）审美熏陶，确立超越的人生坐标

对大学生而言，中国诗词艺术的审美功能表现在两方面。其一，培养兴趣、陶冶性情。中国诗词艺术将中国哲学、美学、绘画艺术、音乐艺术等相融合，使其呈现出一种综合的美。此外，诗词也是先贤对自己生命感悟的凝练表达。对当代大学生进行诗词美育，有助于陶冶大学生的性情，提升其审美品位，培养其对中国传统文化的广泛兴趣。其二，审美的人生具有超越性。《孟子·离娄下》说"人之异于禽兽者几希，庶民去之，君子存之"。这"几希"里有一个重要的成分，就是"审美"，这是人禽分野、君

子与庶民分野的重要标志。诗词读得越多，越能够使人做到不被环境拘囿，不被内心拘囿，拥有一颗相对自由的心灵和一份坦然的心态面对人生的风风雨雨。而这种心灵往往可以超越物质生活，不会斤斤计较于日常琐碎。因此，在中国经济高度发展的今天，进行诗词审美教育可以帮助青年学子们确立更高的人生坐标。

（二）人格塑造，培养柔中有刚的集体人格

余秋雨对"文化"做了一个极简，但又极精彩的定义。他说"文化是一种成为习惯的精神价值和生活方式，它的最终成果是集体人格。"对大学生进行诗词美育，就是将这过去成为习惯的精神价值和生活方式在青年一代中继续弘扬，并通过这种方式，塑造青年学子的集体人格。这种集体人格的表现是刚柔并济。诗词给人的感觉好像是手无缚鸡之力的文人创作的柔美作品。但是一方面"诗言志"的特点让其可以表现出一种刚健有为。另一方面，即使柔美如婉约词，也会因着老子所说"柔弱胜刚强""居柔守雌"等特点，使人在真正需要建功立业的时候表现出刚强的一面。这是老子"反者道之动，弱者道之用"观点的现实体现。真正柔的东西一定会有刚强的一面，而且这种刚强是持久的，不是脆弱的。正如"波浑未辨鱼龙迹，岁寒方识栋梁材"。这样的人往往在国家危亡之时，能担当大梁。这也正是中华文化为何历经两千年而不衰，哪怕全中原人口只有 360 万（五胡乱华时期）[①]，也能在危难中延续的关键所在。我们现在还需要重抬弦诵不绝的传统。

（三）文化传承，延续中华文化的生命力

我每每品读诗词都会觉得那是一个个活生生的生命，有血有肉有筋骨有情感。但如果读者缺乏品读诗词的兴趣，缺乏鉴赏诗词的能力，那一首首诗词也不会在读者心目中活起来。这种作品的"活"一定是因其可以被欣赏、被理解、被共情、被感受，若读者没有了上述心理准备，那一首首诗词只能哀叹自己"命运不济"了。因此，对当代青年学子进行中华诗词美育，是在不断提高其审美鉴赏能力的同时，延续中华文化的生命。我们不需要每个人都会作诗，但每个人都可以成为有一定鉴赏能力的人。唯有如此，中华文化的生命力才可以借着当代青年学子而不断延续。

第二节 "中国诗词艺术及当代美育"精选作品

一、《唐诗三百首》《宋词三百首》原著概述

为了深刻理解中国诗词艺术的魅力，我们为大家推荐阅读两本著作。一本为《唐诗三百首》，顾青编注，中华书局 2016 年 1 月出版；另一本为《宋词三百首》，吕明涛、谷学彝编注，中华书局 2016 年 1 月出版。

中华书局版《唐诗三百首》以清代蘅塘退士孙洙所编著的《唐诗三百首》为基础而选编。选诗的标准是"专就唐诗中脍炙人口之作，择其尤要者""俾童而习之，白首亦莫能废"，即所选的唐诗都是精品中的精品，是长幼咸宜、雅俗共赏的篇章。从所选的具体诗人和诗作看，突出盛唐和晚唐两个时期，主要诗人包括王维、孟浩然、李

---

① 冈田英弘. 中国文明的历史［M］. 台湾新北市：八旗文化出版社，2017：91.

白、杜甫、柳宗元、王昌领、高适、岑参、韦应物、杜牧、李商隐等。书中对每一作者的生评做了介绍，方便读者能更深刻地理解诗歌。所选的诗歌体裁几乎包括了所有唐诗体裁，如五言古诗、乐府、七言古诗、五言律诗、七言律诗、五言绝句、七言绝句。编者在每一种体裁第一首诗之前都会简要介绍该体裁的主要特点，方便读者快速了解该体裁的特征、形式以及代表诗人。在每一首诗作后面，编者对其有详尽的注解，降低了读者理解诗词的难度。

下面我们简短摘要如下：

五言古诗三十三首

五言古诗，又称五言古风，简称"五古"，古体诗的一种，形成于汉、魏时期。每句字数为五个，每篇句数不拘，不求对仗，但一般遵守"拈二"原则，即每句的第二个字要尽量依照粘对原则。平仄和用韵比较自由，可以仄声韵，也可转韵。其内容"非指言时事，即感伤已遭"（胡辰亨）。五言古诗篇幅短者，一般直赋其情或比兴寄托，较长者可叙事、议论、抒情。风格以高古、雄浑、有风骨为正。五言古诗在唐代较为流行，唐人的五古笔力豪纵，气象万千，其代表作家有李白、杜甫、王维、孟浩然、韦应物等。

张九龄

张九龄（678—740 年），一名博物，字子寿，韶州曲江（今广东韶关）人。长安二年（702 年）中进士。张九龄守正嫉邪，敢言直谏，被视为开元贤相。有《曲江张先生文集》二十卷传世，《全唐诗》存其诗三卷。

张九龄的诗作，最为人称道的是他的五言古诗，词旨冲融，委婉深秀，上追汉魏而下开盛唐；尤其是《感遇》十二首，感事寄兴，历来与陈子昂的《感遇》三十八首并称。明胡震亨在《唐音癸鉴》中说："张曲江五言以兴寄为主，而结体简贵，选言清泠，如玉磬含风，晶盘盛露，故当于尘外置赏。"清沈德潜在《唐诗别裁集》中说："唐初五言古渐趋于律，风格未遒，陈正字（子昂）起衰而诗品始正，张曲江继续而诗品乃醇。"清管世铭在《读雪山房唐诗钞序例》中说："张曲江襟情高迈，有遗世独立之意，《感遇》诸诗，与子昂称岱、华矣。"

感遇①二首
张九龄
其一

兰叶春葳蕤②，桂华秋皎洁③。

欣欣此生意④，自尔为佳节⑤。

谁知林栖者⑥，闻风坐相悦⑦。

草木有本心，何求美人折⑧。

[注释]

①原诗共有十二首，作于唐开元二十五年（737 年）张九龄被贬为荆州长史时。本诗借歌咏兰草和桂花抒发自己不慕权贵、不求名利的高尚情操。

②兰：即兰草，古人视兰草为香草，用来比喻高洁的操守。葳蕤（wēi ruí）：指草木茂盛的样子。

③桂华：即桂花。古人常以"兰桂"连称。皎洁：明净。

④欣欣：欣欣向荣，指草木蓬勃茂盛。生意：即生机。

⑤自尔：从此。佳节：指春秋二季因为有了兰桂而成了最好的季节。

⑥林栖者：指山林隐士。

⑦闻风：指沐浴在兰桂的芬芳里。坐：因。悦：爱，赏。

⑧"草木"二句：春兰和秋桂竞相开放，吐露芬芳是它们的天性，并不是为了取悦于人，让人们摘取欣赏的。作者以此比喻自己要遵从美好的天性，行芳志洁，而不求人赏识，博取名利。本心，本质，天性。

　　中华书局版《宋词三百首》以清代上彊村民朱祖谋所编《宋词三百首》为基础选编而成。书中收录了范仲淹、晏殊、欧阳修、柳永、晏几道、苏轼、秦观、周邦彦、贺铸、辛弃疾、姜夔、李清照、吴文英等多位词人的佳作。编者对每一位作者都做了简要的介绍，以方便读者理解词作的背景，且在每一首词后面都附有注释。标题中的注释介绍了词牌名，包括这个词牌的来历、词牌的内涵及演变等。其余注释对每首词作的内容进行串讲，并以凝练的文字对每首词的写法、艺术特点进行了归纳总结，还将词作中的语典、事典注释出来，以帮助大家更好地鉴赏作品。

　　下面我们简短摘要如下：

范仲淹

　　范仲淹（989—1052年），字希文，吴县（今江苏苏州）人。大中祥符八年（1015年）进士，官至枢密副使、参知政事。积极推行"庆历新政"，曾提出十项政治改革方案。其词清丽而豪健，气势恢宏。《彊村丛书》收《范文正公诗余》一卷，《全宋词》据《中吴纪闻》卷五补辑一首。魏泰《东轩笔录》谓仲淹守边日，作《渔家傲》数阕，皆以"塞下秋来"为首句，颇述边镇之劳苦，今只存"衡阳雁去"一首。

苏幕遮①怀旧

　　碧云天，黄叶地，秋色连波，波上寒烟翠。山映斜阳天接水，芳草无情②，更在斜阳外。黯乡魂③，追旅思。夜夜除非，好梦留人睡。明月楼高休独倚，酒入愁肠，化作相思泪。

[注释]

①苏幕遮：唐教坊曲名。唐慧琳《一切经音义》卷四十一"苏莫遮"条："'苏莫遮'，西域胡语也，正云'飒磨遮'。此戏本出西龟兹国，至今犹有此曲。此国浑脱、大面、拔头之类也。"《唐会要》卷三十四《论乐》：（神龙）二年三月，并州清源县尉吕元上疏曰："比见都邑城市，相率为浑脱，骏马胡服，名为苏莫遮。旗鼓相当，军阵之势也；腾逐喧噪，战争之象也；锦绣夸竞，害女工也；征敛贫弱，伤政体也；胡服相效，非雅乐也；浑脱为号，非美名也。安可以礼仪之朝，法戎虏之俗？军阵之势，列庭阙之下？窃见诸王，亦有此好，自家刑国，岂若是也。"可见，此曲流传中国当在唐中宗之前。据吕元泰的描述，此曲最早应属军乐。至宋，词家用此调度新曲，又名《鬓云松令》《云雾敛》。范仲淹的这首词上片写秋丽阔远的秋景，暗透乡思；下片直抒思乡情怀。纵观全词，词人将阔远之境、秋丽之景与深挚之柔情完美地统一在一起，显得柔而有骨，深挚而不流于颓靡。

②芳草无情：据《穷幽记》载，小儿坡上草很旺盛，装晋公经常散放几只白羊于其中，并说："芳草无情，赖此装点。"温庭筠《经西坞偶题》："摇摇弱柳黄鹂啼，芳草无情人自迷。"

③黯（àn）：黯然失色。"黯乡魂"暗用江淹《别赋》"黯然销魂"语。

二、原著导读

（一）如何读懂一首诗词

我们翻开一首诗词，往往会遇到一个问题：每个字我都认识，组合在一起似乎意思也很简单，但有时不明白它美在哪里，有时不明白它的深层次内涵是什么，有时也不会区分一首好的诗词和一般诗词的高下，这就涉及如何品读一首诗词。这里面有大学问。

首先，我们可以通过背诵累积"汉语的敏感性"，累积"古典修养"。汉语作为一套"概念图式"，很多词汇和语素在多年的创作、赏析累积的过程中，已经具有了日常汉语无法包容的广阔内涵。例如"柳"，它不仅仅是口语中的柳树，更是具有与"留住""留念"等词汇相关联的内涵，同时也带有各种不舍离别的故事和情感。这就是"柳"这个汉字在长期的积淀中所形成的特定的概念图式。读者只有通过大量背诵，在内心中才能建立"柳"字的汉语敏感性。中国文化天人合一的特点决定了，大自然的万物用到汉语中时几乎都会带有浓浓的人的特性。例如上面的词"碧云天、黄叶地。秋色连波，波上寒烟翠。"汉语中的语素几乎都是人化的自然。同时，万物又是自然的人化。读者在积累中慢慢有了这样的敏感性，才能为深入赏析诗词做准备。此外，叶嘉莹说，"读中国古典诗词是需要有古典的修养做基础的，你的古典修养越丰富，你从中体会到的意思就越多。"因此，我们还要在背诵中累积很多古典修养。例如"修到南屏数晚钟，目成朝暮一雷峰。""目成"两个字就出于《楚辞》的《九歌》："满堂兮美人，忽独与余兮目成"。其是说在祭祀的大厅虽然有这么多美人，可是那神仙只看了我一眼，我们两个就一见倾心。所以有成语"目成心许"一说。"目成朝暮一雷峰"就是说我抱着如此专一的感情，从早晨到晚上就看着这唯一的雷峰塔，其实是把自己所有感情都寄托在它上面了。这样的现象在诗词中随处可见。因此，大量背诵、有意识记是理解诗词的重要前提，没有这个量的积累，便不会有质的飞跃，诗词离我们就总是隔着一层。

其次，诗词品读有两个视角。一种是通过深入掌握诗人写诗的背景，有时甚至包括他（她）的人生经历来品读。这就需要我们查阅大量相关背景文献，才能读懂一首诗词。缺少了相关背景的熟悉度，理解诗词就比较困难。我们来看看李清照的人生经历，再来品读她的《声声慢》。北宋司马光与王安石的党争中有一位受牵连的人，就是李清照的父亲李格非，他被罢职流放。而处理这个案件的又恰恰是她的新婚丈夫赵明诚的父亲赵挺之。李清照写信给她的公公，希望他能网开一面，但没想到公公赵挺之后来也受到了朝廷的打击。李清照和赵明诚面对父辈的名誉重压，百口莫辩，只能回到故乡齐州居住，过了十多年安静而风雅的生活。其中他们写了很多诗，品尚古董的生活也和这十几年有关。李清照的丈夫赵明诚是一个远近闻名的鉴赏家，但身体不好，不久又犯了重病。在重病期间，曾经有位北方的探访者带了一把石壶请他过目，赵明诚在鉴定以后不久就不幸去世了。他刚去世，就有谣言四起，说他临死还将一把玉壶献给了北方的金国。这在当时是投敌卖国的罪名，这些谣言似乎让赵明诚失去了民族气节。由此，李清照坐不住了，她要用实际行动为自己刚刚去世的丈夫辟谣、洗刷名誉，但她又不知道如何来洗刷。想来想去，我们最诚实的女诗人想出了一个最笨拙的办法，就是带上夫妻二人多年辛苦收藏的全部古董文物，跟随着宋朝的皇帝赵高，一起逃难。以此表明她愿意把自己的全部古董文物带上去追随逃难的朝廷，那她的丈夫怎么可能有二心，会将一把壶送给金国呢？李清照的做法让我们很感动。她就这样上路了，一路上颠沛流离，文物装卸也非常辛苦，天天逃难。宋高宗在东南沿海一带逃难的时候，曾经一度慌张地居住在海船上，可怜的李清照就远远地跟在他后面。她从今天的绍兴到今天的宁波，再经过奉化、台州入海，又经过温州折返绍兴。宋高宗这一路非常狼狈，而李清照这一路非常艰辛。后来，终于她在路上找到了一个亲戚。亲戚强烈劝她立刻终止这一毫无意义的颠沛流离。其实李清照也实在走不动了，她听从了这位亲戚的话。这时候，她已经年近50，这在当时算很高的年岁了，她终于想停步了。这时，她突然发现，以前每天赶路，不就是为了追赶朝廷，反证谣言吗？而如今那些人都在哪里呢？自己为了父亲的名誉、公公的名誉、丈夫的名誉，折腾了大半辈子，现在有多大意义呢？人生似乎就这么荒诞。想来想去，李清照决定告别过去，过一种安定的生活。在那个年代，一个孤苦伶仃的女性要想过一种比较安定的生活，那就应该找一个家，一个普普通通的家。当时正好有个军队的财务官张汝舟一直在向自己求婚。她想年纪也不小了，那就答应了吧。她本想和新丈夫一起过一种平凡而安定的生活。但万万没想到，这个丈夫竟然是一个不良之徒。他以一个奸商的目光看上了李清照在逃难中已经所剩无几的古董文物，结婚只是诈骗的手段，等到古董文物一到手，他立即对李清照拳脚相加、百般虐待。可怜的李清照在忍无可忍的情况下向官府上诉，要求离婚。宋代有一项奇怪的法律，妻子上诉丈夫，即使丈夫有罪，妻子也要被官府关押一阵。但是李清照情愿被关押，也要离婚。结果离婚是成了，张汝舟被问罪，李清照被关押，幸好在亲戚的帮助下，她没有被关押太久。于是她就这样进入了老年。我们现在就可以来读读她写于晚年的《声声慢》了。

声声慢

寻寻觅觅，冷冷清清，凄凄惨惨戚戚。乍暖还寒时候，最难将息。三杯两盏淡酒，怎敌他、晚来风急？雁过也，正伤心，却是旧时相识。满地黄花堆积，憔悴损，如今有谁堪摘？守着窗儿，独自怎生得黑？梧桐更兼细雨，到黄昏、点点滴滴。这次第，怎一个愁字了得！

当然，如果要严格说起来，每首诗词一定会带着作者的个人背景和时代印记。这是我们深刻理解诗词非常重要的知识储备。所以诗词也可以说是一部非常鲜活的历史，不仅记录了国家历史，也记录了自己的个人命运史。在赏析诗词的过程中，我们往往都会不由自主地去学习和了解这背后的故事，由此串联起我们对历史、对人生、对文学的系统思考。

诗词的另一种品读视角是仅限文本的品读。有人可能会觉得，没有了背景，这剩下的文本大概就没什么味道了吧。恰恰相反，这正是诗词久远魅力之所在。叶嘉莹分析了法国女学者朱丽亚·克利斯特娃的解析符号学。她认为符号的作用可以分为两种：一种是象征（symbolic）的作用，另一种是符示（semiotic）的作用。前一种的符表与符义之间的作用关系是被限制的，是可以确指的；后一种作用关系则是不受限制的，不能确指。就像我们前面所说的，按照诗人的背景来解读诗词，诗词往往可以确切地加以理解，诗词文字与内涵的关系是被限定的，因此是一种象征关系。而另一层"符示"作用关系则表明了，诗词文本还有一种解读，即不确定性解读。叶嘉莹说，诗歌语言的"符示"作用表明诗歌本身与其所指对象之间的关系往往带有一种不断在运作中生发（productivity）的特质。而诗歌的文本（text）就成了一个可以提供这种生发之运作的空间。在这种情况下，文本就脱离了其创作者的主体意识而成了一个作者、作品、读者彼此互相融变的场所。也就是说"符示"的作用是一种生产，它是生生不息的，每个人读后可以有自己的感受，而如果一实指就失去了味道。所以这正是诗词永恒的魅力之所在。每个读者，包括不同历史时期的读者在品读诗词时，都是一个二次创作的过程。诗词语言文本，不经意间，给读者的二次创作预留了广阔的空间。因此，从这个意义上讲，诗词永远在路上，还会继续生长。这正是诗词独特魅力之所在。例如，我们都很熟悉的晏殊的《蝶恋花》。

蝶恋花

槛菊愁烟兰泣露。罗幕轻寒，燕子双飞去。明月不谙离恨苦，斜光到晓穿朱户。昨夜西风凋碧树。独上西楼，望尽天涯路。欲寄彩笺兼尺素，山长水阔知何处！

这首写男女相思别离的小词，王国维在《人间词话》却说"昨夜西风凋碧树。独上西楼，望尽天涯路"，是古今之成大事业大学问者的"第一种境界"。然后，他接着说"然遽以此意解释诸词，恐为晏欧诸公所不许也。"也就是王国维由《蝶恋花》的文本读出了自己的理解。这并不是一种牵强附会，而是我们的汉语语词文本，她就有这种可能性，可以给读者预留下广大的空间。正如那一句"欲穷千里目，更上一层楼"，不仅写景，更写一种进取心，可以对应不同的人群，不同的进取故事。因此，我们在读诗词时，正是这种二次创作的过程，让我们兴奋不已。也正是这个过程，让诗词永葆生机。总之，这种品读超越了情节、背景、内涵等各种限制，带着读者内心状态的多种可能性，使诗词更具有了生机勃勃的生命。

最后，我们要能品读一首诗词，还需要对中国文化的其他方面有深入的了解，如儒、释、道三家的思想精髓。有时，我们觉得一首诗就是几句大白话，人人都能懂，例如陶渊明的"采菊东篱下，悠然见南山"，但如果不了解道家思想，我们也很难读懂陶渊明。山水诗、归隐诗某种意义上说都具有道家思想的特点，如"人法地、地法天、天法道、道法自然"，人的终极境界是"道法自然"，而这种境界是一种绚烂之极归于平淡的人生选择，正是在这种选择里面，人有了终极自由，少了外在和内心的羁绊，能够从容面对自己每一天的生活。因此，读者对这一类诗进行鉴赏，就要深入研习道家思想。

当然，有很多诗词也直接体现了儒家思想的特点。儒家倡导积极入世，倡导修齐治平，由此建立个人的人生坐标。

南园十三首·其五

[唐] 李贺

男儿何不带吴钩，收取关山五十州。

请君暂上凌烟阁，若个书生万户侯？

是男子汉，就要带上兵器，收取关山五十州。看看那凌烟阁里的好汉画像吧，有哪个是单纯做书生就能封侯的呢？（注：凌烟阁是唐太宗为了纪念缅怀与他一同打天下的功臣而修建的凭吊之所，那里有阎立本所画的二十四功臣画像。唐太宗时常来此地悼念。）

登飞来峰

[宋] 王安石

飞来山上千寻塔，闻说鸡鸣见日升。

不畏浮云遮望眼，只缘身在最高层。

这首诗能看到王安石不畏艰险，积极进取的精神。人生在世一定要有所作为，为国家社稷建功立业。这类诗就有很明显的儒家气质。儒家思想对诗人有深刻的影响，以至于诗中会表现出这种精神气象。这也就是很多诗词评论家所说"诗言志"，因为很多诗歌在某种意义上是儒家思想的艺术表现和情感表现。此外，有些诗里国破家亡的心痛也源于家国难守，自身无能为力的遗憾与无奈。这同样是儒家思想影响的结果。例如杜甫的诗"国破山河在，城春草木深。感时花溅泪，恨别鸟惊心。"有些诗中壮志难酬的遗恨也源于修齐治平的理想未能实现。例如李白的诗"天生我材必有用，千金散尽还复来。"另外还有《月下独酌》《行路难》等，都表达了这类情感。这些诗共同构成了诗歌的儒家气质。当我们读这些诗时也会被其中的精神所感染，从而影响自己的生命形态。因此，我们可以看到中国文化里的出世与入世都对诗歌有重要的影响。

此外，还有一种精神特质在深刻地影响唐朝的诗歌，那就是佛教。唐代是佛教极度兴盛的时代，因此，很多诗歌也充满了佛教色彩。我们现在仍然能感受到诗人内心那种不受羁绊，自由超脱的生命境界。其代表人物就是诗佛王维。他的诗里有时直接运用佛教的"空"字。例如"空山新雨后，天气晚来秋。""空山不见人，但闻人语响。""山路元无语，空翠湿人衣。"另外《竹里馆》也带有明显的佛教气质。而常建的《题破山寺后禅院》直接将禅院入诗，"清晨入古寺，初日照高林。曲径通幽处，禅房花木深。山光悦鸟性，潭影空人心。万籁此都寂，但余钟磬音。"繁忙疲惫的现代人，哪怕匆匆看一下这些诗，内心也会明朗许多，敞亮许多，干净许多。

因此，我们说能深入品读诗词，还需要储存大量的中国文化背景知识，特别是中国哲学，它对于我们进行诗词鉴赏具有重要的作用。从这个角度来讲，中国文化的确是不可分的整体。

（二）诗词主要写了什么

作家们在创作诗词时都会有一定的套路，当我们把这些套路挖掘出来，我们就能明白一首诗词的主要内容与思想情感了。下面我们简要介绍一下诗词里的写作套路，帮助大家理解诗词。

1. 诗词中的精神力量

诗从诞生之初，就具有"诗言志"的特点。《左传·襄公二十七年》里就记述了赵文子对叔向所说"诗以言志"。后来"诗言志"的说法就更为普遍。《尚书·尧典》中记尧的话说："诗言志，歌永言，声依永，律和声。"《庄子·天下篇》说："诗以道志。"《荀子·儒效》篇云："《诗》言是其志也。"诗要让人感受到大丈夫家国担当的历史责任与时代使命，感受到诗对人人格境界与生命力量的提升。这是中国诗歌在创作之初就奠定的基调。例如《诗经·周南·兔罝》：

国风·周南·兔罝(jū)

[先秦] 佚名

肃肃兔罝，椓之丁丁。赳赳武夫，公侯干城。

肃肃兔罝，施于中逵。赳赳武夫，公侯好仇。

肃肃兔罝，施于中林。赳赳武夫，公侯腹心。

这首诗首先赞美男性的健壮之美，其次让人感受到一种刚健有为，保家卫国的责任担当。用顾随的话来说，就是"字字响亮"。这种基调一直影响着中国诗坛，历代不衰。及至唐朝，集中诞生了一大批优秀的"言志之诗"。到了宋代，文人词也承袭了这一传统。其通过如下几种形式来表现。

（1）以行军作战展示家国担当。

从军行

[唐] 王昌龄

青海长云暗雪山，孤城遥望玉门关。

黄沙百战穿金甲，不破楼兰终不还。

青海湖畔，是唐王朝政府军与吐蕃贵族军队多次交战、激烈争夺的边防前线；而玉门关一带，则西临突厥，这一带也是烽烟不绝、激战连年。"黄沙百战穿金甲"就是这种战斗生活强有力的概括，表达了戍边时间之漫长，战事之频繁，战斗之艰苦，敌军之强悍，边地之荒凉。其中，"黄沙"二字既是实景，渲染出了边塞战场的典型环境，又道出了边庭之荒凉萧瑟；"百战"二字，形象地说明了将士戍边的时间之漫长、边塞战斗之频繁；而"穿金甲"三字，则渲染了战斗之艰苦、激烈，也说明将士为保家卫国曾付出了多么惨重的代价，乃至牺牲。但是，金甲易损，生命可抛，戍边壮士报国的意志却不会减。"不破楼兰终不还"就是他们内心激情的直接表白。诗中所写的将士，为了捍卫家国的安全，置个人利益于不顾，大敌当前，奋战到底。"不破楼兰终不还"，掷地有声、铿锵有力，成功地塑造了一批不畏艰苦、不怕牺牲、心灵壮美的英雄群像，使人倍感诗境阔大，感情悲壮。

在唐诗中表达这种激情的边塞诗就是"诗言志"的集中体现。

然而值得一提的是，男儿虽志在四方，保家卫国，但也是一个个活生生的生命，有情感的真实流露。如果忽视了这个部分，就不容易体会和感受那时人们丰富的内心体验，也不容易理解"志"的可贵。来看一首诗：

夜上受降城闻笛

[唐] 李益

回乐烽前沙似雪，受降城外月如霜。

不知何处吹芦管，一夜征人尽望乡。

这是一场让人骄傲的胜利，白天刚刚打完胜仗，并接受了投降。然而当夜幕低垂，弦月高照，一切都安静时，不知是谁吹起了芦笛，勾起了几乎所有将士们的思乡之情。

大家是否觉得正是这样真实的浓烈的思乡之情，才让"不破楼兰终不还"的豪情壮志具备更有生命力的诠释，更让人觉得悲壮。因而，"诗言志"不是一种板起面孔的说教，它不仅表达出一种志向，也更体现出一种人情味，是人精神层面的高度升华。我常说唐诗永远活着，因为诗中的人永远活着。情感具有延续性和传递性，当时光穿越千年，那征人的精神、情感、志向依旧感染着我们每个人。

渔家傲·秋思

[宋] 范仲淹

塞下秋来风景异，衡阳雁去无留意。四面边声连角起，千嶂里，长烟落日孤城闭。浊酒一杯家万里，燕然未勒归无计。羌管悠悠霜满地，人不寐，将军白发征夫泪。

当我们读这首词的时候，大家更能够理解范仲淹"先天下之忧而忧，后天下之乐而乐"的使命担当背后的不容易，对他会有更深厚的敬佩之情。当时范仲淹带领士兵跟西夏作战，然而却久攻不下，这让他想到了东汉名将窦宪在燕然山大胜匈奴，燕然勒功，而眼下自己的士兵却归期难料。浊酒一杯，羌管悠悠，此情此景，只能黯然落泪。这让我们真实地感受到了"士大夫"这一丰满的人格形象：勇担使命、爱惜士兵，有时也会思乡、自责。总之，这种志向的表达也带有浓浓的人情味。

（2）以怀古展示崇高志向。

蜀 相

[唐] 杜甫

丞相祠堂何处寻？锦官城外柏森森。

映阶碧草自春色，隔叶黄鹂空好音。

三顾频烦天下计，两朝开济老臣心。

出师未捷身先死，长使英雄泪满襟。

杜甫怀着对三国时蜀国丞相诸葛亮的深深敬意，缅怀他生前的显赫功勋，并寄了无穷的感叹。之所以杜甫会对诸葛亮有如此的情感，是因为他跟诸葛亮有着同样的家国情怀和使命担当。所不同的是诸葛亮完满地展示了自己报效国家的才华，而杜甫只能在诗歌的感叹中对先辈寄予深情。然而，也正是通过这种怀古展现了杜甫想要报效国家的崇高志向。值得注意的是，这种崇高志向的表达完全是一种真实情感的自然流露，在对诸葛亮"三顾频烦天下计，两朝开济老臣心"呕心沥血为祖国的敬佩之情与"出师未捷身先死"的深深哀叹中，深刻地展现了杜甫的志向。此外，诗的最后一句一方面哀伤诸葛亮，另一方面也哀伤自己怀才不遇，期望有所作为，因而更加深了这种志向的表达。因此"诗言志"是用情感，用自己的生命倾情演绎，而并非空洞的说教。

（3）托物言志，展示高洁品性。

托物言志，最著名的要数屈原的《离骚》，其中大量的香草美兰全是高洁人格的集中再现。诗词也沿袭了这一传统。

梅

［宋］王安石

墙角数枝梅，凌寒独自开。

遥知不是雪，唯有暗香来。

卜算子·咏梅

［宋］陆游

驿外断桥边，寂寞开无主。已是黄昏独自愁，更著风和雨。

无意苦争春，一任群芳妒。零落成泥碾作尘，只有香如故。

王安石、陆游所写的梅花就是他们自己。之所以屈原、王安石、陆游会将这些自然之物化作自己高洁人格的体现，我们在王阳明的心学里可以找到答案。《传习录》里说"心者身下主宰，目虽视而所以视者，心也；耳虽听而所以听者，心也；口与四肢虽言动而所以言动者，心也"。自己有怎样的心，眼中才会看见怎样的景物，耳中才会听见怎样的声音，口与四肢言动才会有怎样的表现。从这个意义上说，诗词作者们内心一定拥有一份高洁，眼中才会看见高洁，口中才会吟出高洁。因此，可以说这些诗词作者们内心的修炼是很高的，"格物、致知、正心、诚意"在诗词里有极高的表现。

（4）以生活事件训练高洁志向。

每天的生活历练，日复一日的艰辛付出可以塑造人，锻炼人，最终使人成就大业。因此，普通平常的生活事件也可以训练出人的高洁志向。

乡村四月

［宋］翁卷

绿遍山原白满川，子规声里雨如烟。

乡村四月闲人少，才了蚕桑又插田。

夏日田园杂兴（节选）

［宋］范成大

昼出耘田夜绩麻，村庄儿女各当家。

童孙未解供耕织，也傍桑阴学种瓜。

普通人的日常生活，勤劳又富有节奏感。《乡村四月》中少有人说话的声音，只听见子规啼鸣，微雨沥沥。大自然的声音反衬着乡村的幽静。然而大家都在忙着自己的农活，没有人闲着。《夏日田园杂兴》中小朋友也学着大人的样子在种瓜，一代代地传承先辈们的勤劳生活。《论语》中说"君子敏于事而慎于言，就有道而正焉。"日常生活中少说多做地训练，成就着一代代儿女们善良、勤劳、能吃苦等优良的道德品行。再加上"耕读传家"的文化传统，这些孩子长大之后，往往会承担前面诗词中关乎国家命运的社会责任与历史使命。因此，这些描写生活事件的诗歌也蕴含着志向的表达。

（5）文人词里隐藏的精神力量。

叶嘉莹有位学生曾说词里面有"圣贤之志"，这当然有夸大的成分。但叶先生通过分析王维的《人间词话》，总结说谈美女爱情的小词也有大境界。这个境界就是一种隐藏的精神力量。王国维说"菡萏香销翠叶残，西风愁起绿波间"，大有众芳芜秽，美人迟暮之感。"众芳芜秽""美人迟暮"都来自屈原的《离骚》。他借"众芳芜秽"哀叹在当时的楚国就没有一个可以真正为国家尽心竭力的人，而真正的贤才——那些有志向有才能的人，其美好的意志却不能完成，不能为国家效力。这就是"美人迟暮"。这里的"美人"通常不只是女子，而是一切有美好志向和才能的人，主要是指男子。"菡萏香销翠叶残，西风愁起绿波间"表面上是写一个思妇对游子的思念之情，但可以细品其中深意。"菡萏"就是指荷花，但使用了《尔雅》里一个典雅的词汇来指，翠叶就是碧绿的荷叶，但也使用了"翠"来形容。又用"销""残"来展现破败的景象，让人想到美好的事物被毁坏，并为之深感惋惜和痛心。"西风愁起绿波间"让人想到站在池边的女子因看见美好的事物被毁坏，自己又无助，无能为力的那种哀愁，这是哀愁荷花荷叶，也是哀愁自己。因此，我们从这两句可以品出屈原《离骚》中那种士大夫壮志未酬的志向，是一种隐藏的精神力量。

文人词里写美人爱情的这些词，大凡名作家写的词，如欧阳修、李璟、晏殊等，读者都可以细品出其中的深意。这是词的一种特点"词之为体，要眇宜修"。

2. 诗词里会刻意营造距离感

"距离感"是一种美感。朱光潜认为，一个普通物体之所以变得美，都是由于插入一段距离而使人的眼光发生了变化。诗之所以美，其原因之一就在于用诗的语言表达和诗的造境艺术，形成了一种在视觉上或在头脑中的一段距离。正是这种距离，给人一种深远、悠远、沧淼、浩瀚的感觉，也给人呈现出想象的空间。这是作家们在创作诗词时会刻意经营的部分，比较直接的，会在诗词里用"远""深""高""隔"等字，使画面和意境呈现立体感。

"远"字诗词：

> 日暮苍山远，天寒白屋贫。
> （刘长卿《逢雪宿芙蓉山主人》）
> 远上寒山石径斜，白云生处有人家。
> （杜牧《山行》）
> 远芳侵古道，晴翠接荒城。
> （白居易《赋得古原草送别》）

"深"字诗词：

> 穿花蛱蝶深深见，点水蜻蜓款款飞。
> （杜甫《曲江二首》）
> 独怜幽草涧边生，上有黄鹂深树鸣。
> （韦应物《滁州西涧》）
> 庭院深深深几许，杨柳堆烟，帘幕无重数。
> （欧阳修《蝶恋花》）

"高"字诗词：

从军行

[唐] 王昌龄

琵琶起舞换新声，总是关山旧别情。

撩乱边愁听不尽，高高秋月照长城。

我欲乘风归去，又恐琼楼玉宇，高处不胜寒。

（苏轼《水调歌头·明月几时有》）

碧玉妆成一树高，万条垂下绿丝绦。

（贺知章《咏柳》）

很有意思的是"隔"字诗词：

美人如花隔云端。

（李白《长相思》）

绕堤柳借三蒿翠，隔岸花分一脉香。

（曹雪芹《红楼梦》）

映阶碧草自春色，隔叶黄鹂空好音。

（杜甫《蜀相》）

明日隔山岳，世事两茫茫。

（杜甫《赠卫八处士》）

泊船瓜洲
［宋］王安石

京口瓜洲一水间，钟山只隔数重山。

春风又绿江南岸，明月何时照我还？

春梦
［唐］岑参

洞房昨夜春风起，故人尚隔湘江水。

枕上片时春梦中，行尽江南数千里。

题稚川山水
［唐］戴叔伦

松下茅亭五月凉，汀沙云树晚苍苍。

行人无限秋风思，隔水青山似故乡。

桃花溪
［唐］张旭

隐隐飞桥隔野烟，石矶西畔问渔船。

桃花尽日随流水，洞在清溪何处边。

古代诗人在诗词中用语言刻意营造一种观者与所观之物的距离感，正是这种距离感让诗拥有了立体的画面，又能给读者丰富的联想。这就是"远""深""高""隔"字在诗词中产生的距离感。古人很懂得距离产生美的理念，因此在诗词中直接用上述字拉开距离，给读者留下广阔的视觉空间和想象空间。清初诗人、诗论家王士祯将"远"作为"诗旨"，也就是将距离感作为诗的创作宗旨。他非常赞同汾阳孔文谷（天胤）的论述，"诗以达性，然须清远为尚。"诗词中"隔""高""远""深"等字，就是清远的表达，它拉开了现实与想象的距离，也能使画面更有层次，还可使画面远到没有限制。王先沛先生主编的《文学理论批评术语汇释》中这样解释"远"，他认为"远"是中国古代重要的文艺批评术语，主要是指在距离中安顿、展开和关照生命过程中所获得的一种精神境界和艺术境界。用这种方式展现给我们的也是一种生命文化，远的存在，不是让距离在生命中虚无缥缈、可有可无，而是通过智性地处理距离，让生命获得一种自由的存在。

此外，有些诗不直接使用上述词来拉开距离，而是有一种隐藏的距离感，这种诗艺术造诣更高。例如王维的《山居秋暝》"空山新雨后，天气晚来秋。明月松间照，清泉石上流。竹喧归浣女，莲动下渔舟。随意春芳歇，王孙自可留"，其中颈联"竹喧归浣女，莲动下渔舟"就运用了"隔"的艺术效果。浣女和渔舟都没有真正出现在语言所营造的画面中，只是从竹林里传出的喧闹声知道浣女归来，从莲花摇动知道有渔船出入。所有人物的活动都隐藏在竹林和莲花的后面，也就是人物的活动是在一定的距离后面出现，这让画面立刻有了立体感，一种"远"的存在感，同时也让读者可以透过竹喧和莲动展开丰富的联想。这种距离感的处理立刻提升了审美境界。

3. 用有限去包容无限

如果细细品读中国古典诗词，你会发现一种美，那就是以有限包含无限。这种美学特点其实源于中国哲学思想。

（1）有限与无限的中国哲学解读。

中国哲学始于《易经》，"无极而太极，太极生两仪，两仪生四象，四象生八卦"，这不仅解释了万物生发的道理，也让我们明白了事物的多样性与无限性都源于"无"。从"无"中生出"有"来，正如老子所说"天下万物生于有，有生于无"，又说"无，名天地之始；有，名万物之母"。这种哲学思想深深影响了诗词美学，当我们去品读一首诗词时，表面上看就那么一些字，文字很有限，但如果细细品，你会品出一个无限宽广的世界，这世界不仅包含诗人的世界，也包含读者的世界。这就是中国诗词中一种特别的美。

（2）诗词中以有限蕴含无限之美。

①诗句的有限包容了诗人故事与情感的无限。

诗是精致的语言，短短几十个字可以包含诗人丰富的故事和情感。我们来欣赏这首诗。

回乡偶书（其二）

［唐］贺知章

离别家乡岁月多，近来人事半消磨。

唯有门前镜湖水，春风不改旧时波。

这首诗里有两处都是"以有限去包容无限"。比较实写的是"近来人事半消磨"，你可以从这句诗里去想象诗人"人事半消磨"所经历的各种不容易。然而更绝的是后面两句"唯有门前镜湖水，春风不改旧时波。"这两句是否可以用"不着一字，尽得风流"来形容呢。它不刻意地向你诉说所经历的事，但你却可以品出诗中的大千世界。这也许是朱光潜所说的"隐"。"近来人事半消磨"是"显"，这两句是"隐"，而且那么自然，不着痕迹。诗人很可能回乡后"访旧半为鬼"，但当他来到门前，看见这湖水，仿佛所有的人事物都活现在眼前。曾经在这里和朋友吟诗作对，曾经在这里抱着孩子散步，曾经在这里妈妈安慰他科举失意，也曾经在这里登上远去的客船……这湖水包容了多少诗人的高兴、欢欣、失望、惆怅……一幕幕场景，一个个鲜活的人物，穿越千年，仍然历历在目；一句句嘱托叮咛，一声声欢声笑语，一阵阵失意叹息，穿越千年，仍然不绝于耳。这就是"以有限包容无限"的审美体验。我们也可以以有限去包容无限的美感试着来分析下面的诗句。

移家别湖上亭
〔唐〕 戎昱
好是春风湖上亭，柳条藤蔓系离情。
黄莺久住浑相识，欲别频啼四五声。

整首诗歌都是"隐"，这二十八个字，包含了诗人多少的故事，多少的情感。诗人有多么舍不得离开湖上亭，读者朋友也可以细细体会。

②诗歌的有限去包容读者的无限。

短短几十个字，让诗歌显得有限，但不同的读者去读同一首诗歌，却可以品出不同的味道，也就是说，同一首诗歌可以与不同读者的生命相遇，而在不同读者心中建构起自己独特的内心体验和审美愉悦，这也证明着诗歌用有限去包容无限的美感。正如戏剧评论家说的"每个读者心中都有一个哈姆雷特"，每首诗对不同的读者可以产生不一样的审美体验。我们来欣赏下面这首诗。

杂诗（其二）
〔唐〕 王维
君自故乡来，应知故乡事。
来日绮窗前，寒梅著花未？

这首诗歌如果诗人问同乡某件具体的事，那就不成其为诗了。最后一句特别让人玩味，诗人只问同乡故乡的梅花开了没有？这里，你可去想象和体会诗人的故事和心情。但是，每个读者去读这首诗的时候，哪怕就是去想象和体会诗人的故事与心情也都带上了浓浓的自我色彩，也就是说，每个人想到的故事与体会到的心情其实就是自己经历的投射。正如康德《判断力批判》里所说，"真正的崇高只能在评判者的心情里寻找，不是在自然对象里。""心情在自然界的崇高的表象中感到自己受到激励。"诗的高明之处就在于诗的自然呈现引出了读者对自己经历、故事的再现与自己心情的体验。这也让诗本身成就了自己的高峰——用诗歌的有限去包容读者的无限。

《杂诗》中最后两句"来日绮窗前，寒梅著花未？"你想到的故事和体会的心情是什么呢？曾经在梅花窗前紧张地复习迎考？曾经和儿时小伙伴折梅花玩？曾经和心仪的女孩"郎骑竹马来，绕床弄青梅。"还是其他的故事呢，总之在那对故乡深深思念的情感中有读者你自己的身影。这也就是诗词的魅力之一吧。

以有限去包容无限，这种审美表现还在于运用模糊词汇。例如《诗经·国风·卫风·硕人》写庄姜夫人之美："手如柔荑，肤如凝脂，领如蝤蛴，齿如瓠犀，螓首蛾眉，巧笑倩兮，美目盼兮。"前面五句用比喻，比较写实，也比较限制想象。最后两句则是描写庄姜之美的精华。"巧笑倩兮""美目盼兮"，"巧""倩""美""盼"全是模糊词汇，没有精确的描述，全靠每一个读者在心中自成一意象，似乎也不能用白话文去翻译、解释，不然就破坏了这八个字所要表现的整体形象。中国汉字用得恰到好处，就可以超越写实，而走向写意，从而用有限的几个字在每个读者心中展示出大千世界。

另一种模糊词汇的运用是叠音字。"青青河畔草，绵绵思远道""青青子衿，悠悠我心，纵我不往，子宁不嗣音""寻寻觅觅，冷冷清清，凄凄惨惨戚戚""庭院深深深几许，杨柳堆烟，帘幕无重数""离离原上草，一岁一枯荣。……又送王孙去，萋萋满别情""迢迢牵牛星，皎皎河汉女。纤纤擢素手，札札弄机杼。终日不成章，泣涕零如雨；河汉清且浅，相去复几许！盈盈一水间，脉脉不得语""穿花蛱蝶深深见，点水蜻蜓款款飞""昔我往矣，杨柳依依，今我来思，雨雪霏霏"……朱光潜说，叠音字起源于情感表现的需要，情感是低徊往复，缠绵不尽的。因此，用叠音字更能有效地表达那不尽的情感，这也是汉字独有的魅力。用同音的两个字组合，就能表现心中复杂又缠绵不尽的情感，从而起到一种有限去包容无限的效果。虽然叠音字的叙事功能不强，但在情感上却有深刻、持久、复杂的表现力。这也正是诗歌抒情功能的重要表现形式。我们可以再去仔细体会、揣摩上述叠音字诗词。

4. 言有尽，意无穷

中国诗词有一个特点就是言有尽，意无穷，指诗歌言语虽然结束了，然而意味却没有结束，不仅没有结束，它还具有无穷无限的特点。

在先秦时期就有关于"言有尽，意无穷"的哲学解读，从而为诗歌的创作预设了一条美学路径。例如庄子说："大音希声，大象无形。道隐无名。"（《老子》第四十一章），"无状之状，无物之象"（《老子》第十四章），"至精无形"（《庄子·秋水》），"至乐无乐"（《庄子·至乐》），"天地有大美而不言"（《庄子·知北游》），可见，真正的美是言语所不能包容的，它存在于"无"中。语言都有其局限性，并不能包容真正而完整的美。如果能够通过有限的语言去包容无限的美，这样的审美创作才算是成功的。

三国时期魏国玄学家王弼对言、意、象的关系就有着非常精辟、深邃的论述："言生于象，故又寻言以观象；象生于意，故又可寻象以观意。言以象尽，象以言著，故言者所以明象，得象可以忘言；象者所以尽意，得意以忘象。"言不能尽意，要立象以尽意。"象"的本质仍然是用以尽意的媒介和工具。这里所要尽的意，是主体内在之意，是主客体交融、体悟时所领悟的宇宙义和人生真谛。"意"包括情、理、意、趣、味等多种因素，因此有情韵、韵致、兴趣、兴味等多种别名。南朝文论家刘义庆等提倡的"气韵"，刘勰、钟嵘提倡的"余味""滋味"，都是对审美特征的追求。而所谓"韵味"，就是由物色、意味、情感、事件、风格、语言等因素共同构成的美感效果。著名语言文字学家黄侃云："文有饰词，可以传难言之意；文有饰词，可以省不急之文；文有饰词，可以摹难传之状；文有饰词，可以得言外之情。"

在唐宋时期，诗词作者本人也对"言有尽，意无穷"有独到的见解。白居易认为"为诗宜精搜""须令语尽而意远"（《文苑诗格》）。北宋苏轼明确提出："言有尽而意无穷者，天下之至言也。"姜夔也认为："句中有余味，篇中有余意，善之善者也。"（《白石道人诗说》）严羽在评述唐诗时做了进一步阐发。"盛唐诸人唯在兴趣，……故其妙处透彻玲珑，不可凑泊，如空中之音，相中之色，水中之月，镜中之像，言有尽而意无穷"（《沧浪诗话·诗辨》）认为，只有摆脱理障事障，直抒胸臆写真景真情，诗才能莹彻玲珑，并以禅喻诗，标举镜花水月空灵的艺术形象，说明艺术境界和现实生活不粘不脱，若即若离才能做到"言有尽而意无穷"。

我们来品一首诗：

喜见外弟又言别

［唐］李益

十年离乱后，长大一相逢。

问姓惊初见，称名忆旧容。

别来沧海事，语罢暮天钟。

明日巴陵道，秋山又几重。

李益八岁到十六岁时经历了安史之乱及其后的藩镇混战、外族入侵等战乱，他与他的表弟分别了近十年。一次偶然的机会，他碰见表弟。在这里，我们可以展开想象，诗人是在怎样的情形下遇到了他的表弟。诗句仅有十个字"十年离乱后，长大一相逢"，但我们可以用现实生活中的版本去对应。读诗就是一个再创作的过程。例如，可能是诗人与表弟同来参加考试；可能是两人同在旅店里住宿；也可能是诗人路上钱包被偷，帮助诗人把钱包找回来的恰好是表弟……总之，我们可以用自己的亲身经历去还原这句诗，这也正是品诗给我们带来的乐趣之一。大家不经意地相见却发现对方如此熟悉。后来问姓氏，大家心里都不禁一惊，有可能是同乡人。这让我想到了《长干行·君家何处住》"君家何处住，妾住在横塘。停船暂借问，或恐是同乡"，这两处诗都将作者内心那种期盼、小心求证、惊喜等复杂的瞬间情感很细致地写出来。当诗人再问名字，发现原来是表弟，内心的释然、欢喜、欣慰表露无遗。只不过，彼此的容貌已经改变了太多，想想还是小时候那么单纯、那么可爱、那样地没有烦恼。"忆旧容"实在包含了对世事沧桑的些许无奈，也包含了彼此还健在的欣慰。"别来沧海事，语罢暮天钟"分别十年的话到底能说多长呢？杜甫诗"夜雨剪春韭，新炊间黄粱。主称会面难，一举累十觞。十觞亦不醉，感子故意长"，李商隐"何当共剪西窗烛，却话巴山夜雨时"，几处诗句都共同刻画了诗人与亲朋共叙离别事时总有说不完的话，难以分别的心情，恨不得这样的谈话一直持续下去，只可惜短暂的相逢，却会换来再次长久分别。尾联"明日巴陵道，秋山又几重"就是"言有尽，意无穷"的真实表达，想想明天表弟和自己又要分别了，那长长的巴陵道没有尽头，几重秋山又会将彼此分离。诗句在这里就结束了，但我们完全可以想象接下来会发生的生活事件，还可以想象诗人对表弟的担心、思念、忧虑等情感远没有结束，整首诗的意味、情韵也没有结束，当然还传达着诗人对人生聚少离多的生命感悟以及无奈与辛酸之情。用顾随的话来说就是"言有尽，韵无穷"。意在言外，而韵在意外。读者去品读这句诗里所传递的情感、韵味是超越这句诗所要传达的字面意思的，有着更深的内涵和体验。这正是中国诗词的魅力所在。读者朋友可以试着用上述的原理来品读《红楼梦》里的"宝鼎茶闲烟尚绿，幽窗棋罢指犹凉"，《塞下曲二首》的最后一句"年少辞家从冠军，金鞍宝剑去邀勋。不知马骨伤寒水，惟见龙城起暮云"，《缚鸡行》"小奴缚鸡向市卖，鸡被缚急相喧争。家中厌鸡食虫蚁，不知鸡卖还遭烹。虫鸡于人何厚薄，吾斥奴人解其缚。鸡虫得失无了时，注目寒江倚山阁"。

"言有尽，意无穷"一般通过以下几种方式来表现：

（1）造景。

景在诗人的眼中，不再是孤立的客观存在，而是有生命意蕴和内涵的，是能够与作者和读者产生共鸣的存在，是温暖的、生长的、永恒的。叶朗认为，在艺术里，才看见一个真实的世界，因此，如果景用得恰到好处，它就能跟无限对应，展现真实与永恒。下面我们来感受整首写景的诗词。

山亭夏日

[唐] 高骈

绿树阴浓夏日长，楼台倒影入池塘。

水晶帘动微风起，满架蔷薇一院香。

我们来体会一下写景的诗"言有尽，意无穷"。首先，夏日就是一个在时间坐标里无限延伸的季节坐标。人世有代谢，夏日永常在。其次，全诗所有的景物也具有永恒的意义。绿树、倒影（楼台可能会变，水中楼台的倒影永不变）、风吹水皱、蔷薇、花香，可以说这一架蔷薇穿越千年，我们现在仍然会闻到它的花香，而这种穿越还会继续。每一代的读者在读到这句时，都会闻到扑面而来的芬芳。全诗所展现的夏日生命活力以及作者对夏日的喜欢都透过这简单的几句诗展示出来。句句是景，然而每句又何尝不是诗人对生命的感悟与体认，细细品读，韵味具在。

景的生命力与永恒的象征构成了诗词"言有尽，意无穷"最基本的表达方式。"大漠孤烟直，长河落日圆""人闲桂花落，夜静春山空""江流天地外，山色有无中""野旷天低树，江清月近人""穿花蛱蝶深深见，点水蜻蜓款款飞""星垂平野阔，月涌大江流""江碧鸟逾白，山青花欲燃"……这些写景诗句都表达着不同的作者对自身生命的不同体认。民国时期的泰斗们甚至认为"穿花蛱蝶深深见，点水蜻蜓款款飞"体现了中国人的宇宙观（张曼菱语）。言语是有限的，而意味却是无穷的。

中国的山水景物素来不是孤立的存在，而含有"仁智之乐"。子曰"智者乐水，仁者乐山"。南朝的宗炳认为"圣人含道映物，贤者澄怀味像。至于山水，质有而灵趣。是以轩辕、尧、孔、广成、大隗、许由、孤竹之流，必有崆峒、具茨、藐姑、箕首、大蒙之游焉，又称仁智之乐焉"，因此，这些自然之物在中国诗词中的呈现，恰恰是诗人心境或内在情感的表达，有着一种仁智之乐的超越感。宗炳还认为，"然则智有穷幽之鉴，而无知焉；神有应会之用，而无虑焉。神无虑，故能独王于世表；智无知，故能玄照于事外。"自然山水达到这样的境界，当然"言有尽而意不穷"。此外，《原道》里讲的"自然之道"有两点：一是"心生而言立，言立而文明，自然之道也"；二是"玄黄色杂，方圆体分"，龙凤藻绘，虎豹炳蔚，云霞雕色，草木贲华，林籁结响，泉石激韵"夫岂外饰，盖自然耳"，这个心是承天地之心来的，"为五行之秀，实天地之心。心生而言立，言立而文明"，因此，中国文化里天人合一的思想，就表明自然所承载的已经大大超越了物本身，而成为人心灵的关照，在诗词中所体现的自然之物也就成为一种意境深远的象征。正如陆机在《文赋》中所说，"遵四时以叹逝，瞻万物而思纷。悲落叶于劲秋，喜柔条于芳春。心懔懔以怀霜，志眇眇而临云。"任何一种自然景物已经脱离了其本身物的性质而带有了人的主观表达，这正是用造景表现"言有尽、意无穷"，从而使言语有了无限延伸的可能性。

（2）造境。

造境就是将一系列景在诗词中呈现为一个意趣丰满的意境。而这样的意境也同样能实现"言有尽而意无穷"。例如马致远的《天净沙·秋思》，"枯藤老树昏鸦，小桥流水人家，古道西风瘦马。夕阳西下，断肠人在天涯。"这首词是多个景放在一起，形成景象叠加的意境，词与词之间并没有过多的其他连词，但让人感到一种苍茫辽远的境界美，以及诗人秋天思念故乡、倦于漂泊的凄苦愁楚之情。正如王弼所说，"言不能尽意，要立象以尽意"。这里的象就是一种意境，可以让读者在语词所构筑的意境里品出超越语词本身的内容来。

海德格尔说，"诗人就是听到事物之本然的人"。诗人之心有别于常人之心，原在于他能抛开生活的烦琐，在诗意的境界中，感受存在的意义。诗人通过时间的感觉走向生命的醒觉，在最平常的事件中发现令人惊异莫名的不平常内容。中国诗词通过造境，恰恰反映了诗人在平常的自然景物中感受到的不平常的生命力，让诗词本身充满了更多深远的内涵。诗人用这种方式实现了"言有尽而意无穷"。

5. 二元对立与统一之美：淡与浓

在诗歌中我们常常可见二元对立与统一之美，《易经》中有一幅太极图，可以作为中国哲学思想的源头。

太极图里，黑白两个部分即一阴一阳，见图 3-1。《道德经》里说"一阴一阳谓之道"，任何事物都是有正反两方面的特点的，是阴阳两方面的统一体。周敦颐在《太极图说》里开篇即写"无极而太极。太极动而生阳，动极而静，静而生阴，静极复动。一动一静，互为其根。分阴分阳，两仪立焉。"也就是说太极图是一幅动态的图，阴阳两方面又是相互转换的。如果用太极阴阳两仪的思想来理解中国诗词之美，那我们就能体会出许多深刻的内涵。

图 3-1　太极图

我们先来看一首诗：

相思

[唐] 王维

红豆生南国，春来发几枝。

愿君多采撷，此物最相思。

这首诗初一品，好像淡淡的白开水。春天到来的时候，南方的红豆发芽了，远方的君，不妨多采摘，因为这最能寄托相思。似乎淡到完全没有味道。但如果细细品读，里面可以留给读者无数的想象，可以品出无限的情感。比如两个人为什么会分离，是棒打鸳鸯吗？是战争使然吗？还是求学为官？不管怎样的故事，都会使人心生感动。那么红豆在这些故事中曾经扮演过怎样的角色？大家都可以想象了。那一定是两个人至真至深情感的维系物。因此，当又一年春天到来的时候，诗歌中的主人翁透过诗提醒远方的君，该多采些红豆了，表面上看就是一句话，但内心的情感有多浓呢？我们完全可以体会出里面的相思、担心、不舍、心痛等情感，此时，这首诗又像是一杯浓浓的蜜糖水。"淡"与"浓"在这首诗里结合得非常完美。如果说"淡"主"静"，那么"浓"就是主"动"，一静一动结相合，使得这首诗具有生生不息的生命力。

司空图《诗品二十四则》中有两品，分别是"冲淡"与"纤秾"，也许就是对"淡"与"浓"最好的注解。冲淡品："素处以默，妙机其微。饮之太和，独鹤与飞。犹之惠风，荏苒在衣。阅音修篁，美曰载归。遇之匪深，即之愈希。脱有形似，握手已违。"纤秾品："采采流水，蓬蓬远春。窈窕深谷，时见美人。碧桃满树，风日水滨。柳荫路曲，流莺比邻。乘之愈往，识之愈真。如将不尽，与古为新。"

我们再给大家列举一些诗歌，品一下其中的"淡"与"浓"。

过故人庄

[唐] 孟浩然

故人具鸡黍，邀我至田家。

绿树村边合，青山郭外斜。

开轩面场圃，把酒话桑麻。

待到重阳日，还来就菊花。

在绿树青山环绕的农家，诗人与好朋友见面了。不过就是喝喝小酒，聊聊桑麻，两人还约好了，重阳节一起看菊花。这完全就是家常。所谓"君子之交淡如水"也不过如此了。然而再细品，这淡淡的交谈之外，有一种心照不宣的默契。而这份默契并不是那些巧言令色的交谈者所能有的。子曰："巧言令色鲜亦仁。""巧言、令色、足恭，左丘明耻之，丘亦耻之。"那些说浓烈语言的人往往可能心口不一，彼此间没有根本的信任，更谈不上交朋友了。而真正的朋友，孔子所说真正的君子，应该就是这样淡如水的交谈，不会去思考应对进退，随意自然。另外，对大自然的共同热爱让大家有了共同的话题，因而更多了一份默契与信任，这恰是一种浓浓的朋友之情。所以真正的朋友往往是淡如水的。

这样的淡才能长远。

说到田园诗，最有代表性的也许就是陶渊明，在他的诗中有很多淡淡的田园生活的描述。例如《归园田居·其三》，"种豆南山下，草盛豆苗稀。晨兴理荒秽，戴月荷锄归。道狭草木长，夕露沾我衣。衣沾不足惜，但使愿无违。"《饮酒·其五》，"结庐在人境，而无车马喧。问君何能尔？心远地自偏。采菊东篱下，悠然见南山。山气日夕佳，飞鸟相与还。此中有真意，欲辩已忘言。"《归园田居·其二》，"野外罕人事，穷巷寡轮鞅。白日掩荆扉，虚室绝尘想。时复墟曲中，披草共来往。相见无杂言，但道桑麻长。桑麻日已长，我土日已广。常恐霜霰至，零落同草莽。"如果总结一下他的诗带给我们的美感，那就是"绚烂之极归于平淡"。人心总有一个最终的归宿，这个归宿不是在车马喧闹的市镇，不是在人多言杂的社群，相反是回归自然。自然看似简单、平淡，却让人身心自由、能够成为真实的自己。这个真实的自己可以产生无限多样的可能性。因此，"绚烂之极归于平淡"是一种有智慧的选择。在这里，艺术的高境界和人生的高境界合二为一。"淡"才可以"真"，才可以"远"，也才是真正"浓"的表现。

值得一提的是，一首诗要淡到什么程度是最淡，也是最浓最真的体现。叶嘉莹的老师，顾随有这样的论述："诗最高境界乃无意。"也就是诗要淡到没有任何目的和意图，完全是"雁过无声，去留无意"。我们来看下面的诗：

雨中山果落，灯下草虫鸣。

（王维《秋夜独坐》）

孤莺啼永昼，细雨湿高城。

（陈与义《春雨》）

行到水穷处，坐看云起时。

（王维《终南别业》）

采菊东篱下，悠然见南山。

（陶渊明《饮酒》）

顾随说这些诗句"岂止无是非，甚至无美丑，而纯是诗。如此方为真美，诗的美"，也就是"无意"是诗最高境界的美。就像我们看自然界的事物，云卷云舒、花开花落并没有任何目的和意图，完全任意而为，因此可以感觉到一种大美。这种感觉印证了老子所说的"大象无形，大音稀声"，也印证了庄子所说的"天地有大美而不言"，这完全是一种自然的状态。同样的，诗词是人的精神境界的升华，难能可贵的是，她和自然之物有很大的不同。当人生经历了多样的颠沛流离、艰难苦恨、生离死别之后，还能写出那样自然而为的诗句，这不能不说是诗人生命境界的极大提升。因此，这"至淡"的后面是"至浓"，浓到最深处就成了淡。写到这里，我们不得不佩服诗人深邃的人生智慧和高超的诗词创作技巧。

6. 二元对立与统一之美：永恒与短暂

在中国诗词中，一个细节一个片段，经过诗人们精心的设计，往往可以在刹那间见永恒。这也是二元对立与统一之美的另一个注解。一方面，永恒与短暂并不是两个对立物，相反，永恒往往喻于短暂之中。看似短暂的事物它却孕育了永恒的可能性。另一方面，短暂与永恒也是可以相互转化的，短暂可以转化为永恒。越是优秀的诗词越可以让人体会到永恒。

一般说来，孕育永恒的短暂往往通过以下几个方面表现出来：

（1）通过穿越时空的造景来表现。

我们可以通过《游园不值》来感受这种表现手法。

游园不值

［宋］叶绍翁

应怜屐齿印苍苔，小扣柴扉久不开。

春色满园关不住，一枝红杏出墙来。

那一次，诗人去找朋友，敲了很久的门却没人回应。而此刻，诗人感受到和看到的，就像用一个摄影机把它全部拍摄出来，让我们虽然穿越千年，却仍然可以感受到和看到。这是一幅无论放在哪里，放在哪个时代都不会过时的高墙红杏组合图。中国的器物有一个特点，即超越了器物本身的有用性，而成为艺术化的存在，如碗、桌、椅、床等，而这里就是"墙"。中国的墙并不只是用来挡风遮雨的，而是一道让人可以欣赏的风景。例如，在墙上筑瓦以增强立体感，或在墙上筑一个假的窗檐，增强审美效果，或在进门那里，修一堵墙，以起到遮挡的效果。就这么一堵墙，足以代表中国人精致的审美。一枝红杏，那么少许几朵红花，搭配在白色的墙体外，顿时更增添了几分活泼的生命气息。此外，红与白也是经典的色彩搭配。值得一提的是，诗词中的画面都有动感美。最后一句"一枝红杏出墙来"，足可以给你无限多的联想。这样的诗就是把它的动感美，即叶嘉莹所说的"诗的潜能"给挖掘出来了。如"吹花送远香"，当风儿轻轻吹过，我们不仅看到了花枝摇曳，我们还闻到了花香，此外，我们还可以看到，远处飞来几只蝴蝶，或几只蜜蜂，与红花在风中翩翩起舞，又或者吸引了两只燕子，触碰一下花枝，又飞走了，吸引行人驻足欣赏。这便是诗的动感美了。更重要的是，诗人精心安排的语句，让我们时隔千年仍然能够感受到红花配白墙的美丽（见图3-2），能想象画面的动感美，能闻到那千年不散的花香。因此，诗人在他的诗句中营造了一个"刹那成永恒"的美丽瞬间，而这一瞬间，纵然时隔千年，我们仍然能完全体会。

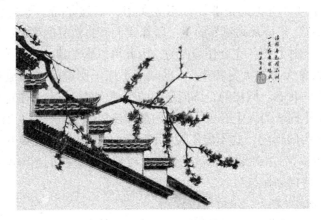

图3-2 中国墙

我们节选一段叶朗在《美学原理》中的论述："这个'心'只有通过在此心上显现的世界万物而显现自己。反过来，世界万物在这个自由活泼的心灵上刹那间显现的样子也就是事物本来的样子。……这是禅宗强调的'心物不二'。禅宗这种刹那真实的理论启示人们去体验审美的世界。审美世界就是在人的瞬间直觉中生成的意象世界，这个意象世界是显现世界万物的本来面目的真实世界。"如果用在上述诗中，正是诗人这刹那的看见，让这株杏花真实地显现。若没有诗人的那双眼睛，这株杏花便如同世界上很多杏花那样，存在却又好像不存在。

此外，这首诗还美在"显"与"隐"，"细小"与"宏大"。"显"的是一枝红杏出墙，"隐"的是墙后面春色满园，大千世界。其实诗人要让观众在头脑中去想象那个满园春色，姹紫嫣红的繁华之美。不过他仅仅用"一枝红杏出墙来"抛砖引玉，让你先看看那一枝红杏，再请你自己想象。中国诗词在创作的时候似乎常常会刻意运用这种效果，即先拉出点序幕，再或隐或显地展开宏大画面，如"两个黄鹂鸣翠柳，一行白鹭上青天。窗含西岭千秋雪，门泊东吴万里船""一片花飞减却春，风飘万点正愁人。且看欲尽花经眼，莫厌伤多酒入唇"。

（2）通过打动人心的瞬间故事来表现。

杜甫的《缚鸡行》和岑参的《逢入京使》都是刹那成永恒。

缚鸡行

[唐] 杜甫

小奴缚鸡向市卖，鸡被缚急相喧争。

家中厌鸡食虫蚁，不知鸡卖还遭烹。

虫鸡于人何厚薄，我斥奴人解其缚。

鸡虫得失无了时，注目寒江倚山阁。

这首诗读起来直白朴实，也像是用摄影机把诗人那天发生的事记录了下来。诗人被一阵鸡叫声吵得不得安宁，他放下书卷出门一看，原来是家奴要把鸡捆起来，拿去卖。因为家里的人都厌恶鸡吃虫子，但却不知鸡拿去卖了也要被烹煮。诗人可怜鸡，让家奴把鸡放了，但虫子又会被鸡吃掉，真不知如何是好，只好注目寒江，倚楼远望。当然杜甫在诗中，明显有比喻。当时，天下战乱已久，国家和人民都陷于苦难中，一时还无法摆脱困境。杜甫虽有匡时济世之志，但年老力衰，已"无力正乾坤"。萧涤非先生说："感到'无力正乾坤'的诗人是很难做到飘飘然的。白居易有这样两句诗：'外容闲暇心中苦，似是而非谁得知？'这对于我们理解杜甫这一貌似达观的形象很有帮助。"可见诗中仍然表现了作者对时局的深切关心，流露了诗人对国家、人民的忧虑，在计无所出的情况下，无可奈何的苦闷心情。特别是最后一句，写得太好了。这里诗人采用逸宕手法，由议论转入写景，通篇由平实入空灵，摇曳生姿，给读者很多联想。

那一声鸡鸣，再次唤起了杜甫对人民、国家、时局的关注。时至今日，我们虽然不再身处乱世，但通过诗人写的诗句，我们仍然能感受到他那份对时局无法把握，对百姓的生计无可奈何的心境。因此，这短短的七律，虽然仅是对是否缚鸡的描写与感叹，但却穿越时空，让我们也可见可感。

逢入京使

[唐] 岑参

故园东望路漫漫，双袖龙钟泪不干。

马上相逢无纸笔，凭君传语报平安。

此诗作于公元749年（天宝八年）诗人赴安西（今新疆维吾尔自治区库车县）上任途中。这是岑参第一次远赴西域，去安西节度使高仙芝幕府任书记。此时岑参34岁，前半生功名不如意，无奈之下，出塞任职。这首诗也像是摄影机记录的瞬间。在离故乡渐行渐远的路上，他遇到了入京的使者。马上相逢，又没有纸笔，但想让使者给家人带回只言片语，无奈，只有让使者带口信报平安。我们也可以继续想象，使者最终回到长安了吗？他给家人带口信了吗？家人听见口信受安慰了吗？不过诗人与使者马背上相逢，并捎带口信的这一瞬间，我们现在仍然能感受到他对家人的思念与牵挂，以及家人对他的担心。虽然只是一个瞬间，但仍然能穿越千年的时空，让我们也能感受到他的感受。瞬间也就成为永恒。

细心的朋友已经发现，在解读上面几首诗时，我都用到了摄影机的比喻。但诗词比摄影机有着更高的价值和意义。首先，摄影机过于真实，而缺乏了想象的空间，不太容易带给观者"潜能"，即不太容易挖掘诗作的内涵以及读者的联想。而诗词却是通过语言和文字来再现画面和故事。我们用语言分析哲学家戴维森关于"概念图式"的理论来讨论中国诗词语言的问题。戴维森认为，不同民族，其语言有不同的概念图式。概念图式是用以组织、整理经验内容使之有序化、条理化的形式或方式。具有不同概念图式的人不自觉地赋予原始经验材料以一定的有序性形式，从而成为有序的经验现象或实在。在我们的诗词里面，从《诗经》开始，就不断累积中国诗词语言的"概念图式"。例如"昔我往矣，杨柳依依。今我来思，雨雪霏霏。"这里就有两个"概念图式"，"杨柳""雨雪"。当后人再用这两个语词时，它就不仅仅表示一个自然事物，而是带有"离别故事""离别情感""回家故事""回家情感"等丰富经验内容的图式。当然这样的概念图式，在中国诗词艺术不断发展中，也不断累积，从而形成了一套丰富充盈的图式系列。当读者在品读诗词时，他所感受到的信息容量是摄影机所摄画面不能包含的。因此，用语言记录的瞬间比用摄影机记录的瞬间有更多的内涵，也更能激起当代人许多共鸣，从而更具有永恒的价值。

其次，摄影机只能记录故事和画面，对于情感只能记录演员当时有限的表现，或者说很难将复杂的情感传递。但中国诗词却不一样。例如《缚鸡行》中的"注目寒江倚山阁"，《逢入京使》的"凭君传语报平安"，这两句都是言有尽，意无穷。我们完全可以从中品出诗词中所包含的深层复杂的情感。因此，这种"无尽"与"杂多"可以让诗词语言比摄影机更具永恒的价值。

但是，摄影机还有一个功能是拍摄纪录片，然而诗词纪录片与摄影机又有不一样的地方。这就是永恒与短暂——二元对立与统一之美的第三个表现。

（3）通过塑造惊心动魄的历史来表现。

我们先来欣赏下面这首诗。

金铜仙人辞汉歌
[唐] 李贺

魏明帝青龙元年八月，诏宫官牵车西取汉孝武捧露盘仙人，欲立置前殿。宫官既拆盘，仙人临载，乃潸然泪下。唐诸王孙李长吉遂作《金铜仙人辞汉歌》。

茂陵刘郎秋风客，夜闻马嘶晓无迹。画栏桂树悬秋香，三十六宫土花碧。
魏官牵车指千里，东关酸风射眸子。空将汉月出宫门，忆君清泪如铅水。
衰兰送客咸阳道，天若有情天亦老。携盘独出月荒凉，渭城已远波声小。

一个王朝的落幕让人为之动容，一刹那见永恒。曾经在汉朝见证了无数成功与辉煌的雕塑金铜仙人，这一次被迫迁移到取代汉朝的魏国。诗里首先写道，汉朝曾经的繁华已不在，金铜仙人看到的是一个衰败的王朝。茂陵里埋葬的刘郎，好似深秋落叶倏然离去，夜里曾听到他的神马嘶鸣，天亮却杳无踪迹。汉武帝曾经那样地威震四方，还想长生不老。但人死如灯灭，曾经的辉煌都是过眼云烟。然后再写道，金铜仙人现在所待的地方景况如何呢？汉宫里画栏内的桂树依旧花繁叶茂，散发着阵阵幽香。花越是开得好，越是衬托出王朝落幕的悲伤。长安城的三十六宫，如今却已是苔藓满布，已完全看不到当然的金碧辉煌。此时，金铜仙人不得不离开汉朝的宫殿，魏国官员驱车载运铜人，直向千里外的异地，刚刚走出长安东门，寒风直吹铜人的眼睛，铜人似乎就要流泪了。他的内心如同人的心，说不尽无限的哀思。只有那朝夕相处的汉月，伴随铜人走出官邸，回想起往日的君主，铜人不禁潸然泪下。只有枯衰的兰草在通向咸阳的古道送别。曾经这里迎来送往，有商旅、有得胜将军，应该很热闹。可如今这里要送走的却是这个王朝最后的见证人。两相比较，不觉悲从中来。面对如此兴亡盛衰的变化，上天若有情，也会因为悲伤而变得衰老。还好天没有情，但人不一样啊，人会因此而变得衰老凄凉。想当年，跟随金铜仙人离开长安的人们，估计就是如此的光景吧。独出长安的承露盘，在荒凉的月色下孤独影渺。眼看着长安渐行渐远，渭水波声也越来越小。最后两句最有韵味，"渭城已远波声小"，曾经叱咤风云的汉王朝就这样一点点消失在历史的长河中。

全诗借雕塑金铜仙人的见证，看到了一个王朝的落幕。诗人将金铜仙人由汉宫迁至魏宫的那一瞬间记录下来，我们现在读来仍然能够想象汉朝曾经的辉煌、汉朝衰败的景况、随着铜人迁都的人们内心的哀伤，以及家国难回的感叹。汉朝虽然已落幕，但借着这首诗，也成为永恒，供读者永远凭吊。这就是刹那见证永恒的魅力。不过，这个见证更关乎一个朝代、关乎一群人、关乎历史，有一种厚重的美。

（4）通过与天地对话的哲学思考来表现。

人的永恒意义在哪里呢？当人们去思考一个永恒哲学命题的刹那瞬间，人也因此遗世独立，成为具有永恒意义的存在。如果人只是一个惯于吃喝拉撒睡的存在，他与动物并无区别，可贵的是人的思考与精神，成为人之为人最重要的特征。而人在思考的那一瞬间，虽然短暂，但却具有永恒意义。首先，对于那些思考的问题，诗人没有答案，后人也永远追寻，且也不一定找得到哲学意义上的答案，这本身就具有无穷的魅力。其次，那些问问题的诗人，本身也是带着很多人生的困惑和世事的艰难在特立独行。然而或许没有人能真正理解他们，在那个时代如此，后人读来也许同样如此。他的存在跟他的"问"同样让人永久追寻。因此，这些记录着与天地对话的诗歌，永远活着。"问"是一刹那，而"追寻"却是永恒。这就是中国诗歌所特有的魅力之一。其中最有代表性的就是屈原的《天问》。《天问》里一共问了172个问题。这些问题不但见证着屈原的人生经历，更是体现了屈原作为杰出思想家，他的理性思考。这种"问"与思考的传统从先秦到南朝的《古诗十九首》再到唐诗、宋词，一直都在延续。正是这些不同的"问"，让诗人在问的当下立刻成为永恒的存在。我们来看下《古诗十九首之青青陵上柏》。

青青陵上柏

青青陵上柏，磊磊涧中石。

人生天地间，忽如远行客。

斗酒相娱乐，聊厚不为薄。

驱车策驽马，游戏宛与洛。

洛中何郁郁，冠带自相索。

长衢罗夹巷，王侯多第宅。

两宫遥相望，双阙百余尺。

极宴娱心意，戚戚何所迫。

诗人看到了陵上的青柏，涧中的垒石，想到了自己，这些所见之物，当自己不在的时候，它们仍然存在，而自己行之将致时会在哪里呢？诗人忽然觉得天地之间的自己就像"远行客"。在那样一个南北朝对立混乱的时代，不如让自己斗酒娱乐、游戏人生。

然而，主人公的内心深处未尝不"戚戚"。他到京城去看看，从"王侯第宅"直到"两宫"，都一味寻欢作乐，醉生梦死，全无忧国忧民之意。自己又无权无势，能有什么作为呢？正是对自身存在的追问及回答，让这首诗成为永恒。我们现在仍然可以想象当时达官贵人在国家危亡之际依旧自寻娱乐的生活，仍然可以感受到作者内心的挣扎与痛苦，从而体会作者眼见的事物与思想的矛盾。

在唐诗里，仍然有大量这样的诗歌。最有代表性的就是陈子昂的《登幽州台歌》。

［唐］陈子昂

前不见古人，后不见来者。

念天地之悠悠，独怆然而涕下。

当诗人登上了幽州台，他的感叹是宏大的。在时间的长河中，他的存在只不过是短暂的，在他之前看不到古人，在他之后，没能看到来者。在空间的广延中，他的存在是渺小的，天地浩大，自己如何能与天地比高呢？不觉悲从中来。叠音字"悠悠"，比用现代文去解释天地浩大更有韵味，读者可以自己体会。这里也有个深层追问，在无限的时间与无垠的空间中，人存在的价值、意义到底是什么？既然比不过天地时间，那又为何存在？这样的追问不仅将唐诗的境界扩大，更重要的，当诗人发问时，其实已经回答了这个问题，人的永恒价值正是在这一发问中，人可以与天地比肩。所以这一短暂的问却让人成为永恒意义的存在。从这个意义上讲，不得不佩服中国诗人通过诗歌这种艺术化的表现来展示的深层价值和意义。

当然唐诗中还有很多这样的问与思考。例如"年年岁岁花相似，岁岁年年人不同""江畔何人初见月，江月何年初照何人？人生代代无穷已，江月年年只相似""青天有月来几时？我今停杯一问之。人攀明月不可得，月行却与人相随。……今人不见古时月，今月曾经照古人。古人今人若流水，共看明月皆如此"。另外，大家都很熟悉的苏轼的词"明月几时有？把酒问青天"都延续了这一追问的模式。

当然，在《红楼梦》里曹雪芹借《葬花吟》也有不同的追问。全诗一共有8个问句，每个问句内容都不同，也能表明作者不同层面的思考。我们看前面几句。

周汝昌校本《葬花吟》

花谢花飞花满天，红消香断有谁怜？

游丝软系飘春榭，落絮轻沾扑绣帘。

帘中女儿惜春莫，愁绪满怀无处诉。

这首诗用词很精致。"红消香断"，让我们想起了"绿肥红瘦""菡萏香消翠叶残"，用词考究。这四个字，表达了对美好事物殒命的哀叹。另外，"花谢花飞花满天，红消香断有谁怜？"这个问句直接点明的主题是谁来惜春。惜春伤春的主题在唐诗里处处可见，但曹雪芹却思考了一个问题：谁来惜春？恰恰是因为惜春的人太少才会有这样的发问，而这个问句的背后是一个宏大的命题——"爱"。有位哲学家说，爱在本质上是一种指向弱小的感情，在爱中占优势的是提供保护的冲动。然而谁会真正有这样的爱呢？在《红楼梦》中，我们看到很多人寻求强大的靠山以保护自己。但谁又是那个连最弱小的"红消香断"都会怜惜的人？这样的人一定是一个大爱者。所以这一短暂的发问却带来了谁会有这样的大爱的永恒思考？这个思考现在仍然继续。当然，这首诗还有其他层面的追问，读者朋友可以细细品味。

7. 诗词中的画面感

中国诗词一个很重要的审美特点就在于它的画面感。短短几个字，往往可以勾勒出无限浩大的场景，展现出无限精致的意境。诗画相融是我们去品味一首诗词时首先要了解的美学常识。有了这个常识，就像找到了进入诗词审美的入口，让读者能一下子品味出诗的美感。我们可以举一些诗词的例子。

小池

［宋］杨万里

泉眼无声惜细流，树荫照水爱晴柔。

小荷才露尖尖角，早有蜻蜓立上头。

我们可以想象这首诗的语言所勾勒的画面。尽管每个人想的画面不同，但正是这种想象让诗歌可品可感，变得立体化。画面感是作品与读者交流最简单的形式，也是让作品具有永恒魅力的最简单的形式。《小池》有一个远景，树荫下无声细流的泉水，有一个近景的特写，一枝荷花才露出一个尖尖角，一只蜻蜓在上面停留。这都是很精致的画面。当然有画就有颜色，读者朋友可以试着给这幅画配色。

有些诗歌所勾勒的是大气的画面。我们来品下面一首诗。

绝句四首（其一）

［唐］杜甫

两个黄鹂鸣翠柳，一行白鹭上青天。

窗含西岭千秋雪，门泊东吴万里船。

这首诗前两句是精致的画面，但青天的背景已显得开阔宏大，因此读者特别要品的是后两句。"窗含西岭千秋雪，门泊东吴万里船"这两句就像在画展上看到的两幅用精致画框装裱的画。"窗含"是一幅横轴的画。"门泊"是一幅竖轴的画。大家可以试着想象这两个画框的质地、颜色、花纹。画作分别是"西岭千秋雪""东吴万里船"。数字将画的境界拉远，使这两幅尺度有限的画面立刻具有了无限延伸的特点，似乎有由近及远的镜头感。更难能可贵的是"西岭千秋雪"是在时间中无限延伸，"东吴万里船"是在空间中无限延伸。每句诗都具有动感美，如黄鹂正在枝头转着头婉转歌唱，白鹭正在飞翔，下了千年的雪似乎还在下，东吴的船似乎正在靠岸。如果把四句联起来看，整个画面近景、远景、有限、无限、时间、空间、动与静、各种颜色的呈现，包容万象但又具有真正的画面所不及的效果。

还值得一提的是，细品此诗，你会发现诗里有开场，有高潮。诗的一开头，写"两个黄鹂"在柳枝上婉转歌唱，好像序幕只拉开了一点点，紧接着，一行白鹭上青天，场面更大一点。最后，作者是要让观众看大片，即"窗含西岭千秋雪，门泊东吴万里船"，这种浩大的无限广阔的视野与场面，与前面两个黄鹂形成对比，感觉好像一种层层递进，层层深入展开的样子。看得出来，杜甫不愧是艺术大师，将多样的艺术元素融合进了这只有二十八个字的诗句里。这就是汉字的魅力，诗词的魅力。

我们来看看朱光潜《诗论》中的一段论述。他说，艺术受媒介的限制，固无可讳言。但是艺术最大的成功往往在征服媒介的困难。画家用形色而能产生语言声音的效果，诗人用语言而能产生形色的效果，都是常有的事。……我们只略读陶、谢、王、韦诸工于写景的诗人的诗集，就可以知道诗里有比画里更精致的图画。每种艺术用它自己的特殊媒介，又何尝无限制，形色有形色的限制，而图画却须寓万里于咫尺；语言有语言的限制，而诗文却须以有尽之言达无穷之意。① 可见，诗词语言所营造的画面具有超越性。完全有可能超越真正的画作所要表现的内涵，这正是诗词的永恒魅力之所在。读者朋友可以试着去品读王维、陶渊明等人的诗作，发现其中超越的画面美。

在诗人看来，任何自然景物都是可以入画的，有我们认为美的，有我们不在意的，也有我们感到害怕的……但只要是自然界的东西，都是可以入画的，例如苏轼的《望湖楼晚景》中的"电光时掣紫金蛇"。写闪电，那样地惊心动魄。又如下面这首。

六月二十七日望湖楼醉书

［宋］苏轼

黑云翻墨未遮山，白雨跳珠乱入船。

卷地风来忽吹散，望湖楼下水如天。

这是将暴雨、狂风入诗入画。用苏轼自己的话来讲是"壮观应须好句夸"。我们平常不太在意，甚至有点害怕的自然景物，在苏轼看来，仍然是美丽的风景。而这个风景他看到，并记录了。这个风景对于他是一个美的存在，而我们普通大众往往走过路过，视而不见。正如叶朗所说，在艺术中才看见一个真实的世界，如果没有了艺术，世界似乎对我们是不存在的，它只不过是一个个与我们无关的孤立的个体。在艺术中，自然才与人发生了最密切的关系。而诗恰恰是记录了自然万物的大千世界。在诗的画面感中，我们与自然合一，这正是诗词的魅力所在。

诗所呈现的画面还有一个特点就是具有动感美，而不是一种静态的表达。这是中国诗词语言很了不起的地方。我们看前面列举的几首诗，都具有这样的特点。"泉眼无声惜细流，树荫照水爱情柔。小荷才露尖尖角，早有蜻蜓立上头。"泉水是流动的，树荫也是会动的。我们仔细观察夏日里阳光照映下树荫的形态，它是随时在动，变化的。因此，树荫并不是一个僵硬的存在。小荷在风吹来时，也会随风摇曳。蜻蜓虽然立在那里，但它飞来又飞走的样子我们仍然可以想象出来。因此，整个画面具有动感美。"窗含西岭千秋雪，门泊东吴万里船。"雪正在下，船正在靠岸，都具有动感美。《六月二十七日望湖楼醉书》整首诗具有强烈的动感。读者朋友也可以试着拿其他很多写景诗来分析它们的动感美，很有意思。

说到动感美，这有几首写景诗比较有代表性。我们先来品许浑的《秋日赴阙题潼关驿楼》。

秋日赴阙题潼关驿楼

［唐］许浑

红叶晚萧萧，长亭酒一瓢。

残云归太华，疏雨过中条。

树色随山迥，河声入海遥。

帝乡明日到，犹自梦渔樵。

---

① 朱光潜. 诗论［M］. 北京：北京出版社，2011.

"残云归太华，疏雨过中条。树色随山迥，河声入海遥"这四句写得太好了。首先看选景，许浑写了残云、疏雨、树色、河声。这里有眼睛可以看的有形态的残云，有肌肤可以感受的雨，有树的颜色，有耳朵可以听的河声。这个画面里几乎包含了人的主要感觉。另外"归""过""随""入"这四个字将动感美展现无疑。其次，我们来看"残云归太华"。在电视纪录片里，如果将一系列画面播放的速度拉快，事物就会迅速地变化。这个"归"字就有这个感觉，感觉大片大片的残云一会儿就回归到了太华山的另一面，不见了。"疏雨过中条"，一个"过"字，也能让我们感受到一大片的雨洒着洒着就洒过了中条山，因为云是会动的。"树色随山迥"，树的颜色随着山的变远也显得越来越暗淡。"河声入海遥"，"入"和"遥"也表明河水的声音随着河水流远变得越来越小，甚至听不见了。这几句都有由近及远的感觉，这种动感美用诗歌语言完美呈现。

另一首有着动感美的诗是王建的《雨过山村》。

雨过山村
[唐] 王建
雨里鸡鸣一两家，竹溪村路板桥斜。
妇姑相唤浴蚕去，闲看中庭栀子花。

这首诗就像一串动态的镜头，将几个不同的场景或画面连接起来，最后的镜头定格在一幅画中，很有味道。首先，"雨里鸡鸣一两家"，这是一种我们前面讲到过的"隔"的距离感。渐渐沥沥的小雨、鸡鸣声拉开了读者与一两户人家的距离。你尽可以想象远处那户人家悠闲自在的生活。这个镜头是一幅初夏细雨图，然而有画面所不能包含的影像。接下来，镜头摇向雨中的景物，"竹溪村路板桥斜"，一排竹林，挡住的是一条歪歪斜斜的石板路，镜头再向前推进，是一座石桥，此时仍然没有看见那户人家。渐渐地，镜头中出现了两个人，"妇姑相唤浴蚕去"，此时雨声渐停，可以听见婆媳二人轻声呼唤，原来他们的悠闲生活也跟勤劳有关，他俩一会就消失在镜头中，去浴蚕选种了。人走了，镜头再次向前推进，终于看见了那户人家，"闲看中庭栀子花"，镜头没有具体地去拍摄家里的房子、家具，而是最后定格在中庭栀子花的画面上。那种乡村安静、悠闲、勤劳的生活历历在目。整首诗就像逐渐推进的动态镜头，画面的动感美在这首诗中完美地表现。第一句和最后一句遥相呼应，从看不见那户人家，到最后进入庭院看见了中庭栀子花，前后照应。读者朋友们可以再去细细感受其他诗词画面的动感美，你一定会有深层次的审美体验。

诗词中的动感美还有一种是隐藏在字里行间的。如果说前面几首诗都是在字面上就可以让读者感受到这种动感美，那么有些诗歌则是言尽之后，让读者自己去体会出那种动感的。例如祖咏的《终南望余雪》："终南阴岭秀，积雪浮云端。林表明霁色，城中增暮寒。"全诗到此就结束了，但我们可以想象到城里的人们加衣、关门等动作。诗中描绘的画面从静到动，化静为动，静在字面，动在想象，很有意思。又比如"满园春色关不住，一枝红杏出墙来。"全诗到此结束，但读者仍然可以想象出有蜜蜂采蜜，蝴蝶翻飞的情景，因此，其也达到同样的效果。意在言外，有一种意就是这种想象中的动感美，实在是很奇妙。这让我们不得不佩服诗人们高超的艺术表现能力。

当然，诗词中的动感美其实也与唐朝舞蹈艺术的兴盛分不开。唐朝有丰富的舞蹈种类、杰出的舞蹈艺术家和由官方政府创办的舞蹈训练学校，这都为舞蹈艺术的繁荣奠定了基础。我们在敦煌壁画中就可以看到大量舞蹈画面，《飞天》就是其中的杰出代表。舞蹈的动感美如何与诗歌画面的动感美结合呢？这里笔者主要思考了如下几方面。首先，舞蹈有"转承启合"的连续性，即一个动作与另一个动作之间是有联系的。而这种转承联结也是精心编排的，因此，纷至沓来的动作并不觉得凌乱，反而是一种连续的美。有些诗歌也有表现连续动感的画面美。例如我们上面讲到的《雨过山村》。再比如杜甫的《曲江二首（其一）》，"一片花飞剪却春，风飘万点正愁人，且看欲尽花经眼，莫厌伤多酒入唇"。从一片飞花，到风飘万点，再到花落将尽，最后到人物的动作哀伤饮酒。从少到多，从花到人，本身就是一系列精心编排的动作。可见舞蹈与诗词有共性。但诗歌本身还有单纯舞蹈不能包含的东西，那就是天人合一的演绎。其次，舞蹈中动的艺术是一种生命活力的体现。而诗歌中的动感美也恰恰体现出一种生命活力。舞者在舞台上就是要把最优美的姿态展现出来，举手投足间都散发出青春活力。诗歌中的动感美也让我们可以感受到一种生生不息的生命活力，前者用肢体展现，后者用文字展现，但那种青春气息都扑面而来。这正是两者的共性所在。

最后，需要指出的是诗词中的画面并不是孤立的，都是诗人内心的真实写照。例如同样是春景，每种不同的春景都与作者的经历、思想、心情直接相关。例如杜甫的《江畔独步寻花》"黄四娘家花满蹊，千朵万朵压枝低，留连戏蝶时时舞，自在娇莺恰恰啼"与《春望》"国破山河在，城春草木深。感时花溅泪，恨别鸟惊心"是完全不同的春景。前者写于杜甫饱经离乱之后，开始定居在成都，有了安身之所，诗人感到欣慰。因此前者的春景是轻快的、明媚的、鲜艳的。而后者是诗人写于安史之乱。当时叛军攻陷长安，唐肃宗在灵武即位，杜甫在投奔灵武途中，被叛军俘至长安，第二年写了这首诗。因此，这里的春景是伤心的、遗恨的、忧愁的。我们再比较一下朱熹的《春日》，"胜日寻芳泗水滨，无边光景一时新。等闲识得东风面，万紫千红总是春"，这又是另一种景致。这是内心的春景。从字面上看，这首诗好像是写游春观感，但细究寻芳的地点是泗水之滨，而此地在宋南渡时早被金人侵占。朱熹未曾北上，当然不可能在泗水之滨游春吟赏。其实诗中的"泗水"是暗指孔门，因为春秋时孔子曾在洙、泗之间弦歌讲学，教授弟子。因此所谓"寻芳"是指求圣人之道；"无边光景"所示空间极其广大，透露了诗人膜求圣道的本意；"东风"暗喻教化；"万紫千红"喻孔学的丰富多彩。诗人将圣人之道比作催发生机、点燃万物的春风。这其实是一首寓理趣于形象之中的哲理诗。哲理诗不露说理的痕迹，正是朱熹的高明之处。所以，我们读一首诗不能仅仅停留在字面去欣赏一首诗词的画面。王国维说，"一切景语皆情语"，也就是说一切诗词的画面都是为了更好地表达内心的感受，这样的画面是真正有生命力的。

8. 诗词中的戏剧美

当我在品读中国诗词的时候，我发现诗词中往往可以看到一出出戏剧，这种"看"是文字与想象的结合。多年前，我曾经在课堂上给学生讲《古诗十九首》中的两首。《迢迢牵牛星》"迢迢牵牛星，皎皎河汉女，纤纤擢素手，札札弄机杼。终日不成章，泣涕零如雨。河汉清且浅，相去复几许。盈盈一水间，脉脉不得语"，这是写一个女孩子的相思之苦。另一首《明月何皎皎》"明月何皎皎，照我罗床帏。忧愁不能寐，揽衣起徘徊。客行虽云乐，不如早旋归。出户独彷徨，愁思当告谁？引领还入房，泪下沾裳衣"，这是写一个游子的相思之苦。当时我的美学知识积累得并不多，但一讲这两首诗，我立刻觉得可以把它们联系起来讲。一个游子，一个思妇，两人想见却不能见，字字都是感伤。然后，我让学生想象，最后两个人突然有一天见面了，那个女孩子在织布时，突然远方的游子回来了，会是怎样的情景。其中有一个男同学的回答，我现在仍然记得。他说，他俩相见无语泪先流，只见那游子走过去，用手轻轻擦掉了思妇脸上的泪珠。

虽然只是诗，但却可以演绎出磅礴大气的戏，只不过这需要作者、读者共同配合才能完成。中国的成品戏之所以出现得很晚，而且是出现在文人不能当政的元代，正是因为在这之前其实已经出现了戏剧或者可以说是戏剧的元素。因为在中国古人的审美结构里，真正的美不是眼睛可以看到的，而是心灵感受到的。心灵可以感受到的戏剧之美才是一种接近终极的美。余秋雨遗憾的是屈原、李白、杜甫他们没看过戏，但也许他们不需要看戏也能够深刻感受出另一种戏剧之美。这正是他们与普通观众相比更高明的地方。

另外，戏剧有个重要的元素是语言。如果要让我们想象一首诗歌中的戏剧情节，人物往往是不需要语言的，但又胜过千言万语，如汉乐府里的《十五从军征》。

十五从军征

[汉] 佚名

十五从军征，八十始得归。道逢乡里人："家中有阿谁?"
遥看是君家，松柏冢累累。兔从狗窦入，雉从梁上飞。
中庭生旅谷，井上生旅葵。舂谷持作饭，采葵持作羹。
羹饭一时熟，不知饴阿谁。出门东向看，泪落沾我衣。

主人翁最后是没有语言的，无语才能表达千言万语，"大音希声"也许就是最好的解读。所以这样的语言应该能胜过有声语言所要表达的内容和情感，是一种更高层次的审美体验。一部写实的剧本也许对于古人来讲失掉了些许值得品味和留恋的乐趣。所以从这个意义上讲，我确实佩服中国古人的智慧。

诗歌中的戏剧与成品戏剧有明显的不同，情节需要想象，语言是无声语言，但却不缺乏戏剧的基本要素。

说到戏剧的要素，中国诗词里面还具备一个要素，那就是戏剧冲突，其中包括内心冲突、社会环境与自我的冲突、爱与恨的冲突、生与死的冲突等。从《诗经》到唐诗，这种反映戏剧冲突的创作特点一直在延续。这些诗词有悲剧，也有喜剧，如《诗经·郑风·风雨》就是喜剧，但以悲剧为主，即展示主人公与现实之间不可调和的矛盾及其悲剧性结局。当然，中国诗歌里的悲剧有中庸的特点，与希腊悲剧的歇斯底里比较起来，温和很多，这很符合中国人的审美心理。《诗经》里，有些诗很有戏剧性，如《将仲子》。

诗经·郑风·将仲子

将仲子兮! 无逾我里，无折我树杞。岂敢爱之? 畏我父母。仲可怀也，父母之言，亦可畏也!

将仲子兮! 无逾我墙，无折我树桑。岂敢爱之? 畏我诸兄。仲可怀也，诸兄之言，亦可畏也!

将仲子兮! 无逾我园，无折我树檀。岂敢爱之? 畏人之多言。仲可怀也，人之多言，亦可畏也!

如果我们发挥想象，完全可以将这首想爱又怕爱的诗歌改写成一出短剧。当然，诗里面的主人公似乎最后并没有和仲子走到一起。我们可以想象一下，最后诗中的女子与仲子各自的人生结局，他们在有生之年还会再见吗？这应该是一出悲剧。

我们来看看杜甫的《兵车行》。

兵车行

［唐］杜甫

车辚辚，马萧萧，行人弓箭各在腰。

爷娘妻子走相送，尘埃不见咸阳桥。

牵衣顿足拦道哭，哭声直上干云霄。

道旁过者问行人，行人但云点行频。

或从十五北防河，便至四十西营田。

去时里正与裹头，归来头白还戍边。

边庭流血成海水，武皇开边意未已。

君不闻汉家山东二百州，千村万落生荆杞。

纵有健妇把锄犁，禾生陇亩无东西。

况复秦兵耐苦战，被驱不异犬与鸡。

长者虽有问，役夫敢申恨？

且如今年冬，未休关西卒。

县官急索租，租税从何出？

信知生男恶，反是生女好。

生女犹得嫁比邻，生男埋没随百草。

君不见，青海头，古来白骨无人收。

新鬼烦冤旧鬼哭，天阴雨湿声啾啾！

这首诗是一部现实主义题材的诗歌，有着完整的情节，将故事的开始、展开、结局都交代得很清楚。整首诗歌有着浓厚的悲剧色彩。从最初的分离到最后的死亡，在地狱里冤鬼的哭号，无不让我们感受到人生的悲凉，使我们不得不问一个问题"既然要死，为什么要生，难道生的意义就是死亡吗？"我想在那个时代，这或许是许多人共同的问题。

此外白居易的《长恨歌》也是一部完整的悲剧。首先，作者把情节交代得很清楚，从贵妃受宠—安史之乱—贵妃殒命—唐皇相思，再到想象在天上找到了贵妃的魂魄，但又不得不再次分离，整首诗有着完整的情节铺排。此外，这部剧里传达出一种莎士比亚似的悲剧美，即"爱你的人往往是要你命的人"。爱与恨、爱与死如此紧密地联系在一起，就像是双胞胎，或者本身就是一回事。难怪尼采在《查拉图斯特拉如是说》里会说"爱与死，永生一致。求爱的意志，即是甘愿赴死"，在这样一种难以调和的宿命里，爱的确有它沉重的代价。

当然并不是说诗歌中的这种戏剧美可以完全等同于戏剧本身，我们只是强调诗歌中包含很多戏剧元素，承载了很多戏剧精神。如果当代人善于运用，其往往是不错的剧本。台湾作家琼瑶正是从诗词里吸取了营养，从而创作了大量当代言情小说，并将之改编成了一幕幕感人至深的电视剧和电影。因此，我们完全可以在品读诗词感受到这种戏剧美，而且这种感受、这个剧本因人而异，因为它本身蕴含了无限可能性。

当然中国诗词里的剧本多数是悲剧。之所以存在悲剧美，有几个原因。首先，朱光潜的观点，"悲剧不仅使人快乐，也唤起惋惜和怜悯的感情。这种惋惜和怜悯心情有时非常强烈……能激起一种生命力的感觉。"也就是悲剧它本身存在一种力量，"悲剧快感产生自苦难在我们心中唤起的怜悯。"并不是人喜欢别人受苦，而是他喜欢由此能够产生的愉悦；正像在剧院中，剧中人物所受的痛苦都不是真的，但观众却可以自在地从自己的情感中得到快乐。""人喜欢他感到的怜悯。"而这种怜悯是一种道德的升华，当人在悲剧审美体验中不断地强化这种怜悯，人的道德品性会不由地提升，从而区别于兽性。

其次，正如尼采所说，人不但是唯一的审美主体，而且归根到底是唯一的审美对象，"没有什么是美的，只有人是美的：在这一简单的真理上建立了全部美学，它是美学的第一真理"。

在悲剧中，人对自身的审美可以达到一定的程度，体会出审美的一种高境界。美在某种意义上是一种不完美，悲剧就是一种不完美。我们欣赏这种不完美的时候，可以品味出美的内涵。如果我们想象一下，唐明皇跟杨贵妃最后幸福地生活在一起，那就成了平常夫妻，不会激起我们去欣赏他们的故事。而正是这种悲剧结局，才让后来的读者一次次去品味，一次次去感叹，从而达到一种审美境界，也就是作为审美对象的人带给作为审美主体的人的审美快感。尼采说，"人不再是艺术家，而成了艺术品"。悲剧就是这一艺术品的集中展示。

最后，又如尼采所说，"世界不是一个万物求生存的消极过程，而是一个万物求生命力扩展的积极过程。""悲剧快感更是强大的生命力敢于与痛苦和灾难相抗衡的一种胜利感。艺术是改变事物，借事物来反映自身生命力的丰盈的冲动。艺术家都是一些生命力极其旺盛的人，受内在丰盈的逼迫，不得不给予。相反，生命力衰竭的人绝无美感，与艺术无缘。"尼采得出结论"美的判断是否成立和缘何成立，这是一个人或一个民族的力量的问题。"所以，一个人能否对人生持审美的态度，是肯定人生还是否定人生，归结到底取决于内在生命力的强弱盛衰。在一个诗歌艺术充盈的国度，诗人往往通过写诗歌的方式去战胜各种悲剧，也就是说，唐朝的可贵之处就在于唐人集体的生命力旺盛，拥有胜过痛苦和灾难的集体力量。正是这些诗歌让读者感受到人胜过"存在荒谬性"的努力。尼采说，"艺术作为救苦救难的仙子降临。唯他能够把生存荒谬可怕的厌世思想转变为使人借以活下去的表象，这些表象就崇高。"因此，在诗歌中我们虽然看到了很多悲剧，但诗人正是通过诗歌进行着胜过悲剧的卓绝努力，这就是诗歌这种悲剧艺术让我们可以感受到的另一种美。

总结起来，中国诗歌中的悲剧主要有以下几种类型：一是离别之悲；二是相思之愁和客居他乡之愁；三是家国遗恨；四是美人迟暮岁月难留之恨；五是天地浩大我独小之悲。

（1）离别之悲。在那个交通不发达，通信落后的时代，一旦别离，轻则终身难见，重则生离死别。送别诗正是这种悲剧的代表。例如王维的《送元二使安西》"渭城朝雨浥轻尘，客舍青青柳色新。劝君更尽一杯酒，西出阳关无故人"。杜甫的《奉济驿重送严公四韵》"远送从此别，青山空复情。几时杯重把，昨夜月同行。列郡讴歌惜，三朝出入荣。江村独归处，寂寞养残生"。王维的《山中送别》"山中相送罢，日暮掩柴扉，春草明年绿，王孙归不归"。王勃的《送杜少府之任蜀州》"城阙辅三秦，风烟望五津。与君离别意，同是宦游人。海内存知己，天涯若比邻。无为在歧路，儿女共沾巾"。李白的《送友人》"青山横北郭，白水绕东城。此地一为别，孤蓬万里征。浮云游子意，落日故人情。挥手自兹去，萧萧班马鸣"，当然，送别诗还有很多，其中还包括一些折杨柳的诗词，因为"柳"跟"留"谐音。在那样一个时代，送别成为一种悲剧。送别时的不舍、担心、鼓励、安慰，以及送走之后难忘、孤独、失意，已成为那个时代的集体记忆。正是这种难舍别离之情让我们品出了浓浓的人情味。人的意义或许正在于此。也正是有了别离之悲，有了这种不完满的情感体验，人才成其为人吧。在当代交通发达，可视电话、微信普及的时代，远在天边可以近在眼前，我们似乎已经很难自然生发出这种别离之悲，人情味是否有衰退的可能。

另外，还有一种离别不是与人分别，而是与心爱的物分别。这种离别也被诗人写进了诗词里，也就是说，中国人那种物我同一的心灵世界在诗词里有重要的体现，如戎昱的《移家别湖上亭》"好是春风湖上亭，柳条藤蔓系离情。黄莺久住浑相识，欲别频啼四五声。"诗人多么舍不得离开住了多年的家啊，那柔情的柳条，那伤感的莺啼，都是在对老朋友的挽留啊。读者可以想象诗人曾经在这些自然景观中留下的难忘的记忆。

（2）相思之愁和客居他乡之愁。离别之后，分居两地的人对对方的思念，又构成了一种悲剧。这时，距离和时间成为这种悲剧很好的助演者。这样的诗歌也有很多，如张若虚的《春江花月夜》，思妇与游子的悲都在诗里集中体现。李白的《子夜吴歌》"长安一片月，万户捣衣声。秋风吹不尽，总是玉关情。何日平胡虏，良人罢远征"。李清照的《一剪梅·红藕香残玉簟秋》"红藕香残玉簟秋。轻解罗裳，独上兰舟。云中谁寄锦书来，雁字回时，月满西楼。花自飘零水自流。一种相思，两处闲愁。此情无计可消除，才下眉头，却上心头"。温庭筠的《望江南·梳洗罢》"梳洗罢，独倚望江楼。过尽千帆皆不是，斜晖脉脉水悠悠。肠断白蘋洲"。李商隐的《夜雨寄北》"君问归期未有期，巴山夜雨涨秋池。何当共剪西窗烛，却话巴山夜雨时"；等等，都体现了作者想见却没法见，只能在内心里默默地承受所有的思念、担心、孤独、盼望。正是内心里这份承受，或者说没办法圆满的遗憾，才增加了一份悲剧体验。

（3）家国遗恨。或由于战乱，或由于历史变迁，曾经的家国已不复存在，作者只好用诗歌作纪念，如刘禹锡的《金陵五题·石头城》"山围故国周遭在，潮打空城寂寞回。淮水东边旧时月，夜深还过女墙来"；《乌衣巷》"朱雀桥边野草花，乌衣巷口夕阳斜。旧时王谢堂前燕，飞入寻常百姓家"。杜甫的《春望》"国破山河在，城春草木深。感时花溅泪，恨别鸟惊心。烽火连三月，家书抵万金。白头搔更短，浑欲不胜簪"。李贺的《金铜仙人辞汉歌》"茂陵刘郎秋风客，夜闻马嘶晓无迹。画栏桂树悬秋香，三十六宫土花碧。魏官牵车指千里，东关酸风射眸子。空将汉月出宫门，忆君清泪如铅水。衰兰送客咸阳道，天若有情天亦老。携盘独出月荒凉，渭城已远波声小。"在这样一个主题里面，作者都有着对历史的惋惜与同情。历史并不是一个具体的人，但历史的演绎过程似乎就像是人的一生，有生成、发展、兴盛、衰亡的过程，更重要的是，历史就像人一样逃不过时间的审视，在时间的长河中，历史片段不过是短暂的一瞬。诗人们在深耕历史的过程中，都不免对此唏嘘哀叹。

（4）美人迟暮岁月难留之恨。美好的东西一旦消失，总是让人伤感的。在时间面前，没有谁是最后的胜利者。从屈原的《离骚》"惟草木之零落兮，恐美人之迟暮"到王国维的"最是人间留不住，朱颜辞镜花辞树"，这个悲剧主题似乎贯穿了中国诗词艺术史。元稹的"白头宫女在，闲坐说玄宗"，白居易的"弟走从军阿姨死，暮去朝来颜色故。门前冷落鞍马稀，老大嫁作商人妇"，还有"红颜未老恩先断，独倚熏笼到天明"，刘禹锡"扬子江头烟景迷，隋家宫树拂金堤。嵯峨犹有当时色，半蘸波中水鸟栖"，冯延巳"日日花前常病酒，敢辞镜里朱颜瘦"，辛弃疾的"长门事，准拟佳期又误。蛾眉曾有人妒。千金纵买相如赋，脉脉此情谁诉？君莫舞，君不见，玉环飞燕皆尘土"。有些写美人迟暮的诗词能明显感受到里面的政治气息，即抒发自己政治抱负的不得志。如果我们细品就能品出其中的深层次意义。这可以说也是一种美。然而，有很多这类主题的诗词都单纯保留了"美人迟暮"的字面内涵，以至于到曹红芹的《红楼梦》集中刻画了众多金钗们"美人迟暮"的人生悲剧。

（5）天地浩大我独小之悲。与天地无垠，时间无限相比，人不过是渺小的，短暂的。然而，人却要存在于这浩大无限的时空中。一个人在时间与空间中偶尔存在了那么短暂的一小会儿，他的存在究竟有没有意义，这是很多诗人在思考的问题。然而思考却没有答案。这比不思考而懵懂存在增加了一层悲剧性意义，如陈子昂《登幽州台歌》"前不见古人，后不见来者，念天地之悠悠，独怆然而涕下"。屈原《远游》"惟天地之无穷兮，哀人生之长勤"。苏轼《前赤壁赋》"哀吾生之须臾，羡长江之无穷，挟飞仙以遨游，抱明月而长终，知不可乎骤得，托遗响于悲风"。杜甫《旅夜书怀》"细草微风岸，危樯独夜舟。星垂平野阔，月涌大江流。名岂文章著，官应老病休。飘飘何所似，天地一沙鸥。"

总之悲剧是人生的不完美，但正是这种不完美让人生多了一份恒久的意义。加缪的经典之作《西西弗的神话》里有一位西西弗。他因触犯天庭，被惩罚每天去推一块巨大的石头（如图3-3所示），但是到了晚上这块石头会再次掉下来。西西弗只得再次拼尽全身力气将石头推向山顶。他就这样日复一日，年复一年地走到了生命的终点。西西弗的悲剧就在于他每天都要活着，如果他哪一天不存在了，似乎悲剧就可以结束了。然而这本身有没有意义呢？西西弗每天与注定失败的结果相抗争，但这个过程强健了他的肌肉与骨骼，更重要的是他的意志力、他的坚持性、他的思考力、他的恒常的忍耐力、他的默然不语……在这个过程中都被大量地训练。中国诗词中的悲显然没有西西弗这样悲，我们能感受到诗词中的中庸之美，但有一点是相通的，那就是在各样的悲里还必须有人的存在。如何胜过"存在的荒谬"是中西哲人、诗人共同思考的命题。首先，这一思考，这一发问确立了人的永恒意义，"人之所以弃于禽兽者几希"，其中"一稀"就是人会思考自己存在的意义和价值，这种思考是禽兽不具备的，因此，这种思考使人具有了意义。其次，在这一思考过程中，人有各种难以排遣的消极心态，例如孤独、担心、失望、渺小等各样的心态，但人还必须要勇敢面对每一天，这种勇敢与坚持都在深刻注解着人的意义。再次，正如西西弗被训练出一点神性，中华诗词里的主人翁也在每天面对的生活里训练出相似的意义。最后，诗人将这些感悟融入诗句里，成为一种审美升华，再次提升了人的意义。

图 3-3　西西弗

（三）思想扩散

1. 诗与儒家思想

在儒家看来，诗不仅具有审美的作用，更是治国平天下的心理根基、人性根基和道德根基，是一个人进行、一个国家兴旺发展的基石所在。青年学子读诗并不仅仅在于完成审美熏陶，更在于君子人格的成长，以及对历史责任和社会使命的担当，因此诗教并不是一件可有可无的事，而是一项必修课。

孔子是一位非常懂人性的大思想家。他深知人性包含着理性与感性两部分。理性受人的意志控制，而感性大多数情况下受人的情感控制。因此，孔子一方面讲述《论语》，告诉人们区别行为的"应该"与"不应该"，另一方面又重新编撰《诗经》，用以熏陶人们的纯正情感，以纯正情感来引导人们最终的行为表现，从而使儒家治国平天下的理念落实在儒家人格中。因此，我们可以看到在《论语》中多处提到诗。

下面，笔者将《论语》里论述诗的内容分别记录评议如下。

孔子在《论语·泰伯》篇里明确提到"兴于诗，立于礼，成于乐"，这句没有主语，读者可以自己加上很多的主语来解读。一个人、一个家、一个国等，似乎没有了诗、礼、乐，便不能称其为一个人、一个家、一个国。诗的作用在于对外物具有自然而细腻的情感反应，如"迟日江山丽，春风花草香，泥融飞燕子，沙暖睡鸳鸯"，诗中美好的自然之物在作者和读者心目中激起的美好的情感体验对人具有潜移默化的重要作用。这种力量在人的内心累积会让人改变心态和行为，从而朝着儒家所期望的治国平天下的理念发展。正如孔子所说，"《诗三百》一言以蔽之，诗无邪。"诗的无邪，带动读者心的无邪，从而带出积极行动的动力。

《论语·子路》篇，子曰："诵《诗》三百，授之以政，不达；使于四方，不能专对。虽多，亦奚以为？"这句同样没有主语，前面可以加一个人、一个团队、一个外交官、一个企业等。孔子说让这些人读诗三百，并讲授如何为政，但如果这些人办事还不通达，在多方合作中不能应对自如，或者不能独立面对，读得再多有什么用呢？因此，孔子分明告诉我们读诗的目的是要学会应对，要善于应变，使所办的事顺利。诗源于对周围各样事物的自然咏叹，因此其题材、内容和情感都是灵活多样的，当这样的诗读多了，人也可以训练得有智慧，能随机应变。因此，读诗不是机械地背诵，而是要潜移默化地熏陶人的心智。

孔子自己讲述了诗使人"达"，可以"专对"的原因。《论语·阳货》篇，子曰："小子何莫学夫诗？诗，可以兴，可以观，可以群，可以怨。迩之事父，远之事君；多识于鸟兽草木之名。"孔子说读诗可以培养联想力，可以提高观察力，可以锻炼合群性，可以学得讽刺方法。在家里，人们可以运用其中的道理来侍奉父母；在外面，人们可以用来为君王办事；而且还可以多认识鸟兽草木的名称。因此，在孔子看来，人要变得成熟，能应对各样的环境和人事，诗教是必不可少的，他把诗教提到了一个很高的位置。

为此，孔子举了个例子，《论语·阳货》篇，子谓伯鱼曰："女为《周南》《召南》矣乎？人而不为《周南》《召南》，其犹正墙面而立也与？"孔子对伯鱼说："你研究过《周南》和《召南》了吗？人假若不研究《周南》和《召南》，那就像面对墙壁而站着罢了。"朱熹解释最后一句，说如果不研究这两部诗，那么人们虽然也在面对人世事物，但"一物无所见，一步不可行"，由此可以看出诗对于人们修身立世的重要作用。

《论语·季氏》篇，陈亢问于伯鱼曰："子亦有异闻乎？"对曰："未也。尝独立，鲤趋而过庭。曰：'学诗乎？'对曰：'未也'。'不学诗，无以言'。鲤退而学诗。"陈亢问孔子的儿子伯鱼："您在老师那儿，也得着与众不同的传授吗？"伯鱼回答道："没有。他曾经一个人站在庭中，我恭敬地走过。他问我：'学诗没有？'我说：'没有'。他便说：'不学诗就不会说话。'我便退回去学诗。"在孔子看来，"学诗"跟"会说话"有密切的关系。诗是精致的语言，是美好情感的自然表露。当我们不断重复这样的语言，就可以训练自己合理说话。

然而诗并不是什么人都可以学习的，需要有一定的高度才可以深入讨论诗。《论语·学而》篇，子贡曰："贫而无谄，富而无骄，何如？"子曰："可也；未若贫而乐，富而好礼者也。"子贡曰："诗云：'如切如磋，如琢如磨'。其斯之谓与。"子曰："赐也，始可与言诗已矣；告诸往而知来者。"这一句使人们理解起来有一定的困难。前面都在谈如何修养人品，后面怎么谈论起诗来了？这里我们可以看到孔子教学生的深刻方法。个人修养没有止境，哪怕自己觉得做人已经做得很好了，但孔子说，还要琢磨，还要切磋。就像创作诗，要不断地打磨，因此，两者有相通性。有了这样的境界，孔子说，现在才可以与子贡谈论诗了，可以从过去而知未来。因此，我们青年学子读古人的诗也要去琢磨用字遣词造句的深刻内涵，这不仅有助于理解诗意，也能促进人们在做人、修养上不断精进，以最终实现"君子"人格。更重要的是，以这样的方式学习，我们不仅学到了文化知识，做人的道理，还可以通过过去知道未来。因此，在孔子心目中，诗的地位是很高的。

当然，孔子所说的"诗"，仅指"《诗经》"。然而《诗经》中的艺术表现形式深刻影响了中国诗坛几千年，《诗经》的诗教功能在历史长河中也始终传承。因此，尽管《论语》中所谈的诗仅指《诗经》，然而上述这些评述也同样适用于唐诗宋词，使读者可以在更加开阔的诗教领域中认识和理解。

2. 诗词与音乐

中央电视台的《经典咏流传》自播出以来，观者如云，让我们感受到了音乐与诗词相结合的魅力，展示中国传统文化的精髓，并且用这种新的创作方式让经典永流传。

诗词在诞生之初就与音乐密不可分。《毛诗序》里说"诗者，志之所之也，在心为志，发言为诗，情动于中而形于言，言之不足，故嗟叹之，嗟叹之不足，故咏歌之，咏歌之不足，不知手之舞之足之蹈之也。"为什么会有诗？首先源于作者内心自然生发的情感，然后想用言语来表达，言语不足以表达，就用嗟叹吧，嗟叹还不足以表达，就用歌咏吧。歌咏还不足以表达，就踏歌起舞吧。这里歌咏就是诗。情感的高级表达方式就是歌咏并踏歌起舞。我们很容易就会想到"李白乘舟将欲行，忽闻岸上踏歌声""杨柳青青江水平，闻郎江上踏歌声""明朝不见知何处，又向江湖醉踏歌"……由此我们可以看到，诗、歌咏、舞蹈具有高度的内在一致性，是情感的高级表达，而通过诗、歌咏、舞蹈所展现出的人有着高度的行为艺术，传递出一种情感表达的美感。因此，我们不得不佩服两千多年前的中国古人，有了《诗经》这本和乐而唱的乐典和诗集。

《诗经》，是中国古代诗歌的开端，收集了西周初年至春秋中叶（公元前11世纪至公元前6世纪）的诗歌，共311篇，反映了周初至周晚期约五百年间的社会面貌。诗经在内容上分为《风》《雅》《颂》三个部分。这三个部分实际上也是三种不同的音乐风格。《风》是周代各地的歌谣；《雅》是周人的正声雅乐，又分《小雅》和《大雅》；《颂》是周王庭和贵族宗庙祭祀的乐歌，又分为《周颂》《鲁颂》和《商颂》。《诗经》内容丰富，反映了劳动与爱情、战争与徭役、压迫与反抗、风俗与婚姻、祭祖与宴会，甚至天象、地貌、动物、植物等方方面面，是周代社会生活的一面镜子。《诗经》将百姓的生活以诗和乐的形式呈现出来。在那个奴隶社会时期，中国古人已俨然脱离了满足生理需求的存在方式，开始追求精神需要的高度满足，从而使人性高度发展。这种精神追求让我们感到一种美感。

自《诗经》开始，诗与乐高度融合的传统一直延续。到了汉代，汉武帝专门设立了一个官署——"乐府"，其职责是采集民间歌谣或文人的诗来配乐。它收集整理的诗歌，后世就叫"乐府诗"。汉乐府是继《诗经》之后，古代民歌的又一次大汇集。它主要分为四种类型。第一种：郊庙歌辞，主要是贵族文人为祭祀而作的乐歌，华丽典雅。第二种：鼓吹曲辞，又叫短箫铙歌，歌辞是后来补写的，内容庞杂，它主要是民间创作。第三种：相和歌辞，音乐是民间各地采来的俗乐，歌辞也多是"街陌谣讴"，其中有许多优秀作品，是汉乐府中的精华。第四种：杂曲歌辞，其中乐调多不知所起，就自成一类，里面有一部分优秀民歌。可见，汉代也延续了诗乐相和的传统。当然乐府诗后来成为一种独立的诗歌体裁，不一定配乐演唱，这是诗歌在体裁形式上的一种演变。

在唐代，音乐舞蹈高度繁荣，不仅有汉族传承的乐舞，也有大量西域传入中原的乐舞。许多域外乐器也传入中原，丰富我们乐舞的创作。《新唐书》曾有记载唐朝音乐盛况："周、隋与北齐、陈接壤，故歌舞杂有四方之乐。至唐，东夷乐有高丽、百济，北狄有鲜卑、吐谷浑、部落稽，南蛮有扶南、天竺、南诏、骠国，西戎有高昌、龟兹、疏勒、康国、安国，凡十四国之乐，而八国之伎，列于十部乐。"可见，唐朝是个音乐大繁荣的时代。此外，唐代还设立了一个专门教习乐舞的机构——唐教坊。在唐玄宗时期，教坊一度达到专业化分工的精细管理程度。《教坊记》载："西京右教坊在光宅坊，左教坊在延政坊。右多善歌，左多工舞，盖相因习。"唐玄宗还亲自创作乐舞。他创作的《霓裳羽衣曲》兼有清雅的法曲风格，闻名天下，为世人所称道。乐舞的繁荣也诞生了一大批音乐大师，李龟年就是其中重要的一位。当然随着安史之乱的到来，唐教坊也逐渐走下坡路，一大批优秀的音乐人四处漂泊，无以为生。后来唐肃宗收复失地，乐工重归京师，但数量已大为减少。然而，唐朝给我们的印象仍然不失为"乐舞繁荣，主流倡导，蓬勃生机"。在这样的大环境中，诗歌的创作被打上了浓浓的音乐的印迹。

到了宋代，一种与音乐密不可分的体裁就是"词"。词本身是一种音乐文学，它的产生、发展以及创作、流传都与音乐有直接关系。词所配合的音乐是燕乐，又叫宴乐，其主要成分是北周和隋以来由西域胡乐与民间里巷之曲相融而成的一种新型音乐，主要用于娱乐和宴会的演奏，隋代已开始流行。词最初主要流行于民间，每个人喜欢哪个曲子，都可以给曲子填一首歌词。最初的歌词没有被印刷，搜集整理，所以大家都不知道有这个东西。一直到晚清，人们才从敦煌洞窟的墙壁里发现了这些手抄的歌词。《敦煌曲子词集》收录的一百六十多首作品，大多是从盛唐到唐末五代的民间歌曲。如果按音乐性质分，这些词可分为令、引、慢、三台、序子、法曲、大曲、缠令、诸宫调九种。很多词的词牌名就是当时流行的一种乐曲的名称。

蝶恋花
［北宋］欧阳修

庭院深深深几许，杨柳堆烟，帘幕无重数。玉勒雕鞍游冶处，楼高不见章台路。

雨横风狂三月暮，门掩黄昏，无计留春住。泪眼问花花不语，乱红飞过秋千去。

"蝶恋花"原是唐教坊曲，后用作词牌，本名"鹊踏枝"。《乐章集》注"小石调"，赵令畤词注"商调"，《太平乐府》注"双调"。因此，词原本是一种和乐演唱的歌曲，后来成为一种体裁。

除此之外，中国古典文学与音乐的结合还在历史的长河中继续，如元曲、元杂剧等。可以这样说，文学与音乐的结合构成了中华民族的独特气质，奠定了中华民族儿女的基本情感特质。而这种特质，一方面让人感觉高雅，另一方面让人感觉到一种力量，虽然柔、温婉，但却是虽柔致刚，能够在中华民族的骨骼脊梁上有一席之地，这也正是中华民族延续五千年文明却不衰败的原因。当今时代的我们还应大量捡拾起来，为中华民族在情感上的雅正延续尽力。

下面，我们以唐代诗歌为例来详细说明诗与音乐的关系。

（1）唐代直接写音乐的诗歌很多。

比较著名的就是白居易的《琵琶行》，里面直接描写琵琶乐感的诗句让人流连忘返。再如这首《听颖师弹琴》也是直接写音乐的诗歌。

听颖师弹琴
［唐］韩愈

昵昵儿女语，恩怨相尔汝。划然变轩昂，勇士赴敌场。浮云柳絮无根蒂，天地阔远随飞扬。喧啾百鸟群，忽见孤凤凰。跻攀分寸不可上，失势一落千丈强。嗟余有两耳，未省听丝篁。自闻颖师弹，起坐在一旁。推手遽止之，湿衣泪滂滂。颖乎尔诚能，无以冰炭置我肠。

时隔千年，我们仍然能够透过韩愈的文字感受到颖师的琴声的优美与抑扬顿挫的变化感以及音乐对诗人心灵的震撼。虽然这些音乐已失传，但我们似乎能透过诗句再次听到，再次感受到，再次想象到。这不能不说是当时音乐的高超艺术成就与文学高超艺术成就的表现，是两种艺术形式在同一首诗歌中的呈现。我们不妨静下心来，再次品读这首诗，感受一下颖师的音乐。

以下三首也是直接描写音乐的诗歌。

赠花卿

［唐］杜甫

锦城丝管日纷纷，半入江风半入云。

此曲只应天上有，人间能得几回闻。

春夜洛城闻笛

［唐］李白

谁家玉笛暗飞声，散入春风满洛城。

此夜曲中闻折柳，何人不起故园情。

听蜀僧濬弹琴

［唐］李白

蜀僧抱绿绮，西下峨眉峰。

为我一挥手，如听万壑松。

客心洗流水，余响入霜钟。

不觉碧山暮，秋云暗几重。

虽然当时的音乐已失传，但透过这些诗句，我们似乎仍然能听到它，还能感受这些音乐到对心灵的慰藉。这是当时音乐艺术的繁荣对诗歌的重要贡献之一。

（2）诗歌有一种音乐的乐调感和韵律美。

诗歌就像一曲音乐，两者是融合在一起的。我们去品读一首诗词时，也能感受到音乐的轻、重、强、弱、渐强、渐弱、优美、舒缓、激昂、澎湃等元素。我们以弹钢琴为例。为了表现一首钢琴曲的优美，演奏家往往不会用同一个力度来弹完所有的旋律。他们往往将自己对音乐的理解融入其中，再用强弱不同的力度将一首曲子表现出来。

例如孩子们都很熟悉的《小星星》。

$\frac{4}{4}$

1 1 5 5 | 6 6 5 |

4 4 3 3 | 2 2 1 ‖

演奏者如果只用一个力度来弹奏曲子，整首曲子就会显得比较平淡，没有太强的感染力。听众的听觉满意度也不会太高。但如果我们用不同的力度来弹奏，例如加上"渐强"或"渐弱"的标记和强弱符号，整首曲子的感染力就很不一样。学过乐器的人应该对此有很深的体会。

$$\frac{4}{4}$$

<u>1 1</u> <u>5 5</u> | <u>6 6</u> 5 |

p f   p

<u>4 4</u> <u>3 3</u> | <u>2 2</u> 1 ‖

P f   pp

  加上这样的强弱记号，这首乐曲不仅不再单调，还饱含情感，表现力和感染力都大大加强。有些诗歌就富有这样的强弱美感。下面我们来欣赏三首诗歌中的韵律美。

赠刘景文

[宋] 苏轼

荷尽已无擎雨盖，菊残犹有傲霜枝。

一年好景君须记，正是橙黄橘绿时。

  这首诗就是一首有渐强乐感的诗。从第一句"荷尽已无擎雨盖"，荷花凋零，荷叶枯萎，似乎看不到希望，那种低沉、衰弱、哀怨的曲调犹在耳，但慢慢渐变为"菊残犹有傲霜枝"，虽然菊花残败，但是它的枝条挺拔，似乎让人感觉得到虽败犹荣的傲气。曲调渐强，若是用钢琴来演奏则又加了一些力度。到第二句"一年好景君须记，正是橙黄橘绿时"，这时，力度最强，要用激昂、澎湃等元素来表现，由中强转入了强，也就是胜过了"尽""无""残"等因素之后，看到了秋天丰收的美景。整首诗就是一首从弱到强的音乐演绎。

  另一首，刘禹锡的《秋词》也是如此。

秋词

[唐] 刘禹锡

自古逢秋悲寂寥，我言秋日胜春朝。

晴空一鹤排云上，便引诗情到碧霄。

  从起初"自古逢秋悲寂寥"，哀怨、悲愁的曲调，再到"我言秋日胜春朝"，出现转折，曲调由低沉渐变为舒缓，再到最后"晴空一鹤排云上，便引诗情到碧霄"，那种力量和气度进一步加强，由下往上，由低到高。到最后是曲调的高潮，"便引诗情到碧霄"，作者可以用一些强音或高音来结束。

  再看一首，杜甫的《曲江二首其一（节选）》。

曲江二首其一（节选）

[唐] 杜甫

一片花飞减却春，风飘万点正愁人。

且看欲尽花经眼，莫厌伤多酒入唇。

这一首，不是从弱到强的渐变，是从弱到强，再渐弱，最后以弱结尾，呈现一种乐调的变化。"一片花飞减却春"，音乐是舒缓的，弱的；"风飘万点正愁人"，音乐加强，是一种可以感受到的浓烈；"且看欲尽花经眼"，音乐慢慢减弱；"莫厌伤多酒入唇"，这时音乐是弱的，哀伤的。但是要与前面相区别，因为前面的弱是对应自然——花；后面的弱是对应人——我。两种弱是不一样的。整首诗从弱到强再到弱，从自然到人，是一种整体性的演绎。在这个过程中我们似乎也能感受到作者内心的起伏变化，从惜春、悲春，再到悲已，是一个过程。正如音乐通过强弱、轻重、快慢的处理以增强其表现力和感染力一样，诗歌中的这种乐调感也大大增强了诗歌的情感表现力及感染力，让一首诗不是平铺直叙的，而是有起伏变化的，使读者可以跟随作者去体会他的内心感受。当然，整首诗也有满满地画面感，再加上诗人的行为艺术，人与自然合一的同时，人成为一种诗意的存在。

我们再来看看王维诗歌中的节奏美。王维本来就是一位音乐大师，《全唐诗话》里说，"禄山之乱，李龟年奔于江潭，曾于湘中采访使筵上唱云'红豆生南国，春来发几枝，劝君多采撷，此物最相思。'又'清风明月苦相思，荡子从戎十载余，征人去日殷勤嘱，归雁来时数附书'。此皆王维所制而梨园唱焉。"可见王维是会作曲的诗人，难怪我们读他的诗作就犹如听一首音乐，有着丰富的乐调美感。

下面我们来品品他的《田园乐七首·其六》。

田园乐七首·其六

［唐］王维

桃红复含宿雨，柳绿更带春烟。

花落家童未扫，莺啼山客犹眠。

这是一首经典六言诗，她的节奏，完全具有一种音乐的美感，我们也完全可以把她谱成歌曲来唱。

$\frac{2}{4}$

X X | X X X | X 0 |

桃 红　复含 宿　雨　　|

X X | X X X | X 0 |

柳 绿　更带 春　烟　　|

X X | X X X | X 0 |

花 落　家童 未　扫

X X | X X X | X 0 ‖

莺 啼　山客 犹　眠

我们试着把她编成乐曲来唱。

$\dfrac{2}{4}$

6　5　|　5̲3̲　3　|　2　0　|

桃　红　　复含　宿　雨

1　1̲2̲　|　5̲3̲　2　|　1　0　|

柳　绿　　更带　春　　烟

6　3　|　2̲1̲　6̣　|　5　0　|

花　落　　家童　未　　扫

1　3　|　2̲1̲　6̣　|　1　0　||

莺　啼　　山客　犹　　眠

这首诗还可以有另外一种节奏。

$\dfrac{3}{4}$

X　X　0　|　X̲X̲　X̲X̲　0　|

桃　红　　　复含　宿雨

X　X　0　|　X̲X̲　X̲X̲　0　|

柳　绿　　　更带　春烟

X　X　0　|　X̲X̲　X̲X̲　0　|

花　落　　　家童　未扫

X　X　0　|　X̲X̲　X̲X̲　0　|

莺　啼　　　山客　犹眠

你还可以补充其他的节奏，试试看。

$\dfrac{2}{4}$

X̲X̲　X̲X̲　|　0̲X̲　X̲0̲　|

X̲X̲　X̲X̲　|　0̲X̲　X̲0̲　|

X̲X̲　X̲X̲　|　0̲X̲　X̲0̲　|

X̲X̲　X̲X̲　|　0̲X̲　X̲0̲　||

$\dfrac{3}{4}$

X　—　X　|　X　—　X　|　X　X　0　|

X　—　X　|　X　—　X　|　X　X　0　|

X　—　X　|　X　—　X　|　X　X　0　|

X　—　X　|　X　—　X　|　X　X　0　||

$\dfrac{3}{4}$

X　X　—　|　X　—　X　|　X　X　—　|

X　X　—　|　X　—　X　|　X　X　—　|

X　X　—　|　X　—　X　|　X　X　—　|

X　X　—　|　X　—　X　|　X　X　—　||

专题三　中国诗词艺术及当代美育

·155·

$$\frac{3}{4}$$

×　×　×　|　×　×　×　|

×　×　×　|　×　×　×　|

×　×　×　|　×　×　×　|

×　×　×　|　×　×　×　‖

当然，我们不知道王维自己会用怎样的节奏来朗读这首诗，但他一定会配上这首诗该有的风格：优雅、闲适、安宁。这样的节奏感也让我们感受到了诗歌的韵律美。《田园乐七首·其六》这首诗歌画面美（有着渲染画法的湿润感）、音乐美、意境美、心灵安适。短短 24 个字，却呈现出一种综合的艺术审美感受。王维不愧是艺术大师。

诗歌中的乐调感是由两个原因决定的。首先，中国是一个音乐大国。很早的时候就已经有了音乐艺术。早在距今 9 000 年前，中国先民就已经发明了骨笛，这表明那时的人们已经有了很高的音乐审美水平。《隋书志·志·卷八》云："伊耆有苇龠之音，伏羲有网罟之咏，葛天八阕，神农五弦，事与功偕，其来已尚。"其中，"苇龠之音"乃以苇作龠而歌，"网罟之咏"乃以结网捕鱼事入歌。我们可以看到，中国的先民们很早就有将劳动入歌的传统。当然，音乐的内容还有很多，例如葛天之《八阕》乃吟咏先祖、神灵、劳作、祭祀之事。"神农五弦"据《世本》载，神农削桐为琴，结丝为弦，成古琴，也就是最早使用的古琴。《尚书·虞书·舜典》载舜帝语："夔，命汝典乐，教胄子。直而温，宽而栗，刚而无虐，简而无傲。诗言志，歌永言，声依永，律和声；八音克谐，无相夺伦，神人以和。"这一音乐的传统后来发展为乐教，如在周公时期制礼乐，以促进政通人和。春秋孔子所著《论语》，处处论述了雅乐对于人心人性的建设性作用。随着音乐教化功能的出现，音乐的发展得到进一步深化，音乐得到了普及化，再后来音乐一直伴随着人们的日用伦常。因此，在这样一个有着悠久音乐传统的国度里，诗歌带着一种乐调感，拥有一份特殊的韵律美，就是很自然的事了。

（3）汉字本身的独特魅力。

诗歌之所以可以用语言营造出一种乐调感，也离不开语言本身的媒介作用。汉字本身是单音字，一个汉字就是一个音，就像一个音符就是一个音。因此在组成乐句的过程中，两者有相似性。另外，汉语本身就用四个音调，"平上去入"四声，可以组成"平平仄仄"的不同韵律组合，使其朗读起来，自然有一种音律美。值得一提的是诗人在选词造句时往往是精选汉字，贾岛说"两句三年得，一吟双泪流"，杜甫说"语不惊人死不休"，都说到精选汉字的功夫及重要性。我们如果换几个字"花飞片片减却春，风飘点点正愁人"，似乎这种音乐的乐调感就减损了很多。所以这种乐调感的营造，离不开诗人精选汉字，组词谋篇。

3. 诗词与人物传记

人物传记是理解诗词的重要背景。我们只有对人物有深刻的了解，才能准确把握人物的内心，与作者产生共鸣。我们以杜甫的一段人物传记为例来具体理解杜甫的诗。

公元 755 年（天宝十四年）11 月，安禄山在范阳（北京附近）起兵，安史之乱正式爆发。第二年，天宝十五年六月，安史叛军攻进潼关，杜甫带着妻小逃到鄜州（今陕西富县），寄居羌村。七月，唐肃宗即位于灵武（今属宁夏）。杜甫便于八月间离家北上延州（今延安），企图赶到灵武，为平叛效力。当时，唐肃宗派房琯率兵收复两京。

文化与社会通识教育读本

但房琯的军队在咸阳的陈陶斜与安守忠军队交战，一天内全军覆没，四万人的血染红了陈陶广泽，逃回去的不到几千。杜甫也被叛军捉住，送到了沦陷之后的长安。胡人胜利归来，在长安市上痛饮高歌，这使长安的人民多么痛苦，多么失望。杜甫亲眼看见了这个景象，写出两首名诗，一首是《悲陈陶》，另一首是《悲青坂》。

悲陈陶

［唐］杜甫

孟冬十郡良家子，血作陈陶泽中水。

野旷天清无战声，四万义军同日死。

群胡归来血洗箭，仍唱胡歌饮都市。

都人回面向北啼，日夜更望官军至。

悲青坂

［唐］杜甫

我军青坂在东门，天寒饮马太白窟。

黄头奚儿日向西，数骑弯弓敢驰突。

山雪河冰野萧瑟，青是烽烟白人骨。

焉得附书与我军，忍待明年莫仓卒。

《悲青坂》里他说，人们虽然盼望官军，反攻却要等待条件的成熟，不要焦急"焉得附书与我军，忍待明年莫仓卒。"他觉得陈陶战败，只是反攻中的一个挫折，不发生决定作用。重要的反倒是人们不注意的，远在延州以北的芦子关。边兵都调去东征，那里防守空虚，万一在山西的胡将史思明和高岩秀乘人不备，向西攻入芦子关，就可以直捣反攻的根据地。他苦心焦虑，为迢迢数百里远的芦子关警惕着，于是作诗《塞芦子》。

《塞芦子》节选

芦关扼两寇（史与高），深意实在此。

谁能叫帝阍，胡行速如鬼。

他困居长安，从秋到冬，从冬到春，除去为国家焦虑外，也时常怀念他的家属：远在钟离（安徽凤阳附近）的韦氏妹、滞留平阴（在山东）的弟弟、鄜州的妻子和孩子。他长久得不到家中的消息，并且听说胡人到处残杀，他非常担心。他在寄给他弟弟的诗里说：

《得舍北消息》之二节选

生理何颜面？忧端且岁时！

两京三十口，虽在命如丝。

他在月下怀念他的妻子：

月夜

今夜鄜州月，闺中只独看。

遥怜小儿女，未解忆长安。

香雾云鬟湿，清辉玉臂寒。

何时倚虚幌，双照泪痕干。

他此时困居长安的生活与心态充分表达在那首人人熟悉的《春望》里：

春望

国破山河在，城春草木深。

感时花溅泪，恨别鸟惊心。

烽火连三月，家书抵万金。

白头搔更短，浑欲不胜簪。

一年之后，杜甫终于离开长安赴华州，再出金光门，到达凤翔。此时的他衣袖残破，两肘露在外边，穿着两只麻鞋，拜见唐肃宗。五月十六日，肃宗派中书侍郎张镐传命杜甫，任杜甫为左拾遗。然而这个官职对于杜甫而言不过是徒有虚名，不会真正让杜甫发挥作用。肃宗看他并不是一个令人愉快的人物，于是在八月里命他离开凤翔，回鄜州探视妻子。八月初一，杜甫起程北征。一路上阡陌纵横，人烟稀少，遇到的不是伤兵便是难民。快到鄜州时，更是一片凄凉的惨景：桑树上鸱鸟哀鸣，草莽中野鼠四窜，夜深时经过战场，寒冷的月光照着死者的白骨。不过杜甫经过一年的失散流离，终于活着回来了，他走入家门的景象写在三首题为《羌村》的五言诗里：他的妻子看见他，是——

妻孥怪我在，惊定还拭泪。

他的孩子们看见他，是——

娇儿不离膝，畏我复却去。

邻人听说他回来，都嘘唏感叹。到了夜半以后，还不能入睡，这出乎意料的重逢，使人难以置信，觉得像是在梦里一般。杜甫对这情景写出了那常被宋代词人借用的名句："夜阑更秉烛，相对如梦寐。"

第二天早晨，邻家父老都带着酒来看望这一度生死未卜的归人。他们一边倒酒一边说："莫辞酒味薄，黍地无人耕。兵革既未息，儿童尽东征。"

当然，此次回家，让杜甫完成了一首成就极高的现实主义诗歌《北征》。全诗以杜甫从凤翔到鄜州的归途中和回家后的亲身见闻作题材，叙述了安史之乱中民生凋敝、国家混乱的情景，陈述了自己对时事的见解。诗人采用以赋为主、有比有兴的方法，表现了宏大的历史内容，显示出诗人在诗歌艺术上的才能和浑熟技巧。我们且来看其中叙述他回家时的那一段诗。

北征（节选）

况我堕胡尘，及归尽华发。经年至茅屋，妻子衣百结。

恸哭松声回，悲泉共幽咽。平生所娇儿，颜色白胜雪。

见耶背面啼，垢腻脚不袜。床前两小女，补缀才过膝。

海图坼波涛，旧绣移曲折。天吴及紫凤，颠倒在裋褐。

老夫情怀恶，呕泄卧数日。那无囊中帛，救汝寒凛栗。

粉黛亦解包，衾裯稍罗列。瘦妻面复光，痴女头自栉。

学母无不为，晓妆随手抹。移时施朱铅，狼藉画眉阔。

生还对童稚，似欲忘饥渴。问事竞挽须，谁能即嗔喝？

翻思在贼愁，甘受杂乱聒。新归且慰意，生理焉得说？

以上我们摘录了杜甫的一小段人物传记，以及杜甫在那段人生经历中所写的诗歌。我们可以看到，熟悉人物传记对我们理解诗歌有重要的作用。首先，在于交代诗人写作的背景，包括当时的历史背景和自己的家庭背景。把诗词放在背景中理解，可以拉开诗词的时间宽度和情境宽度，帮助我们详细理解诗词，如"国破山河在，城春草木深。感时花溅泪，恨别鸟惊心"几句诗。当时的杜甫正困守在已经沦陷的长安，满眼尽是破败、荒凉、萧瑟，于是春天越是天真、美丽，自己反而遗恨越深。更重要的是，人物传记会帮助读者更深刻地走进诗人的内心，产生强烈的情感共鸣。还是前面《春望》中的诗句，杜甫的遗憾是什么，我们可以非常清楚地感受到：一方面山河破碎，故国不在，杜甫深感一种亡国之痛；另一方面他一路所见老百姓流离失所，"被驱无异犬与鸡"，杜甫为百姓的命运深感痛心；此外，他自己一个人孤独地被困长安，与弟弟、妻子、孩子长久分别又了无音信，诗句中体现了他对家人的思念、担心、自责、内疚。可以说，诗句中的"感"与"恨"真是五味杂陈，细说不尽。因此，当了解了杜甫的人生经历，读者深刻地读懂诗人的内心，这对于理解诗句有着重要的作用。

上面，我们只是抛砖引玉。在漫长的文学史长河中，众多诗人与词人都经历了各自不同的人生命运，也有着各自对人生的深刻理解与感悟。当他们把自身融入诗句的时候，我们一方面感叹诗句中对人生世事的高度凝练概括以及高超的艺术表现手法；另一方面，这样的人生会让我们感受到一种美：悲壮、超越、不完美中的完美。例如陈子昂的这首"前不见古人，后不见来者，念天地之悠悠，独怆然而涕下"。我常常会觉得每个人生就是一个个艺术精品。每个人都带着各自的不完美在倾情演绎。而诗词又是人这个艺术品再现的一种文字化载体。她本身承载着两种美，一种是人这个艺术品的美，另一种是用文字来展现生命的表现手法的美。两者有机地融合在了一首诗词里。

（四）延伸阅读

1. 叶嘉莹《人间词话七讲》

叶嘉莹，号迦陵，是中国古典文学研究专家，当代诗词大家，南开大学中华古典文化研究所所长，加拿大皇家学会院士。她深耕诗词八十载，著述极丰。《人间词话七讲》是叶嘉莹关于王国维所写《人间词话》一书的讲稿，由北京大学出版社于2014年出版。书的最后附有王国维《人间词话》原文，我们读这本书相当于读了两本书。我们细品此书，一方面可以走进叶嘉莹的美学世界，另一方面也更明白王国维的审美境界。

王国维的《人间词话》短小精湛，全书不到十万字，却成为近代最负盛名的一部词学著作。然而，由于王国维融合中西审美，站的高度很高，视角很宽，因此普通读者不易理解。叶嘉莹便就自己几十年诗词研究的积累深入探讨王国维《人间词话》中较难理解的内容，让读者可以走进大师的审美世界。全书一共七讲，第一讲主要探讨王国维的境界说，第二讲主要探讨词"要眇宜修"的品格的表现，第三讲继续探讨第二讲词的品格，第四讲主要探讨王国维"古今成大事业、大学问者的三种境界"，第五讲分析温庭筠、韦庄、冯延巳、李璟等人的词，第六讲主要探讨词的诗化特点，第七讲具体分析苏东坡、周邦彦的词。

总体来讲，叶嘉莹在深入分析王国维词论思想的基础上，提出了如下几个重要的词学命题。

（1）词的"双重性别""双重语境"说。

"双重性别"是指男性词作家可以用女性的口吻写出女人的心思。"双重语境"是指同一首词里不仅写爱情美人，也写男性作家自己的人生理想、人生抱负，生命遭遇。

蝶恋花
[宋] 欧阳修

越女采莲秋水畔。窄袖轻罗，暗露双金钏。照影摘花花似面。芳心只共丝争乱。

鸂鶒滩头风浪晚。雾重烟轻，不见来时伴。隐隐歌声归棹远。离愁引著江南岸。

欧阳修的这首词就具有这种效果。当一个美丽的女子"照影摘花花似面"，醒悟到自己的美好时，她却不能够对其有所投注，这种美好的价值也不能够实现，只好"芳心只共丝争乱"。这在表面上说的是女子，但在中国的传统文化中，它隐藏着很深很丰富的男子不得志的感情。这就是叶嘉莹所说的"双重语境"。这样就能品出小词的微妙之处，言外之意。正如王国维说"南唐中主词'菡萏香销翠叶残，西风愁起绿波间'，大有众芳芜秽，美人迟暮之感"。也如张惠言赞美温庭筠的词说"'照花前后镜，花面交相映。新贴绣罗襦，双双金鹧鸪'四句，有《离骚》'初服'之意"。这些词都间接写出了男性作家自己的理想以及理想不能实现的遗憾。

（2）"诗化之词"概念的提出。

不同于李清照将诗与词严格区分的"词别是一家"的观点。王国维说："词至李后主而眼界始大，感慨遂深，遂变伶工之词而为士大夫之词。"如果是"士大夫"之词，这已具备了"诗言志"的特点，所以叶嘉莹直接提出"诗化之词"的概念，就是用写诗的心情来写歌词。例如，李后主自己遭遇了家国不幸，词的境界就不同了。

相见欢
[五代] 李煜

林花谢了春红，太匆匆。无奈朝来寒雨晚来风。

胭脂泪，相留醉，几时重。自是人生长恨水长东。

人生在短暂与无常中还要经历风风雨雨。人生有无尽的悲恨，就像那东逝的江水，不休不止，永无尽头。这种对人生和生命的感叹使小词慢慢脱离了为歌女代言的歌词，而走向抒情言志，即开始用词这种体裁来写自己的悲哀，写自己的感情，变成自我抒情的诗歌。王国维还说："尼采谓，'一切文学，余爱以血书者'。后主之词，真所谓以血书者也。……后主则俨有释迦、基督担荷人类罪恶之意，其大小固不同矣。"叶嘉莹理解"后主词以血书"的意思是用最真挚的情感写作。她比较了宋徽宗的《燕山亭》，认为该词写得很琐碎，都是描摹，而后主词开口就是情感，是完全不同的。叶嘉莹将"后主则俨有释迦、基督担荷人类罪恶之意"理解为"李后主所担荷的是所有人类的无常的悲苦"。她说"春花秋月何时了，往事知多少"，就把我们所有的人间悲苦都写进去了。诗人是写个体的不幸，却把天下所有的人所可能遇到的不幸都写进去了，这是李后主很了不起的地方。因此，这就大大提升了词的境界。

（3）词的"潜能"说。

叶嘉莹借用德国接受美学家沃夫岗·伊塞尔的"potential effect"，将其翻译为"潜能"。她认为好的词有一种"潜能"，这种潜能可以通过象征作用或符示作用表现，也可通过语码的联想或语言的结构来表现。她通过比较《离骚》与南唐中主词来解读此观点。《离骚》中的"美人芳草"就是象征，美女代表一种贤德的、有才能的人，美女没有人欣赏就代表有贤德、有才能的人没有被重用。这里有约定俗成的成分。南唐中主词"'菡萏香销翠叶残，西风愁起绿波间'，大有众芳芜秽，美人迟暮之感"。这里"菡萏香销"不是一个标识或一个约定俗成的东西，而是一种"符示"的作用。这里涉及一个概念叫"显微结构"，是指每个具体的字都蕴含深意。"菡萏"就是荷花，但这个词一下把荷花那种高贵体现了出来，还有"香"的那种芬芳，"香销"表达了一种慢慢细细地消逝的感觉。这里的所有形容词和名词都是珍贵的、美好的、芬芳的，而中间却用两个动词，"销"和"残"，把美好的东西都破坏了，所以就"众芳芜秽"。这就是"符示"那种"显微结构"的作用，是词表现"潜能"的方式。总之，叶嘉莹认为好的词具有丰富的潜能，正是这种潜能让词具有深刻的美感，也使读者在品词时可以不断品出其中的内涵与深意，从而让词具有不断生长的能力。

迦陵语录

你的心往哪里去，那就是你的"志"。

只要你能够写出真的景物，或者是写出真的感情，都叫作有境界。

所谓优美，就是你能够很平静很客观地观赏它；所谓宏壮，就是在巨大的强烈的刺激下，你也能够来观赏它。

尽管你是悲哀的，可是当你写诗的时候，你就把你的感情当成了一个客体的东西，和它有了一个艺术的距离。

只需有一个活泼的字，整个句子就有了境界。

一个人，你有没有认识你自己的美好？你有没有珍重爱惜你自己的美好？你对你自己生下来你的才能你的质量，你有没有珍重、爱惜？你愿意把你的才能和质量交托、投注给一个什么有价值的对象吗？这是一种觉醒。

真正好的词，它里面就有一个"境界"，一个让你很难说清楚的东西。

只有具有最高智能的人，他真正的价值不存于实际，不在于现实的得失利害。

真正有智慧的人要"昨夜西风凋碧树"，你要把遮蔽在你眼前的社会上这一切吸引的诱惑都超越过去，你要有这种超越的精神，你才能看到高远的理想，你才不是为个人的、世俗的、一己的得失而生活。

得到的这个东西不一定是外在的名利禄位，而是真正在内心之中达到了一种自足的、自我实现的境界。

我告诉你一个已经存在的东西，你可以从这个已经存在的东西引申联想到更丰富的言外的意思。这才是会读诗的人。

中国古代从孔子、从《左传》里面使臣的问答，就培养出来了我们中国人带着丰富的联想读诗的传统。

2. 叶朗《美学原理》

任何一种艺术欣赏都离不开哲学。没有哲学的高度，我们虽然能看到、听到一幅绘画、一首诗歌、一部悲剧，却看不明白，听不明白。因此，欣赏艺术需要指导。艺术与哲学的结合诞生了这门学问，即"美学"。大家以美学为基础方能深刻欣赏一件艺术作品。北京大学著名美学大师叶朗教授在深入研习中西方美学思想的基础上，写作出版了

《美学原理》。该书由北京大学出版社于2009年出版。

我们先来看题在此书扉页上的话。

美不自美，因人而彰。——柳宗元

心不自心，因色固有。——马祖道一

两间之固有者，自然之华，因流动生变而成其绮丽。心目之所及，文情赴之，貌其本荣，如所存而显之，即以华奕照耀，动人无际矣。——王夫之

美感的世界纯粹是意象世界。——朱光潜

象如日，创化万物，明朗万物。——宗白华

以上论述一方面代表了中国美学思想，另一方面也体现了叶朗先生的美学观。

（1）美是主客观的统一。

美不同于美的事物。美是对美的事物的抽象和概括。美的事物各式各样，而美具有统一性和终极性。我们认识了什么是美，也就可以把握美的事物的共性与特点了。叶朗先生在分析比较中西方各种美的本质的认识基础上得出以下结论。

首先，不存在一种实体化、外在于人的"美"，也就是说，"美"离不开人的审美活动。这就是柳宗元"美不自美，因人而彰"的思想。美不是天生自在的，美离不开观赏者，而任何观赏者都带有创造性。当人们去欣赏一朵花、一幅画，品析一首诗歌，聆听一首音乐，都含有观赏者自身的创造。他用朱光潜先生的观点来论述："'见'为'见者'的主动，不纯粹是被动的接收。所见对象本为生糙零乱的材料，经'见'才具有它的特殊形象，所以'见'都含有创造性，比如天上的北斗星本为七个错乱的光点，和它们邻近星都是一样，但是现在见者心中的则为象斗的一个完整的形象。这形象是'见'的活动所赐予那七颗乱点的。仔细分析，凡所见物的形象都有几分是'见'所创造的。"此外，美并不是对任何人都是一样的，同一外物在不同人面前显示为不同的景象，具有不同的意蕴。美的事物客观存在，但由于欣赏者的认识能力、性格、情趣等方面差异很大，因此，不同的人去欣赏同一物时其体验不同。"深入所见于物者深，浅入所见于物者浅"，诗人与常人的区别就在此，同一个世界，对于诗人常呈现新鲜有趣的境界，对于常人则永远是那么一个平凡乏味的混乱体。

其次，不存在一种实体化的、纯粹主观的"美"。①美是对实体性的自我的超越。叶朗先生用神秀与慧能的偈子来论述。神秀说"身是菩提树，心如明镜台，时时勤拂拭，勿使惹尘埃"，这里很明显有个心的实体，即日常所说的"自我"。慧能说"菩提本无树，明镜也无台，本来无一物，何处惹尘埃"，慧能超越这种主客二分关系中的"自我"，达到一种"无心""无念"的境界。叶朗认为这种无心之心、无念之念本身是无从把握的，只有通过在此心此念上显现的宇宙万物来呈现。唐代青原唯信禅师的一段话："老僧三十年前未参禅时，见山是山，风水是水。及至后来，亲见知识，有个入处，见山不是山，见水不是水。而今得了个体歇处，依前见山只是山，见水只是水。"第一阶段"见山是山，见水是水"，这是主客二分关系中"自我"对外物的单纯的肯定。主客二分关系中的"自我"，不仅实体化自己，也实体化客体，因而总是把世界上的事物与事物之间关系看在是彼此外在的、相互对立的，所以山就是山，水就是水。第二阶段，"见山不是山，见水不是水"，这是把实体性的"自我"进一步绝对化，只有"自我"是真实的，"自我"之外，一切都不存在，所以山不是山，水不是水。这是主客二

分关系中"自我"对外物的单纯否定。第三阶段，"依前见山只是山，见水只是水"，这是赶走了主客二分的关系，超越了"自我"。在这个境界中，人们才能真正见到事物（世界）的本来面目，见到万物皆如其要不然，这种事物的本来面目就是在非实体的"心"（"空""无"）上面刹那间显现的样子，也是刹那的真实。这是"心物不二"。所以马祖道一说："凡所见色，皆是见心，心不自心，因色固有。"

由此可以总结出叶朗先生认为的美是"主客观的统一"。结合诗词主题，我们来分析一下叶老的观点。例如高骈的《山亭夏日》："绿树阴浓夏日长，楼台倒影入池塘。水晶帘动微风起，满架蔷薇一院香。"首先，诗人看到的"树阴""楼台倒影""水中涟漪""蔷薇"已不单纯是一种物理存在，而是打上了诗人的深深的主观烙印，如"涟漪"，在诗人那里创造性地被描绘成"水晶帘动微风起"，那样地有柔情，有灵气，晶莹剔透，有动感。我们还可以想象诗人注目定睛观看，很享受那时那景。借用心理学的术语，比起单纯的照片，此景是诗人心理与情感的投射。我们再来理解第二层意思："不存在一种实体化、纯粹主观的美，……是心不自心，因色固有。"先来理解"刹那间显现的样子""刹那的真实"。不知道读者朋友们有没有过"突然发现了某物的存在"那种惊喜。有时我走在路上，偶然见到树干上的斑驳阳光，会被一下子吸引，觉得它特别美。阳光如此平常，并不一定每个人都会突然发现她的存在。这种"看见"是需要长期训练的。例如小孩子或者缺少美感训练的人，他们并不一定能"看见"那一刻的美，他们所看到的，所感觉到的不过是一种日常，也就是第一阶段"见山是山，见水是水"。《山亭夏日》中"树阴""楼台倒影""水中涟漪""蔷薇"都是极平常的事物，但诗人与普通人不同的是，他突然看见了平常事物中的美，体验到一种美感，并且用诗的文字记录了下来。诗人的心与一般人的心不一样。宗白华认为，一切美的光是来自心灵的源泉，没有心灵的映射，是无所谓美的。他举例说，中国宋元山水画是最写实的作品，而同时是最空灵的精神表现，心灵与自然完全合一。他认为，宋元山水画是世界最心灵化的艺术，而同时又是自然的本身。同样的，《山亭夏日》中呈现的事物是诗人"心物合一"的看见，而这种看见，显现出了事物的真实面貌。这是第三阶段"见山是山，见水是水"。因此，诗里面所呈现的事物，都不单纯是物理性的存在，都被打上了诗人的主观烙印，也都在诗人和读者的心中呈现出一个真实的世界。

（2）美在意象。

中国传统美学给予"意象"最一般的规定，是"情景交融"。但叶老认为"情"与"景"不能理解为互相外在的两个实体化的东西，而是"情"与"景"的欣合和畅、一气流通。王夫之说"情景名为二，而实不可离"，如果"情"与"景"二分，互相外在，互相隔离，那就不可能产生审美意象。"情"离开主体，"景"就不能显现，就成了"虚景"；"景"离开客体，"情"就不能产生，也就成了"虚情"。只有"情""景"统一，所谓"情不虚情，情皆可景，景非虚景，景总含情"，才能构成审美意象。所以朱光潜说，"美感的世界纯粹是意象世界"。

写景的诗词几乎都是"情"与"景"欣合和畅、一气流通的体现。例如"一片花飞减却春，风飘万点正愁人。且看欲尽花经眼，莫厌伤多酒入唇。""黄四娘家花满蹊，千朵万朵压枝低。留连戏蝶时时舞，自在娇莺恰恰啼。"同样是写春景，诗人眼中看到的景物如此不同，这完全是诗人内心情感的体验，即"移情"，也就是将内心的情感移到了所见之物，因此诗中的景物就呈现出不同的"意象"。朱光潜认为，情景相生而且契合无间，情恰能称景，景也恰能传情，这便是诗的境界。

叶朗在这里分析了三点注意事项。第一，诗的意象是直觉的产物。朱光潜《诗论》说："凝神观照之际，心中只有一个完整的孤立的意象，无比较，无分析，无帝涉，结果常致物我由两忘而同一，我的情趣与物的意态遂往复交流，不知不觉中人情与物理互相渗透。"这就是直觉。第二，诗的意象是一个创造性的动态过程。叶朗分析得出"诗的境界"（意象）是每个人的独特的创造。"诗的境界是情景的契合。宇宙中的一切事物常在变动生展中，无绝对相同的情趣，亦无绝对相同的景象。情景相生，所以诗的境界是由创造来的，生生不息的。"当然，我个人还认为，这种创造性，生生不息，还体现在读者品读诗词的过程中，也就是说诗人给读者留下了一个有意象的文本，但文本要在读者的头脑中加工才能显现，而每一个读者加工出来的意象都不同。意象也存在于读者品读的二次创作中。例如"枯藤老树昏鸦，小桥流水人家，古道西风瘦马。夕阳西下，断肠人在天涯。"马致远本身留下了一个有意象的文本，这是第一次创造。而每个读者心目中呈现的意象不一样，我们可以让读者根据文字来作画，就可以看到很大的差距。有些可能画面宏大，有些可能画幅偏小，有些可能色彩多样艳丽，有些可能色彩单一暗淡，也就是说，这种意象也是读者内心第二次创造的过程，即叶朗强调的美是意象生成的过程。第三，意象世界照亮一个真实的世界。艺术之所以很重要，就在于，人在艺术里才会看见一个真实的世界，即叶朗所说意象世界照亮一个真实的世界。叶朗认为美（意象世界）是人的创造，意象世界不是物理世界，是对"物"的实体性的超越。中国传统美学认为，意象世界是一个真实的世界。王夫之一再强调，意象世界是"现量"，"现量"是"显现真实""如所存而显之"，在意象世界中，世界如它本来存在的那个样子呈现出来。这里要把握中国美学对"真实"、对世界本来存在的样子的理解。《易经》认为，世界万物都与人的生存和命运有着内在的联系。《易经》的每一卦都和天人关系有关，而天人关系的中心就是人的生存和命运。《易传》还认为，天地万物是生生不息的过程，是不断创化、不断生成的过程。天地万物与人类的生存和命运紧密相关，由此产生了世界的意象和情趣。所以在中国哲学与中国美学中，真就是自然。这个自然不是一般的自然界，而是存在的本来面貌。

（3）真、善、美相统一。

叶朗所说的"美"，是一个情景交融的意象世界。这个意象世界，照亮一个有意味、有情趣的生活世界（人生），这是存在的本来面貌，即中国人所说的"自然"。这是"真"，但它不是逻辑的"真"，而是存在的"真"。这就是王夫之说的"显现真实""貌其本荣，如所存而显之"，也是宗白华说的"象如日，创化万物，明朗万物"。这就是海德格尔说的存在的真理的现身，也是叶朗所理解的"美"与"真"的统一。这个意象世界没有直接的功利的效用，所以它没能直接功利的"善"。但是，在美感中，当意象世界照亮我们这个有情趣、有意味的人生（存在的本来面貌）时，就会给予我们一种爱的体验，感恩的体验，它会激励我们去追求高尚情操，提升人生境界。这是"美"与"善"的统一。当然这个"善"不是狭隘的、直接功利的"善"，而是在精神领域提升人生境界的"善"。"真""善""美"的统一只能在审美活动中实现。

我们结合诗词来理解叶朗"真""善""美"相统一的内涵。中国诗词从诗经开始，运用比兴创作手法将景与情相融合，意象的丰满呈现，即情景交融的世界在唐诗宋词中有极高明的表现。例如"野旷天低树，江清月近人""海上生明月，天涯共此时""垂钓绿湾春，春深杏花乱""竹坞无尘水槛清，相思迢递隔重城。秋阴不散霜飞晚，留得枯荷听雨声"。每句诗里的景都是诗人内心情感的真实表现。诗人将自己丰富的、说不清的情感投射在景物中，形成一个个情趣丰满的意象世界。这是叶朗所说的"美"。而每一句诗中"树""江""月""杏花""竹坞""秋阴""枯荷""雨"，已经不是普通人看到的"现象世界"，而是通过意象塑造来"显现真实"，是一种对诗人和读者而言有意义、有生命、有情趣的"自然"。叶朗说，这个自然，不是我们一般说的自然界，而是存在的本来面貌，它是有生命的，是与人类的生存和命运紧密相连的，因而是充满了情趣的。这是一种"真"。值得一提的是，这种"真"不能用逻辑推理来证明，只能用直觉来领悟。我们再来理解诗词中的"善"。每一句诗所构成的意象世界没有直接的功利效用，也就是庄子所说的"无用"。诗词都是"无用"，但却有"无用"之"大用"。这些意象世界可以激起我们的想象，提升我们的审美体验，使我们追求高尚情操，激励我们探索思考一些终极问题，激发我们去提升人生境界，也就是说，诗词本身没有现实的功利效用，但却可以使人修养心性。庄子曾对"才全"作过说明。"何谓才全？"什么是天性的完美？"死生、存亡、穷达、贫富、贤与不肖、毁誉、饥渴、寒暑，是事之变，命之行也。日夜相代乎前，而知不能规乎其始者也。故不足以滑和，不可入于灵府。使之和豫，通而不失于兑。使日夜无隙，而与物为春，是接而生时于心者也，是之谓才全"，在诗词中我们往往可以感受到，诗人将人生的某种境遇化作可与万物同游的春和之气中，这就使心灵在与万物接触中，无时不和谐感应，从而成就天性的完满。这就是"才全"。此外，庄子还解释了什么是道德高尚不露。"'何谓德不形？'曰：'平者，水停之盛也。其可以为法也，内保之而外不荡也。德者，成和之修也。德不形者，物不能离也'"。说水这平静的状态是我们取法的标准，内心保持平静的状态，那就能不为外物所摇荡。道德这东西，实际上就是成就纯和修养。道德高尚不露，万物自然亲附不离。这个境界是极高的。其实诗人都是感于物而作诗，如"君问归期未有期，巴山夜雨涨秋池。何当共剪西窗烛，却话巴山夜雨时"我们能感受到诗人当时极其强烈的情感。但是当诗人行文成诗时，却是一种"德不形"，那种情感是内敛的，是要尽力取法水的平静状态的。这里面就有道德高尚不露的特点。结合叶朗的观点，我认为这就是诗词中体现的一种"善"。

（4）审美体验是当下的感性直观。

叶朗认为，人们能够感受到美，是因为美和人的体验有关。他运用王夫之关于"现量"的概念来说明美感体验。"现量"，"现"者有"现在"义，有"现成"义，有"显现真实"义。"现在"，不缘过去作影；"现在"，一触即觉，不假思量计较；"显现真实"，乃彼之体性本自如此，显现无疑，不参虚妄。……"比量"，"比"者以种种事比度种种理：以相似比同，如以牛比兔，同是兽类；或以不相似比异，如以牛有角比兔无角，遂得确信。此量于理无谬，而本等实相原不待比，此纯以意计分别而生。……"非量"，情有理无之妄想，执为我所，坚自印持，遂觉有此一量，若可凭可证。叶朗总结了这段中"现量"的含义：①"现在"，就是当下的感兴，不需要借助过去的知识或逻辑的分析演绎作为"中介"，仅凭自己亲身的直接的经历。美感就是强调现在的体验。②叶朗需要回答"现在"是"瞬间"，"瞬间"的感知如何能有一个意义丰满的世界？首先，"过去""将来"都包含在"现在"中，所以"刹那"是没有中断的，可以显现完整世界。他借助于王夫之的话来论述，"有已往者焉，流之源也，而谓之曰过去，不知其未尝去也。有将来者焉，流之归也，而谓之曰未来，不知其必来也。其当前而谓之现在者，为之名曰刹那；谓如断一丝之顷。不知通已往将来之在念中者，皆其现在，而非仅刹那也"。其次，"现在"不是孤立的存在。叶朗借助胡塞尔现象学观点论述，"绝对不可能有一个孤立的'现在'，因而也就不可能有传统的现象观所讲的那种孤立的'印象'；任何'现在'必然有一个'预持'（前伸）或'在前的边缘域'，以及一个'保持'（后伸）或'在后的边缘域'。它们的交织构成具体的时刻"，这样意向性行为就有了一种潜在的连续性、多维性和熔贯性，成为一道连续构成着的湍流。所以胡塞尔说："直观超出了纯粹的现在点，即它能够意向地在新的现在中确定已经不是现在存在着的东西，并且以明证的被给予性的方式确认一截过去。"

综上，审美体验是当下的感性直观，但我们却可以在其中体会一个意义丰满的世界。

叶朗语录

正是由于时间总是超出自身的，人才能超出自身而融身于世界。也正因为这样，人生才有了丰富的意义和价值，而不致成为过眼云烟。

美和不美（美的反面）的界限，艺术和非艺术的界限，就在于能不能生成审美意象，也就在于王夫之所说的，能不能"兴"（产生美感）。

美的反面，就是遏止或消解审美意象的生成，遏止或消解美感（审美体验）的产生。

意象世界显现的是人与万物一体的生活世界，在这个生活世界中，世界万物与人的生存和命运是不可分离的。这是最本原的世界，是原初的经验世界。因此当意象世界在人的审美观照中涌现出来时，必然含有人的情感（情趣）。也就是说，意象世界必然是带有情感性质的世界。

事物的本来面目就是在非实体的"心"（"空""无"）上面刹那显现的样子。这是刹那的真实。这是"心物不二"。

审美体验就是"现在"，"现在"是最真实的，"现在"照亮本真的存在，"现在"有一种"意义的丰满"。

杜夫海纳说："审美经验提示了人类与世界的最深刻和最亲密的关系，他需要美，是因为他需要感到他自己存在于世界。"如果没有审美活动，人就不能确证自己的存在，人就不是真正意义上的人。

世界万物由于人的意识而被照亮，被唤醒，从而构成一个充满意蕴的意象世界（美的世界）。意象世界不能脱离审美活动而存在。美只能存在于美感活动中，这就是美与美感的同一。

真就是自然。这个自然，这个存在的本来面貌，它是有生命的，是与人类的生存和命运紧密相连的，因而是充满了情趣的。

美（意象世界）一方面是超越，是对"自我"的超越，是对"物"的实体性的超越，是对主客二分的超越，另一方面是复归，是回到存在的本然状态，是回到自然的境域，是回到人生的家园，因而也是回到人生的自由的境界。美是超越与复归的统一。

人被局限在"自我"的有限的天地之中，有如关进了一个牢笼。

人失去了精神家园，人也就失去了自由。由于人长期处于主客二分的思维框架中，人被局限在"自我"的有限的空间中，人就失去了自由。寻找人的精神家园，就是追求自由。

（五）研读方式

首先，大量识记是理解古诗词的前提。唐诗可以从绝句和律诗开始读和背诵，有一定基础之后再来读记五言古诗和七言古诗。古诗与绝句、律诗相比，篇幅更长，表达的内容更丰富，情感更深厚和多样。学生如果一开始就接触古诗，可能会因为较有难度而放弃，因此，学生可以先读绝句和律诗。同样，宋词可以先读记小令，再读记中调和长调。其次，在识记的基础上才谈得上研读，主要的研读方式有：借助注释来阅读；通过熟悉诗歌创作的背景、人物传记、历史背景等资料来阅读；借助诗歌讲解和赏析读本来阅读。我们推荐大家多读名家写的诗词读本，如叶嘉莹、顾随、周汝昌、林庚、朱光潜等名家讲解古诗词的书都值得研读。此外，中国古代很早便有"联想读诗法"，即在读诗时展开自己的丰富联想，以品出字外的丰富内涵。这种方法我们同样可以大量使用。最后，可以用比兴的方式尝试自己写诗。写也是为了更好地读，通过写诗的方式发现差距，一方面促进自己进步，另一方面深入体会并理解大师作品。

参考文献

[1] 朱光潜. 诗论 [M]. 北京：北京出版社，2011.

[2] 朱光潜. 悲剧心理学 [M]. 北京：中华书局，2012.

[3] 朱光潜. 文艺心理学 [M]. 北京：中华书局，2012.

[4] 顾随. 顾随诗词讲记 [M]. 北京：中国人民大学出版社，2010.

[5] 叶嘉莹. 人间词话七讲 [M]. 北京：北京大学出版社，2014.

[6] 叶嘉莹. 叶嘉莹说诗讲稿 [M]. 北京：中华书局，2018.

[7] 叶朗. 美学原理 [M]. 北京：北京大学出版社，2009.

[8] 叶朗. 中国美学史大纲 [M]. 上海：上海人民出版社，2005.

[9] 陈鼓应. 庄子今注今译 [M]. 北京：中华书局，1983.

[10] 陈鼓应. 老子今注今译 [M]. 北京：中华书局，2009.

[11] 杨伯峻. 论语译注 [M]. 北京：中华书局，2017.

[12] 王国轩. 大学·中庸译注 [M]. 北京：中华书局，2016.

[13] 李泽厚. 华夏美学 [M]. 武汉：长江文艺出版社，2019.

[14] 南怀瑾. 易经杂说 [M]. 北京：东方出版社，2019.

[15] 王梦鸥. 礼记今注今译 [M]. 北京：新世界出版社，2011.

[16] 王国维. 人间词话 [M]. 上海：上海三联书店，2013.

[17] 朱自清. 古诗十九首释 [M]. 北京：人民文学出版社，2017.

[18] 王秀梅. 诗经译注 [M]. 北京：中华书局，2016.

[19] 朱光潜. 谈美书简 [M]. 北京：作家出版社，2018.

[20] 余秋雨. 中国文化课 [M]. 北京：中国青年出版社，2019.

[21] 司空图. 二十四诗品 [M]. 北京：中华书局，2019.

［22］吴航斌.人面桃花相映红：司空图二十四诗品别裁［M］.北京：线装书局，2010.

［23］薛永武.《礼记.乐记》研究［M］.北京：光明日报出版社，2012.

［24］李泽厚.美的历程［M］.上海：生活.读书.新知三联书店，2014.

［25］宗白华.美学散步［M］.上海：上海人民出版社，2015.

［26］于丹.论语心得［M］.上海：生活.读书.新知三联书店，2017.

［27］于丹.庄子心得［M］.北京：北京联合出版公司，2016.

［28］冯至.杜甫传［M］.北京：人民文学出版社，2018.

［29］王阳明.传习录［M］.北京：中华书局，2018.

［30］冯友兰.中国哲学史［M］.重庆：重庆出版社，2009.

［31］翦伯赞.中国史纲要［M］.北京：北京大学出版社，2006.

［32］阿尔贝·加缪.西西弗的神话［M］.佚名，译.北京：商务印书馆，2017.

［33］弗里德里希·尼采.悲剧的诞生［M］.佚名，译.北京：商务印书馆，2012.

［34］弗里德里希·尼采.查拉图斯特拉如是说［M］.上海：上海人民出版社，2018.

［35］夏基松.现代西方哲学［M］.2版.上海：上海人民出版社，2009.

［36］康德.判断力批判［M］.北京：商务印书馆，1964.

［37］朱光潜.西方美学史［M］.北京：人民文学出版社，1963.

［38］海德格尔.人，诗意地安居：海德格尔语要［M］.2版.郜元宝，译.桂林：广西师范大学出版社，2002.

《离骚》——卓绝一世的千古绝唱

楚辞和《诗经》是中国诗歌的两个源头。屈原创作的《离骚》是楚辞的代表作，其瑰丽俊奇的浪漫主义气质和卓尔不群的高超艺术技巧，对我国的文学发展产生了巨大的影响。同时，它承载了屈原高尚的爱国主义精神、坚定不移的理想信念、卓越伟岸的人格魅力、深沉悲壮的情怀，激励和感召了无数的仁人志士。闻一多先生曾经说："痛饮酒，熟读离骚，方为真名士。"余光中先生在青年时代就说过"蓝墨水的上游是汨罗江"，要"做屈原和李白的传人"。

读一读《离骚》，感受经典的语言魅力，体会和理解屈原的伟大人格魅力和爱国情怀。从屈原开始，我们还可以了解司马迁、杜甫、陆游、辛弃疾等爱国文人的经历和作品，深刻领悟中华文化生生不息的家国情怀。

本章将通过以下八个方面较为全面地向读者介绍《离骚》及其衍生出的若干问题，旨在帮助读者了解其基本内容、产生背景、思想内涵、艺术成就和后世影响。

①《离骚》的当代价值及对当代大学生的意义。

②概要介绍楚人和楚国八百年的发展历程和绚烂多姿的楚文化以及楚人的爱国主义精神。

③《离骚》篇名的解释、创作年代以及相关若干问题研究情况的介绍。

④楚辞的发展和结集成书。

⑤屈原的生平事迹和战国中晚期秦楚两国交锋的史实。

⑥结合第②③④⑤方面，向读者阐释《离骚》产生与作者的心路历程及历史文化背景之间的关系。解读屈原的美政理想、爱国情怀、批判精神和峻洁人格。

⑦介绍《离骚》的艺术特色、楚辞的流变和对后世的影响。重点从屈原的精神力量、"香草美人"的象征手法、语言形式上的突破及其所表现出的浪漫主义气质四个方面进行介绍。

⑧通过对字词的注释和原文的翻译，帮助读者通读《离骚》全文，深入解读《离骚》的内容。

第一篇　佳节永志 屈子风骨——《离骚》的当代价值

每年农历五月初五的端午节，是我国的四大传统节日之一。传说中，公元前278年五月初五那日，屈原在汨罗江投水而亡。当地百姓得知消息后，争相驾船前去救援，由此演变出了龙舟竞渡的传统。百姓们又害怕鱼虾啃噬屈原的尸体，就把米团投入江中，演变成了端午吃粽子的风俗。在我国的民间传说中，还有端午节源自纪念其他历史人物的说法。但是，影响最为深广的莫过于纪念屈原一说。近代以来，许多学者对于端午节源于纪念历史人物的说法提出了质疑，最具代表性有以下两种：其一，闻一多先生认为端午节是起源于吴越地区对龙的原始崇拜和信仰；其二，诸多学者认为端午节源自先民们在春夏交替时的防疫活动。二者都认为端午节起源时间要早于战国时期。这两种说法是将端午风俗与历史文献和考古发现结合，综合分析得出的结论，其可靠性要远远高于民间传说。但是，历史是由人书写的，包含着人类精神世界的记录。把对屈原的纪念融入已有的节日活动中，是源于人们对于屈原精神力量的认同。这种认同伴随节日传统传承到今天，足以证明其内涵的精神具有穿越时空的价值。《离骚》是屈原用生命熔铸成的宏伟诗篇，集中体现了屈原的精神世界，在两千多年的传播过程中历久弥新。浪潮奔涌，传承至今，《离骚》仍然有着十分宝贵的价值。

"亦余心之所善兮，虽九死其犹未悔。"在《离骚》中，屈原对理想追求显得异乎寻常的坚定和顽强。这种坚定和顽强包含了对政治理想的追求，更是源自屈原对理想人格的追求。屈原在《橘颂》中借物咏志，借赞颂橘树来表达自己的精神品格——"苏世独立，横而不流"。屈原的坚定和顽强背后其实是"苏世独立"的精神品格。在《离骚》诸多精神内涵中，"苏世独立"的精神品格是当下最值得人们继承和学习的。

一、屈原"苏世独立"的精神品格

在当时列国争雄的乱世中，在楚国黑暗政治的现实中，屈原的坚定和顽强凸显了其"苏世独立"的精神品格。屈原生活的年代，变法图强是时代的主题，各国先后走上变法的道路。楚国国内积弊日深，国势由盛转衰。屈原积极推行变法，以国家兴亡为己任，为实现他的"美政"理想而上下求索。由于变法触动了旧贵族集团的利益，屈原屡次被陷害，甚至被流放。面对黑暗的政治环境，屈原既没有隐逸避世，也没有离开楚国另寻出路；而是做出了不放弃、不妥协、不退缩的抉择，坚守自己的理想信念，展现了"苏世独立"的精神品格。

屈原在《离骚》中不断向世界宣告自己的独立与坚守，表达了自己绝不向世俗屈服的决心。他抨击"偭规矩而改错""背绳墨以追曲"的行为；塑造自己超脱世俗的形象，"鸷鸟之不群兮，自前世而固然""民生各有所乐兮，余独好修以为常"；以效法前贤来表达自己与黑暗政治现实的决裂，"謇吾法夫前修兮，非世俗之所服。虽不周于今之人兮，愿依彭咸之遗则"；发出了振聋发聩的呐喊，"伏清白以死直兮""虽体解吾犹未变兮，岂余心之可惩"。

屈原最终不愿同流合污，为保持纯洁的节操，"宁赴湘流，葬于江鱼腹中"，也绝不向黑暗现实屈服。这就是无论世界如何混沌无常，环境如何沧桑剧变，都能依然坚守自己"苏世独立"精神品格的真君子！

如何"安心立命"？这个问题是中国哲学的核心问题之一，贯穿了整个中国哲学发展史。屈原所生活的战国时代，恰恰是中华民族开始深入思考这个问题的时代。春秋战国时期，列国争雄，连年战乱，血流成河，人们生活在巨大的痛苦之中。这种痛苦有来源于战火之下的生存危机，也有礼崩乐坏下的价值体系崩塌，亦有面对纷乱时局不知如何立世的茫然无措。人们不知道世界会走向何方？不知道如何在时代的夹缝里安放自己的灵魂？于是，中华民族的先哲们开始了苦苦的探索，由此形成了百家争鸣的局面。为人们的灵魂找一个家园，构建一个自我融洽同时又与世界有良好接口的精神世界，是先哲们讨论的重要命题。经过长期的发展，经过儒家、道家、佛家思想的融合，这一命题在宋明时期逐步被归纳为"安心立命"的问题。

所谓心，可以理解为人类精神的本初状态，是人类内心深处最纯真和原始的部分，我们也可以将其称之为"本心"。"安心立命"就可以解读为以自己内心世界中最纯真和原始的部分去构建信念与信仰，排除外物干扰，使有限的生命在面对无限世界的过程中，求得平静与和谐。排除外物干扰的内心世界最基本的特征就是人格的独立性，因此"安心立命"的核心是建构道德自觉的主体，树立独立的人格。

屈原"苏世独立"的精神品格又何尝不是一个"安心立命"的过程。屈原的人生充满了矛盾与挣扎。他深深地爱恋着楚国大地和生活在这片土地上的人民。这种爱恋是一个人对于生养他的山水，所具有的天然的归属感和责任感，可以说是生命中最纯真和原始的部分。他渴望通过自己的努力，使楚国重新强大，人民安居乐业。然而，他所面对的是昏庸的君王和奸佞的小人，不仅理想无法实现，还屡遭谗言，甚至被流放在外。在当时的情况下，屈原不管是与宵小之徒同流合污，还是去别国另寻出路，都将享有高官厚禄和富贵荣华。在人生的十字路口，屈原选择了坚守本心，回到自己最初的精神家园，坚守理想信念。于是，才有屈原在《离骚》结尾处"吾将从彭咸之所居"的从容与坚定。

二、屈原"苏世独立"精神品格的当代价值

显而易见，身陷政治旋涡里的屈原的"安心立命"与先秦诸子对于人生的思考在缘起上有着共通之处。但不同的是，屈原用诗歌的浪漫与写意展示了自己对于人生的哲学思考，用充沛的情感表达了对自己内心世界本初的状态的坚守。这样的表达更容易撩动人们灵魂深处那根纯真的琴弦。"安心立命"的问题是我们每一个人终生都在苦苦思索和不断实践求解的问题。正因如此，在当下这个日趋多元和繁杂的时代，屈原"苏世独立"的精神品格更加显示出其穿越时空的价值，时至今日依然能够触发我们思想上的共鸣。屈原"苏世独立"的精神品格的核心是树立独立的人格。在当今的时代，屈原这一精神品格对我们的意义就在于守住本心，方可立命。

科技革命将越来越深刻地影响我们的生活，随之而来的是整个社会的巨大变化。然而，我们的头顶始终悬着一把达摩克利斯之剑，发展也会给我们的生活带来很多负面的东西。我们会遇到前所未有的挑战，有时会使我们陷入绝境，我们会遇到前所未有的各

种诱惑，也许会迷失，也许会陷入其中不能自拔。在这样的时代背景下，保持独立的人格，守住本心，就显得弥足珍贵和至关重要。

随着科技和经济的腾飞，人类文化有了新的发展。但是，在这发展中，仍有些新生的文化扰动着我们不安的心。受制于时代的驱迫，个人主义和功利主义甚嚣尘上，以各种各样的面貌夹杂在所谓的"时代精神"里。某些被精心装扮的"时代精神"，但凡不能帮助生命"认识自己"，无论其外表多么美丽、包装多么华丽、用词多么动听，都是在异化我们的精神。在这种"时代精神"的驱使下，我们会如同梁漱溟先生所说的，把欲望当作志向。这些"时代精神"使人们迷失在纷繁的世界里，自欺欺人地违背了自己的本心。这些"时代精神"以"潮流"与"时代"的名义，包装成各种形式来替代每一个生命自己的精神本初，最终让个体生命臣服、跪拜，变为它们的"奴隶"。

在这样的背景下，我们时常会感到痛苦不堪。从表面上看，这种痛苦可以说是无法满足的欲望造成的。那么，欲望又怎会使我们痛苦不堪呢？因为，我们的心被欲望所占据，我们的人格被物化，使其失去了独立性，最终，导致我们的本心无处安放。连自己的本心都找不到安放之所，那就是灵魂在世界流浪而无家可归，又谈何在这个世界上立命呢？怎么可能不痛苦呢？

屈原的痛苦与挣扎，和上述这种外物导致的痛苦是不同的。他的痛苦源于他在坚守本心的过程中所遭遇的打击和不解。经过一番上下求索，他以超强的坚韧守住了自己的本心，最终求得了心灵的宁静与从容。

米兰·昆德拉在《不能承受的生命之轻》中写道：

最沉重的负担同时也成了最强盛的生命力影像。负担越重，我们的生命越贴近大地，它就越真切实在。

相反，当负担完全缺失，人就会变得比空气还轻，就会飘起来，就会远离大地和地上的生命，人也就只是一个半真的存在，其运动也会变得自由而没有意义。

那么，到底选择什么？是重还是轻？

屈原"苏世独立"的精神品格是以对理想和信念的坚守呈现在世人面前。他在《离骚》中讲述了自己的心路历程，遭遇诬蔑和不解时，也曾经有过徘徊与彷徨，但是最终还是选择了坚守信念，负重前行，使自己的生命更加"真切实在"。这种"真切实在"就是中国哲学中"安心立命"中所谓的"立"。

这种"立"其实就是我们在人生的某个时刻的一个选择。选择人生道路的决定因素其实就在于我们是否能守住本心，或者说是我们在迷乱的世界中是否能够给找到自己的本心。

生活在和平年代的每一个普通人，大多不会像屈原一样经历这样跌宕起伏的人生，而是在生活的长路中走完平凡的一生。但是，在这平凡的一生中我们也时常会面临"轻与重"的选择。我们有时会因为选择而陷入痛苦与挣扎中，这个时候，读一读《离骚》，神游于天才诗人所描绘的理想天国，心灵会得到一种慰藉，获得平衡和宁静，由冲突进入和谐——哪怕这种和谐是短暂的；有时也会因为选择而犹疑不决、彷徨徘徊，这个时候，读一读《离骚》，感悟屈原"苏世独立"的精神品格，把《离骚》当作一面镜子，照一照自己的内心世界，想一想自己当初是为何出发，找一找自己心灵深处的本真，为自己的灵魂找一个归宿。守住了本心，人格才能独立，精神才有家园，我们才能从容不迫地在这个世界上"立命"。

三、《离骚》对当代大学生的意义

屈原"苏世独立"的精神品格是《离骚》和屈原精神的基础，大学生在学习《离骚》的过程中应深刻领会屈原这一精神品格，并以此为基础去感悟《离骚》的精神，体会其对自己的意义与价值。对当代大学生而言，学习《离骚》有以下三点意义。

1. 有助于培养爱国主义情怀

《离骚》的底色是爱国主义，屈原用高超的艺术技巧表达了自己浓烈而深沉的爱国主义情怀。屈原的爱国主义情怀是屈原精神最受后世推崇的部分，早已融入中华民族的爱国主义传统中，成为了爱国主义精神的一个象征，也是中华民族宝贵的精神财富。学习《离骚》有助于培养大学生的爱国主义情怀。当代大学生在继承和发扬屈原的爱国主义传统时，要把这种爱国主义贯彻到日常的学习生活中，积极维护国家的利益，为祖国的繁荣富强贡献力量。

2. 有助于激励当代大学生坚持理想

"路曼曼其修远兮，吾将上下而求索"，屈原在《离骚》中展现了对理想异乎寻常的坚定和顽强的追求。大学生通过研读《离骚》，切身体会屈原的这份坚守与顽强，从中汲取精神力量。青年人在人生选择的关键阶段，以屈原为榜样，有助于排除外界干扰，探求自己最初的梦想，树立人生理想，并坚持不懈地追求。

3. 有助于激励当代大学生志存高远，胸怀天下

屈原是一个对家国天下有大爱的人，他始终把自己的命运和国家百姓的命运紧紧联系在一起。他居于朝堂之上时，积极推动政治改革，力求富国强兵；疏远流放时，仍然时刻关心国家政局变化，不畏强暴，大胆谏言。屈原形象之所以光辉伟岸，他志存高远、胸怀天下的人生追求就是其中一个重要原因。

当代大学生通过学习《离骚》，感悟屈原的这种家国情怀，积极主动地把自己的理想同国家社会的发展联系在一起，成就一个大写的人生。

第二篇　声韵千载 迷雾重重——难解的《离骚》

《离骚》是我国传播最广的文学作品之一。"路曼曼其修远兮，吾将上下而求索""长太息以掩涕兮，哀民生之多艰""朝饮木兰之坠露兮，夕餐秋菊之落英"等，都是国人耳熟能详的诗句。许多人都有了解、学习《离骚》的想法，但《离骚》这首抒情诗包含着楚地独特的语言文字、复杂的历史文化、作者微妙的情感变化，给我们的学习带来了很大的困难。在后世传播过程中，《离骚》的文本有错漏，对其内容和意蕴也产生过很多误读。这些因素叠加在一起，使《离骚》成了一首难解的诗。

一、《离骚》难解之处

1. 楚国的历史谜团

虽然楚国经历了八百年漫长的历史进程，但是楚国自身的历史记录已经消亡。《左传·昭公十二年》记载，楚灵王说楚国左史倚相能够阅读《三坟》《五典》《八索》《九丘》等楚国史书。孟子在《离娄下》中记载楚国有自己的史书——《梼杌》。可惜

的是这些记录楚国历史的第一手文献现在已经失传了。

现存的先秦文献中对楚人和楚国的记载，仅见于《左传》《国语》及先秦诸子文献中零散的记载。尤其是对楚国早期的历史记录几近空白，中后期的史料也远不如中原其他国家翔实。到西汉时期，司马迁编订了《史记·楚世家》，扼要介绍了从传说时代楚人祖先到公元前223年楚国灭亡的历史。《史记·楚世家》是现存最早的系统且完整地介绍楚国历史的著作，成为研究楚国发展历程的重要文献。但是，《楚世家》以极其简略的笔法介绍了楚国历史，许多历史信息记录的过于简略，对后世学者全面了解楚国历史还是带来了较大的困难。除了以上介绍的文献以外，再也没有其他第一手文献资料记录楚国历史的。

楚国历史材料的不足，给后人研究楚文化和屈原生平、解析《离骚》与楚辞的基本问题造成了很大的障碍，对我们解读《离骚》也造成了一定的困难。

2. 独特的楚文化

包括《离骚》在内的楚辞作品都带有显著的楚地特征。宋代学者黄伯思在《东观馀论》卷下《校定楚辞序》中将楚辞的特征总结为：

屈宋诸骚，皆书楚语，作楚声，纪楚地，名楚物，故可谓之楚辞。若些、只、羌、谇、蹇、纷、侘傺者，楚语也。顿挫悲壮、或韵或否者，楚声也。湘、沅、江、澧、修门、夏首者，楚地也。兰、茝、荃、药、蕙、若、芷、蘅者，楚物也。他皆率若此，故以"楚"名之。

这段文字里面记载的楚语、楚声、楚地、楚物，我们可以将其视作楚国文化的符号，楚语、楚声就是语言符号，楚地就是楚国的山川舆地，楚物就是楚国的物产。

楚国地处南方，在很长的历史时期里楚人都按照自身的社会体制、生活方式和民风民俗生活着。楚国的山川形势、四季气候和中原地区截然不同。因此，楚国就形成了与中原地区截然不同的文化风貌，有着一套独立的文化体系。文字的发音、释义、动植物的名称、山川的命名方式、风俗习惯等都自成体系，如《离骚》中常用的语气助词"兮"，发语词"羌"，以及"搴""蹇"等楚地方言词汇都是以中原文献为主的传世文献里不常见的。但是，由于第一手楚国历史文献的缺失，我们很难深入、细致地了解楚国的文化风貌。时至今日，我们在释读《离骚》中很多内容时，还是依靠现有史料、出土文物进行推理和猜测，《离骚》中部分字词至今没有确切的释义。

3. 屈原的谜团

屈原作为"四大世界文化名人"之一，在现存的先秦史籍中，居然连名字都没有出现。屈原的生平事迹仅见于司马迁的《史记·屈原贾生列传》《史记·楚世家》和刘向的《新序·节士》中。

以至于在清朝末年到民国初年，包括胡适先生在内的一些学者一度怀疑屈原是个不存在的历史人物，认为传世的屈原作品是秦朝博士所作。后来，经过对现存典籍中楚国相关内容的充分考证，结合不断出土的遗址、竹简、文物等资料，人们才最终确认了屈原是一个确实存在的历史人物。但是，屈原的出生时间及投水时间等基本问题，到现在为止依然没有确切答案。

除了屈原的生平之外，他的情感波澜、人格特征、心路历程才是真正的谜团。两千多年来，人们经过长期的摸索、感悟，已经有了非常成熟的屈原精神世界的研究成果。然而，人最难描摹的就是心灵，何况是一个两千多年前的古人呢，因此很难确定我们现有的成果就是屈原真正的内心世界，或者说我们仅仅依照自己的想法，刻画了一个屈原。我们自己的个人经历、道德观念、价值观等精神因素才是理解屈原和《离骚》的最大障碍，这些精神因素也有可能把我们带入思想认识的"庐山"中。

二、如何学习《离骚》

学习《离骚》，我们首先要从字词句入手，掌握文本本身的意思，然后，反复诵读，直到建立起《离骚》语言体系里的语感，在此基础之上，了解其艺术特色、感悟屈原的精神和人格魅力。在学习理解《离骚》的艺术特色，感悟屈原精神和人格魅力时，我们可以结合上面提到的三个谜团入手。

1. 从了解楚人和楚国的发展历程入手

楚国从一个蛮夷小国，经过长期的艰苦奋斗，不断开拓，发展成一统长江中下游地区的大国。在这一过程中，楚人不断兼收融合南方地区的土著居民，与中原地区保持着密切的往来，形成了独具特色的楚国政治体制、社会风貌、民族精神。这一发展历程和政治、经济、文化成果是孕育包括《离骚》在内楚辞作品的渊源。因此，我们如果不先了解楚人和楚国的发展历程，就学习《离骚》则无异于管中窥豹，只可见一斑。

2. 从楚文化背景入手

我们要了解楚文化的特点，将《离骚》放在整个楚文化的背景中去深入考察。楚文化中的浪漫主义气质、追求自由的精神特质、绚烂多彩的民间艺术、楚人崇信巫鬼的传统和楚地的歌谣唱词都对《离骚》的产生有着重要的影响。通过对楚文化的了解，我们可以感悟《离骚》的地方文化特征、艺术特色、文化渊源，对更加深刻地感悟、理解《离骚》的神韵都会起到重要的作用。

3. 从屈原的个人经历入手

我们要了解他的人生际遇，体会他的心路历程，之后再深入《离骚》的文本中，比照屈原的个人经历，去解读诗句背后所蕴含的精神意义和人格魅力，而后，再通过《离骚》的文本本身反推屈原的人生经历，将历史材料与诗歌文本相结合，反复琢磨，一个活生生的屈原就会呈现在脑海里了。

以《离骚》为代表的楚辞是中国文学史研究中一个专门的分支，已经形成了完备的楚辞学体系。读者要想深入学习《离骚》、感悟屈原精神，还要适当了解《离骚》与屈原研究的基本历程。

屈原与《离骚》的研究，滥觞于西汉时期，奠基于东汉王逸，南宋时期经洪兴祖和朱熹的推动，渐成显学。明清时期，《离骚》的相关研究日益精深，形成了以"义理""考据"和"音读"三方面为核心的研究格局，成果可谓汗牛充栋。"五四运动"以后，人们对屈原和《离骚》的研究突破了传统的研究格局，更是大放异彩，名家辈出。

近二十年来，专家学者更倾向于引入考古学、语言学、历史地理学、植物学等其他学科的方法、工具和成果来推动《离骚》的研究。例如，湖南地区有学者利用方言调查中的语言学成果，释读《离骚》及楚辞中的字词，取得了新的成果。同时，《离骚》和楚辞被应用于植被分布、气候变迁、地域文化、河流湖泊流域变化等领域的研究。

第一篇 荆山巍巍 江汉汤汤——楚国的发展历程

《九章·涉江》："带长铗之陆离兮，冠切云之崔嵬，被明月兮珮宝璐。"腰挂长剑，头戴切云帽，身披宝玉，一个遗世独立的君子伫立在兰草水岸。这一身极具楚民族特征的服饰搭配，是屈原的民族意识在诗歌中的自然流露。屈原的作品中时常流露出对楚人先祖的敬仰，满怀着对楚地、楚国深深的热爱与眷恋。屈原作品融汇了楚地众多文化符号。例如，《九歌》就是以楚国祭祀歌舞为基础而创作的诗歌作品。屈原的作品中有许多文化符号与中原地区明显不同，最为突出的就是其中的神话传说。例如，传说中大禹的父亲——鲧。在《离骚》《天问》等作品中，鲧是一个英雄形象，他为了治水盗取天帝的息壤，被天帝处死；而在中原地区的文献中，鲧则是一个负面形象，他因与尧、舜对立或是治水失败而被处死，在《尚书》中甚至被列为"四凶"之一。

显然，诞生在江汉地区的《楚辞》带有浓重的楚文化烙印，涵容了楚人与楚国波澜壮阔的发展历程。因此，楚国的发展历程是解锁《离骚》密码不可或缺的一部分。

起源于北方的楚国贵族——季连部族，于夏商时期向江汉地区迁徙。他们与江汉地区的濮、巴、蛮、越、九黎、三苗等部族，经历了长期的交锋与融合，逐步形成了一个多民族的国家，孕育了灿烂的荆楚文化。季连部族在这一过程中演变成了楚国的统治者。屈原即出自楚国贵族中的屈氏。荆山巍巍，江汉汤汤。从西周到春秋，经过几百年的发展，至战国时期成为"地方五千里，带甲百万"的大国。

一、辟在荆山 筚路蓝缕——楚先民的历程

楚民族是由中原地区南下的季连部族和江汉地区的土著居民长期融合而成的。由于缺乏文字记录，我们已经很难了解江汉地区土著居民的发展历程了。因此，楚国先民的足迹我们只能从季连部族的起源谈起。

《史记·楚世家》记载：

楚之先祖出自帝颛顼高阳。高阳者，黄帝之孙，昌意之子也。高阳生称，称生卷章，卷章生重黎。重黎为帝喾高辛居火正，甚有功，能光融天下，帝喾命曰祝融。共工氏作乱，帝喾使重黎诛之而不尽。帝乃以庚寅日诛重黎，而以其弟吴回为重黎后，复居火正，为祝融。

吴回生陆终。陆终生子六人，坼剖而产焉。其长一曰昆吾；二曰参胡；三曰彭祖；四曰会人；五曰曹姓；六曰季连，芈姓，楚其后也。……季连生附沮，附沮生穴熊。其后中微，或在中国（指今中原地区），或在蛮夷，弗能纪其世。

这段文字是现在对于楚国贵族渊源记载中最完整的一篇。虽然这段文字带有浓重的传说色彩，但是与其他的历史文献中的相关记录是一致的。《离骚》一开篇，屈原就追述祖先曰："帝高阳之苗裔兮"。在《左传》和《国语》中都有楚灵王称上文中的"昆吾"为"皇祖伯父"的记载。

从季连的第四代开始，这个部族到底经历了什么？是衰亡了，还是留在了中原地区？抑或是到了南方蛮夷之地？司马迁也没能给出确切的答案。他再一次记录楚人事迹的时间已经是商朝末年了。

季连部族南下之后的情况也并非完全无迹可寻。结合近代以来的考古发现，我们可以确定出自北方地区祝融部落中的季连部族，大约在夏商交替时经由今河南省西南部南下，进入荆山地区。从《诗经·商颂·殷武》中可窥一斑：

挞彼殷武，奋伐荆楚。罙（shēn）入其阻，裒（póu）荆之旅。有截其所，汤孙之绪。

维女荆楚，居国南乡。昔有成汤，自彼氐羌，莫敢不来享，莫敢不来王。曰商是常。

这段话记载了商王武丁（夏商周断代工程将其在位时间定为公元前1250—公元前1192年）南征季连部族的史实。武丁以季连部族长期不向商王朝朝贡为由，发兵征讨。商朝军队，深入荆山地区，俘获了季连部族的主力部队，沉重打击了季连部族。从《诗经》中的记录中，我们不难发现，南下的季连部族与中原地区的商王朝长期处于朝贡与对峙交替的状态。在武丁南征之后，季连部族与商王朝的矛盾进一步激化。

商纣王时期，周文王起兵反对商朝的统治。当时季连部族的领袖鬻熊，是周文王重要的谋臣，率领族人参加了灭商的战争。

鬻熊最终死在了中原，他的儿子熊丽主政季连部族。伴随着熊丽的出生，季连部族终于有了自己部族的名字——楚。清华大学收藏的战国竹简中有一篇叫作《楚居》，上面这样记载：鬻熊的妻子妣厉在生熊丽的时候难产，剖腹才生下了熊丽，但是妣厉却死了，族人将妣厉的腹部用荆条（又称楚）包裹起来，将其下葬，为了纪念这位伟大的母亲，他们就用"楚"来命名自己的部族，后来部族的名字就变成了国家的名字。

楚人在夏商之际被迫南迁。几百年来，楚人一直梦想着回到祖居之地。然而，命运又一次捉弄了他们。熊丽和他的后代熊狂一直待在镐京附近服侍周天子。周文王去世，武王即位，推翻了商朝的统治，建立周朝，分封诸侯。楚人认为他们三代辅佐周天子，有功于周朝，可以被分封为诸侯，得到一块封地。但是，周天子和诸侯们对地处南方的楚人以蛮夷视之，楚人没有受到分封。

周武王去世，成王即位。周王朝终于想起了南方的楚人。封熊丽的孙子"熊绎于楚蛮，以子男之田，姓芈姓，居丹阳"（见《史记·楚世家》）。子男是西周时期最低等级的爵位，封地只有五十里。最低等的爵位，封地以"蛮"相称，足见周王室对楚人的鄙夷。无论如何，楚人有了合法的土地，正式以丹阳（今湖北省枝江市境内）为都城建国。楚人的历史开启了新的篇章，楚国从此登上了历史的舞台。

然而，谁又能想到几百年之后称霸一方的楚国，在立国之初是何等的贫弱。蛮荒之中立国的楚人，连祭祀祖先的牛都没有。熊绎就跑到邻国鄀国偷了一头没有长角的小牛，又害怕牛的主人找过来，就连夜杀牛祭祀。直到今天，在楚国故地湖北、湖南的部分地区仍保留着夜间祭祀的传统。

正当楚人满心欢喜憧憬着国家美好未来的时候，周王朝再一次羞辱了他们。周成王在岐阳举行诸侯会盟。熊绎作为楚君也要参加。他赶着柴车，车上载着桃弧、棘矢和苞茅三种贡品如期而至。踌躇满志的熊绎来到岐阳之后，他不仅没有受到诸侯的礼遇，反而遭受了周天子的羞辱。熊绎被安排去用苞茅过滤酒中的杂质，然后把酒送给其他诸侯饮用。诸侯们步入宫殿参加会盟时，熊绎被安排在门外与鲜卑的首领看守篝火。

备受羞辱的熊绎回国之后，励精图治，开始了筚路蓝缕的强国之路。"筚路蓝缕"本意是架着简陋的柴车，穿着破旧的衣服开辟山林道路，现在被用来形容创业的艰辛。这个成语最初就是用来描写楚国开创之路的。例如，《史记·楚世家》载："昔我先王熊绎，辟在荆山，筚路蓝缕。以处草莽，跋涉山林，以事天子，唯是桃弧、棘矢，以共御王事。"《史记索隐》载："鬻熊之嗣，周封于楚。僻在荆蛮，筚路蓝缕。"

楚国经过熊绎到熊渠六代国君的励精图治，在五十多年的时间里逐步强大起来。熊渠带领楚军灭掉了周边的几个小国，把楚国的疆域从荆山地区推进到了江汉流域。随着经济发展和军事实力的增强，楚人在政治上的呼声也愈发响亮。周夷王（公元前895—公元前880年在位）时期，楚君熊渠决心与周王朝决裂。《史记·楚世家》记载了熊渠的言行：

"我蛮夷也，不与中国之号谥。"乃立其长子康为句亶王，中子红为鄂王，少子执疵为越章王。

句亶王康以屈为氏，成了楚国屈氏贵族的始祖。屈原就是屈氏后人。到周厉王时，熊渠被迫取消了三个儿子"王"的封号。虽然熊渠立子为王的僭越事件失败了，但楚国历史从此发生了重大转折。从此楚人不再受周礼的约束，不再对周天子毕恭毕敬，走上了独立发展之路。熊渠也就成了楚国历史上的重要开拓者之一。

二、一鸣惊人 问鼎中原——春秋时期楚国的称霸之路

公元前771年，曾经烽火戏诸侯的周幽王被犬戎的军队杀死于骊山之下，西周结束。周幽王的儿子宜臼继位，是为周平王。周平王即位时，镐京已毁于兵火，犬戎也威胁着周王室的安全。公元前770年，周平王在郑武公、晋文侯、卫武公、秦襄公等保护下，迁都洛阳，史称东周。

周平王东迁，是中国历史上一个重要的转折点。周王室日渐式微，实际控制的区域仅限于洛阳周边的伊洛平原，方圆不过一两百里。周天子的"共主"地位名存实亡。随着周王室的衰微，逐渐强大起来的诸侯国，打着"尊王攘夷"的旗帜，逐鹿中原，群雄争霸。中国进入了"礼崩乐坏"的春秋时期（公元前770—公元前476年）。

列国争雄的大幕徐徐揭开之时，南方的楚国迎来了一位伟大的君主。公元前741年，楚君蚡冒去世。他的弟弟熊通杀害了蚡冒的儿子，自立为君。熊通即位后，利用若敖、霄敖、蚡冒三代先君打下的良好基础，对内发展生产，增强国力；对外继续扩张，攻伐周边小国。先后控制了权、州、蓼等小国，大力开辟南蛮之地，国力大增。

攻灭权国后，熊通将其设为县。据《左传·庄公十八年》记载：
"初，楚武王克权，使斗缗尹之。以叛，围而杀之。迁权于那处，使阎敖尹之。"

权、那处，均在今湖北荆门南。权国，子姓，商武丁之后裔。熊通灭权后，将其迁往那处，设县，任命县尹。权县是中国历史上第一个县。

县制的创立，不仅是楚国历史上一件大事，也是中国地方管理制度上的创举。县由君主派员直接管理，加强了国家对地方的控制，便于清查土地、人口调查、摊派军赋、调动军队。县制的推行对后来中国大一统国家的形成起到了至关重要的作用。

在此之后，熊通把进取的目标选定为"汉阳诸姬"。"汉阳诸姬"是指位于今天湖北、河南两省交界地区的随、唐、郧等姬姓诸侯国。因为地处汉水以北，所以被称为

"汉阳诸姬"。今湖北省大冶市境内的铜绿山，是先秦时期重要的铜矿，在青铜器时代战略地位极其重要。大洪山与大别山之间的随枣走廊是沟通中原与江汉平原和铜绿山青铜北运的交通要道。"汉阳诸姬"就分布在随枣走廊上。周王朝将同姓诸侯分封在这里，其战略动机不言而喻，就是为了加强对江汉平原和铜绿山的控制。进攻"汉阳诸姬"的行动实质上是楚人同周王朝争夺江汉地区控制权的斗争，也拉开了楚国进取中原的序幕。

"汉阳诸姬"中最强大的是随国。控制随国，即可实现对周边其他姬姓诸侯的控制。故此，熊通首先进攻随国。公元前706年，熊通率军攻随，告诉随侯，自己要称"王"。《史记·楚世家》记载，熊通如是说：

> 我蛮夷也，今诸侯皆为叛相侵，或相杀，我有敝甲，欲以观中国之政，请王室尊吾号。

"王"是天子的称号。作为诸侯的楚君称"王"是僭越周礼的。随侯面对楚国强大的军事实力，只好答应向周王室转告。熊通撤军。周王室得到消息后，拒绝了熊通称"王"的要求。

得知消息后，愤怒的熊通随即自立为王，即楚武王。《史记·楚世家》这样记载熊通的决定：

> 吾先鬻熊，文王之师也。蚤终，成王举我先公，乃以子男田，今居楚，蛮夷皆率服，而王不加位，我自尊耳。

这一年是公元前704年，熊通即位的第三十七年。熊通先在沈鹿会合周边的诸侯，称"王"之举得到诸侯的支持；随后又用武力打败随国，迫使随国承认楚君称"王"。熊通"王"的地位也就合法化了。

公元前690年，楚武王第三次伐随，因年迈体弱不幸病逝于军中。楚武王在位五十一年，创立县制，进行了一系列的政治、军事改革。三次攻随，自尊称"王"，威震东周王室。夺占铜绿山，获得了重要的战略资源——铜。开拓江汉，占领了汉水中上游大片土地，扩大了楚国疆域。打通了汉水东、北两面北通中原的通道。楚武王为楚国的崛起，立下了不朽的功劳，堪称楚国霸业的奠基者。

楚武王去世之后，其子熊赀即位，是为楚文王（公元前689—公元前675年或公元前677年在位）。

楚文王即位后，都城由丹阳迁至位于江汉平原的郢（今湖北江陵纪南城）。经过楚武王的开拓，楚国势力已伸入江汉平原腹地。楚文王把都城由荆山地区迁至江汉平原，进一步加强了对这一地区的控制。郢地处江汉平原腹地，东连云梦泽，西控巴蜀，北连中原，南临长江。不仅自然条件优越，而且战略地位重要，从此成为楚国政治、经济、文化中心，对楚国的发展与强大起着十分重要的作用。

楚文王完成迁都之后，全力北进。公元前680年，楚文王灭息国，占领蔡国。楚国势力越过了大别山。公元前678年，灭申、邓两国，楚国控制了南阳盆地。楚文王打开了北通中原的大门。同年，楚文王借故讨伐春秋初期的大国——郑，军队深入今河南中部地区。长期被中原诸国以蛮夷视之的楚国，现以强有力的面貌出现在中原的舞台上。楚武、文王两代不断奋战，"欲观中国之政"的愿望已经实现。楚文王定都郢与北进，为后来楚国北上争霸奠定了坚实的基础。

楚文王去世后，其子熊堵敖即位，是为堵敖。公元前672年，堵敖的弟弟熊恽在随国的帮助下，袭杀堵敖，取而代之，夺取王位，是为楚成王。楚成王任用令尹斗子文，楚国国力更加强盛。楚成王奋发进取，北进中原与齐桓公争霸。期间楚成王和斗子文采取暂避锋芒、迂回缓进的策略，历时十余年，楚国将势力伸展到淮河流域。齐桓公去世后，楚军在泓水之战中射伤宋襄公，击败宋国，成为中原地区实际的霸主。在北上中原的同时，楚国灭亡了夔国（今湖北秭归境内），加强了对长江中游的控制。楚成王北上争霸、东出汝水、西进夔门。经过400多年的发展，楚国从熊绎时期五十里的蛮夷小国，到楚成王时期已经成为广地千里的强国。

公元前636年，六十二岁的晋文公重耳成为晋国的君主，楚国的称霸之路遇到了一个强劲的对手。公元前632年，晋、楚两军相遇。晋文公以报楚成王当年相救之恩为名，践行退避三舍的诺言，命令晋军后退九十里（1里＝0.5千米，下同）。实质上晋军避开楚军锋芒，诱敌深入，在城濮（卫地，今山东鄄城西南）击溃楚军。楚成王功亏一篑，未获霸主美名。

公元前626年，太子商臣逼迫楚成王自缢身亡。商臣即位，是为楚穆王（公元前625—公元前614年在位）。楚穆王在位十二年，稳定国内形势，利用秦、晋连年交战的局面，继续北进中原，再次击败宋国。向西曾攻入今陕西省汉中市境内。向东进一步向江淮地区发展。

公元前614年，楚穆王去世，他的儿子侣即位，是为楚庄王（公元前613—公元前591年在位）。楚国迎来了一个威德并举的贤能君主。

楚庄王即位之初，面临着复杂而危险的内外局势，即位后，晋迫使原本跟随楚国的小国，倒向晋国。淮河流域出现叛乱。公子燮和子仪乘机发动叛乱。"一鸣惊人"的故事就讲述了楚庄王化险为夷的过程。

《韩非子·喻老》记载：

楚庄王莅政三年，无令发，无政为也。右司马御座而与王隐曰："有鸟止南方之阜，三年不翅，不飞不鸣，嘿然无声，此为何名？"王曰："三年不翅，将以长羽翼；不飞不鸣，将以观民则。虽无飞，飞必冲天；虽无鸣，鸣必惊人。子释之，不谷知之矣。"处半年，乃自听政。所废者十，所起者九，诛大臣五，举处士六，而邦大治。举兵诛齐，败之徐州，胜晋于河雍，合诸侯于宋，遂霸天下。

《吕氏春秋》《史记》等都有类似记载。从这一记载看，楚庄王即位的三年里似乎无所作为。《史记·楚世家》中甚至说楚庄王"日夜为乐""淫乐"。实际上，楚庄王在"日夜为乐"中观察局势，等待时机，一飞冲天。"废者十，所起者九，诛大臣五，举处士六"，"废""诛"的是怀有二心的奸佞，"起""举"是贤明之士。

三年时间，楚庄王以退为进，对内整肃朝政；对外暂时关闭北向中原的通道，稳定边境。依靠前朝老臣蒍梨与叔麇诱杀公子燮和子仪，平定了叛乱。率军攻灭庸国，威震南蛮。灭庸期间，楚国发生饥荒，楚庄王和士兵吃一样的食物，巧用骄兵之计，一举在军队和民众中树立起了威望。

稳定了国内的局面后，楚庄王像他的先辈一样，开始了争霸中原的征程。其先是利用晋国的衰落，重新控制郑国等弱小国家，并利用它们击败了宋国。公元前606年春，楚庄王亲领大军北上，以"勤王"名义攻打少数民族——陆浑之戎（分布在今河南洛阳市境内），在周天子都城洛邑外围陈兵示威。周定王惶恐不安，派大夫王孙满慰劳楚庄王。楚庄王与王孙满共同演绎了"问鼎中原"的历史故事。《左传·宣公三年》

记载：

> 楚子（楚庄王）问鼎之大小轻重焉。对曰："在德不在鼎。……德之休明，虽小，重也。其奸回昏乱，虽大，轻也。天祚明德，有所厎（zhì）止。……周德虽衰，天命未改。鼎之轻重，未可问也。"

传说中大禹铸造九鼎，代表天下九州，象征国家权力。夏、商、周三代以九鼎为国之重器，代表对天下的统治权。周王室日渐衰微。楚庄王问鼎，无疑是在质疑周王室的统治能力。王孙满不卑不亢地说出"在德不在鼎"的答案，告诉楚人天下是有德者居之，单纯靠武力是不能据有天下的。王孙满的话刺激了楚人最敏感的神经。在中原诸国眼里，早已强大起来的楚国还是无礼的蛮夷。楚庄王傲慢无礼的问鼎就是楚国道德文化落后的明证。痛定思痛的楚庄王开始推动楚国学习中原地区先进的文化礼仪。自此，楚国的发展进入了一个新的阶段。

问鼎中原之后，楚庄王平定了若敖氏内乱，先后启用孙叔敖、伍参等贤能之士。楚国主明臣贤，国力进一步上升，为楚庄王最终称霸中原奠定了基础。

地处楚、晋之间的陈国，于公元前601年依附于楚国。陈国国君陈灵公与大臣孔宁、仪行父一起和大夫御叔的妻子夏姬通奸。公元前599年，夏姬的儿子夏徵舒恼羞成怒，射杀陈灵公，孔宁、仪行父和陈国太子午分别逃到楚、晋两国。夏徵舒自立为君。第二年冬，楚庄王以陈国内乱为由兴兵征讨，杀夏徵舒，灭陈为县。申叔时以"蹊田夺牛"的故事告诫楚庄王，行仁义讨伐乱国之臣，诸侯是欢迎的，如果因此而贪其地灭其国，则又会失去诸侯的。楚庄王听后立时清醒过来，高兴地说："善哉！吾未之闻也。"于是，恢复了陈国，迎陈国太子午为国君，是为陈成公。孔宁、仪行父也被送回陈国。

楚庄王灭陈又复陈一事，当时影响很大，受到普遍称赞。就连楚国的对手晋国都曾称赞楚庄王德与威"二者立矣"。《淮南子·人间训》称："诸侯闻之，皆朝于楚。"

公元前604—公元前597年的七年间，楚国六次讨伐郑国。但是郑国仍然在晋、楚之间摇摆不定。公元前597年春，为彻底征服郑国，楚庄王又亲自率军伐郑。无力抵抗的郑国只得投降。郑襄公赤膊牵羊向楚庄王请罪，表示愿意接受任何惩罚；同时恳求楚庄王能够念及旧情，保留郑国社稷宗庙。楚国一众大臣都建议庄王灭亡郑国。但是，楚庄王认为郑襄公为保留社稷宗庙，甘受赤膊牵羊之辱，一定能够善待百姓。楚庄王力排众议，保留了郑国。

先以兵讨伐不仁，后以恩德安抚。楚庄王对陈、郑威德并举，标志着楚国文化在问鼎中原之后的进步。在征伐各国时不再单纯依仗武力，而注重以德服人。这一转变也完成了楚国称霸中原的最后一块拼图。

臣服郑国的同一年，楚军在邲（今河南荥阳附近）大败晋军。晋国中军、下军几乎全军覆没。楚国一个叫潘党的人，建议筑"京观"，来纪念胜利、晓瑜子孙、宣扬武力、威慑诸侯。把敌人的尸体或头颅一层层垒起来，用土封上，就是"京观"。筑"京观"是春秋时期常见的纪念胜利和宣扬武力的方式。

楚庄王却不同意这种做法。《左传·宣公十二年》记载楚庄王如是说：

> 夫文，止戈为武。……夫武，禁暴、戢兵、保大、定功、安民、和众、丰财者也。故使子孙无忘其章。今我使二国暴骨，暴矣；观兵以威诸侯，兵不戢矣。暴而不戢，安能保大？犹有晋在，焉得定功？所违民欲犹多，民何安焉？无德而强争诸侯，何以和众？利人之几，而安人之乱，以为己荣，何以丰财？武有七德，我无一焉，何以示子孙？

楚庄王认为"止"和"戈"两个字合在一起是"武"。这就是成语"止戈为武"的由来。武的作用是引文中"禁暴"等七种。这七种作用也就是武德。楚庄王觉得自己屡兴刀兵、问鼎中原都是不讲武德的行为，没有什么可以晓瑜子孙的。楚庄王还表示，楚军的胜利不是自己的功劳，而是先祖的功德。"京观"是用来惩戒不敬之人的。晋军的士兵为了他们的国家捐躯是光荣的，怎么能够筑"京观"呢？于是，到黄河边祭祀河神，修筑了一座纪念祖先的宫室，班师回国。

邲之战击败了晋国，蔡、许两国臣服于楚国。宋国与楚讲和。除了齐、鲁、晋三国以外，各国都尊楚庄王为霸主。自熊通在公元前 704 年僭越称王到公元前 597 年邲之战的 107 年里，楚国从鄙夷和屈辱中奋发图强走上武力扩张的道路，到楚庄王时期，讲究以德服人，止戈为武，为中原各国所称道。威德并举的楚庄王，使楚国被中原各国接纳，完成了历代楚王的愿望，成了真正的霸主，确立了春秋五霸的历史地位。

公元前 591 年，楚庄王去世，其子熊审即位，是为楚共王（公元前 591—公元前 560 年在位）。之后，在宋国为首的中原小国斡旋下，楚共王、康王（公元前 559—公元前 545 年在位）与晋国通过两次"弭兵之会"，与中原国家有了名义上的和平。在此基础上，楚国开始向长江下游拓展。

公元前 545 年，楚康王去世，楚国陷入了危机。他的儿子熊员即位，是为郏敖，在位四年，被康王的弟弟熊围杀死。熊围即位，是为楚灵王（公元前 541—公元前 529 年在位）。公元前 529 年，楚灵王的弟弟弃疾发动政变，楚灵王自缢身亡。弃疾又用计迫使另外两个兄长自杀，而后自立为王，是为楚平王（公元前 529—公元前 516 年在位）。楚灵王在位期间罔顾内外客观条件，盲目地对外连年征战；大兴土木，兴建章华台，耗费了国力，留下了"楚王好细腰"的传说。楚平王则是贪恋女色、重用奸佞、残害忠良，导致伍子胥和宗族伯氏出逃吴国，为楚国埋下了祸根。

楚平王去世后，他的儿子熊珍即位，是为楚昭王（公元前 515—公元前 589 年在位）。楚昭王即位时尚且年幼，国政被令尹子常把持。子常为人嗜利贪财，政治上听信谗言、迫害忠良，导致国内矛盾重重；对外蛮横无理，招致各国不满。一场大难即将降临楚国。

吴国正对楚国虎视眈眈。吴王阖闾任用伍子胥、孙武等人，励精图治，国力迅速强大起来。从楚国出逃的伍子胥立誓要给父兄报仇，吴王阖闾立志图强争霸，二人一拍即合。公元前 506 年，吴军发兵攻楚，攻破郢。传说伍子胥将楚平王掘墓鞭尸，已报家仇。

楚人在国破家亡的危急时刻，展现出了空前的爱国热情。他们迅速放下了彼此之间的矛盾，共同抵御外辱。申包胥长途跋涉，赴秦求救。秦哀公被申包胥赤诚的爱国之心所感动，发兵救楚。子常召集溃乱的军民保护逃往随国的楚昭王。原来很多反对楚国贵族和子常的平民纷纷转而与吴军斗争。楚人奋起抗敌的同时，素来与楚国交好的越国出兵攻吴。阖闾的弟弟夫概在吴国自立为王，阖闾分兵回国。胜负的天平迅速向楚国倾斜。第二年，吴国退兵，楚昭王返回郢。

楚昭王复国后，重赏有功之臣。甚至连曾经试图谋杀过昭王的斗怀，也因复国有功得到了重赏。大难之后，楚昭王以德为先，任用贤臣，楚国上下君臣一心，空前团结。楚国迅速恢复了国力，重新屹立在南方大地。孔子称赞"楚昭王知大道矣"。三国时期的诸葛亮称赞楚国是"善败者不亡"。

楚昭王去世之后，其子熊章即位，是为楚惠王（公元前 488—公元前 432 年在位）。楚惠王延续了昭王的政策，平定了白公胜内乱，楚国持续发展。在春秋战国之交时，楚国方圆达三千里，包括今湖北、湖南、江西大部、河南南部、安徽西部、陕西东南部、广东北部、广西一隅，成为土地最为广阔的南方大国。

三、带甲百万到日暮寿春——战国时期楚国的兴衰

公元前 476 年，中国进入了战国时代。我国逐步从奴隶社会向封建社会过渡，各诸侯国内部都发生了深刻的变化。一直与楚国争霸的晋国，在春秋末期，王室同姓执政的局面已经被打破，国家大权被权臣控制，形成了赵、魏、韩、智、范和中行氏六卿执政的局面。六卿在各自的领地内，废除井田制，实行新的田亩制和地税制，促进了生产力的发展和封建生产关系的成长。经过激烈的斗争，智、范和中行氏被消灭，晋公室名存实亡，韩、赵、魏实际上已成为三个独立的、新兴的封建国家。公元前 403 年，周王室正式册命韩、赵、魏为诸侯。战国七雄的局面基本确立。

随着封建经济的发展，变法成为战国初年的主题。公元前 445 年，魏文侯即位，任用李悝进行变法，主要内容为：废除奴隶主官爵世袭制，按功劳和能力选拔官吏；发展生产。公元前 408 年，秦简公为摆脱被动挨打的局面，也效法中原各国，实行实物地租，即"初租禾"。公元前 385 年，曾长期生活在魏国的秦献公，目睹了李悝变法的成效，推行了一系列改革举措，为后来商鞅变法奠定了基础。

楚国在蓬勃发展的过程中，内部累积了很多问题，这些问题逐渐演变成难以克服的弊端。在楚国的奴隶主贵族政治体制中，王与奴隶主贵族是世袭的，各级官僚由世袭贵族轮流担任。担任官员的贵族，都以俸禄和"赏田"的形式，占有一定数量的土地和人口，享有政治、经济和军事特权。春秋末期到战国初期，楚国又兴起了封君制。封君制的特点，一是封地赐田，二是被封的贵族大吏，又予以"君"的爵号。封君在楚国占有大量土地和人口，占据高位，形成了垄断楚国政治经济的庞大利益集团。楚国国内的社会矛盾越来越激烈。因此，公元前 401 年，楚悼王即位后就面临着内部危机四伏、外部各国虎视眈眈的现实，不得不做出历史的抉择，效仿中原各国进行变法。

公元前 390 年，在魏国参与了李悝变法的吴起受到排挤，被迫逃往楚国。吴起在魏国政绩卓著，军功赫赫，在楚国受到了楚悼王的重用。吴起到楚国一年后，晋升为令尹，主持变法。

吴起变法的主要内容有：①实行法治；②减爵禄，进而废除贵族世卿世禄制；③削弱大臣威权；④把贵族迁移到边境人少地多的地区；⑤加强军事训练，提高军队战斗力；⑥加强郢的建设。

吴起的变法雷厉风行，立竿见影，取得了显著的成效。主要包括：①沉重地打击了旧贵族，加速了楚国封建化的进程。②使楚国国力迅速强大起来，在对外关系中，变被动挨打为主动进攻。③继续兼并和扩张，进一步开拓了楚国的疆域。

公元前 381 年，楚悼王不幸病逝。吴起变法中利益受到极大损害的旧贵族势力，乘机作乱，围攻吴起。吴起伏在楚悼王尸体上，被旧贵族乱箭射死。楚悼王的尸体也被射中。即位的楚肃王（公元前 380—公元前 370 年在位），诛灭了参与向楚悼王尸体射箭的七十余家贵族。旧贵族旧势力受到了巨大的打击。但是，变法的成果并未完全巩固下来，楚国的变法运动夭折了。此后，楚国的宣王（公元前 369—公元前 340 年）和威王

专题四 《离骚》——卓绝一世的千古绝唱

（公元前339—公元前329年）积极应对不断变化的战国局势，稳步求进，使楚国成为"地方五千里，带甲百万"的强国。楚国的国势达到了鼎盛。但是，楚国积弊未除，贵族们在既得利益面前，忘却了祖先的筚路蓝缕，宣威盛世之后开始江河日下。

公元前329年，楚威王去世，其子熊槐即位，是为楚怀王（公元前328—公元前299年在位）。怀王即位前后，战国的形势发生了较大的变化。秦国在商鞅变法之后，国力迅速上升，在和战国初期的霸主魏国的斗争中逐步占据上风。秦、楚、齐形成三足鼎立之势。秦国开始攻略中原，步步蚕食韩、魏两国，也威胁着齐、楚等其他国家。秦、楚国土相连，两国的关系成为战国晚期楚国内政外交的重要内容。

楚怀王即位的初期，重用屈原等改革派贵族。改革派对内在吴起变法的基础上继续推行改革，力求革除积弊，振兴国家；对外主张联合齐国，与秦国相抗衡。然而，楚国内部的守旧贵族以私利出发，妒贤嫉能，阻挠改革：在内政上，苟且偷安，不思进取；在外交上，不顾形势的变化，仍恪守春秋以来亲秦的策略。最终，楚怀王听信了守旧贵族的谗言，将屈原放逐到汉北（大致在今河南省南阳市境内），变法失败。楚国开始走向衰败。

楚怀王在位的最后十几年间，被秦国丞相张仪欺骗，放弃了联齐抗秦的策略。在与秦国的战争中，损失了八万军队，丢失汉中地区六百里土地。公元前299年，秦昭襄王诱骗楚怀王到武关会盟，希望重修旧好。楚怀王不听劝谏，执意前往，被秦国扣留，三年之后客死咸阳。楚国国势迅速衰弱。

公元前298年，楚国贵族诈称怀王已死，从齐国迎回太子横，立为楚王，是为楚顷襄王（公元前298—公元前263年在位）。楚顷襄王在位期间，秦国多次伐楚，攻占楚国大片土地。公元前278年，秦军攻入楚国都城——郢。楚顷襄王迁都于陈（今河南淮阳）。

公元前263年，楚顷襄王去世，他的儿子熊完即位，是为楚考烈王（公元前262—公元前238年在位）。楚考烈王任用"战国四君子之一"的春申君黄歇为令尹。黄歇主政期间，楚国一度复兴。公元前241年，黄歇组织各国最后一次"合纵"攻秦，但被秦军所败。楚考烈王怕秦国报复，把首都迁到了更东边的寿春（今安徽省寿春县境内）。公元前238年，楚考烈王死后，黄歇被门客李园杀害，楚国更加一蹶不振。

公元前224年，秦国老将王翦率军六十万攻楚，相持一年，大败楚军，生擒楚王负刍。楚国灭亡。

第二篇 刚柔相济 绚丽多姿——楚人的精神世界

《诗经·小雅·采芑》有"征伐玁狁（xiǎn yǔn），蛮荆来威"的诗句，诗中周王朝把楚国称为"荆蛮"，还与少数民族玁狁并称，言辞间尽显对楚人的鄙夷。楚人正是在这种鄙夷之下，才有了熊渠自称"蛮夷"和熊通称王的举动。楚国与周王朝的关系到西周中后期已经不再是诸侯与天子的关系，实质上是彼此独立、冲突的两个国家。同时，楚人生活的江汉地区，自然环境与中原地区有着较大的差别，人们的生活方式迥异，也就形成了与南北不同的社会风貌。然而，楚国贵族又是出自中原地区，与之有着难以割舍的文化渊源。楚人又经历了几百年的开拓，把南方众多小国和土著融入楚国的政治文化体系内。楚人在这一漫长而复杂的历史过程中逐渐完善了自己的精神世界。他们融合了南北地区的文化元素，呈现出相比中原地区更加多元的精神面貌：既有政治、军事上的刚毅勇健，又有思想文化上的浪漫绚丽。脱胎于楚文化的屈原诗歌作品，就是楚人精神世界的完美呈现，其中既充满不屈不挠的抗争与求索，又有绚丽多彩的浪漫主义想象。可谓是刚柔相济，绚丽多姿。

一、诚勇刚强 日月同光——楚人的爱国主义精神

楚人一路走来，在恶劣的自然环境里筚路蓝缕，艰苦创业；在中原诸国的鄙夷下奋发图强，文治武功，举世称颂；在强敌环伺的危机中，舍生忘死，勇于牺牲。楚人从封地五十里到地方五千里的发展历程，是一条从屈辱到自强的抗争之路，是一部从落后到文明的壮丽史诗。在这一艰难困苦、玉汝于成的奋斗历程中，楚人逐步形成了强烈的乡土认同和民族意识，孕育出伟大的爱国主义精神。

《左传·成公九年》记载：

晋侯观于军府，见钟仪，问之曰："南冠而絷者，谁也？"有司对曰："郑人所献楚囚也。"使税（同"脱"）之。召而吊之。再拜稽首。问其族。对曰："泠人也。"公曰："能乐乎？"对曰："先人之职官也，敢有二事？"使与之琴，操南音。公曰："君王何如？"对曰："非小人之所得知也。"固问之，对曰："其为大子也，师保奉之，以朝于婴齐而夕于侧也。不知其他。"公语范文子。文子曰："楚囚，君子也。言称先职，不背本也；乐操土风，不忘旧也；称大子，抑无私也；名其二卿，尊君也。不背本，仁也；不忘旧，信也；无私，忠也；尊君，敏也。仁以接事，信以守之，忠以成之，敏以行之。事虽大，必济。君盍归之，使合晋、楚之成？"公从之，重为之礼，使归求成。

楚国乐师钟仪在战争中被郑国俘获，之后被献于晋国。囚禁在晋国军府时，晋景公看到了带着"南冠"的钟仪，就有了上面的对话。钟仪的言行淋漓尽致地体现了楚人的民族意识和爱国精神。楚国在南方，因此当时中原地区常在具有楚国特色的东西前冠以"南"字。钟仪被俘后，仍戴"南冠"，奏"南音"，本色不改。言谈间，不卑不亢，不忘职守，行止有度，对楚王庄敬有加。钟仪的君子之风和民族气节赢得了晋国君臣的尊重。范文子用"仁、信、忠、敏"来称赞钟仪的德行。因此，后世将钟仪称为四德公。晋景公又按照使臣之礼接待了钟仪，并送其回楚，希望能促成晋、楚和平。钟仪的故事被后世传为佳话，唐代杨炯把钟仪和苏武相提并论，诗歌《和刘长史答十九兄》："钟仪琴未奏，苏武节犹新"。"钟仪琴""南冠楚囚"不仅彰显了楚人的爱国主义精神，也和"苏武牧羊"一样成为中华民族的文化符号，象征着高尚的爱国志士、不屈的民族气节和伟大的爱国主义精神。

楚国祭奠为国捐躯者的歌曲，经由屈原艺术加工，谱写成《九歌》中的《国殇》。《国殇》描写了激烈而残酷的战斗场面。英勇的战士奋勇向前，身首异处，为国捐躯，身死之后魂魄仍为鬼雄，受人敬仰。屈原在诗歌的最后，表达了对战士们爱国主义精神的崇高敬意。

> 诚既勇兮又以武，终刚强兮不可凌。
> 身既死兮神以灵，子魂魄兮为鬼雄！

诚、勇、刚强，可以说是对楚人爱国主义精神的完美阐释。在楚国的历史进程中，一个个崇高的爱国志士，一件件感人肺腑的爱国事迹，把楚人诚、勇、刚强的爱国主义特质淋漓尽致地展现在世人面前。

所谓诚，是对国家的忠诚之心和对乡土赤诚的眷恋之情。公元前506年，吴军攻破楚国首都，楚昭王仓皇出逃，楚国群龙无首。申包胥一介布衣，未受君命，不辞艰险，长途跋涉，只身赴秦求援。最初，秦哀公不允。申包胥依在秦庭的墙壁上痛哭七日，滴水不进，申斥吴军无道。秦哀公甚为感动，赋《无衣》之诗，发兵救楚。第二年，楚昭王复国，要重赏申包胥。据刘向《新序》记载，申包胥这样回答楚昭王："辅君安国，非为身也；救急除害，非为名也。"申包胥对封赏坚辞不受，隐居不出。另外两位复国功臣蒙谷和屠羊，也和申包胥一样不受封赏，退隐不出。他们在国家危难之际，把国家前途命运视为己任，不顾个人安危，不计名利，挺身而出，体现出对国家深深的热爱与忠诚。

所谓勇，是锐意进取的勇气和勇于牺牲的精神。楚国从弱小到强大的发展进程，本身就是一部可歌可泣的爱国主义史诗。长期以来，楚人不仅要与恶劣的自然环境抗争，还要在中原王朝的阴影下求生存。磨难与抗争，楚人排除万难，锐意进取。熊渠自称"蛮夷""不与中国之号谥"。后来，熊通自行"称王"，既是楚人对周王朝长期鄙夷和羞辱的回击，又是楚民族精神的发露与宣扬。楚武王病逝于伐随的征途中。楚文王、楚庄王、楚共王等在关键战役中更是身先士卒。一代代楚国将士在开疆扩土和保家卫国的战场上，前赴后继，操戈披甲，奋勇争先。上至王侯，下至士兵，他们的事迹共同铸就了楚人锐意进取的勇气和勇于牺牲的精神。

所谓刚强，是刚强不屈的品格。"首身离兮心不惩"（《九歌·国殇》），"举长矢兮射天狼"（《九歌·东君》），屈原的这两句诗可以说是楚人刚强不屈的写照。楚人的刚强之举，不绝于史。春秋时期，有近二十位楚国大臣因战败覆师而自杀身亡，其刚强忠直，可见一斑。公元前699年，屈瑕领兵伐罗，因轻敌兵败，自缢身亡，成为楚国自杀谢罪的第一人。在此之后成王时期的令尹子玉、楚共王时期的将军子反等人皆因兵败而自杀。公元前506年，吴国攻楚。在主力部队已经溃败的情况下，左司马沈尹戎仍力战不退，多处受伤，不愿被吴军俘虏，让部下割下自己的头颅。楚庄王曾"筑层台"，耗费了大量民力，百姓苦不堪言。为了让楚庄王停止这一劳民伤财的举动，楚国大臣不断进谏，七十二人因此被杀。后来，一个叫诸御己的农夫冒死谏言，最终说服了楚庄王。

即使到了败亡前夕，楚人依然与秦军展开了殊死搏斗。公元前278年，都城郢被秦军攻陷。楚国迁都。秦统一六国过程中，楚国是唯一都城被攻陷却坚持不降的国家。楚都东迁后，留在故地的楚人自发组织起来奋起抗秦，一度收复多座城池。公元前223年，末代楚王负刍被俘后，楚将项燕仍指挥残部抵抗秦军，最终被逼自杀。楚国灭亡，流淌在楚人血液里的民族精神却没有消失。秦末大乱，项燕的孙子项羽起兵，带领楚国后人在巨鹿破釜沉舟，背水一战歼灭秦军主力，推倒了秦王朝的军事支柱，留下了"百二秦关终属楚"的传奇故事。

楚国八百年，楚人在山林草莽之间开拓进取，国家从无到有，从小到大，从弱到强。这部奋斗史诗中，爱国主义无疑是最壮阔的篇章。楚人诚勇刚强的爱国主义特质随着后世民族的大融合，早已融汇到中华民族爱国主义的光荣传统中，成为中华民族最宝贵的精神财富，终将"与日月兮同光"。

二、兼容南北 江汉风韵——绚丽多姿的楚文化

楚国贵族出自中原地区的季连部族，在夏商之际南下荆楚地区。他们的社会制度和政治思想源自中原地区。虽然，楚国长期与中原国家处在战争状态，但是，冲突的背后却是越来越深入的经济文化往来。因此，楚文化深受中原文化的影响。荆楚地区与中原地区自然环境有着较大的区别，同时楚国贵族长期与南方土著民族杂处，在冲突和交流中不断融合，逐步形成了独特的社会文化风貌。最终，楚人在江汉地区灵秀的山水之间，为后人留下了兼容南北风貌又极具江汉风韵的文化长卷。

楚国在社会制度和政治思想等方面，深受中原地区影响，表现出与中原文化很大的一致性。西周到春秋前期，对于中原国家的鄙夷，楚人虽然表现出了强烈的对立情绪，试图通过武力方式与中原国家对抗，但是，对抗的背后其实是楚人得到中原国家认同的渴望。在战争的过程中，楚人也逐步认识到讲究礼乐德行才能真正被中原国家接纳。楚人不断向中原地区学习。春秋晚期，楚国已经拥有了包括"周大史"在内的周王朝典籍。春秋战国时期，《诗》《书》《礼》《易》《乐》《春秋》等中原的主要文化典籍已成为楚国贵族诵习的对象。《国语·楚语上》记载，申叔时建议楚庄王用中原地区典籍教育太子。楚国的王公大臣在讨论时政时，也与中原地区一样，时长引用《诗》《书》中的内容。屈原的作品中使用了许多圣明君王和贤德臣子的历史典故，其中绝大部分的内容、表达的政治理想和包含的政治思想与中原地区都是一致的。

楚国的核心区域位于江汉地区。这一地区的自然环境与中原地区截然不同，导致了楚国的社会风俗和楚人的审美情趣呈现出与中原地区不同的面貌。

楚地的自然环境造就了楚人的精神气质。中原地区较为发达的农业文明束缚了人的天性。农业生产要严格按照时令变化进行耕种，在当时的生产力条件下，收成严重依赖于天气条件，面对自然灾害时，单纯的农业经济往往会产生食物短缺的情况。因此，中原文化更注重实际，崇尚理性，呈现出极强的现实主义面貌。楚地的经济条件要优于中原地区。《左传·僖公二十三年》记载，晋文公重耳逃亡楚国期间，对楚成王将楚地"子女玉帛，则君有之；羽旄齿革，则君地生焉。其波及晋国者，君之余也"，足见其物产丰富。《汉书·地理志》中称"楚有江汉川泽山林之饶；江南地广，或火耕水耨，民食鱼稻，以渔猎山伐为业，果蓏蠃蛤，食物常足"。这样的环境下，楚人的谋生手段不限于艰苦的农业劳动，四季都可以通过渔猎采集获得食物。因此，楚人来自自然环境的压抑感和紧迫感远远低于生活在北方地区的人们。大自然对于楚人来说更多的是滋养与馈赠。楚人与大自然也就更加亲近，保持着更加原始的人性特征。相对容易和多元的食物来源，使楚人不需要组织强大的集体力量去应对自然的挑战，所以楚国也没有形成像中原地区那种严密的宗法制度。楚人也就展现出了较为强烈的个体意识。最终形成富有浪漫主义情调的精神气质。

崇尚巫鬼是楚国社会文化的重要特征。《汉书·地理志》称楚人"信巫觋，重淫祀"。中原地区的周王朝崇拜祖先，南迁的楚国贵族还保有夏商时代崇敬鬼神的遗风。生活在山林水泽间的土著民族本身就有崇尚巫鬼的传统。楚人祭祀之风极盛，上至国君，下至国人庶民，莫不如此，所以才有"重淫祀"之说。楚国君王在决定国家大事时常要进行崇巫拜鬼的活动。楚共王不想立长子为太子，就设计了一个五子拜璧的把戏。他和巴姬把一块玉璧秘密地埋在祖庙的庭院中，让五子按长幼次序入拜，决定继承人。

楚怀王曾"隆祭礼，事鬼神"，并且企图靠鬼神的帮助击退秦军（见《汉书·郊祀志》）。

楚国有着兴盛而独特的艺术。楚国人的浪漫主义气质通过其民间艺术呈现给后人。楚国青铜器、漆器的器型精美华丽，纹饰繁缛夸张；丝绸刺绣是先秦时期最富有创造力的；其音乐、舞蹈、绘画、雕塑超凡脱俗，这都反映出楚人独特的审美意识和文化特征。楚乐有金、木、土、石、丝、竹、革、匏"八音"。楚国的编钟乐舞水平之高，举世公认。楚国的民间歌谣内容丰富，也有着很高的艺术水准。

楚人的精神世界里的诚勇刚强和浪漫多姿共同建构了多元融合、刚柔相济、绚丽多姿的楚文化，也哺育了屈原的诗歌创作，成就了以《离骚》为代表，"金相玉质，百世无匹"（见南朝刘勰《文心雕龙·辨骚》）的文学作品——楚辞。

三、楚风楚韵 熔于一炉——楚文化与屈原的创作

爱国主义是楚人世代传扬的传统和精神财富，深深地影响了屈原的价值观。楚国波澜壮阔的历史进程，孕育了屈原洋溢着爱国热情的传奇诗篇。屈原诗词中高昂的民族意识和爱国精神是对楚人爱国主义精神的继承和艺术表现。

屈原对故国乡邦深深的眷恋，是其爱国主义精神的一种表现。屈原在众多作品中用高超的语言技巧和丰富的表现手法展现了这种深沉而强烈的爱恋，如《九章·橘颂》曰："受命不迁，生于南国。深固难徙，更壹志兮。"橘树不能移植，只能生长在南国。诗人托物言志，借此来表达对故土的眷恋与坚守。"深固难徙"是屈原爱国主义精神的重要内涵之一。公元前278年，秦军攻陷楚国首都。百姓流离东迁，故土难回，悲苦不堪。屈原把个人的悲戚和楚人的共同凄婉凝练在《九章·哀郢》这首诗里。"发郢都而去闾兮，荒忽其焉极？"离开郢都，天高地远，何处是家？"羌灵魂之欲归兮，何须臾而忘反！"斯人远去，灵魂归处仍是故乡。乡情乡恋，难以割舍。去国怀乡，悲伤不已。

屈原在《离骚》开篇就追述祖先，展现出浓烈的宗族意识，高扬着强烈的民族自豪感。屈原以这种方式，把对国家和民族的挚爱，融汇到对先辈筚路蓝缕开拓的怀恋与歌颂中，同时，也是对现实中一众小人数典忘祖、贪图私利等行径无情的抨击和斥责，爱恨之间，是对现实极度的无奈与愤恨。《天问》一口气问出一百七十多个问题。从遂古之初、宇宙洪荒，到天文地理、历史传说、国运兴衰，无所不问，却是问而不答。为何只问不答？屈原所面对的现实，其实是一种无法摆脱的现实困境。君王昏庸无能，朝堂上小人当道，秦国又在外虎视眈眈。故而屈原只能把天地问遍，求个答案。《离骚》与《天问》都表达了屈原内心深处的痛苦。屈原因何而忧？忧的是国家衰亡，百姓涂炭。因何而恨？恨的是君王昏庸，奸佞当道。忧不可解，恨不能除，剩下的只有痛苦挣扎。忧与恨的根源就是对脚下这片土地深沉而坚定的热爱。千年已降，血脉相通。抗战时期，艾青写下了《我爱这土地》："为什么我的眼里常含泪水？因为我对这土地爱得深沉。"国势衰微，家国沦丧，艾青的泪水和爱与两千多年前屈原的痛苦与热爱是何其相似！

屈原的爱国主义精神可谓是光照古今，激励着一代又一代华夏儿女。这份热爱来自祖先传承的血脉，来源于楚国发展历程中凝结的爱国主义情怀。屈原以楚辞为载体，用高超的艺术技巧，全方位表达了他的爱国主义精神。

爱国主义绘制了屈原作品的底色，楚地的灵秀山水和绚烂的文化启迪了屈原浪漫婉约的创作风格。

南方山水灵动多姿。山势层峦叠嶂，林木茂密，泉水河流纵横其间。江河湖泊，或蜿蜒流淌，或星罗棋布。相对优渥的自然环境，使楚人与大自然更加亲近，让他们能在山水林木之间，自由徜徉。面对姿态万千的山水景致，楚人的表达方式显得摇曳多姿、参差委婉。屈原的作品继承和发扬了楚人表达方式。屈原作品中瑰丽神妙的想象和委婉含蓄的表达都来源于楚文化的熏陶，这两个特点也共同构成了楚辞的浪漫主义风格。

湖南长沙陈家大山楚墓出土的《夔凤人物图》，画中女子挽着垂髻，身着宽袍长袖，裙摆摇曳铺衬在地面上。女子上方是一龙一凤盘旋飞舞，似乎是要导引女子飞升天界。类似的"飞升"形象在楚地出土的绘画作品是较为常见的。由龙、凤这两种吉祥的神灵来导引凡人"飞升"天界，是楚人追求灵魂自由而产生的想象。楚人的丰富的想象力和对自由的追求极大地影响了屈原的创作。《离骚》和《九歌》中都有龙凤导引"升天"场景。《离骚》《九歌》《天问》等作品中大量使用神话传说，内容丰富，富有诡谲的色彩，能把人带入一个瑰丽神妙的想象世界，引人入胜。

屈原作品中所描绘的自然景致往往如同一幅山水画。作品将山峦、水波、林木等多种元素构建出一个清新自然的场景，所描绘的画面中往往不见人物，却能把看风景的人心中微妙复杂的情绪传神地表达出来，如《九歌·湘夫人》中的名句："袅袅兮秋风，洞庭波兮木叶下。"秋风萧瑟，佳人未至，只见黄叶飘落在洞庭的微波之上；又如《九歌·山鬼》："雷填填兮雨冥冥，猿啾啾兮又夜鸣。风飒飒兮木萧萧，思公子兮徒离忧。"雷雨交加的夜晚，猿猴鸣叫，疾风穿过山林，簌簌作响。思念公子的佳人，忧伤难眠。这两篇都是屈原用动态的景物描写，表达了凄婉愁怨的思念之情，意境委婉含蓄，构成了独特的审美价值。

楚地崇尚巫鬼的风俗也深刻地影响着屈原的创作。屈原把楚地原有的祭祀歌谣《九歌》，进行艺术加工，创造的一组抒情诗，就是今天我们看到的《九歌》。屈原《九歌》是诗人创作个性和民间文化的完美融合，再现了楚国民间祭歌的基本风貌。《离骚》中"就重华而陈辞""索藑茅以筳篿兮，命灵氛为余占之""巫咸将夕降兮，怀椒糈而要之"等部分直接描写了祭祀场景，甚至有学者认为《离骚》描写的是一场大型祭祀活动。敬拜天地，祭祀鬼神，楚人试图通过敬拜鬼神，来实现神灵与心灵相通，这虽然是原始蒙昧的文化现象，但是，其实质是人类为解决现实困境，寻求灵魂寄托的一种渠道。崇尚巫鬼本身含有一定的理性主义精神，也就使这一迷信活动饱含人情味和现实性。屈原通过对祭祀和鬼神的描写，来寻求解决现实痛苦的渠道。

楚地歌谣和楚辞的产生有着重要的关系。刘向《说苑·善说》中记录一首典型的楚地歌谣《越人歌》：

今夕何夕兮，搴舟中流。今日何日兮，得与王子同舟。蒙羞被好兮，不訾诟耻。心几烦而不绝兮，得知王子。山有木兮木有枝，心悦君兮君不知。

这首美丽的情歌，据说是楚共王的儿子鄂君子皙在越国故地听到的。子皙听不懂越方言，请人将其翻译成楚方言，就有了这首楚国歌谣。这首歌谣的创作时间在公元前6世纪，被认为是中国文学史上的第一首翻译作品。《越人歌》清新自然，带有质朴的民歌特色，灵活运用了楚地方言中的语气助词"兮"，呈现出浓烈的楚地风韵。"山有木兮木有枝，心悦君兮君不知"一句与楚辞众多名句相比毫不逊色，尤为后人所称道。

从历史文献中可以发现楚国有《九歌》《涉江》《采菱》《阳春》《白雪》《劳商》等著名的民间乐曲，可惜的是这些曲目只保留了名称，歌词和曲调已经失传。《接舆歌》

《沧浪歌》等传世的楚国民间歌谣，它的形式与中原歌谣不同，句式可长可短，不是整齐的四言诗，句尾或句中多用语气词"兮"，对屈原的楚辞创作产生了重大的影响。

生于战国晚期的屈原，经历了楚国由盛转衰的过程。战国中期，楚国国力达到顶峰。"地方五千里"的广大土地上，青铜冶炼技术、铁器的使用都处于领先地位，漆器艺术令人叹为观止，丝织刺绣、兵器制造、木器加工、宫殿建筑等手工业极度发达。然而，在宣威盛世后，由于统治集团的腐败无能，国势迅速衰落。统治集团的腐朽没落与楚民族呈现出的昂扬奋进形成鲜明对比。这种巨大的反差投射在屈原的内心世界。屈原又以富有楚风楚韵的诗歌，外化了自己的心路历程，成为绚烂多姿的楚文化里最为夺目的新篇章，也成为中国文学宝库里最绚烂的奇葩。

第三篇　始于战国 辑于西汉——楚辞的结集

屈原完成《离骚》等作品创作后，在南楚大地得到了广泛的传播，他的作品还催生了一批继承屈原艺术风格的诗人。例如司马迁《史记·屈原贾生列传》：

屈原既死之后，楚有宋玉、唐勒、景差之徒者，皆好辞而以赋见称。

到了西汉时期，"楚辞"一词才出现在文献中。最早见于司马迁《史记·酷吏列传》：

始长史朱买臣，会稽人也，读《春秋》。庄助使人言买臣，买臣以"楚辞"与助俱幸，侍中，为太中大夫，用事。

朱买臣因向汉武帝讲解"楚辞"，而被任命为太中大夫，侍奉皇帝左右。这段史料可以说明"楚辞"在汉初已经是一门专门的学问。淮南王刘安对楚辞的保存、发掘和传播起到了重要的作用。刘安曾奉汉武帝之命编撰《离骚传》，是现存最早研究楚辞的文献。西汉末年，刘向辑录屈原、宋玉等人的作品，编成《楚辞》一书。至此，《楚辞》成为真正意义上的诗歌总集。"楚辞"的三重涵义也就确定下来，分别是：

①诗体，指出现在战国时代楚地的一种新的诗体。这种诗体是融汇楚国地方特色的语言、乐调、物产等文化符号创作的诗歌，是由屈原在楚地民歌基础上，经艺术加工创造出来的。

②作品，包括屈原在内的战国时期楚国诗人和汉朝人用上述诗体所创作的诗歌作品。

③书名，指刘向把楚国、两汉时期创作的具有"楚辞"特色的诗歌辑选而成的一部书。

《楚辞》的成书是一个逐渐纂辑增补的过程，从战国至东汉，历三四百年，共分五个阶段。

一、先秦时期

《楚辞》依次编订了屈原的《离骚》和宋玉的《九辩》，纂辑者可能是宋玉。这是《楚辞》的雏形。

二、西汉汉武帝时期（公元前 140 年前后）

增辑作品七篇，依次是屈原的《九歌》《天问》《九章》《远游》《卜居》《渔父》和西汉淮南小山的《招隐士》。

增辑者为淮南王宾客淮南小山，或者淮南王刘安本人。以上九篇作品的合集，是淮南王刘安以后、刘向以前的《楚辞》的通行本。

三、西汉汉元帝、汉成帝时期（公元前48—公元前8年）

刘向增辑作品四篇，依次是宋玉的《招魂》、王褒的《九怀》、东方朔的《七谏》和刘向的《九叹》。

四、班固以后、王逸以前（100年前后）

增辑作品三篇，依次是严忌的《哀时命》、贾谊的《惜誓》、屈原或景差的《大招》。

五、东汉后期（100—150年）

增辑作品一篇，即王逸的《九思》，增辑者为王逸。王逸给前面十六篇作品添加了注解，集成《楚辞章句》，同时附入自己的作品《九思》，成十七卷，也就是后世流传的十七卷本《楚辞》。

到宋代，因篇目次序混乱，整理者以作者所处年代的先后顺序，重新编订了次序，就是今天我们看到的《楚辞》。具体次序如表4-1所示。

表4-1 《楚辞》篇目的次序

篇名	次序	作者	篇名	次序	作者
离骚	第一	屈原	九歌	第二	屈原
天问	第三	屈原	九章	第四	屈原
远游	第五	屈原	卜居	第六	屈原
渔父	第七	屈原	九辩	第八	宋玉
招魂	第九	宋玉	大招	第十	屈原或景差
惜誓	第十一	贾谊	招隐士	第十二	淮南小山
七谏	第十三	东方朔	哀时命	第十四	严忌
九怀	第十五	王褒	九叹	第十六	刘向
九思	第十七	王逸			

第四篇　降于庚寅 投水汨罗——屈原的生平事迹

屈原，名平。屈原生平资料未见于先秦典籍，保存在《史记·屈原贾生列传》《史记·楚世家》和刘向的《新序·节士》中。但是，这些作品中都没有记载屈原的生辰和去世时间。

《离骚》中"摄提贞于孟陬兮，惟庚寅吾以降"是现在推算屈原生辰的唯一依据。摄提是我国古代岁星纪年术语，岁星即木星，古人认为太阳围绕地球公转，把想象中的太阳公转轨道称为黄道，又把黄道面由西向东等分十二段，即十二宫，或十二次。十二宫又与十二地支（子、丑、寅、卯、辰、巳、午、未、申、酉、戌、亥）相对应。岁星在寅被称为摄提，"贞"的意思是指向，因此屈原是出生在寅年。孟陬是指夏历正月，即寅月，庚寅就是庚寅日，也就是说，屈原出生在寅年寅月寅日。

岁星纪年中存在着一定的误差。岁星绕黄道面一周的时间是 11.862 年，但是，人们为了纪年方便，就把这个时间记为 12 年。因此，每经过八十六年多一点时，就会比实际年份多出一年，这一现象被称为岁星超辰。岁星超辰给屈原生辰的推算造成了很大的困难，导致不同学者推算出不同的结果。现在学界认可度最高的是浦江清的说法，即屈原生于公元前 339 年，即楚威王元年的夏历正月十四日。

屈原出自楚国贵族。西周时期楚人首领熊渠的长子庸，被封为句亶王，为屈氏始祖。据《史记·屈原贾生列传》记载，屈原"博闻强志，明于治乱，娴于辞令。入则与王图议国事，以出号令；出则接遇宾客，应对诸侯"，深得楚怀王信任，担任左徒，地位仅次于最高行政官员令尹。楚怀王派屈原起草改革朝政的宪令，而即将推行的改革势必会触及保守贵族的势力。在宪令草拟阶段，保守势力的代表上官大夫靳尚要求修改部分条款，屈原不同意。靳尚在怀王面前进献谗言，说屈原恃崇自傲，欺上瞒下。于是，怀王疏远了屈原。之后，屈原担任三闾大夫，掌管王族昭、屈、景三姓的事务。

公元前 313 年，发生了著名的张仪"诈楚"之事。秦惠文王欲伐齐，派张仪前往楚国，以献商於之地六百里为条件，请求楚怀王与齐国断交。商於之地位于今天河南、陕西、湖北三省交界地区，当时是秦楚交界的战略要地，物产富饶。最终，楚怀王答应了张仪的要求，在秦国没有交割土地前，就断绝了与齐国的关系。楚怀王向秦国索要土地时，张仪只承认献地六里。楚怀王恼羞成怒，第二年发兵攻秦。楚军战败，被斩首八万。楚国还丢失了汉中六百里的土地。公元前 311 年，秦因暂不能灭楚，且齐楚复交，愿割侵占的汉中之半与楚国讲和。《史记·楚世家》记载，楚怀王云："愿得张仪，不愿得地。"张仪向秦王请命，又一次来到楚国，被楚怀王囚禁起来。张仪设法重金贿赂靳尚和楚怀王的宠姬郑袖。楚怀王听从了这两个势利小人的建议，放走了张仪。就在这个时候，屈原刚刚从齐国出使回来。他马上建议楚怀王杀掉张仪。楚怀王急忙派人追赶，但是张仪已经逃回秦国。

公元前 305 年，楚背齐合秦，迎娶秦女。一向坚持联齐抗秦的屈原，因向楚怀王进谏，被贬斥到汉北之地。《抽思》云："有鸟自南兮，来集汉北。"公元前 299 年，秦昭王诱骗楚怀王到武关会盟，楚怀王轻信欲行。屈原劝谏怀王不要前往，而楚怀王之子子兰力劝其父参加会盟。最终楚怀王被抓，客死咸阳。楚立怀王子横为王，是为顷襄王，以子兰为令尹。

公元前 296 年，楚怀王客死于秦而归葬，"楚人怜之，如悲亲戚"。楚人责怪子兰劝怀王入秦。子兰觉得是屈原在后面挑唆民众，于是唆使靳尚在顷襄王面前诽谤屈原。顷襄王怒而将屈原从汉北放逐到江南地区。屈原"上洞庭而下江"，辗转沅、湘一带，故都日远，长年不复，"被发行吟泽畔，颜色憔悴，形容枯槁"，无可奈何之际，自沉于汨罗江中。

宋代诗人苏轼在《屈原塔》诗中写道："楚人悲屈原，千载意未歇。"屈原的一生带有浓重的悲剧色彩。屈原所生活的年代，楚国由盛转衰。秦国步步紧逼，楚怀王、顷襄王两代君王昏庸无能，偏听偏信，朝堂上子兰、靳尚、郑袖一众奸佞小人当道，屈原的改革被谗言破坏。在事关楚国前途命运的几次关键事件中，屈原提出了正确的建议，但是因君王昏庸或小人的谗言，都没有被楚王采纳，甚至还因为直言进谏被疏远放逐。楚国一步步走向沉沦，屈原也蒙受冤屈，理想和希望完全破灭，他只能把遭受的不公和对国势衰微的担忧，用诗歌的形式倾吐出来。

第五篇　灵均怀恨 香草美人——《离骚》概述

一、创作时间

《离骚》是屈原最重要的代表作，全诗共 372 句，2 400 多字，是我国古代最恢宏的长篇抒情诗。其写作年代，一般认为是在屈原离开郢都往汉北之时，也有人认为《离骚》创作于楚怀王疏远屈原之时。

现在没有确切的史料可以推定《离骚》的创作年代。这两种说法的时间相差不多，而背景又都是怀王听信谗言，似乎都有其合理性。但是从《离骚》中可以看出屈原是向楚王提出某种建议而遭受了污蔑的，又继续谏言激怒了怀王。下面一段较为清楚地体现了这一过程。

> 荃不查余之中情兮，反信谗而齌怒。
> 余固知謇謇之为患兮，忍而不能舍也。
> 指九天以为正兮，夫唯灵修之故也。

屈原是因为劝谏怀王不要迎娶秦女而被放逐汉北，这与《离骚》中的叙述更加接近。放逐汉北和前面遭到疏远二者叠加，对屈原的打击越来越大，内心积郁的愤懑也越来越多，大有不吐不快之感。因此，从情理上讲《离骚》的创作于去往汉北的路上显得更加合理。

二、离骚的题旨

关于"离骚"二字的意思，从古到今有多种说法。司马迁在《史记·屈原贾生列传》将其解释为"犹离忧也"；东汉时期的班固在《离骚赞序》中指出"离，犹遭也。骚，忧也。明己遭忧作辞也"；王逸则认为"离骚"是离别的忧愁，《楚辞章句·离骚经序》："离，别也。骚，愁也；经，径也；言己放逐离别，中心愁思，犹依道径，以风谏君也"，司马迁、班固和王逸的说法是历史上影响较大的两种。司马迁离屈原年代不远，又亲身到过楚地考察。同时，屈原作品本身有"离尤"的表述，如《离骚》中的"进不入以离尤兮，退将复修吾初服"和《九歌·山鬼》中的"风飒飒兮木萧萧，思公子兮徒离尤"，因此，司马迁的解释更为合理。

三、《离骚》内容概述

《离骚》是一部伟大的抒情诗。屈原在政治上遭到严重挫折，同时面临着个人困境和国家厄运的双重困局。《离骚》以第一人称的形式，记录了自己的心路历程，向世人展现了一个具有崇高理想、高洁品格、坚强不屈、苏世独立的自我形象。全文总体上可以划分虚、实和结尾的"乱辞"三个板块。

第一板块实写，从开头"帝高阳之苗裔兮"到"岂余心之可惩"。屈原自述了家世生平，认为自己出身高贵，天生"内美"，品行高洁，志在实现"美政"理想。在这一部分中，以江蓠、辟芷、秋兰、木兰、宿莽等众多香草引喻诗中的主人公天生品格高洁。同时，后天又博采众长，自我约束，不断提升自我修养。在汲汲自修的过程中，还带有春秋代序、时不我待的紧迫感。季节更替，岁月匆匆，一草一木的细微变化，都引起诗人的紧迫感。诗人反复表达"老冉冉其将至兮""及荣华之未落兮""恐鹈鴂之先鸣兮""及余饰之方壮兮"的感受，比兴与直陈的交互，凸显了诗人人生追求的可贵之处。

《离骚》的第一板块展现出屈原在遭遇困境时，坚守信念和好修为常的高洁情操，同时以小人之丑恶来凸显自己的志向和节操，希望君王能够明辨是非。接下来继续描写自己身处政治斗争旋涡中的心态。诗人在"进"与"退"之间犹疑徘徊：正直与邪曲怎能和平相处？小人得志，古来有之，有什么不能理解呢？自己为了实现政治抱负，坚守高洁品格，已经遭受了无端的打击与诬蔑，那就更不应该半途而废，于是有了振聋发聩的呐喊："亦余心之所善兮，虽九死其犹未悔！"忍尤攘垢、溘死流亡，郁邑侘傺、穷困失路，也在所不惜！诗人自己的遭遇和心中的愤懑升华成光明与黑暗、美好与丑恶的对立，表达出宁死也不屈从于邪恶势力的强大信念。

第二板块充满浪漫主义色彩，从"女媭之婵媛兮"开始到"蜷局顾而不行"。诗人虚构了女媭这一人物。诗中描写女媭劝诫主人公去妥协退让，从而借女媭之口提出了"变"与"守"的痛苦挣扎。在女媭的劝诫之后，诗歌内容开始进入虚拟的神话世界。主人公不能接受女媭的劝诫，就到舜帝那里慷慨陈词，再一次完成了自我认同，进一步强化了理想和信念。在瑰丽奇幻的神话世界里，主人公向重华（舜帝）陈述愤懑之后，便开始了上下求索的旅程。

主人公先是飞升天界，驾龙乘凤，御风而行，寻求理想，又经白龙、凤凰、日御羲和、月御望舒、风神飞廉、雷神雨师相助，昼夜兼程，风驰电掣。"纷总总其离合兮，斑陆离其上下"，天庭云霞的美好景观令人神往，然而最终等来的却是天庭守门人的冷漠，无法与上帝相见。于是诗人再次慨叹："世溷浊而不分兮，好蔽美而嫉妒。"

主人公悲愤之余，不轻言放弃："路曼曼其修远兮，吾将上下而求索！"接下来，他三求下女。"闺中既以邃远兮，哲王又不寤"，求女，其实是寻找志同道合的贤德之人。然而"理弱媒拙"，主人公最终求女不得。

上天无门，求女不得，于是主人公请来灵氛，迎来巫咸。诗人借两位灵巫之口展现了"去"与"留"的矛盾与斗争。两位灵巫都劝他远走他乡，另寻明君。于是诗人写道："历吉日乎吾将行"，驾龙翱翔，远游西极，奏《九歌》，舞《九韶》，何等欢愉！不由将现实中的痛苦与挣扎一扫而空。然而，旧乡一望，"仆夫悲余马怀兮，蜷局顾而不行"在一片罕见的欢愉景象中，主人公望见故国，突然蜷局不行，用强烈的情绪对比，直指人心中最柔弱的部分，把全诗的抒情推向高潮。

最后一个板块，从"乱曰"开始到诗歌结尾。在这一部分，作者明确其政治理想是"美政"。但"美政"无法实现，悲伤不已，无奈之至，只得退而修德，效法彭咸，以求人格的自我完美。

诗人以"进"与"退""变"与"守""去"与"留"三大矛盾冲突为主线逐步展开叙述。形式多样的叙述，反复展开的矛盾冲突，充分展现了诗人内心的挣扎与痛苦，也凸显了诗人在面对挫折时的坚守与执着。在面对反复的矛盾时，诗人构建了反复求索但失败的过程，不断变换叙述的人物、场景、对象，在虚与实之间巧妙转接；诗人的情感在自述与诗歌人物间毫无痕迹的穿插中出入。这些高超的艺术技法，使诗歌的气韵显得灵动婉约，使人物形象逐渐丰满，让读者能不厌其烦地听主人公娓娓道来。诗人把香草美人、历史典故、神话传说等元素融入叙述与说理中，形成了瑰丽俊奇的浪漫主义艺术风格。

四、《离骚》的思想意蕴

后人一般认为，《离骚》的思想意蕴是爱国和忠君。司马迁在《史记·屈原贾生列传》中称屈原"虽放流，眷顾楚国，系心怀王，不忘欲反，……一篇之中三致志焉"。汤炳正先生将其概括为"反抗黑暗、追求光明、同情人民、热爱祖国"。我们可以将《离骚》的意蕴归纳为四方面。

1. 坚守不变的"美政"理想

纵观《离骚》全篇，诗人通过不同方式一直在述说对理想政治的渴望，在诗歌结尾处，终于把这种理想概括出来："国无人莫我知兮，又何怀乎故都！既莫足与为美政兮，吾将从彭咸之所居！"诗人坚守不变的理想政治就是美政理想。

屈原的"美政"理想可以概括为四点：①效法先贤。《离骚》中屈原两次集中列举前朝兴亡故事，赞颂圣王，抨击昏君，实质是对现实中楚怀王殷殷的劝谏，希望其能够效法前贤，以德兴邦。②选贤与能，修名法度。屈原以香草和恶草的对比，展现贤德与宵小的对立，同时表达着渴望与贤德之人为伴，共同实现政治抱负的愿望，期盼着在这种理想环境下，大家遵从法度，共建美好未来。③革除积弊。楚国贵族势力盘根错节，不顾国家民众利益，结党营私，是威胁楚国前途命运的首要因素。现实中的屈原正是因为试图革除这一积弊而遭受谗言的。他借诗歌揭露宵小之徒的丑态，实质上表达了对楚国黑暗政治现实的愤懑和对改革的极端渴望。④富国强兵。面对步步紧逼的秦国，楚怀王时期的楚国在战场一再败北。屈原联齐抗秦的主张，也是为了抵抗日益强大的秦国。无论是君明臣贤还是政治改革，"美政"的最终目的是要落在富国强兵上，只有这样才能够抵御外辱，削平内患。

屈原始终要求以他理想中的"美政"改造楚国，并以此映照出楚国政治的黑暗，批判楚国君臣的昏庸和贪鄙。他对理想、对真理、对美政的追求，执着不懈，上下求索，不屈不挠。当他认识到"美政"不可能实现时，就宁可怀抱理想而死，其刚毅坚守，千载之后仍然感人至深。

2. 坚贞纯洁的爱国主义情怀

世人对屈原的爱国精神，有两种误读。一种误读认为屈原的爱国和忠君连在一起，而楚王昏庸无能，因此屈原的爱国其实是愚忠。另一种误读则认为屈原的爱国是一种狭隘的观念。当时秦统一六国已经是大势所趋，屈原要"存君兴国"是不现实的，只能是悲剧的结局。

这两种误读都只从形而上的表面现象去解读屈原的爱国情怀。我们理解屈原的爱国情怀，一定要把春秋战国的社会现实、屈原的个人经历和《离骚》等作品所呈现的情感世界三种因素综合分析。只有这样，我们才能真正接近屈原伟大的爱国主义精神的本质。

爱国主义是一个历史范畴。在屈原生活的时代，君国一体，君王贤德与否直接关系国家的兴衰。楚国的历史本身就是这一现象的佐证。楚国在楚武王、楚成王、楚庄王等贤德君主执政时期，奋发图强，国势不断上扬；楚灵王、楚平王因好大喜功、贪图享乐、任用奸佞，为国家招来祸患。在当时的政治体制下，振兴楚国的"美政"只能寄托于楚王身上，除了劝谏楚怀王和同一众小人不断地斗争，屈原别无选择。君王的昏聩和众小的奸佞恰恰反衬出屈原爱国主义精神的伟大。无法摆脱的制度约束和求之不得、反遭陷害的经历又给屈原的爱国情怀增添了悲剧色彩，更加触动人心。

《离骚》以追述祖先开篇，认祖归宗，表现出强烈的宗族和国家认同。《离骚》："长太息以掩涕兮，哀民生之多艰。"《九章·哀郢》："皇天之不纯命兮，何百姓之震愆"，这种对人民悲苦生活的同情，正是源于诗人内心深处的热爱和关切。《离骚》结尾处，主人公在天国的极致欢愉中，忘却了所有忧愁烦恼之时，旧乡一望，蜷局不行。乡情乡恋，止于斯言！浓烈的宗族情感、对人民的同情和对故土乡邦的眷恋融为一体，构成了屈原因爱而生的爱国主义信仰。在这种爱国主义信仰的驱动下，屈原不惧黑暗、追求光明、百折不挠、上下求索，其光辉形象显得更加丰满。

春秋战国时期，"楚才晋用""朝秦暮楚"是一种普遍存在的社会现象。孔子、孟子奔走于诸侯之间，商鞅、张仪、李斯皆非秦人，魏人吴起在楚国推行改革，这样的例子不胜枚举。然而，屈原在"去"与"留"的挣扎里选择了"深固难徙"。在理想破灭，国家衰亡之际，屈原投水而去。如此深沉执着的爱国情怀，何等坚贞！何等纯洁！

3. 放言无忌的批判精神

屈原在作品中满怀忧愤，责数楚王之昏惑，揭露世俗之混浊，痛斥群小之邪僻，表现出可贵的批判精神。《离骚》中就有许多例子，如"怨灵修之浩荡兮，终不察夫民心""众女嫉余之蛾眉兮，谣诼谓余以善淫""固时俗之工巧兮，偭规矩而改错""背绳墨以追曲兮，竞周容以改度"。

对此，班固评价说他"露才扬己""亦贬絜狂狷景行之士"，这表明屈原在后世得到了一部分封建士大夫的认同。这种评价是站在封建正统和儒教的立场进行的，正好从反面说明了屈原的批判精神之可贵。屈原对君王、奸佞的批判是源于对国家的热爱和对理想的坚守，显示出深沉而悲壮的情怀。如果当时屈原面对不幸的遭遇而委曲求全，妥协退让，也就没有后世人们心目中伟大的屈原的形象和不朽的诗篇《离骚》了。应该说，屈原的那种放言无忌的批判精神，为庄敬儒雅的中国文化增添了一股刚烈勇毅的气质，培养了传统士人敢于抗争、勇于担当的勇气。它对后世正直的文人，如司马迁、李白、韩愈等有很大的影响。这些文人是鲁迅笔下的"中国的脊梁"。这是屈原对中国民族精神的重大贡献。

4. 好修为常的峻洁人格

《离骚》开篇追述祖先，不仅是宗族情感和民族自豪感的发露，也是在为全文塑造一个人格峻洁的主人公形象做铺垫。

好修为常是屈原峻洁人格的主要内容。《离骚》云："民生各有所乐兮，余独好修以为常。"《离骚》中提及以美德之意出现的"修"总共有十一处。《九章·怀沙》曰："怀瑾握瑜兮，穷不知所示。"屈原作品中常以香草美玉装饰主人公，既代表了诗人对美好品行的追求，也是以此暗示自我修养的不断提升。同时，香草美玉与恶草苏粪的对立，也显现了作者对宵小之徒恶行的不屑与痛恨。好修为常也是一个不断叩问自我，坚定信念的过程。如《离骚》中所言："众不可户说兮，孰云察余之中情？世并举而好朋兮，夫何茕独而不予听？"诗人借用女媭之口，表达了他内心深处的斗争。好修为常，会遭受不解与迫害，那么，是否要随波逐流？在这种不断的自我叩问中，诗人坚定自己的信念，自身的人格更加完善。

诗人在《离骚》中抒写对真、善、美的执着追求，对假、丑、恶的无情鞭挞，倾诉了坚持操守、九死不悔的坚定意志，表达了不与小人同流合污的决心。尤其难能可贵的是，诗人在屡遭陷害，身处险境时，不仅没有丝毫的畏惧，反而显示出一种自豪感。"鸷鸟之不群兮，自前世而固然"。他在黑暗中看到光明，而对光明的渴望又转换为对黑暗的反抗。其峻洁人格，"虽与日月争光可也"！

屈原力图将坚定不变的"美政"理想、坚贞纯洁的爱国情怀、放言无忌的批判精神、好修为常的峻洁人格，完美地结合在一起。这种完美的理想是屈原的伟大、独特之处，也是其痛苦、悲剧的根源。按照当时的社会环境、政治制度、国家关系等因素，屈原不可能完全实现这些理想，而如果要想实现理想，就必须要有所舍弃，不做舍弃，则理想无法实现，甚至连自身也难以保全。因此，屈原陷入了难以解脱的痛苦与挣扎。屈原遭到接二连三的打击之后，面临的已不是"进与退""变与守""去与留"的选择，而是"玉碎与瓦全"的选择。屈原克服了短暂的思想动摇，始终坚持理想，决不轻易做任何舍弃。因此他以生命与"修名"为代价，为我们塑造了一个完美的人格典型。屈原的悲剧，正源于自身无法解决的矛盾。而他的矛盾，正是其人格魅力的体现，最终成为民族精神的象征。

五、《离骚》的艺术成就

屈原对后世有着积极而深远的影响，司马迁在《史记·屈原贾生列传》中盛赞屈原的人格魅力和文学成就：

其文约，其辞微，其志洁，其行廉，其称文小而其指极大，举类迩而见义远。其志洁，故其称物芳。其行廉，故死而不容。自疏濯淖污泥之中，蝉蜕于浊秽，以浮游尘埃之外，不获世之滋垢，皭然泥而不滓者也。推此志也，虽与日月争光可也。

鲁迅先生在《汉文学史纲要》中称赞《离骚》"逸响伟辞，卓绝一世"，认为屈原的作品对后世文学的影响超过了《诗经》，"其影响于后来之文章，及甚或在《三百篇》以上"。

《离骚》对中国文学史的影响可以概括为四个方面。

1. 灵均形象的塑造

在屈原作《离骚》之前，文学作品多属集体创作。屈原的出现，意味着我国文坛上第一个自觉的从事文学创作的作家的产生。诗人以自我为原型，成功地塑造了一位光彩照人的抒情主人公的高大形象。这位名曰"正则"、字曰"灵均"的主人公，就是屈原自己。这位主人公有高贵的家世，非凡的气度，美好的品格，高尚的志趣，独特的爱好，有高洁的人格，有对理想的执着追求，有九死不悔的无畏精神，有深挚的爱国感情和与邪恶势力绝不妥协的斗争意识。诗人用满腔的心血所塑造的这一主人公的形象，为后世人们所景仰、敬慕。

2. 创作方法的突破

《诗经》奠定了我国文学史上现实主义传统的基础，以《离骚》为代表的楚辞则是浪漫主义文学的源头，故而有"风""骚"并称。屈原继承、发展了《诗经》艺术特色，《离骚》从现实出发，以浪漫主义为特色，将二者完美结合，不仅标志着创作方法的突破和发展，而且证明了屈原无愧为一位伟大的艺术家。诗人以极富个性化的笔触，真实而深刻地揭示了战国后期楚国政治的黑暗和社会的混浊；通过灵均这一典型形象的塑造，直率地抒发了自己的理想和感情。而屈原更令人赞叹的成就则是浓厚的浪漫主义特色，即火样的激情、飞腾的想象、奇幻的意境及瑰丽的文采，这在诗中上下求索，四方神游的描写中，表现尤为突出。"朝发轫于天津兮，夕余至乎西极。凤凰翼其承旗兮，高翱翔之翼翼"真所谓"东一句，西一句，天上一句，地下一句，极开阖抑扬之变，而其中自有不变者存"（见清 刘熙载《艺概·赋概》）。任想象展开翅膀，飞腾于九霄云外，与风雷结伴，共凤凰翱翔，忽东忽西，变幻无穷；而诗人的一颗赤子之心却深深眷恋着满目疮痍的故国乡邦。

3. 表现手法的开拓

屈原继承并发展了《诗经》中赋、比、兴的表现手法，并对比兴手法的运用做出了重大开拓，为中国古典诗歌艺术的民族特色增添了异彩。诗人寄情于物，托物寓情，托物言志，使主观之情与客观之物融为一体，创造出富于象征意味的艺术形象。这就突破了《诗经》以借物抒情为主要特点的比兴手法的局限。《离骚》中最引人注目的是诗人创造出两类意象：美人、香草。美人的意象一般被视为比喻，或是比喻君王，或是自喻。香草意象一方面指品德和人格的高洁；另一方面和恶草相对，象征着政治斗争的双方。总之，《离骚》中香草美人意象构成了一个复杂而巧妙的象征比喻系统，使得诗歌蕴藉而且生动。正如司马迁所评价的，"其称文小而其指极大，举类迩而见义远"，实开后世诗人以情寄物，托物以讽的先河，促进了中国古代诗歌艺术的发展。

4. 形式和语言的创新

《离骚》打破了《诗经》的四言格式，创造了一种句法参差、韵散结合的新形式。较之《诗经》，这种形式扩大了结构，增加了容量，有利于表达丰富复杂的思想内容和热烈奔放的感情，同时还大量采用楚地方言（如羌、謇等）和联绵词（如陆离、婵媛、逍遥、相羊、委蛇等）、迭词（如冉冉、岌岌、邈邈等）以及对偶等语言形式，增强了诗歌的节奏感、音乐美，具有浓郁的地方色彩。至于"兮"字的运用，则更令人注目。诗人将"兮"多置于句尾，隔句一用，切合感叹抒发幽愤感情的语气，极富抒情味和感染力。这一特点，可说是"骚体"的标志之一。

第三节 "《离骚》——卓绝一世的千古绝唱"作品解读

《离骚》文本选自 2002 年上海古籍出版社出版，朱东润主编的《中国历代文学作品选》上编第一册。该版本依据四部丛刊影印明翻宋本《楚辞》。

帝高阳之苗裔兮，	我是上古帝王高阳的后裔啊，
朕皇考曰伯庸。[1]	我的远祖名叫伯庸。
摄提贞于孟陬兮，	岁星在寅那一年的寅月，
惟庚寅吾以降。[2]	庚寅日那一天我降生。
皇览揆余初度兮，	先父观我出生之日不凡啊，
肇锡余以嘉名：[3]	赐予我美好的名字：
名余曰正则兮，	为我取名为正则，
字余曰灵均。[4]	为我表字为灵均。

【字词释读】

[1] 高阳：颛顼，号高阳氏，传说中上古"五帝"之一。据《史记·楚世家》载"楚之先出自帝颛顼高阳"，楚贵族始祖为高阳氏。苗裔：苗，初生的植物；裔，衣服的边缘；苗裔即远末子孙。

朕：我。先秦时期不论贵贱都可以自称为朕，秦始皇将其定为皇帝专用，沿用至清代。

皇考：先秦至西汉远祖的尊称。东汉时期的王逸曾认为皇考是指亡父。东汉以后，皇考专指亡父，因此亡父一说产生了很大的影响。近代以来，依据西汉刘向《九叹》中"伊伯庸之末胄也，谅皇直之屈原"，并结合其他历史文献，认为此处皇考应解释为远祖。

伯庸：屈原远祖的名，西周时期楚人首领熊渠的长子庸。兄弟中最年长者为伯，故称伯庸。伯庸，被封为句亶（dǎn）王，为屈氏始祖。

[2] 摄提：摄提格的简称。古代纪年术语，即岁星（木星）在寅，也就是寅年。贞：当，指向。孟陬（zōu）：夏历正月，即寅月。庚寅：庚寅日。摄提两句即屈原自述出生在吉善之日——寅年寅月寅日。

[3] 皇：有学者认为是媓。据《方言》《广雅·释亲》，母亲称为媓。一般由父亲给孩子取名，此处由母亲为孩子取名，可能是母系社会的遗留。另有学者认为，肇同兆，即占卜。皇览一句则可认为是孩子出世后在皇考祖庙占卜求名。

[4] 正：平；则：法则。正则即上天公平有法则。灵：吉善；均：平。灵均，土地良善均平。古代称高而平的土地为原。屈原名平，正则含"平"；字原，灵均含"原"。

【发微抉隐】

以上八句为屈原自述出身高贵，生辰吉善，生而不凡，言语间流露出卓然于世的自豪感，坦露出将勇担大任的远大志向。在屈原身上，宗族情感和爱国热忱是交织在一起的。开篇追认先祖，既是屈原对宗族和国家热爱的深情告白，又为后文反复劝诫楚王效法前贤埋下了伏笔。本段也可以理解为交代了诗歌中的主人公——灵均的高贵出身，为下文进一步塑造坚贞、高洁的"灵均形象"确定了基调。

这八句话是全篇人物形象塑造、叙事说理、情感线索的基础。作者自述出身高贵，生辰吉善，生而不凡的目的在于塑造一个高洁伟岸的主人公形象。出自高阳皇帝一脉的人注定不同于一般凡夫俗子。强调主人公出生于庚寅日，是作者别具匠心的体现。据《史记·楚世家》记载，火正重黎是在庚寅日被诛杀，帝喾又以其弟吴回为火正，享有祝融的称号。这一过程可以说是楚人先祖新生的一个传说。屈原强调主人公的生辰，实质是为了凸显自己或者说是诗中主人公生而不凡，他对楚国来说是一个象征着新生的重要人物。如此高贵的出身，如此重要的人物，他的姓名自然也是件大事。于是，这个孩子被带到了祖庙里，进行了一番占卜后求得名字。名字中包含天地的法则，预示着他终将不凡的一生的命运。这样一个具有高贵的出身，特殊的生辰，不凡的名字的人物，他的一生注定要做出一番经天纬地的事业。然而，就是这样一个本该成就大业的人，在后文中的叙述中却屡遭挫折，几经彷徨。这样一来，作者将自身的失落与痛苦表现得更加生动具体，使人物的悲剧色彩更加浓厚和真实，同时更能够打动读者。在后文中，香草美人对现实的美好期待，主人公对明君贤臣的敬仰，主人公对天帝、下女、神山的求索等——落空。这些情节的叙述都采用了类似于开篇的形式，先构建一个场景来交待人物心境，逐步展开叙述，最终呈现的结果却与理想有巨大的反差。作者在现实中一次次受到打击，又一次次满怀希望地去努力奋争，得到的却是一次次失败。这样的表现手法，既能够生动地表现出作者的坎坷经历和波澜起伏的心理过程，又能够不断给读者以阅读的期待和想象，巧妙地将读者带入到诗歌的场景和精神世界中去。这样的表现手法正是《离骚》文学艺术的高妙之处。

纷吾既有此内美兮，	我既有天生如此众多的内在美质，
又重之以修能。[1]	又不断加强后天的修养。
扈江离与辟芷兮，	披上江离和白芷啊，
纫秋兰以为佩。[2]	结索秋兰作为佩饰。
汩余若将不及兮，	逝者如斯，追之不及，
恐年岁之不吾与。[3]	岁月匆匆，时不我待。
朝搴阰之木兰兮，	清晨，拔取阰山的木兰，
夕揽洲之宿莽。[4]	黄昏，采撷沙洲的宿莽。
日月忽其不淹兮，	日月匆忙，从不停留。
春与秋其代序。[5]	春秋轮替，循环往复。
惟草木之零落兮，	想到草木会凋零，
恐美人之迟暮。[6]	就担心美人也会年华老去。
不抚壮而弃秽兮，	何不趁年岁盛壮而摒弃秽恶之政，
何不改乎此度？[7]	来改变这法度呢？
乘骐骥以驰骋兮，	骑乘着骏马驰骋吧，
来吾道夫先路！[8]	随我来吧！我在前面带路。

【字词释读】

[1] 纷：盛多的样子。内美：内在的美质。重（chóng）：加上，表示更进一层。
能：通"态"。修能：美好的容态，后天的修养。

[2] 扈：披。纫：用绳子索绑。佩：佩饰。
江离：香草名，又名蘼芜，今名芎䓖。自古为重要的香料植物，食用和随身佩戴。《汉乐府》有名篇《上山采蘼芜》。
芷：香草名，即白芷。《楚辞》中共有6种不同名称：芷、药、茝（cǎi 或 chǎi）、白芷、蒚（xiāo）、茪，是《楚辞》中出现次数最多的香草之一。辟：同"僻"。僻芷，就是生于幽僻之处的白芷。
秋兰：泽兰，秋天开花。香料，古人用来杀虫、沐浴、佩戴等。屈原作品中以香草喻君子，兰的出现频率最高。

[3] 汩（yù）：水流迅疾的样子，此处形容时光快速流逝。不吾与：不与吾的倒文，时光不会等待我。

[4] 搴：（qiān）：拔取。阰（pí）：山名。或指楚方言中的小土山。揽：采。洲：水中的小块陆地。
木兰：香木名，今名玉兰、木莲。《本草》云："皮似桂而香，状如楠树，高数仞，去皮不死。"

宿莽：草名，今名茼草，冬生不死。木兰、宿莽两者具有顽强的生命力，比喻君子坚贞长久的品质。

[5]忽：迅疾。淹：停留。代：更代。序：次序。代序：另有解释为代谢。

[6]惟：思虑。零落：凋零、飘落。美人：年岁盛壮之人。美人在《离骚》中有三种寓意，分别是楚王、屈原自称和美好之人。结合上下文，此处代指楚王。

[7]抚：把握。壮：壮盛之年。秽：污秽之物。此处代指秽恶之行，或是楚国的秽政。度：法度。此处可以理解为楚国的秽政或者现行的法度。

[8]骐骥：骏马。比喻贤能的臣子。道：引导。先路：在前面带路。来吾道夫先路：《楚辞》中的特殊句式，可调整为"吾来道夫先路"。

【发微抉隐】

以上八句为屈原陈述自己天生美质，德行美好，表达了革除秽政、推行"美政"的政治抱负。[2]至[4]句中诗人以香草作为装饰，塑造了一个坚贞高洁的光辉形象。[5]至[7]句中诗人感慨时光流逝、草木凋零，担心君王不能把握时机，革故鼎新，举贤任能，就将年华老去，无所成就。"来吾道夫先路"更是将诗人愿为君王所用，引领政治改革的渴望表达得淋漓尽致。

王逸在《楚辞章句·离骚序》中有言："离骚之文，依诗取兴，引类譬喻，故善鸟香草，以配忠贞；恶禽臭物，以比谗佞。"《离骚》托物言志，以香草、香木，比喻忠臣贤士，以恶草、恶木批判奸佞小人。这是《离骚》的一大艺术特色。《离骚》中总计出现28种植物，其中香草、香木18种，恶草、恶木10种。

这部分中除了使用了"香草"的意象外，还引入了"美人"的意象。"美人"的意象被用来比喻君王或者自喻。比喻君王的如本段的"惟草木之零落兮，恐美人之迟暮"。自喻的如后文"众女嫉余之蛾眉兮，谣诼谓余以善淫"。这一句屈原把自己比作一个被君王抛弃的妇人如泣如诉，使全诗的情感显得缠绵哀怨。

香草美人的象征手法是屈原创造的。香草一方面寓意高尚的道德情操和坚贞的精神品格，同时显示出诗人慨叹韶华易逝，渴望尽快改革政治、富国强兵的迫切之情；另一方面与恶草相对，凸显出诗人对宵小之徒的鄙夷，也象征着政治斗争中对立的双方。同时，香草又被用作饰物，来装扮美人，丰富了美人的意象。香草美人的象征手法与楚地的巫文化有着紧密的关系。我们从屈原的另一个作品《九歌》中可以发现，香草的作用是献祭或者巫神之间相互取悦的饰品，包含着某种原始的宗教元素。《九歌》中人与神之间艰难的沟通交接和艰苦而执着的爱情追求，都是借用香草美人的塑造实现的。屈原把这种原始的宗教元素运用到诗歌创作中，结合其自身的遭遇、情感历程和人格精神，使整个《离骚》的抒情更加充实丰满，赢得了后世的广泛认同，形成了香草美人的文学传统。

昔三后之纯粹兮，	古时三王圣德完美，
固众芳之所在。[1]	群贤毕至，集聚一堂。
杂申椒与菌桂兮，	仿佛申椒、菌桂杂错堂前，
岂惟纫夫蕙茝！[2]	又何止是兰芷结绳为佩？
彼尧舜之耿介兮，	昔日唐尧虞舜光明正直，
既遵道而得路。[3]	遵循天地之道开辟太平之路。

何桀纣之猖披兮，　　　　　　　　夏桀商纣是何等的恣意妄为，
夫唯捷径以窘步。[4]　　　　　　　他们迷途不返而举步维艰。

惟夫党人之偷乐兮，　　　　　　　朋党小人苟安享乐，
路幽昧以险隘。[5]　　　　　　　　使国家的前途昏暗而危险。

岂余身之惮殃兮，　　　　　　　　难道我害怕自己遭受迫害，
恐皇舆之败绩！[6]　　　　　　　　我是担心国家衰落灭亡啊！

忽奔走以先后兮，　　　　　　　　在君王面前身后匆忙奔走，
及前王之踵武。[7]　　　　　　　　只希望您能追循圣王的脚步。

荃不察余之中情兮，　　　　　　　君王您却不体察我的良苦用心，
反信谗而齌怒。[8]　　　　　　　　反而听信谗言而对我暴怒。

余固知謇謇之为患兮，　　　　　　我原知忠言进谏会有祸患，
忍而不能舍也。[9]　　　　　　　　想要隐忍，却又不能不说。

指九天以为正兮，　　　　　　　　遥指苍天为我作证，
夫唯灵修之故也。[10]　　　　　　这一切都是为了君王啊！

曰黄昏以为期兮，　　　　　　　　约好了黄昏为期，
羌中道而改路！[11]　　　　　　　怎么中途却又反悔了?!

初既与余成言兮，　　　　　　　　当初你我已经有了约定，
后悔遁而有他。[12]　　　　　　　你却又反悔另谋他途。

余既不难夫离别兮，　　　　　　　我原本不害怕离别，
伤灵修之数化。[13]　　　　　　　却因君王屡次失言而感到伤心。

【字词释读】

[1] 三后：说法不一。旧说夏禹、商汤、周文王，或是熊绎、若敖、蚡（fén）冒三位楚王。近年来有学者认为是楚庄王、楚康王、楚悼王三位革新政治的先王，也有结合楚地出土竹简，认为三后是老童、祝融和鬻（yù）熊三位传说中的楚人先祖。

纯粹：品德完美，公正无私，指代三后之德。众芳：香草，比喻众多贤德之人。

[2] 申椒：椒，果实今名花椒，香料，申椒即申地所产的花椒。菌桂：香木，今名肉桂。蕙：香草，今名罗勒、薰草、零陵香、九层塔等。

[3] 耿介：光明正大。遵：遵循。

[4] 猖披：原指衣带不整，比喻恣意妄为。捷径：邪出的小路。窘步：困窘不行。

[5] 党人：结党营私的小人。偷乐：苟安享乐。路：指国家的前途。

[6] 惮：惧怕。殃：灾祸。皇舆：君王所乘的车子，比喻国家。败绩：先秦军事术语，战车倾覆。

[7] 忽：迅疾。及：赶上。踵：脚后跟。踵武：足迹，指先辈圣王的功绩。

[8] 荃（quán）：香草名，古又名荪，今名菖蒲，代指君王。齌（jì 或 qī）：大火煮饭。齌怒：暴怒。

[9] 謇（jiǎn）：忠言。舍：停止。

[10] 九天：古人认为天有九重，故称九天。正：通"证"。灵修：指代楚王。王逸注："灵：神也；修远也。能神明远见者，君德也。故以喻君。"

[11] 黄昏：古人有黄昏时分迎亲的传统。羌：楚地方言中的发语词。

这两句与后面两句语意重复。《离骚》的多个传世版本中没有这两句，疑为后人

增添的。王逸《楚辞章句》中有这两句，但没有对其进行注解。屈原的另一作品《九章·抽思》中有："昔君与我成言兮，曰黄昏以为期。羌中道而回畔兮，反既有此他志。"可能是后人引用《抽思》中的句子来解释后面两句中"成言""后悔"的过程中，而误入正文的。

〔12〕成言：彼此约定之言。循：隐匿。悔循：反悔而隐匿实情。有他：另有打算。

〔13〕难：畏惮。离别：指被君王疏远后，远离朝廷和君王。数（shuò）：屡次。数化：多变，指楚怀王政策变化无常。

【发微抉隐】

以上十三句叙述了推行"美政"失败的遭遇。〔1〕至〔4〕句追述了三王圣德，选贤与能的往事；对比了尧、舜遵道得路和桀、纣猖披窘步的不同结局。这部分既阐述了推行"美政"的必要，也是对楚王的劝诫。〔5〕至〔10〕句叙述了推行"美政"失败的过程。屈原面对小人当道的昏暗政局，不畏艰险，坚持"美政"，因小人谗言，被楚王迁怒，危急时刻，毫不退缩，大胆谏言，指九天为证，决心之坚定与爱国之忠贞，跃然纸上。〔11〕至〔13〕句表达了诗人在推行"美政"却遭失败后的失落，在对个人命运的叹息中饱含着对国家命运的担忧。

以上三段是全文的第一部分，综述了诗人的高贵出身、道德理想、政治抱负和推行"美政"失败的遭遇，构建了理想与现实的冲突、美好与丑恶的对立的抒情主线。

余既滋兰之九畹兮，
又树蕙之百亩。[1]　　　　我既栽植了几百亩的泽兰，
　　　　　　　　　　　　又种下了上百亩的蕙草。

畦留夷与揭车兮，
杂杜衡与芳芷。[2]　　　　整片的栽培了留夷和揭车，
　　　　　　　　　　　　把杜衡和芳芷套种期间。

冀枝叶之峻茂兮，
愿竢时乎吾将刈。[3]　　　憧憬着香花美草能枝繁叶茂，
　　　　　　　　　　　　盼望着收获的一天。

虽萎绝其亦何伤兮，
哀众芳之芜秽。[4]　　　　即便是枯萎凋零又有何妨？
　　　　　　　　　　　　芳草污损才使我哀伤。

众皆竞进以贪婪兮，
凭不厌乎求索。[5]　　　　一众小人竞相追逐私利，
　　　　　　　　　　　　索求无度，贪得无厌。

羌内恕己以量人兮，
各兴心而嫉妒。[6]　　　　以小人之心揣测他人，
　　　　　　　　　　　　产生了嫉妒之心。

忽驰骛以追逐兮，
非余心之所急。[7]　　　　急于奔走追名逐利，
　　　　　　　　　　　　并不是我内心的追求。

老冉冉其将至兮，
恐修名之不立。[8]　　　　我终将渐渐老去，
　　　　　　　　　　　　恐怕不能修德立身而虚度此生。

朝饮木兰之坠露兮，
夕餐秋菊之落英。[9]　　　清晨，饮下木兰滴落的露水，
　　　　　　　　　　　　黄昏，采食秋菊洒落的花瓣。

苟余情其信姱以练要兮，
长顑颔亦何伤。[10]　　　倘若我操行优美情怀高洁，
　　　　　　　　　　　　纵使面黄肌瘦又有何妨？

擥木根以结茝兮，
贯薜荔之落蕊。[11]　　　我拿着木根系上白芷，
　　　　　　　　　　　　又串起薜荔的落花。

矫菌桂以纫蕙兮，　　　　　高举编结了蕙草的菌桂的枝条，

索胡绳之纚纚。[12]　　　　　把胡绳编织成美丽的绳索。

謇吾法夫前修兮，　　　　　我将效法先贤，

非世俗之所服。[13]　　　　　绝不与流俗苟合。

虽不周于今之人兮，　　　　虽然不能投合当今的人，

愿依彭咸之遗则。[14]　　　　要以彭咸为楷模。

【字词释读】

[1] 滋：栽植。畹（wǎn）：土地计量单位。说法不一，三十亩或二十亩或十二亩为一畹。树：栽种。九畹、百亩并非实际面积，表示田亩众多。

[2] 畦（xí 或 qí）：有一定界限的长条田块。这里做动词，一畦一畦地种植。杂：相杂而种。留夷：今名芍药，初夏开花，花香浓郁。揭车：又名乞舆，今名珍珠菜，是战国时期楚地常用的香料药材。杜衡：香草名，其形状与葵相似，俗称马蹄香。

屈原曾担任楚国三闾大夫，掌管贵族子弟的教育。以上四句以栽种香草比喻培养人才。

[3] 冀：希望。竢（sì）：同"俟"，等待。刈（yì）：收割。这两句比喻待人才长成后予以任用。

[4] 萎绝：枯萎凋零。芜秽：荒芜污秽。这两句比喻贤才迫于外部环境而变质。

[5] 竞进：争相逐利。凭（píng）：有写成"冯"的。满，作副词，形容"不猒乎求索"的程度。猒：满足。求索：这里指索取。

[6] 恕：揣度。量人：衡量他人。

[7] 骛：乱跑。

[8] 冉冉：渐渐。修名：修身建德的美名。

[9] 坠露：滴落的露水。英：花。落英：飘落的花瓣。另有将落解释为初始，则落英即为初开的花朵。

[10] 苟：果真。信：真实。姱（kuā）：美好。练要：精粹。顑颔（kǎn hàn）：吃不饱而面目黄瘦的样子。

[11] 擥：同"揽"，手持。结：编结。贯：穿连。木根：树木的根须。薜荔：本无香味，《楚辞》中引述为香草。

[12] 矫：举起。索：编为绳索。纚纚（shǐ 或 xǐ）：形容绳索编结的漂亮。胡绳：香草名。

[13] 謇（jiǎn）：此处作发语词。法：效法。服：用。

[14] 周：合。遗则：遗留的法则。彭咸：王逸《楚辞章句》注释中提道："彭咸，殷贤大夫，谏其君不听，自投水而死"，但没有说明注释的根据。屈原对彭咸推崇备至，视作精神偶像。楚辞中另有《抽思》《思美人》《悲回风》三篇作品五次提及彭咸。从《悲回风》的描述中也可以分析出彭咸的确是投水而亡。除此之外，现存先秦文献中并未发现关于彭咸的记载。

【发微抉隐】

在这一段诗文中，诗人揭露了楚国昏暗政治环境，表达了自己要效法前贤、追求光明的坚定信念。屈原曾担任楚国三闾大夫，负责贵族屈、昭、景三姓的事务，贵族子弟的教育是其重要职责。[1] 至 [6] 句以栽植香草比喻培植人才，为国所用。然而，宵

小之徒以结党营私、揣度人心为能，破坏了政治生态，后辈人才难免受到不良影响，甚至同流合污。诗人对此感到无奈与愤懑。[7]至[14]句中主人公饮木兰、食秋菊、结白芷、贯薜荔、举菌桂、纫蕙草、索胡绳，以香花美草进一步塑造高洁的"灵均形象"。这一不断完善的艺术形象隐喻着诗人苏世独立的人格和对理想信念的执着。在黑暗来临时，诗人选择了光明，以彭咸为楷模，将为理想而奋斗到底。《离骚》全文中，屈原为追求真理、实现理想而上下求索，总体上表现出积极进取的人生态度。因此，屈原虽然以投水而死的彭咸为楷模，但是，在创作《离骚》这一阶段，他应该还没有产生自杀的念头。

长太息以掩涕兮，	我长叹不止、掩面而泣，
哀民生之多艰。[1]	哀叹万民那苦难的生活。
余虽好修姱以鞿羁兮，	我洁身自好，却被小人谗言所累，
謇朝谇而夕替。[2]	早上进谏晚上即遭罢免。
既替余以蕙纕兮，	因为佩戴蕙草，君王罢免了我；
又申之以揽茝。[3]	我却又采集白芷编结佩戴。
亦余心之所善兮，	为了我心中的理想，
虽九死其犹未悔。[4]	即使死去多次也不后悔。
怨灵修之浩荡兮，	怨恨君王恣意妄为，
终不察夫民心。[5]	而不体察万民之心。
众女嫉余之蛾眉兮，	那群妇人嫉妒我修长美丽的眉毛，
谣诼谓余以善淫。[6]	造谣诽谤我生性淫荡。
固时俗之工巧兮，	时俗本来就善于取巧，
偭规矩而改错。[7]	违背规矩又擅改举措。
背绳墨以追曲兮，	抛弃准绳去迎合邪曲，
竞周容以为度。[8]	把竞相苟合求荣视为进身之道。
忳郁邑余侘傺兮，	忧愁烦闷啊痛苦失意，
吾独穷困乎此时也。[9]	为何我被困在此时此地、无路可行？
宁溘死以流亡兮，	宁愿猝然长逝漂流异乡，
余不忍为此态也。[10]	我也不愿去同流合污。
鸷鸟之不群兮，	猛禽不与凡鸟同群，
自前世而固然。[11]	自古就是如此。
何方圜之能周兮，	方与圆怎么能够相合，
夫孰异道而相安？[12]	志趣殊途怎么能安然相处？
屈心而抑志兮，	委屈心情又抑制志趣，
忍尤而攘诟。[13]	忍受污名又承受屈辱。
伏清白以死直兮，	保持清白为坚守正道而死，
固前圣之所厚。[14]	原本就是前代圣贤所称道的。

【字词释读】

[1]太息：叹息。掩涕：掩面而涕。民生：万民。汉、唐流传的版本中均解释为"万民"或"万姓"。唐代因避李世民名讳，改为"人生"。因此，产生了慨叹自己人生

艰难的误读。

[2] 靮：马缰绳。羁：马络头。屈原以马自喻，意为受小人牵累，不能施展抱负。谇（suì）：进谏。替：废弃。

[3] 以：原因。缰（xiāng）：佩戴。

[4] 善：爱好。九：表示数目多到极致。这两句显现了屈原坚定的理想信念。

[5] 浩荡：恣意无据。民心：万民之心。误读为屈原自比的原因与前文"民生"一样。

[6] 众女：比喻一众小人。蛾眉：眉如蚕蛾，多指美女，这里是屈原自比。诼（zhuó）：诽谤，诋毁。淫：邪乱。

[7] 工巧：善于取巧。偭（miǎn）：违背。规矩：木工工具。规，用来求圆形；矩，用来求方形，这里比喻法度。错：同"措"，措施。

[8] 背：背离。绳墨：木工以绳蘸墨，在木材上弹出直线，也用来比喻法度。追：随。曲：邪曲。竞：竞相。周容：无原则的迎合。度：法度。

[9] 忳（tún）：忧。郁邑：忧愁。忳郁邑："忳"作副词来形容"郁邑"，增强语气。在形容词前加同义副词构成三字词组，是楚辞中特有的语法格式。如后文的"纷总总""班陆离"。侘傺（chà chì 或 jì）：失意的样子。穷：困窘。困：窘迫。

[10] 溘（kè）死：忽然死去。流亡：漂泊异乡。

[11] 鸷（zhì）鸟：鹰隼类的猛禽。不群：不与凡鸟同群。

[12] 周：合。鸷鸟不群、方圆不周比喻与不同道之人不能安然相处，宁愿溘死流亡，也不与其同流合污。

[13] 屈心、抑志：委屈、自制。尤：君王听信谗言强加给屈原的罪过。攘诟：忍受他人的诟骂。

[14] 伏清白：保持清白。死直：守正道而死。厚：重视。

【发微抉隐】

这一段中诗人叙述了自己面临的恶劣政治环境和极端艰险的处境，抒发了其内心跌宕起伏的情感波澜，把"灵均形象"塑造得有血有肉、情感细腻。作者首先慨叹昏暗的政治使人民遭受了无穷的苦难，对国家前途和百姓命运的担忧凝成了"长太息以掩涕兮，哀民生之多艰"的悲叹。[2] 至 [6] 句诗人在被小人诬陷而遭楚王罢黜时，迸发出了捍卫理想的最强音："亦余心之所善兮，虽九死其犹未悔"。[7] 至 [14] 句在哀叹"穷困乎此时"的窘迫中，如泣如诉的哀怨"怨灵修之浩荡兮，终不察夫民心"。幽怨之间，诗人把自己的遭遇和心中的愤懑升华成光明与黑暗、美好与丑恶的对立，表达出宁死也不屈从于邪恶势力的强大信念。"宁溘死以流亡兮""伏清白以死直兮"，表现出悲愤至极，感人至深的情感。诗人心中的无限激情在这里表达得更加饱满而热烈，信念也愈发显得坚定。

悔相道之不察兮，	后悔当初没有看清前路，
延伫乎吾将反。[1]	踟蹰徘徊我要返回。
回朕车以复路兮，	掉转车头回到原路吧，
及行迷之未远。[2]	趁着迷途还未走远。
步余马于兰皋兮，	我乘马漫步在兰草水岸，

驰椒丘且焉止息。[3]	驰入长满椒木的山丘驻足而栖。
进不入以离尤兮，	进身侍君不被接纳却反遭污罪，
退将复修吾初服。[4]	那就退下来重整自己原来的服饰。
制芰荷以为衣兮，	用菱角和荷叶做成上衣，
集芙蓉以为裳。[5]	采集芙蓉做成下裳。
不吾知其亦已兮，	不被世人所了解，罢了吧，
苟余情其信芳。[6]	只要我情操是真正高洁的。
高余冠之岌岌兮，	高耸的帽子带在头顶，
长余佩之陆离。[7]	长长的玉佩束在腰间。
芳与泽其杂糅兮，	芳草玉润交织生辉，
唯昭质其犹未亏。[8]	光洁的质地毫无损伤。
忽反顾以游目兮，	我忽然回头放眼远方啊，
将往观乎四荒。[9]	将去游观遥远的四方。
佩缤纷其繁饰兮，	佩戴着缤纷华丽的饰物，
芳菲菲其弥章。[10]	芳香四溢愈加馥郁。
民生各有所乐兮，	万民各有所好，
余独好修以为常。	我独以圣洁美德习以为常。
虽体解吾犹未变兮，	即使被肢解我也不会改变，
岂余心之可惩！[11]	我的内心的信仰是无法被挫败的！

【字词释读】

[1] 相：观察。察：审明。延：长久。伫：站立。反：同"返"，返回。

[2] 复路：返回原来的道路。

[3] 步：徐行。皋：近水的高地。

[4] 进：进身朝堂。入：接纳，指被君王所用。离：同"罹"，遭受。服：代指原来修洁的服饰。

[5] 芰（jì）：菱角。荷：荷叶。衣：上衣。芙蓉：荷花。裳：下衣。

[6] 已：罢了。信：确实。

[7] 高：作动词，增高。岌岌：高耸的样子。长：作动词，拉长。佩：玉佩。陆离：参差罗列，盛茂缤纷。

[8] 芳：芳香。泽：润泽。玉坚而有润泽。芳泽杂糅，比喻美德。《九章》中《思美人》《惜往日》中都用到这句话来称赞美德。另有认为"泽"应为"殬（dù）"，指腐朽臭物。这一解读与前后语意不连贯，也有悖于楚辞的意蕴。昭质：光明洁白的质地。亏：折损。

[9] 反顾：回头看。游目：放眼四望。四荒：四方边远的地方。这两句指诗人在考虑重新去寻找理想。

[10] 缤纷：盛多的样子。繁：众多。菲菲：芳香勃勃的样子。弥：愈加。章：同"彰"，明显。

[11] 体解：肢解，古代的一种酷刑。惩：因创痛产生恐惧。不惩：引申为坚持真理，无所畏惧。

【发微抉隐】

这一段展现了诗人失意时内心的挣扎与痛苦，讲述了徘徊犹疑后矢志不渝的决心。壮志难酬，进退不决之间，诗中的主人公信马于兰皋、椒丘，继续以香草装饰自己，修养德行。芰荷制衣，芙蓉为裳，高冠岌岌，长佩陆离，"灵均形象"日臻完美，光彩照人。然而，政治上接二连三的失败，诗人的内心已然是千疮百孔，灵魂也早已经漂泊无依，只能把自己的痛苦和希望一并寄托于香草美玉。极目四望，诗人产生了远走他乡的想法。转念之间，最初的理想又唤起了诗人内心深处的呐喊："虽体解吾犹未变兮，岂余心之可惩！"

自"余既滋兰之九畹兮"开始的三段是全文的第二部分。随着现实境遇的变化，诗人的内心波澜汹涌。对奸佞小人的痛恨，对昏庸君王的愤懑，对遭谗被罢的恼恨，对黑暗的控诉，对光明的渴望，对理想的坚守等复杂的情感不断堆积，这让诗人进退两难、内心矛盾重重。这一部分构成了全篇第一个抒情高潮。

女嬃之婵媛兮，	女嬃怨怒于我啊，
申申其詈予。[1]	反复对我苦苦相劝。
曰：鲧婞直以亡身兮，	她说：鲧刚直不顾个人安危，
终然夭乎羽之野。[2]	最终惨死在羽山的郊野。
汝何博謇而好修兮，	你是这般的学识广博而又志行忠直，
纷独有此姱节？[3]	为什么一定要这么孤傲呢？
薋菉葹以盈室兮，	恶草堆满了房间，
判独离而不服？[4]	为什么偏偏只有你与众不同呢？
众不可户说兮，	不能向民众一一解释，
孰云察余之中情？[5]	谁又能了解你的良苦用心呢？
世并举而好朋兮，	世俗之人相互勾连、结党营私，
夫何茕独而不予听？[6]	你为何要特立独行不听我的劝诫呢？

【字词释读】

[1] 女嬃（xū）：有三种说法，分别是屈原的姐姐、妹妹、侍妾。楚地女子多以嬃为名。这里应该是诗歌中虚拟的主人公身边的人物。婵媛：因内心关切而牵挂不舍。另有认为是"啴咺（dǎn xuǎn）"的同义异文，楚方言中用来表达忧惧而又怨怒的复杂情绪。申申：重复，反复。詈（lì）：责骂。

[2] 鲧（gǔn）：传说中黄帝的孙子，大禹的父亲。传说中鲧在羽山被杀，其原因文献记载有三种：①鲧盗取天帝的息壤，用来治水，招致天帝震怒，派祝融在羽山杀死了鲧。鲧死后尸体三年不朽。天帝派天神用吴刀剖开鲧的尸体，一条虬龙从鲧的腹中飞出，就是禹。鲧化为黄龙，跳入羽山旁的羽渊。②鲧激烈地反对尧让位给舜，被舜杀死。③奉尧之命治水，九年仍未成功，被尧杀死。第一种说法见于《山海经》《楚辞》等南方文献中，将鲧视作为了治水不惜牺牲自己的英雄。后两种说法多见于中原地区的文献，且出现时间多在战国晚期，甚至有将鲧列入"四凶"的。

婞直（xìng）直：刚直。亡：同"忘"。亡身，不顾个人安危。夭：不正常早死。

羽：传说中的山名。羽之野：羽山的郊野。

[3] 博謇：学识广博。

[4] 薋（zī）：恶草名，又名茨，今名蒺藜，果实有刺，古人多用来引喻不祥之事。
菉（lù）：今名荩草，此处被当作恶草用，《大招》中与白芷并用，做正面引喻。
葹（shī）：恶草名，今名苍耳，果实有刺。楚辞中以恶草、恶木比喻奸佞小人。
判：区别、分别，这里作副词用，与后面的独、离同义。服：用。

[5] 户说：一家一户地去说明。余：女媭代屈原自称。

[6] 世：世俗之人。并举：互相勾结。朋：结为朋党营私。茕（qióng）独：孤独。予：女媭自称。

【发微抉隐】

这一段是女媭的劝诫之词。女媭用鲧婞直亡身的往事和恶草盈室的比喻，来说明楚国政治的黑暗。用四个连续的反问进行劝诫，希望诗人不要再执着于理想信念，能够妥协退让。这一场景性极强的安排，生动地展示了诗人内心的矛盾。诗人借女媭之口，表述了自己所面临的现实困境：君王昏庸，政治黑暗，自己甚至得不到亲朋好友的理解和支持，到底是妥协退让、随波逐流，还是恪守初心，抗争到底？然而，这实质是屈原借用第三人称的质问完成了自我叩问，为下文表达自己决不向世俗屈服的决心做铺垫。

依前圣以节中兮，	想遵循前圣之言，明辨是非坚守真理。
喟凭心而历兹。[1]	回想这种种遭遇，我愤懑慨叹。
济沅湘以南征兮，	渡过沅、湘二水再向南行。
就重华而陈词：[2]	向着舜帝重华陈诉衷肠：
启《九辩》与《九歌》兮，	夏启得到了《九辩》与《九歌》，
夏康娱以自纵。[3]	却贪图安逸纵情享乐。
不顾难以图后兮，	不为后世立德避祸，
五子用失乎家巷。[4]	终于酿成五观内乱，导致了亡国之祸。
羿淫游以佚畋兮，	有穷的国君羿沉湎于游猎，
又好射夫封狐。[5]	又喜好射杀大狐狸。
固乱流其鲜终兮，	骄奢淫逸之徒向来难得善终，
浞又贪夫厥家。[6]	寒浞又贪恋羿的娇妻，
浇身被服强圉兮，	浇身强体壮、孔武有力，
纵欲而不忍。[7]	恃强自纵、不知克制。
日康娱而自忘兮，	终日纵情享乐而忘乎所以，
厥首用夫颠陨。[8]	最终他的头颅被砍落在地。
夏桀之常违兮，	夏桀一贯违背正道，
乃遂焉而逢殃。[9]	终究遭受了灭国之灾。
后辛之菹醢兮，	商纣王把忠良剁为肉泥，
殷宗用而不长。[10]	殷商的国运最终就不得长久。
汤禹俨而祇敬兮，	商汤大禹庄重恭敬，
周论道而莫差。[11]	周朝文、武二王治国有道。
举贤而授能兮，	选拔任用贤德之人，
循绳墨而不颇。[12]	恪守正道、毫不偏离。
皇天无私阿兮，	上天是公正无私的啊，

览民德焉错辅。[13]	辅助万民归心的圣德者。
夫维圣哲以茂行兮，	只有圣明睿智、德行盛茂，
苟得用此下土。[14]	才能够享有天下。
瞻前而顾后兮，	审视前朝得失又思虑长远，
相观民之计极。[15]	深入考察百姓内心所想。
夫孰非义而可用兮？	哪有不义之道得以施行？
孰非善而可服？[16]	哪有不善之术得以运用？
阽余身而危死兮，	身处险境濒临死亡，
览余初其犹未悔。[17]	回望初心，我并不后悔。
不量凿而正枘兮，	不依照凿孔去削改木柄，
固前修以菹醢。[18]	所以前贤被剁成肉泥。
曾歔欷余郁邑兮，	我抽泣不止啊悲伤惆怅，
哀朕时之不当。[19]	哀叹自己生不逢时。
揽茹蕙以掩涕兮，	拿起柔软的蕙草，掩面而泣，
霑余襟之浪浪。[20]	泪水涟涟，打湿了衣襟。

【字词释读】

[1] 节：节制、节度。中：中正。喟（kuì）：叹息声。凭心：愤懑之心。
历兹：经历了这般遭遇。

[2] 济：渡。沅、湘：两条河流的名称，都在今湖南省境内。征：行。
重华：帝舜的名字。传说帝舜南巡死于苍梧，葬于沅、湘之南的九嶷山。

[3] 启：大禹的儿子。《九辩》《九歌》：传说中天上的音乐，启登天将其偷到了人间。
夏：代指启。康娱：安乐。纵：放纵。

[4] 顾：顾念。难：祸乱。图：图谋。后：后代。家巷：借指内乱。

这两句记述了夏朝早期太康失国历史传说。启在位期间纵情享乐，不能以德行传于后世。启去世后，他的儿子太康继位。太康在位期间，启的幼子五观发动叛乱，夏朝陷于内乱。东方有穷的国君后羿趁乱控制了夏朝，立太康的兄弟中康为君。中康实际上是后羿的傀儡。这段历史传说被称为太康失国。

[5] 羿：有穷的国君后羿。后羿在历史文献中也被称为夷羿。有穷国位于东方，原是夏王朝的邦国。这里的后羿与神话传说中射日的英雄后羿不是同一个人物，后世的传播中逐渐被混为一谈。
淫：过度。佚：放纵。畋：打猎。封狐：大狐狸。

[6] 乱流：乱逆放荡。鲜：少。鲜终：少有好的结果。
浞（zhuó）：寒浞。羿爱好田猎，恣意无度，疏于国政。羿任用浞为相。浞贪恋羿妻子的美色，指使家臣逢蒙射杀了羿，控制了有穷，霸占了羿的妻子。

[7] 浇（ào）：浞的儿子，浞霸占羿的妻子后，与她所生。被服：同"披服"，原指穿戴，引申为依仗。强圉（yǔ）：强健有力，另有解释为坚固的盔甲。忍：克制。这两句的意思是浇自恃强健有力，不知克制，恣意妄为。
传说中康死后，传位给儿子相。寒浞指使浇杀了相。

[8] 自忘：忘乎所以。厥：其。颠陨：坠落。
厥首用夫颠陨：浇的头颅被人砍落在地。

传说中浇放纵无度，被相的儿子少康寻机杀死。少康即位，夏摆脱了有穷的控制。这段历史传说被称为少康复国或少康中兴。

　　〔9〕桀（jié）：夏的末代君主。常违：一贯违背正道。乃遂焉：三个副词连用，意思是终于。逢殃：遭殃。桀淫乐无度，暴虐百姓。商汤起兵讨伐桀。桀战败后，被流放到南巢，郁郁而终。

　　〔10〕后辛：纣王，名辛，商王朝的末代君主。古帝王称为后。菹醢（zū hǎi）：古代将人剁为肉酱的酷刑。殷宗：殷商的宗祀。用之：因而。

　　〔11〕汤：商朝的开国君主。俨：敬畏。祗（zhī）敬：恭敬。周：周朝开国的文、武两位贤王。论道：讲论治国之道。有学者认为，"论"可能是"抡"（lún），选择，则论道解释为选择道路。莫差：没有差错。

　　〔12〕颇：偏斜。

　　〔13〕私阿：偏爱、偏私。错：同"措"，施加。辅：辅佐。

　　〔14〕夫：发语词。维：同"唯"，唯有。茂行：美德。苟得：才能够得到。用：享有。下土：天下。

　　〔15〕相：考察。结合后面两个反问句，瞻、顾、相、观，与前文"览民德"的览，我们可以将其理解为皇天对人间的观察。计：计虑。极：准则。

　　〔16〕服：用。

　　〔17〕阽（diàn）：濒临险境。危死：险些身死。初：初衷。

　　〔18〕凿：木头凿的孔。枘（ruì）：木楔，木头一端被削出与凿相适合的造型，形状尺寸不适合都不能接入凿中。这里比喻君子恪守正道，不阿谀迎合。

　　〔19〕曾：不断地，古代含有苦难之意。歔欷（xū xī）：悲泣的声音。

　　〔20〕霑：同"沾"，沾湿。浪浪：流泪的样子。

【发微抉隐】

　　本段开头两句是对女媭劝诫的回应。一直以来，诗人始终遵循前代圣贤之言，忠贞不渝，怎能够忍受这样的不白之冤？更不能委曲求全。上不能得到君王信任，下不能被世人理解，连女媭都来劝说要随波逐流，这人世间的确是知音难觅，只能求助于前代圣贤了。诗歌的叙述即由现实的人间转向虚拟的神话世界。

　　诗人渡过沅、湘，来到苍梧，找到长眠于此的舜，向他诉说衷肠。〔3〕至〔12〕句历数夏、商、周三代的兴衰往事，得出天下唯有德者居之的结论："皇天无私阿兮，览民德焉错辅。……夫孰非义而可用兮？孰非善而可服？"认为国家兴亡系于君王一身。君王荒淫无道，则国家衰亡。君王尚德任贤，则国家兴盛。这段陈辞中暗含着对楚王的讽谏和对楚国前途的担忧。楚王德政不修，亲小人而远贤臣，楚国可能将走向衰亡。〔17〕至〔20〕句，诗人的愤懑与悲伤之情又更了进一步。屈原已经被罢黜，自己的前途一片渺茫，对于国家的命运似乎又无能为力，悲切至极，只能"揽茹蕙以掩涕兮，霑余襟之浪浪"。

　　女媭的劝诫和"就重华而陈辞"是全文的第三部分。这一部分是诗人内心情感波澜进一步起伏的外化。诗人在经历了前一个阶段的失意、徘徊与坚守的复杂情感经历之后，开始更加深入地思考个人的理想和楚国的命运，借女媭之口明确提出坚持与变节的重大问题。诗人用舜帝灵前的陈辞给出了宁死不屈的确定答案："阽余身而危死兮，览余初其犹未悔。"

跪敷衽以陈辞兮，	把衣服下襟铺开，我跪地陈辞，
耿吾既得此中正。[1]	我确定了中正之道，内心坦然。
驷玉虬以乘鹥兮	驾着四条玉龙乘着彩凤啊，
溘埃风余上征。[2]	在风尘掩翳中飞腾上天。
朝发轫于苍梧兮，	清晨从苍梧出发，
夕余至乎县圃。[3]	傍晚到达昆仑山的县圃。
欲少留此灵琐兮，	想在神灵的门前稍作停留呀，
日忽忽其将暮。[4]	可惜已是夕阳西下、暮色苍茫。
吾令羲和弭节兮，	我让羲和驾车缓行，
望崦嵫而勿迫。[5]	太阳切莫急迫地落向崦嵫山。
路曼曼其修远兮，	前路漫漫又远又长，
吾将上下而求索。[6]	我要我将上上下下去探索。
饮余马于咸池兮，	让马在咸池饮水，
总余辔乎扶桑。[7]	把缰绳拴在扶桑树上。
折若木以拂日兮，	折下若木的枝条来遮蔽阳光，
聊逍遥以相羊。[8]	且让我在天上逍遥畅游。
前望舒使先驱兮，	望舒在前面做先导啊，
后飞廉使奔属。[9]	飞廉跟随于后。
鸾皇为余先戒兮，	鸾凤在前面戒备开道，
雷师告余以未具。[10]	雷神在后面置备辎重。
吾令凤鸟飞腾兮，	我令凤鸟展翅飞腾，
继之以日夜。[11]	夜以继日不做停歇。
飘风屯其相离兮，	回风盘旋聚合，
帅云霓而来御。[12]	率领虹霞向我迎来。
纷总总其离合兮，	云霞汇聚、忽合忽离，
斑陆离其上下。[13]	色彩斑斓、飘浮荡漾。
吾令帝阍开关兮，	我要天宫门神打开天门，
倚阊阖而望予。[14]	他却倚住天门冷眼以对。
时暧暧其将罢兮，	天色昏暗夕阳将落，
结幽兰而延伫。[15]	便与幽兰相伴而歇。
世溷浊而不分兮，	世道浑浊、是非不分，
好蔽美而嫉妒。[16]	好蔽美德而嫉妒忠信之行。

【字词释读】

[1] 敷：铺开。衽：衣服前面的下摆。耿：明白。中正：中正之道。

[2] 驷：四匹马拉的车子，这里作动词。玉虬：白色的无角龙。驷玉虬：用四条玉虬驾车。鹥（yī）：凤凰的一种，有五彩花纹。溘：覆在上面。埃风：大风起，尘埃扬，所以叫埃风。上征：到天上去。

[3] 轫（rèn）：挡在车轮前的横木，用来阻挡车轮滚动。发轫：撤掉横木，取出发的意思。县圃：神话中的山名，在昆仑之地。

[4] 少留：稍作停留。灵：神灵。琐：门上的花纹。灵琐：指代神灵住所的大门。

[5] 羲和：神话中为太阳驾车的。弭节：车驾缓行。崦嵫（yān zī）：西方的神山，日落之处。迫：接近。

[6] 曼曼：同"漫漫"，路途遥远的样子。修远：又长又远。求索：寻找，求取。

[7] 咸池：神话中太阳沐浴的神池。总：绑、拴。辔：缰绳。扶桑：东方神木。太阳在扶桑树上升起。《淮南子·天文》："日出于旸（yáng）谷，浴于咸池，拂（fú）于扶桑。"

[8] 若木：昆仑西极处的神木。拂：遮蔽。聊：暂且。相羊：徜徉。

[9] 望舒：神话中为月亮驾车的。飞廉：神话中的风神。奔属：跟在后面奔走。

[10] 鸾：凤凰的一种。皇：凰，雌凤。先戒：在前面戒备。雷师：雷神。未具：多解释为没有准备齐全。但是这一解读上下文意明显不够连贯，甚至对产生了不少牵强的释读。汤炳正先生认为，可能是"末具"误作"未具"。末具，后车的辎重。鸾皇在前戒备，雷师在后置备辎重，上下文连贯通畅。

[11] 继之以日夜：夜以继日。

[12] 飘风：旋风。屯：聚集。离："丽"的借字。相离：聚集附丽。帅：率领。霓：虹。御：迎接。

[13] 总总：聚集。离合：忽离忽合。班陆离：色彩斑斓的样子。

[14] 帝阍：为天帝守门的神，传说经常在黄昏时关闭大门。关：门闩。阊阖（chāng hé）：天门。

[15] 暧暧：昏暗的样子。将罢：太阳将要落山。结：攀持。延伫：停歇。

[16] 溷浊：混浊，比喻世道浑浊。不分：是非不分。

【发微抉隐】

向舜跪地陈辞，诗人在犹疑徘徊之间坚定了信念，认为"耿吾既得此中正"。诗人最终坚定地认为：节操必须坚守；"美政"理想不能放弃；光明终将战胜黑暗，绝不能随波逐流。正所谓"夏虫不可语冰"，这凡俗的世界已经知音难觅，于是乎开始了天界的奇幻旅程。朝发苍梧，夕至县圃，西望崦嵫，饮马咸池，系马扶桑。众神相侍，云霓来迎，最终到达天门。原寄望天门一开，拜见天帝，衷肠得以倾诉，理想能够实现。然而，现实又给了主人公当头一棒。天庭的门神"倚阊阖而望予"，拒绝打开天门。诗人只能再次慨叹"世溷浊而不分兮，好蔽美而嫉妒"。

如同用香草装扮出的熠熠生辉的"灵均"一样，这天界一游隐含着诗人极度痛苦中的挣扎与自我安慰。诗人浪漫瑰丽的想象背后，是现实无情的打击。驱龙乘凤的欢愉背后，是诗人心中无尽的痛苦。帝阍倚门，代指朝廷小人当道，蒙蔽了君王的耳目。天门不开，指代诗人求告无门，抗争的失败。天路不通，人世浑浊，无奈之下，诗人只能另寻他路了。

朝吾将济于白水兮，	清晨我渡过白水，
登阆风而绁马。[1]	登上阆风山顶，系马停留。
忽反顾以流涕兮，	回首一望、泪水涟涟，
哀高丘之无女。[2]	哀叹高丘山上没有仙女。
溘吾游此春宫兮，	我飘忽到东方青帝的宫殿里一游，

折琼枝以继佩。[3]	折下玉树枝条续接在玉佩上。
及荣华之未落兮，	乘着琼枝尚未凋零，
相下女之可诒。[4]	去找寻可堪馈赠的佳人。
吾令丰隆乘云兮，	我让丰隆驾着祥云，
求宓妃之所在。[5]	去找寻那洛神宓妃。
解佩纕以结言兮，	解下佩带当作信物，
吾令蹇修以为理。[6]	让蹇修去做媒。
纷总总其离合兮，	宓妃待人好似云霞缥缈、忽离忽合，
忽纬繣其难迁。[7]	态度乖戾、难以迁就。
夕归次于穷石兮，	晚上到穷石山过夜，
朝濯发乎洧盘。[8]	早上去洧盘河濯发。
保厥美以骄傲兮，	自恃貌美、骄纵无礼，
日康娱以淫游。[9]	整日纵情享乐、四处游冶。
虽信美而无礼兮，	虽然宓妃确实貌美，但却骄纵无礼；
来违弃而改求。[10]	我就弃之而去、另作他求。
览相观于四极兮，	往复观视四方，
周流乎天余乃下。[11]	周游天国又返回大地。
望瑶台之偃蹇兮，	遥望巍峨高耸的瑶台，
见有娀之佚女。[12]	忽然看到有娀氏的美女简狄。
吾令鸩为媒兮，	我让鸩鸟做媒，
鸩告余以不好。[13]	鸩鸟却说简狄对我无意。
雄鸠之鸣逝兮，	我想让飞舞善鸣的雄鸠做媒，
余犹恶其佻巧。[14]	又嫌他轻佻多嘴、言而不实。
心犹豫而狐疑兮，	我心中犹豫又疑惑不决，
欲自适而不可。[15]	想亲自前去又觉得不合礼仪。
凤皇既受诒兮，	然而凤凰已经把聘礼送到了有娀氏，
恐高辛之先我。[16]	怕是帝喾高辛氏已经先我一步了。
欲远集而无所止兮，	想像鸟儿一样飞往远方，却无处落脚，
聊浮游以逍遥。[17]	姑且随意游荡、逍遥自在。
及少康之未家兮，	趁着少康还没有娶妻成家，
留有虞之二姚。[18]	去结识有虞氏的两个女儿。
理弱而媒拙兮，	媒人们笨拙无能，
恐导言之不固。[19]	恐怕是不能撮合成约。
世溷浊而嫉贤兮，	这世道浑浊又嫉贤妒能，
好蔽美而称恶。[20]	爱好遮蔽美德却称颂丑恶。
闺中既以邃远兮，	那宫门又深又远，
哲王又不寤。[21]	即使睿智圣王也难以觉悟。
怀朕情而不发兮，	我满怀忠信之情却不能抒发，
余焉能忍而与此终古?[22]	怎么能忍受这浑浊之世、长此以往呢?

【字词释读】

［1］白水：神话中的水名，发源于昆仑山。据《淮南子》记载，其水饮之，可以不死。

阆（lǎng）风：神话中的山名，在昆仑之上。绁（xiè）：拴，系。

［2］反顾：回望。高丘：山名，在楚国，另有认为是在阆风上。女：神女，比喻志同道合的人。

［3］溘：忽然。春宫：神话中东方青帝居住的宫室。青帝是司春之神。琼：美玉。琼枝：玉树的花枝。

［4］荣华：草开的花叫荣，树木开的花叫花，这里代指琼枝上的花。相：寻找。下女：指后文的宓妃、简狄和有虞二姚，比喻贤臣。诒（yí）：同"贻"，赠送。

［5］丰隆：云神。宓（fú）妃：神女，伏羲氏之女。相传在洛水溺死，成为洛水之神。结言：订立约定。

［6］蹇（jiǎn）修：传说中伏羲氏的臣子。理：使者、媒人，这里的媒人仅起联络的作用，与婚姻无关。

［7］纷总总一句在这里比喻宓妃的态度像随风飘浮的云一样飘忽不定。纬缅（wěi huà）：乖戾。迁：迁就。

［8］次：住宿。穷石：神山名。神话中弱水发源于此。传说中有穷氏的国君后羿曾居住于此，宓妃曾是他的妻子。濯（zhuó）：洗。洧（wěi）盘：神话中的水名。

［9］保：仗恃。厥：其，指宓妃。淫游：纵情游乐。

［10］信美：确实美丽。来：助词，无实意。违：弃。弃：都是弃之而去的意思。

［11］览相观：细细观察。三字同义连用，是《楚辞》中常用的语法格式——"联叠"。四极：四方极远的地方。周流：周游。

［12］瑶台：以玉砌成的台。偃蹇：高耸的样子。有娀（sōng）：传说中的上古国名。相传有娀氏有两个美女，居住在高台之上。其中一个名叫简狄，嫁给了帝喾高辛氏，也就是后文"恐高辛之先我"。简狄生了契，契是传说中商族人的始祖。

［13］鸩（zhèn）：鸟名，羽毛有毒，可致人死亡。好（hào）：爱。

［14］鸠（jiú）：鸟名，善于鸣叫。鸣逝：边飞边鸣，声音曲折婉转。佻（tiāo）巧：轻佻的不诚之言。

［15］适：去。这句意思是想自己去，又恐不妥。

［16］受诒：授予聘礼。这句有两种解释：一是凤皇受我委托送去了聘礼；二是凤皇受高辛氏之托已经将聘礼送到了有娀。屈原另外的作品《天问》和《九章·思美人》都记述有高辛氏和简狄的传说。在这两篇中明确的记载了高辛氏将聘礼送给了简狄。另有，多本古籍中都有类似记载，因此，这两句取第二种解释比较妥当。

［17］集：鸟儿在树木上停歇。止：去处。

［18］及：趁着。有虞（yú）：古国名，姚姓。传说寒浞指使浇杀了相，相的儿子少康逃到了有虞，有虞的国君把两个女儿嫁给了少康，故称"二姚"。

［19］导言：在双方之间沟通的话语。

［20］称：扬。称恶：宣扬邪恶。

［21］闺：深宫中的小门。邃远：深远。哲王：圣明之君。寤（wù）：觉醒。

［22］发：抒发。终古：永久。

【发微抉隐】

对这一段周流求女的解读，分歧较大，各家自成一言，主要有以下四种说法：①求贤臣、贤士；②求贤明君主；③求贤明的后辈；④求理想的政治。四种观点都有据可依，结合上下文解读也都连贯通畅，又都不失《离骚》的神韵，可谓各有千秋。因此，这一段也可以只概括为寻找贤良。屈原的痛苦在于君王昏庸、奸佞当权、"美政"失败，诗人的挣扎在于坚守还是变节的疑问。在舜帝灵前求得坚守不变的答案。然而，天国神游中，他被帝阍拒之门外。天门不开，下地"求女"。但是，"求女"也失败了。这寓意着现实之中的屈原在被君王疏远后，曾经试图寻找志同道合者；或者尝试绕过奸佞小人，建立与君王沟通的新渠道；抑或是其他可能的方式来使君王亲贤臣、远小人，励精图治，使楚国走向新的发展之路。显然，楚国政治已经黑暗至极，诗人的努力以失败告终。于是，诗人内心的痛苦又进一步加剧，悲叹"哲王又不寤"，现实的打击，上下求索的失败，足以击垮大多数人。但是，坚忍不拔的诗人，在此时又一次发出了振聋发聩的呐喊："余焉能忍而与此终古？"一段新的求索之旅即将开始。

索藑茅以筵篿兮， 命灵氛为余占之。[1]	找来藑茅和竹枝， 请灵氛来为我占卜。
曰："两美其必合兮， 孰信修而慕之？[2]	问曰："两美相遇本应相得益彰， 谁又去求索那美丽的佳人呢？
思九州之博大兮， 岂惟是其有女？"[3]	想这天下如此博大， 难道只有这里才有我心中的佳人？"
曰："勉远逝而无狐疑兮， 孰求美而释女？[4]	卜曰："奔向远方吧，不要犹豫啊， 真正爱美之人怎会不选择你呢？
何所独无芳草兮， 尔何怀乎故宇？"[5]	天下哪里没有芳草啊？ 你又何必苦苦怀恋故土呢？"
世幽昧以眩曜兮， 孰云察余之善恶？[6]	世道昏暗以致人心惑乱啊， 谁又能体察我是善还是恶呢？
民好恶其不同兮， 惟此党人其独异！[7]	人们的好恶本来是不一致的， 这些朋党小人却异常古怪！
户服艾以盈要兮， 谓幽兰其不可佩。[8]	个个把野艾挂满腰间， 还宣称幽兰不能佩戴。
览察草木其犹未得兮， 岂珵美之能当？[9]	连草木的香臭都不能辨别， 又怎能欣赏美玉呢？
苏粪壤以充帏兮， 谓申椒其不芳。[10]	用粪土填充在香囊里， 还说申椒并不芳香。

【字词释读】

[1] 索：取。藑（qióng）茅：同"琼"，草名，今名旋花。占卜或祭祀时使用的灵草，地位高贵，如同美玉一般，所以叫藑茅。筵（tíng）：折断的小竹枝。篿（zhuān）：楚人结草折竹进行占卜叫篿。灵氛：《山海经·大荒西经》中记载，灵山有十巫，其中之一是巫盼（fén）。巫盼就是灵氛，善于占卜。

[2] 曰：以下四句是灵氛代主人公问卜的话。两美其必合：比喻明君贤臣相得益

彰。慕：倾慕。这两句是指明君贤臣本来能够相得益彰，但是楚国哪里有这样的明君能任用贤臣啊？

[3] 九州：泛指天下。惟：同"唯"，只有。女：前文所求之女，这里指代国君。

[4] 曰：以下四局是灵氛占卜的结果。勉：努力。美：美人，这里指代贤臣。释：放弃。女：通"汝"，你，这里是灵氛对诗歌主人公的称呼。

[5] 所：处，地方。芳草：比喻贤明君主。故宇：故国。

[6] 眩曜（xuàn yào）：惑乱。察：明辨。余：作者自称。

[7] 独异：异于众人。

[8] 户：这里指每个"党人"。艾：恶草名，今名白蒿，与现在的"艾"不是同一种植物。要：同"腰"。古人把佩饰挂在腰间，所以称为盈腰。服：佩带。

[9] 得：分辨。瑾：美玉。

[10] 苏：取。粪壤：粪土。帏：香囊。

【发微抉隐】

地处南方的楚国，其宗教信仰、社会形态与中原地区有着明显的区别。《汉书·地理志》记载楚地素来有"信巫鬼，重淫祀"的风气。至战国时代，楚国还保留着浓厚的巫风。屈原的另外一部作品《九歌》是以巫术祭祀歌舞为基础创作的系列抒情诗。聂石樵先生认为《离骚》《天问》都是在《九歌》的基础上创作而成的。近年来，关于《离骚》中的祭祀场景、内容、模式等问题的研究也取得了不少成果。从"索藑茅以筳篿兮"到"历吉日乎吾将行"都是通过构建祭祀场景，实现人神互动，来表达作者复杂难的思想感情。

诗歌中的主人公怀着虔诚的心去上下求索，寻找实现理想的途径。然而，天门不开，求女不得。那么，到底路在何方？于是乎，连续的失败之后，诗歌中的主人公找到了传说中的两个神巫——灵氛和巫咸，去问个究竟。

楚国政治黑暗，屈原渴望光明。在理想信念的驱动下，他几番努力，几度抗争每次都满怀希望，每次都以失败告终。经历了几番痛苦与挣扎之后，屈原借灵氛之口表达了自己思想上另一个尖锐的矛盾冲突："思九州之博大兮，岂惟是其有女？""何所独无芳草兮，尔何怀乎故宇？"即去国远走，另寻明主还是留在楚国，继续抗争？听完灵氛占卜之词后，诗人感慨万千痛斥一众小人卑劣的品行"苏粪壤以充帏兮"，谴责黑暗的现实"世幽昧以眩曜兮，孰云察余之善恶？"诗人志向高远，现实暗无天日，又有灵氛的占卜，似乎是去意已决了。

欲从灵氛之吉占兮，	想要听从灵氛的占卜，
心犹豫而狐疑。[1]	心中却又犹豫而迟疑。
巫咸将夕降兮，	巫咸将在夜晚降临世间，
怀椒糈而要之。[2]	我怀揣香椒和精米祈求神的保佑。
百神翳其备降兮，	众神遮天蔽日一齐降临，
九疑缤其并迎。[3]	九疑山众神也纷纷来迎接。
皇剡剡其扬灵兮，	巫咸光芒闪耀、显示着威灵，
告余以吉故。[4]	告诉我古时的佳话。
曰："勉陞降以上下兮，	说："上天入地去努力寻找吧，

求榘矱之所同。[5]	找寻与你志同道合的人。
汤、禹俨而求合兮，	汤禹为人严正、求取志同道合的贤人。
挚、咎繇而能调。[6]	因此伊尹、皋陶与他们和衷共济。
苟中情其好修兮，	只要内心的确有圣洁美德，
又何必用夫行媒？[7]	又何必请媒人介绍呢？
说操筑于傅岩兮，	傅说曾在傅岩手执木杵筑墙，
武丁用而不疑。[8]	被商王武丁毫不怀疑地启用。
吕望之鼓刀兮，	姜子牙曾经是操刀的屠夫，
遭周文而得举。[9]	遇到周文王而受到重用。
甯戚之讴歌兮，	甯戚夜半手时执牛角放声高歌，
齐桓闻以该辅。[10]	齐桓公听到后任用他为客卿。
及年岁之未晏兮，	趁着年华未老，
时亦犹其未央。[11]	时光也尚且还早。
恐鹈鴂之先鸣兮，	怕只怕鹈鴂提早鸣叫，
使夫百草为之不芳。[12]	百花就应声凋零了。
何琼佩之偃蹇兮，	为什么如此美好的琼玉，
众薆然而蔽之[13]	人们却要遮蔽它的光华？
惟此党人之不谅兮，	这帮朋党小人不讲信义，
恐嫉妒而折之[14]	我担心他们会因嫉妒而把琼玉折断。
时缤纷其变易兮，	时事纷乱、变化无常，
又何可以淹留？[15]	又怎能在这里停留呢？
兰芷变而不芳兮，	兰芷不再芬芳，
荃蕙化而为茅[16]	荃蕙变为茅草。
何昔日之芳草兮，	怎么昔日的芳草，
今直为此萧艾也？[17]	今天却成了萧艾？
岂其有他故兮，	难道是还有其他的原因？
莫好修之害也！"[18]	不重视自我修养才导致这般后果。"

【字词释读】

[1] 吉占：吉利的占卜之言。

[2] 巫咸：灵山十巫中的另一个，在十巫中中地位最高。椒、糈（xǔ）：椒，香料，迎神之物。糈，精米，供神享用之物。要（yāo）：祈求。

[3] 百神：指天上的众神。翳（yì）：遮蔽。备：一齐。九疑：指九疑山的众神。缤：繁盛的样子。

[4] 皇剡剡：光芒闪耀的样子。扬灵：神光扬显。吉故：吉祥的故事，指后文君臣相合的故事。

[5] 曰字以下至"莫好修之害也"是巫咸说的话。陞（shēng）降：升降，与上下连用，和前文"上下求索"表达的意思一样。榘（jǔ）：同"矩。"矱（huò 或 yuē）：度量长短的工具。榘矱：借指法度。

[6] 合：志同道合的人。挚（zhì）：伊尹的名，商汤的贤相，辅佐商谈灭夏。咎繇（yáo）：即皋陶（yáo），夏禹之臣。调：协调。

［7］意思是如果自身德行美好，自然会被圣明君王启用，就不用他人举荐。

［8］说（yuè）：傅说。操：持、拿。筑：建筑用的杵。用：重用。傅岩：地名。传说，傅说因恪守道德而遭受刑罚，到傅岩去筑墙。商王武丁梦见圣人，在天下寻找，找到了傅说，并任用为相，商朝便兴旺起来。

［9］吕望：姜太公——姜尚。鼓刀：敲击刀面，发出声音。举：举用。传说姜尚曾在商朝的首都朝歌当屠夫，遇到周文王而被重用。

［10］该：备。该辅：招揽至门下，以备辅佐。甯（níng）戚：春秋时卫国商人，他晚上喂牛时手执牛角唱歌，被齐桓公听到。齐桓公认为甯戚是贤德之人，就任用他为客卿。

［11］晏：晚。央：尽。

［12］鹈鴃（tí jué）：杜鹃鸟，常在初夏时鸣叫。传说杜鹃鸣叫之时，百花都要凋谢。为之：因此。

［13］偓佺（yǎn jiǎn）：盛多美丽的样子。蔼（ài）：遮蔽。

［14］谅：信。不谅：不讲诚信。折：摧毁。

［15］缤纷：混乱的样子。淹留：久留不去。

［16］茅：恶草名，今名白茅。

［17］萧艾：贱草名。

［18］莫：不。

【发微抉隐】

这一场景中，主人公在得到灵氛的启示后，考虑远走他乡。但是，对故国家园深深的眷恋，又使主人公不能下决心离开故土。正在这时，传说中灵山十巫里地位最高的巫咸降临人间，众神纷至，光芒万丈，一并降落人间。就连九疑山上的众神也出来迎接天神的降临。主人公带着享神的椒、糈前去迎接，诉说衷肠，求个答案。

［5］至［18］句是巫咸讲述的话。［5］至［12］句巫咸述说了夏禹、商汤、武丁、周文王、齐桓公等贤明君主慧眼识珠，君臣相合的佳话，借以劝说主人公乘着年华尚好，去另求明君。这是《离骚》中第二次集中讲述前代兴亡教训。上一次"就重华而陈辞"的倾诉，是神的诉说。不同的场景构建，不同的人生阶段，诗人把被君王离弃的哀怨和对贤明君主的渴望融汇在前代的兴亡旧事中，不断升华。此部分的诗人既有对现实的不满，又是对楚王的劝谏；同时也是对自己的鞭策和"美政"理想的执著。

［12］至［18］句巫咸言说香草变质。实则是诗人借此痛斥奸佞小人嫉贤妒能，甚至用卑劣的手段败坏纲纪。香草变质，固然有外部环境的影响，然而自身的问题才是根本原因。巫咸在最后说道："岂其有他故兮，莫好修之害也！"诗人以此表述自省与自警：在黑暗的政治环境里一定要不断加强自己的修养，磨炼意志，决不能同流合污。

余以兰为可恃兮，	我原以为兰草是可靠的啊，
羌无实而容长。[1]	却是华而不实、虚有其表。
委厥美以从俗兮，	兰草放弃美质、沉沦世俗呀，
苟得列乎众芳。[2]	也只能勉强列于芳草之中。
椒专佞以慢慆兮，	花椒专擅谄媚而又傲慢啊，
樧又欲充夫佩帏。[3]	樧草也想去填充香囊。

既干进而务入兮，	既然在钻营求进呀，
又何芳之能祗？[4]	又怎么能对芳草心怀敬畏？
固时俗之流从兮，	时俗原本就是随波逐流啊，
又孰能无变化？[5]	谁又能坚贞不移呢？
览椒兰其若兹兮，	眼看这椒、兰都尚且如此啊，
又况揭车与江离？[6]	又何况揭车和江离呢？
惟兹佩之可贵兮，	只有我这琼玉最是可贵，
委厥美而历兹。[7]	虽被离弃却依然坚守美质。
芳菲菲而难亏兮	芳香四溢无法消减，
芬至今犹未沫。[8]	芬香至今犹未消散。
和调度以自娱兮，	调和心情，以求自娱吧，
聊浮游而求女。[9]	姑且浮游四方找寻美人。
及余饰之方壮兮，	趁着我佩饰盛壮啊，
周流观乎上下。[10]	去周游天地观览四方。

【字词释读】

[1] 兰：映射怀王幼子令尹子兰。恃：依靠。实：果实。容长：外表秀美。

[2] 委：丢弃。从俗：借指与小人同流合污。

[3] 椒（jiāo）：影射怀王时的大夫子椒。专佞：专事陷佞。慢慆（tāo）：傲慢。榝（shā）：恶草名，今名食茱萸。佩帏：佩饰的香囊。

[4] 干：求。干进：钻营求进。务入：骗取信任。

[5] 流从：也有版本是"从流"。随波逐流。

[6] 这两句的意思是连椒、兰这样的香草都变节从俗，又何况是揭车和江离呢？

[7] 兹佩：指自己的玉佩，喻指美德。

[8] 沫：消散，另有认为作"沫（mèi）"，昏昧亏损。

[9] 和调度：三字同义，指自我调和。求女：这里指离开楚国另寻明君。

[10] 壮：美盛的样子。周流：周游。

【发微抉隐】

这一段是听完巫咸诉说之后诗人的感慨。[1] 至 [6] 句是诗人对香草变质的现实感慨万千。诗人以"兰"指代子兰，恼恨他徒有其表；以"椒"指代子椒，斥责其腐败变质，竟与奸佞小人同流合污。"览椒兰其若兹兮，又况揭车与江离？"一般认为是与前文"哀众芳之芜秽"对应，指培育的人才腐化变质，变化从俗。

[7] 至 [10] 句是诗人情感变化的又一次展现。这现实的世界已经让人失望至极，诗人依然是卓然独立，芬芳不亏，决心听从巫咸"求榘矱之所同"的建议，"及余饰之方壮兮，周流观乎上下"，决定要远走他乡，另寻明君。

灵氛既告余以吉占兮，	灵氛已经告诉我卜得吉卦，
历吉日乎吾将行。[1]	选一个好日子，我启程去远游。
折琼枝以为羞兮，	折下玉树枝条当作肉脯，
精琼爢以为粻。[2]	把美玉捣碎当作干粮。
为余驾飞龙兮，	我让飞龙驾车，

杂瑶象以为车。[3]	用象牙和美玉来装饰车子。
何离心之可同兮？	离心离德怎能共处？
吾将远逝以自疏。[4]	我将远行离他而去。
遭吾道夫昆仑兮，	我转道去往昆仑山，
路修远以周流。[5]	长路漫漫、迤逦而行。
扬云霓之晻蔼兮，	云霞旌旗升扬而起遮天蔽日；
鸣玉鸾之啾啾。[6]	摇动鸾形的玉铃，啾啾作响。
朝发轫于天津兮，	清晨，从天河渡口出发；
夕余至乎西极。[7]	黄昏，我到达了西方之极。
凤皇翼其承旗兮，	凤凰高举旌旗随我而行，
高翱翔之翼翼。[8]	翱翔云天、彩翼翻飞。
忽吾行此流沙兮，	转眼间我到了西方流沙之地，
遵赤水而容与。[9]	游乐于赤水河畔。
麾蛟龙使梁津兮，	指挥蛟龙在渡口架桥，
诏西皇使涉予。[10]	命令西皇助我渡河。
路修远以多艰兮，	路途遥远又充满艰险，
腾众车使径待。[11]	我让众车从小路先行，在前面等我；
路不周以左转兮，	经过不周山向左转去，
指西海以为期。[12]	约定到西海汇合。
屯余车其千乘兮，	我集合千乘车马，
齐玉轪而并驰。[13]	玉轮整齐、同向前方。
驾八龙之婉婉兮，	八龙蜿蜒、驾车前行。
载云旗之委蛇。[14]	云霞旌旗、随风飘扬。
抑志而弭节兮，	垂下旌旗、缓缓而行，
神高驰之邈邈。[15]	思绪已经飞驰远方。
奏《九歌》而舞《韶》兮，	奏响《九歌》，舞动《九韶》；
聊假日以媮乐。[16]	就借着大好时光自求欢愉。
陟陞皇之赫戏兮，	升登皇天、光辉灿烂，
忽临睨夫旧乡。[17]	忽然回首望见了故乡。
仆夫悲余马怀兮，	车夫他悲戚啊，马儿也感伤；
蜷局顾而不行。[18]	垂头曲体再也不愿前行。

【字词释读】

[1] 历：选择。

[2] 羞：长条状的干肉。精：把米舂得细碎。这里作动词。琼靡（mí）：玉屑。粻（zhāng）：粮。

[3] 瑶：美玉。象：象牙。

[4] 离心：心志不合。同：共处。

[5] 遭（zhān）：转。

[6] 云霓：画云霓的旌旗。晻蔼（ǎn ǎi）：旌旗蔽日貌。玉鸾：鸾鸟形状的玉玲。啾啾：玉玲鸣响的声音。

[7] 天津：天河的渡口。在东极箕、斗二星之间。

[8] 翼：敬重的样子。《文选》本中为"纷"，繁多。承：举。旂（qí）：画有交叉龙形图案的旗帜。翱翔：鸟高飞。鸟的翅膀一上一下叫翱，直刺不动叫翔。翼翼：飞翔的样子。

[9] 流沙：西方的沙漠，因沙似流水而得名。《山海经·海内西经》："流沙出钟山，西行又南行昆仑之虚。"赤水：神话中发源于昆仑山的河流。容与：游戏貌。

[10] 麾（huī）：指挥。梁津：在渡口架桥。梁，桥梁，这里作动词用。西皇：帝少皞（hào）。使涉予：让他渡我过河。

[11] 腾：奔驰。腾众车这一句有两种解释。①待：等待。令众车由小路先行，在前面等我。②待：侍卫、保卫。众车云集自来护卫。下文"路不周以左转兮，指西海以为期。"约定了行进路线和目的地，所以取第一种解释更加妥当。

[12] 不周：神话中的山名，在昆仑西北。西海：神话中西北方的海。指：约定。期：指目的地。

[13] 屯：聚集。轪（dài）：车轮。

[14] 婉婉：同"蜿蜿"，龙身婉曲游动的样子。委蛇（wēi yí）：飘扬舒卷的样子。

[15] 抑志：一般解释为压抑心志，与前文"屈心而抑志"的意思接近。另有认为：志，通"帜"，旗帜。抑志即垂下旗帜。

主人公在西海屯集千车，旌旗招展。此情此景，人间能得几回。此时他心中的抑郁一扫而光，驻足观赏，神思飞扬。因而，抑志可理解为主人公暂且收敛神游的愉悦，停车驻足，极目四望，憧憬心中美好的世界。停车驻足，那么旗帜自然不再像车马奔驰时一样飞扬。故此，"抑志"，字面上解释为垂下旗帜，更得《离骚》之神韵。与后文中，主人公"神高驰之邈邈"、赏乐舞、聊作娱乐的内容也能更好地融汇贯通。

[16] 假日：假借时日。媮乐：娱乐。

[17] 陟陞：两词同义，指上升。皇：皇天，广大天空。赫戏：天宇光辉的样子。临：居高临下。睨（nì）：视。旧乡：故乡，指楚国。

[18] 仆：车夫。怀：思。蜷（quán）局：马蜷曲的样子。

【发微抉隐】

这一段遨游昆仑是《离骚》中最为瑰丽奇幻的篇章。神山、圣水、蛟龙、彩凤等神话元素巧妙地融入个人情感的抒发中。主人公驾龙翱翔，远游西极，《九歌》《九韶》，皇天赫赫，何等欢愉！现实中的痛苦与挣扎一扫而空。然而，当诗人旧乡一望，"仆夫悲余马怀兮，蜷局顾而不行"，故国旧乡，生于斯而长于斯，又念想先辈们筚路蓝缕，于草泽荒蛮中开天辟地，传扬至今。诗人自然是重任在肩，又怎么能弃之不顾，另寻明君呢？

从"跪敷衽以陈辞兮"到"蜷局顾而不行"是全篇的第四部分，主人公在去留之间苦苦挣扎。天门不开，原因是帝阍阻拦。求女不得，可叹是"理弱媒拙"。然而，去国远游的失败，没有客观原因的阻挠，归根结底是自己对故国旧乡深深的眷恋。与第三部分共同勾勒出诗人在面对黑暗现实时的心路历程。女嬃、重华、灵氛、巫咸加上主人公，诗人不断进行自身角色和倾吐对象的转换，坚守还是变节，是走是留，苦苦挣扎，反复冲突，从未停止过灵魂的拷问。在最欢愉的时刻，选择了留守故园。上天入地，周流四方，诗人构建了一个极其绚烂宏远的求索之路。诗人内心世界反复的冲突，被巧妙地融入漫漫求索之路和失败之中，情感表达逐渐充沛，主人公的形象逐渐丰满。一路走来，诗人品行之高洁，信念之坚定，光芒万丈，跃然纸上，最终把全篇的抒情推向了高潮。

乱曰：[1]	尾声：
已矣哉！	算了吧！
国无人莫我知兮，	国中无人理解我的衷肠
又何怀乎故都！[2]	又何必怀恋这故国！
既莫足与为美政兮，	既然无人能与我共行美政啊，
吾将从彭咸之所居！[3]	我将奔向彭咸居住的地方！

【字词释读】

[1] 乱：乐章的最后一段，也就是尾声。

[2] 国无人：国中没有贤人。

[3] 美政：屈原提出的变法主张。

【发微抉隐】

这一部分是全诗的尾声，是全诗的点睛之笔，作者明确其政治理想是"美政"。屈原"博闻强志、明于治乱、娴于辞令""入则与王图议国事，以出号令；出则接遇宾客，应对诸侯"，通晓天文、地理、礼乐制度，熟记历朝历代治乱兴衰的往事；对春秋以来各大国的历史大事和著名人物事迹，更是了如指掌。可以说，屈原汇通楚国地方文化和中原文化，既有深沉热烈的情感，又富有理性敏锐的政治洞见。诗人在全诗中以虚实结合的方式，与开篇的伏笔遥相呼应，不断展现自己是一个才德兼备的人物，怀揣"美政理想"。然而，他面对的是楚国内部黑暗的政治环境，昏庸的君王，奸佞的弄臣，外部又有秦国的步步紧逼。在残酷的现实环境里，屈原处处碰壁。他曾经在进退去留间徘徊不前，最终因为对故国乡土的热爱与眷恋而选择留在楚国。然而，楚国"无人莫我知兮"，"美政"理想无法实现，怎么办呢？此时的屈原以一种超乎常人的意识和洞察力，选择与世俗环境的根本对立，自觉决裂于世，决定"从彭咸之所居"，保持了独立人格的尊严，显示出决不与世俗妥协的峻洁人格和"苏世独立"的精神品格。

最后，本书借用叶嘉莹女士的话对《离骚》做一个总结：

人的生命当然是短暂的，但诗歌的生命却生生不已。上下求索的精神、殉身无悔的态度、美人香草的喻托、悲秋伤逝的传统，这是《离骚》留给后代诗歌的几个"母题"。

屈原的政治理想虽然落空，但他的生命并没有落空，他心灵中那些最美好的东西通过《离骚》留给了后代，在两千年的历史中不断拨动人们的心灵，点燃人们的热情，使中国诗歌的主流从不走向消极和颓废，使中国诗人永远保持着那种热烈执着的感情。这乃是《离骚》在中国诗史上最大的贡献，是今天我们仍然应该继承和发扬的宝贵传统。（见徐晓莉主编《中国古代诗词文赋选讲》第三讲《屈原〈离骚〉》）

专题四 《离骚》——卓绝一世的千古绝唱

参考文献

［1］（先秦）诗经，王秀梅译注［M］．北京：中华书局，2006.

［2］左丘明．左传［M］．杜预，注．上海：上海古籍出版社，2016.

［3］王先慎，姜俊俊．国学典藏：韩非子［M］．上海：上海古籍出版社，2015.

［4］（西汉）司马迁，（南朝宋）裴烟，（唐）司马贞，等.《史记》（简体字本）［M］．北京：中华书局，2015.

［5］（西汉）刘安，等．淮南子［M］．陈广忠，译注．北京：中华书局，2016.

［6］王逸，黄灵庚．楚辞章句［M］．上海：上海古籍出版社，2017.

［7］（东汉）班固．汉书［M］．北京：中华书局，2012.

［8］王运熙著．文心雕龙探索［M］．上海：上海古籍出版社，2014.

［9］（宋）黄伯思撰．东观馀论 第1册［M］．北京：中华书局，1987.

［10］洪兴祖．楚辞补注［M］．北京：中华书局，2015.

［11］李永明，朱熹．《楚辞集注》研究［M］．上海：上海古籍出版社，2015.

［12］罗运环．楚国八百年［M］．武汉：武汉大学出版社，1992.

［13］聂石樵．先秦两汉文学史稿［M］．北京：北京师范大学出版社，1994.

［14］金荣权，胡安莲，杨德贵．中国古代神话稽考［M］．北京：中国文联出版社，2000.

［15］朱东润．中国历代文学作品选［M］．上海：上海古籍出版社，2002.

［16］徐旭生．中国古史的传说时代［M］．桂林：广西师范大学出版社，2003.

［17］郭沫若．历史人物［M］．北京：中国人民大学出版社，2005.

［18］金荣权．屈宋论考［M］．北京：中国言实出版社，2006.

［19］袁珂．中国古代神话［M］．北京：华夏出版社，2006.

［20］过常宝．楚辞与原始宗教［M］．北京：中国人民大学出版社，2014.

［21］潘富俊．草木情缘：中国古典文学中的植物世界［M］．北京：商务印书馆，2016.

［22］汤炳正．楚辞今注［M］．3版．上海：上海古籍出版社，2019.

［23］杨宽．战国史［M］．上海：上海人民出版社，2019.

［24］潘富俊．草木零落，美人迟暮：楚辞植物图鉴［M］．北京：九州出版社，2018.

文化映像：
中国传统文化思想的展映

中华传统文化中所蕴含的民族精神、创新精神及自强不息精神都值得当代青年大学生认真学习。因此，本部分将从传统文学作品的传播和发展过程来探析中华传统文化思想的本质、内涵及其当代的传播价值。内容选取了《雷雨》《白鹿原》《京华烟云》三部具有代表性的文艺作品进行解读。三部作品的内容均涉及动荡年代，在国家、社会和家庭的变动中，个人的选择与命运的变化以及在这个过程中中国传统思想文化扮演的角色和最终在时代的沉浮中彰显的民族精神。解读三部作品的传播和发展，能够帮助我们更好地理解传统文化思想的本质以及找寻当前传统文化思想传播的路径。

第一节 "文化映像：
中国传统文化思想的展映"主题介绍

本部分将在文学作品的赏析中，全面地向读者介绍传统文化影视化传播发展的过程及趋势，以及比较经典传统文学作品的影视化传播与现代文化艺术作品的影视化传播，分析传统文化作品在弘扬优秀传统文化中所起到的作用，并在此基础上阐释说明传统文化的影视化传播产业化。本部分内容将重点讲述《雷雨》《白鹿原》《京华烟云》三部涉及中华传统文化的文艺作品影视化传播的发展历程，以及在此基础上出现的文化传播景观，探讨传统文化影视化传播的策略、方式、角度，解读对外传播中影视化的传统文化艺术作品对塑造中华民族形象的重要作用，以此来探析传统文化作品中蕴含的中国传统文化思想和文化理念及其当代的传播价值与在传承中华传统文化中的重要作用。

一、传统文化影视化传播的基本特点

传统文化是伴随着中华民族悠久的历史所传承至今的文化，是在长期的社会发展过程中凝结出来的中华民族的精神品格和生活智慧，是重要的文化资源。传统文化经历了两千多年的发展，直到现在依然是引领民族思想、传播民族道德、传承民族发展的重要

精神支柱。在当前文化发展中，传统文化是国家文化事业发展、民族文化复兴的重要基础，是丰富公众的文化生活、彰显中华文明的重要来源。同时，传统文化也是当前文化产业发展中的重要组成部分，是影视化传播的重要内容。

当前的传统文化影视化传播发展主要呈现出三个特点：一是传统文化的内容与现代表达形式的联合演绎。传统文化影视围绕传统地域文化的彰显、传统文学作品的网络化改编、传统文化艺术形式的影视化表达、传统文化思想的现代化叙述以及民族文化的展映来揭示传统文化中所蕴含的思想、文化和表达，并与现代性的表达形式相结合，赋予现代行为以传统意义。二是传统文化的理念与现代传播方式交互融合。传统文化影视在网络媒体、社交媒体和自媒体的多种传播方式的演绎下，传统文化的影视化作品将传统文化的思想、特点和意指与现代观念、理念和生活方式相结合，依托着多种传播方式，扩展了传统文化的现实影响力，提高传统文化传播的有效性。三是传统文化的思想与新时代的国家发展理念的结合发展。传统文化的影视化作品将传统文化的传播与国家战略发展、文化发展理念相结合，在传播传统文化的同时发展社会主义文化事业、推动国家文化战略的发展。

二、传统文化影视化传播发展的过程及趋势

传统文化的影视化发展是伴随着传播技术的进步而进行的传播形式的变更和升级。中国传统文化的影视化，首先是电影技术与中国传统的戏剧和说唱艺术相结合，创造了一种独特的影视化表现形式；随后，伴随着从无声到有声、从黑白到彩色的变革进程，传统文学作品成为影视化传播的重要内容，影视化的传播开始注重意义的表达；在此之后，随着国家的变动和社会的变革，历史题材、现实主义题材的传统文化影视化作品成为了鼓舞斗志、针砭时弊、推动社会进步的重要内容，传统文化的影视化传播成为能够发挥社会作用、具有实际效力的传播方式；在电视得到普及以后，以传统文化作品为内容的电视作品开始增多，电视屏幕成为传统文化传播的重要方式，传统文化的影视化传播深深地融入人民群众的日常生活当中，成为必不可少的精神文化产品；20世纪90年代以来，传统文化在网络技术的发展和普及中逐步成为网络文化传播的重要组成部分，传统文化的影视化传播也在网络化发展的过程中不断充实和丰富，在网络空间中以多种传播方式传递。伴随着信息获取的网络化趋势，传统文化的影视化作品也逐步建立了网络空间的传播阵地，与网络文化进行结合，以现代性的传播方式进行传递。

在长期的影视化传播的发展过程中，传统文化的影视化一方面是在追求与传播技术的融合和发展，每一次的技术变革都为传统文化的影视化注入了新的活力，传统文化的传播内容随着技术的特点进行着变革与更新，在这个过程中，传统文化中所蕴含的思想、理念也以更加直观、清楚的方式进行展示；另一方面是传统文化的表现形式更加多样化、现代化，在长期的传播发展中，传统文化在依托不同媒体进行传播的同时，也在不断适应媒体的特性与不同媒体中受众的接受特点，表现的形式也在这个传播的过程当中得以类型化、个性化。从长期的发展来看，传统文化的影视化传播形式上更加适应媒体的特点和传播方式的变革，技术的融合性会越来越强，在内容表达上更加倾向于特点鲜明、内容丰富、信息直观的传播方式。

三、传统文化影视化作品与现代文化影视化艺术作品的异同

传统文化影视化作品与现代文化影视化艺术作品都是经过艺术化加工的文化实践活动，致力于丰富人民群众的精神文化需要，二者都是创造性的文化活动。但是由于产生的背景、表达的主题和传递的观念存在不同，因此两者之间也存在巨大的差异。①在产生的背景上，传统文化的影视化作品是根植于人民群众长期的劳动生活实践的，能够反映人民群体的精神和风貌，具有一定现实性的文学创作，是有"根"可寻的文化产品。而现代文化的影视化作品，是在当前的社会发展中创作发生的，现实性和创新性较强，内容形式是可以根据现实条件发生变化的，具有可变性和可塑性。②在表达的主题上，传统文化影视化作品是根据传统文化和民族文化的历史发展而演绎的传统文化精华，是代表人民群众的劳动和智慧的结晶。现代文化的影视化创作更多是依据现实的社会需要，依据当前的精神文化需要，创作符合当前的文化需求和社会发展的文化作品。③在传递的观念上，传统文化的影视化作品更加强调人民的智慧和民族的文化，传递经过历史沉淀后的优秀的文化作品，表达传统的思想、文化、价值和观念。现代文化的影视化创作则是以当前的社会导向、国家发展为基础，作品通过国家发展的描述和社会问题的针砭，推动人民群众思想的解放和进步，表达发展、创新的理念。因此，传统文化的影视化创作和现代文化的影视化表达都是丰富文化生活、充实精神文化产品的重要内容，要充分发挥两者在丰富人民群众精神文化需要不同方面的作用，促进社会主义文化繁荣。

四、传统文化影视化传播的当代价值

传统文化历史悠久，在当前的文化构成中具有十分重要的地位，其文化精华和文化价值不仅在中国长远的历史发展中起到了重要的作用，而且在当前的社会发展中依然具有现实意义。影视化手法的普及使传统文化的展示、传播和表达拥有了更加便捷和直观的形式，因此，传统文化的传播能够在影视化的形式下，参与到构建和谐社会、弘扬中华文明、践行社会主义核心价值观的建设当中。传统文化中包含了当前和谐社会构建的根本和基础，传统文化中所传承的家国情怀和民族精神也是构建和谐社会的重要内容，对当前的文化自信、社会稳定、经济建设都起到了积极的作用；传统文化是中国特有的文化名片，是经过长期的历史发展所沉淀下来的，包含着中华民族精神和气质，在当前的对外传播和国际交往中，代表着中国特色的传统文化，是我国对外交往、文化交流和贸易往来的重要依托；传统文化影视作品应将传统文化思想与践行社会主义核心价值观的理念相结合，在传播传统文化的基本价值追求和人生理念中结合当前的社会主义核心价值观的价值指向，在弘扬传统文化中为社会主义核心价值观的建设和维护提供精神基础和思想传统。

五、选取《雷雨》《白鹿原》《京华烟云》三部作品的原因

本部分的主旨是在对传统文学作品的解读中对其所蕴含的中国传统文化思想、理念进行分析和解读，从而探知凝结在文学作品中的中国传统文化思想的精神境界、人生追求和价值归因；并在对其影视化过程中所造成的文化现象、文化元素和文化景观的描述和探究中，解读传统文化影视化传播在当前的影视化传播中所焕发的新的活动和形成的

新的价值。本部分选取《雷雨》《白鹿原》《京华烟云》三部作品为解读对象的原因有三：一是三部作品内容表达的社会背景同是处于新旧社会更迭的重要阶段，在制度和观念的冲撞中，传统文化所蕴含的价值和理念在此刻实现了对政治制度的剥离，能够以个体的形式充分展现传统文化思想的本质和精髓；二是三部作品的叙述和表达均采用了将"家"与"国"联系起来的形式，将传统文化思想在个人身上的影响映射到家庭的关系与理念中，再以家庭的动荡和变迁影射国家的变动和更替。全方位展现了传统文化思想在不同层面的影响和作用；三是三部作品是在当前传统文化的影视化传播中比较具有代表性的作品，且其在传播中所形成的文化景观和与当前文化形式相结合形成的文化元素对当前社会主义核心价值观的弘扬、和谐社会的建构具有重要的推动作用。因此，本部分选取这三部具有代表性的传统文学作品作为主要内容，并以此为基础探究传统文化思想。

六、《雷雨》《白鹿原》《京华烟云》影视化传播的文化景观

《雷雨》《白鹿原》《京华烟云》三部作品的内容表达是在束缚与抗争的博弈中进行，其戏剧情节突出、人物个性鲜明，因此在影视化传播的过程中一直是传统文化传播和演绎的重要内容，且在传播的过程中形成了特定的文化景观。《雷雨》以其冲突性、故事性、情节性成为话剧演绎的经典，在影视化传播中其电视剧和电影的故事改编也一直活跃在屏幕当中，以其道德伦理为主线，成为抨击封建思想、追求自由平等、解放思想的代表之作。《白鹿原》的寻根理念与宗法家族制度的束缚和儒家伦理道德的捆绑结合在一起，在农耕文化的价值理念下，演绎精神和心灵的寻根，在影视化的传播中也出现了电影、电视剧的多个版本，在不同的演绎中，《白鹿原》的每个理念的凸显，都会成为影视化传播的亮点。《京华烟云》的情节构造与历史事实结合在一起，其文化叙事、道德叙事和革命叙事全景敞视地展现了中国社会变换的历史风貌，是抗日救亡精神、"道""儒"传统文化思想的影视化展现，在多个版本的演绎中成为传统文化、传统思想、传统道德传播的经典之作。

七、《雷雨》《白鹿原》《京华烟云》对中华传统文化观念和思想的传递

《雷雨》《白鹿原》《京华烟云》三部作品中所传达出来的传统文化思想不仅仅是局限于故事叙述时代的思想文化，还是在以社会交替的背景为依托，展现长远的历史发展所形成的思想文化，并在时代的冲突中展现出其特有价值和理念。《雷雨》以家庭的伦理冲突为导火索，在人物命运的变化和时代的变迁中将矛头对准传承两千多年的封建王朝的封建制度，在个人、家庭和国家的选择和变动中，呈现出传统思想中对自由、爱、善的弘扬和追求。《白鹿原》在宗法制度和儒家伦理道德中反应生活的本质，展示生活原生态，揭示出纷繁社会中的文化属性与文化规律、人的精神的"寻根"。《京华烟云》在故事的推动中将传统的道家哲学、儒家哲学和传统习俗完美地展现出来，在文化的传播叙事中，展现出了中国传统文化的独有特色。因此，在借助社会变动的事实叙述中，这三部作品传承出的传统文化和传统思想，包含了对其形成源头的追溯和发展动向的指引，是对中华传统文化观念和思想的传递。

一、《雷雨》——曹禺

（一）原著概述

《雷雨》，作者曹禺，写作于 1933 年，在 1934 年发表于《文学季刊》，后在 1936 年由上海文化生活出版社出版。内容以 1925 年前后的中国社会为背景，以家庭人伦的冲突为主要的线索，描写在一个动荡的社会环境中，封建家庭伦理观念对人的束缚及新思想对封建思想的冲击。人物的命运伴随着家庭伦理、封建束缚、时代变化发生着纠葛与转变，故事跨越 30 年，在时间的冲刷中将所有的罪恶爆发于一个雷雨夜，也在一个这样的罪恶现场，呈现出叛逆、抗争、束缚和追求四股力量的对抗，反映了更为深层的社会及时代问题。

《雷雨》以"四幕悲剧"为线索，在两代人的命运纠葛中演绎社会变动的时代新旧思想的冲突、家庭伦理的束缚、爱与自由的挣脱。作者在序中写道："在《雷雨》里，宇宙正像一口残酷的井，落在里面，怎样呼号也难逃脱这黑暗的坑。自一面看，《雷雨》是一种情感的憧憬，一种无名的恐惧的象征。这种憧憬的吸引恰如童稚时聆听脸上划着经历的皱纹的父老们在深深的夜半，津津有味地诉说坟头鬼火、野庙僵尸的故事。"这本身在"情感"诉说上所形成的魅力，吸引着带着畏惧、恐怖和好奇的心理来一探究竟。"与这样的原始或者野蛮的情绪俱来的还有其他的方面，那便是我性情中郁热的氛围。夏天是个烦躁多事的季节，苦热会逼走人的理智。在夏天，炎热高高升起，天空郁结成一块烧红了的铁，人们会时常不由地，更归回原始的野蛮的路，流着血，不是恨便是爱，不是爱便是恨；一切都走向极端，要如电如雷地轰轰地烧一场，中间不容易有一条折中的路。"《雷雨》便是一个这样的故事，在爱恨情仇的交缠中，所有原始的情绪、情感都得以展现，在这个虚伪的血缘维护的"家庭"的联系下，将各组矛盾集结在一起，使其在冲突中同时爆发，爱恨情仇只是矛盾的外在依托，其实质反映的是更为深层次的社会变动和思想碰撞。《雷雨》的表现形式丰富、叙述内容深刻，在原著中的每个细节的描写、人物的塑造、台词的描绘和冲突的表达都极具思想意味和表现张力，因此，我们将从环境背景、人物性格、人物关系、台词意寓四个方面对《雷雨》所表达的思想、情感、抗争和自由进行解读，以求能够全面了解话剧的刻画方式和表现手法，体会作者的思想主旨。

（二）原著导读

1. 研读的主要目标

了解、体会《雷雨》所表现出来的在封建专制的思想禁锢下，传统文化中包含的爱与自由、正义与勇敢、平等与反抗的精神气质，体会在时代变动中人物命运与思想和观念之间的关系。

①对时代所造成的人物的悲惨命运进行分析和解读，了解其本质的原因。

②在追求与反抗中，体会女性在这个时代所受到的迫害以及女性主义主体意识的觉

醒与抗争。

③在时代与制度的冲撞中，了解作为无产阶级争取自由和平等的必要性。

2. 研读方式

1934年《雷雨》一经出版，便产生了很大的影响，直到现在也是中国话剧史上的一部经典，它的影响力是不言而喻的。我们想要了解《雷雨》为什么有这么强大的力量，还要从写作背景、历史现实、经典评论、话剧演绎四个方面来看。

（1）写作背景。

《雷雨》是曹禺写于1933年的作品，当时作者是清华大学四年级的学生，对《雷雨》的构想来自1931年"九·一八"事变后，清华大学的学生们组织起了抗日宣传队，曹禺担任了宣传队的队长，他和宣传队的成员在坐火车去往保定宣传的路上，遇到了一位身材魁梧的大汉，他是一名铁厂的工人。曹禺佩服这位工人的爱国之心，他想起自己正在构思的话剧，便有了鲁大海的形象，后经几次揣摩构思，最终完成了《雷雨》的最初创作。

曹禺出生于一个没落的封建家庭，在成长的过程中经历了半殖民地半封建社会的黑暗现实，对这种现象一直抱有强烈的反抗情绪，作者在谈到写作意图时说："《雷雨》是在'没有太阳的日子里的产物'。"在《雷雨》的序中，作者写道："也许写到末了，隐隐仿佛有一种情感的汹涌的流来推动我，我在发泄着被压抑的愤怒，毁谤着中国的家庭和社会。然而在起首，我初次有了《雷雨》一个模糊的影像的时候。逗起我兴趣的，只是一两段情节，几个人物，一种复杂而又原始的情绪。"当时，挪威著名作家易卜生创作的许多揭露社会黑暗、追求人性解放、妇女解放的优秀话剧，已传入中国。易卜生的思想，对曹禺影响很大。

（2）历史现实。

1931年9月18日夜，日本在中国东北蓄意制造并发动的一场侵华战争，这是日本帝国主义侵华的开端，不久日军陆续攻占了东北三省。1932年2月，东北全境沦陷，日军在中国东北建立了伪满洲国的傀儡政权，开始了对东北的殖民，当时的中国经历着内忧和外患。在经历过第一次国共合作失败的教训后，中国共产党建立了独立的武装力量，工人、学生等纷纷加入抗日救亡的过程中来，逐渐掀起全民抗战。在这样的历史背景下，曹禺创作了《雷雨》，《雷雨》的剧情是基于当时中国的现实情况进行的针砭。

《雷雨》的剧情发生在1925年的中国，当时中国的封建社会逐渐解体。外来思想和文化开始在中国传播，民族志士为中国的发展寻求着各种出路，无产阶级登上了历史的舞台。但是由于军阀割据、外来侵略，中国人民正受到来自多方的压迫和剥削，经受着苦难的折磨。因此，故事的剧情走向既是人物命运的选择，也影射了当时中国的整体情况。作者曹禺利用1925年的一声呐喊，来表达对自由、平等、和谐、稳定的社会的向往，对压迫、剥削的仇视，对国家危亡团结协作的渴求。

（3）经典评论。

从叙事艺术、人物刻画、剧情表现、社会影射等方面都有很多对《雷雨》的经典评论。现代文学家巴金曾说，"《雷雨》是一部不但可以演，也可以读的作品"。现代戏剧家李健吾说，"一出动人的戏，一部具有伟大性质的长剧"。现代翻译家黎烈文说，"《雷雨》，我应当告白，亏了《雷雨》，我才相信中国确乎有了近代剧"。中国艺术研究院话剧研究所副所长宋宝珍说，"《雷雨》通过其悲剧结局，告诉我们很多'不可以'，比如在情感欲望的追求上不可以随心所欲，在爱情的自主选择上不可以悖逆人伦，在悲剧责任的问题上不可以放弃承担"。

（4）话剧演绎。

《雷雨》具有很强的舞台表现力，在序幕和尾幕中对于背景环境的描写刻画真实、详细、具有极强的表现力，在人物的对话中形成了"说鬼""喝药""谈判""相认""起誓""决裂"等多场经典的场景。对话剧内容的模拟和演绎能够帮助我们更好地体会作者在写作中不同维度的细节刻画和情节描写，体会作者所表达的个人与家庭与时代的背景下每个人的性格和不同选择的本质原因。

3. 研读的核心内容

我们在了解故事的背景、故事发生的原因的基础上，进一步了解分析冲突的根本原因，辨析中国传统文学中含蓄的悲情叙事构造，以及在性格、命运、社会的结合与情节交融中了解作者表达的表达主旨。

①掌握在封建专制家庭的思想束缚下，导致人物命运悲惨的事实。

②新旧思想的冲击对于两代人的影响，以及人物命运选择的最本质原因。

③在自由与平等的抗争中，无产阶级的斗争体现在哪里，有怎样的效果。

4. 思想扩散的方向

一是封建专制统治下的家庭伦理道德。关于家庭的伦理道德，不同的社会形式下有不同的要求和规则。《雷雨》的剧情诉说了两代人八个人的命运纠葛，我们在探讨其发生原因时，最值得考虑的是封建专制下的家庭伦理道德在根本上对人的束缚和规约，"三纲五常"的伦理规范使得人们对封建制度和阶级观念的服从超越了人本身对爱、自由和平等的向往。在封建礼法的严格的规范下，虚伪的道德外衣下掩盖的是扭曲的观念和变形的道德。

二是夫权和资本双重绑架下的女性命运。在整部剧中主要有三个女性角色，一个是被周朴园抛弃的鲁侍萍，一个是被周冲、周萍爱着的四凤，另一个是被周朴园、周萍抛弃的繁漪。她们的命运都是悲惨的，原因是他们对爱情和自由的追求受到了来自夫权和资本的捆绑。在封建的家庭中，家长具有专制的权力，可以左右家庭成员的一切，因此周朴园即使爱恋着鲁侍萍，也只能眼睁睁地看着母亲把她逼走。由于在封建社会中，女性的地位和职业的限定，鲁侍萍走投无路，名誉受损的她无颜活着，只能抱着出生三天的孩子跳河。四凤对周萍的爱是真挚的，但却是不可告人的，原因是她的身份是伺候人的佣人。繁漪是受封建社会认可的女性，但却受制于来自家庭和社会的约束，原地画牢，无处逃脱。

（三）原文精选与释读

1. 经典演绎

（1）精细入微的环境暗示。

"一切正在走向毁灭，一切都在刚刚开始。"——《雷雨》的环境背景的描写不仅细致地刻画了人物的性格、暗含着故事的脉络、配合了剧情的发展，同时也无声地指引了故事的走向和表明了时代的变迁。首先，在故事的环境背景描述中，1925 年的中国处于半殖民地半封建社会，这一历史时期封建制度在外国列强的入侵下逐步瓦解，国家主权和领土完整受到侵犯，军阀割据混战，中华民族正在经历内忧外患。国外的思想、制度和技术在中国社会逐渐获得发展，同时这一时期也是中国的资本主义高速发展的阶段，中国的社会开始接受外来的新思想、新技术。在这一年，中国社会上的很多力量站了出来，力求国家独立和民族解放，中国共产党带领工人阶级举行了数次大罢工、游行示威运动。原著中也通过人物对话的形式将故事发生的背景透露出来。

在序幕中，作者对环境进行了比较详细的描写，在环境的渲染和烘托中已经预示了这是一个衰败的大户家庭，一切的萧条和颓废蕴含着这里曾经发生的悲惨以及这个传统的封建家庭已经瓦解的现实。门身上半西洋化的九龙纹、古式的西洋木饰、法国窗户、大而旧的古油画等都透露着曾经的这个家庭在辉煌的时候已经处于新旧社会的交替当中了。在富丽而衰败的大宅子里，唯一的生气是壁炉中燃烧着的熊熊火焰，而这才是真正的家庭的指代，却在这样的环境中格格不入。

屋中是两扇棕色的门，通外面；门身很笨重，上面雕着半西洋化的旧花纹，门前垂着满是斑点、褪色的厚帷幔，深紫色的；织成的图案已经脱了线，中间有一块已经破了一个洞。右边——左右以台上演员为准——有一扇门，通着现在的病房。门面的漆已经蚀了去，金黄的铜门钮放着暗涩的光，配起那高而宽没有黄花纹的灰门框，和门上凹凸不平，古式的西洋木饰，令人猜想这屋子的前主人多半是中国的老留学生，回国后又富贵过一时的。这门前也挂着一条半旧，深紫的绒幔，半拉开，破或碎条的幔角拖在地上。左边也开一道门，两扇的，通着外间饭厅，由那里可以直通楼上，或者从饭厅走出外面，这两扇门较中间的还华丽，颜色更深老；偶尔有人穿过，它好沉重地在门轨上转动，会发着一种久摩擦的滑声，像一个经过多少事故，很沉默，很温和的老人。这前面，没有帷幔，门上脱落，残蚀的轮廓同漆饰都很明显。靠中间门的右面，墙凹进去如一个像的壁龛，凹进去的空隙是棱角形的，划着半圆。壁龛的上大半满嵌着细狭而高长的法国窗户，每棱角一扇长窗，很玲珑的；下面只是一块较地板凸起的半圆平面，可以放着东西来，可以坐；这前面整个地遮上一面褶纹的厚绒垂幔，拉拢了，壁龛可以完全遮盖上，看不见窗户同阳光，屋子里阴沉沉，有些气闷。（开幕时，这帷幕是关上的）

墙的颜色是深褐，年久失修，暗得褪了色。屋内所有的陈设都很富丽，但现在都呈现着衰败的景象。陈设，空空地，只悬着一个钉在十字架上的耶稣。现在壁炉里燃着煤火，火焰熊熊地，照着炉前的一长旧圆椅，映出一片红光，这样，一丝丝的温暖，使这古老的房屋里还有一些生气。壁炉旁边搁放一个粗制的煤斗同木柴。右边门左侧，挂一张画轴；再左，近后方，墙角抹成三四尺的平面，它的那里，斜放着一个半人高的旧式紫檀小衣柜，柜门的角上都包着铜片。柜上放着一个暖水壶，两只白饭碗，都搁在旧黄铜盘上。柜前铺一张长方的小地毯；在上面，和柜平行的，放一条很矮的紫柜长几，以前大概是用来摆设瓷器、古董一类的精巧的小东西，现在堆着一叠档的白桌布、白床单等物，刚洗好，还没有放进衣柜去。在下面，柜与壁龛中间立一只圆凳。壁龛之左，（中门的右面），是一只长方的红木漆桌。上面放着两个旧烛台，墙上是张大而旧的古油画，中间左面立一只有玻璃的精巧的紫柜台。里面原为放古董，但现在正是空空的，这柜前有一条狭长的矮桌。离左墙角不远，与角成九十度，斜放着一个宽大深色的沙发，沙发后是只长桌，前面是一条短几，都没有放着东西。沙发左面立一个黄色的站灯，左墙靠前凹进，与左后墙成一直角，凹进处有一只茶几，墙上低悬一张小油画，茶几旁，才是左边通饭厅的门。屋子中间有一张地毯。上面斜放着，但是略斜地，两张大沙发；中间是个圆桌，铺着白桌布。

而紧接着的场景是与序幕中完全相反的十年前同样的地方。而此时这个家庭的故事还没有发生，一切是他昔日的辉煌。艳丽的盆花、绿茵茵的树木、小巧的摆饰、崭新的帷幕、洁净的家具，所有的一切都透露着兴旺和生机，整个家庭都焕发着光彩。这样的环境描写造成了强大的对比和反差，但是那张明显的旧照片引发了关注，显示出在这富丽的大宅子中发生过的一段故事。

壁龛的帷幔还是深掩着，里面放着艳丽的盆花。中间的门开着，隔一层铁纱门，从纱门望出去，花园的树木绿茵茵地，并且听见蝉在叫。右边的衣服柜，铺上一张黄桌布，上面放着许多小巧的摆饰，最显明的是一张旧相片，很不调和地和这些精致东西放在一起。柜前面狭长的矮几，放着华贵的烟具同一些零碎物件。右边炉上有一个钟同话盆，墙上，挂一幅油画。炉前有两把圈椅，背朝着墙。中间靠左的玻璃柜放满了古玩，前面的小矮桌有绿花的椅垫，左角的长沙发不旧，上面放着三四个缎制的厚垫子。沙发前的矮几排置烟具等物，台中两个小沙发同圆桌都很华丽，圆桌上放着吕宋烟盒和扇子。

所有的帷幕都是崭新的，一切都是兴旺的气象，屋里家具非常洁净，有金属的地方都放着光彩。

屋中很气闷，都热逼人，空气低压着。外面没有阳光，天空灰暗，是将要落暴雨的神气。

作者对故事发生地的环境描写虽然只有简短的两段，但是在对房屋风格、房屋布置的描写中清晰地勾勒了一个处于新旧社会交替中的大家庭在时代洗礼下逐渐没落的状态，十年前后的对比引发了读者对时代变迁的感伤。环境的描写同时还为故事的发生提供了暗示和线索，推动着剧情的发展。

（2）特点鲜明的性格刻画。

"形象鲜明，性格复杂。"——《雷雨》中对人物的形象和性格有着比较细致深刻的描写，从外貌到表情到其精神面貌，人物的性格对于人物所代表的阶级属性、角色定位进行了根本上的固定，这对该人物在今后在故事中发生的事情起到了铺垫的作用。《雷雨》在对涉及的八个主要人物的介绍中，十分鲜明地对每个人物的性格进行了塑造，每个人都有鲜明的、典型的性格特征。四凤和周冲是青春的、活力的，周朴园是严肃的、专制的，繁漪是恐怖的、阴鸷的，鲁侍萍眼神呆滞但神韵静慰，鲁大海锐利、魁梧、热烈，周萍貌美但怯懦，鲁贵狡黠。每个人物的个性都被刻画得鲜明有力，而每个人物性格的形成都与那个时代每个人所处的位置和受到的影响有关系，因为封建家庭制度的束缚，周朴园、周萍享受于家庭集权的权威，即使接触了新的思想，但固有的利己主义还是无法被改变，他们的固执造成了鲁侍萍、繁漪的悲剧。周冲、四凤、鲁大海在旧时代逐渐消亡的背景下长大，他们接触了新的思想，有着新的观念，在追求爱与自由中能够正视所谓的阶级和制度所存在的负面影响，但是封建家庭制度的残余依然在发挥着作用，因此，他们的命运还是受到了摆布。故事的发生和故事的结局终是故事中人物选择的结果，终是其性格决定的。

鲁大海的出场描写就为他的角色赋予了鲜明的个性特点，也在对他的描绘中树立了他的立场，作为一个罢工的煽动者，正在准备与周家的资本家进行谈判，工人阶级开始团结起来对抗不平等的待遇，社会和时代的变化就从鲁大海的个人思想中得以表现。这同时与1925年中国共产党领导工人运动、举行大罢工的历史现实结合在了一起。

他身体魁梧，粗黑的眉毛几乎遮盖着他的锐利的眼，两颊微微地向内凹。显得颧骨异常突出，正同他的尖长的下巴一样地表现他的性格的倔强，他有一张大而薄的嘴唇，正和他的妹妹带着南方的热烈的、厚而红的嘴唇成强烈的对照。他说话微微有点口吃，但是在他的感情激昂的时候，他词锋是锐利的。现在刚从六百里外的煤矿回来，矿里罢了工，他是煽动者之一，几月的精神紧张，使他现在露出有点疲乏的神色，胡须乱蓬蓬的，看去几乎老的像鲁贵的弟弟，只有逼近地观察他，才觉得他的眼神同声音，还正是和他的妹妹一样年轻，一样地热，都是火山的爆发，满蓄着精力的白热的人物，他穿着一件工人的蓝布裌子，油渍的草帽在手里，一双黑皮鞋，还有一只鞋带早不知失在哪里。进门的时候，也略微有点不自在，把胸膛敞开一部分，笨拙地又扣上一两个扣子。他说话很简短，表面是冷冷的。

作者在四凤出场时对她的外形的描写就充满了生机与活力，她落落大方，爽快而又有分寸，身材姣好、长相好看，她是这个时代的新生力量，善良、单纯、青春、活泼，是这个时代中最美好和最珍贵的。

四凤约有十七八岁，脸上红润，是个健康的少女，她整个的身体都很发育，手很白很大，走起路来，过于发育的乳房很明显地在衣服底下颤动着。她穿一件旧的白纺绸上衣，粗山东绸的裤子，一双略旧的布鞋。她全身都非常整洁，举动虽然很活泼，由于经过两年在周家的训练，她说话很大方，很爽快却很有分寸。她的一双大而有长睫毛的水淋淋的眼睛能够很灵敏地转动，也能敛一敛眉头，很庄严地注视着。她有大的嘴，嘴唇自然红艳艳的，很宽，很厚，当着她笑的时候，牙齿整齐地露出来，嘴旁也有着一对笑窝，然而她面部整个轮廓是很庄重地显露着诚恳。她的面色不十分白，天气热，鼻尖微微有点汗，她时时用手绢揩着。她很爱笑，她知道自己是好看的，但是她现在皱着眉头。

从周萍爱慕的眼神中，四凤是"活"的、是"美"的、是最为纯粹和美好的，因为没有受到过所谓教育带来的枷锁，他的"粗"反而成为一种真挚的魅力。

他见着四凤，当时就觉得她新鲜，她的"活"！他发现他最需要的那一点东西，是充满地流动着在四凤的身里。她有"青春"，有"美"，有充溢着的血，固然他也看到她是粗，但是他直觉到这才是他要的，渐渐他也厌恶一切忧郁过分的女人，忧郁已经蚀尽了他的心；他也恨一切经些教育陶冶的女人，（因为她们会提醒他的缺点）同一切细微的情绪，他觉得"腻"。

周朴园的形象符合他的身份象征，作为家世殷厚的矿厂厂长。打扮整洁、庄重、一丝不苟，在专横、严肃、自信和倔强中，已经成为一个面色苍白、腮肉松弛的世故的老者，他的狂妄和冒失已经被岁月深深地掩盖。他依旧穿着20年前的新装，在这个时代的变动中，坚持着自己的思想，并将它施加到自己的后辈，竭尽全力地维持着表面的富有和风光。

门大开，周朴园进，他约莫有五六十岁，鬓发已经斑白，带着椭圆形的金边眼镜，一对沉鸷的眼在底下闪烁着。像一切起家立业的人物，他的威严在儿孙面前格外显得峻厉。他穿的衣服，还是二十年前的新装，一件圆花的官纱大褂，底下是白纺绸的衬衫，长衫的领扣松散着，露着颈上的肉。他的衣服很舒服地贴在身上，整洁，没有一些尘垢。他有些胖，背微微地伛偻，面色苍白，腮肉松弛地垂下来，眼眶略微下陷，眸子闪闪地放光彩，时常也倦怠地闭着眼皮。他的脸带着年的世故和劳碌，一种冷峭的目光和偶然在嘴角逼出的冷笑，看着他平日的专横，自信和倔强。年青时一切的冒失、狂妄已经转为脸上的皱纹深深遮盖着，再也寻不着一点痕迹，只要他的半白的头发还保持昔日的丰采，很润泽地梳到后面。在阳光底下，他的脸呈着银白色，一般人说这就是贵人的特征。所以他才有这样大的矿产。

繁漪是个明慧、聪敏的女人，她应该是被爱的，以她的贤惠和端庄管理着她的家庭。但是在封建专制的周朴园的冷漠和周萍的虚伪抛弃下，她变得阴鸷，她的爱也转化成了忧郁和疯魔。在两次被爱人背叛后，她剩下的只有痛苦和怨望，她的爱炙热，她的恨刻骨。她的命运无从选择，只因在这个时代中，她是封建家庭合力维持富有和权力的付出者。

她一望就知道是个果敢阴鸷的女人，她的脸色苍白，只有嘴唇微红，她的大而灰暗的眼睛同高鼻梁令人觉得有些可怕。但是眉目间看出来她是忧郁的，在那静静的长的睫毛的下面，有时为心中的郁积的火燃烧着，她的眼光充满了一个年轻妇人失望后的痛苦与哀怨，她的嘴角向后略弯，显出一个受抑制的女人在管制着自己。她那雪白细长的手，时常在她轻轻咳嗽的时候，按着自己瘦弱的胸。直等自己喘出一口气来，她才摸摸自己胀得红红的面颊，喘出一口气。她是一个中国旧式女人，有她的文弱，她的哀静，她的明慧——她对诗文的爱好，但是她也有更原始的一点野性：在她的心，她的胆量，她的狂热的思想，在她莫明其妙的决断时忽然来的力量。整个地来看她，她似乎是一个水晶，只能给男人精神的安慰，她的明亮的前额表现出深沉的理解，像只是可以供清谈的；但是当她陷于情感的冥想中，忽然愉快地笑着；当她见着她所爱的，红晕的颜色为快乐散布在脸上，两颊的笑窝也显露出来的时节，你才觉得出她是能被人家爱的，应当被人爱的，你才知道她到底是一个女人，跟一切年轻的女人一样。她会爱你如一只饿了三天的狗咬着它最喜欢的骨头，她恨起你来也会像只恶狗狺狺地，不，多不声不响地恨恨地吃了你的。然而她的外形是沉静的，忧郁的，她会如秋天傍晚的树叶轻轻落在你的身旁，她觉得自己的夏天已经过去，西天的晚霞早暗下来了。

周萍是个美丽的空壳，是个意志不坚定的自由主义者。在与繁漪的感情中是这样，在与四凤的感情中也是这样。他对自己的喜爱超过了所有，为了自己的欲望与权力他可以抛下所有。在他清秀的外表下他的心思和情感是经过精心雕琢的，但是教育的熔炼并没有将这种气质与周萍完全结合在一起。因此，他在自我认同中郁闷、怯弱，在欲望的支配下摧毁着美好与善良。周萍的成长过程也是周家从一个封建家庭转向资本家家庭的过程，因此他的性格中所具有的元素指代了具有革命不彻底性的资产阶级，他们对国家的救赎和努力都建立在对封建制度的依附上，他们对自由和美好的向往是建立在阶级基础之上的，而美丽的外表下则是虚伪和懦弱。

他约莫有二十八九，脸色苍白，躯干比他的弟弟略微长些。他的面目清秀，甚至于可以说美，但不是一看就使女人醉心的那种男子。他有宽而黑的眉毛，有厚的耳垂，粗大的手掌，乍一看，有时会令人觉得他有些憨气的；不过，若是你再长久地同他坐一坐，会感到他的气味不是你所想的那么纯朴可喜，他是经过了雕琢的，虽然性格上那些粗涩的渣滓经过了教育的提炼，成为精细而优美了；但是一种可以炼钢熔铁的，不成形的原始人生活中所有的那种"蛮"力，也就是因为郁闷，长久离开了空气的原因，成为怀疑的，怯弱的，莫明其妙的了。和他谈两三句话，便知道这是一个美丽的空形，如生在田野的麦苗移植在暖室里，虽然也开花结实，但是空虚脆弱，经不起现实的风霜。在他灰暗的眼神里，你看见了不定，犹疑，怯弱同冲突。

（3）错综复杂的人物关系。

"纠纠缠缠，错综复杂。"——《雷雨》的人物关系可以从代际关系和情感关系两个方面来看。从代际关系上来看主要是发生在周家、鲁家两个家庭之间，故事的发生涉及两个家庭、两代人之间错综复杂的关系人物。周朴园、繁漪、鲁侍萍、鲁贵作为上一辈，正是因为他们的情感纠葛未完全了结，才将这个复杂的关系延续到了下一辈的四个人身上，下一代周萍、周冲、鲁大海、四凤所产生的感情和伦理的纠缠也是由于上一代的情感关系所造成的。从情感关系上来看，其既是清晰的又是混乱的。两组名义上的感情线是名不副实的，周朴园与繁漪是名义上的夫妻，但是周朴园的冷漠已经让繁漪变成了一个阴鸷的女人，夫妻感情名存实亡。鲁贵与鲁侍萍是后期结合的家庭，在剧情的描述中两者的气质极其不匹配，鲁贵狡诈滑头，对继子鲁大海一直是埋怨和排斥。而四组关系实际上的感情是不能被认同的，这包括周朴园与鲁侍萍、周萍与繁漪、周萍与四凤、周冲与四凤。这四组关系是在时代的变迁中封建社会传统的家庭观念和阶级观念与现代的自由、平等的观念冲撞下形成的，是真实、炙热的情感，但却又在上一辈的因果中成为违背伦理的不能公开的情感。

在周朴园与繁漪的关系中，丈夫周朴园虽曾经出国留学，但其本质是一个封建家庭中的严肃的、集权的主导者，繁漪是一个不经常下楼的身体病弱的女人。在他们的第一次出场中，周朴园威逼妻子繁漪喝药，在听到繁漪的反抗后，相继利用周冲、周萍来使繁漪喝药，在周朴园的家庭集权下，妻子对丈夫和这个家的情感是恨。

周冲：爸，妈不愿意，你何必这样强迫呢？

周朴园：你同你妈都不知道自己的病在那儿。（向繁漪低声）你喝了，就会完全好的。（见四凤犹豫，指药）送到太太那里去。

繁漪：（顺忍地）好，先放在这儿。

周朴园：（不高兴地）不。你最好现在喝了它吧。

繁漪：（忽然）四凤，你把它拿走。

周朴园：（忽然严厉地）喝了药，不要任性，当着这么大的孩子。

繁漪：（声颤）我不想喝。

周朴园：冲儿，你把药端到母亲面前去。

周冲：（反抗地）爸！

周朴园：（怒视）去！

周冲只好把药端到繁漪面前。

周朴园：说，请母亲喝。

周冲：（拿着药碗，手发颤，回头，高声）爸，您不要这样。

周朴园：（高声地）我要你说。

周萍：（低头，至冲前，低声）听父亲的话吧，父亲的脾气你是知道的。

周冲：（无法，含着泪，向着母亲）您喝吧，为我喝一点吧，要不然，父亲的气是不会消的。

繁漪：（恳求地）哦，留着我晚上喝不成么？

周朴园：（冷峻地）繁漪，当了母亲的人，处处应当替子女着想，就是自己不保重身体，也应当替孩子做个服从的榜样。

繁漪：（四面看一看，望望朴园又望望萍。拿起药，落下眼泪，忽而又放下）哦！

不！我喝不下！

周朴园：萍儿，劝你母亲喝下去。

周萍：爸！我——

周朴园：去，走到母亲面前！跪下，劝你的母亲。

周萍走至繁漪面前。

周萍：（求恕地）哦，爸爸！

周朴园：（高声）跪下！（萍望着繁漪和冲；繁漪泪痕满面，冲全身发抖）叫你跪下！（萍正向下跪）

繁漪：（望着萍，不等萍跪下，急促地）我喝，我现在喝！（拿碗，喝了两口，气得眼泪又涌出来，她望一望朴园的峻厉的眼和苦恼着的萍，咽下愤恨，一气喝下！）

在富丽的大宅子里唯一与整个环境不协调的是那张"旧照片"，这是周萍的生母——侍萍的照片。周朴园一直在保存着，两人之间曾经存在过真挚的情感，但是由于家长制的家庭约束，周朴园放弃了侍萍和自己的情感，服从了以母亲为代表的家庭。周朴园的屈服与懦弱使侍萍带着自己出生三天的孩子跳了河，十年后，周朴园终于成了母亲一样的人物，而侍萍对他的情感也只剩下恨。根深蒂固的封建家庭思想对这个家庭的影响是十分大的，即使曾经留过学的周朴园也在家庭制度和阶级认同中走向了异化。

周朴园：（徐徐立起）哦，你……是——

鲁侍萍：我是从前伺候过老爷的下人。

周朴园：哦，侍萍！（低声）怎么，是你？

鲁侍萍：你自然想不到，侍萍的相貌有一天也会老得连你都不认识了。

周朴园：你——侍萍？（不觉地望望柜上的相片，又望鲁妈。）

鲁侍萍：朴园，你找侍萍么？侍萍在这儿。

周朴园：（忽然严厉地）你来干什么？

鲁侍萍：不是我要来的。

周朴园：谁指使你来的？

鲁侍萍：（悲愤）命！不公平的命指使我来的。

周朴园：（冷冷地）三十年的工夫你还是找到这儿来了。

鲁侍萍：（愤怨）我没有找你，我以为你早死了。我今天没想到到这儿来，这是天要我在这儿又碰见你。

周朴园：你可以冷静点。现在你我都是有子女的人，如果你觉得心里有委屈，这么大年纪，我们先可以不必哭哭啼啼的。

鲁侍萍：哭？哼，我的眼泪早哭干了，我没有委屈，我有的是恨，是悔，是三十年一天一天我自己受的苦。你大概已经忘了你做的事了！三十年前，过年三十的晚上我生下你的第二个儿子才三天，你为了要赶紧娶那位有钱有门第的小姐，你们逼着我冒着大雪出去，要我离开你们周家的门。

周朴园：从前的恩怨，过了几十年，又何必再提呢？

鲁侍萍：那是因为周大少爷一帆风顺，现在也是社会上的好人物。可是自从我被你们家赶出来以后，我没有死成，我把我的母亲可给气死了，我亲生的两个孩子你们家里逼着我留在你们家里。

周朴园：你的第二个孩子你不是已经抱走了么？

鲁侍萍：那是你们老太太看着孩子快死了，才叫我抱走的。（自语）哦，天哪，我觉得我像在做梦。

周朴园：我看过去的事不必再提起来吧。

鲁侍萍：我要提，我要提，我闷了三十年了！你结了婚，就搬了家，我以为这一辈子也见不着你了；谁知道我自己的孩子个个命定要跑到周家来，又做我从前在你们家做过的事。

周朴园：怪不得四凤这样像你。

鲁侍萍：我伺候你，我的孩子再伺候你生的少爷们。这是我的报应，我的报应。

周朴园：你静一静。把脑子放清醒点。你不要以为我的心是死了，你以为一个人做了一件于心不忍的是就会忘了么？你看这些家具都是你从前顶喜欢的东西，多少年我总是留着，为着纪念你。

鲁侍萍：（低头）哦。

周朴园：你的生日——四月十八——每年我总记得。一切都照着是正式嫁过周家的人看，甚至于你因为生萍儿，受了病，总要关窗户，这些习惯我都保留着，为的是不忘你，弥补我的罪过。

鲁侍萍：（叹一口气）现在我们都是上了年纪的人，这些傻话请你不必说了。

繁漪与周萍的爱恋原本就是畸形的家庭关系的产物，由于两人本身在情感上的缺失造成了这样的一段错误。周朴园虽然名义上是繁漪的丈夫，但实际上，周朴园一直爱恋着侍萍，夫妻的关系对繁漪而言成为束缚自由的一张网，在年轻且对爱情充满希望的年龄与缺失母爱的周萍走到了一起。但是在封建家庭的捆绑以及伦理的打压下，周萍退却了，繁漪已经燃起的炽热的爱突然没有了依托，爱也变成了恨。

繁漪：（恳求地）即使你要走，你带我也离开这儿——

周萍：（恐惧地）什么。你简直胡说！

繁漪：（恳求地）不，不，你带我走，——带我离开这儿，（不顾一切地）日后，甚至于你要把四凤接来——一块儿住，我都可以，只要……（热烈地）只要你不离开我。

周萍：（惊惧地望着她，退后，半晌，颤声）我——我怕你真疯了！

繁漪：（安慰地）不，你不要这样说话。只有我明白你，我知道你的弱点，你也知道我的。你什么我都清楚。（诱惑地笑，向萍奇怪地招着手，更诱惑地笑）你过来，你——你怕什么？

周萍：（望着她，忍不住地狂喊出来）哦，我不要你这样笑！（更重）不要你这样对我笑！（苦恼地打着自己的头）哦，我恨我自己，我恨，我恨我为什么要活着。

繁漪：（酸楚地）我这样累你么？然而你知道我活不到几年了。

周萍：（痛苦地）你难道不知道这种关系谁听着都厌恶么？你明白我每天喝酒胡闹就因为自己恨，——恨我自己么？

周萍与四凤的感情是在新思想的感染下，背离封建家庭束缚而产生出来的自由恋爱的结果。他们对彼此是真诚的，在两个人的关系中当前的封建家庭观念和阶级观念并没有产生效果。但是由于上一辈所种下的种子已经结果，作为下一辈的他们的爱情关系违背了伦理观念，自然会成为封建家庭制度的牺牲品。

周朴园：（沉痛地）萍儿，你过来。你的生母并没有死，她还在世上。

周萍：（半狂地）不是她！爸，您告诉我，不是她！

周朴园：（严厉地）混账！萍儿，不许胡说。她没有什么好身世，也是你的母亲。

周萍：（痛苦万分）哦，爸！

周朴园：（尊严地）不要以为你跟四凤同母，觉得脸上不好看，你就忘了人伦天性。

四凤：（向母）哦，妈！（痛苦地）

周朴园：（沉重地）萍儿，你原谅我。我一生就做错了这一件事。我万没有想到她今天还在，今天找到这儿。我想这只能说是天命。（向鲁妈叹口气）我老了，刚才我叫你走，我很后悔，我预备寄给你两万块钱。现在你既然来了，我想萍儿是个孝顺孩子，他会好好地侍奉你。我对不起你的地方，他会补上的。

周萍：（向鲁妈）您——您是我的——

鲁侍萍：（不自主地）萍——（回头抽咽）

周朴园：跪下，萍儿！不要以为自己是在做梦，这是你的生母。

四凤：（昏乱地）妈，这不会是真的。

鲁侍萍：（不语，抽咽）

繁漪：（转向萍，悔恨地）萍，我，我万想不到是——是这样，萍—— 萍——（怪笑，向朴）父亲！（怪笑，向鲁妈）母亲！（看四凤，指她）你—

四凤：（与萍相视怪笑，忽然忍不住）啊，天！

由中门跑下，萍扑在沙发上，鲁妈死气沉沉地立着。

繁漪：（急喊）四凤！四凤！（转向冲）冲儿，她的样子不大对，你赶快出去看她。

（4）意寓幽深的台词演绎。

"个性突出，意寓幽深。"——《雷雨》的台词极具个性和意味，在进行话语表达的同时，也对人物的性格、人物之间的关系及台词的潜在意义进行了说明，在台词的表达中将人物的情感、时代的变化、不同阶级代表的身份下的价值观念都表达得清楚且深刻。八个主人公的台词与其性格深入结合，在话语表达中塑造了鲜明的人物个性，也为情节的发展起到了推动作用。话语的表达除了表面的人物关系、事务关系的意义以外，还包括了在复杂感情纠葛层面的关系以及在这背后起到作用的时代的、制度的表达。

在第一幕中，鲁四凤与鲁贵的对话中写道：

四凤：哥哥哪点对不起您，您这样骂他干什么？

鲁贵：他哪一点对得起我？当大兵，拉包月车，十机器匠，念书上学，哪一行他是好好地干过？好不容易我荐他到了周家的矿上去，他又跟工头闹起来，把人家打了。

四凤：（小心地）我听说，不是我们老爷先叫矿上的警察开了枪，他才领着工人动的手么？

在鲁贵对鲁大海的抱怨中表明，一方面两者的感情并不十分融洽，这与两者的性格和身份有关；另一方面这段对话涉及当时的社会状况，鲁大海先后换了很多工作，但是没有一个是坚持做的，这些工作一部分是传统的劳动形式，如器匠，另一部分包括大兵、拉包月车，矿工则是因为社会的变化而产生的新的工作形式，对这个家庭而言，两代人的想法和生活状态已经发生了很大的变化，一部分人在传统的封建家庭中做着佣人、管家，另一部分在新兴的资产阶级工厂成了无产阶级，新旧社会的交替在这个家庭中就有很明显的体现。

四凤是《雷雨》中最为美好的形象，她虽没读过很多书，但她的活力、青春吸引着周萍、周冲两兄弟，她的善良和对一切事物的友好，在台词的描绘中表达得清晰且明确。在鲁大海和四凤的对话中，对资本家疾恶如仇的鲁大海痛恨资产阶级家庭的一切，悯怀在资产阶级的压迫下惨死的工人，对资产阶级家庭的等级观念和伪善的表演深恶痛绝。

鲁大海：凤儿，你不要看这样威武的房子，阴沉沉地都是矿上埋死的苦工人给换来的！

四凤：你别胡说，这屋子听说直闹鬼呢。

鲁大海：（忽然）刚才我看见一个年轻人，在花园里躺着，脸色苍白，闭着眼睛，像是要死的样子，听说这就是周家的大少爷，我们董事长的儿子。啊，报应，报应。

四凤：（气）你——（忽然）他待你顶好，你知道么？

鲁大海：他父亲做尽了坏人弄钱，他自然可以行善。

四凤：（看大海）两年我不见你，你变了。

鲁大海：我在矿上干了两年，我没有变，我看你变了。

四凤：你的话我有点不懂，你好像——有点像二少爷说话似的。

鲁大海：你是要骂我么？"少爷"？哼，在世界上没有这两个字！

台词的描写揭示了周公馆中那些不为人知的感情纠葛和家庭伦理，剧中人物的关系在鲁贵与四凤的对话中缓缓揭开，周公馆闹鬼的传闻在鲁贵几乎是带着嘲讽的说辞中进行了现实的还原——周萍与繁漪的一段不可告人的关系。在封建家庭的压制下，扭曲的家庭和人伦衍生出了周萍和繁漪的不伦之情。他们这段感情在披着周公馆闹鬼的外衣下秘密进行。鲁贵的台词也是当时的社会和时代对深受痛苦秘密产生的情感慰藉的冷眼，即使是周萍，也对自己的行为深恶痛绝。

四凤：哦，这屋子有鬼是真的。

鲁贵：可不是？我就是乘着酒劲儿，朝着窗户缝轻轻地咳嗽一声。就看这两个鬼飕一下子分开了，都向我这边望：这一下子他们的脸清清楚楚地正对着我，这我可真见了鬼了。

四凤：鬼么？什么样？（停一下，鲁贵四面望一望）谁？

鲁贵：我这才看见那个女鬼呀，（回头低声）——是我们的太太。

四凤：太太？——那个男的呢？

鲁贵：那个男鬼，你别怕，就是大少爷。

四凤：他？

鲁贵：就是他，他同他的后娘在这屋子里闹鬼呢。

四凤：我不信，您看错了吧？

鲁贵：你别骗自己。所以孩子，你看开点，别糊涂，周家的人就是那么一回事。

周朴园、繁漪、周冲是连着血脉的一家，但是父亲的严肃和冷面使这个家庭貌合神离，繁漪孤寂忧郁，周冲敬怕父亲。受到新思想影响的周冲尊敬自己的父亲，但是在阶级理念上却与父亲不同。周朴园一心维护自己的利益，对在矿厂受伤和死亡的工人不闻不问，甚至将其视为威胁自己的对象，对工人提出的要求不予理会，甚至开除作为工人代表的鲁大海。周冲深深地了解资产阶级工厂的本质，同情工人阶级，要求父亲给予相应的抚恤，但是却受到了父亲的强权压制。

繁漪（怕他又来教训）朴园，你的样子像有点瘦了似的。——矿上的罢工究竟怎么样？

周朴园：昨天早上已经复工，不生问题。

周冲：爸爸，怎么鲁大海还在这儿等着要见您呢？

周朴园：谁是鲁大海？

周冲：鲁贵的儿子。前年荐进去，这次当代表的。

周朴园：这个人！我想这个人有背景，厂方已经把他开除了。

周冲：开除！爸爸，这个人脑筋很清楚，我方才跟这个人谈了一回。代表罢工的工人并不见得就该开除。

周朴园：哼，现在一般年轻人，跟工人谈谈，说两三句不关痛痒，同情的话，像是一件很时髦的事情！

周冲：我以为这些人替自己的一群人努力，我们应当同情的。并且我们这样享福，同他们争饭吃，是不对的。这不是时髦不时髦的事。

周朴园：（眼翻上来）你知道社会是什么？你读过几本关于社会经济的书？我记得我在德国念书的时候，对于这方面，我自命比你这种半瓶醋的社会思想要彻底得多！

周冲：（被压制下去，然而）爸，我听说矿上对于这次受伤的工人不给一点抚恤金。

周朴园：（头扬起来）我认为你这次说话说得太多了。（向繁）这两年他学得很像你了。

四凤对周萍的感情是纯粹的，因此他对周萍没有任何的怀疑和不信任，但是对两人之间只能偷偷摸摸的感情表示愤懑，但即使是这样，她依然在为周萍考虑。对于两个人的感情，四凤一方面是热烈的，但另一方面她是害怕的，因为阶级差异的原因，她担心自己不被专制的周朴园认可，在矛盾的心理中，依然深深地爱着周萍。

四凤：（坐下，叹一口长气。望着）总是这样偷偷摸摸的。

周萍：哦。

四凤：你连叫我都不敢叫。

周萍：所以我要离开这儿哪。

四凤：（想一下）哦，太太怪可怜的。为什么老爷回来，头一次见太太就发这么大的脾气？

周萍：父亲就是这样，他的话，向来不能改的。他的意见就是法律。

四凤：（怯懦地）我——我怕得很。

周萍：怕什么？

四凤：我怕万一老爷知道了，我怕。有一天，你说过，要把我们的事告诉老爷的。

2. 原著的核心观点及评价

《雷雨》所展示的是一幕人生大悲剧，是在不平等的社会里，封建家庭的结构和家庭规则，对自由、爱、善和人性的压抑和扭曲，致使人物命运遭受到残忍的捉弄。核心的观点主要有四点。

（1）封建制度下的礼教观念对人物命运的限制和思想的束缚。在封建家庭的观念下，即使是受到过国外教育的周朴园和周萍，也在家庭权力制度的维护中，丢掉了真正的爱与自由，成为维护封建家庭制度的奴隶。他们对权力近乎狂热，而这种权力却是建立在压迫和奴役之下的，即使奴役的对象是自己的家人。因此，披着华丽的礼教外衣的封建制度成为周家、鲁家在暴风雨的夜晚走向崩溃和死亡的本质原因。阶级属性（权力和阶级）使周公馆中的"少爷"们接受优质教育的洗礼，成为更加精致的人，而鲁家的四凤和鲁大海只能在周家的压迫下赚取微薄的收入，即使矿上出现了人命事件，但这对周朴园来说都只是麻烦的事情而已。在封建礼法的压制下，一部分人狂妄地活着，一部分人被逼疯了，还有一部分人开始反抗了。

（2）专制统治下道德的扭曲和异化。在专治家庭的统治下，周公馆中的人几乎全部被压迫得体无完肤。获得权力的统治者放弃了自己的本心，成为孤独的、严肃的、专制的人，为了维护封建家庭的统治和财富而付出的人受到的是极尽的冷漠和敷衍，炽热的爱被欺骗和背叛反复蹂躏，变得疯魔。在畸形的家庭中成长的人，思想和观念都出现了偏差，做出了违背伦理的事情，但是却没有勇气面对，只会逃避，以虚伪的面纱来维护自己的形象和尊严。他们苦苦维系的一方面是权力和财富，另一方面是标榜和楷模下的卑鄙与自私，所有的道德观念都成为扭曲的东西，在人的异化中维系着表面的风光。

（3）平等、自由思想的衍生和前进。两代人的命运是由时代交替所带来的思想冲撞造成的，在封建家庭财富和阶级的思想观念下，周朴园、周萍先后接受了新的自由、平等的思想，但是当他们回到了这个封建家庭中，自己的想法被权力和欲望所桎梏。他们也曾勇敢地追逐爱与自由，但是一个变成了背叛者、一个变成了逃跑者，在封建家庭的礼教下，很难实现真正的自由与平等，以四凤和鲁大海为代表的靠出卖自己的劳动换取生活的人，本身的阶级属性就具有单纯性，因此，在新的思想的影响下，他们对自由和平等的追求狂热而真挚。从代际关系上来看，上一辈的思想中对自由和平等的向往只是表面的，心向往而无实际的行动，而下一辈中对它的追求则更加主动化、个人化、行动化。

（4）女性主体意识的呈现和斗争。《雷雨》中涉及的女性有鲁侍萍、繁漪、四凤三人，三人在对爱情的追求中，都受到了伤害，但即使是这样，三个人的思想都是独立的，对于个体的主体意识是完整的，并不断地在与时代的礼、教、法相斗争。鲁侍萍是曾经周家的佣人，在对待爱情中却能勇敢地踏出去，与周朴园相爱，并生下了两个孩子，但是在封建家庭的等级制度中，残酷的斗争中只有鲁侍萍一人在苦苦挣扎，作为爱情伴侣的周朴园成了背叛者，最终也是周朴园的母亲——封建家庭的大家长驱逐了鲁侍萍，让这段爱成了恨。在追求爱的过程中，鲁侍萍是无所畏惧的，她的失败在于依赖了错误的人。繁漪是作为家庭联姻的中介，为维持封建家族之间的权力和财物被嫁到周家的，但是作为受到封建正统女性教育、已经变成了一个贤良持家的端庄秀女的她，在嫁到周家后，受到的却是冷漠与敷衍，她本是应该被尊敬爱戴的小姐、夫人，此时的她却已经只剩下一个空虚的外壳。但是作为一个女性，繁漪对爱情的追逐没有停止，她恋上了自己的继子，仅针对这段感情来说她是没错的，错的是在这段感情中，面对封建纲常和家庭伦理的担子落在了繁漪一个人的身上，她有所畏惧，但即使是这样，她所深信的人对封建礼法的遵从也使她惨遭抛弃。四凤的爱是自由的、活泼的、没有任何杂质的，在面对封建等级制度时，她与她的母亲一样，走出了打破封建阶级制度的一步，在时代的动荡中，她在追求爱与自由中获得了希望，但没想到的是封建家庭的阴谋为她布设了一个天大的陷阱——周萍与她是兄妹。在《雷雨》中，女性的主体意识开始觉醒，他们开始抛开制度和观念的束缚，勇敢地面对爱与爱的自由，但是她们爱恋的对象却是牢固的封建制度的维护者，在孤立无援的斗争中，她们孤军奋战，最后死于自己的爱人手里。

3. 在学术史上的地位及学术影响

中国艺术研究院话剧研究所副所长宋宝珍认为，《雷雨》通过其悲剧结局，告诉我们很多"不可以"，比如在情感欲望的追求上不可以随心所欲，在爱情的自主选择上不可以悖逆人伦，在悲剧责任的问题上不可以放弃承担，等等。因为每个人的存在都不是绝对孤立的，这是我们共同的现实。

《雷雨》广泛吸收了西方戏剧的优点，明显受到易卜生戏剧"社会悲剧"、莎士比亚戏剧"性格悲剧"和古希腊戏剧"命运悲剧"等西方戏剧观念和创作方法的影响，并将它们有机地结合在一起，成功地表现了 20 世纪 20 年代中国带有浓厚封建性色彩的资产阶级家庭中各种人物的生活、思想和性格，成为中国现代第一出真正的悲剧，从而使话剧这种外来的艺术形式完全中国化，成为我国新文学中一种独特的艺术样式。

4. 当代研究新进展

《雷雨》以话剧、电影（《满城尽带黄金甲》根据其改编）、电视剧的形式活跃于影视化传播当中，以其故事性、情节性、冲突性以及鲜明的时代性成为抨击封建专制下思想的束缚，倡导解放思想、追求自由平等观念的经典之作。同时，它也为研究封建专制统治下的家庭伦理道德、时代变迁中的人物命运变化提供了指导。在当前的影视化传播当中，《雷雨》提供的不仅仅是经典的影视内容，还包括对在性格、命运和社会表达中的影视化表现手法，是推进半殖民地半封建社会时期，无产阶级争取民族独立和人民自由的影视化表达的解读范本。

5. 延伸阅读的方向

同类延伸阅读：曹禺，《北京人》，北京十月文艺出版社，2018 年 2 月出版。

国外同类阅读：契诃夫，《樱桃园》，人民文学出版社，2018 年 9 月出版。

延伸观看：李安《冰风暴》（电影），1997 年上映。

张艺谋《满城尽带黄金甲》（电影），2006 年上映。

二、《白鹿原》——陈忠实

（一）原著概述

《白鹿原》以陕西关中地区白鹿原上白鹿村为缩影，记录了白鹿村从清朝末年到 20世纪七八十年代长达半个多世纪的故事，通过讲述白姓和鹿姓两大家族祖孙三代的恩怨纷争，反映宗法家族制度及儒家伦理道德在时代变迁与政治运动中的坚守与颓败。《白鹿原》的寻根主题是精神和心灵的寻根，带着对精神中"真"的追求写出儒家文化的精髓，并通过文本中人物的个性描写来宣传中国文化的深刻价值，表达自己的"寻根"理念。寻根性思考，不仅停留在以道德的人格追求为核心的文化之根，而是进一步更深刻地揭示出传统文化所展现的人之生存的悲剧性。《白鹿原》在以陕西关中人生存为大的文化背景下，展开了一系列的人物活动、粗野朴实的乡村习俗、慎独隐忍的儒家精神的描述。

《白鹿原》描写的宏观背景是一片世代耕作的陕西地区的一处原上，这里的人祖祖辈辈都在这里生活、劳作、婚姻、死亡，遵循着祖辈留下的规矩，严谨地世代传承。但是，由于时代的变迁，这里平静的生活被迫打破，在权力的更替中白鹿原上发生的事情随之不断地变化，精神信仰、仁义道德、骨肉亲情、祠堂祖规、兄弟情义、性与爱、忠贞与叛逆都随着时代的变化不断地沉浮。但最终，原上的人回归了原上，皈依了自己原本的精神上的归属与精神上的根。《白鹿原》对传统文化思想的表达主要集中在对民俗叙事、性别与身体、儒家文化表征、仪式化叙事、传统礼法文化、现代主义写作与历史叙事等几个方面的表现和刻画上。

（二）原著导读

1. 研读的主要目标

①了解、掌握《白鹿原》中传统儒家思想对家族和地域的绑架，分析在动荡的时代人们对于人性、自由的追逐。

②分析在传统的礼法文化的禁锢下，女性命运的发展、变动及发挥主导作用的因素，探究文本中的女性主义叙事。

③了解、掌握人的自然的欲望对于封建制度的抗争及抗争的结果，产生这种结果的原因。

2. 研读方式

①文本阅读：利用文本阅读的形式，认真阅读文本原文，体会作者的叙事结构、表达方式以及故事性与现实性的结合。

②电影观看：通过观看电影的方式，体会《白鹿原》的观赏性、故事的表现性、情节的逻辑性。

③背景分析：通过对《白鹿原》写作背景的分析和作者自身经历的了解，分析作者写作的背景环境和所要叙述的中心思想，对《白鹿原》进行更深层次的分析。

④哲学思考：《白鹿原》涉及人的命运发展、时代变化、信念和观念的转换以及欲望的阐释与表达，我们在阅读中可以结合哲学中的相关观点和结论进行相关性和延展性的思考，扩展思维的广度。

3. 研读的核心内容

《白鹿原》整个故事的情节是与现实的历史相吻合的，具有现实性和历史性。因此，我们研读的核心内容是追逐人物命运发生变化的线索，探究人物命运发生变化的原因，根据人物和时代的变化，总结归纳故事发展的根本原因，进一步了解现实性批评叙事。

4. 思想扩散的方向

一是哲学中关于人的"追根"情结。在《白鹿原》的叙事中，白鹿村一直信奉的是在原上有一只白鹿精灵，保佑着白鹿原的风调雨顺、平安和乐，这是白鹿原的精神所在，是白鹿原的根源。正是这样的精神寄托才使他们世世代代生活在这片土地上，白鹿原经过了历史的湮没、断层和自然灾害的侵袭之后，一直能够延续至今。新思想、新观念使新一代的白鹿原的年轻人不再受到传统礼法制度的约束，他们追求新的制度、新的生活，但是在他们的精神深处还是对自己"根源"的追求，回归本真的自己，回归原本真实的根源上来。

二是儒家文化思想的正反分析。封建制度依靠着儒家的文化思想巩固着传统的农耕社会，在礼法的传承中对个人的行为规约、入仕思想的引导起了积极作用，促进了社会的和谐。但是礼法文化下的封建家长制度、女贞制度、阶级制度、土地制度等规约了人的自然的行为，以制度的形式实行了专制和强权，禁锢了人的思想。因此，儒家思想文化在传统农耕社会的治理上，是起了一定的积极作用，但是对人思想的禁锢和权利的剥削也阻碍了社会进一步的发展。

（三）原文精选与释读

1. 经典演绎

（1）民俗叙事。

在《白鹿原》的民俗叙事中，开篇就在介绍白嘉轩的心中对原上传统思想的崇拜与精神上的认同，一直延续三代人的婚姻嫁娶、新生、死亡以及重大事项的安排上，突显出了在长久的生活生产中所产生的这种约定俗成的"民俗"，民俗在白鹿原上随着世世代代的延绵一直传承至今，时间久到已经没有人记得是什么时候开始的了。随着时代的变化和原上政权的更迭，传统的习俗曾多次被毁，但是最终原上的人还是在习俗的支配下完成了自己对自己心灵的净化与完善，寻找着自己的本真，习俗不仅仅是白鹿原上一种俗成的形式和规矩，更是原上的人对自己精神和身体的最终指引和归属。

很古很古的时候（传说似乎都不注重年代的准确性），这原上出现过一只白色的鹿，白毛白腿白蹄，那鹿角更是莹亮剔透的白。白鹿跳跳蹦蹦像跑着又像飘着从东原向西原跑去，倏忽之间就消失了。庄稼汉们猛然发现白鹿飘过以后麦苗忽地蹿高了，黄不拉几的弱苗子变成黑油油的绿苗子，整个原上和河川里全是一色绿的麦苗。白鹿跑过以后，有人在田坎间发现了僵死的狼，奄奄一息的狐狸，阴沟湿地里死成一堆的癞蛤蟆，一切毒虫害兽全都悄然毙命了。更使人惊奇不已的是，有人突然发现瘫痪在炕的老娘正潇洒地捉着擀杖在案上擀面片，半世瞎眼的老汉睁着光亮亮的眼睛端看筛子拣取麦子里混杂的沙粒，秃子老二的癞痢头上长出了黑乌乌的头发，歪嘴斜眼的丑女儿变得鲜若桃花……这就是白鹿原。

在白鹿原上，传说有一只白鹿，凡是白鹿经过的地方，不管是庄稼还是人都发生了神奇的变化。原上曾经有这样一只白鹿，能够使整个白鹿原充满灵气。在白嘉轩的心中，这是一个令人崇拜的白鹿，是原上的一种神物，白鹿原因为有了这样的一只白鹿一直充满着灵气，这是白鹿原上生活的人对这片土地的信仰。原上的人的生、老、病、死都遵从着对白鹿原上的精灵的规矩，白鹿是他们的精神信仰。在白、鹿两家三代人的恩怨纠葛中，对传说中的白鹿所寄托延续的精神一直是两家遵守和维护的。鹿三被小娥的鬼魂上了身之后，眼里再也没有了灵气，鹿子霖的儿媳在疯掉以后眼睛里也看不到灵气，鹿子霖眼睛里失去了灵气，很快也就死了。这种思想久到不知是谁来说的，但却为白鹿原上世世代代的生活定下规矩。

鹿子霖啾着刚刚挖出的界石问："爸，你记不记得这界石啥时候栽下的？"鹿泰恒不假思索说："我问过你爷，你爷也说不上来。"鹿子霖就不再问，这无疑是几代人也未变动过的祖业。现在变了，而且是由他出面涉办的事。鹿泰桓背抄着结实的双手，用脚踢着那块界石，一直把它推到地头的小路边上。沿着界石从南至北有一条永久性的庄严无犯的垄梁，长满野文、马鞭草、菅草、薄荷、三棱子草、节儿草以及旱长虫草等杂草。垄梁两边土地的主人都不容它们长到自家地里，更容不得它们被铲除，几代人以来它们就一直像今天这样生长着。比之河川里诸多地界垄梁上发生的吵骂和斗殴，这条地界垄梁两边的主人堪称楷模。鹿家父子已经动手挖刨这道垄梁，挖出来的竟然是一团一团盘结在一起的各种杂草的黄的黑的褐的红的草根，再把那些草根在镢头上摔摔打打抖掉泥土，扔到亮闪闪的麦茬子上，只需一天就可以晒得填到灶下当柴烧了。这条坚守着延续着几代人生命的垄梁，在鹿家父子的镢头铁锨下正一尺一尺地消失，到后晌套上骡子用犁铧耕过，这条垄梁就荡然无存了，自家原有的一亩三分地和新买的白家的二亩地就完全和谐地归并成一块了。儿子鹿子霖说："后晌先种这地的包谷。"父亲鹿泰桓说："种！"儿子说："种完了秋田以后就给这块地头打井。"父亲说："打！"儿子说他已经约定了几个打井的人，而且割制木斗水车的木匠也已打过招呼，这两项大事同时进行，待井打好了就可以安装水车。

在以农业耕作为主要生产生活方式的白鹿原，在农业耕种上也形成了原上的习俗和规矩，原上的土地根据耕种的情况和收获的情况划分为"天时地利人和"六个等级，按照不同的等级缴纳皇粮，原上的人对于自己手中掌握的土地的等级、数量和需要缴纳皇粮的数量烂熟于心，土地和粮食是他们生存的根本，他们一直世代遵循着，也是不知道从什么时候开始是这样的，无从考究，但传承的规矩一直为原上的人所认可和遵循。白鹿原上的人从祖辈上传承下来的不仅仅是财产，还有长久约定俗成的这种生产劳作的经验和维护耕作秩序的规矩，在地的分界处是界石，作为一种土地产权的分割和归属的介质，坚守和延续着几代人的生产和生命。白鹿原上已经形成了世代遵循的农业生产规则，在白鹿原的土地上按照这种生产规矩世代生活和传承着。

为女儿灵灵满月所举行的庆贺仪式相当隆重，热烈欢悦的喜庆气氛与头生儿子的满月不相上下。亲戚朋友带着精心制作的衣服鞋袜和各种形状的花馍来了，村里的乡党凑份子买来了红绸披风。白嘉轩杀了一头猪，做下十二件子的丰盛席面，款待亲朋好友和几乎整个村庄里的乡党。在宴席动箸之前，点亮了香蜡，白嘉轩当众宣布了与鹿三结下干亲的决定。仙草一手抱着灵灵，跪拜三叩，代孩子向鹿三行礼。席间顿然出现了混乱，男人女人们一拥而上，把从锅底上摸来的黑灰和不知从哪儿搞来的红水一齐抹到白嘉轩的脸上，又抹到鹿三的脸上，妇人们几乎同时把仙草也抹得满脸黑红了。

灵灵是白嘉轩和媳妇仙草一直期盼的女娃，因此在灵灵降生后，白嘉轩大办灵灵的满月酒席，按照当地的习俗呼朋唤友、披绸挂缎、大摆宴席。亲戚朋友、乡党和原上的人纷纷来参加，按照原上的习俗，为刚刚出生满月的灵灵制作了衣服鞋袜、花馍，席面也是按到当地的高标准做的十二件子。在宴席中为灵灵认下鹿三为干大（干爹），仙草抱着灵灵代行了礼仪，席间亲朋好友还开玩笑地将黑灰和红水摸得白嘉轩、仙草、鹿三的脸上全是。在对喜庆的表达上，白鹿原的民俗从来不拘于对欢喜的压抑，在庆贺新生的宴席间大家举杯畅饮、热闹异常，这既是对新生的灵灵的欢迎和庆贺，也是在长久的代际传承中的又一次的接纳仪式。在《白鹿原》中涉及的民俗形式除了新生满月的庆典以外，还包括婚姻、入祠、丧葬、迁坟等人生的重大事项，都是有一定的习俗和规范，此处已将内容归纳至仪式化叙述的内容中，不再累述。

（2）性别与身体。

性别与身体的描写和构造是《白鹿原》的一个特色，在对原上女人的描写中，作者将真实的男女欲望与女性的表达结合在一起。在白鹿原上，女人的命运依托于她的父亲、她的男人，遭到男人厌弃的女人是不为世人所接纳的，即使是同为女人的其他人。女人的需要和欲望是最本质的、最生理性的，在《白鹿原》的描写中，作者也将其表达为最基本和正常的需要，但是在动荡纷乱的白鹿原上，这种纯粹的需要和欲望因为

"规则"和"制度"的规定，而被扭曲、被限制和被利用。在爱与性别的关系之后，不管在常人眼中是正常的还是违逆的，失败的受害者都是其中的女人。男性的情感是热烈的、真挚的，对女人具有强烈的吸引力，甚至有时候可以背离墨守成规的传统、教条及旁人的眼光。在那个时代，处于性别主导地位的男人，可以爱得自由、热烈。白嘉轩可以无视别人的嘲笑娶七房媳妇，黑娃可以直面自己对性的欲望讨小娥做女人，鹿兆鹏可以正视自己的爱情与灵灵走到一起……这一切既是那么格格不入，又是那么正常而自然。

西斜的日头把后窗照明亮如烛。大姐儿听见阿公熟悉的脚步走过门房明间走到庭院就消失了，她的心里激起一股力量，溜下炕来在镜子前胧梳一番散乱的发髻，居然不需攀扶就走到了厅房，站在阿公面前："爸，我到咱屋多年了，勤咧懒咧瞎咧好咧你都看见。我想过这想过那，独独没想过我会饿死……"白嘉轩似乎震颤了一下，从椅子上抬起头拔出嘴里的水烟袋，说："我跟你妈说过了，你和娃娃都到后院来吃饭，"大姐儿说："那算啥事儿呢？再说我也用不着了。"说罢就转身退出门来，在跷过门坎时后脚绊在木门槛上摔倒了，从此就再没有爬起来。白嘉轩驼着背颠过去，把儿媳的肩头扶起来，抱在臂弯里。大姐儿的眼睛转了半轮就凝滞不动，嘴角扯了下露出一缕羞怯。

大姐儿是白嘉轩为白孝文明媒正娶的媳妇，大姐儿在与白孝文结婚后教会了他男女之事，但随后受到了孝文的妈妈和奶奶的警示，大姐儿也遵照着家里长辈定下的规矩，做一个"合格的"儿媳妇，在早期的婚姻生活中还是甜美的。但是在鹿子霖的田小娥的计策实施后，白嘉轩这个在当地最有潜力的仪表不凡的继任族长，开始放荡不羁，他沉迷于小娥所给他的热情的、娇柔的、直率放荡的情感，痴缠于烟土所带来的飘飘欲仙的享受，分家卖田后与田小娥居住在窑洞内，抛弃了自己的妻子，妻子在去窑洞大闹后，被白孝文打了一巴掌，抓着发髻拖回了家。从此，大姐儿眼神中的灵气消失了，不久就去世了。在白孝文与大姐儿的这段婚姻中，白孝文作为一个背叛者没有受到任何的惩罚，即使是与兄弟黑娃的媳妇在一起，受到指责的也仅是田小娥。白孝文的回头是岸获得了周边人的谅解和尊重，而这段荒唐产生的后果却仅仅背负在大姐儿一个人身上。

他手里拄着镢把儿瞅着躺在上壕里的孝文竟然没有惊奇，他庆贺他出生、看着他长大、看着他稳步走上白鹿村至尊的位置，成为一个既有学识又懂礼仪而且仪表堂堂的族长；又看着他一步步滑溜下来，先是踢地接着卖房随后拉上枣棍子沿门乞讨，以至今天沦落到土壕里坐待野狗分尸。鹿三目睹了一个败家子不大长久的生命历程的全套儿，又一次验证了他的生活守则的不可冒犯；黑娃是第一个不听他的劝谕冒犯过他的生活信条的人，后果早在孝文之前摆在白鹿村人眼里了。造成黑娃和孝文堕落的直接诱因是女色，而且是同一个女人，她给他和他尊敬的白嘉轩两个家庭带来的灾难不堪回味。鹿三当时给孝文说："你去抢舍饭"，不是指给他一条生命，而是出于一种鄙夷一种嘲笑。

鹿三对白孝文是抱有很大的期望的，他认为让他沦落到现在这种境地的原因就是女色——田小娥的诱惑，她不仅祸害了黑娃，让他抬不起头来，也让白孝文这一个白鹿村至尊的族长离经叛道、堕落至此，沦落到在土壕里坐待野狗分尸。白孝文的遭遇帮助鹿三验证了他的生活守则的不可冒犯，同时也加剧了鹿三对田小娥的痛恨。鹿三在看到两个家庭的灾难后，并没有将原因进行认真分析，而是按照他的守则、他的生活信条的推断，将错误归结在田小娥的女色上，而没有把问题归结于毫无顾忌的黑娃和懦弱好色的白孝文身上。旁人对白孝文的这种鄙夷和嘲笑又加深了对田小娥的错误归因，最终，在守则和信条的规约下，所有的人都被说服，认为错误都在田小娥身上。对此深信不疑的鹿三举起屠刀，成为封建礼教的刽子手，杀死了田小娥。

新婚之夜，男人在她身上做了令她完全陌生惊诧的举动之后就翻了脸，说："啊呀！你咋是个敞口货呢？你跟谁弄过？你说实话……"她无法辩解，揩净女儿家那一缕血红之后就闭上眼睛，断定自己今生甭想在杂货铺王家活得起人了，那阵儿还没料到女婿会唱扬到街上……她关了新房的木门，很从容地用那根结婚头一天系上的红色线织腰带绾成套环儿，挂到屋梁的一颗钉子上，毫不犹豫地把头伸了进去，连一滴眼泪也不流。

那个年代，贞洁是衡量女性纯洁和道德的一个标准。女人一旦违背了这样的标准，那么女人就会受到周边人的唾弃，被称作是不检点、不自爱，在众人的口实中，无从活命。田小娥是这样的，小翠也是这样的。但是田小娥不在意这些，活得坦然，小翠则视之如命，禁锢于此。小翠早早被父母定亲于杂货铺王家，但是她与"大拇指"芒儿相爱，虽然如此但是从未逾矩。两人未能在一起，小翠还是嫁到了王家，但是新婚之夜后，小翠的丈夫翻脸了，并大肆宣扬小翠不守妇道。传出这样的话小翠自知没有脸面在王家活得起人，即使是有那一缕鲜红的证据，别人也只会相信丈夫说的话，自己无从辩解。于是，已经知晓结局的小翠关上房门，悬梁自尽。害死小翠的是丈夫的翻脸，是众人的鄙夷，更是在这男尊女卑的社会中，男性为尊的权利，及封建社会所定下的对女性道德的、品质的衡量标准。

白灵猛然站起来，抓住兆鹏的手说："咱们做真夫妻啊，兆鹏哥！"鹿兆鹏猛烈地颤栗一下，抿嘴不语，白灵扑到他的胸前紧紧抱住了他。鹿兆鹏伸开双臂把白灵紧紧地搂抱住时，一股热血冲上头顶，猛烈颤抖起来。那洪水一样的潮头冲上头顶过后，鹿兆鹏便拽着白灵一起坐到床炕上，掰开白灵死死箍抱的手臂，强迫自己做出大哥的口吻劝喻说："你喝多了胡吣！"白灵扬起头，认真地说："我说的是心里话。我头一天进这门时就想说。""这不行，我原上屋里有媳妇。""那才是假夫妻。"鹿兆鹏痛苦地仰起脸，又缓缓垂下头来说："我根本没想过娶妻生子的事。我时时都有可能被填了枯井，如果能活到革命成功再……"白灵打断他的话说："我们做一天真夫妻，我也不亏。"鹿兆鹏愈加清醒坚定地说："过几天咱们再认真谈一次。今黑后半夜我得出门上路。"白灵说："这个'假'我做不了了。兆鹏哥，你不情愿我吗？可我从你眼里看出你情愿……"鹿兆鹏臊红着脸不吭声。白灵说："有两回半夜叫我的名字……我醒来才知道你是说梦话……

这种秘密状态的生活环境使他们提心吊胆又壮怀激烈。他们沉浸于人生最美好的陶醉之中，也不敢忘记最神圣的使命和潜伏在窗外的危险。他和她已经完全融合，他隐藏在心底的那一缕歉意的畏缩已以灼干散尽，和她自然地交融在一起，他们对对方的渴望和挚爱几乎是对等的，但各人感情迸发的基础却有差异，她对他由一种钦敬到一种倾慕，再到灵魂倾倒的爱是一步一步演化到目前的谐和状态。他的果敢机敏、热情豪放的气韵洋溢在一举手、一投足、一言一笑、一怒一忧之中，他和长睫毛下的一双灵秀的眼睛，时时都喷射出一股勾魂摄魄的动人光芒。她贴着他，搂着那宽健的胸脯宁静到一动不动，用耳朵谛听生命的旋律在那胸脯里奏响，他对她的爱跨过了种种道德和心理的障碍，随后就显得热烈而更趋成熟，从而便自己心头一直亏缺着月亮达到了满弓。

白灵从出生起，白嘉轩和家人就给予了她很大的疼爱，在满月时大办满月酒席，白灵的名字也是与白嘉轩一直以来在脑海中出现过的那只有灵性的白鹿有关。作为这样的一个女性，从小接触的教育和长大后做的事情都与时代的变化紧密地结合在一起，最终成为一个自由的、明理的、大胆的女性。对待事业白灵是这样的，对待爱情白灵也是这样的，她始终拥有着一双有灵气的眼睛，果敢、坚毅、自由。在一次任务中，白灵与鹿兆鹏扮演了夫妻，爱情的萌动向往和共同的事业追求让她大胆地向鹿兆鹏表白，并勇敢地在一起，虽然她已经由父辈为其与鹿兆海有婚约，但还是执着地毫无顾忌地追求着爱情。在《白鹿原》的女性中，白灵是为自己爱的、为自己活的，在新的思想的影响下，他没有活在父辈的安排下，没有活在族规、礼教的约束下，她的爱情是她自己争取来的，是随着自己的心意许下的，是白鹿原上不多的自由女性。

鹿子霖的儿媳疯了。她变疯的原因村人丝毫也不知晓。秋末初冬的一天晌午，不时很少在村巷里露脸儿的她突然从四合院轻手飘脚蹦到村巷里哈哈大笑不止，立即招引来一帮闲人围观。她哈哈大笑着又戛然停止，瞬间转换出一副羞羞怯怯、神神秘秘的眉眼，窃窃私语："俺爸跟我好……我跟俺爸好……你甭给俺阿婆说噢！"围观的男女大为惊骇，面面相觑，谁听到这样可怕的事，不管心里如何想，脸上都不愿表现出幸灾乐祸的神情，一些拘谨的人干脆扭身走开了，有几个女人拉着劝着，禁斥着，不要她胡吣。她却反而瞪大眼睛向人们证明："谁胡吣来？你去问俺爸，看他跟谁好？你们甭下看我！我娃子不上我的炕，他爸可是抢着上哩！"仁义的村人们没有被这个天大的笑话所逗笑，而是惊叹不已。

鹿兆鹏的媳妇是鹿子霖跟冷先生商定下的，鹿兆鹏在开始就反对，他反对礼法、反对祠堂、反对封建婚姻、反对封建制度的一切。因此，在鹿子霖将他强行绑回结了婚后，鹿兆鹏也在第二天就跑了，他不喜欢封建家庭为他主持的婚姻，他的媳妇——这个被封建家长制安排的女人，也成了他眼中封建的代表，一并地不认同。但这只是个同样受害的女人，在父母的安排下嫁给了不爱自己的人，丈夫外出不回，自己常年在家中守活寡，她是封建家庭的牺牲者，同时又是鹿兆鹏反对封建的牺牲者。但是对性和爱的追求在她的身上是原本就存在的，不关乎制度与观念。在强烈的压抑下，鹿子霖的儿媳妇毫无顾忌地与他的公爹鹿子霖发生了不可告人的关系，但是她也在长久的思想浸染下，走不出礼教传统的那一关，自己疯掉了。

红烛相继燃尽。蜡捻残余的火星延续了短暂的一会儿也灭绝了。屋子里一片漆黑。黑娃在黑暗里感到稍许自如舒展了，鼓起勇气说："娘子，你知道不知道我以前不是人，是个……"方桌对面的新娘子以急促而冷静的声音截住了他的话："我只说从今往后，不说今日以前。"黑娃听了浑身颤抖，呜地哭一声，随之感觉有一只手抚在肩头，又有一只手帕在他脸上眼上轻轻抚擦。黑娃猛然抱住她的身子，偎在她胸前呜咽说："你不下眼瞧我，我就有了贴心人。"新娘子却笑着说："你把我抱到炕上去……"

完全是和平定静的温馨，令人摇魂动魄，却不至于疯狂。黑娃不知不觉地觉得温柔斯文谨慎起来，像一个粗莽大掬着一只丝线荷包，爱不释手又折揉敏了。新娘倒比他坦然，似乎没有太多的忸怩，也没有疯张痴迷或者迫不及待，她接受他谨慎的抚爱，也很有分寸地还报他以抚爱。她温柔庄重刚柔相济恰到好处，使他在领受全部美好的同时也感到了可靠和安全。

玉凤是在黑娃回来原上之后娶的媳妇，在此之前他的行为堪称无所顾忌的疯狂。黑娃做麦客时与郭举人家的小娥偷情，与鹿兆鹏参加过农协，失败后上山当了土匪，与黑牡丹苟且，打砸过白鹿村的祠堂，打劫过白嘉轩、鹿子霖的家……即使是这样狂放不羁的黑娃，在不管族规和乡约的规矩和制度下快活地活着的他，内心深处却是空虚与灵魂的无根。在归顺后，黑娃用回了自己的大名鹿兆谦，在周边人的撮合下迎娶了这个略有学识的新娘子。玉凤身上所散发出来的气质，让黑娃自然地觉得自己的旷野、粗陋，结婚的当天，黑娃对自己之前发生的事情历历在目，看到面前这个端庄、大方、不拘谨扭捏的新娘子，顿时开始寻找自己缺失的东西，如学识、教养、规矩，在这个封建传统教化出来的媳妇面前，他收敛了自己原本的旷野和不羁，开始学习儒家文化，回到白鹿村祭拜了自己曾经破坏的祠堂，在儒家的仁义道德的指引下，规范军队，整顿军纪。玉凤从小在尊崇儒学的封建家长制的家庭中长大，自身所信奉的理念和道德使本性纯粹和质朴的黑娃受到了鼓舞，他开始在妻子的引导下逐渐走向规矩、礼教。玉凤通过自己感染了丈夫，也使丈夫的性情发生了很大的变化，但终究这是黑娃对自己的回归，他叛逆的最初原因是小娥无法入祠堂，白鹿村的祠堂和他出生的炕一直是他的归属和他的根，玉凤其实是黑娃寻找归属的一个诱因，而且恰好是以封建礼法的形式帮助黑娃回归了自己。

（3）儒家文化表征。

在《白鹿原》中，白鹿村世世代代传承下来的规矩、理念和思想是传统的儒家在耕作文化中的文化表征。在白鹿原上，这里的人信奉并且遵守着，在代代传承中又不断维护着，逐渐地这种儒家文化的表征深入人心，进入他们的思想，限制他们的行为，并形成他们的规矩。在世代的繁衍中，这样的规矩和理念帮助白鹿村的人克服了很多的困难，也达成了道德上的协议，维持着这里的耕作和生活，人们在认同中不断获得益处。但是处于动荡年代的白鹿原的平静被打破，原本的儒家文化所带来的规矩、礼仪、道德，成为了桎梏白鹿原发展的障碍，在老一辈的坚守中，新的一代在接受新思想的洗礼后开始反抗旧有的规则和秩序，儒家文化受到新生力量的全面排挤。但是在政权的更迭和几十年的变化当中，当初破除和反对的人，在自我的认同和寻根中，又找回来原本的规则和道德，因为这些儒家的思想和理念已经深入他们的骨髓，破除封建秩序下的禁锢和不平等之后，儒家文化还是白鹿原上世代传承的精神。

他开始敬重姐夫是在他读了书也渐渐懂事以后，但也始终无法推翻根深蒂固的第一印象。他敬重姐夫不是把他看作神，也不再看作是一个"不咋样"的凡夫俗子，而是断定那是一位圣人，而他自己不过是个凡人。圣人能看透凡人的隐情隐秘，凡人却看不透圣人的作为；凡人和圣人之间有一层永远无法沟通的天然界隔。圣人不屑于理会凡人争多嫌少的七事八事，凡人也难以遵从圣人的至理名言来过自己的日子。圣人的好多广为流传的口歌化的生活哲理，实际上只有圣人自己可以做得到，凡人是根本无法做到的。"房是招牌地是累，按下银钱是催命鬼。"这是圣人姐夫的名言之一，乡间无论贫富的庄稼人都把这句俚语口歌当经念。

白嘉轩对姐夫的敬重是从他读了书以后，他认为自己的姐夫是一位"圣人"，他能够料定凡人的隐情隐秘，因此乡间不论贫富，都把姐夫的话当成经典。这种根深蒂固的认知不仅仅存在于白嘉轩的意识中，也存在于当地的人的意识中，即使是姐夫说出的一句话，也会成为原上地头田间的经典。这便是在儒家文化在传统耕作时代的价值构建和地位的彰显，它打破了财富对于人们构筑的利益关系，信奉具有学识的姐夫为"圣人"，因为他知识渊博，非凡夫俗子。在这样的价值观念和儒家文化至尊的思想下，白嘉轩一有事情便来请教姐夫，姐夫说的话，他也当作是金科律例。在白鹿原上，穿着朴素与常人一样下田种地的姐姐和姐夫，成为白鹿原上的人的精神偶像。在姐夫的指引下，白嘉轩往仁义的道路上走，树立了较好的名声，最终成了族长，而在后面，也是在姐夫的指引下，他避除了很多的灾难和祸事。

一、德业相劝

德谓见善必行，闻过必改。能治其身，能修其家，能事父兄，能教子弟，能御童仆，能敬长上，能睦亲邻，能择交游，能守廉洁，能广施惠，能受寄托，能救患难，能规过失，能为人谋事，能为众集事，能解斗争，能决是非，能兴利除害，能居官举职。凡有一善，为众所推者，皆书于籍，以为善行。业谓居家，则事父兄，教子弟，待妻妾，在外则事长上，结朋友，教后生，御僮仆。至于读书、治田、营家、济物、好礼、乐射、御书，数之类皆可为之，非此之类皆为无益。

二、过失相规

犯义之过六。一曰酗酒斗讼、二曰行止喻违、三曰行不恭逊、四曰言不忠信、五曰造谣诬毁、六曰营私太甚。犯约之过四。一曰德业不相劝，二曰过失不相规，三曰礼俗不相成，四曰患难不相恤。不修之过五。一曰交非其人。所交不限士庶，但凶恶及游惰无行，众所不齿者，若与之朝夕游从，则为交非其人，若不得已暂在还者非。二曰游戏怠惰。游谓无故出入，及谒见人止多闲适者，嬉笑无度，及意在侵侮或驰马击鞠之类不睹财物者。怠惰谓不修事业，及家事不治，门庭不洁者。三曰动作无仪。进退疎野，及不恭者，不当言而言，当言而不言者，衣冠太饰，及全不完整者，不衣冠而入街市者。四曰临事不恪。主事废妄，期会后时，临事怠慢者。五曰用度不节。不计家之有无，过为侈费者，不能安贫而非道营求者。以上不修之过，每犯皆书于籍，三犯则行罚。

三、礼俗相交

……

白嘉轩当晚回到白鹿村，把《乡约》的文本和朱先生写给徐先生的一封信一起交给学堂里的徐先生。徐先上看罢，击掌赞叹："这是治本之道。不瞒你说，我这几天正在思量辞学农耕的事，徐某心灰意冷了；今见先生亲书，示我帮扶你在白鹿村实践《乡约》，教民以礼义，以正世风。"

白嘉轩又约诸鹿子霖到祠堂议事。鹿子霖读罢《乡约》全文，感慨不止："要是咱们白鹿村村民照《乡约》做人行事，真成礼仪之邦了。"三人当即商量拿出一个在白鹿村实践《乡约》的方案，由族长白嘉轩负责实施，当晚，徐先生把《乡约》全文用黄纸抄写出来，第二天一早张贴在祠堂门楼外的墙壁上，晚上，白鹿两姓凡十六岁以上的男人齐集学堂，由徐先生一条一款，一句一字讲解《乡约》规定每晚必到，有病有事者须向白嘉轩请假。要求每个男人把在学堂背记的《乡约》条文再教给妻子和儿女。学生在学堂里也要学记。乡约恰如乡土教材。白嘉轩郑重向村民宣布："学为用。学了就要用。谈话走路处世为人就要按《乡约》上说的做。凡是违犯《乡约》条文的事，由徐先生记载下来；犯过三回者，按其情节轻重处罚。"

处罚的条例包括罚跪、罚款、罚粮以及鞭抽板打。白鹿村的祠堂里每到晚上就传出庄稼汉们粗浑的背读《乡约》的声音。从此偷鸡摸狗摘桃掐瓜之类的事顿然绝迹，摸牌九、搓麻将、抹花花、掷骰子，等等，赌博营生全踢了摊子，打架斗殴扯街骂巷的争斗事件不再发生，白鹿村人一个个都变得和颜可掬文质彬彬，连说话的声音都柔和纤细了。

《乡约》是对白鹿原进行管辖的约定和规矩，它的作用是将白鹿原塑造成一个礼仪之邦，形成白鹿村的规矩。《乡约》的成型，是白嘉轩找了朱先生、徐先生来商讨的，徐先生在接到消息后称之为"教民以礼义，以正世风"。在儒家文化思想指引下所形成的《乡约》从思想到行为都对白鹿村的人进行了观念和行为的约束。鹿子霖看到《乡约》也是十分高兴的，他对儒家文化所倡导的礼仪之邦、仁义白鹿原也有着同样的向往。在一拍即合之后，他们到了具有"神圣感"的仪式化场域——祠堂，来宣布这个重要的事情，要求白鹿两姓凡十六岁以上的男人齐集学堂来学习《乡约》的内容。《乡约》推行之后，他们也出台了处罚机制，对不仁义、不道德的行为按照《乡约》的规定进行处罚，处罚的地点也是祠堂。因此，随着《乡约》的推行和实施，白鹿原成了先生们口中的"礼仪之邦"，白鹿村上的人变得文质彬彬。处罚的行为也为《乡约》的执行做了保障。在《乡约》管理的形式下，儒家思想和儒家文化表征深深地刻入了白鹿村人的心中，成为其衡量价值和道德的标准。

兆鹏从椅子上站起来，慷慨激昂他说："你——黑娃，是白鹿村头一个冲破封建枷锁实行婚姻自主的人。你不管封建礼教那一套，顶住了宗族族法的压迫，实现了婚姻自由，太了不起太伟大了！"

黑娃却茫然不知所措："我也辨不来你是说胡话还是要笑我……"

"这叫自、由、恋、爱。"兆鹏继续慷慨激昂他说，"国民革命的目的就是要革除封建统治，实现民主自由，其中包括婚姻自由。将来要废除三媒六证的包办买卖婚姻，人人都要和你一样，选择自己喜欢的女子做媳妇。甭管族长让不让你进祠堂的事。屁事！不让拜祖宗你跟小娥就活不成人了？活得更好更自在！"

《白鹿原》中既有对儒家思想文化顶礼膜拜的白嘉轩一代，也有对儒家思想全盘否定的鹿兆鹏一代。鹿兆鹏在接受了新思想以后，全面地、极端地反对儒家文化的一切，因为听说黑娃迎娶了为祠堂所不能接纳的小娥，十分高兴，称其为原上反对封建婚姻，争取婚姻自主的第一人。黑娃在鹿兆鹏的慷慨激昂中知道了"自由恋爱"，知道了女子即便不能进祠堂也能够获得自由自在。鹿兆鹏在接受新思想之后，表明不再受白鹿村的族规、祠堂、封建家庭制度、包办婚姻的约束，但是他对儒家文化的反对是全面性的，反对儒家文化的一切，在他的眼中儒家文化的表征，即宗族宗法、三媒六证、祠堂、祖宗都是禁锢自由的象征。

刘军长问："听说先生在编县志？县志里头都编些啥呀？"朱先生说："上自三皇五帝，下至当今时下，凡本县里发生的大事统都容纳。历史沿革，疆域变更，山川地貌，物产特产，清官污吏，乡贤盗匪，节妇烈女，天灾人祸……不避官绅士民，凡善举恶迹，一并载记。"刘军长问："我军围城肯定也要记入你的县志了？"朱先生说："你围的是西安府不是围的滋水县，因之无权载入本志；你的士兵在白鹿原射鸡（击）征粮及粮台失火将记入本志；你的团长进驻本县吓跑县长，这在本县史迹中绝无仅有，本志肯定录记。"

面对新来的掌权者的拷问，朱先生临危不惧。县志记载了当地的重大事项和历史变化，是对根源的追溯和历史变迁的记载。面对刘军长的询问，朱先生直言"不避官绅士民，凡善举恶迹，一并载记"，作为当地的先生，是当地的"圣人"，是凡夫俗子精神的依托，在这里作为儒家文化的表征，面对强权毫不退缩，其对当权者的反抗隐匿在问题的回答当中，"围城"的"壮举"不会记录到县志当中，这句话充满了对对方的鄙夷，而"你的士兵在白鹿原射鸡（击）征粮及粮台失火将记入本志，你的团长进驻本县吓跑县长"这样对滋水县造成的影响和破坏，朱先生则坦言会记录到县志当中，彰显出了一个儒家文人的正直与气节。

黑娃真正开始了自觉的脱胎换骨的修身，几乎残忍地抛弃了原来的一些坏习气，强硬地迫使自己接受并养成一个好人所应具备的素质，中国古代先圣先贤们的镂骨铭心的哲理，一层一层自外至里陶冶着这个桀骜不驯的土匪胚子。黑娃同时更加严厉地整饬炮营，把一批又一批大烟鬼绑到大炮筒子上，土匪弟兄们的体质首先明显地发生变化；他把一个在街道上摸女人屁股的团丁扒光衣服捆绑到树上，让炮营二百多号团丁每人抽击一棍；过去的保安团丁在县城是人人害怕的老虎，又是人人讨厌的老鼠，人们把保安团叫捣蛋团；黑娃整饬三营的做法得到张团长的奖赏，一营和二营也开展了整顿活动；保安团在县城居民中的形象从此发生变化，黑娃在整个保安团里和县城里威名大震。

黑娃的变化是在娶了新的媳妇之后，媳妇玉凤是出身于当地一个有学识的老秀才家。玉凤虽从未上过一天学，但却能把老秀才平时读的四书熟背下来，是个知书达理的人。在新婚当天黑娃对这门婚事还一直十分卑怯，对自己之前的行为和处事，面对这样一个知书达理、秀慧端庄的媳妇感到浑身不自在。但是贤惠的媳妇对他的接纳使黑娃想要重新开始，以一个有仁义、有道德的人的形象重新开始。于是他在媳妇玉凤的引导下开始找朱先生学习。这次学习是黑娃对自己心灵的皈依，使黑娃不管从自身和还是事业上都出现了一个很大的逆转，黑娃在学习儒家文化的同时也施政于自己所管理的军队，使之一改之前的作风，成为保安团里和县城里称赞的武装力量。对儒家文化的认同也使黑娃承认儒家文化表征，在此之后，黑娃回到了白鹿村，进入了那个他曾经打砸的祠堂，又回到了自己出生的地方，追寻着自己的根源。

（4）仪式化叙事。

仪式化叙事形式在《白鹿原》上出现过很多次，每次都是对原上人具有重大影响的事情上面。这些仪式化的表达是白鹿原上的人对这片土地有灵性的敬畏，是对生老病死的人生循环的敬重。在仪式化的场域中，人最本质的需求、向往和相互之间的认同拥有了场域权力的支撑，在庄严的、固定的仪式中强化了这种权力关系。白嘉轩是白鹿村的族长，他对仪式的向往和对仪式化活动的维护是最为积极和认真的，因为这不仅仅是祖宗留下的规矩，更是维护白鹿村的权力关系，巩固自己的族长权威的重要的工具。所以从根本上来说，仪式化的表达是权力关系的表达。

令人敬佩的是，他没有向阴阳先生做任何暗示，阴阳先生的罗盘却惊奇地定在了那块用二亩（1亩≈0.066 7公顷，下同）水地换来的鹿家的慢坡地上，而且坟墓的具体方位正与他发现白鹿精灵的地点相吻合。阴阳先生说："头枕南山，足登北岭，四面环坡，皆缓坡慢道，呈优柔舒展之气；坡势走向所指，津脉尽会于此地矣！"白嘉轩听了，心中更加踏实，晌午炒了八个菜，犒劳阴阳先生。他把阴阳先生的话一字不漏地沉在心底，逢人问起却摆出无可奈何的样子说："吓，跑过了七八块地，没一块有脉气的，只是这慢坡地离村子近点，地势缓点，凑合着扎坟吧！"

白嘉轩在动手挖掘老坟的那一天，不分门户远近请来了白鹿村每一户的家长前来参加这个隆重的迁坟仪式。吹鼓手从老坟吹唱到新坟。三官庙的和尚被请来做了道场。

迁坟的原因是白嘉轩在父亲死后一直不顺遂，娶媳妇所出的彩礼越来越多，但即使是这样也没人肯嫁他，都说他命硬，娶的媳妇都被克死了。他又梦到父亲的托梦之词，于是猜想是父亲的坟地没有落好，筹备着要给父亲迁坟。迁坟既是为去世的人换个方位好的坟地，也是祈求坟地吉利，保佑祖孙平安顺利，这是一场重大的活动。在迁坟之前白嘉轩先找了阴阳先生来看方位，而此时的方位与白嘉轩发现的白鹿精灵的地点相吻合，于是决定迁坟的地址。在掘坟的那一天邀请了白鹿村每一户的家长来参加这个隆重的仪式，其中还有代表着隆重和规格的吹鼓手和三官庙的和尚。这一场迁坟的大型仪式中，白嘉轩为父亲完成了迁坟，也在仪式中实现了白鹿村地位的巩固和心理的慰藉，在此之后白嘉轩取到了媳妇，生了娃，开始顺利起来。

白嘉轩把人财两旺的这种局面完全归结于迁坟。但他现在又不无遗憾。迁坟那阵儿是他最困难的时候，只是堆砌了安置棺柩的暗庭和墓室，明庭却没能用青砖砌了。现在又不好再翻修了，灵骨不能移动万一冲撞惊扰了风水灵气，结果可能适得其反。他还是下决心采取补救措施，把坟堆周围整个儿用砖砌起来，再在墓堆上加修一座象征性的房屋，这不但可以使坟墓遮风避雨，也可以使白鹿的精灵安驻，避免割草挖柴的人到坟头滋扰。前几年植栽的柏树已很旺盛，后来，又移栽了几棵枳树，于是这墓地就成为一座最像样的坟茔了。

人财两旺的局面出现，白嘉轩自然地将原因归结于迁坟，于是现在又在想，当初应该把明庭与墓室和暗庭一块修缮了，怕的是冲撞了风水灵气，产生适得其反的效果，于是在坟堆的外面进行了修缮，使墓地成了一座最像样的坟茔。迁坟之后发生的一切使白嘉轩更加深信白鹿精灵的存在和迁坟仪式的作用，于是在迁坟这场仪式之后，他开始想再次完善这个仪式，使其更加气派、更有效果。他们对丧葬文化礼仪的重视，体现了对生死概念和死后归属的重视，在隆重的仪式下隐藏的是对死后的恐惧和对活着的人的心理慰藉。

白嘉轩把二儿子孝武打发进山以后，就带着礼物走进了媒人的院子。他郑重提出过年时给孝文完婚的意图，让媒人去和女方的父母交涉。女方比孝文大三岁，已经交上十九，父母早已着急，只是羞于面子不便催白家快娶。因为是头一桩婚事，白嘉轩办得很认真，也很体面，特意杀了一头猪做席面。婚后半个多月，饱尝口福的乡党还在回味无穷地谈说宴席的丰盛。白嘉轩以族长的名义主持了儿子和儿媳进祠堂叩拜祖宗的仪式。这种仪式要求白鹿两姓凡是已婚男女都来参加，新婚夫妇一方面叩拜已逝的列位先辈，另一方面还要叩拜活着的叔伯爷兄和婆婶嫂子们，并请他们接纳新的家族成员。

白鹿村对婚庆仪式的重视其实不比丧葬仪式的重视少，当白孝文到了可以结婚的年纪，父亲白嘉轩就开始为他进行操持，婚姻仪式是人生的一个重要的大事，因此，这一过程是早早地从提亲、请媒、说亲开始的，白嘉轩请了媒人，去女方家与女方家长进行交涉，随后大摆宴席、大宴宾朋，为此特意杀了一头猪。在婚礼上白嘉轩以组长的身份主持了祭拜祖宗的仪式，新婚夫妇也在跪拜已逝的前辈后，叩拜活着的长辈，请他们接纳新的家族成员。至此，白孝文的媳妇过了门，得到了长辈们的认可，也能够顺利地进入祠堂。这样的婚姻仪式强化了长辈的权威，在对婚姻价值观的认知上，也强化了家长制的专制统治。这种仪式化的婚姻典礼，以公开接纳和公开审判的形式对女子进入丈夫的家门以及进门以后的规矩和遵循进行了思想上的禁锢和强化。这本是一场家庭权力的仪式，是相互合谋之后的默契。

白鹿村西头有一座关帝庙俗称老爷庙，敬奉着关公关老爷。关羽升天后主动请求司管从间风雨为民赐福，村村寨寨无论大小都修建着一座关帝庙；原上自古顺应西风雨，因之关帝庙一律坐落在村子的西首。白鹿村的老爷庙是一座五间宽的高大宽敞的大殿，东西两面墙壁上彩绘着关羽戎马倥偬光明磊落一生中的几个光辉篇章；桃园结义单刀赴会刮骨疗毒出五关斩六将等；而正殿上坐着的司管风雨的关老爷的雕塑，面颜红润黑鬘如漆明眸皓齿神态安详慈善如佛了。庙宇四周是三亩地的一片空园，一株株合抱粗的柏树标志着庙宇的历史。庙前的那棵槐树才是村庄的历史标志，经过无数人的手臂的度量，无论手臂长短，量出的结果都是七搂八作零三指头。槐树早已空心，里头可以同时藏住三个躲避暴雨袭击的行路人；枝叶却依然郁郁葱葱，粗大的树股伸出几十步远，巨大的树冠浓密的树荫笼罩着整个庙宇的屋脊，形成一派凝聚不散的仙气神韵。

庙宇的仪式化建设是对人的信仰的修饰和补充，关公在神话中造就的形象是能够保佑人间风雨、为民祈福，村村寨寨都供奉着关帝庙。关帝庙的庙宇建设也是在顺承了人们的信奉观念、阶级观念和权力理念的基础上进行仪式化的信仰传播。关帝庙坐落村西首，是方位上的考究和信奉理念的权力化操作，在庙宇的建设的装饰上，进一步强化了关公的形象，为巩固精神信仰提供可供查询的依据，植被的种植不仅仅是绿化和园林设计的结果，更是时代传承、仪式化的权力不断巩固的结果，在整个的庙宇和巨型树冠的衬托下，这里看似凝聚着有一股不散的仙气神韵，更是在整体的景观设置中将这种信仰和观念进行传播，强化庙宇仪式对人的影响。

白嘉轩走了一趟白鹿书院。"白鹿村就剩下我一个孤家寡人咯！"他向先生叙说了鹿三鬼魂附体以来的世态变化，不无怨恨地说，"连孝武这混账东西也咄咄着要给那婊子修庙。"朱先生饶有兴趣地听着，不屑地说："人妖颠倒，鬼神混淆，乱世多怪事。你只消问一问那些跪着要修庙的人，那鬼要是得寸进尺再提出要求，要白鹿村每一个男人从她下面钻过去，大家怎么办？钻还是不钻？"白嘉轩再也压抑不住许久以来蓄积在胸中的怒气，把他早挖出来，架起硬柴烧它三天三夜，烧成灰末儿，再撂到滋水河里去，叫她永久不得归附。朱先生不失冷静地帮他完善这个举措："把那灰末不要抛撒，当心弄脏了河海，把她的灰末装到瓷缸里封严封死，就埋在窑里，再给上面造一座塔。叫她永远不得出世。"白嘉轩击掌称好："好好好好好！造塔法鬼镇邪——好哇，好得很！"

镇鬼驱邪的仪式，其实更是对人们的恐慌情绪和生理畏惧的消除仪式。田小娥去世以后，由于鹿三的心理不安，于是他出现了所谓的鬼魂附身的情况，而实际上，是鹿三的愧疚和害怕衍生出的幻觉和精神的疯癫。长期压抑扭曲的内心在疯癫的一刻得到了释放。但是鹿三的这种反应却对白鹿村产生了很大的影响，大家惧怕和恐怖的心理一直存在，于是白嘉轩提出要进行镇鬼驱邪的仪式，将田小娥的尸骨挖出来，架起硬柴烧三天三夜，还要用瓷缸封严，埋在窑里，再建造一座塔，叫她永远不得出世。这是白鹿村镇压鬼魄的办法，仪式化的操作使人们的心理得到了安宁和保障，自然不去想鬼邪的事情。但是这样的仪式化，又进一步加深了白鹿原对鬼神说法的敬畏，对仪式的主导者——族长和先生的崇拜，进一步加强了仪式的权力制约。

（5）传统礼法文化的表征与构建。

传统礼法文化的表征与构建是《白鹿原》在进行叙事中的一项重要的内容，在长期的封建制度的管理下，人们世代耕作，遵守着和农耕社会所形成的规矩。在传统的礼法文化的传承下，白鹿村形成了顺应礼法文化的族规和村治的传统，在祠堂的表征下，宗族文化成为白鹿村世代信奉的理念，由此形成了乡村的乡约等家规、族规的制度和乡贤等角色，它们划分着白鹿村的权力空间的建构。传统的礼法文化一方面是形成这些的源头，另一方面也是维护这些制度和观念的保障。

嘉轩现在捏看自己刚刚书下那只白鹿的纸，脑子里已经奔跃着一只活泼的白色神鹿了。他更加确信自己是凡人而姐夫是圣人的观念。他亲眼看见了雪地下的奇异的怪物亲手画出了它的形状，却怎么也判斯不出那是一只白鹿。圣人姐夫一眼便看出了白鹿的形状，"你画的是一只鹿啊！"一句话点破了凡人眼前的那一张蒙脸纸，豁然朗然了。凡人与圣人的差别就在眼前的那一张纸，凡人投胎转世都带着前世死去时蒙在脸上的蒙脸纸，只有圣人是被天神揭去了那张纸投胎的。凡人永远也看不透眼前一步的世事，而圣人对纷纭的世事洞若观火。凡人只有在圣人揭开蒙脸纸点化时才恍悟一回，之后那纸又变得黑瞎糊涂了。

白嘉轩在自己的圣人姐夫的引导下，发现自己画出来的是一只鹿。鹿的形象加强了白嘉轩对姐夫是圣人的认可，姐夫是圣人的理念也使白嘉轩更加深信白鹿精灵的存在。圣人之所以成为圣人是因为他们饱读诗书，对传统的儒家思想文化有较为深刻的理解，对传统的礼法文化也有较为深刻的见解，因此白嘉轩对姐夫是圣人的理念，在自己读书之后更加深信不疑。白嘉轩对姐夫的信服，其实是封建礼教文化在进行人的行为规约的过程中，所产生的对个人的仁义道德的要求和"仁爱"思想的遵守从而所形成的价值观追求，但是这种自律、规约和施爱于人的理念，却使在农耕社会中的人产生全面的崇拜，包括对学习礼教文化的人的全面崇拜和遵从。

他们谁也搞不清自哪朝的哪一位皇帝开始，对白鹿原的土地按"天时地利人和"划分为六个等级，按照不同的等级征收交纳皇粮的数字；他们对自家每块土地所属的等级以及交纳皇粮的数目，清楚熟悉准确无误绝不亚于熟悉自己的手掌。土地的等级是官府县衙测定的，征交皇粮的数字也是官家钦定的，无厚此薄彼之嫌，自然天公地道，俩人都接受了。

在以农耕为主的社会生活中，农业生产是主要的生活来源，土地是衡量财富的一切。在白鹿村的耕作中，更是根据土地的等级分成为"天时地利人和"六个等级，在村规与村治的过程中，大家对不同的土地所要承担的皇粮的数字铭刻于心，遵守着由官府县衙测定的标准和官家钦定的缴纳皇粮的数字。在封建社会中，村治与村规对人们的约束使地方的耕作能够有序进行，但同时也在这个过程中规定着农业生产的形式、制度遵从的形式和对自然公道的认识。

鹿三参加过无数次这种庄严隆重的仪式，万万料想不到他的黑娃引回来一个小娥子，入不得祠堂拜不得祖宗，也见不得父老乡亲的面。他曾经讥笑过鹿子霖。鹿子霖给大儿子兆鹏也是过年时完的婚。早先三媒六证订下冷先生的大女儿，兆鹏突然不愿意了，赖在城里不回家。鹿子霖赶到城里，一记耳光抽得兆鹏鼻口流血，哭丧着脸算是屈从了。新婚头一夜，兆鹏拒食合欢馄饨，更不进新房睡觉，鹿子霖又一记耳光沾了一手血，把兆鹏打到新房里去了。第三天进祠堂拜祖宗，兆鹏又不愿意去，还是鹿子霖的耳光把他煽到祠堂里去了。完成了婚娶的一系列礼仪之后，鹿子霖说："你现在愿滚到哪儿就滚到哪儿去！你想死到哪儿就死到哪儿去！你娃子记住：你屋里有个媳妇！"鹿兆鹏一句话没说就进城去了。鹿三对照了白鹿两家给儿子办婚事的过场，深深感叹白嘉轩教子治家不愧为楷模，而鹿子霖的后人成了什么式子！归根到底一句话："勺勺客毕竟祖德太浅太薄嘛！"现在黑娃根本没有资格引着媳妇进入祠堂，鹿三再也不好意思讥笑人家鹿子霖了，这件事仿佛一块无法化释的积食堆积在他的心口上。

鹿三是忠实的封建礼教文化的遵守者，白家对鹿三一家的照拂，使鹿三心存感激，也把白嘉轩的精神信仰看作是自己的信仰，把白嘉轩的为人处世看作是标杆。在强烈的封建礼教文化的影响下，鹿三对儿子黑娃带来的媳妇田小娥极其排斥，因为田小娥进不了祠堂，鹿三甚至抬不起头来。鹿子霖的儿子鹿兆鹏因为反对封建包办婚姻，不愿因返回家中与家里为其定下的冷先生的女儿完婚，这个事情成为在礼教文化观念下的离经叛道，被深受礼教文化影响的和鹿三一样的人鄙夷，但是鹿三想到自己的儿子带来的媳妇，顿时也无颜嘲笑鹿子霖。此时对白嘉轩的认可和崇拜又进一步地加深，认为白嘉轩是治家的楷模。封建礼教文化的思想束缚，使鹿三对自己的儿媳充满了仇恨，祠堂对后代的婚姻的接纳成了他心头病。

《白鹿原》具有鲜明的现代主义写作与历史叙事特征，在整个《白鹿原》的写作中，人物的命运变化、整体环境的变化与当时的历史现实紧密结合在一起，以历史的发展和进程来推动故事的发展，也为《白鹿原》的剧情发展建立了现实可靠的线索。《白鹿原》在现实性的写作当中，完整全面地呈现了随着社会的变动和时代的变迁，白鹿原上的人的命运选择和思想的变化以及在时代的更迭中出现的变动。现实性的写作和历史性的叙事也将完整地展现了随着时代的发展，传统的农耕村落对强权的抗争和对新思想的接纳。

好多年后，即白嘉轩在自己的天字号水地里引种罂粟大获成功之后的好多年后，美国那位在中国知名度最高的冒险家记者斯诺先生来到离白鹿原不远的渭河流域古老农业开发区关中，看到了无边无际五彩缤纷的美丽的罂粟花。他在他的《西行漫记》一书里对这片使美洲人羞谈历史的古老土地上的罂粟发出感叹：

在这条从西安府北去的大道上，每走一里路都会勾起他对本民族丰富多彩的绚烂历史的回忆……在这个肥沃的渭河流域，孔子的祖先、肤色发黑的野蛮的人发展了他们的稻米文化，形成了今天在中国农村的民间神话里仍是一股力量的民间传说。……

白嘉轩在娶到仙草之后，一转前面的霉运，家庭和事业都获得了好的收获。仙草在嫁过来的同时，还带了来一包罂粟的种子，白嘉轩在自家的田地里种下，然后在收获了之后按之前仙草的父亲授予的方法进行炼制，卖了大价钱。清朝末年，中国受到了外来列强的入侵，割地赔款，人民生活困苦，通商之后，外国列强带来了鸦片，在市场上进行售卖，以摧毁人民的身体和精神来获得利益。在这样的情况下，并未对鸦片的危害有足够认识的白鹿村开始广泛种植罂粟。这是外来入侵的开始，千年的农耕文化开始受到外来物种的入侵，斯诺先生也对成片的罂粟田发出了感慨。

祠堂和村庄的历史一样悠久，却没有任何竹册片纸的典籍保存下来。搞不清这里从何年起始有人迹，说不清第一位来到这原坡挖凿头一孔窑洞或搭置第一座茅屋的始祖是谁。频频发生的灾祸不下百次把这个村庄毁灭殆尽，后来的人或许是原有的幸存者重新聚合继续繁衍。灾祸摧毁村庄摧毁历史也摧毁记忆，只有荒诞不经的传说经久不衰。泛滥的滋水河把村庄从河川一步一步推移到原坡根下，直到逼上原坡。相传有一场毁灭性的洪水发生在夜间，有幸逃到高坡上的人光着屁股坐到天亮，从红苕地里扯一把蔓子缠到腰际，遮住男女最隐秘的部位，在一片黄汤中搜摸沉入淤泥里的铁锨饭头和斧头；祠堂里那幅记载着列祖列宗显考显妣的宽大的神轴和椽子檩条，一齐被洪水冲得无影无踪，村庄的历史便形成断裂。

祠堂代表的是传统的封建礼法制度，在白鹿村，祠堂的历史和村庄一样地悠久，虽不知从何年开始，但他们却一直保持着对白鹿村的统治。即使村庄也经历了很多次历史变迁，有过被摧毁的记忆，有过自然灾害险些失去家园的状况出现，连同祠堂与列祖列宗的显考显妣的宽大的神轴和椽子檩条一起被毁掉，村庄的历史出现断痕，但是随着村庄的再生，祠堂也随之再生，在白鹿原的世代生活中扮演者教化者、规训者的角色，承载着村庄的发展和延续。在封建社会，传统的农耕文明下，人民依靠着祠堂的文化来寻找自己的根源，也随着祠堂的延续，传递自己的生命。

嘉轩由不得大声慨叹，姐夫的姑婆之行太冒险了。说罢白狼，白嘉轩就提出诸多疑问，没有了皇帝的日子怎么过？皇粮还纳不纳？是不是还按清家测定的"天时地利人和"六个等级纳粮，剪了辫子的男人成什么样子？长着两只大肥脚片的女人还不恶心人？朱先生不置可否地听着妻弟发牢骚，从抽屉里取出一份抄写工整的文章，交给嘉轩："发为身外之物，剪了倒省得天天耗时费事去梳理。女人的脚生来原为行路，放开了更利于行动，算得好事。唯有今后的日子怎样过才是最大最难的事。"

白嘉轩回到白鹿村，仍然穿着长袍马褂，只是辫子没有了。他进门就听见一阵杀猪似的嚎叫，令人撕心乙裂肺毛骨悚然，这是女儿白灵缠足时发出的惨叫。他紧走几步进厦屋门就夺下仙草手里的布条，从白灵脚上轻轻地解下来，然后塞进炕洞里去了。仙草惊疑地瞅着他说："一双丑大脚，嫁给要饭的也不要！"白嘉轩肯定他说："将来嫁不出去的怕是小脚儿哩！"仙草不信，又从炕洞里挑出缠脚布来。白灵吓得扑进爸爸怀里。白嘉轩搂住女儿的头说："谁再敢缠灵灵的脚，我就把谁的手砍掉！"仙草看着丈夫摘下帽子，突然睁大眼睛惊叫说："老天爷！你的辫子呢，看看成了什么样子！"白嘉轩却说："下来就剪到女人头上了。你能想来剪了头发的女人会是什么样子？我这回在县里可开了眼界了！"

随着清政府的倒台，政权的更迭，世代耕作的白鹿原也发生了变化。白嘉轩对没有了皇帝，后面的日子如何过，皇粮还交不交，剪了鞭子的男人是什么样子，不再缠脚的女子又怎么样产生了疑问。在这个世代耕作的土地上，封建礼教的规约与管制似乎已经成了白鹿原上的一种"理应存在"的生活方式，大家习以为常。清政府的倒台，新政府政策的推行使这种已经被看作是自然的规约重新回归为一种方式，与千千万万种方式一样的普通的形式。虽然对这种变化还没有完全地理解，但是白嘉轩剪了辫子，回家后面对媳妇对女儿的缠脚行为进行了反对。清政府的倒台，使原本的那种自然到铭刻到骨子里的封建礼教文化失去了神圣的光辉，随着新思想的传播和不断地引入，传统的农耕社会的民众思想开始受到影响，逐渐开始接受新的思想观念，摒弃原本的封建礼法文化对人性、自然的约束和限制。

黑娃代表受训的十个人表示决心："我们结拜成革命十弟兄了。我们十弟兄好比是十个风神雨神刮狂风下大雪，在原上刮起一场风搅雪！"兆鹏说："好呀风搅雪！你们十弟兄是十架风葫芦是十杆火铳，是十把唢呐喇叭，是十张鼓十面锣，到白鹿原九十八个村子吹起来敲起来，去煽风点火，掀起轰轰烈烈翻天覆地的乡村革命运动，迎接北伐军胜利北上。国民革命就要成功了！"

　　在第一次国共合作中，鹿兆鹏和黑娃在当地建立了农协，农协一经建立就如雨后春笋般发展起来，形成组织并具有战斗力。期间农协与田福贤为代表的豪绅进行清算，揭发保障所与相贤侵吞赃物的情况，对田福贤等进行公开的审判。他们在白鹿原上掀起了翻天覆地的乡村革命运动，迎接北伐战争。这个时候处于国共合作时期，随着合作的升级和北伐战争的推进，各地区纷纷建立农协，农民运动迎来了一个发展的机遇。

　　鹿兆鹏现在确实忙，中共陕西省委的全会刚刚开罢，党的决议急待贯彻，今冬明春要掀起乡村革命的高潮，党的组织发展重点也要从城市知识层转向乡村农民，在农村动摇摧毁封建统治的根基。党在西安已经办起"农民运动讲习所"，每期仨月轮番培训革命骨干。他决定把分配给滋水县的十个名额全部集中到白鹿原上，正好可以从每个保障所选送一个，避免撒胡椒面似的把十个人撒到全县。

　　随着国民革命运动的推进，中国共产党决定掀起乡村革命的高潮，党的组织和发展的重点也从城市知识层转向乡间的农民，在农村摧毁封建统治的根基，并且开办了"讲习所"对革命骨干进行培训，发展骨干力量，于是鹿兆鹏开始忙碌这件事情。黑娃受到影响去参加了"讲习班"，但是原上的人仍在用封建的等级观念评价黑娃参加讲习的这一行为。当黑娃从"讲习班"归来后，之前对他议论纷纷的人全部都对他刮目相看，黑娃在白鹿原上掀起了一场风暴。随着革命运动的发展，中国共产党的力量也得到了很快的发展，并把发展的对象转移到了农村，一方面改革传统的农耕制度和管理制度，另一方面也通过不同的形式传递着新的观念和思想，在接受了学习之后的黑娃回到白鹿原后产生了让人刮目的变化，革命运动的种子在逐渐地生根发芽。

　　国民党和共产党共同组建的国民党省党部宣布解放，共产党和国民党共同组成的省农民协会也被勒令解散停止一切活动，国民党主持陕政的省府于主席被调回国民党中央，一位姓宋的主席临陕接替。观望等待了三个月的国民革命军驻陕冯司令终于拿定主意，投蒋反共。他发表正式声明的时间是阳历七月十五日。

　　轰轰烈烈的农协不断发展，已经形成了一定的农协武装，但是这个时候，突然共产党和国民党共同组成的省农民协会被勒令解散停止一切活动，随后主持陕政的省府于主席被调回，国民革命军驻陕冯司令终于拿定主意，投蒋反共。第一次国共合作失败了，当地的国民党开始清缴共产党，鹿兆鹏从白鹿镇逃离，前期的农协运动的成果一下子成了空。故事的叙事与真实的历史现实相结合，在人物的变化和白鹿原的政局变动中，来暗含当时的历史现实状况，也在历史叙述的同时推动着故事的脉络发展和变化。

　　蒋介石背叛革命以后，她每天都能听也能从报纸上看到国民党屠杀共产党的消息，古城笼罩在阴森和恐怖之下。那天后晌正上课，两三个警察蹿进门，把坐在第三排一个女生五花大绑起来，一位警察出教室门口才转头向先生也向学生解释了一句："这是共匪。"女学生们惊疑万状。女先生说："共匪不是上帝的羔羊，让她下地狱。"白灵浑身像是被一根看不见的麻绳勒着，首先想到了鹿兆海。鹿兆鹏到保定烟校学习去了，他能挣脱五花大绑的麻绳吗？她那时急了可待地想见到鹿兆鹏，打问一下鹿兆海的音讯，却找不到他。五六天后，一个更令人惊讶的事情发生了，那位被绑走的同学领着三个警察到学校来，由她指点着绑走了三个外班的同学。那时候整个学校乱了秩序，女生们拥挤在校园通往大门的长长的过道两边，看着三个用细麻绳串结在一起的同学被牵着走到校门口，塞进一辆黑色的囚车。

在蒋介石叛变革命以后，共产党人遭到了厄运，国民党到处围剿共产党人，此时的鹿兆鹏已经逃跑，毫无消息，但是白灵却一直在听说学生被抓的消息，就更加担心鹿兆鹏的处境，经常请假去找他。后来在姑父的店里白灵见到了鹿兆鹏，并直言自己要加入共产党，即使是在这样全国剿杀的情况下。国共合作失败，受到影响的不仅仅是革命运动，参与革命运动的人都受到了影响，国民党叛变革命，形成的统一战线宣告失败，国共两党的关系破裂，鹿兆鹏遭到追杀，白灵加入了共产党，鹿兆海转投国民党，在国家动荡和变局当中，在历史发展的驱动下，他们的命运也随之开始发生变化。

2. 原著的核心观点及评价

《白鹿原》是一部现实主义作品，强调政治观念，反应"生活本质"，力图展示生活原生态，揭示出纷繁社会中的文化属性与文化规律，把人物命运和历史进程联结起来，以历史的变迁带动人物命运的沉浮。核心观点主要有四点。

(1) 农耕文化体系下原生社会群体的生活常态及人际结构。白鹿原上的人在封建礼法文化的空间构建下完成世世代代的耕作、继承和延续，形成了原始的农耕文化，并构筑了以此为基础的生活常态和人际结构。在农耕社会下，土地是他们的生活来源，白鹿原上农耕制度是在封建土地制度和土地结构进行的分配，在长远的发展当中，白鹿原上的人也认同了这样的制度，并将其视为是自然的、应当的。因此，当白嘉轩得知皇帝没了的时候，首先想到的是皇粮怎么交的问题，并未意识到这其实是封建统治强加的一种制度。在以土地为根本的农耕社会，人们的关系、社交也是围绕着土地进行的，土地的交易在白鹿原上是一项郑重的事情，契约的交换、土地的转换和地界、地碑都彰显着人们对土地的重视，也在这种对土地的重视中，显示着人们之间依附土地的这种关系。同时也反映出，在儒家礼法正统的规训下，人、土地和农耕文化已经自然地结合在一起。儒家文化贯彻了封建社会的始终，禁锢了农耕制度，规训了农业行为，并形成了封建土地制度和剥削制度，但是在儒家礼法文化对于农耕的渗透和参与下，维持了农耕文化的稳定和发展。

(2) 欲望的追逐与压制。《白鹿原》完整地诉说着人真实的自然欲望和礼教文化对欲望的压制，以及在这个过程中出现的反叛与抗争。人的欲望是本身存在的，不受制度和礼教的规约，但是在儒家的礼教文化的统治下，人的欲望受到了压制。一方面是对权力的欲望，另一方面是对性的欲望。白嘉轩的仁义使他自然地成了白鹿村的族长，拥有了像鹿三一样的坚定的捍卫者，不断巩固家族的权力统治，而鹿子霖则在封建礼教文化的规则下只能对这样的角色望尘莫及，这是为鹿子霖所不平衡的，他的后续的一系列行为背后的根本原因，就是在权力欲望的驱使下的抗争行为。田小娥、鹿子霖儿媳对性的追求是自然的、奔放的，但是这同时也是封建礼教文化下对女性性压抑的抗争，虽然在整体的社会环境下这种抗争无力且卑微。田小娥在封建家长制的安排下嫁给了自己爷爷辈分的人当姨太，同时还受到了丈夫的大老婆的欺压，在这样的环境下田小娥以身体的反抗换取精神的自由，不料被发现后，封建道德观念和女贞观念使她不受家庭的待见。鹿子霖的儿媳妇在嫁给鹿兆鹏之后并未过上真正的夫妻生活，追求婚姻自主的鹿兆鹏反对封建包办婚姻，草草地结完婚之后，就没有再回家，留其一个人在家里守活寡，公公鹿子霖喝醉酒后的误认使她激发了原本自然的对性的欲望，在礼教观念和伦理道德的规约和冲突下，最后鹿子霖的儿媳妇冲破了传统观念的束缚，大胆地释放了自己的欲望，但根深蒂固的观念却使她无法挣脱束缚，最终将自己逼疯。鹿兆鹏与白灵在对爱和自由的欲望中，走向了同一条路，在困难的挣扎中坚守着自己的理念，不仅走出了封建家庭的约束，也走出了心灵和精神的禁锢，完成了自己对自由和爱的向往。

（3）道德伦理的浮沉与坚守。仁义道德是《白鹿原》在前期叙事中主要遵循的原则，白嘉轩依靠着他的仁义成了白鹿村的族长，也成了受白鹿村敬爱的人，因此在他的主持下，大家对祠堂充满了敬意，大家认真地背诵和遵守《乡约》，这使白鹿村成为一个仁义村庄，各个文质彬彬。在一定程度上，道德伦理在家长制的族规约束中得到了加强，在对人行为的引导和约束中起到了积极的作用，但其本质还是为维护封建礼法制度服务。《白鹿原》的后期叙事中，主要的内容是反叛和抗争，新时代的变化使得人们的思想开始开化，人们了解到除了封建制度以外的其他的思想和制度。此时，原本处于统治地位的白嘉轩开始为维护自己的权力和观念而奋力挣扎，但面对的确实更多的对传统礼法的反叛和新的思想的繁衍，道德伦理的价值观开始被反叛。到了后期，在黑娃身上的儒家仁义道德又彰显出了其对个人教化中的重要作用。所谓的"仁义道德"并不是封建制度本身，也不是进行封建专制的工作，它本身是个独立的存在，随着社会的变化，与时代相结合，发挥其重要的作用。

（4）白鹿原的政治叙事与隐喻。政治权力关系是《白鹿原》的重要内容，在原上首先是两股力量的对峙，以白嘉轩为代表的族长制度和以鹿子霖为代表的村规、乡贤制度，两股力量在博弈中维持了白鹿原的政治平衡，两派具有共同的信仰和价值追求，因此白鹿村一直在发展，从而保持政治平衡。随着时代的推进，出现了全国性的政治变动，白鹿原上传统的政治生态被打断，当权者开始陆续登陆到白鹿村，新的思想、新的制度、新的观念使传统的农耕社会下的思想观念发生了变化，随之带来了权力体制的变化。故事的情节发展和变化与历史现实紧密结合，在进行历史叙事的同时也对白鹿原这个地方所反映出来的全国的形势、政治变动、社会发展以及人民的生活状况进行了隐喻。

3. 在学术史上的地位及学术影响

《白鹿原》是中国寻根文学和反思文学的有力补充，故事中的人物命运被传统的封建思想和儒家的人伦道德所绑架，丢失了人性，失去了本真。在对传统的挑战中，故事呈现出两股力量，一股是反叛者，但最终以屈服和皈依结局，另外一股是反抗者，最终在新的思潮的影响下走向了彻底反抗之路。《白鹿原》对研究近代以来儒家思想的演变、地域文化的变迁以及传统农耕思想具有重要的借鉴和指导意义。

《白鹿原》是女性主义叙事和女性表达的重要内容，《白鹿原》对女性在封建家庭统治下的命运进行了系统的描述，包括仙草、田小娥、鹿子霖的儿媳、小翠的命运全部不受自己掌控，自己的婚姻和命运很大程度上是为家庭服务的，女性并没有自己的自主权利和自由。对命运的挣脱和叛逆也在整个封建礼法文化为主的社会中备受嘲讽。真正实现对自己的解放和自由的是白灵，她既在观念上解放了自己，也在行动上解放了自己，勇敢地去追求爱与自由，真正地实现了自己的解放。《白鹿原》对研究女性主义、封建家庭对女性的精神压迫和革命运动时期的女性知识分子具有重要的借鉴意义。

4. 当代研究新进展

当前对《白鹿原》的研究主要集中在现实主义文学的叙事方面、语言文本的图像化、红色经典的叙述以及教化权力的反抗中，在《白鹿原》的影视化传播中，从2012

年被拍成电影后，不断出现了新的电影、电视剧版本，关于其对封建儒家教条思想的批判和对人的"根"的追逐，也成了研究的重要方面。

5. 延伸阅读的方向

同类延伸阅读：贾平凹，《废都》，安徽文艺出版社，2010 年 9 月出版。

国外延伸阅读：①弗拉基米尔·纳博科夫，《洛丽塔》，上海译文出版社，2018 年 7 月出版。②司汤达，《红与黑》，海南出版社，2018 年 9 月出版。

三、《京华烟云》——林语堂

（一）原著概述

《京华烟云》的主要内容是描绘从 1901 年到抗日战争 30 多年的悲欢离合和恩怨情仇，故事主要围绕三个家族的青年子女的情感线索展开。在情节构造中与所处年代的历史事件相结合，并结合了中国古代的甲骨文文化、古诗词文化、现代诗歌进行文化传播叙述，融合中国传统的道家、儒家的哲学观念，在背景、内容、人物的描写中嵌入了中国传统的文化习俗，具有鲜明的中国特色。通过故事的描述，作者全景式地展示了中国社会变换的历史风貌，同时表达了对抗日救亡精神的推崇，呈现了"道""儒"两家的优秀传统文化思想。

《京华烟云》是作者林语堂在旅居巴黎期间，于 1938 年 8 月至 1939 年 8 月期间写作的英文长篇小说，英文书名为《Moment in Peking》，后在转译成中文时命名为《京华烟云》，是对西方人展示变动时期中国社会的一个窗口。《京华烟云》中的人物设置几乎是涉及了能够代表中国社会的各种人物，同时随着历史的推进和发展，人物的命运不断地发生变化，旧的人物慢慢消失，新的人物逐渐出现并发挥着越来越重要的作用。因此，我们将从女性观的角色展现、梦境的隐喻与预设、道儒人生哲学、悲剧与忧患、自由精神与独立意识、文化叙事等几个方面来欣赏《京华烟云》。

（二）原著导读

1. 研读的主要目标

了解、掌握故事的叙述形式、对其中隐含的传统文化、思想、习俗等进行把握，在阅读中分析作者对抗日爱国精神的表达。

①说明《京华烟云》中表现的传统的道儒两家学说思想表达的作用，及其对中国传统文化的全球传播的作用。

②对《京华烟云》中的传统文化思想在人物上的表现进行说明，介绍这种叙事形式的特点。

③分析《京华烟云》中塑造的女性的特点及其魅力。

2. 研读方式

①文本阅读，通过文本阅读的形式，对原文进行认真的研读，了解作者的写作风格、写作特点。

②对比分析，对《京华烟云》中的场景和情感描写进行对比分析，了解作者在人物塑造中的用意和不同的表达形式。

③人物分析，人物的塑造和描述是《京华烟云》的一个亮点，分析作者在人物塑造中的形象描绘和思想刻画，尤其是在对女性的描绘中，所传达的对中国女性的赞美与崇拜。

④了解作者写作背景，对作者写作背景的了解和探究，有助于对作品的认识和了解，洞察作者的写作目的和表述意义。

3. 研读的核心内容

在互文式的故事叙述中，把握道、儒文化的人生观和哲学观，结合故事情节的冲突，探讨中国传统文化思想与现代思想的冲突与融合。把握对女性的细节描写和精神描写，了解作者对中国传统女性的崇拜和赞扬，以及透过女性思想的解读，探究女性在传统与现代观念下的思想哲学。

4. 思想扩散的方向

（1）传统哲学观的现代性继承与发扬。作者在小说叙述的过程当中，从人物的思想设定上，贯穿了传统的哲学观念，并表达着这些优秀的传统思想文化对于人的心理的塑造、精神的塑造所起到的巨大的作用。道家的思想和儒家的思想在除去封建礼法对人的规约之后，是对于人的思想的净化、品德的引导和修养的提高，因此塑造出了木兰和曼娘这样的理想化的女性形象。这是作者对于传统的女性品德的赞美，也是对于东方哲学观和思想理念的展现。

（2）文学作品中传统文化的全景式展示。《京华烟云》在全景式的故事展现中表达着对于中国传统文化的表达与热爱。不管从人物活动的场景、人物生活的方式、人物的行为和思想观念还是情感的表达都是活在中国传统文化的诗、书、画里的，是对外表达和传播中国传统文化的经典之作。

（三）原文精选与释读

1. 经典演绎

（1）女性观的角色展现。

《京华烟云》女性观的角色展现是小说的一大特点，作者林语堂在女性角色的塑造中凸显了性格各异、形象鲜明的众多女性形象，在小说中塑造了90多个人物，其中将近50个都是女性角色。作者试图在文本中表达自己对女性的崇拜和爱慕，极力地塑造在传统女性美德下的古典东方女性之美与独立自主的现代女性之美。柔惠娴静、贤良淑德是美，恬静自然、天真活泼是美，独立自主、勇于追求也是美，这些美不仅来自女性的修养和性情，更是女性天生被赋予的精神魅力。

曾太太年约三十岁，五官清秀，小巧玲珑，跟丈夫的雄伟正好相反，丈夫比她大十岁。她的原籍虽然是山东，可是在北京已经住了好几代，就如同世代书香官宦之家的千金小姐一样，她也读书识字写文章。她是曾文璞的二太太，大太太生了平亚就死了，平亚是她一手带大的，就如亲生之子一样。对教养良好懂得做贤妻良母的富有之家的女儿，这种事，她做起来并没有什么困难。曾太太做人谦虚安详，稳静而端肃。因为生在上流家庭，曾太太有中国妇女的落落大方，庄重贤淑，处世合规中矩，办事井井有条，对仆人慷慨宽厚，治家精明能干，知道何时坚定不移，最重要的是，知道何时屈己从人，何时包容宽恕。在治家与驾驭丈夫，宽容与督察是同样的重要的。曾太太因为纤小清秀，所以神经过敏，再加上体质单薄，便容易感受各种疾病。在这样的年岁，她还肉皮儿特别细嫩，仍然年轻而美丽。

曾太太是典型的大家闺秀，她落落大方，庄重贤淑，处世合规中矩，办事井井有条，对仆人慷慨宽厚，治家精明能干。她不仅将家庭料理得很好，同时也端庄大度，年轻美丽，能够识书识字写文章，在平亚的母亲去世后，如亲子一样将平亚看管长大，是一位慈爱的母亲与精明的家主。处于封建官宦家庭的曾太太，一边恪守着礼法传统，从不逾矩，一边照顾着母亲、丈夫、子女，为曾家的和睦喜乐贡献了自己的力量，她是这个家庭的精神支柱，是维护家庭的主要存在。在对礼法的严格遵守和对女德严苛遵循之下，她成为一个秀外慧中的人，因为内心的恬静自然，直至这个年岁，她依然皮肉新嫩、年轻美丽。

曼娘是小镇上朴实的女孩子，在一个学究的父亲教养之下长大的，受了一套旧式女孩子的教育。旧式教育并不是指她经典上的学问，经典的学问在旧式教育之中只占一小部分，而指的是礼貌行为，表现在由来已久的女人的四方面的教育：就是女人的"德、言、容、工"。这四方面代表大家公认的女人良好教育的传统，女孩子时期就应当受此等教育。古代的妇女在少女时期都接受这种教育，并且希望能躬行实践那些道理规矩，尤其是以能读书识字的少女为然。有一种理想，固定分明，根深蒂固，而且有古代贤妻良母躬行实践的先例，有一种清清楚楚极其简明的一套规矩。大概是这样：礼貌为首要，因为贤德的女人必有礼貌，有礼貌的女人也决不会不贤德。"妇德"在于勤俭、温柔、恭顺，与家人和睦相处；"妇容"在于整洁规律；"妇言"在于谦恭和顺，不传是非，不论隐私，不向丈夫埋怨其姑嫂兄弟；"妇工"包括长于烹调，精于缝纫刺绣，若是生在读书之家，要能读能写，会点诗文，但不宜于耽溺于辞章以致分心误事，要稍知历史掌故，如能稍通绘事，自然更好。当然这些书卷文墨等事决不可凌驾于妇人分内的事，这些学问只是看作深一层了解生活之一的助力而已，却不可过分重视。文学，这样看来，只是陶情怡性的消遣，是女人品德上一种点缀而已。另外妇德之中的一点是女人万不可以嫉妒，所以女人宽宏大量就足以证明她的贤德，男人有此贤德的妻子，往往对她心怀感激，也自认为有福气，为朋友们所美慕。贞节，不用说，在女人身上是神圣不可侵犯的，不过这种事却不可以期之于男人。贞节一事，约略说来，未嫁之女十人中有九个多人遵守，虽然在富有之家的丫鬟只有四五个人能遵守，上等家庭里则几乎全都遵守。贞节是一种爱；教育女儿要告诉她这种爱应当看作圣洁的东西，自己的身体绝不可接触男人，要"守身如玉"。在青春期，性的理想在少女的信仰上颇为重要，在她保持贞洁的愿望上也有直接的影响。少女时期性的成熟，使她性的特点鲜明易见，招致"君子好逑"那是事属当然的。

曼娘是平亚小时候定了亲的未婚妻，是个典型的传统妇女的代表。曼娘从小在一个学究父亲的教管下长大，深受儒家思想的影响，熟知"德、言、容、工"四方面的教育。在三从四德的观念影响和文化教条下，曼娘深知女性的一些美好的品质和严格的规矩，她从容大度宽宏大量，看中贞洁守身如玉，在对性的理想上，也是遵循封建礼法克制自己，以封建社会男性对女性的审美标准严格地要求自己。曼娘是一个完美的传统礼教观念培养出来的女性，她崇尚封建礼法的观念，对自己的行为和思想严格约束。但是不公的命运将其推入了女贞的漩涡，在嫁给病情严重的丈夫不久后，丈夫平亚就去世了，曼娘在曾家的安排下，收养了阿煊，在十几岁的少女青春年华里就走入了孤独的一生。

木兰和莫愁在八九岁，就要学正坐，两腿紧并在一起，而体仁在椅子上永远不是正坐，而是把椅子弄斜，两根椅子腿着地，自己则把两只脚放在桌子上。丫鬟在四周围闲着没事做，木兰妹妹必须自己洗内衣（当然要晒在不会有男客人看得见的隐秘的地方），帮着在厨房做事，发面蒸馒头蒸包子，擀面烙饼，自己做鞋，裁衣裳，缝衣裳。

她俩唯一不做的事，就是不用去舂米、推磨、磨面，因为做这种事会把手掌弄粗的。她们必须学会女人在社会上的礼节风俗，诸如怎么送礼，怎么赏送礼的用人，记各种节气，各种不同应时的食物名称，婚、丧、生日的礼节规矩，辈分高低，远近许多父系母系方面亲戚的称呼，如舅父、姨父、伯父、叔父、舅母、姨母、姑母、伯母、婶子、姐妹、姑表姐妹、堂姐妹、表兄弟、姑表兄弟、堂兄弟、外甥、外甥女、侄子、侄女，还有这些人的子女称呼等。不过拿女人的聪明记这些复杂的名称关系，是没有困难的。木兰十四岁时，在一家丧礼客厅里，用眼睛一扫，就凭棺材后头那些人的丧服记号儿特点，就看得出死人有多少儿子，多少儿女，多少儿媳妇，多少女婿。木兰知道姑娘嫁后几天回门，几天之后新娘的弟弟到姐姐家去回拜，何时婆家端上四碗什么菜，她都弄得清清楚楚。她知道新娘的弟弟只能把那些菜尝尝而已，不能大吃。这都是活学问，又有趣，又有用。

木兰、莫愁两姐妹的成长深受信奉道家观念的父亲的影响，自食其力、谦逊好学，对家庭交际的礼品、节气食物的名称、婚姻嫁娶的规矩和礼节都烂熟于心，学的是活学问，懂的是真知识。在父亲的培养下，两个女儿具有良好的气质，贤良恭惠、通情达理，同时也受到了母亲的世俗观念的影响，深谙治家之道。木兰不仅长相美丽，更能够通达人事，善良大度，更是被称作是"道家的女儿"，是完美的女性形象的代表。封建社会的礼法观念制定了女性的行为依据和标准，对女性的行为进行了严格的约束，但是在封建立法的观念下，女性对自己行为的规约和自然天性的结合也形成了一道独特的美，这种美与现代思想倡导的独立自主是不同的方面，也是女性特有的一种魅力。

银屏在北京已经住了几年，大概认识方向，也知道北京几个地区。她雇了一辆洋车，往西南奔顺治门走去，因为那儿离姚家远，大概安全可靠。又因为那个地方儿人多，她住在那儿不太显眼。她在南城附近找了一个小店过夜。那条狗很麻烦，她担心会因为狗而使她露了踪迹。早晨，她喂了狗一点儿肉，把狗拴在她屋里的铁床柱子上，到珠宝店去卖一只玉镯子。她穿得很讲究，那家珠宝店给她一百块钱，这很出乎她的预料。因为知道那只镯子的真价钱，又走了一家，她开口要两百块钱，卖了出去。有那一笔钱在手里，足够半年的过活。她知道要小心财物，同时她还有另一只镯子呢。所以她不做事等体仁一年，是可以的。她心里立誓要报仇。她起誓在体仁回来之后，要用尽一切方法，让体仁不去他母亲那里。她是个女人，知道体仁的弱点。

银屏因为出身的问题，一直是姚家少爷体仁的丫鬟，性格独立，不认命，勇于追求。在姚家举家逃难的过程中，艳丽打扮，并没有因为自己是丫鬟的身份而就此认命。在长大后勇敢追求自己的爱情，在被姚家夫人一系列的行为制止后，仍然没有低头。体仁少爷去了国外，她在被迫出嫁前带着她的狗逃了，在北京城另外找了个地方，等待自己的情郎归来。同时她精明于人际，懂得如何与华太太相处，如何把握体仁的心思。在姚家极力反对之下生下了儿子，她是胜利者，是对不平等命运反抗的胜利者，但同时她也是失败者，在儿子被夺、身份不被接纳的情况下，她赢得了与姚夫人的战争，但失败于自己的感情和母性。

木兰现在是真正快乐，她正进入了一个新阶段，是她丈夫完全不能了解不能体会的。他是初次看到木兰像个母亲。所有木兰那些母亲般的动作，如同抚爱婴儿，在怀里抱着吃奶，坐的时候儿，把一条腿架在另一个膝盖上支撑着孩子——小姐若摆出这种姿势是观之不雅的，她对小孩子儿的低声细语，她口中念念有词般对婴儿说话，他不能懂而婴儿能懂的话，她的脸和乳房的形状的改变——这一切都使他感觉到喜悦，却又大惑不解。阿通因消化不良而生病，木兰整整一个礼拜的工夫不睡觉。他觉得自己原来并没有能够真正了解木兰，但是他却开始了解女人。他觉得自然创造女人时所赋予女人的头脑之复杂，非男人的头脑之复杂所能及，使女人头脑这样复杂就是供母性之所急需，使女人的头脑和个性发展成功，能比男人的头脑更切合实际生活的需要。苏亚原以为木兰天赋有超现实的性灵之美，可是现在他看见木兰也是真实的人世间的一面了。可是，肉也就是灵，并且肉的神秘比灵的神秘更伟大。所以木兰身上的母性所达到的深度，不是苏亚所能了解的。

成为母亲之后的木兰，到达了一种新的境界，这是天然的母性对女性的唤醒，这是包括丈夫在内的男性无法理解的。因为母性的焕发，木兰对之前一直严格遵守的官家小姐、太太的姿态不再出现，但是她依旧是迷人的，这种美来自她对孩子的爱，对母性的散发，木兰对待自己的孩子低声细语，包括她的脸部和身材的变化，都彰显出母性的光辉。透过丈夫苏亚的言语，拥有了母性的木兰更加迷人，不仅仅是作为思想上的魅力，更是包括真实的人世间的一面。正是这人世间的母爱，让木兰到达了一个新的境界，成了更为具有魅力的女性。

阿满从小就懂事。即使正在玩耍，母亲一叫，立刻就去。暗香一出嫁，她自然而然地接过照顾妹妹的责任。做大姐并不是一句空话，对弟弟妹妹要有一个明确的道德义务感。她现在正在上中学，打扮穿着自然是一个中学女学生的样子。她是她们班的班长。木兰在不知不觉中，要让阿满受她自己从母亲那儿接受的那种训练。逐渐长大的女孩子照顾小孩儿，可以获得天赋母性的满足。再者，她感觉到自己和妹妹都是女孩子，跟弟弟又不同。所以并没有什么规定，只要阿满从学校回来，看阿眉就是她的事。阿满也帮着母亲做事，用不着吩咐。有时候儿，甚至木兰还要把她赶走，叫她和弟弟去玩儿，可是过了不久，她又回到屋里来。女孩子就是女孩子。木兰是偏向着儿子，不过不许他欺负仆人和姐姐妹妹，这和她母亲当年骄纵着体仁不一样了。

阿满是木兰与苏亚的大女儿，从小就懂事，俨然成了一个新的木兰。在暗香出嫁后，自己就承担了照顾弟妹的职责，明确自己对弟弟妹妹的道德责任感，而且在班级中担任着班长。阿满在成长的过程当中深受母亲木兰的影响，因此一方面呈现出来的是对传统礼法的规约和遵从，自觉地成了一个具有传统女性美德的角色，主动承担起照顾家庭和弟妹的职责，另一方面，阿满受到了现代思想的影响，独立自主，自强干练，追求现代民主。但是终究阿满在游行中丢掉了自己的生命。

（2）梦境的隐喻与预设。

《京华烟云》被称作是与《红楼梦》有"亲缘"或"血缘"的关系，在很多的点评中都显示《京华烟云》是对《红楼梦》的创新和发展，即使是作者林语堂的写作初因也与《红楼梦》有着直接的关系。《京华烟云》的写作叙事风格就与《红楼梦》有很大的渊源。梦境的隐喻与预设是《京华烟云》在内容写作上的重要组成部分，在故事还未完全发生之前，姚夫人的两个梦境预设了木兰的命运和发展，曼娘的梦境更是预见性地提前看到了自己的命运。在梦与现实的空间交织中，立体性地展示了故事的发展和变化。

姚太太又已经告诉过他昨天晚上的梦。在梦里只记得她在山谷里走，一条宽大的溪水在山谷中间流，另一边儿是一带树林子。她那时拉着莫愁的手。她觉得听见木兰叫她。她忽然想到木兰并没在她身边儿，似乎好几天没见到她了。最初，木兰的声音似乎来自树顶上；在她转身进入阴森森的树林时，发现好多小径都阻塞不通，正不知如何是好，又听见木兰喊叫，声音清楚可闻，但是软弱无力，似乎是从溪流对面传来。声音是："我在这儿哪！我在这儿哪！"母亲一转身，看见孩子的身影儿，正在溪水对面的草地上摘花儿。她既看不见船，又看不见桥，心中不由得纳闷儿，孩子是怎么样过去的呢？她把莫愁留在岸上，自己在清浅的激流中涉水过去。忽然一股洪流冒起，使她脚下悬了空。一惊醒来，原来正躺在旅店里的炕上。

刚刚从北京出行后不久，姚太太在梦里梦到了木兰丢失。在梦境中，寻着木兰的声音来找他，但是总是找不到，转身自己也进入了阴森的树林里，路径不同，这就寓意着木兰受困。然后在溪流对面传来了声音，转身看到了木兰的影子，想要渡河找木兰但是受激流所困，说明木兰丢失后的去处与水流有关。忽然的梦境中惊醒使姚太太意识到这是做梦，但是不久后发生的姚家车队遇到了兵，在四散逃走的过程中，丢了木兰，木兰被义和团的人走水路带走，后续又要被人贩子卖掉的现实相吻合。

那天晚上，做母亲的做了一个梦，跟以前梦见的一样。她分明听见木兰叫："我在这儿，我在这儿！"于是又看见女儿在溪流的对面草地上摘花儿，跟木兰在一起的是另外一个女孩子，她不认识，以前没见过。母亲叫木兰过来。木兰在那边儿喊："您到我这儿来啊！我们的家在这儿。您在的那边儿不对呀。"母亲想找一个渡船，或是找个桥，但是没有。于是似乎觉得自己在水面上安然行走，往下，往下，再往下，顺流而下的好快，这时已经忘记了女儿。她经过了城镇、村庄、山顶的佛塔，正漂近一座桥时，看见一个老翁在桥上疲惫而行，一看，原来是自己的丈夫。她还看见有一个年轻的女人挽扶着丈夫，而那个女人不是别人，正是木兰。她在河上向他们呼叫，但是他们好像没听见，还是照旧一直往前走。她两眼盯着她不放松，不料自己碰到桥柱子上，不能在水上漂了，往下一沉，就醒了。

木兰的丢失与木兰后续的命运变化有着密不可分的关系。首先在梦境中，姚夫人看到木兰在草地上摘花，还看到另外一个女孩子跟她在一起，还说到自己的家在河的对岸。现实中，木兰确实是跟另外一个女孩子在一起，那就是暗香，木兰后面的夫家也正是在这次走丢后，将她救下的曾家。母亲去寻找她的路上，看到了城镇、村庄、山顶的佛塔等，这也正是在今后的发展中，木兰迁徙所要经过的地方。在这个梦境结束之后，不久就得知了木兰被曾家救下的消息，也是因为这次曾家的相救，木兰与曾家的三兄弟相识，也认识了自己后半生最好的姐妹曼娘，所有的故事线索就在这一次的相救中埋下了。

她觉得有点儿异乎寻常的困倦，刚一闭上眼，就看见一座荒废的古庙，在一片雪地上。她自己在雪地上走，大大的雪片还纷纷扬扬的下。她自己不由得纳闷儿，而同伴又哪儿去了呢？她看了看庙门上的匾，原来是一家的宗祠，匾额太旧，看不出字迹。她迈步进去，见里头完全荒废冷落。天已黄昏，她又冷又怕，心想也许能点一堆火烤一烤。在地下只找到点儿稻草。她正不知如何是好，忽听见外面有人叫。回身一望，见一个女孩子，身穿黑衣裳，提着一篮子炭，微笑说道："曼娘，你看，你看我给你送什么来了。"那个女孩子长得像木兰，只记得是似乎多年没见了。黑衣姑娘走进来，她正自己说："哪儿有火柴呀？"黑衣姑娘似乎明白她的心意，于是说："你看，那盏万年灯上不是有火吗？"她抬头一望，果然看见挂在神桌上的油灯。她们俩都拿了点儿稻草到油灯上去点，于是点起很好的一堆火。她俩走到里间，看见几个棺材停在狭长的走廊下，她怕起来。忽然一个穿白衣裳的女人站在走廊的那一端，脸生得很俊，因为很像观音菩萨。那个女人向她叫："曼娘，过来。"曼娘仍然害怕，不敢穿过走廊过去，不过她很想去近走看看那个女人慈祥的脸。她要黑衣女郎陪她过去，可是黑衣女郎说："不，我不去，我要站在这儿，好让这火一直着，不要灭，我会等着你回来。"好像有一股奇异的力量，吸引她走过边上停满棺材的走廊。道很黑，她犹豫不决。这时像观音大士的女人仍然向她微笑，向她喊别怕，说过去之后，她会带她去看她的宫殿。曼娘向前走。在走廊的尽头有一条深沟，只有一块棺材盖横摆在上面当作桥，而白衣大士却在沟的那一边儿。她向白衣大士说："我过不去。""你能过来，你一定要过来。"那个棺材盖只有一尺半宽，而且向下扣着，而她又是裹的小脚儿。对这种不能做的事，她当然无可奈何。那边又有声音："你能过来，你一定要过来。"事情似乎不可信，她居然迈步走过了那座桥。看哪！她到了玉树琼花的仙岛，还有雕绘的栋梁，金黄的殿顶，朱楼宝塔，崎岖婉转雕花格子的走廊。她身后那荒凉的古庙已然不见，这座神仙宫殿的四周，是白茫茫一片雪地；她发现自己身上穿着白孝，而白得那么美。银树上悬着冰坠儿，整个气氛是清瘦而稀奇。那个女人说："你看这些个。"她走向那个女人越近，她自己越像是个观世音菩萨。她们走过大埋石台，进入一座宫殿。她知道那是"永明宫"，大殿中，有童男童女提着花篮儿，别的人在神桌上烧香。那些童男童女彼此说话，一起生活，全无一点儿羞态。那些人当中有一个穿绿衣裳的，走上前来向她打招呼，说又看见她回来，真是高兴。她忽然想到自己以前也曾在此地，而这个宫殿果然似乎很熟悉。于是自己也完全失去了羞惭的感觉，跟男孩子说话，一起过从，完全轻松自然。绿衣女郎问她："跟你降落凡尘的那个同伴儿现在在哪儿？"曼娘心中纳闷，想不起来那个同伴儿是谁。绿衣女郎说："你们俩离此而去，都是你们的过错。"现在曼娘想起来了。她以前也是果园里的一个仙女，起凡心爱上了一个青年园丁，那是不应当的。于是两个人被贬谪出去，去尝爱的甜蜜，也去受痛苦折磨。她现在明白了为什么要比她的同伴儿受的苦难更多更大。

曼娘是典型的传统女人的代表，同时也是全书中悲剧人物的代表。从小在父亲的教导下，曼娘成了儒家礼法观念下推崇的女子，自小在与曾家定亲之后，就等待着自己的婚姻，期间从不逾矩。但是她所向往的出嫁成了曾家的冲喜，她所嫁的丈夫在结婚不久后去世，曼娘就开始了她悲苦的一生。梦境中曼娘看到了木兰雪中送炭、自己走过了棺材盖做的桥、玉树琼花的仙岛、穿着白孝衣的自己，在绿衣女郎的提醒下，想起自己的同伴和因为爱情贬谪下凡间受痛苦折磨。现实中的曼娘在一嫁过去丈夫就去世，他从此受困在曾家的豪宅大院，与丈夫平亚相爱，但是在这段婚姻里确因丈夫的去世受到更多的苦楚。

（3）道儒人生哲学。

在《京华烟云》的人物设定上，充满了对道儒人生哲学的思考和展示。在《京华烟云》中的两大家族，曾家和牛家对于儒家的"入仕"观念十分认同，曾家本身就是个官宦人家，曾先生从政，精通政界的人物关系和门道，因此可以在木兰丢失后，通过自己维持的人脉关系找到木兰，找木兰的初衷其实也是曾先生为了与姚家建立一定的关系往来。牛家更是以"作官"作为衡量年轻人是否有前途的标准，在为牛素云选丈夫的时候，充分考虑到了经亚的性格适合做官。而姚家的姚先生则是道家学说的认同者，在早年的荒废中大彻大悟，顺其命运，自然而为，对自己的女儿的婚姻也是看中两者是否命中相合。因此在三个家族的命运纠葛和人物发展中，道儒两家的哲学思想起了很大的作用。

在这一段期间，姚大爷始终不打算搬家避难。他所答应的只是把家庭的大洋镜子，和由于好奇而买的西洋伸缩型望远镜毁了而已。他的住宅离那遭受毁灭的地区较远。他太太劝他逃离灾区，免遭杀害抢劫之祸，他却充耳不闻，想也不肯想。城外四乡都是军队。姚大爷认为一动不如一静。他相信谋事在人，成事在天，要听天由命，要逆来顺受。

……

她问父亲："若有人找到那些东西，都掘出来怎么办？"父亲说："听着，孩子。要知道，物各有主。在过去三千年里，那些周朝的铜器有过几百个主人了呢。在这个世界上，没有人能永远占有一件物品。拿现在说，我是主人。一百年之后，又轮到谁是主人呢？"

木兰觉得很难过。后来父亲又说："若不是命定的主人掘起来那些宝物，他只能得到几缸水而已。"

在北京城面临危难，很多人举家搬离的时候，姚大爷认为一动不如一静，他相信谋事在人，成事在天，要听天由命，要逆来顺受，并未为自己的命运和钱财做打算，后来在姚夫人的劝说下才决定为了自己的两个女儿考虑，暂时搬离北京城。在逃亡的路上，当女儿问及如果埋藏的物件被挖了去怎么办，姚先生的回复是："若不是命定的主人掘起来那些宝物，他只能得到几缸水而已。"钱财的归属也顺从于命运的安排，幼小的木兰还不明白，于是父亲解释道，如果被挖到了，那么它们就会飞走了。姚先生对于财物的态度是顺其自然，即使是他有万贯的家产，也全权交给了舅爷来打点，在他的观念中陪伴家人和两个女儿的成长更具有价值。

照当年的情形论，好人不能够做官；活动的人也不能做官；缺乏耐性的人也不能做官；诚实的人不能做官；有学问的人不能做官；太聪明的人不能做官；敏感有良心的人不能做官；勇气太大的人也不能做官。官场的人物，甚至于那个时代的腐败官僚，也是形形色色的，因为官场人物的来源是形形色色的。官场就像一个海，官宦人家各样的子弟，所有不能以别的方法谋生的，自然也有些个诚实的、有学问的、活动的、有良心的，都跟其他不成材的，像垃圾一样，一齐倾倒在这个宦海里。但是在这个宦海之中，风浪很多，有的人沉下，有的人浮起，只是富有精力才智，再加上几分黑心的人，才能够乘风破浪，飞黄腾达。在那千万的官员之中，一个人必须既不太诚实，也不太急躁，也不太想有作为，也不太想求进步，不太敏感，不太讲良心，还有后台撑腰，大概才能确保官运亨通。

在牛太太为牛素云在曾家选夫婿的时候，她希望找个会做官的女婿，他明白会做官的人所具备的条件，官场是一个海，成了宦官家的子弟无法以其他来谋生的倾倒场，因为深受儒家文化的影响，官宦之家也希望自己的子弟以仕途的形式来出人头地。在做官的这个圈层中，有沉有浮，因此对性情有一定的要求，牛太太是在为自己的女儿谋一个在世人眼中看起来能够进入官场，最终光宗耀祖、飞黄腾达的女婿。

事已决定，无可反悔，只好如此。她开始在心里思索苏亚，记得她在运粮河的船上第一次看见他时，那么个男孩子，向她咧着大嘴微笑。命运真是把他们俩撮合在一块儿了！好多不由人做主的事情发生，演变，终于使人无法逃避这命定的婚姻！她心里想苏亚向她注视的神气，想到和苏亚一块混，可是真容易。因为她根本就没怕过苏亚。又想到苏亚的母亲多么好心肠，又想到曼娘。有一会儿，她觉得好恨曼娘来干涉自己的这件终身大事。她心里老是又想到立夫，想到立夫的学问，和立夫说过的"残基废垒"。在四五夜以前，她和立夫相敬酒的时候儿，当时多么快乐！若是立夫听到木兰配给苏亚，会怎么样呢？立夫是不是想到她曾经以芳心相许呢？她一想到这个，便觉得两颊发烧，仿佛酒力依然未减。

此时的木兰因为与孔立夫的交流和接触，已经对他产生了好感，而且孔立夫的学识和才干也为姚先生和姚太太喜欢，因此在孔立夫家被砸后就邀请其与母亲和妹妹来姚家暂住。但是木兰此时的变化被曼娘发现了，在其与曾太太的交谈后，不久曾家就来为苏亚提亲，姚家的父亲母亲自然是很乐意的，木兰虽然此时心里记挂的是孔立夫，但是对这桩父母之命媒妁之言的婚姻并没有提出反对。因此，她开始在心里思索苏亚，探究两人之间的缘分，在木兰的思想里深受其信奉道家学说的父亲的影响，认为不由自主的事情是由于命运早就预设好了的，只需要顺其自然就好。

"在你母亲去世时为什么一滴眼泪也没流，你们大概会纳闷儿。一读《庄子》，你们就会明白。生死，盛衰，是自然之理。顺逆也是个人性格的自然结果，是无可避免的。虽然依照一般人情，生离死别是难过的事，我愿你们要能承受，并且当作自然之道来接受。你们现在都已经长大成人，对人生要持一个成人的看法。你们若在人生的自然演变方面，能看得清楚，我现在就要告诉你们的事情，你们也不会太伤心。"

在姚夫人去世之后，姚先生并未流泪，后面在对子女的教导中说，生死是自然的过程，顺逆是个人性格自然的结果，无法避免，也无须刻意去避免。因此对待生死应从其自然之道来看待，是每个人都顺其命运自然发生的一个过程。现在孩子们长大了，更应该有一个成人的看法，成熟地看待身边的一切变化，能够看清其背后本质的规律和原因，而不要因为自然和规律性的事情强求。

在遥远的地平线上，高耸入云的天台山巍然矗立。它在道家的神话里，是神圣的灵山，是姚老先生的精神所寄之地。在庙门前，老方丈仍然站立。他仍然看得见木兰、苏亚，他们的儿女，与他们同行的孩子们，所有他们的影子。他看了一段时间。一直到他们渐渐和别人的影子混溶在一处，消失在尘土飞扬下走向灵山的人群里——走向中国伟大的内地的人群里。

姚老先生的精神向往是道家的仙山——天台山，在这里，他们在纷乱的战争中受到了暂时的庇护，但是人的命运是早就设定好了的，他们要走属于他们的道路，因此苏亚、木兰连同他们的儿女们，走下了山，在方丈的眼里，他们逐渐变成了影子，变成了尘土飞扬中的一粒沙子。伟大是集体赋予的，每个人都是伟大的老百姓，征服自我、获得自由，只有成为伟大的大多数，迎难而走，中国的抗战精神才越坚强。因此，她走进了群众，站在了群众里她的位置上。小说的结尾，即是对木兰实现个体的精神升华的展示，又是对伟大的抗战的歌颂。

（4）悲剧与忧患。

悲剧与忧患是《京华烟云》叙事的主基调，在整个故事的描述中，都充满了悲情主义色彩和忧郁的基调。整个故事的环境背景是义和团运动直至日本侵华的这段时间，是中国社会遭受变动和苦难的时候，这就为小说悲观的基调奠定了基础。小说的开篇就是为了躲避北京城的战乱举家搬迁，中途险些丢了木兰。在后面的叙述发展中，渐渐的三大家族的一家之长开始逐渐没落、失势、死亡，而新的力量不断地出生、长大、抗争，在一个动荡的年月里，实现着人的自然死亡和新生，在反抗与战争中又不断地付出与奋斗。同时，《京华烟云》中对女性命运的描写也深深地刻上了悲情主义的基调，在女性命运的描写中深入地结合了世代的烙印，从女性的命运变化中，透露出时代的变化和预示着悲观的叙事。

"七七"过完之后，平亚也参加了送殡，在灵的前头走，穿的是正式的女婿的孝，白衣白帽子，因为平亚自己的父母还健在，他的白腰带上有个红花结。最使曼娘高兴，最使她安心的是把灵牌安放在祖庙时，在灵牌的左边儿，刻着"女曼娘及婿曾平亚同叩。"这样安排是老太太的意思，这样写就使平亚的女婿地位合法有效。即使老太太死在他俩的婚礼之前，他俩的婚约也是没问题的。

曼娘是悲情的女性的代表，她是在传统的礼法文化严格规约下长大的，在父母之命媒妁之言下与平亚定亲。但是当两个人到了要定亲的年纪，曼娘的父亲去世了，平亚在还未与曼娘完成婚姻大事之前就做了曼娘父亲丧礼上女婿的角色。曼娘在人生中，第一次喜事和丧事结合到了一起，从曼娘的命运可以看到伴随着时代的发展，代表着旧式思想的人物的命运开始预示着旧式的传统思想的发展和变化。

人身的疾病在初起之时，还局限于阳经之时，极须善加调养。不久之后，平亚觉得口与唇发干，但并不口渴，眼花、耳鸣、胸口发闷。医生告诉曾家大人平亚的病很严重，可是曾太太以为那病与心情也有关系，是青春常有的。心中怪老太太不该让儿子和曼娘走得那么亲密。又过了半个月，烧仍不退，脉本来浮而不实，现在开始丁沉，母亲真吓怕了。她立刻想到叫曼娘来。有两个理由，第一，她以为平亚的病大体上是相思病，唯一可靠的治疗法是见到，摸到，听到他的意中人。第二，因为她相信冲喜，在病中给儿子完成花烛之喜。她想等一等，看看是不是需要走这一步。若是叫曼娘来京住在左近，如果需要总是方便的。医生，虽绝非一筹莫展，至少治伤寒也没有十分把握，于是也赞成这个办法。现代医学称之为混合心理治疗。

曼娘在平亚病重时被曾家请到了北京，以"冲喜"的形式来帮助平亚拜托病魔。因此，曼娘的人生中，第二次喜事和丧事结合到了一起，由于平亚病重，在结婚后不久就去世了。平亚的病逝带给曼娘的不仅仅是丧失情人这样简单，更是代表了她即将一生孤独悲苦。曼娘是个典型的传统女性，因此她的人生在她的传统观念中早就被定下，丈夫去世后，她将在女贞和女德的信奉中孤独终老。这样一个完美的传统女性的命运也是时代造弄的，在动荡的社会中政权不断地更迭，新的思想的传播开始影响着众多的中国人，因此传统的观念已经失去了发展的根基，必定是会被取代的，而此时拥有传统观念和价值观念的人，也必然会随着思想的发展而被淘汰。

三天以后，他又来了。华太太说银屏还是那个样子。他在几分不耐烦之下，去推关起的门。用了点儿力气，才把门打开。他进去之后，回头一看，看见了银屏。她已经自缢身死了。

银屏算不算个好女人呢？不错，天下有坏女人吗？只要环境地位变动一丁点儿，银屏在人生所占的地位也就和木兰的母亲一样了——是财产万贯之家的女主人，能干的主妇，热爱子女的母亲，儿女心目中的完人。

银屏是一个抗争者，面对不公平的命运和自由爱情勇于抗争。她与姚家的少爷体仁产生了感情，但是却一直为姚夫人所排斥，甚至是利用让儿子出国读书的机会来分离他们。但是银屏并不是容易屈服的人，她带着狗逃跑了，在北京找了个地方住下，与体仁联系，后在体仁回来之后，两个人过上了夫妻的生活，银屏还为体仁剩下了一个儿子。银屏是一个倔强的反抗者，他反抗制度、反抗阶级、反抗不公平，在与姚夫人的战争中，她首先取得了胜利。但是她的力量在那个时代是柔弱无力的，她不足以与一个封建社会的官商家庭的太太相抗衡。最终，在被姚太太夺子后自缢身死，面对强权的姚太太和软弱的体仁，她选择抗争到最后一步，用自己的死来报复命运的不公。

（5）自由精神与独立意识。

自由精神与独立意识是《京华烟云》中刻意描写的内容，在动荡的社会中，中国传统女性在思想和观念上开始获得解放，她们开始拥有自己的观念和自己的思想。在现代思想的影响下，女子不再是封建社会的附属品，她们也是独立的、自由的个体，开始为自己的自由和解放做斗争。但是，这种女性的思想变化如果说是现代思想所赋予的，不如说是现代思想所引发的原本在礼法文化下遮盖的女性魅力的释放。

哥哥欺负她们这件小事，使她姊妹俩越发团结亲密，而且让她们俩不由得思索男人和女人的分别这件事。木兰此后更喜欢听父亲谈论"新时代的女子"这个题目，以及天足不裹脚，男女平等，现代教育等问题。此等异想天开的西洋观念，已经把中国弄得动荡不安了。

……

木兰说："妈，您不能让哥哥这么欺负她，惯着他，早晚要害了他。虽然我们是女孩子，早晚要离开这个家，可是现在这还是我们的家呀。不能任凭他这么横行霸道窝儿里横。若是一直这个样子，姚家将来怎么办？我不相信女孩子要规矩，男孩子就应当坏。男女是平等的。"

姚先生信奉道家的学说和观念，对男尊女卑的观点并不完全认同，因此，在家中他很疼爱自己的两个女儿，甚至是强过了疼爱自己的儿子。姚夫人则是在传统的观念下，更加疼爱自己的儿子，使他从小就目无章法，经常欺负自己的妹妹。男人和女人的这件事就引发了姐妹俩的思考，因此，她们很喜欢在父亲这里聆听关于"新时代的女子"这个题目，以及现代思想所倡导的不裹足、男女平等、现代教育的问题，开始对自由精神和独立的女性个体意识的思考和探究。面对哥哥体仁的无理蛮横和对女孩子早晚嫁出去不在这个家的看法也是强烈反抗，提出男女平等，相应的规矩是男女都需要遵守和遵循的，而不是仅仅对女性提出严格的要求，而男性就可以肆无忌惮的。

道家思想和现代科学都同意这一点：作用与反作用的力量相等。中国的反抗精神就是反作用力量。由民国二十一年到二十六年的日本侵华行动，就是引起的反作用。中国反抗的力量应当看作是战争开始前日本对友邦侵略的罪行的直接反击。只有这样才能了解这次战争。不幸的是，世界上力量最大的陆海空军力量，不能炸毁作用与反作用这条千古不变的法则。

从道家学说上来说，力的作用与反作用是相等的，同时这也是为现代科学所认同的，面对这压迫和蹂躏，中国的反抗力量就是反作用力。日本对中国的侵略和对中国人民造成了巨大的伤害，在强烈的压迫之下，反作用力——强烈的反抗开始为争取国家的独立和民族的解放而奋斗。从道家学说上来看，作用力与反作用力的交互才能实现整体的平衡，因此，即使是日本拥有当时最为强大的军事力量，也无法打破作用与反作用这条千古不变的法则。中国人民反抗侵略、争取自由和解放的战争是最终会胜利的。

（6）文化叙事。

文化叙事贯穿在《京华烟云》叙事的各个方面，在故事的发展和人物的思想的展现中深深地嵌入了中国传统文化的影子，展现着一幅生动的中国传统文化的画卷。在对姚、曾、牛三个家族的描写中，姚老爷认同中国的道家学说，并以此来教育自己的女儿，家中收藏了很多的传统文化中具有很大的价值的文物，他对传统文化的认同是刻在骨子里的，曾、牛两家则更加信奉儒家学说，对入仕思想特别认同。在三个家族的父辈的影响下，三家的子女也是有不同的文化观念，姚家女儿信奉顺其自然，对中国传统文化思想特别认同，对传统文化的象征物件特别珍视，养成了良好的品德和气质，经亚则在曾家和牛家的引导下走入仕途，牛家的哥哥也是在仕途中发展。除此之外，包括家庭的风格装饰、言语交流、思想表达等几个方面，都加入了中国传统文化的元素，表达着中国传统文化的思想。

大床是雕花儿的黑硬木做的，四根支帐幔的床柱儿上有黑棕两色的花纹，帐子是淡绿的罗纱，镀金的帐钩儿样子很精巧。床顶由三部分构成，在丝绸上有三个颜色的画。中间是荷叶荷花鸳鸯戏水；右边是几只燕子在富丽娇艳的牡丹花上飞翔，左边是杜鹃鸣春。她闻到一种异香，从帐子里的前面两个床柱儿上挂着的香囊里发出来，里面装有麝香。她坐在床上，看见褥子上有自己湿湿的泪痕，不由觉得羞惭。这是西房，房子向南伸展，南边接着西院，下午向晚，温柔的阳光由窗纸和密集的贝壳窗台上穿射进来。那天下午，好像在异地他乡度一个漫长无已的黄昏。靠近窗子放着一个红木桌子，桌子上有一个多年的旧竹子笔筒，经过了漫长的岁月，都已变成了棕红色。南墙上有一个书架子，西墙上挂着草书对联。这间屋子显然以前是一个书房。

初次来到北京城，透过曼娘的眼睛，我们看到了这种传统的大户家庭的家院的布局和摆设。曾府的大宅地，白墙、高台、黑漆牌匾还有两个张嘴狞笑的石狮子，宽敞的门楣和气派是她从未见过的。进入家门后，曾家的建筑和功能分配严格有序，素淡质朴，高雅幽隐的灵淑之气，包括屋内的装饰和成列，都让曼娘感到惊讶，床的做工、帐幔的花纹、镀金的帐钩儿都显示这家庭的文化信仰和布局装饰的风格。曾家的院子已经让曼娘很是惊讶，随后曼娘婚前居住的姚家更是不同的景象，姚家的院子并不富丽堂皇，但是坚固、格局好，设置精微，实无粗俗卑下华而不实的虚伪样子。家庭的氛围和文化景观也是能深深地感染到曼娘，她了解了木兰性情和风度的原因，感受到更加令人轻松自由。

立夫只是读了《说文》上的五百四十个部首，可是这却把他对中国文字的结构和变化的兴趣唤起来，而且对普通字也有了较深一点儿的了解。甲骨文的研究当时刚开始，那门学问还没有专著出版。这些早期的中国文字的形式，更让他爱好。他资禀很高，心想彻底研究这些脏骨头上的文字之后，对中国文字的了解，一定会超过汉朝的《说文》作者许慎。木兰说："你想想，这些骨头有四千年了。不懂这种东西的人，一百个铜钱一斤还不肯买呢。"

立夫对文学的考究和表现能力深深地吸引了木兰，在与孔立夫的交流当中，木兰得到了心理的畅快和思想的丰满，不管是文学还是历史，两个人都有相同爱好的思想。对传统文化的解读也能够在相互交流中获得一致的看法，木兰智慧高、精神好，是像男人一样的女人，即使是立夫这样从来没想过男女之爱，甚至对女人的美无动于衷的人，他也喜爱木兰。在两个人的交谈话语中，不时流露出两个人对文学的解读和对历史古今的看法。《京华烟云》在进行情感叙事的同时，也表现着传统的中国文化。

事实上，立夫已经凭想象力创造了一个农村少年，这种农村少年他是从来没有见过的，而同时把他自己的母子关系写了进去。他把抓兵的那群贼寇，也写得生动逼真，令人难忘。描写失去爱子的母亲，坐在茅屋之中，一年四季一直等着儿子的归来，他只用了寥寥数句，简明扼要。那位评论的教授就把这四季的景色，改写成生动的诗句：

> 春花依旧到山村，
> 母亲缝衣近柴门。
> 春花长夏结成子，
> 母望青山无子音。
> 秋叶飘零入室飞，
> 深冬残日有余悲。
> 新年夜饭杯成对，
> 黎明又至子不归。

《京华烟云》中多次古代文学诗句的形式来表达故事中人物的看法、心情和思想。引用段落的内容是陈妈盼望自己的儿子陈三归来中，立夫将他们之间的故事写为文学作品，将陈妈与陈三在战乱中的母子分割扩展至战争使几百万的家庭面临生离死别。期间那位评论的教授就把这四季的景色改写成了生动的诗句。小说中多个内容的描写都借用了中国古代诗词进行表达和创作，这种表现形式与故事内容叙述相结合，加深了情感的表达，也传播了中国传统的诗词文化。

2. 原著的核心观点及评价

《京华烟云》每卷引一段庄子的语录为题旨，传达出浓厚的道家思想。道家思想既是小说的血脉，也形成了小说的结构，从道家的天命观——得道的途径——道之为用，三个递进的层次解读小说。《京华烟云》既有道家超凡脱俗、淡泊人生的理想，又有儒家忧国忧民、兼济天下的责任感；既推崇西方的科学、文化，又对资产阶级自由、平等、博爱把以极大的兴趣，被誉为"现代版的《红楼梦》"。其核心观点主要有四点。

（1）道家和儒家思想哲学体系的人物构建与价值传播。《京华烟云》描写的不仅仅是 20 世纪初居住在北京的三家人的生活，更是在故事的演绎中，表达对人生的思考。儒家的思想在对男人的入仕和女性的品德方面产生了很大的作用，创造出了为仕途奋斗的一代人和为争取民族自由而斗争的一代人，也创造出了识书识礼、优雅娴静的传统女人。全书受到了庄子思想的影响，姚先生的道家思想使他不看重钱财，在家庭中重视家人陪伴和自己的女儿的成长，是个看清了俗世的高人。因此在他的影响下，女儿木兰不仅秀慧端庄，而且性情恬淡、尊重规律。也正是道家思想的影响，塑造了木兰的一生和她与亲情、爱情的关系，成了"道家的女儿"。面对社会的更迭和权力的变更，中国社会上不断出现不同力量之间的较量，但是为道家思想和现代科学所印证的作用力与反作用力正在发挥作用，抗战中的每一股力量都融入广大的群众当中，最终实现力量的平衡。

（2）《京华烟云》对《红楼梦》的继承和分离。《京华烟云》的作者在写作时本想翻译《红楼梦》的，但后面在结合中国国情的基础上，写作了这一篇长品小说，有人评论称《京华烟云》对《红楼梦》的继承和分离。从叙事结构上《京华烟云》借鉴了《红楼梦》的悲情叙事的基调，整个故事都沉浸在悲情叙事的环境当中，国家危亡、家园覆灭、家族倾倒、流离失所；同时也借助了梦境与现实的对照，在小说的开篇中，姚家母亲的梦印证了木兰的丢失，也在梦中预示了女儿的处境和被救的情况，曼娘的梦境中，看到了雪中送炭的木兰，走过了棺材板桥，进入了仙境，了解到了自己的前世姻缘，也预示了今生的悲苦；并且，《京华烟云》对女性细节的刻画和描写也能够看到《红楼梦》中黛玉或宝钗的影子，木兰结合了黛玉和宝钗的优点，诗情画意、理想丰满，但同时又精明能干、熟悉人际关系和礼仪，莫愁则是一位传统的淑女，贤惠端庄、相夫教子。

（3）对全民族反抗压迫的爱国主义的审视与崇拜。《京华烟云》的故事开始于义和团运动，结束于抗日战争时期。整个故事发生的时间是封建社会逐步瓦解，外来列强入侵，国家四分五裂，人民生活饱受战争摧残的阶段。孔立夫写作批评时势是反抗，阿满参加游行是反抗，陈三与母亲分离投入战争是反抗……爱国主义的思想已经深深地融入了这一个时期勇于抗争的人的心里。从开篇面对战争，从北京城四处逃亡避难的景象到日军侵华木兰一家逃亡沿路收养小孩，再到一家人放弃了清闲雅淡的生活投入到了千万万抗争的尘埃里面，随着人物思想的改变和升华，爱国主义的思想表现的愈加明显和热烈。在对国家的爱恋、侵略的抗争和家园的保护中，他们走向了为此而奋斗的伟大事业。

（4）中国传统思想、文化、习俗的融合与展现。《京华烟云》整个故事的叙述，可以看作是中华文化的展映。在精神的统领中，道、儒两家的思想影响着小说中的人物的思想、观念，奠定了整个作品的基调；而在环境的描写中，则将中国传统的庭院艺术、装饰艺术等全面展现出来，从建筑、布置和表意中，传播中国传统的建筑和装饰形式，依此来表达心境和思想；在人物关系的构建上，多次运用中国传统文化思想和诗词艺术，在表情达意中极具中国传统的风格和特点；传统习俗的介入丰富了故事的情节构造，更是将中国传统的生活方式和仪式活动展现出来。成为表现中国文化和思想的经典之作，是西方人可以看懂的中国文化展映。

3. 在学术史上的地位及学术影响

林语堂英文作品集《京华烟云》自 1939 年年底在美国出版后的短短半年内即行销 5 万多册，美国《时代》周刊称其"极有可能成为关于现代中国社会现实的经典作品"。1975 年，林语堂凭借《京华烟云》荣获诺贝尔文学奖提名。从 1988 年开始，《京华烟云》就被转变成影视化的形式进行传播，至今比较知名的已经有三个版本（1988 年版，2005 年版，2014 年版）。

4. 当代研究新进展

《京华烟云》展示了中国特有的文化意境和中国传统的儒道哲学思想，向西方人展示了战乱年代的中国社会生活、丰富多彩的文化及其宗教思想。在当前的文学研究中，关于《京华烟云》的女性主义与女性观、互文性的现实叙述形式、布尔迪厄的场域理论以及中国传统民俗、传统哲学观的研究方面，都有重要的研究和借鉴作用。

5. 延伸阅读的方向

同类延伸阅读：林语堂，《风声鹤唳》，岳麓书社，2014 年 6 月出版。

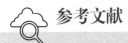

[1] 尹天涯.《白鹿原》研究现状量化分析 [J]. 现代营销（信息版），2020（3）：231.

[2] 郭海峰.《白鹿原》中婚丧民俗的文化内涵及艺术价值 [J]. 长江大学学报（社科版），2017，40（2）：58-60.

[3] 杨静茹.《京华烟云》的女性观及其成因 [J]. 牡丹江大学学报，2019，28（9）：63-67.

[4] 李思雨.《京华烟云》中梦境的隐喻义探析 [J]. 汉字文化，2018（1）：57-59.

[5] 洪华南.《雷雨》女性形象的时代特征 [J]. 中学语文教学参考，2019（24）：72.

[6] 郑重. 白鹿原的"乡约"社会治理 [J]. 人民法院报，2012-09-28（7）.

[7] 蔡天航. 布迪厄场域理论视角下张振玉译本《京华烟云》在中国大陆的译介与传播 [J]. 鲁东大学学报（哲学社会科学版），2019，36（5）：48-53.

[8] 曹成竹. 从《白鹿原》中"白鹿"意象看儒家文化的审美表征 [J]. 百家评论，2020（1）：99-103.

[9] 欧阳群英. 从《京华烟云》看林语堂的道家人生哲学 [J]. 洛阳师范学院学报，2017，36（9）：68-73.

[10] 管恩森. 互文性视域下的"红楼"文学记忆与世界性书写：以林语堂《京华烟云》为例 [J]. 曹雪芹研究，2019（4）：70-82.

[11] 朱云. 论《白鹿原》的叙事立场与话语谱系 [J]. 安康学院学报，2018，30（2）：43-49.

[12] 吴梦桃. 论《京华烟云》的对比叙事 [J]. 绵阳师范学院学报，2019，38（10）：132-136.

[13] 金星. 批判性思维与戏剧人物形象鉴赏：以《雷雨》（节选）教学为例 [J]. 教育研究与评论（中学教育教学），2019（9）：21-25.

[14] 李静. 浅谈曹禺《雷雨》的戏剧艺术 [J]. 戏剧之家，2019（31）：28.

[15] 陈静. 浅析被命运捉弄的繁漪：评《雷雨》[J]. 新闻爱好者，2019（8）：113.

[16] 王曼利. 权力的意象：《白鹿原》祠堂的空间诗学解读 [J]. 小说评论，2020（1）：194-201.

[17] 辛冀秋. 生态女性主义视域下看《白鹿原》与《百年孤独》[J]. 文化教育（下），2020（2）：116-117.

[18] 陈智淦. 听觉叙事：《京华烟云》中声音的三种表现形式 [J]. 连云港师范高等专科学校学报，2020，36（2）：34-38.

［19］周凯，王琳. 乡贤文学重构的媒体路径研究：以《白鹿原》为考察中心 ［J］.
江苏社会科学，2017（6）：190-194.

［20］张可，沈妍斐. 新媒体环境下传统文化传播研究 ［J］. 新媒体研究，2019,
5（4）：129-131.

［21］邓宝盈. 一动而百态生：浅析话剧《雷雨》的戏剧动作性 ［J］. 艺术评鉴,
2019（16）：148-149.

健康心理与幸福人生

　　随着我国经济水平的整体发展，人们的物质生活水平迅速提高，人们在追求身体健康的同时，也关注着心理健康。现今的大学生具有开阔的视野，活跃的思维，充满着多彩浪漫的情感，追求个性化的生活方式，但同时也面临着新的心理问题和冲突。健康是人生的第一财富，对于大学生来说，心理健康更是学业成就、事业成功、生活快乐的基础。心理健康是指具有正常的智力、积极的情绪、适度的情感、和谐的人际关系、良好的人格品质、坚强的意志和成熟的心理行为等。心理健康与一个人的成就、贡献、成才关系重大，是大学生成才的基础。本部分将精选三本心理学经典读本：《心理学与生活》《自卑与超越》《爱的艺术》，这三本书较为全面地展示了心理学的魅力。

第一节 "健康心理与幸福人生" 主题介绍

一、心理健康与幸福人生的关系

（一）心理健康与身体健康的关系

　　身体健康是心理健康的基础和载体，心理健康又是身体健康的条件和保证。人是由大脑皮层统一指挥、各生理系统协调活动的有机体，生理活动与心理活动是互相联系、互相影响、互相制约的。积极健康的心理状态，有益于身体健康；消极不健康的心理状态，使人容易患生理疾病，同样，生理机能的异常状态也会导致心理的变化。

　　研究表明，很多生理疾病是与心理因素密切相关的。比如原发性高血压主要与情绪状态和人格特点有密切关系，焦虑、愤怒、敌意等情绪会导致血压的升高。急躁、没耐性、争强好胜、易激动、行动快、做事效率高、整天忙忙碌碌的人冠心病发病率、复发率及死亡率均高于悠闲自得、不好争强的人。偏头痛的病人人格特征一般表现为敏感多疑、固执己见、谨小慎微、很容易烦恼，习惯于把愤怒、敌意或怨恨压抑在心里。

　　古人云：喜伤心，悲伤肝，思伤脾，忧伤肺，恐伤肾，也就是说，喜、怒、哀、乐、思、忧、恐是人类最基本的情绪情感体验,但如果太过于强烈,都会伤及身体。

(二)心理健康与人际和谐的关系

人是一切社会关系的总和,社会关系的维系要通过人际交往来实现,而关系的发展是一个不断持续的过程。在婴儿期,人的社会性发展最重要的就是依恋的形成。根据英国的精神病学家约翰·鲍尔比(John Bowlby)的研究,依恋主要是建立在婴儿安全需求的基础上,即他们天生具有躲避捕食者的动机。婴儿和照看者存在交互式社会化的过程,婴儿的行为使照看者做出反应,照看者的行为同时又会引发婴儿的反应,在不同的养育方式下,婴儿会形成安全依恋、回避依恋、矛盾依恋或混乱依恋。早年依恋经历和体验与其后来的关系模式有着内在连续性。

3岁之前,儿童的大部分社交活动并无真正的社会互动。但儿童在3岁左右时,逐渐能够从他人的角度观察世界,能够区分自己的想法和客观事实,这是一个逐渐与世界互动的阶段,他们开始发展真正的友谊。影响学龄前儿童发展友谊的主要原因是父母提供的家庭环境。大量研究表明,与父母之间的积极而强有力的关系对儿童与他人之间的良好关系起到推动作用。

儿童中期,友谊开始扮演越来越重要的角色,建立和维持友谊关系成为儿童社会生活中的重要部分。根据发展心理学家威廉·达蒙(William Damon)的观点,儿童对友谊的看法经历了三个不同的阶段,基于他人行为的友谊(4~7岁),基于信任的友谊(8~10岁)和基于心理亲密的友谊(11~15岁)。虽然同伴关系对儿童的影响越来越大,但重要性仍然不及父母和其他家庭成员。

青春期家庭关系可能会发生较大的变化,青少年寻求越来越多的自主性、独立性和对生活的控制感,不断增长的自主性使青少年更多地从父母的角度来看待父母,而不是用理想化的标准来衡量父母。青少年在青春期早期往往好争辩且过分自信,这在最初阶段可能导致与父母关系冲突的增长,但到青春期末期,父母和孩子最终会形成更为平等的关系。青少年越来越多的时间都和同伴待在一起,同伴关系的重要性也随之增加。同伴之间可以相互提供机会来比较意见、能力,甚至生理变化,这就是社会比较的过程。

大学生们处于青年早期,人际交往对大学生有重要的意义。人际交往能够促进大学生的社会化,即个人学习社会知识、生存技能和文化,从而取得社会生活的资格,开始自我发展的过程;能够帮助大学生正确地认识自我,从而保持心理健康,发展健全人格。

(三)心理健康与自我概念的关系

威廉·詹姆斯(William James)于1890年首次提出了"自我"的概念,将"自我"定义为个体所拥有的意识、身体、特质、能力、抱负、家庭、工作、财产、朋友的综合,分为主我和客我,主我是主动的我、进行中的意识流;客我是作为思维对象的我,包括一个人所持有的关于他自己的所有事物、知识和信念。在埃里克森(Erikson)的理论中,自我被假设为一种心理过程,包含着人的意识动作,并能对之加以控制,自我是人的过去经验和现在经验的整合体。基于此,埃里克森提出了著名的自我同一性的概念,自我同一性是个体对自我和他人对自我所知觉的一种主观感觉和体验,这种知觉和体验具有一致性和连续性的特点,自我同一性就是个体在成长中,面对不同的环境的自我整合,通俗讲也就是希望自己成为怎样的人。

大学阶段是青少年晚期向成年早期的过渡阶段,自我同一性的发展是这一阶段的主要发展任务。个体进入大学后不再承担沉重的学习和考试任务，而是开始考虑与自身发展相关的重大问题，如关于自我、职业发展、人生理想、价值观等方面的思考，在大学期间，可以尝试各种社会活动，在尝试中反复思考自己的理想追求等，从而促使自我同一性的发展，获得自我认同、自我价值感，确定自己的三观。若无法建立好自我同一性，个体将会陷入同一性危机，无法顺利整合自我概念，认为人生是没有意义和价值的，久而久之，很可能产生一系列的心理问题，甚至可能形成人格障碍等严重的心理疾病。

（四）心理健康与存在的意义与价值

1980年，欧文·亚隆（Irvin Yalom）在《存在主义精神疗法》一书中定义了生活的4个终极问题——死亡、自由、存在孤独和无意义。这4个终极问题是相互联系、相互影响的，它们根植于我们生命的最深处，当个体面对任何一个主题时，都会形成存在的动力冲突，引发心理疾病。

死亡是我们生命中最无法逃避的事实，虽然现在我们活着、行动着，但死亡终会降临，这是每个人无论用什么方法都无法逃脱的最终命运，死亡的必然性和人追求生命延长或延续的期望，两者之间的张力是存在冲突的核心问题。

自由并非是想做什么就做什么的任意妄为，如果没有了行为和道德的标准，人丧失了他以往依赖的生活架构，就会被推到一种恐怖的境地，我们的生活和行为成了没有意义和根据的虚无深渊，而人在自由所带来的困境当中，又极度渴望建立起生活的意义，两者之间势必会造成冲突。

存在孤独，这种孤独并不是指日常没有人陪伴产生的孤独感或者不善于人际交往远离人群的孤独，而是指人在世界的根本孤独，每个人作为独立的个体，无论彼此多么亲近都始终存在人之间的界限。

无意义，如果我们每个人孤独地生活在一个绝对自由的、没有意义给定的宇宙当中，且无论有什么样的人生，都无法避免死亡，那么，我们生活的意义又从哪里寻找？我们又应当如何建立我们的生活？人为自己寻找的意义是否有足够的力量来支撑我们短暂的一生？即使人生真的毫无意义，人仍然是一种不断要去追求意义的生物，这种内在的冲突构成了我们生存的基本困境之一。

二、心理健康对大学生的重要作用

（一）心理健康与学业的关系

学习活动是大学生在校期间的基本活动，是大学生在学校教学计划的安排下系统地接受知识、掌握专业技能和参加必要的社会实践的过程。近年来，越来越多的研究表明心理健康水平与大学生学习有密切的关系。钟静、吴金庭、李诗宇等（2015）的研究表明，心理健康会影响学习效率，学习状况也在一定程度上影响心理健康水平和学生的生活满意度。马芳（2015）的研究表明，心理健康状况对学习成绩有影响，其中人际关系、抑郁、神经质是影响学生学习成绩的重要因素。

大学生心理健康发展与学习的关系是辩证的。一方面，大学生心理健康的发展需要通过不断学习才能实现；另一方面，大学生的心理健康状况和心理发展水平又对大学生的学习活动产生直接的制约作用。心理健康状况良好的大学生对知识充满好奇，热爱学习和探索，有明确的自我意识，能够根据自己的能力、气质类型、性格特质制订学习计划，提高学习效率。

（二）心理健康与自我发展的关系

新时代的大学生，在承担繁重的学习任务和社会竞争压力的同时，还需要积极地适应外部环境，正确地认识自我、接纳自我和发展自我，促进心理健康水平的提高。大量研究表明，大学生自我概念与心理健康呈较高正相关关系。范寅莹等（2011）的研究表明，心理越健康，较少感到有心理不适症状的人，越能够接纳自己。张玉妹等（2013）的研究表明，自我概念越积极的人心理健康状况越良好，自我概念的积极程度是心理健康的重要指标之一。

一个人的自我概念往往会通过对自己的描述来呈现，有人自我概念偏低，对自己有很多负面的评价，常会自责或者自卑；有人对自己的表现是肯定和满意的，积极的自我评价能使个体产生积极的自我体验和自我接纳，客观全面公正地认识自己、评价自己。大学生在经历了高中阶段的苦读顺利升入大学后，受到环境的影响，自我评价往往会高出实际，但是一经挫折又易产生过低的自我评价。因此大学生需要通过积极参加社会交往，合理运用社会比较策略和留意他人对自己的态度和评价来不断提高自我的认知，同时要积极参加各种团体活动和社会实践，努力提高自己的综合素质，在实践中不断完善自我、超越自我。

（三）心理健康与恋爱的关系

恋爱关系是人际关系的一种，是两个人建立亲密关系的过程，涉及人的认知、行为、情感、人际交往模式等各方面。能否处理好恋爱关系对大学生的学习、生活和心理健康都十分重要。许多研究表明，大学生恋爱与心理健康有着密切的关系。任福会（2019）的研究表明，大学生恋爱会产生情绪困扰、自卑、嫉妒等心理问题。郝夏（2019）的研究表明，美好的恋爱可以促进大学生心理健康发展，带来积极影响，而不健康的爱情会带来消极影响，甚至出现心理问题。张雷等（2018）的研究表明，人格特质、自尊水平等与恋爱心理压力存在显著相关关系。因此，大学生要树立起正确的价值观，培育积极健康的心态，注重恋爱中的责任感，提高爱的能力，学会表达爱、感受爱，正确处理与恋人的关系，积极面对恋爱中的问题，更好地学习和生活。

（四）心理健康与职业生涯规划的关系

职业生涯规划是指个人在生涯发展过程中结合自身实际对职业或教育环境进行生涯规划，确立生涯发展目标的过程。大学生职业生涯规划与心理健康有着密切的关系。邵阡和张念伟（2019）的研究表明，大学生职业生涯规划离不开个体本身良好的心理准备，只有把心理健康与职业生涯规划二者紧密联合起来，才能发挥出大学生更大的优势。鹿丰玲和王常柱（2016）的研究表明，自我效能、乐观、希望和韧性等心理要素对大学生职业生涯规划有较大的影响。面对当前经济全球化、文化多元化的新形势和高等教育大众化、信息传播网络化等新特点，时代对大学生的职业规划提出了更高的要求。职业生涯规划是每一个大学生成长过程中都必须面对的重要问题，大学生们要正确认识和评价自我，梳理正确的就业观，主动适应社会发展，培养良好的意志力和坚强的性格，以积极的心态接受社会检验和评价。

一、《心理学与生活》

（一）原著概述

《心理学与生活》致力于利用坚实的科学研究来与心理学的错误观点作战，核心宗旨是：心理学是一门科学，同时关注这门科学在学生生活中的应用。

本书写作语言流畅，通俗易懂，把心理学的理论知识与人们的日常生活与工作相联系，不仅可以作为专业学生的教材，而且可以作为一般大众了解自己、了解心理学的途径。书中包含了心理学领域各个方面的内容，即心理学的研究对象、方法和生物学基础，信息加工方面的感觉、知觉、意识、记忆和认知过程，人的学习与毕生发展，智力与人格，动机与情绪，心理障碍与心理治疗，社会心理等。

《心理学与生活》是美国斯坦福大学多年来使用的教材，也是在美国许多大学里推广使用的经典教材，被美国教育考试中心（ETS）推荐为美国研究生入学考试（GRE）心理学专项考试的主要参考用书，还是被许多国家大学的"普通心理学"课程选用的教材，同时也是一般大众了解心理学与自己的极好读物。

本书作者为理查德·格里格（Richard J. Gerrig）和菲利普·津巴多（Philip G. Zimbardo）。理查德·格里格是美国纽约州立大学的心理学教授，在此之前，他在耶鲁大学任教，并在那里获得了 Lex Hixon 社会科学领域杰出教师奖，他在认知心理学研究领域有专长，是美国心理学会实验心理学分会的会员。从《心理学与生活》这部经典教科书第 14 版修订开始，格里格成为该书的合著者。

菲利普·津巴多是美国心理学协会（APA）前主席，科学协会主席委员会（CSSP）前主席，斯坦福大学荣誉退休教授，他在斯坦福大学教授心理学导论课程长达 50 年，由于他在心理学研究和教学领域的杰出贡献，美国心理学会特向津巴多颁发了 Hilgard 普通心理学终生成就奖。由他开创的《心理学与生活》这部经典教科书哺育了一代又一代的心理学工作者。

（二）原著导读

1. 心理学的概念

我在其学校心理中心工作，经常会有学生过来问，"心理学是学些什么呀？""我对心理学很感兴趣，有没有什么书可以推荐呢？""我想考心理学的研究生，我该怎样准备呀？"每每听到这些问题，我都对学生们有如此大的求知欲感到欣慰，也常常会推荐阅读这本《心理学与生活》。

那么什么是心理学？心理学的研究对象、目标和方法都有哪些呢？下面我们来详细看看。

心理学是关于个体的行为及心智过程的科学研究。心理学的研究对象是个体——可以是一个新生婴儿、青年运动员、面临适应问题的大一新生、失业的中年人、患阿尔茨海默病的老人或者是一只走迷宫的老鼠、一只做算术的大猩猩、一只流口水的狗、一只想吃小鱼干的猫……这些个体既可能在其自然栖息地也可能在实验室接受研究。

心理学的研究目的是描述、解释、预测和控制行为。

第一，描述发生的事情，比如确定大脑中存储不同记忆类型的部位、阅读过程中的眼动、暴力偏见的根源等。

第二，解释发生的事情，在心理学的许多领域，其中心目标就是找到行为和心理过程的规律模式，以期发现行为是如何运作的，比如解释为什么遇到交通阻塞有些司机会变得沮丧和怀有敌意。

第三，预测将要发生的事情，对造成特定行为方式潜在原因的精确解释，常常能让研究者对未来的行为做出精确的预测。

第四，控制发生的事情，控制意味着支配行为的发生或不发生，比如利用心理力量去消除成瘾行为（吸烟、饮酒、网络成瘾等），以及建立健康行为。

心理学家基于不同的假设，有不同的研究内容、方法和结论，本书主要讨论以下七种观点（见表6-1）。尽管每一种观点都代表了对心理学核心问题的不同看法，但许多心理学家都会从其他观点中借用和混合概念。

表6-1　当代心理学七种观点的比较

观点	研究的焦点	基本研究主题
心理动力学	无意识驱力、冲突	视行为为无意识动机的外显表达
行为主义	特定的外显反应	行为及其刺激的原因和结果
人本主义	人类经验和潜能	生活方式、价值观、目标
认知	心理过程、语言	通过行为指标推断心理过程
生物学	脑与神经系统过程	行为与心理过程的生物化学基础
进化论	进化的心理适应	按照进化形成适应性功能发展出的心理机制
社会文化	态度和行为的跨文化模式	人类经验的普遍性方面和文化特异方面

心理学研究的过程可以划分为以下几个步骤：

第一步，观察、信念、信息以及一般知识使一个人萌生出一个新的想法，或者对某些现象有了不同的思路。

第二步，形成假设，假设是对原因和结果关系的试探性、可以检验的阐述。

第三步，研究者们基于科学方法去验证他们的假设。心理学在多大程度上可以被视为一门科学，就要看多大程度上遵从科学方法进行研究。

第四步，分析数据得出结论。

第五步，向期刊提供论文并发表研究成果。

第六步，科学界对此研究进行反思，识别出它所遗留的没有解决的问题。

第七步，对开放的问题进行再研究。

为了深入理解心理学研究的过程，我们以研究运动员击球的表现为例进行探讨（见表6-2）。

表6-2　心理学研究过程

步骤1	初始的观察或者问题	擅长运动的人觉得球看起来比较大
步骤2	形成假设	觉得球比较大的运动员击球的表现更好
步骤3	设计研究	向来自垒球俱乐部的运动员呈现8个黑色圆形，让其选出他们认为最能代表垒球大小的圆形。运动员还提供了数据以便研究者计算出平均击球率

表6-2（续）

步骤4	分析数据和得出结论	数据揭示，运动员倾向于将更大的圆形选为垒球的正确大小
步骤5	报告研究发现	文章发表在享有盛誉的《心理科学》期刊上
步骤6	考虑开放的问题	文章讨论部分提出开放性问题，例如，在运动员表现提升之前还是之后会使球看起来更大
步骤7	对开放的问题再研究	这些研究者或其他研究者可以采取新的研究来回答这些开放的问题

心理学的研究方法很多，可以大致分为三大类：描述研究、相关研究和实验研究。

描述研究是心理学研究最起码的工作，此时研究者往往还没有一个正式的假设，目的是对心理与行为进行详细的描述，以确定某种心理现象在质和量上的特点。自然观察法、调查法和个案法都属于描述研究，即描述发生了什么，但不能解释为什么。描述研究主要包括自然观察法、调查法、个案法。

自然观察法是指在自然情景中对被观察者的行为做系统的描述记录，如通过观察了解婴儿的语言发展情况。

调查法是以提问题的方式，要求被调查者就某个或某些问题回答自己的想法。比如针对特定的人群（如大学生）对学校心理健康服务体系的现状进行调查。

个案法是收集单个被试各方面的资料以分析其心理特征的方法。个案法通常收集的资料包括个人的生活史、家庭关系、生活环境和人际关系等特点的资料。比如皮亚杰（J. Piaget，1896—1980）基于对他的几个孩子的个案研究提出了认知发展理论，为发展心理学提供了很多有待进一步研究的亮点。

如果我们用自然观察法、调查法和个案法发现一种现象与另一种现象有联系，那我们就可以用相关法来考察它们之间的相关程度。相关法是一种探索两个或两个以上变量之间相互联系的性质与紧密程度的研究。比如，我们想考察大学生新生的自我价值感和普通心理学的学习成绩之间是否有联系（相关）。

在相关研究中，研究者对研究环境一般不加以控制，往往依据过去从现场收集到的资料用统计程序加以处理，建立变量之间的对称关系而不是因果关系。而实验法是在控制的条件下系统操纵自变量的变化，以揭示自变量和因变量之间的内在关系的一种研究方法。比如我们在文献中看到"咖啡因能兴奋大脑，提高大脑的功能"，于是很可能会提出一个假设：喝咖啡会提高数学能力。对于这个假设，我们可以设计一个实验来检验。

思维拓展：华生的小艾尔伯特实验

著名心理学家，行为主义心理学创始人约翰·华生（John Broadus Watson）曾经做过一个恐惧情绪形成实验，实验对象是一名9个月大的身心健康的婴儿小艾尔伯特。

为了了解他是否害怕某种特定刺激，实验者给他呈现白鼠、猴子、狗、有头发和没有头发的面具以及白色羊绒棉。艾尔伯特对许多动物和物品都感兴趣，愿意接触它们，并不时触摸它们。实验的下一步是要确定艾尔伯特是否会对巨大的声音产生恐惧反应。实验者在艾尔伯特身后用锤子敲1.2m长的铁棒，这种声音的突然出现，使他受到惊吓而哭泣。

实验中，研究者向艾尔伯特呈现白鼠和令人恐惧的声音。一开始，艾尔伯特对白鼠很感兴趣并试图触摸它，在他正要伸手时，突然敲击铁棒，他十分恐惧，这一过程重复了三次。一周以后，重复同样的过程。白鼠与声音配对呈现七次后，停止声音，单独呈现白鼠，他对白鼠也产生了极度恐惧，以至于他看到白鼠就嚎啕大哭，转身背对白鼠，向远离白鼠的方向移动。他爬得飞快，以至于研究者不得不冲过去抓住他，以免他从桌子上掉下去。对一个事物，从没有恐惧到产生恐惧只有短短一周时间。

华生的这项研究以及其他研究都是在证明人们所有的行为都起源于学习和条件反射。虽然恐惧是人先天的一种情绪，但是什么该怕，什么不该怕，却是后天环境所决定的。从实验结果可想而知，像恐惧这样复杂的内在情绪是可以通过建立条件反射来逐步实现的，并且这种情绪还会迁移和泛化到相似的物品上去。由此可知，情绪反应是人对环境中某种特定刺激的条件反射。

这一恐惧情绪试验虽然在方法上有缺陷，并且严重违背了道德原理，但却是心理学最重要的研究之一。这一实验说明了情绪行为是可以通过条件反射习得的。其他情绪，如愤怒、愉快、伤心、惊讶或厌恶等都可用同样的方式习得。在此基础上，华生指出其他像情绪一样复杂、个性化、为人类所共有的心理也服从于条件反射原理。因此，他认为心理的发生发展是由外在环境决定的。

那么心理学研究中有哪些伦理的规定呢？心理学研究要求尊重人类和动物研究被试的基本权利，制定各种安全措施，确保被试受到合乎道德的、人道的对待，如知情同意，告知参与者要经历的程序、可能的风险和参与的利益，签订同意书，对所有行为记录进行保密，如果需要公开发表需经过参与者的同意，参与者也可以随时退出等。

2. 感觉 VS 知觉

我们对外部世界的感知和经验一定是相对准确的，否则我们很可能无法生存。我们需要食物维持生命，需要房屋保护自己，需要与他人交往满足社会需要，还需要意识到危险躲避伤害，为了满足这些需要，我们必须从现实中获得可靠的信息，所以，下面我们来看看感知觉的过程是如何达成这样的目标的。

感觉是人脑对直接作用于感觉器官的客观事物的个别属性的反映。知觉是人脑对直接作用于感觉器官的事物的整体（或综合）的反映。感知觉是一切心理现象的基础，也是个体与环境保持平衡的保障。感觉与知觉的关系如表6-3所示。

表6-3 感觉与知觉的关系

		感觉	知觉
区别		个别属性的反映	整体属性的反映
		介于心理和生理之间的活动，主要来自感觉器官的生理活动和客观刺激的物理特性	以生理机制为基础的纯粹的心理活动，在感觉的基础上并伴有人的主观因素的参与
		单一分析器活动的结果	多种分析器协同活动对复杂刺激物或刺激物之间的关系进行分析综合的结果
相同点		都是人脑对当前直接作用于感觉器官的客观事物的反映	
联系		感觉是知觉的基础 知觉是感觉的深入和发展	

心理学著名实验：感觉剥夺实验

著名的"感觉剥夺实验"：贝克斯顿（Boxton）在美国麦吉利大学募集了许多大学生志愿者，让这些志愿者每天躺在床上睡觉，并给予他们每天20美元的酬劳。但在这期间，实验人员会采取各种方式封闭志愿者的感官，比如视觉剥夺采用戴眼罩的方式，听觉剥夺采取带耳机的方式，手上还戴上了厚厚的手套来剥夺触觉。他们可以自己决定何时退出实验。这种毫无压力的生活看来应该是惬意的，还有钱可以拿，真不错。

同学们，你们猜猜看，这些志愿者能坚持多长时间呢？或者，如果是你，可以坚持多长时间呢？

实际情况怎样呢？大多数志愿者在实验开始后24~36小时内要求退出，没有人坚持72小时以上。在实验期间，他们由惬意的睡眠渐渐变为厌倦和不安，而后开始唱歌、吹口哨和自言自语，注意力涣散、思维迟钝、紧张焦虑恐惧直至有幻觉出现。

这说明人们日常生活中，漫不经心地接受各种刺激，以及由此而形成的各种感觉是很重要的，人的成长成熟是建立在与外界环境广泛接触的基础之上的。

感觉包括外部感觉和内部感觉，外部感觉是个体对外部刺激的觉察，主要包括视觉、听觉、嗅觉、味觉、皮肤觉，其中视觉和听觉是最重要的感觉。人的感官并不是对所有的刺激都能随时感觉到，只有在一定范围内的刺激才能引起人的感觉。恰好能引起某种感觉，并持续一定时间的刺激量就是感觉阈限。各感官绝对阈限见表6-4。

表6-4　各感官绝对阈限表

感觉类别	绝对阈限
视觉	30英里（1英里≈1.61千米）外的烛光
听觉	安静条件下可以听见20英尺（1英尺≈0.3048米）外手表的滴答声
味觉	一茶匙糖溶于2加仑水中可以辨别出甜味
嗅觉	弥散于6个房间中的一滴香水
触觉	一只苍蝇翅膀从1厘米高处落在你的面颊
温冷觉	皮肤表面温度有摄氏1度之差既可觉察

小互动：我们的嗅觉和味觉常常共同起作用，当你感冒的时候，你会觉得食物似乎淡然无味，那是因为鼻道被堵塞了，闻不到食物的味道。你可以试试捏住你的鼻子后去分辨质地相似但味道不同的食物，比如苹果和土豆，看看会有什么不一样的发现。

内部感觉主要有肌肉运动感觉、平衡觉、内脏感觉。肌肉运动感觉反映身体各部分运动和位置的感觉。平衡觉反映头部位置和身体平衡状态的感觉。内脏感觉是机体内部器官受到刺激时产生的感觉。

知觉包括物体知觉、社会知觉和错觉。

物体知觉是对物的知觉，对自然界中机械、物理、化学、生物种种现象的知觉，包括时间知觉、空间知觉和运动知觉。

时间知觉是人脑对客观现象延续性和顺序性的反映，表现为对时间的分辨、对时间的确认、对持续时间的估量、对时间的预测。

空间知觉是人对事物的空间特性与关系的认识，也就是对客观世界三维特性的知觉，具体指物体大小、距离、形状和方位在头脑中的反映，包括形状知觉、大小知觉、深度知觉以及方位知觉等。

运动知觉是人脑对物体空间位移和移动速度的知觉。运动知觉一般按照人所知觉到的各种运动现象的形成条件，分成真动知觉和似动知觉两大类。

真动知觉是观察者处于静止状态时，物体实际运动连续刺激视网膜而产生物体在运动的知觉。

似动知觉是一种错觉性的运动知觉，是将实际上不动的静止的物体知觉为运动的物体。

社会知觉是以社会生活过程中的人为知觉对象的知觉。社会知觉包括对他人的知觉，感知他人的外部特征与内心世界；自我知觉，对自己生理心理变化的知觉；人际知觉，对人与人之间关系的知觉；角色知觉，根据他人表现出来的行为，对其在社会上扮演的角色的知觉。

思维拓展：社会知觉的四种常见偏差

（1）首因效应

首因效应与近因效应是由美国心理学家洛钦斯首先提出的。它们反映了人际交往中主体信息出现的次序对印象形成所产生的影响。首因效应是指人际交往中给人留下的第一印象至关重要，对印象的形成影响很大。

（2）近因效应

近因效应是指当人们识记一系列事物时对末尾部分项目的记忆效果优于中间部分项目的现象。这种现象是由于近因效应的作用。信息前后间隔时间越长，近因效应越明显，原因在于前面的信息在记忆中逐渐模糊，从而使近期信息在短时记忆中更清晰。

（3）晕轮效应

晕轮效应指人们在社会交往中，因对某个人的个别特征感知特别清晰，印象特别突出，以至于使这些特点形成了一个光环。晕轮将某人的其他特点都笼罩起来，而使人不能对此人的其他特点给予正确的认知，评价他时便往往以"光环"的好坏来认同。

（4）刻板印象

刻板印象主要是指人们对某个事物或物体形成的一种概括固定的看法，并把这种看法推而广之，认为这个事物或者整体都具有该特征，而忽视个体差异。

错觉是指人在某种特定条件下，对客观事物必然产生的某种有固定倾向的、受到歪曲的知觉。错觉主要包括有大小、形状和方向的错觉。下面给大家列举一些经典的错觉。

缪勒-莱尔错觉：三条原本等长的线条，因两端箭头的朝向不同而看起来箭头朝内的线条比箭头朝外的线条要短些，见图6-1。这在服装设计领域有广泛的应用，比如V领的上衣、A字裙等。

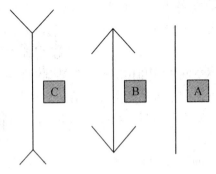

图 6-1　缪勒-莱尔错觉

庞邹错觉：等长的两条平行线，因受到两边纵向斜线的影响，看起来上面一条线比较长些，见图 6-2；庞邹大小错觉指看同一个角中两个同样大小的圆时，近角顶端的那个圆看起来显得比离角端远的那个圆大些。

图 6-2　庞邹错觉

冯特错觉：两条平行线被多个方向的附加线段所截时，看起来失去了平行线的特征，显得向中部凹陷，见图 6-3。

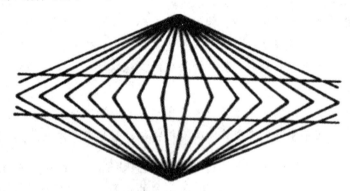

图 6-3　冯特错觉

错觉产生的原因可以从生理机制和功能方面解释，也可以从心理学方面解释。从生理机制和功能方面解释，错觉产生是人的感官和大脑的神经机能参与了错觉的产生过程。如线条长短错觉是由眼球沿线段从一端向另一端移动，由于眼球垂直移动比横向移动更费力，因此同等长度的垂直线段就显得比水平线段更长些。从心理学方面解释，人的错觉纯属心理活动的结果，是人当前的知觉与过去经验之间产生矛盾而做出思维推理的过程。生理和心理原因都不可能孤立地起作用，而是相互影响、相互制约、共同作用的。

思维拓展：广告中的感知觉应用

（1）视觉——冲击力巨大的核弹

眼睛接收的信息是极其庞大的，人们的注意力很容易被目之所及的任一事物吸引，然后很快又为另一物而转移。所以如果一样东西能在瞬间抓住我们的视觉，那它必定是极具冲击力的。

这种冲击力有可能是浓郁的色彩、怪诞的形状，然而，要让人记住，我们还需要赋予它意义，这才能使它在目不暇接的无数画面中脱颖而出，被深深记住。

案例：你能想象出一个身着绿衣的圣诞老人吗？没错，20世纪50年代前的圣诞老人都是那样。在此之后，可口可乐将自己品牌那红白相间的简单配色应用到圣诞老人服上，并进行大力推广，圣诞老人就变成你熟悉的那个模样了！

（2）听觉——可以决定心情的按钮

声音的变化非常容易影响人们的情绪。实际上，声音甚至创造了心情、感受和情感。试想一下，当你将《咒怨》的背景音乐换成《欢乐颂》的话，你还会感觉到那种背后发凉的恐惧吗？

案例：法拉利与宏碁合作的法拉利3000笔记本电脑，在系统启动时，电脑会发出类似赛车引擎的声音。这个声音强大且独特，让消费者极易分辨，而且法拉利还把这种声音整合进了所有法拉利产品中（甚至你在打开他们的网站时也能听到）。

（3）嗅觉——引发回忆的线索

从冰箱里拿出牛奶，你要先闻一下，检查是否有变酸的迹象。每一份被我们放进购物车的水果或者肉类都必须成功地通过我们的嗅觉测试。

事实上，除了感官的愉悦，感觉对于潜在的危险更加敏感。

令人不安的味道，会引起我们的担忧；而令人安心的味道，就容易带来舒适的感觉，并且我们对味道的记忆是十分深刻而久远的，所以利用气味将品牌的独特性植入消费者记忆，通常效果都是令人满意的。

案例：新买的车里总会有一股刚拆封的"味道"，这通常是我们的共识。事实上，如果你到汽车制造厂的车间里，你会发现居然能找到罐装的"新车味"！当新车出厂时，工人就往汽车内部喷上这种气味，而消费者试坐时就会闻到"新车味"了。

（4）味觉——为幸福加码的小甜点

味觉产自味蕾，所以当食物进入口腔时，味觉才发生作用。因此比起其他四种感官，味觉相对更难触发一些。食物带给我们的满足感通常由口味与口感决定，失去味觉，通常会引发强烈的抑郁。

需要指出的是，味觉与嗅觉是紧密相连的。当嗅觉失灵时，80%的味觉也会随之失灵。

案例：早餐麦片专家家乐氏旗下的卜卜爆米花因为口感不够脆而被大多数消费者冷落，事实上，在口味上，它和麦片差不多，但人们还是会选择更酥脆的麦片。所以家乐氏认为，谷物食品的松脆度是品牌制胜的关键。

（5）触觉——检验质感的利器

皮肤是人体中面积最大的器官。我们对冷热变化、疼痛和压力都能产生即时的反应。而当其他感官失效时，皮肤仍有触觉。

触觉与味觉一样，需要切实的边沿相接来触发。它连接着外部世界与居于体内的灵魂，通过最真实细腻的触感编织关于此物的知觉与感想，然后铭刻在灵魂深处，写成记忆之书。

案例：丹麦的高端电子产品公司 Bang & Olufsen（主营音响设备，简称 B&O）就在触觉感官方面做得十分出色。他们发明的集成遥控器就是众多创新产品之一，虽然其他公司也推出了功能相似的产品，但是 B&O 的这款遥控器重而结实，手感非常好，这令消费者都不由自主把手伸向了它。

3. 睡眠、催眠与梦

我们生命的1/3时间是在睡眠中度过的，睡眠的时候肌肉处于"良性麻痹"状态，但大脑仍充满各种活动，下面我们来看看睡眠觉醒的一般生理规律、睡眠的生理学、梦以及睡眠和催眠的区别。

所有的生物都受到昼夜这种自然节律的影响，我们的身体受到被称为生理节律的时间周期的调节，我们的唤醒水平、新陈代谢、心率、体温和激素活动的涨落都是我们内部的时钟节律。研究表明，没有外部的时间线索矫正的话，人类内部的"定时器"设定的周期是 24.18 小时。任何引起生物钟和环境时钟失调的情况都会影响我们的感觉和行动。比如上夜班的人经常会体验到生理和认知上的困难，跨时区飞行后会经历时差，让人感觉疲劳、嗜睡等。

1937 年开始，科学家们开始运用脑电图（EEG）技术来记录睡眠者的脑波活动，主要有以下几类脑波：

θ 波（4Hz~7Hz）：出现在刚开始入睡的入睡期或浅睡期。

δ 波（lHz~3.5Hz）：出现在深睡期或麻醉状态。

α 波（8Hz~13Hz）：出现在觉醒阶段，清醒、安静的状态下。

β 波（14Hz~30Hz）：出现在觉醒阶段，较强烈的情绪反应的兴奋状态下。

根据脑功能的不同，睡眠被分成非快速眼动睡眠（NREM 睡眠）和快速眼动睡眠（REM 睡眠）。其中非快速眼动睡眠（NREM 睡眠）分为 4 期。

第 1 期入睡期，此时是清醒到睡眠的过渡期，意识蒙眬，容易被唤醒，类似于打盹。在这个阶段眼球活动减慢，肌张力降低，脑电波由 α 波逐渐过渡到 θ 波，大脑整体活动仍然比较活跃，但是水平在逐渐下降，脑电波呈现不规则锯齿状的 θ 波的波形。

第 2 期浅睡期，此时肌张力继续降低，无眼球运动，意识逐渐消失，可能存在不连贯的思维活动；EEG 最显著的特征是出现睡眠纺锤波和 K-复合波。

第 3 期中度睡眠期，此时 EEG 显现低频高振幅的特点，除了 θ 波以外，还产生频率为 0.5~3Hz 的 δ 波。

第 4 期深度睡眠期，此阶段 δ 波占有明显优势，δ 波是深度睡眠时期的特征波，占50%以上的脑电成分，此时意识完全丧失，肌肉松弛，无眼球活动。生长激素主要在这一睡眠阶段释放，并且能促进合成代谢，提高免疫能力。

中度睡眠期和深度慢波睡眠是衡量睡眠质量的重要指标。

快速眼动睡眠（REM 睡眠）因眼球快速转动而得名。在这个阶段，全身肌肉放松，但会出现弥散而频繁的肌肉抽动，以面部和手部为多，婴儿在这个阶段常有微笑、皱眉等动作。整个夜间睡眠期间，这种 NREM 睡眠到 REM 睡眠的周期会反复循环 3~5 次，一个周期 90 分钟左右，慢波睡眠约占 60 分钟，快速眼动睡眠在 20~30 分钟之间。

睡眠时间存在个体差异，婴幼儿每天要睡 18~20 个小时；儿童的睡眠大概需要 12 个小时左右；成年人睡眠时间每日需要 7~9 小时；老年人最少，每日只需 5~7 小时。睡眠时间越多，REM 睡眠所占的比率也就越多。

拓展阅读：《睡眠革命：如何让你掉睡眠更高效》

本书作者尼克·利特尔黑尔斯是一名首屈一指的运动睡眠教练，英国睡眠协会前任会长，从事睡眠科学研究超过 30 年。

根据美国国家睡眠基金会的研究，14~17 岁的青少年每晚平均需要 8~10 小时的睡眠时间，而成年人平均需要 7~9 小时的睡眠。但其实，每个人的睡眠时间和睡眠周期都是有差异的，并且每晚睡 8 个小时的硬性安排是不太切实际的，甚至可能会带来睡眠焦虑。尼克在书里首度公开其独创的 R90 睡眠方案，提出修复睡眠的七大关键指标，颠覆八小时健康睡眠的传统定式，重新定义睡眠方式，有效掌握在适宜睡眠时间里获得更高质量睡眠的新方法，从而开启更自信、更高效、更快乐的人生。

下面正式跟大家介绍 R90 睡眠法的步骤：

①固定起床时间：设定一个固定的起床时间，并持之以恒地坚持下去。

②倒推计算入睡时间：你可以自行选择入睡时间，但入睡时间取决于你的起床时间。从起床时间出发，根据 90 分钟时长的睡眠周期，向后推算。

③睡前睡后：睡前 1 小时为入睡做准备，不吃东西，不剧烈运动，不玩手机，不处理工作，可以收拾整理房间、洗漱、写日记、写第二天的 to do list 等。

④补充休息：白天睡眠一般以 30 分钟为一个周期，睡不着也没有关系，只要休息了就可以，时间可以选择中午 1~3 点或者晚上 5~7 点。

⑤周期计算：统计每天夜间与白天休息的周期总数，用 90 分钟时长的睡眠周期衡量睡眠，而不是睡了多少小时，每周 28 个周期为合格，32 个周期为良好，35 个周期为优秀。

每个夜晚我们都会进入到复杂的梦的世界，曾经这个领域是预言家、心灵学家和心理分析师的地盘，如今已成为科学研究人员的极其重要的研究领域，梦的实验室研究开始于在实验室中对睡眠的研究。20 世纪 60 年代的实验证实，快波睡眠阶段唤醒的有 70%~90% 被试报告正在做梦，而慢波睡眠中只有 10%~15% 的被试报告有梦。快波睡眠的梦明显具有梦幻特色，常常包含有奇怪知觉经验的故事，做梦者看到了某种景象，听到了某种声音，嗅到了某种气味或做了某些事情，所发生的一切都十分真切。慢波睡眠的梦更具有思维特点，往往是思想多于景象，梦的报告常常说是做梦者在思考某些问题，而不是在做什么。

实验室的梦研究提示，梦的内容似乎也遵循一些规律。第一、二次快波睡眠时梦多以重演白天活动为主；第三、四次的梦多半出现过去和儿时的体验和情景；第五次快波睡眠时的梦则与近事和往事都有关系。

当代西方文化中，关于梦最著名的理论创始于弗洛伊德，他将梦称为"暂时性的神经症"和"夜夜发狂"的模式，他也称梦为"通往潜意识的捷径"。他的经典著作《梦的解析》为精神分析学派奠定了里程碑，弗洛伊德提出所有的梦都是对愿望的满足，人们的梦允许他们表达强烈的无意识愿望，这些愿望以伪装的象征性形式出现。

在任何一种文化中，人们都已经不满足于他们清醒意识的常规变化了，他们已经找到了一些方法，可以把他们带入意识的熟悉形式之外，体验意识的其他状态，其中一些实践是个体性的，比如冥想，而另一些则是共同行动，以试图超越意识体验的正常边界，如某些宗教实践。其中，催眠也是其中一种特殊的意识状态，下面我们来看看什么是催眠。

催眠一词是从希腊神话中睡眠之神许普诺斯的名字而来的，但事实上催眠和睡眠并不是一回事，除了一些情况外，人们在催眠中会出现深度放松的睡眠状态。催眠是一种不同的知觉状态，其特征是一些人对暗示有特殊的反应能力，并在知觉、记忆、动机和自我控制感方面发生变化。在催眠状态下参与者对催眠暗示的反应性增强，他们经常感到他们的行为是在无意中或不需任何意识努力就能完成。

催眠开始于一种催眠诱导，它是一组预备活动，目的是尽可能减少干扰，鼓励参与者只专注于暗示的刺激，而且相信自己正进入一种特殊的意识状态，诱导活动包括想象特定的经验或对事件和反应进行视觉化表征。

每个人有不同的可催眠性，可催眠性表示个体对标准化的暗示做出反应并体验催眠反应的程度，易感性有很大的个体差异，但同时也是相对稳定的特质，可催眠性高的人并不更可能是轻信和顺从者，事实上，与可催眠性正相关最高的人格特质是专注。

催眠的力量不在于催眠师的某种特殊能力或技能，而是在于被催眠个体的相对可催眠性。处于催眠状态并不需要放弃自己的个人控制，相反，被催眠的体验使得个体有机会了解实施控制的一些新方法，如催眠中的身体控制等。

4. 记忆与智力

（1）记忆。

在开始讲解记忆前，请大家花几分钟时间想一下，你早期的记忆是什么？有些什么样的场景？你的记忆是否会受别人对同一事件回忆的影响？

现在我们再想象一下，如果你对于过去的记忆都没有了会怎么样？没有这些"时间锚"，你将如何保持你是你自己的感觉？或者也可以想象一下，如果你失去了形成新记忆的能力，那你近期的体验会是怎样？

关于上面最后一个问题，我们可以在电影《初恋50次》中看到，电影女主角因为一次车祸患上了短期记忆丧失症，她的记忆只能维持到她出车祸的那天，每一天起来都会忘了前一天发生的事情，就像开机重启，她的人生一直在重复同一天。

那么什么是记忆，除了短期记忆，记忆还有哪些分类呢？

记忆是我们存储和提取信息的方式，人们感知过的事情，思考过的问题，体验过的情感或从事过的活动，都会在头脑中留下不同程度的印象，其中一些印象成为经验且能够在头脑中保持很长时间，在一定条件下还能够恢复，这就是记忆。记忆能让人有意识地回想起个人的和集体的过去，让我们每天的经验具有连贯性。

记忆的过程主要有编码、存储和提取，编码是人获得个体经验的过程，相当于记忆中"记"的阶段，主要有视觉的，听觉的和语义的编码。

存储即把感知过的事物、体验过的情感、做过的动作、思考过的问题等以一定的形式保持在脑海中。

提取是指从记忆中查找已有信息的过程，是记忆的最后一个阶段，是"忆"的阶段。记忆的好坏就是通过提取表现出来的。

根据信息保存时间，我们可以将记忆分为感觉记忆、短时记忆、工作记忆和长时记忆。

当客观刺激停止作用后，感觉信息在一个极短的时间内被保存下来，这就是感觉记忆，每个感觉系统都会有一种感觉存储，可以保存环境中刺激的物理特征的表征。感觉记忆存储的时间大约为 0.25~4 秒。

例如人们看电影时，虽然屏幕上画面是一帧帧静止的图像，但我们仍然将其看作是运动的，这就是由于感觉记忆存在的结果。

短时记忆是感觉记忆和长时记忆的中间阶段，保持时间大约为 5 秒~1 分钟，它的容量非常有限，大约为 7±2 个组块。编码方式以言语听觉为主，也存在视觉和语义编码。短时记忆的信息经过编码进入长时记忆。

我们做个小测试，请你将下面的随机数字读一遍，然后合上书本，尽可能多地将它们复述出来：

8 4 6 2 0 1 7 5 6 8 3

长时记忆指的是信息经过充分加工和有一定深度的加工后，在头脑中被长时间保留下来，这是一种永久性的存储。保存时间长，从 1 分钟以上到许多年甚至终身；容量没有限制；信息的来源大部分是短时记忆内容的加工，也有由于印象深刻而一次获得的。

输入的信息在经过人的注意过程的学习后，便成了人的短时记忆，但是如果不经过及时复习，这些记住过的东西就会遗忘，德国心理学家艾宾浩斯（H. Ebbinghaus）研究发现，遗忘在学习之后立即开始，而且遗忘的进程并不是均匀的。最初遗忘速度很快，以后逐渐缓慢，他认为"保持和遗忘是时间的函数"，他用无意义音节（由若干音节字母组成、能够读出、但无内容意义即不是词的音节）作记忆材料，用节省法计算保持和遗忘的数量，并根据他的实验结果绘成描述遗忘进程的曲线，即著名的艾宾浩斯记忆遗忘曲线，见图 6-4，遗忘规律表见表 6-5。

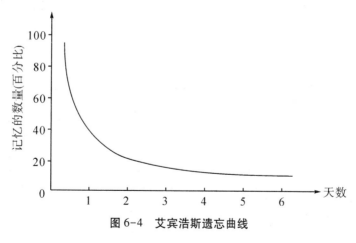

图 6-4　艾宾浩斯遗忘曲线

表 6-5　遗忘规律表

时间间隔	记忆量
刚记完	100%
20 分钟后	58.2%
1 小时后	44.2%

表6-5（续）

时间间隔	记忆量
8~9 小时后	35.8%
1 天后	33.7%
2 天后	27.8%
6 天后	25.4%

艾宾浩斯遗忘曲线的规律是先快后慢，随着时间的推移，遗忘的速度减慢，遗忘的数量也减少，我们只有不断重复才可以把短期记忆变成长期记忆。

（2）智力与智力测试。

如果让你来定义一下智力，你认为智力包含什么内容呢？从小到大，你是否被贴上智力优越或者智力缺乏的标签呢？又是否对自己的智力水平好奇，做过一些智力测试呢？那我们下面就来看看什么是智力，有哪些智力测试。

对智力不同的理论有着不一样的定义，但对于智力的理解，始终包含以下两点。第一，智力是一种综合性的能力，可以包括生理、心理和社会等多个方面；第二，个体的智力有高低之分，并受先天遗传和后天环境的相互作用。学术界一般认为人的智商分布符合正态分布，智商极高和极低都是少数。表6-6为各智力理论的主要观点。

表6-6　各智力理论的主要观点

理论	代表人物	主要观点
智力二因素说	斯皮尔曼	G 因素和 S 因素
流体智力和晶体智力说	卡特尔	流体智力为学习能力，晶体智力为知识经验
智力多因素论	瑟斯顿	七种基本的心理能力
多元智力理论	加德纳	七种智力
智力结构论	吉尔福特	智力分为内容、操作和产物三个维度
智力的三元论	斯滕伯格	成分智力，经验性智力和情景智力
PASS 模型	达斯	三层认知系统和四种认知过程

目前，智力测量主要有以下量表。

斯坦福-比奈智力量表由斯坦福大学的刘易斯·推孟（Lewis Terman）对比奈-西蒙量表进行多次修订而成，在测验中，推孟提出了智商（IQ intelligence quotient）的概念，IQ=心理年龄/生理年龄×100，对正常人群、发育迟缓者和天才人群都能提供 IQ 估计值。

韦克斯勒智力量表，由纽约贝尔维尤医院的大卫·韦克斯勒（David Wechsler）编制，主要有韦氏学前和小学智力量表第三版（WPPSI-III，Wechsler，2002），用于2.5~7.25 岁的儿童；韦氏儿童智力量表第四版（WISC-IV，Wechsler，2003），用于6~16 岁的儿童；韦氏成人智力量表（WAIS-IV，Wechsler，1997），用于16 岁以上的成年人。每份量表包含言语和操作两个分量表，前者可测词汇、常识理解、回忆、发现相似性和数学推理等，后者可测图片完成、图片排列、事物组合、拼凑、译码等。

瑞文推理测验，由英国心理学家瑞文（J. C. Raven）1938年编制，是一种非语言智力测试，主要通过图形的辨别、组合、系列关系来测量智力，能较好解决文化公平问题。

智商知识智力的参考值，与学业成绩呈较低的正相关，难以预测个人未来的成就，且智力并非一成不变，因而，请大家科学对待智商测试。

思维拓展：思维导图

思维导图（Mind Map）又叫思维地图，是英国学者东尼·博赞于20世纪60年代初期创造出来的一种思维工具或思考方式。东尼·博赞在学习碰到障碍、思考受到桎梏、记忆力遇到挑战的时候，寻求帮助未果，却灵感忽现，开始探索研究人脑与思维，从而为人类思维的研究开辟了新天地。他除了研究人类大脑构造及神经生理机制，还研读了包括心理学、语言学、信息论、记忆技巧、创意思考等内容，而且在研究过程中受到了达·芬奇与爱因斯坦等伟人的启发，才最终创造出思维导图这一神奇的思维工具。

东尼·博赞在《思维导图》一书中是这样对思维导图进行描述的："思维导图是放射性思维的表达，因此也是人类思维的自然功能。它是一种非常有用的图形技术，是打开大脑潜力的万用钥匙。"

思维导图是一种思维工具，它表现的是一个思维过程，学习者可以通过思维导图理清思维的脉络，并可供自己或他人回顾整个思维过程。而作为一种表征知识的工具，思维导图可以成为智能伙伴，让学习者变得更加聪明更有智慧。学习者能借助思维导图将抽象事物形象具体化，可以提高发散思维能力、创新能力。思维导图也是一种知识可视化工具，将抽象的事物或者过程变成图形图像，将文字资料图片化、将抽象信息形象化、将隐性知识显性化。

思维导图有以下特点：

（1）中央图像不可缺，每一幅思维导图都会使用形象而醒目的图像置于中央作为中心主题，这样可以自动地吸引眼球和大脑的注意力。

（2）图形遍布思维导图，只要有可能，就使用图形。图形除了能够吸引眼球的注意，还可以触发无限联想，并且是帮助记忆极其有效的方法。与语词比较，大脑更倾向于接受图形。

（3）关键词的使用，思维导图中少不了关键字与关键词的使用，思维导图并不会完全排斥文字，而是更强调融图像与文字的功能于一体。因此，思维导图可以将关键词单独使用，分布在分支线条上，但是一般更倾向于将关键词与图形图像一起使用，起解释导引作用。

（4）多色彩，色彩增加了导图的生动性与活力，可以增强记忆力与创造力，避免单调信息作用于大脑。

（5）曲线的使用，大脑容易对直线有厌烦倦怠情绪，思维导图中的曲线和分支，犹如大树中奇美的树杈，更能吸引眼球，激发想象力，因为曲线更符合自然，拥有更多美的因素。

5. 情绪、压力与健康

如果现在问你"你的感受如何?"你会怎样回答这个问题呢?你至少会提供 3 个方面的信息,首先,你会告诉我们你现在的心境状态,即你所感受到的情绪,比如你很焦虑,因为马上就要参加一场重要的考试了;其次,你可能会大致告诉我们你感受到的压力;最后,你可能会报告一下你的心理或生理健康状况,比如你睡眠不是很好,感觉自己焦虑得睡不着觉,快病倒了。下面我们将来看看情绪、压力和健康三者的交互作用,讨论情绪的体验和功能是什么?情绪对生理心理功能造成太大压力会有什么后果以及我们将如何科学应对压力,治疗和预防疾病。

生活中没有情绪是不可想象的。我们与朋友夜出看电影时所拥有的快乐,当与所爱的人分离,或某家庭成员死亡时的悲伤,被污辱时我们感到的愤怒,一无所知的情形下压倒我们的恐惧,以及在我们的过失被公之于众时我们所感到的内疚或羞愧。情绪让我们的生活体验变得丰富多彩。情绪让我们了解我们是谁,我们与他人的关系怎样,以及我们应如何举止。

但是,什么是情绪?在每天的交谈中,普通人一般都不会区分情绪和情感。然而,大部分情绪研究者认为情感(主观体验)是情绪的一部分,但不等同于情绪本身。情绪所包含的内容比情感更多。

我们把情绪定义为一种复杂的身体和心理变化模式,包括生理唤醒、感受、认知过程、外显的表达(包括表情和手势)以及特殊的行为反应,这些反应都是针对个体认为具有个人意义的情景做出的。情绪是指一个人对客观事物是否符合自己的需要而产生的主观态度体验。

情绪是以个体的愿望和需要为中介的。当客观事物或情境符合个体的需要时,个体就会产生积极的、肯定的情绪;否则,会带来消极的、否定的情绪。情绪很快,它们仅持续几秒或几分钟。情绪是有功能的,当情绪产生的时候,它们告诉我们一些重要信息,这些信息有关我们与情绪引发的刺激之间的关系;情绪使我们的身体准备好行动,同时情绪拥有重要的社会意义。因而,情绪可以帮助我们解决复杂的社会协调问题。

在过去半个世纪的研究中,心理学上的伟大发现之一就是发现了这样一个事实:人类与其灵长目的亲缘动物共同具有一种情绪的普遍基础。愤怒、厌恶、恐惧、高兴、悲伤和惊讶是所知的基本情绪。不论种族、文化、性别、种族地位或民族起源,这些基本情绪在所有的人类中都是通过面部表情所普遍表达的。它们是由相同类型的潜在心理诱因所引发的,在所有的文化中损失引发悲伤,而威胁引发恐惧。

尽管可能人类普遍地一出生就拥有相同的情绪基础,但文化确实还是以重要的方式影响着情绪的许多方面。文化建立起社会规范,从而规定人们应该有哪些特定的情绪反应,以及特定成员的哪些情绪表达具有社会适应性。

思维拓展:情绪 ABC 理论

在我国民间曾流传这样一个故事。有位老太太有两个女儿,女儿都出嫁了,大女儿开伞店,小女儿开洗衣店。老太太天天为女儿忧愁,晴天,担心开伞店的女儿生意不好;阴天,担心开洗衣店的女儿的衣服晒不干。有一天,有人跟她说:"老太太您好福气,下雨天,您开伞店的女儿生意好,该高兴;晴天,您女儿的衣服干得快,也该高兴。对您来说,哪一天都是好日子呀。"老太太想一想,也真是这样,心情顿觉好多了。

在生活中我们也会发现，同样的事情从不同的角度来看，会有不一样的心情。这些我们可以用情绪 ABC 理论加以解释。

美国临床心理学家艾尔比特·艾利斯在 20 世纪 50 年代提出了情绪 ABC 理论，他认为人的情绪是由他的思想决定的，合理的观念导致健康的情绪，不合理的观念导致负向的、不稳定的情绪。

情绪 ABC 理论：A 是指个体遇到的主要事实、行为、事件；B 即个体对 A 的信念、观点；C 指事件造成的情绪结果。

我们的情绪反应 C 是由 B（我们的信念）直接决定的。可是许多人只注意 A 与 C 的关系，而忽略了 C 是由 B 造成的。B 如果是一个非理性的观念，就会造成负向的情绪。若要改善情绪状态，必须驳斥（D）非理性信念 B，建立新观念并获得正向的情绪效果（E）。这就是艾利斯情绪理论治疗的 ABCDE 步骤，见表 6-7。

表 6-7　ABCDE 技术举例

问题情境　A	当众发言
不合理观念 B	我一定要表现得很好，否则会被人笑话的
情绪/行为反应 C	紧张、焦虑、浑身发料，无法集中注意力
反驳不合理观念　D	如果我没表现好，结果真的有那么糟糕吗？别人会整天无事可干，天天评论我吗？我想表现好，就一定能表现得好吗？有些结果怎样并不完全由我控制。我为什么非要表现那么好呢？难道敢于尝试不是一种勇气吗？别人上来难道就一定比我强吗
处理问题的态度　E	如果我继续坚持这个信念，我会更焦点，而且今更糟，你想紧张就紧张吧，你想脸红就使劲红吧，爱怎样怎样吧

依据 ABC 理论，分析日常生活中的一些具体情况，我们不难发现人的不合理观念常常具有以下三个特征。

（1）绝对化的要求

绝对化的要求指人们常常以自己的意愿为出发点，认为某事物必定发生或不发生的想法。它常常表现为将"希望""想要"等绝对化为"必须""应该"或"一定要"等。例如，"我必须成功""别人必须对我好"等。这种绝对化的要求之所以不合理，是因为每一客观事物都有其自身的发展规律，不可能依个人的意志为转移。对于某个人来说，他不可能在每一件事上都获成功，他周围的人或事物的表现及发展也不会依他的意愿来改变。因此，当某些事物的发展与其对事物的绝对化要求相悖时，他就会感到难以接受和适应，从而极易陷入情绪困扰之中。

（2）过分概括的评价

这是一种以偏概全的不合理思维方式的表现，它常常把"有时""某些"过分概括化为"总是""所有"等。用艾利斯的话来说，这就好像凭一本书的封面来判定它的好坏一样。它具体体现在人们对自己或他人的不合理评价上，典型特征是以某一件或某几件事来评价自身或他人的整体价值。例如，有些人遭受一些失败后，就会认为自己"一无是处、毫无价值"，这种片面的自我否定往往导致自卑自弃、自罪自责等不良情绪。而这种评价一旦指向他人，就会一味地指责别人，产生怨怼、敌意等消极情绪。我们应该认识到，"金无足赤，人无完人"，每个人都有犯错误的可能性。

（3）糟糕至极的结果

这种观念认为如果一件不好的事情发生，那将是非常可怕和糟糕。例如，"我没考上大学，一切都完了""我没当上处长，不会有前途了"。这种想法是非理性的，因为对任何一件事情来说，都会有比之更坏的情况发生，所以没有一件事情可被定义为糟糕至极。但一个人如果坚持这种"糟糕"观时，那么当他遇到他所谓的百分之百糟糕的事时，他就会陷入不良的情绪体验之中，而一蹶不振。

因此，我们在日常生活和工作中，当遭遇各种失败和挫折，要想避免情绪失调，就应多检查一下自己的大脑，看是否存在一些"绝对化要求""过分概括化"和"糟糕至极"等不合理想法，如有，就要有意识地用合理观念取而代之。

现代的工业化社会给人们带来了快节奏、高消耗的生活，人们仅有的时间里总有许多事情要做，还要为渺茫的前景担忧，很少有时间分配给家庭和娱乐，许多人会抱怨感觉压力很大，但没有了压力，生活是否会好些？没有压力的生活也就没了挑战，没有了困难去克服，没有了新的领域去开拓，也没有了理由去加速运转你的头脑或者提高你的能力。每个有机体都要面临来自外界环境和个体需求的压力，个体必须解决这些问题从而实现生存和发展。

心理压力（也称心理应激）指当刺激时间打破了有机体的平衡和负荷能力，个体觉察需求与满足要求的能力不平衡时所表现出的身心紧张状态，其结果可以是适应或适应不良。每个刺激源都是一个刺激事件，主要包括生理性应激源、心理性应激源、社会性应激源、文化性应激源四类。

生理性应激源，指作用于人的躯体、直接产生刺激作用的刺激物，包括各种理化和生物学刺激。

心理性应激源，包括动机冲突、个体强烈需求或不切实际的预期、凶事预测、学习和工作中的压力、紧张的人际关系、让人压抑的气氛和认知障碍等。

社会性应激源，指那些造成人生活上的变化、并要求对其适应和应对的社会生活情景和事件。

文化性应激源，指因语言、文字、生活方式、风俗习惯、宗教信仰乃至民族性格等引起心理应激的刺激或情景。

压力会引起一系列的生理心理的反应，生理反应是身体对应激的适应调整活动，可能会有瞳孔扩大、气管扩张、心跳加快、肾上腺素分泌等反应，同时又是某些情况下导致疾病的生理基础。心理反应主要表现为焦虑、恐惧、愤怒、抑郁等情绪状态。

影响应激反应的因素多种多样，包括应激源本身的强度和作用时间的长短、认知因素、个性特征、身体素质、应对能力、社会支持系统等。

适度的心理应激是人的成长和发展的必要条件，是维持人正常心理和生理功能活动的必要条件。但过度的心理应激反应会对健康产生消极影响，心理应激引起的心理和生理反应可以以症状和体征的形式表现出来，加重已有的精神和躯体疾病，或使这些疾病复发，心理应激同其他因素一起引起新的疾病，或产生与应激相关的心理障碍，如急性应激障碍和创伤后应激障碍。

急性应激障碍（acute stress disorder）为一种在强烈的应激源作用下而发生的精神障碍，应激源常为突如其来且个体难以承受的创伤性体验，或对生命具有严重威胁的事件和灾难，如严重的交通事故、配偶或子女突然亡故、突发的自然灾害、战争等。

创伤后应激障碍（Post-traumatic stress disorder；PTSD）指人在遭遇或对抗重大压力后，其心理状态产生失调的后遗症。这些重大压力包括生命遭到威胁、严重物理性伤害、身体或心灵上的胁迫。人生重大事件中的生活变化单位见表6-8。

表6-8　人生重大事件中的生活变化单位

序号	事件	生活变化单位
1	配偶死亡	119
2	离异	98
3	家人死亡	92
4	夫妇分居	79
5	失去工作	79
6	重伤或重病	77
7	刑期	75
8	好友死亡	70
9	怀孕	66
10	事业的重大再调整	62
11	抵押品或贷款逾期	61
12	婚姻和解	57
13	增加新家庭成员	57
14	家人的健康或行为改变	56
15	经济状况改变	56
16	退休	54
17	换工作	51
18	与配偶争吵变多	51
19	结婚	50
20	配偶开始或结束上班	46

资料来源：理查德·格里格，菲利普·津巴多. 心理学与生活［M］. 王垒，等译. 北京：人民邮电出版社，2016.

那么我们应该如何正确应对压力呢？

（1）学习正确归因，正确归因能激发大学生前进的动力，增强战胜压力与挫折的勇气和信心。归因的时候，有人会把原因归于稳定的因素，比如内部的能力和外部的任务维度，另外不稳定的因素涉及内部的努力和外部的运气。那么，什么才是正确的归因呢？

比如当我们成功的时候，将成功归因为我很努力，我能力强，这样的归因就会让人非常的自信，那么如果一件事失败了，你更多的归因为这次任务难度比较大，因为运气不够好，或者是我努力还不够，这样会让你觉得自己不是没有能力的，而是因为自己没有付出足够的努力，或者是外部的条件不允许，而没有达成愿望，这样会让你对自己保有一定的信心，在下一次面对困难和挫折时能够更加努力积极的应对。这是比较好的一些归因方式。归因方式表见表6-9。

表 6-9　归因方式表

维度	内部	外部
稳定	能力	任务难度
不稳定	努力	运气

（2）自我暗示法，指用含蓄、间接的方式，对自己的心理和行为产生积极影响。某种程度上可以说，人就是被自己或他人暗示的结果。

（3）调整目标法，重新寻找方向，调整期望值，重新确立更切合实际的新目标。

（4）合理宣泄法。

一述，我们可以找自己的亲人、朋友或者专业咨询师述说。

二写，写日记，记下你的烦恼，你的苦恼，你的压力，在写的过程中就有一种舒缓的作用。

三哭，科学家的研究表明，不动感情的眼泪主要成分是水分、蛋白质，而动感情的眼泪，除了水分蛋白质以外还含有毒素，动感情的哭泣是可以养颜美容，而且防止消化道溃疡。

四唱，唱一唱是愉悦心情，减缓压力很好的方式。

五喊，喊叫、吼叫也是一种很好的宣泄方式，当然请大家注意宣泄场合。

六动，比如高强度或者中等强度的运动，能让人心情愉悦，而将运动做到持之以恒，将是我们快乐的源泉。

（5）丰富生活法，英国哲学家怀特海曾经这样说，中学生，伏案学习；大学生，要站起来四面观望。大学生要投入到丰富多彩的活动当中去进行体验与学习，提升应对压力与挫折的能力。

表 6-10 为达到个人最佳健康状态的 10 个步骤。

表 6-10　达到个人最佳健康状态的 10 个步骤

1	有规律地进行锻炼
2	营养饮食，膳食平衡（多吃蔬菜、水果和谷物，以及低脂肪和低热量的食物）
3	维持适当体重
4	每晚睡眠 7~8 小时
5	系好安全带，驾驶摩托戴头盔
6	不吸烟，不吸毒
7	适度饮酒
8	有保护、安全的性行为
9	定期的健康/牙科检查，采用医学养生法
10	保持乐观态度和发展友谊

拓展阅读：《运动改造大脑》

健康心理学的重要目标之一就是促进人们更多地从事有益健康的行为，美国政府提出健康建议，想要获得实在的健康益处，成年人一周至少要进行 150 分钟中等强度的锻炼，或者75分钟高强度的有氧运动，或者等量的中等强度和高强度有氧运动的组合。此外，成年人一周还应该进行2天以上的中等强度或高等强度的锻炼肌肉的运动。那么运动对我们有什么样的影响呢？

《运动改造大脑》作者约翰·瑞迪是哈佛大学医学院临床副教授，临床精神病医生，国际公认的神经精神医学领域专家，1997年获得全美最佳医生称号，发表超过60篇权威学术文章，出版著作8本。本书以神经科学为依据得出的核心观念是运动能让大脑处于最佳状态。

（1）运动能够促进大脑平衡。运动可以促进大脑神经元的连接，促进脑源性神经因子（BDNF）的分泌，这些营养素促进神经元的生长、分化，及损伤后的修复促进作用，从而起促进大脑整个的发育的过程。

（2）运动能够缓解压力与焦虑。每个人在遇到焦虑时的最初反应，都是本能地逃避。但只要能行动起来，你就会发现世界比想象中更安全。除此之外，运动还通过分散注意力、缓解肌肉紧张、增加大脑资源、提高恢复能力来跑赢焦虑。

（3）运动能够帮助改善抑郁状态。某些抑郁症患者的大脑不但灰质发生了生理性的萎缩，高含量水平的压力激素、皮质醇还毁坏了海马体的神经元。运动催生的BDNF可以保护海马体等区域的神经元免受皮质醇的干扰，让神经元回复自然的放电状态，运动能促进内啡肽分泌，还能调节所有抗抑郁药物锚定的神经递质，促进多巴胺的分泌。针对抑郁，除了生理上的连接与愉悦，运动还能带来自我效能感，那种自力更生的感觉能彻底改变抑郁无助的心态。

（4）运动能够帮助戒除成瘾。成瘾行为之所以难以戒除是因为一旦发生可能改变大脑的神经通路，而有规律的运动能够让大脑忙碌起来，并重新指示基底核连接到另一个反射替代行为，逐渐建立新的绕开成瘾模式的神经通路，同时，运动还能填补戒断后的空缺，避免无聊感。

（5）运动能调整激素和延缓衰老。运动能帮助女性平衡身体激素、调整女性激素水平，从而有效延缓衰老。

另外，本书对如何进行科学运动进行了介绍，更多精彩静待大家发现。

6. 人格与社会化

人格（personality）是心理学中最复杂的问题之一。

拉丁文person本意是面具，指演员在舞台上所扮演的某种角色的标志，这种面具代表着这个角色的某种典型特点，如"高傲的人""狡猾的人"等。

人格是一种心理特性，它是每个人在心理活动过程中表现出各自独特的风格；是构成一个人思想、情感、行为的特有模式，这个独特模式包含了一个人区别于他人的稳定而统一的心理品质。影响人格形成的因素很多，如遗传、环境、成熟和教育等因素，都会对人们人格的形成和发展产生影响，人格是在与周围环境相互作用的过程中逐渐发展起来的。

我们通常依据人格不同的特点对人进行分类，包括性别、年龄、专业等，一些人格理论家也将人归入不同的类别中，也就是人格类型，那么有哪些人格类型理论呢？

（1）气质类型学说。该学说源于古希腊医生希波克里特（Hippocrates）的体液说，即黏液、黄胆汁、黑胆汁、血液四种体液的配合比率不同形成四种不同类型的人，罗马医生盖伦（Galen）进一步确定了气质类型，即胆汁质、多血质、黏液质、抑郁质，见表 6-11。

表 6-11　气质类型分类表

气质类型	行为特征	适合职业	代表人物
多血质	活泼好动、反应敏捷、情绪发生快而多变、注意力和兴趣易转移、善交际、亲切有生气，但往往轻率，具有外倾性	导游、推销员、主持人、演讲者、接待人员等等	王熙凤
胆汁质	直率、精力旺盛、热情奔放、急躁、莽撞、易感情用事、自制力差，具有外倾性	管理、外交工作、驾驶员、医生、律师、运动员、冒险家、记者、军人、公安干警等	张飞
黏液质	沉着、安静，情绪不易外露、行动缓慢、注意稳定不易转移、自制力强、不善随机应变，具有内倾性	外科医生、法官、管理人员、出纳员、会计等	薛宝钗
抑郁质	行为孤僻，多愁善感，动作迟缓，情绪体验深刻，善于觉察的细节，富于想象，具有内倾性	校对、打字、检察员、雕刻、刺绣、保管员、艺术工作者、哲学家、科学家	林黛玉

（2）人格的精神分析理论，主要有弗洛伊德、荣格和阿德勒的人格理论。

①弗洛伊德人格理论，弗洛伊德从动力学的角度，把人的精神状态看作是一个动态系统，这个系统就是人格。每个人的人格又是由三个子系统，即本我、自我和超我构成。

代表追求生物本能欲望的人格结构部分称为本我，是人格的基本结构，是人格中的一个永存的成分，在人一生的精神生活中起着重要的作用。本我遵循的是快乐原则，要求毫无掩盖与约束地寻找直接的肉体快感，以满足基本的生物需要。如果受阻抑或迟误，就会出现烦扰和焦虑。

根据现实原则而起作用的人格结构部分称为自我。自我是通过与现实外界环境的接触，通过后天的学习，使本我的一部分获得了特殊的发展。自我是本我与外界关系的调节者，对外界的调节功能是感知外界刺激，了解周围环境，并将经验消化、储存，对本我的功能是指挥它，决定对它的各种要求是否允许其获得满足。

代表良心或道德力量的人格结构部分是超我。从种族发展来看，超我来自原始人，这是人类所特有的人格。从个体发展来看，超我在较大程度上依赖于父母的影响，一旦超我形成以后，自我就要同时协调和满足本我、超我和现实三方面的要求，也就是说，在使本我（即本能冲动和欲望）要求获得满足的时候，不仅要考虑外界环境是否允许，还要考虑超我是否认可。

这样，人的一切心理活动就可以从本我、自我和超我三者之间的人格动力关系中得以阐明。弗洛伊德还认为本我、自我和超我三者所占据的意识水平是不同的。它们的相互关系就构成人复杂的人格动力结构。一个人要保持心理正常，要生活得平稳、顺利和有效，就必须依赖这三种力量维持平衡，否则就会导致心理的失常。

②阿德勒的人格理论，阿德勒抛弃了性欲和快乐的原则，强调克服自卑、寻求优越是人格发展的基本动力。阿德勒认为，作为无助的、必须依赖于人的儿童，他们都会体会到自卑感，所有生命都会寻求一切办法克服自卑感，人格就是围绕着这种基本的奋斗

来构建的，每个人以自己的方式克服基本的、普遍的自卑感，从而建立自己的特定生活方式。人格冲突不是源于人们之间的竞争，而是起因于外部环境压力与追求卓越的奋斗之间的矛盾。

③荣格的人格理论，荣格认为，人格中包括许多概念，每一概念都反映了一种内部的力量；每一个概念都有与之对立的另一个概念，如意识与无意识、内倾与外倾、思维与情感等。对立的双方构成一个人格单元，按照能量守恒定律，其中一个方面发展了，另一个方面就相对削弱。人格就是这些处于动态平衡中的各种对抗的内在力量形成的"集群"。

（3）人格的特质理论，主要有奥尔波特的人格特质理论、卡特尔的人格特质理论、艾森克的人格结构理论。

①奥尔波特的人格特质理论，奥尔波特认为"特质"（traits）是人格的基础。特质分为共同特质和个人特质，个人特质又分为首要特质、中心特质和次要特质。首要特质是影响一个人的绝大多数行为的特质，例如一个从事学术研究的人希望在学术上不断取得新的成就，这就是他的首要特质；中心特质虽然不像首要特质那样具有普遍意义，但也是行为的决定因素，如这个人平易近人、善良诚恳等；次要特质是在某些场合下才出现的行为特质，它受情境制约，是对少数事物所产生的独特反应，如一个人喜欢吃什么食物、穿什么款式的衣服等，不具有普遍意义。奥尔波特的人格特质理论见图6-5。

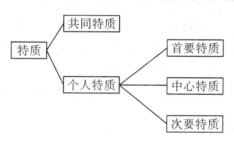

图6-5 奥尔波特的人格特质理论

②卡特尔的人格特质理论，卡特尔运用因素分析的方法来研究人的特质，他把人的特质分成表面特质和根源特质。

表面特质直接与环境接触，常常随环境的变化而变化，是从外部可以观察到的行为；根源特质则隐藏在表面特质的后面，通过表面特质而体现，是制约表面特质的潜在基础和人格的基本因素。

根据二十多年的艰苦努力，卡特尔提出了16种基本的人格因素，或根源特质。卡特尔还根据这16个特质编制了人格问卷。

③艾森克的人格结构理论，艾森克分析人格所采用的是两个标准或维度，一是内外向，二是情绪稳定性。他认为人的特性不是非此即彼的问题，而是多或少的问题，以此两个维度作分类标准，可将人分成四种类型：稳定外向型、稳定内向型、不稳定外向型、不稳定内向型。

稳定外向型包括善于交际、开朗、健谈、易共鸣、随和、活泼、无忧无虑、领导力8种特质。

稳定内向型包括被动、谨慎、深思、平静、有节制、可信赖、性情平和、镇静8种特质。

不稳定外向型包括敏感、不安、攻击、兴奋、多变、冲动、乐观、活跃8种特质。

不稳定内向型包括忧郁、焦虑、刻板、严肃、悲观、缄默、不善交际、安静8种特质。

（4）人格的学习理论，主要有班杜拉、米歇尔的学习理论。

①班杜拉的学习理论，班杜拉认为，人有自己独特的认知过程，它们参与行为模式以至人格的获得和维系。首先，人们能够从符号思考外部事物，可预见行为可能的结果，而不需要实际去经历它们，这种学习叫替代学习或观察学习。其次，人们可以评价自己的行为，为自己提供自我强化（自我奖赏或自我批判），而不必依靠外部强化。最后，人们可以调节、控制自己的行为，而不是被外界左右。社会学习理论的改良拒绝了经典行为主义的环境决定论观点，强调个体、环境、行为三因素之间的复杂的交互作用。因此，社会学习理论又被称作"交互决定论"。

②米歇尔的学习理论，米歇尔认为，可以用5个相互重叠、相互交错的概念解释行为的独特性和一致性。

第一，能力。在过去学习的基础上，构造起对不同情境做出反应的行为程式，它们具有个人独特性和相当的稳定性。

第二，编码。以独特的方式认识、划分经验。

第三，预见。经过学习，形成关于不同行为的奖惩期望。

第四，结果。有两种，一种是环境作用造成的结果，一种是基于个人能力的结果。

第五，计划。计划或规定在特定情境中的行为，这种计划具有相当的个人独特性。

米歇尔认为，这5个方面构成人格的5个元素，它们是个人过去学习的结果，并指引着未来的学习，因此，它们是个人生活的结果，也规定了未来生活的风格。

思维拓展：荣格的人格类型理论

荣格将心态分为内倾与外倾两种，将心理功能分为思维、情感、感觉、直觉四种，两个维度交叉，得到八种人格类型。

（1）外倾思维型

这种人使客观思维上升为支配他生命的激情，典型的例子是科学家。外倾思维型的人通常倾向于压抑自己天性中的情感，因而在别人眼中，可能显得缺乏鲜明的个性，甚至显得冷漠傲慢。（越是思维型的人其热情越少外化，这点你可以在你自身上验证，越成熟就越稳重。）如果这种压抑过分严厉，情感就会被迫采取迂回曲折甚至病态反常的方式来影响他们的性格。他们可能变得专制、固执、自负、迷信、不接受任何批评。由于缺乏情感，他们的思想很容易变得枯燥乏味。

（2）内倾思维型

哲学家或存在主义心理学家就属于此种，他们希望理解的是他个人的存在。在极端的情形下，他们探测自身的结果可能与现实几乎不发生任何关系，最后甚至可能割断与现实的联系而成为精神病患者。他们具有与外倾思维型的人相同的许多性格特征，与外倾思维型的人一样，不得不随时保护自己不受压抑，避免在无意识中的情感纷扰，因此他们往往显得冷漠无情。他们渴望离群索居以便沉溺于玄想。他们并不在乎他们的思想是否为别人所接受，尽管可能有那么几个与他们属于同一种类型的人作为他们的忠实信徒。他们容易变得顽固执拗、刚愎自用、不善于体谅他人；容易变得骄傲自大、敏感易怒、拒人于千里之外。随着这种倾向的加强，被压抑的情感功能很可能以变态和狂热的方式对其思维施加影响。

（3）外倾情感型

这种类型的人使理智服从于情感，荣格发现它更多地体现在女性身上。由于她们的情绪随外界的变化而不断变化，所以往往显得反复无常。外界的任何一点极轻微的变化都可能导致她们的情绪变化。她们往往多愁善感、浮夸卖弄、过分殷勤、强烈地依恋于他人（而这种依恋又往往是短暂的昙花一现），她们的爱可以轻而易举地转变为恨；她们的情感没有什么新颖的内容，完全是一套陈词滥调；她们总是乐于追逐最时髦的风尚。由于思维功能受到过分的压抑，外倾情感型的人的思维过程通常是原始且不发达的。

（4）内倾情感型

这种类型的人通常也更多地见之于女性。她们不像外倾情感型的人那样炫耀自己的感情，而是把它深藏在内心。她们往往沉默寡言、难以捉摸、态度既随和又冷淡，并且往往有一种忧郁和压抑的神态。然而她们也往往能够给人一种内心和谐、恬淡宁静、怡然自足的印象，往往在别人看来显得具有一种神秘的魅力。她们属于那种所谓"水静则深"的人。事实上，她们也确乎有某种深刻强烈的情感，这种情感有时会出乎亲人朋友的意料而爆发一场情感风暴。

（5）外倾感觉型

这种类型的人（主要是男人）热衷于积累与外部世界有关的经验。他们是现实主义者、实用主义者、头脑清醒但并不对事物过分地追根究底。他们按生活的本来面貌看待生活，并不赋予生活以自己的思想和预见。但他们也可以是耽于享乐、追求刺激的。他们的情感一般是浅薄的。他们的全部生活仅仅是为了从生活中获得一切能够获得的感觉。这种人格类型的极端者可能成为粗陋的纵欲主义者，或者成为浮夸的唯美主义者。他们可以根据感觉倾向，耽溺于各种不同类型的嗜好，具有变态行为和强迫行为。

（6）内倾感觉型

和所有内倾型的人一样，内倾感觉型的人也远离外部客观世界，沉浸在自己的主观感觉之中。与自己的内心世界相比，他们觉得外部世界是淡乎寡味、了无生趣的。除了艺术之外，他们没有别的办法表现自己，然而他们创作的作品又往往缺乏任何意义。在外人看来他们可能显得沉静、随和、自制，而实际上由于在思想和情感方面的贫乏，他们往往并不是一个十分有趣的人。

（7）外倾直觉型

这种类型的人（通常是女性）的特征是异想天开、喜怒无常；他们从一种心境跳跃到另一种心境，借以从外部世界中发现新的可能性。一个问题还没有解决，他们就又在渴望解决另一个新问题了。由于缺乏思维能力，他们不可能长期顽强而又勤奋地追随某一直觉，而不得不跃向新的直觉。他们可以作为新企业或新事业的推动者和发起人而做出特殊的贡献，但他们却不能把自己的兴趣始终维系在那上面。他们忍受不了日常事务的烦琐，他们赖以生存的营养是那些新奇的东西。他们容易把自己的生命虚掷在一连串的直觉上，最终却一事无成。他们不是什么靠得住的朋友，尽管他们同别人每打一次新的交道，总是对由此而导致的各种可能性抱着极大的热情，而结果往往是他们由于缺乏持久的兴趣而无意之中伤害了别人。他们有许许多多兴趣爱好，但很快就会厌倦并放弃这些爱好，而他们自己也很难固定地从事某一种工作。

（8）内倾直觉型

这种类型的人中最典型的代表是艺术家，但也包括梦想家、先知、充满各种幻觉的古里古怪的人。内倾直觉型的人往往被他们的朋友们看作是不可思议的人，而他们往往把自己看作是不被理解的天才。他们由于与现实和传统都不发生任何关系，也就不能有效地与他人交流沟通，甚至也不可能与同一类型的人交流沟通。他们禁闭在一个充满原始意象的世界里，而对这些原始意象的涵义，他们自己却并不理解。和外倾直觉型的人一样，他们也从一个意象跳跃到另一个意象，始终在寻找着新的可能性。但他们的全部努力却从来也没有超出过他们自己的直觉范围而使自己得到进一步的发展。由于他们的兴趣不能始终停留在一个意象上，他们就不能像内倾思维者那样，对心理过程的理解做出深刻的贡献。但不管怎样，他们却拥有可供别人思考、整理并加以发展的绚丽多彩的直觉。

前面我们介绍了什么是人格，有哪些人格理论，接下来我们简单介绍一下人格的测验。人格测验是指在具体的条件下用系统的方法收集有关资料，从而确定出要测量的人格特征。心理学家常常研制一些工具用以具体了解心理的个体差异，这就是心理测验。从内容上讲，心理测验主要有智力测验和人格测验。好的人格测验与好的智力测验一样，都需要有较高的信度（reliability）和效度（validity）。

需要强调的一点是，智力测验在评定人的智力差异时可以对不同的人做出高低不同的评价，人格测验则不能对不同的人的人格做出高低的评价，而只能就不同的人在同一人格维度上进行程度上的评价，如在卡特尔16PF测验中的乐群性上得分高则意味着乐群外向，得分低则意味着沉默孤独，但这不意味着高分者的人格高于低分者。

目前人格测试主要有客观测验和投射测验两种类型，人格的客观测验施测和计分相对简单，有明确的规则，甚至都可以通过计算机完成，最经常使用的客观测验工具有明尼苏达多项人格问卷、卡特尔16种人格因素问卷、艾森克人格问卷及投射测验四种。

（1）明尼苏达多项人格问卷（Minnesota Multiphasic Personality Inventory，简称MM-PI）是由美国明尼苏达大学教授哈撒威（S. R. Hathaway）和麦金力（J. C. Mckinley）共同编制的。该问卷涉及的范围很广，内容包括健康状态、情绪反映、社会态度、心身症状、家庭婚姻问题等26类题目，可鉴别强迫症、偏执狂、精神分裂症、抑郁精神病等。MMPI包括10个临床量表，适于测试16岁以上人群。

（2）卡特尔16种人格因素问卷（简称16PF）是由美国伊利诺伊大学卡特尔教授经过几十年的系统观察、科学测验以及因素分析统计后逐渐形成的。卡特尔筛选出16种人格根源特质，该问卷的理论基础是人格特质理论，问卷编制采用因素分析法，具有良好的信度和效度，是目前国际上广泛应用的一种人格测验工具。

（3）艾森克人格问卷（Eysenck Personality Questionnaire，简称EPQ）是由英国伦敦大学心理学系和精神病研究所艾森克教授编制的。艾森克搜集了大量有关的非认知方面的特征，通过因素分析把人格划分为内-外向、神经质、精神质3个维度。EPQ包括四个分量表：精神质量表（P）、内外向量表（E）、神经质量表（N）和效度量表（L）。EPQ在我国被修订的版本较多，比较有代表性的是陈仲庚和龚耀先两人分别主持修订的版本。

（4）投射测验。投射测验是一种要求被试对一些模棱两可或模糊不清、结构不明确的刺激做出描述或反应，通过对这些反应的分析来推断被试的内在心理特点的测量技术。目前，用于人格测验的投射测验主要有罗夏墨迹测验和主题统觉测验两种。

①罗夏墨迹测验（Rorschach Ink-blot Test），由瑞士精神医学家罗夏克于1921年设计。测验的结构包括10张墨迹图片，五张彩色，五张黑白。施测时，测试者每次按顺序给被试者呈现一张，同时问被试者："你看到了什么？""这可能是什么东西？"或"你想到了什么？"等问题。被试者可以从不同角度看图片，做出自由回答。主试记录被试者的语言反应，并注意其情绪表现和伴随的动作。

②主题统觉测验（TAT, Thematic Apperception Test），由美国心理学家亨利·莫瑞于1938年编制。测验的结构包括30张模棱两可的图片和一张空白图片。图片内容多为人物，也有部分风景，但每张图片都至少有一个人物。测试时，测试者每次给被试者呈现一张图片，让被试者根据看到的内容编故事。每次被试者都必须回答四个问题：图中发生了什么事？为什么会出现这种情境？图中的人物正在想什么？故事的结局会怎样？

投射测试材料仅为图片，因此可以对没有阅读能力的被试者进行施测，弹性大，被试者不受限制，可以任意做出反应。评分缺乏客观标准，测验的结果难以解释，从而对特定行为不能提供较好的预测。比如测验上发现某人有侵犯欲望，但是实际上这个人却很少出现侵犯行为，导致测验需要花费大量的时间。

7. 心理障碍与治疗

（1）心理障碍。

你是否曾经过度担心？有没有感觉到抑郁或焦虑却不知道原因是什么？是否曾经觉得害怕什么东西但理智上却很清楚它不会对你造成任何伤害？你想过自杀吗？曾经通过酗酒或滥用药物去逃避难题吗？几乎所有人都会对以上问题中的至少一个问题做出肯定的回答，这意味着几乎每个人都曾有过心理障碍的症状。本节我们将讨论什么是心理障碍，有哪些心理障碍以及心理障碍要如何治疗。

心理障碍（psychological disorder），指一个人由于生理、心理或社会原因而导致的各种异常，在临床上，常采用"心理病理学"的概念，将范围广泛的心理异常或行为异常统称为"心理障碍"，或称为异常行为。广义的心理障碍就是心理异常，狭义的心理障碍是指由一般心理问题累积、迁延、演变的表现和结果，是心理病理学范畴，是心理状态的变异和心理能量的衰退或丧失以及心理能力下降的表现，如感觉异常、幻觉、思维奔逸、思维散漫、近事遗忘、错构、情感倒错、偷窃癖、强迫动作、自伤、自杀、失眠、梦游。

从心理健康到精神疾病的连续分布如图6-6所示，大致分为6个心理状态。

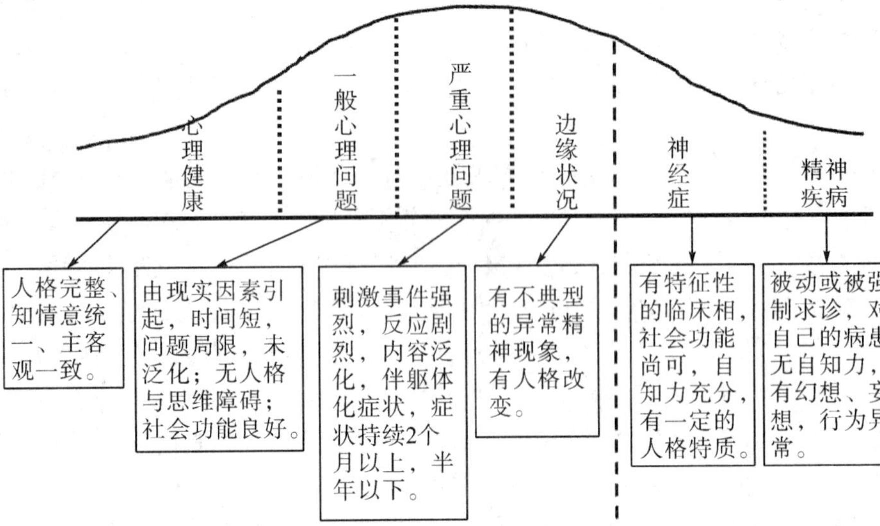

图 6-6 从心理健康到精神疾病的连续分布

正常心理与异常心理的划分，按不同标准判定有不同的要求。

（1）按医学标准，将心理障碍当作躯体疾病一样看待。心理现象或行为有相应的病理解剖或病理生理变化，是划分正常与异常的可靠根据。心理表现为疾病的症状，产生的原因为脑功能失调。将心理障碍纳入医学范畴，较为客观，重视物理、化学检查和心理生理测定。

（2）按统计学标准，心理特征的测量显示为常态分布，在常态曲线上，居中的大多数人属于心理正常范围，而远离中间的两端则被视为"异常"，以心理特征偏离平均值的程度来判定，偏离平均值程度越大越不正常。"心理异常"是相对的，它是一个连续的界限，以统计数据为依据，确定正常与异常的界限，多以心理测验法为工具。

（3）按社会适应标准，正常与异常主要是与行为的社会常模比较而言的，看当事人是否依照社会生活的需要适应环境和改造环境，是否符合社会准则或社会常模（根据社会要求和道德规范行事）。异常即不能按照社会认可的方式行事；行为后果对本人或社会产生不适应现象（由于器质或功能的缺陷或两者兼而有之）。

（4）按心理学标准，正常心理与异常心理主要依据三个方面，即主观世界与客观世界是否统一、心理活动内在协调是否一致、个性是否相对稳定。

本书中介绍了许多心理障碍的类型，在这里我们选取大学生群体中较为常见的心理障碍给大家简单介绍，当你读到各种心理障碍的典型症状时，可能会感觉有些特征对你自己或身边的人适用，但请记住，任何一种障碍的诊断都取决于多条标准，而且需要受过专业训练的精神卫生专业工作者来做出判断，请抵制住诱惑，不要用本节的知识判断你和身边的人是否有病。如果，你在心理健康问题上感到有任何不适，请注意，绝大多数院校都有学生心理咨询中心，这能够在一定程度上帮助你解决问题。

（1）心境障碍。

抑郁症：情感低落，思维迟缓，意志减退，喜欢安静独处，愉快感缺失，思维活动显著缓慢，原有的业余爱好和个人兴趣不复存在，觉得干什么都没有意思，自我评价过低，自信心不足，有自罪妄想，可能有自杀企图和行为。

双相障碍：以严重抑郁与躁狂阶段交替出现为特征。当病人处于躁狂情绪的时候，会出现过度乐观、冒不必要的险、随便承诺、给出重要东西等表现，当躁狂减退，病人就会开始应付那阶段的狂乱造成的损害和窘迫，接着陷入严重的抑郁。

（2）焦虑障碍。

广泛性焦虑症：一个人在至少6个月以上的时间里感到焦虑或担心，但却不是由于受到了特定危险的威胁。

惊恐障碍：突然的惊恐体验，伴随着濒死感或失控感，严重的自主神经功能紊乱。比如广场恐惧症（agoraphobia），即对在公共场所或开阔地方停留的极端恐惧。

恐惧症：对某种特定的客体或环境或与人交往产生强烈的恐惧，并主动采取回避的方式来解除这种焦虑不安。比如社交恐惧症（social phobia），即对一个人进入的公众场合，预先感到的一种持久的、非理性的恐惧。

强迫症：特点是有意识的自我强迫与自我反强迫同时存在。强迫症主要表现为：强迫观念、强迫意向、强迫行为。

（3）人格障碍。

人格障碍指明显偏离正常人格并与他人和社会相悖的一种持久和牢固的适应不良的情绪和行为反应方式。人格障碍常开始于幼年，青年期定型，持续至成年期或者终生。

边缘型人格障碍：边缘型人格障碍是以情绪强烈多变，情绪调节和冲动控制困难，人际关系和自我意象混乱而不稳定，具有分裂的防御机制为核心特征的一种人格障碍。

反社会人格障碍：以行为不符合社会规范，具有经常违法乱纪，对人冷酷无情为特点。

（4）躯体形式障碍。

躯体形式障碍又称疑病症。患者对自己的健康状况或身体的某一部分功能过分关注。怀疑患了某种躯体或精神疾患，但是与其实际健康状况不符合。医生对其病的解释或客观检查常不足以消除患者固有的成见。

（5）分离性障碍。

同一性、记忆或意识整合方面出现混乱。

分离性失忆：没有器质性障碍，仅仅因为心理因素导致一个人遗忘了自己某些重要的经历。

分离性身份识别障碍又称多重人格障碍，指连个或多个显著不同的人格存在于一个个体之中，在任何一个特定的时间里，其中一个人格占支配地位，主导这个人的行为。

（6）精神分裂症。

精神分裂症指原因未明的一组精神障碍；感知、思维、情感、行为的障碍；意识清晰、智能完好；以精神活动的不协调或脱离现实为特征；多起病于青壮年，发病高峰年龄为15~25岁，近年有提早趋势；常缓慢起病，病程迁延，有慢性化倾向和衰退的可能，但部分病人可痊愈。

瓦解型：个体表现出不连贯的思维模式和非常怪异和紊乱的行为，情绪单调刻板或并不适应当时的环境。

紧张型：动作紊乱，好像处于昏迷的僵化状态，病人保持不动，或维持一个奇怪的姿势，对环境中任何事物都很少反应或没有反应。

偏执型：有复杂且具有系统性的妄想，包括被害妄想、夸大妄想和嫉妒妄想。被害妄想，即总觉得被侦查被密谋，面临死亡威胁；夸大妄想，即相信自己是重要的或至高无上的人；嫉妒妄想，即没有正当理由的情况下，觉得伴侣不忠诚。

未分化型：表现出不止一种类型的特征，他们出现妄想、幻觉、不连贯的语言或非常紊乱的行为。

残留型：受到上一次精神分裂症发作的影响，但目前没有阳性症状。

测一测：

世界卫生组织心理健康自评问卷（SRQ-20）

简介：心理健康自评问卷（简称SRQ-20）是世界卫生组织（WHO）发布的简易快速筛查工具，被翻译为十多种语言在全球相应地区使用，该问卷被《灾难心理危机干预培训手册》收录，作为评估受灾群众心理健康状况的专业工具。问卷共20题，"是"计1分，"否"计0分，总分超过7分表明存在情感痛苦，建议寻求专业帮助。

指导语：以下问题与某些痛苦和问题有关，在过去30天内可能困扰您。如果您觉得问题适合您的情况，并在过去30天内存在，请回答"是"，反之，则回答"否"。

	是	否
1. 您是否经常头痛？	是	否
2. 您是否食欲差？	是	否
3. 您是否睡眠差？	是	否
4. 您是否易受惊吓？	是	否
5. 您是否手抖？	是	否
6. 您是否感觉不安、紧张或担忧？	是	否
7. 您是否消化不良？	是	否
8. 您是否思维不清晰？	是	否
9. 您是否感觉不快乐？	是	否
10. 您是否比原来哭得多？	是	否
11. 您是否发现很难从日常活动中得到乐趣？	是	否
12. 您是否发现自己很难做决定？	是	否
13. 日常工作学习是否令您感到痛苦？	是	否
14. 您在生活中是否不能起到应起的作用？	是	否
15. 您是否丧失了对事物的兴趣？	是	否
16. 您是否感到自己是个无价值的人？	是	否
17. 您头脑中是否出现过结束自己生命的想法？	是	否
18. 您是否任何时候都感到累？	是	否
19. 您是否感到胃部不适？	是	否
20. 您是否容易疲劳？	是	否

焦虑自评量表（SAS）

简介：该量表目前广泛应用于个体焦虑情绪的评定和粗筛，共20个项目，分为4级评分。SAS总粗分（20项合计）正常上限为41分，分值越低则状态越好。总粗分×1.25＝标准分，标准分≥50分表示有焦虑症状。注意：焦虑症状≠焦虑症！

指导语：请根据您最近一周的实际感觉在方框中打勾，如果本条描述您几乎一直有则选"4"，常有则选"3"，少有则选"2"，没有或几乎没有则选"1"。

	没有或几乎没有	少有	常有	几乎一直有
1. 觉得比平常更容易紧张和着急	1	2	3	4
2. 无缘无故地感到害怕	1	2	3	4
3. 容易心里烦乱或觉得惊恐	1	2	3	4
4. 觉得可能要发疯	1	2	3	4
5. 觉得一切都很好，也不会发生什么不幸	4	3	2	1
6. 手脚发抖	1	2	3	4
7. 因为头痛、头颈痛和背痛而苦恼	1	2	3	4
8. 感觉容易衰弱和疲乏	1	2	3	4
9. 觉得心平气和，并且容易女静地坐着	4	3	2	1
10. 觉得心跳得很快	1	2	3	4
11. 因为一阵阵头晕而苦恼	1	2	3	4
12. 有晕倒发作，或觉得要晕倒似的	1	2	3	4
13. 吸气、呼气都感到很容易	4	3	2	1
14. 手脚麻木和刺痛	1	2	3	4
15. 因为胃痛和消化不良而苦恼	1	2	3	4
16. 常常要小便	1	2	3	4
17. 手常常是干燥温暖的	4	3	2	1
18. 脸红发热	1	2	3	4
19. 容易入睡并且睡得很好	4	3	2	1
20. 做噩梦	1	2	3	4

抑郁自评量表（SDS）

简介：该量表目前广泛应用于个体抑郁情绪的评定和粗筛，共20个项目，分为4级评分。SDS总粗分（20项合计）正常上限为41分，分值越低则状态越好。总粗分×1.25＝标准分，标准分≥50分表示有抑郁症状。注意：抑郁症状≠抑郁症！

指导语：请根据您最近一周的实际感觉在方框中打勾，如果本条描述您绝大部分或全部时间都有则选"4"，相当多时间有则选"3"，小部分时间有则选"2"，没有或很少时间有则选"1"。

	没有或很少时间	小部分时间	相当多时间	绝大部分或全部时间
1. 我觉得闷闷不乐，情绪低沉	1	2	3	4
2. 我觉得一天之中早晨最好	4	3	2	1
3. 我一阵阵会哭出来或是想哭	1	2	3	4
4. 我晚上睡眠不好	1	2	3	4
5. 我吃得和平常一样多	4	3	2	1
6. 我与异性接触时和以往一样感到愉快	4	3	2	1
7. 我发觉我的体重在下降	1	2	3	4
8. 我有便秘的苦恼	1	2	3	4
9. 我心跳比平常快	1	2	3	4
10. 我会无缘无故地感到疲乏	1	2	3	4
11. 我的头脑和平时一样清楚	4	3	2	1
12. 我觉得经常做的事情并没有困难	4	3	2	1
13. 我觉得不安且平静不下来	1	2	3	4
14. 我对未来抱有希望	4	3	2	1
15. 我比平常更容易生气激动	1	2	3	4
16. 我觉得做出决定是容易的	4	3	2	1
17. 我觉得自己是个有用的人，有人需要我	4	3	2	1
18. 我的生活过得很有意思	4	3	2	1
19. 我认为如果我死了别人会生活得更好些	1	2	3	4
20. 平常感兴趣的事我仍然感兴趣	4	3	2	1

（2）心理治疗

对心理障碍而言，存在不同类型的治疗方法，当然，人们寻求帮助的动机也各不相同（有一些需要接受治疗的人却不寻求帮助）。心理治疗的目的、场所以及治疗师的特点各不相同。尽管如此，所有的治疗方法都是对个人生活的干预，都必须以某种特定的方式去改变个人的生活。

对心理障碍的治疗涉及四个主要目标。

首先，得到一种诊断，说明个体的问题是何类型，可能的话，对现有问题做出精神病学诊断并对障碍进行归类。

其次，提出一个可能的病因学的看法，即确定障碍发生的可能原因，以及症状所起的作用。

再次，提出对于预后的看法，即对进行治疗或者不进行治疗所可能出现的病程进行估计。

最后，确诊并进行治疗，即减轻或消除问题症状，有可能的话，铲除症状产生的根源。

常见的心理治疗技术主要有心理动力学治疗、行为治疗、认知治疗、人本主义治疗、团体治疗等。

（1）心理动力学治疗。

心理动力学派认为心理问题是由个体的无意识的冲动与其现实生活环境的限制之间存在一种心理压力所造成的。这类治疗将障碍的核心定位于个体的内心世界，即分析个体的精神。精神分析疗法是以弗洛伊德首创的精神分析理论为指导，探讨病人的深层心理，识别潜意识的欲望和动机，解释病理与症状的心理意义，协助病人对本我的剖析，解除自我的过分防御，调节超我的适当管制，善用病人与治疗者的移情关系，来改善病人的人际关系，调整心理结构，消除内心症结，促进人格的成熟，提高适应能力。

在弗洛伊德之后，精神分析疗法被后来者逐步发展完善，至今在心理治疗领域中得到广泛的应用。为了让求助者在接受精神分析治疗时能够以积极的态度参与进来，本书现对精神分析治疗过程进行大致介绍。精神分析治疗过程通常分为四个阶段。

①开始阶段。首先治疗者要了解求助者需要解决的问题，确认求助者是否适合精神分析治疗；确认后，咨访双方应就治疗规则、治疗阶段、双方责任取得共识；接下来，治疗者开始由浅入深了解求助者产生内心冲突的根源。

②移情发展阶段。随着治疗的逐步进行，求助者会出现对治疗者的移情。移情是求助者将自己对过去生活中的某些重要人物的情感在治疗者身上的投射。治疗者依据求助者的投射对其进行体验、理解并告知求助者。

③修通阶段。结合求助者提供的各种材料和移情表现，治疗者运用解释为主的技术，向求助者揭示其内心的无意识欲望和无意识冲突与自身表现出的症状的关系，获得求助者的理解和领悟。治疗在修通的过程中会遇到阻抗，这是治疗过程中自然和必要的反映，只有将这个过程坚持下去才会逐渐获得疗效。

④移情解决阶段。在对求助者的主要无意识冲突已经修通的情况下，治疗者对结束治疗确定一个大致的日期。在这个阶段中，求助者可能会在移情上出现反复，治疗者需要继续采取解释技术解决求助者遗留的问题，使之能够面对现实。当求助者能够解决移情并做好结束的准备时，治疗就可以结束了。

适用心理动力学治疗的病症包括癔症、心理创伤、性心理障碍、人际关系障碍、焦虑症、抑郁性神经症、强迫症、恐怖症、抑郁症、适应障碍。

（2）行为治疗。

行为治疗可以观测外显行为，行为主义心理学认为人的行为是后天习得的，既然好的行为可以通过学习而获得，不良的行为、不适应的行为也可以通过学习训练而消除。行为疗法是基于严格的实验心理学成果，遵循科学的研究准则，运用经典条件反射、操作性条件反射、学习理论、强化作用等基本原理，采用程序化的操作流程，帮助患者消除不良行为，建立新的适应行为。

目前，行为治疗结合了认知理论和社会学习理论学说，在纠正行为的同时，也注重刺激与反映之间的中介调节作用。行为治疗法通过对行为的评价和学习，指导和帮助求助者调动自身的认知能力，让求助者逐步以健康的行为替代异常行为。

具体的行为疗法有系统脱敏疗法、冲击疗法、听其自然法、内爆疗法、强化疗法、放松疗法等。在行为治疗中，治疗方法的选用是根据求助者的具体行为表现和身体条件的适应性而实施的。治疗者提出方案，并向求助者说明，征得求助者同意，在求助者的积极配合下进行。不同的治疗方法需要的时间不同，或长或短。在一些治疗过程中，有的求助者会产生逃避的意念或行为，如果放弃治疗会前功尽弃，并对今后的治疗产生负面影响。

常见的行为治疗及其适应证见表 6-12。

表 6-12　常见的行为治疗及其适应证

行为治疗法	适应证
系统脱敏疗法	社交恐怖症，广场恐怖症、考试焦虑等
冲击疗法	恐怖症、强迫症等
厌恶疗法	酒精依赖、海洛因依赖、同性恋、窥阴癖、露阴癖、恋物癖、强迫症等
阳性强化法	儿童孤独症、癔症、神经性厌食、神经性贪食、慢性精神分裂症等

（3）认知治疗。

认知治疗认为人的情绪来自人对所遭遇的事情的信念、评价、解释或哲学观点，而非来自事情本身。情绪和行为受制于认知，认知是人心理活动的决定因素，认知疗法就是通过改变人的认知过程和由这一过程中所产生的观念来纠正本人适应不良的情绪或行为。治疗的目标不仅仅是针对行为、情绪这些外在表现，而且还会分析病人的思维活动和应付现实的策略，找出错误的认知加以纠正。

适用认知治疗法的病症包括情绪障碍、抑郁症、抑郁性神经症、焦虑症、恐怖症、强迫症、行为障碍。人格障碍、性变态、性心理障碍、偏头痛、慢性结肠炎等身心疾病。

（4）人本主义治疗。

人本主义治疗的核心观点是，个体处于连续变化和成长的过程中，尽管环境和遗传对此有一定的制约，人还是可以通过创造自身的价值，并且坚持自己的选择，决定自己的未来。然而，伴随这种选择的自由而来的是责任，因为你永远也不可能完全清楚自己行为所带来的影响，你会感到焦虑和绝望，你还会因为失去了发挥潜力的机会感到内疚。在这些关于人性的普遍理论基础上发展起来的心理治疗，试图帮助来访者界定他们自己的自由，重视他们体验到的自我以及此时此刻体验的丰富性，陶冶他们的个性，寻找实现他们发挥全部潜能的方式（自我实现）。人本主义治疗模式的主要技术包括三个方面。

①真诚交流的技术，要求咨询师和来访者进行真诚、平等的主体间交流。

②无条件的积极关注，要求咨询师对来访者给予无时无刻的尊重和重视，这是促进患者心理积极转变的必要条件。

③共情的技术，要求咨询师和来访者实现情感共通。

（5）团体治疗。

团体治疗指由少数心理健康从业人员去帮助更多的来访者。团体治疗有三点与团体本身力量有关的优势。

①对于害怕与权威面对面一起解决自身问题的人来说，团体治疗是一个威胁性相对较小的环境；②在这种治疗中，能够运用团体成员的互动来影响个体的适应不良行为；③为参与者提供了观察和实践人际技巧的机会和类似家庭成员的集体，这可以使个体的情绪体验有机会得到矫正。

团体治疗的某些基本前提与个体治疗不同，团体治疗所提供的社会性情景为参与者提供了机会，供人们学习人与人之间如何进行沟通和理解，并且使其有机会了解到自我意象为什么会与个人的意图或自己的经验不同。另外，团体向个体证实一个人的症状、问题以及"离经叛道"的行为并非是某个人所独有，他们通常具有普遍性。因为人们在他人面前倾向于掩饰自己身上的负面信息，所以很多人可能都会有一个相同的问题，即认为"只有我会这样"。团体经验的相互分享可以打破这种多元无知状态，因为很多人都会在这里说出他们具有的相似的体验，此外，同伴还能够提供社会支持。

二、《自卑与超越》

（一）原著概述

《自卑与超越》是个体心理学创始人、人本主义心理学先驱、现代自我心理学之父阿尔弗雷德·阿德勒的代表之作。该书以"自卑情结"为线索，比较系统地阐述了他创立的个体心理学思想。书中不仅涉及人为什么活着、心灵与肉体的关系、自卑感和优越感、家庭和学校对人的影响，而且还论及了早期记忆、梦、犯罪及爱情、婚姻等内容。他在书中着重论述了自卑感的形成，以及自卑对个人的影响，个人如何超越自卑感，如何将自卑感转变为对优越地位的追求以取得成就。

阿德勒在本书中清晰的阐述了自卑感的形成对个人成长的影响，以及人如何借助自卑感的原动力超越自身限制，达到对优越感的适度追求，最终获得成功。整本书始终贯穿着一条主线，生活的意义在于奉献，在于对他人产生兴趣并合作，只有那些对他人怀有社会情感而又能为人类谋幸福的人，才能有勇气战胜自卑的限制，从而超越自卑，追求优越。

每个人都有不同程度的自卑感，因为没有一个人对其现时的地位感到满意，对优越感的追求是所有人的通性。并不是人人都能超越自卑，关键在于正确对待职业、社会和性，正确理解生活。那些自幼就有器官缺陷或被娇纵、被忽视的儿童，以后在生活中容易走上错误的道路，家长和教师应培养他们对别人、对社会的兴趣，培养合作能力，发展自我的社会化感受，多做奉献，这样，他们就能够从自卑走向超越。

1912年在《精神病的组成》中，阿德勒把他的学术体系定名为个体心理学。同年他还创办了这个学派的机关报《个体心理学杂志》。阿德勒提出的自卑与补偿作用，是生活中普遍存在的。阿德勒理论的社会意义颇为深刻，心理学家墨菲指出："阿德勒的心理学在心理学历史中是第一个沿着我们今天应该称之为社会科学的方向发展的心理学体系。"

（二）原著导读

阿德勒是个体心理学之父，因对自卑情结的论述而被大家熟知。

个体心理学是一种将个人作为一个不可分割的整体、一个统一体、目标导向的自我，在正常健康状态下是社会的完整成员和人类关系的参与者的研究。

可见，个体心理学并不是只研究个人、将个人解构化，而是将人看作是整体，看作是与环境和他人紧密联结的个体。

自卑情结是指由自卑感或缺陷感引起的应激状态、心理逃避和对虚构的优越感的代偿性驱动力，即如何超越那些因为自卑而出现的不良的心理反应，化腐朽为神奇。

在此，我们将通过"自卑情结的来源""自卑情结在生活中的表现"以及"超越自卑的方法"三部分内容，为大家解读阿德勒击破自卑情结的来龙去脉。

1. 自卑情结的来源

（1）如何解读生活意义。

原著节选：人生意义的解读潜移默化地影响着人的各个方面，形成个人独有的气质。我们观察一个人的行为、言语和举止，包括他对事物形成的观点、性格特征以及生活习惯，甚至他的野心和癖好，可以八九不离十地判断出他对生活意义的诠释。他的个人诠释润物无声，世界现在他的评价中形成一番总结，然后在他的行为方面想别人传达他的个人观点，"我就是这样的，而世界却是那样"。

人类总是生活在"意义"之中。何谓意义？

当我们提起"木头"，事实上想到的是我们可以用它来做家具、生火等，为了便于区分和交流，我们将它们命名为"木头"。

任一事物，被人类看见或感知后，或者通过想象出现在人的意识中（例如魔法等虚构物），它就与人有了联系，这种联系就是人赋予它的意义。

所以我们都是通过自身所感知、理解、归因的意义来体验现实——这不是事物本身，而是经过解读的某物。人生亦如此。

阿德勒认为，每个人都是背负着三大约束而生。

第一种制约是地球，地球是人类生存的共同家园，我们必须生活在这个小小星球上，必须尽人类心智的发展来延续地球的生命，求得地球与人类共存。

第二种制约与人类有关，因为人类自身的弱点、缺点和局限性，迫使我们必须与其他人类配合、相处。

第三种制约是性别关系，为了繁衍，我们无法绕开爱情与婚姻。

阿德勒进而发现一切人类问题都可以归结到这三个主题中：职业、社会与性。我们通过面对这三类问题的反应，就能看出一个人对自己生命意义的解读是什么样的。而自卑情结的产生，也往往是因为解读出了问题。

（2）自卑感与优越感。

孩子在上述的各种困境中很容易让自己错误地解读了经历的意义，从而产生自己不好、不行、不被需要、不被爱的错误认知，并因此引发自卑。没有人能长期忍受自卑感，这种被压抑的感觉会迫使他们采取某些行动。

这时候，他们往往不去真正克服困难，而很容易因便捷选择一些直接"凌驾于困难之上"的途径，力图说服甚至强迫自己凭空产生优越感。例如当他们感到自己软弱时，不是选择去锻炼自己从而变得强壮有力，而是创造出一些令自己感觉强壮的情境。比如上班时感觉应付工作很困难，下班后就在家里成为一个暴君，以此来确认自己很重要。

然而无论他们怎么欺骗自己，都不能真正消除自卑感，生活仍旧是老样子。像这样，在个人的心理假面下，永远存着这么一股自卑暗流的情况，就可以称之为"自卑情结"了。

这就是我们常说"过度的自负往往就是自卑"的道理，伴随自卑出现的，常常就是人们为了"解决"自卑而争取优越感的补偿性举动，它们并不真正解决问题，却令人说着早被看穿的谎言，徒增尴尬。

作者提出自卑本是促使人进步的动力。因为自卑会催生人制定发展自我的"优越目标"，如果一个人确定了自己的优越目标，他的生活方式将不再有偏差，一切行动都将切合这一目标。而让我们得不到发展，甚至更深地受困于自卑的，是我们对优越的解读出现了偏差。这让我们无法直面真实的生活问题，转而忙于与虚幻的影子战斗，并以此来肯定自己的力量，从而获得微弱飘摇的些许自我安慰。

（3）易引发自卑的童年经验。

原著节选：个体生命从呱呱坠地那一刻起，生活的意义便与生俱来。哪怕是一个小小的婴孩，他也会努力弄清楚自己的力量和身处何种环境，他想知道周围环境对他的利弊。儿童在5岁前，基本已经形成了一套固有的行为模式。他知道用他的方式来应对遇到的一切事情，他会表现出他解决问题的方法。这是他个人的生活方式，是一种根深蒂固的概念。此后，在这个恒定的概念中，他会以自我的眼光判定社会，关注世界，一切都会放进他那个儿童时期形成的概念里解读。其实，儿童时期的生活经验实际上就是没有社会经验，他根本弄不清楚何为社会经验，因此，需要有一个最初的诠释，以便他逐渐形成对生活意义的解读。

这个对生活意义的解读，对一个孩子来说，或许谬误百出，他所采取的处理方式屡遭挫折，错得一塌糊涂，但他仍会执迷不悟。修正这一点只有他们重新审视错误的源头，并加以改正，他的生活意义才会焕然一新。还有一种情况，犯错带来的严重后果会迫使他修正自己的认识，自我完善。如果缺少失败这一环，没有压力就没有动力，他会继续现在错误的泥潭里，知道不可救药。

个体心理学认为经验本身无法决定成败。我们并不因经历本身所带来的冲击而受伤，而是我们自己赋予经验的意义决定了我们"受到创伤"。

不过，我们必须承认的是，某些经历的确更容易使人们自动陷入"受伤"的感觉中。

五岁前的儿童已经形成了一套完整而牢固的行为模式，能够开始用他们自己的方式来应对问题和任务，阿德勒将之称为"生活方式"。他们已经形成了个人最为根深蒂固，也最恒定的概念，知道能对世界和自身期待些什么。

第一种情况是心理缺陷。在这一时期，如果一个孩子存在生理缺陷，那么他将很容易经受苦楚和陷入对自身缺陷的过度关注中，除非有某位亲近之人的引导，否则他们很容易过度重视缺陷，而忽视自身拥有的其他与常人无异甚至优于常人的地方。

第二种情况是被溺爱。这令他们认为自己的意愿就是金科玉律，当他不再是众人关注的焦点，其他人不再优先照顾他们的感受时，巨大的失落感会让他感觉遭到了全世界的背叛。被宠溺的人长大后可能戴上冠冕堂皇的良善面具，或者变得非常"可爱"，却只是为了伺机左右他人，而不是与人平等协作。

第三种容易带来错误观念的童年经历是被忽视，这样的儿童无从得知爱与合作为何物。他们总会高估困难的程度，同时低估自己获得他人帮助与善意的能力。

（4）家庭的影响。

作为父母，最重要的职责是让孩子在生命之初便体会到信任"他人"的价值。

①母亲的影响。

原著节选：一个母亲应该清醒地认识到，当她和孩子的关系变得良好稳定的时候，她要有意识地让孩子将这种关系延伸到父亲身上。可是，如果这位母亲和父亲的关系淡漠，夫妻间寡然无味，没有兴趣可言，那么母亲的感觉会波及孩子，孩子与父亲的友好和谐就很难建立。之后，孩子的社交关系还要扩大到周围的环境中，扩大到别的孩子、亲戚和朋友中。孩子如果在与父亲的关系建立方面遇到阻碍的话，他今后的所有社交关系的建立都会有障碍。

从婴儿出生的那刻起，在若干个月里，母亲都扮演着婴儿生命中最重要的角色，他们几乎完全依赖母亲。

这是他们一生中合作能力第一次得到发展的时期，母亲是他们最早面对的"他人"，是他们在自身以外第一次关注"别人"。

母亲如何与之相处，满足孩子的需求，让他们感受到爱与信任至关重要。为母之道并没有特别的诀窍可言，一切都来自兴趣与练习。

值得一提的是，让母亲能有更放松的心情去照顾孩子，也与社会给予母亲地位以足够的尊重有关。

一位对自己的角色感到不满的女性，其生活目标会专注于争取个人的优越，而照顾孩子显然需要花费她不少的时间和精力，这样孩子就很容易被视作累赘或麻烦而被草草应付。

②父亲的影响。

原著节选：作为一家之长的父亲，他的职责可以这样概括——妻子的好丈夫，孩子的好父亲，社会的好公民。他必须妥善地处理好人生的三大问题——事业、友谊、爱情，他是家庭的守护者而非统治者，在家庭问题上，他应该与妻子很好的默契的配合。

作为被婴儿信任的第一个人，母亲需要在得到信任后，将孩子的兴趣扩展到包括父亲在内的其他人身上。否则孩子就会过度紧张与母亲之间的联系，认为母亲是自己一个人的，这对他今后发展社会兴趣会有阻碍。

父亲需要注意的是，家庭中并不需要一个权威的存在。父亲只要证明自己是妻子的好伴侣、孩子的好伙伴和社会的好成员就可以了。即便父亲是家庭收入的主要来源，也应当明白这是家庭劳动分工的结果，避免自己成为家庭的"给予者"，而其他成员被动成为"接受者"。尤其是不应让妻子陷入"害怕自己处于劣势后而被操控"的担忧中。

③父母关系及对孩子的态度产生的影响。

原著节选：无论是父亲或是母亲，都不要在对待孩子的问题上偏心眼，如果父母对某个孩子表示出过分的宠爱，由此带来的不良后果常常是我们不能预料的。

如果父母的婚姻不愉快，孩子就会危机重重。儿童最初看到的他人合作就是父母间的合作，如果他们本身的合作就很薄弱，自然很难指望他们能教会孩子如何合作。如果孩子看见父母之间的分歧，他们也会很熟练地利用这些分歧挑起父母间的争夺。

但如果父母之间过于卿卿我我，孩子有时也会觉得自己的地位受到了威胁，并开始在父母间挑起矛盾。假使父母在各自专业领域内非常成功，也不应在家庭中过多渲染，否则孩子会觉得他们永远无法取得可与之相媲美的成就，他们将变得怯懦，对生活缺乏兴趣。

孩子为了赢得父母的喜爱，也会开动脑筋想出一套方法来赢得父母的关注，被宠溺的孩子容易有恐惧症，比如怕黑、烦躁、做噩梦、睡前给父母找麻烦，甚至梦游、尿床等。所以，父母对待孩子要把握相处中的平衡，避免过分关注或过分忽视。

④家庭顺位的影响。

原著节选：我们不妨观察一下周围的环境，审视一下我们平时常常看到的敌对情绪和竞争现象，我们会发现，竞争和对立是其中最引人注目的部分，溯其根源，乃是人们对成为征服者的渴望，乃是处处想超越他人。这是一个人童年时期形成的优越目标造成的结果，是由于当初在家庭中遭遇到不公平待遇的孩子努力竞争的结果，因此，我们只有一条路可走——培养孩子的合作精神和合作能力，这样才能从根本上改掉孩子身上的坏习惯，才能避免束手无策的恶果。

所有长子女都有过一段独生子女时光，直到第二个孩子出生，他们必须适应全新生活环境，调整自己的生活节奏。如果父母因为其他孩子的降生而分散对长子女的注意力，长子女们会通过制造麻烦引起关注，还可能变得暴躁、难以控制、刁钻古怪、桀骜不驯甚至有精神和躯体上的一些疾病等。丧失地位的经历会促使他们成年后具有保守主义倾向，以期能为自己打造稳固、良好的地位。他们可能会利用权力，过分夸大规则和法律的重要性。如果父母在其他孩子出生前教导长子女学会合作，懂得爱懂得分享，这样他们会发展出很多优秀的品质，乐于为他们提供保护和帮助，将为他人带来幸福视为己任。

次子女出生的时候就开始与别的孩子分享父母的爱，一般天生就比老大更适应合作，但自始至终，在他们前面都有一个与自己竞争的对象，有一个领跑者永远在他前面一步之遥的地方，他必须拼命去追赶。次子女即便长大成人，离开家庭圈子后，也多半仍会善于利用某个领先者——挑选一个较有优势的人来与自己比较，然后努力试图超越他。

幼子女往往是家里永远的宝贝，由于面临的竞争对手过多，他们通常受的刺激也较多，从而发展得更好，比其他孩子进步更快。因此最小的孩子成为家庭支柱的现象并不少见，但老小却是除了长子女以外，问题儿童的第二高发群体，原因多出自整个家族对其的纵容、宠溺。而且老小也常常受困于严重的自卑感，因为身边的每个人都比他们更大、更强壮、更有经验。

独生子女同样绕不开竞争和挑战，他们会与父亲产生竞争感。如果被母亲时时刻刻保护，他们会很容易产生"恋母情结"，甚至排斥父亲，不让父亲和母亲接近。如果父母精诚团结，让孩子同时对双亲产生兴趣，把孩子的注意力分散在父母两个人身上，排斥父亲的情况才会避免。

（5）学校的影响。

原著节选：随着社会的发展，人类的个体经验已跟不上时代的要求，当今文化对我们提出了更复杂的要求，孩子接受父母教授的知识显得很有限，还需要学习父母身上一些没有的东西，这一部分教育就需要学校来弥补给，继续开启父母未竟的教育，这样，不但可以延续父母所传授的技术，还能学习更多的人生哲理，促进社会的快速发展。

关于学校，与教授知识和谋生手段相比，我们更需要的是能引导孩子们为人类造福的教师。

孩子在进入学校之前，可能已经在家庭生活中受到挫折，当他们第一次跨入校园，则面临的是一次社会生活的新考验。这是一次在成长过程中会暴露所有弱点的考验，他们必须在较以前更为广阔的领域与他人展开合作。

教师的影响不容忽视，他们的作用与母亲类似——在新的环境中与孩子建立起纽带，赢取他们的关注和信任，进而帮助他们适应新环境。教师的职能不仅要教会孩子们谋生的本领，还要培养孩子的品德，培养他们为社会做贡献的本领。

很多时候，孩子自小累积的问题都是反映在课堂表现上，如成绩差、不守纪律、顽皮捣蛋等，教师若只是针对这些表面现象给予批评、惩罚或者治标不治本的"鼓励"，那么最终，让孩子们体会到自身价值的不是学校班级，而是问题少年组织。

在现行教育体系下，学校的另一问题是更强化学生之间的"竞争"意识而非"合作"意识，不管孩子们在竞争中处于领先还是落后地位，这都会让他们过度关注自身而枉顾他人。而学校的评判体系也容易让孩子们走入自我设限的困境。如果他们知道自己的 IQ 测试分数低，可能就会丧失希望，认为自己与成功无缘。

而我们在教育中本应该做的是尽力增强孩子们的自信和学习兴趣，破除生活中他们给自己的能力加上的重重限制。学校对遭遇生理缺陷的儿童，尤其要让他们知道，他们的智力或性格不会因此存在缺陷。

拓展阅读：皮格马利翁效应

皮格马利翁是古希腊神话中塞浦路斯国王。这个国王性情孤僻，常年一人独居。他善于雕刻，孤寂中用象牙雕刻了一座表现了他理想中的女性的美女像。久而久之，他竟对自己的作品产生了爱慕之情。他祈求爱神阿佛罗狄忒赋予雕像以生命。阿佛罗狄忒为他的真诚所感动，就使这座美女雕像活了起来。皮格马利翁遂称她为伽拉忒亚，并娶她为妻。后人就把由期望而产生实际效果的现象称为皮格马利翁效应。

在这个神话的基础上，美国著名心理学家罗森塔尔（RobertRosenthal）和雅格布森进行了一项有趣的研究。他们先找到了一个学校，然后从校方手中得到了一份全体学生的名单。在经过抽样后，他们向学校提供了一些学生名单，并告诉校方，他们通过一项测试发现，这些学生有很高的天赋，只不过尚未在学习中表现出来。其实，这是从学生的名单中随意抽取出来的几个人。有趣的是，在学年末的测试中，这些学生的学习成绩的确比其他学生高出很多。研究者认为，这就是由于教师期望的影响。由于教师认为这个学生是天才，因而寄予他更大的期望，在上课时给予他更多的关注，通过各种方式向他传达"你很优秀"的信息，学生感受到教师的关注，因而产生一种激励作用，学习时加倍努力，因而取得了好成绩。这种现象说明教师的期待不同，对儿童施加影响的方法也不同，儿童受到的影响也不同。借用希腊神话中出现的主人公的名字，罗森塔尔把它命名为皮格马利翁效应。

心理学家威廉·詹姆斯说过，人性最深切的渴望就是获得他人的赞赏，这是人类有别于动物的地方。对于孩子来说，他们由于年龄小，心理幼稚，最强烈的需求和最本质的渴望就是得到别人的称赞，尤其是来自父母的鼓励。一个人如果在童年时代很少被称赞，就会直接影响到他的发展，甚至导致他一生的个性缺陷。

皮格马利翁效应告诉我们，对一个人传递积极的期望，就会使他进步得更快，发展得更好。反之，向一个人传递消极的期望则会使人自暴自弃，放弃努力。

皮格马利翁效应在学校教育中表现得非常明显。受老师喜爱或关注的学生，一段时间内学习成绩或其他方面都有很大进步，而受老师漠视甚至是歧视的学生就有可能从此一蹶不振。一些优秀的老师也在不知不觉中运用期待效应来帮助后进学生。

（6）推断自卑情结来源的两种途径。

①早期记忆。

询问人们记忆中自己人生最早的画面是什么，这有助于帮助我们发现他们自卑感的来源。

我们在这里必须重申的是，经验本身并不重要，重要的是我们是如何看待它们的。

要了解个体理解生命的特有方法始于何时，以及要揭示他们是在怎样的环境中形成对生命的态度的，早期童年记忆格外有用。而之所以强调最初记忆，则因为记忆的特殊性在于每一件被记下的事情，被还原出来时，往往都经过了意识的筛选，经历的真假并不重要，重要的是它体现了我们赋予这经历的意义是怎样的，它体现了个人的判断。最初的记忆存储了个人对自我及环境的最初基本判断，也是个体自觉的起点，直至这个时候，人们才开始书写自己的人生传记。

在这些"最初记忆"中，我们能够发现许多事情，比如一个人在儿童时期是被溺爱还是被漠视？他接受了多少关于与他人合作的训练？他最喜欢与什么样的人合作？他遭遇了怎样的难题，又是如何应对的？

解读的方式则因人而异，试看以下案例。

客户：因为我的妹妹……

阿德勒解析：我们特别要留心这个在早期记忆中出现的那个人，这对我们判断问题至关重要。当他说到某个妹妹的出现时，我们基本可以认定，妹妹对他的影响很大。这个妹妹出类拔萃，相形之下，其他孩子的成长受到了阻碍，这种压力导致他和妹妹之间出现了带有敌意的竞争关系。当一个儿童把注意力集中在某一点上时，很难让他转移视线，也就是说，他不会把兴趣投放到其他孩子身上。当然，现在下结论还为时过早，或许，他和妹妹的关系并没有我们想象的那么糟糕。

客户：因为我和妹妹是家里最小的两个孩子，在她学龄还没达到时，我也一直上不了学。直到她可以上学了，我才进了校门。

阿德勒解析：现在，证据出现了，我们因此可以看到他和妹妹之间存在敌意的证据。他认为妹妹妨碍了他，至少在上学一事上，妹妹拖了他的后退。

客户：因为她小，我不得不停下来等她。

阿德勒解析：这段记忆的真正内涵是，"妹妹限制了我的成长"，我们可以由此推断，在这个孩子成长的路上，他感到最大的危险就是来自妨碍他自由成长的人。解释一下，也许写下这段话的是一个女孩，一般来说，男孩子到了学龄时不会因为有小妹妹还不能上学而被滞留在家中。

客户：我们是同一天进入学校的。

阿德勒解析：从女孩子的教育来看，这种做法并不妥当，因为这样会使她认为："因为我年龄大，所以必须等着后面的人。"这种必须为别人让位的印象，使她耿耿于怀，如同一个圆心，别人在圆心中央，而自己却在圆心之外，地位的主次代表着受重视或被冷落。因为妹妹的缘故，她才被忽视冷落，由此及彼，她会把这种冷落归咎于其他的人，这个受到牵连的人或许就是她的母亲。如果她确实与父亲更亲近一些，她与双亲之间的亲疏关系就没有什么可大惊小怪的了。

客户：直到今天，我还清楚地记得我们上学的第一天，母亲逢人便抱怨说她有多么孤单。她说那天下午整个人都坐立不安，不断跑到门口去张望，希望看到姑娘们回家的身影，感觉她们似乎永远不会回来了。

阿德勒解析：从这里可以看出这个女孩的生活充满了浓浓的母爱，但她仍然感到焦虑与紧张，如果我们继续与女孩沟通，一定会听到她说母亲怎样怎样宠爱妹妹，这些故事我们并不感到惊奇，"皇帝爱长子，百姓爱幺儿"。通常来说，家里最小的孩子总是能够得到父母更多的爱。我们从这一段记忆中，可以推断这两姐妹关系并不融洽，姐姐感到自己在与妹妹的竞争中处于弱势。这是一粒只有负面作用的种子埋在了姐姐的心里，在她以后的生活中，她身上还是会有明显的嫉妒和害怕竞争的痕迹，她还会表现出对比她年轻女性的敌对情绪。

②梦境。

要解析梦境，阿德勒认为我们要先有这样的意识，即认识到性格是具有一惯性的，以及个体的思想、言辞、行为所具有的统一性。

他认为梦境是对生活方式的强化。如果我们的生活中没有紧张感，并且确定已经为我们的问题找到了解决方案，那么我们的睡眠就不会受到干扰。梦也是一种对平静睡眠的干扰。

只有在不能确定问题的解决方法时，现实压力才会延及睡眠，从而一直提醒我们所面临的困难和必须要解决的问题，所以我们才会做梦。

因此，梦的意义就在于为个人的生活方式提供防护，以此对抗常规认知的压力。所以，如果个体正面临着一个他不愿利用常识来解决的问题，那么他就会借助于梦所唤起的感觉来肯定自己的态度。

同样的道理，在梦的组织构建过程中，我们所选择的素材也都是能巩固我们生活方式的，并在面对特定问题时揭示出我们的生活方式会选择的道路。就这样，梦境事件的选择，本身就喻示出了个人心中处事的方式和倾向。

案例：常见的梦境分析

（1）飞翔的梦

它们常常给人留下一种轻快的心情，让人充满勇气，带人们走出沉郁，变得激昂。在它们所描绘的场景中，困难被克服，优越感来得轻而易举。这类梦中都包含了一个问题和一个答案。问题是："我该继续还是停下来？"答案是："前面一马平川，没有任何阻碍。"

（2）跌落的梦

很少有人没做过跌落一类的梦。这很值得注意。它所体现的是更趋于自我保护的心态，比起努力克服困难来，更加害怕失败。就像我们常教小孩子："不要爬那么高！""离火远一点！"这是一种警告和预防，这些警告务求让人远离危险，但也可能让人变成懦夫。

（3）考试的梦

年纪很大的人也会做考试的梦，甚至有人会梦到多年前早就成功通关的科目。对一些人来说，这个梦的含义是："你还没有准备好面对即将来临的问题。"而对另一些人来说，含义却是："你以前已经通过了这个考试，所以现在也一样能考过。"

（4）不能动弹或赶不上火车的梦

人如果一再梦到自己不能动弹或是赶不上火车，其中的含义通常都是："如果不用自己出手，问题就能消失，那我会很高兴的。我一定要绕个弯，一定要多迟到一会儿，这样就不用面对这个麻烦了。"

2. 自卑情结出现的情境

（1）青春期。

原著节选：青春期是每个人走向成年的必经之路，没有人绕得开。作为人生一个令人瞩目的阶段，人的生理和心理都会在青春期发生巨大的变化，所以，青春期历来都是心理学家很重视的一个环节，因为这是一个人性格塑造的关键时期。青春期让成长中的孩子们面临挑战，新的环境，新的问题，在这个关口，孩子们感到自己逼近了生活的前沿，他们过去生活方式中隐而未现的错误都将在这一时期冒出来，对于有经验的过来人来说，他们早已对孩子的问题有所洞察。青春期就像一针催化剂，使那些错误一天天凸显，再也不能熟视无睹。

青春期让成长中的孩子面对新环境和新挑战，以前生活方式中未能发现的错误可能也在这一时期露头。随着青春期的到来，这些错误越来越大，无法再被忽视了。

许多青春期行为都出自展现独立性、与成人平等，以及成就男性或女性气质的渴望。这一行为的走向取决于孩子对所谓"长大"的理解。

青春期的孩子常被赋予更多的自由和独立，父母觉得不再有权时刻监督他们。如果父母还想要继续像以前一样盯着他们，他们就会尽力逃脱控制。父母越是想证明他们还是小孩，孩子就会越激烈地反抗，这就是典型的"青春期叛逆"场景。而青春期的所有危机感都会来自他们对人生三大任务的准备不足。

被溺爱的孩子长大后发现自己已不再是世界的中心，温室外面的气候过于苦寒；一些人会出现想要停留在孩提时代的倾向，甚至模仿婴儿咿咿呀呀说话，喜欢和比自己年幼的孩子玩耍等；但大多数孩子会尝试以成人的姿态行动，如肆意挥霍、四处调情、拈花惹草等；也有的孩子出现小偷小摸等犯罪倾向，因为犯罪是逃离人生问题的捷径，尤其是在谋生方面。

到了这一时期，他们独自面对世界的压力开始显现，童年生活方式中便已存在的毛病开始显露出它的獠牙。

青春期另一个不容忽视的问题，是孩子们开始对异性产生朦胧的情愫以及对性的好奇也在此时期萌生。父母对此要有一定的把握，简单清晰地回答孩子他们想知道的问题，不用过于热情地向他们灌输不必要也不恰当的性知识。

如果孩子学会将自己看作社会成员中平等的一分子，明白自己贡献社群的责任，特别是学会将异性视为平等的同伴，青春期会给予他们发挥创造力的机会，他们将能够独立自主地寻找解决成年生活问题的答案。

（2）犯罪。

原著节选：只有对问题儿童的犯罪现象加以剖析，找出他们犯罪的根源，才能真正帮助他们回归正道，发展其合作行为，这是个体心理学的理论依据。容易沦为问题儿童的共有三类，一是身体残障的人，二是备受宠溺的人，三是被轻视冷落的人。

从个体心理学去分析，犯罪分子都在处理人生问题上遭遇了失败，他们几乎犯了同一种错误——对社会失去了兴趣，对人类伙伴的命运毫不关心。

我们都想要克服困难，追求一个能让我们感到强壮、优越、圆满的目标。而犯罪分子表现出的行为和态度中，最明显的就是努力去占领优势地位，克服困难，解决问题。但他们之所以是犯罪分子，不是因为追求本身，而是追求的途径出了问题。

正如前文所言，我们的环境和遗传都没有决定性因素，决定他们走上犯罪道路的，是他们的解读出了偏差，这就是为什么相同环境，甚至是一个家庭里长大的孩子，有人成为邻里皆知的善人，有人却作恶多端。

但即便是同一个家庭环境，不同细节的差别也确实容易使人的认知与理解出现偏差，我们改造罪犯的唯一方法，就是研究他们童年时期的遭遇，找出是什么事情在最初阻碍了他们学会与人合作。

案例：一个盗窃的女孩

案例是一个12岁的女孩，她是一个有远大抱负、雄心勃勃而且深受父母疼爱的孩子。可是她很嫉妒自己的妹妹，不管在家里还是在学校，她都要与妹妹争个高下。她总是严密地观察父母是不是给妹妹特殊的偏爱，妹妹是不是得到了比她更多的糖果和零花钱。有一天，她把手伸进了同学的口袋，因为偷同学的钱受到了惩罚。

阿德勒当时正在现场，他跟女孩分析了她的整体处境，让她不要再有嫉妒妹妹的心理。同时，阿德勒与女孩父母进行了沟通，让父母设法制止两个女孩的对立，使女孩逐渐淡化父母偏爱妹妹的想法。

20年过去了，女孩已经为人妻母，她为人和善，生活幸福，再也没有犯过此类错误。

阿德勒认为所有犯罪分子都是胆小鬼，他们逃避那些自己无法解决的问题，企图通过走捷径克服眼前的困难，追求虚构的个人优越目标，以为自己就是英雄，但这是一种常识错误。可见，那些广为流传的关于犯罪分子的神勇与机智的神话只是皇帝的新衣。

简而言之，犯罪分子都没有被正确地抚育成长，也没有被培养起正确的合作精神。他们通常对他人不感兴趣，他们的合作止步在一定程度上，当合作精神消耗殆尽，他们就去犯罪了。

要改造他们，需要社会各界的合作和支持。让父母掌握科学养育孩子的方式，让学校培养孩子们的合作能力和社交能力，向犯错的孩子证明，他仍然具备合作的能力，并向他指出在估量生命意义时他所犯的错误，一般情况下，还需要回溯过往，找到他幼年时期已形成的误解，才能说服他，只有这样全方位的合作支持，才能更好地改造他们。

（3）职业问题。

原著节选：社会中还有一些未经技能培训而无所事事或对公共利益漠然视之的人，都是社会的负担。这些人有强烈的自卑感，知道自己毫无优势可言，知道自己有缺陷，几乎没有价值，很多缺乏教育的人很容易走向犯罪的道路，或者沦为精神病患者和自杀者。他们缺乏训练，受教育的程度很低，甘居下流。我们的家长、教师和所有关注人类进步的人，都有责任让孩子受到良好的教育，有责任为孩子今后在劳动分工中可以为自己找到位置打下了基础，而且这些工作必须从孩子的童年时期抓起。

社会生活中，经常有人夸大对工作的投入程度，以回避爱情和婚姻问题，也有人逃避工作、漫不经心或是懒惰而无法好好工作。

这都是他们对自己人生意义的解读和分配出现了问题。有些人可以选择任何职业，但仍然难以满足，他们缺乏的不是职业，而是能保证其优越性的捷径；有些人不愿成为领头羊，他的主要兴趣是找一位领袖去仰望，找到一个可以追随的人。

而无论是对待不清楚自己想做什么的人，还是存在上述种种问题的人的择业，我们都应该小心对待他们的最初记忆。

如果在最初记忆中，发现儿童有视觉上的兴趣，可以判断他们更适合从事视觉型职业；如果是提到印象中有人跟他们说话，提到风的声音或者叮叮当当的铃声，可以确认他们是属于听觉系孩子，可能更适合于音乐相关的专业；在一些回忆中，还会看到人们对动作的印象，这是一些需要活跃程度更高的行动的人，也许他们会对人力或是旅行方面的工作感兴趣。

在此，阿德勒也给我们提供了几种他所观察到的影响儿童长大后择业的因素。

儿童期如果猝不及防地遭遇病痛或死亡问题，他们会对这类问题持有强烈的兴趣，他们长大后会想要当医生、护士或药剂师。与死神擦肩而过的经验，有时候却会树立孩子们用艺术或文学创作超越死亡的雄心，或让他们成为虔诚的宗教信徒。

儿童最常见的一种追求是要超越其他家庭成员，尤其是父母亲。例如父亲当警察的，孩子常想要成为律师或法官；母亲是教师的，孩子就想成为大学教授等。

如果家里将钱看得太重，孩子就可能只凭收入高低来判断工作价值。如此，就算拜金之下还残存有一丝社会兴趣，他们的行为对人类也不会有太多贡献。

（4）个体和社会群体。

最古老的人类追求就是与人结伴。也恰如宗教一直要求信众的一项重要责任——"爱你的邻居"，都是要增进我们对人类伙伴的兴趣。有些人却不，他们追逐个人利益，寻求个人的优越感，他们给生活赋予私人意义，只为自己而活，他们是利己主义者，利己主义者难以与周围的人建立关系，对世界的感知能力异于常人，他们只为自己而活，缺乏对他人的兴趣，在人群中将自己孤立。

而最严重的自我孤立者可能就是精神病患者。有两种精神病患者的隔阂表现得尤其明显：妄想症患者指责一切人，忧郁症患者则指责自己。忧郁症患者会说："是我毁了整个家庭"或者"我一分钱都没了，我的孩子只能饿死。"虽然他们指责的是自身，但目睹他们表演的却是他人，他们其实是在指责他人。而造成他们毛病的真正原因是缺乏合作意识，阿德勒的诊治方案所做的努力也都是要增加病人的社会兴趣。

阿德勒表示，如果人们在儿童时期就从父母那里看到彼此及家庭以外的和睦相处，他们就更容易在家庭内外找到能信赖自己也值得自己信赖的伙伴和朋友，在校园中也会成长为人类群体中的平等一员。他们会发自内心地认识到，这是一个由我去工作、去推进的世界，如果一个人能用这样正确的方式去面对自己的职责，他就为社会进步做出了贡献，尽到了自己的责任。

（5）爱情和婚姻。

小故事：德国的某些地区，有一个测试订婚男女的古老风俗，在举行婚礼之前，会将这一对情侣带到一片空地上，空地上放着一颗被砍倒的树和一把双人锯，对他们的测试是把眼前的树干锯成两截。这个测试可以揭示他们之间的合作默契度，如果默契不到位，就会消耗彼此的力气，到盟打水一场空。如果他们一人锯一人在旁边观望，那么工作的时间就会加倍。这一地区的德国村民已经认识到，幸福生活的前提就是合作精神。

阿德勒认为，爱情和它所在婚姻中的圆满，是对异性伴侣最亲密的奉献，具体表现为生理上的吸引，相濡以沫的陪伴，以及生儿育女的共同愿望。

他认为爱情并不是一些心理学家所声称的"纯粹天生的机能"。当人类从原始、毫无限制的自由状态进入人群，进入社会，就放弃了许多"自由"，发展到现今，我们为了文质彬彬，还学会了让自己整洁体面，追求生活的精致与品位，来适应社会共同文化。

我们如果从这一角度看待爱情和婚姻问题，就会再度发现，这里面必定始终包含集体的利益、人类的利益。

很多爱情及婚姻问题，都源于我们面对成年生活中的每次危机都会采用过往的经验，我们的反应始终遵照着自己的生活方式。人们将以何种态度对待爱情问题，其实在五六岁时就已经成型了。

而孩子对婚姻的早期印象是来自父母的，如果家庭破裂，父母无法合作，当然也没法好好培养孩子的自我意识。

但是正如我们所说，决定一个人的并不是他所处的环境，而是他对自身处境的解读。有部分人，也许他们和父母一起的家庭生活体验并不愉快，但这只会激励他们在自己的家庭中做得更好。

值得注意的是，阿德勒提醒我们，婚姻不是一场"从此王子和公主幸福地生活在一起"的童话故事，如果人们给自己的责任设定时限，或是将婚姻视为一场考验，也不可能在爱情中达成真正的亲密和赤诚。如果一个男人或一个女人始终保留退路，也就不会全身心地投入到责任中去。

3. 超越自卑的原则

（1）寻找真正的生命意义。

有多少人类，就会有多少种他们解读出的生命的意义。然而真正的生命意义绝不是完全个人化、对他人无所裨益的。所有真正的"生命的意义"都有一个共同标志，那就是它们都具有普遍意义——能够为众人所分享，为他人所接受。它可以成为解决他人问题的一种样本，它将个人意义建立在对他人生命的贡献之上，一想到我所做的一切于他人有益，我就真的很难再自卑下去。

（2）学会合作。

面对人生的三大任务——职业、社会和性，我们都需要与他人进行合作，这样才能更好地完成它们。学习合作本应是儿童时期要做的事，但我们不能因年幼时错过的，就认定自己的一生不可再更改，我们再也学不会如何与人合作了——并不是这样！

如果过往的经历，为我们总结的惯用经验是错误的合作方式，或者是根本无法与人合作的方式，在我们意识到这一点的时候，我们就能看清自己曾经是如何解读它们，并将之化为经验的。

那么我们也可以回到经历本身，重新从中提取经验和解读，改变现有的处事模式，学会与人恰当合作，从而将自己拖出自卑的丛林，实现更美好的人生。

在生活里，每个人几乎都有机会认识到存在于自己身上的自卑感，或多或少，它在你的一生里总有出场机会。

自卑感本是个人趋向优越的原动力，却常常因为我们对它的不同解读而给生活带来麻烦和桎梏。追寻自己自卑的本源，发现造成自己误读的影响因素，并修正自己对它们的看法，放下自卑。

生活本身不足以使人自卑，令人低着头无法前行的，是自己画地为牢。擦掉自己设下的圈套，抬头看看敞亮的天空，这个世界上，还有许多比自卑更重要的事等着你去做。

是要化自卑腐朽为神奇还是在自卑的路上走到黑，也得看自己有没有被点化，而今你遇到了！

测一测：自尊量表

指导语：这个量表是用来了解您是怎样看待自己的。请仔细阅读下面的句子，选择最符合您情况的选项。请注意，这里要回答的是您实际上认为您自己怎样，而不是回答您认为您应该怎样。答案无正确与错误或好与坏之分，请按照您的真实情况来描述您自己。请您注意要保证每个问题都做了回答，且只选一个答案。

选项：A、非常符合 B、符合 C、不符合 D、很不符合

序号	情况描述	非常符合	符合	不符合	很不符合
1	我感到我是一个有价值的人，至少与其他人在同一水平上	4	3	2	1
2	我感到我有许多好的品质	4	3	2	1
3	归根结底，我倾向于觉得自己是一个失败者	1	2	3	4
4	我能像大多数人一样把事情做好	4	3	2	1
5	我感到自己值得自豪的地方不多	1	2	3	4
6	我对自己持肯定态度	4	3	2	1
7	总的来说，我对自己是满意的	4	3	2	1
8	我希望我能为自己赢得更多尊重	1	2	3	4
9	我确实时常感到自己毫无用处	1	2	3	4
10	我时常认为自己一无是处	1	2	3	4

简介和评分

自尊量表（SES）是设计用以评定个体关于自我价值和自我接纳的总体感受。

该量表由10个条目组成，设计中充分考虑了测定的方便。受试者直接报告这些描述是否符合他们自己。分四级评分，1表示非常符合，2表示符合，3表示不符合，4表示很不符合。总分范围是10~40分，分值越高，自尊程度越高。

本量表已被广泛应用，它简明、易于评分，是对自己的积极或消极感受的直接评估。

三、《爱的艺术》

（一）原著概述

《爱的艺术》是德裔美籍心理学家、哲学家、法兰克福学派重要成员艾里希·弗洛姆最著名的作品，自1956年出版至今已被翻译成32种文字，在全世界畅销不衰，被誉为当代爱的艺术理论专著最著名的作品。关于爱是什么，为何我们需要爱等问题，《爱的艺术》并非是一本教人学会如何爱的情爱圣典，而是关于指导人生意义的心灵哲学。

全书共4个章节，核心观点是，爱情不是一种与人的成熟程度无关，只需要投入身心的感情。如果不努力发展自己的全部人格并以此达到一种创造倾向性，那么每种爱的尝试都会失败；如果没有爱他人的能力，不能真正谦恭地、勇敢地、真诚地和有纪律地

爱他人,那么人们在自己的爱情生活中也永远得不到满足。

1. "爱是一门艺术吗?"

很多人不认为爱是一门艺术,认识不到爱是一种能力,以为爱是自己能否被人爱,是要找到爱的对象,分不清爱情和博爱。爱是一门艺术,和学习其他艺术的过程一样,一是要掌握爱的理论,二是要掌握爱的实践。

2. "爱情的理论"

这部分探讨了爱的作用、父母与子女间的爱、爱的对象。

爱是帮助人类克服孤独感、实现人与人之间统一的方法,纵欲、与集体一致、创造性的劳动都做不到,纵欲只能暂时使人与人统一,与集体一致是一种假统一,创造性劳动是人与物的统一。什么是爱? 爱是一种积极的、内心生长出的情绪,爱是给予。一个人究竟能给予别人什么呢? 是他内心有生命力的东西,同别人分享他的欢乐、悲伤、兴趣、理解力、知识、幽默……他的"给"丰富了他人,也提高了自己的生命感,唤醒了双方内心的生命力,"给"和"得"的人都感谢这新的力量! 爱的要素除了给予,还有关心、责任、尊重、了解。

父母和孩子间的爱,作者认为母爱是无条件的,"我"被母亲爱不需要理由,因为我是我;父爱是有条件的,我要去赢得父爱。一个好的母亲,孩子小时候要爱他,孩子长大独立后仍要爱他,不用母爱羁绊孩子的成长独立。一个成熟的人应既是自己的母亲也是自己的父亲,既有爱的能力,还有理智与判断的能力。

爱的对象部分讨论了博爱、母爱、自爱、性爱、神爱。其中母爱、自爱给我的启示最大。母爱一方面是要关心孩子的身体成长,另一方面要让孩子热爱生活,让他感受到活着是多么美好! 自爱是我若没有爱我自己的能力,便没有爱他人的能力。若母亲忘我地爱孩子,结果往往适得其反,同利己者没什么区别,甚至更糟糕,孩子生活在一种不能使母亲失望的压力下,母亲这种"无私"蒙骗着孩子,使孩子不能批评她。

3. 当代西方社会的爱及其瓦解

这部分先分析了西方经济社会的本质是商品交换,人的劳动力也是用来交换的商品,然后分析了弗罗伊德对"爱"的解释,父母爱情对孩子婚姻影响的病例,如母亲中心型、父亲中心型、父母冷漠型;非理性的爱的病例,如偶像爱、伤感爱、投射爱;并指出爱是没有冲突的是一种错误认识。

4. 爱的实践

爱的实践的必备条件自律、专注、耐心、兴趣;特殊条件克服自恋、谦恭、客观性、理智;必要条件信仰、积极活动。

最后作者再次陈述,爱是对人类存在问题的唯一令人满意的回答,要使人具备爱的能力,就一定要把人的发展看作是社会的最高目标。

(二) 原著导读

这个世界上,爱人有很多,可是不一定全都是真正有能力爱的人,在修这门爱的艺术课的人,到底有几个能够得到及格,有几个能够真正解开爱这个谜题。

弗洛姆通过举证圣经中亚当和夏娃在吃了辨别善恶之树的果子后发现自己是赤身裸体后产生羞愧的例子,告诉我们人的最大需要是去克服人与人之间不同而产生的孤独感,而克服孤独和恐惧,就是去爱。爱是一门与普通艺术一样需要技巧、耐心、纪律等的艺术,需要人们循序渐进地去学习,最后实践于生活,形成"我需要你,因为我爱你"的成熟的爱。真正的爱，会在给别人带来快乐的同时，自己也能品尝到爱的快乐和意义。如果不努力发展自己的全部人格并以此达到一种创造倾向性，那么每种爱的尝试都会失败，如果没有爱他人的能力，如果不能真正谦恭地、勇敢地、真诚地和有纪律地爱他人，那么人们在自己的爱情生活中也永远得不到满足。

1."爱是一门艺术吗?"

原著节选：大多人认为爱情首先是自己能否被人爱，而不是自己有没有能力爱的问题。因此对他们来说，关键是：我会被人爱吗? 我如何才能值得被人爱? 为了达到这一目的，他们采取了各种途径。男子通常采取的方法是在其社会地位所允许的范围内，尽可能地去获得名利和权力，而女子则是通过保持身段和服饰打扮使自己富有魅力；而男女都喜欢采用的方式则是使自己具有文雅的举止，有趣的谈吐，乐于助人，谦虚和谨慎。为了使自己值得被人爱而采用的许多方法与人们要在社会上获得成功所采用的方法雷同，即都是"要赢得朋友和对他人施加影响"。事实上，我们这个社会大多数人所理解的"值得被人爱"无非是赢得人心和对异性有吸引力这两种倾向的混合物而已。

在漫长的人类发展史上，对爱的探究似乎从来就没停止过，对爱的认识随着时代的变迁也在不断更迭。在古代，爱带有限制性和封建性，而现在，爱是自由的。从古到今，美好的爱总是被世人歌颂，像孔雀东南飞、梁山伯与祝英台的中国古典爱情，莎士比亚笔下的罗密欧与朱丽叶的悲怆故事，泰坦尼克号等影视作品，这些故事，总能让人们体验到爱情。人们歌颂爱情，追求爱情，但对待爱情这件事，大家往往都认为这不是一件需要学习的事情，而是会产生下面这样的误解：①爱情是自己能否被爱的问题，不是自己有没有能力爱的问题；②爱是对象问题，不是能力问题，困难在于找到爱与被爱的对象；③不了解"坠入情网"和"持久的爱"的区别，仅仅认为爱就是如痴如醉的沉迷，疯狂的爱恋。

在《爱的艺术》中，弗洛姆认为，爱情是一件失败率非常高的事情，我们要改变自己对待爱的态度，将爱作为一门可以习得的艺术进行学习与实践，把学会一门艺术分成两个部分，一是掌握理论，二是掌握实践。学医的人首先要认识人体的结构和各种疾病的症状。但光有理论还是无法行医，我们只有通过长期的实践活动，将理论知识和实践经验融会贯通起来变成灵感，才是掌握了艺术的灵魂，才能成为一名大师。

2."爱的理论"

（1）爱情是对人类生存问题的回答。

爱情的每一个理论必须要以人的理论、人的生存理论为前提。我们可以看到动物身上类似爱情的东西，主要是以本能的形式存在，而人作为一种拥有理智的生命的存在，对自己作为单一个体、对生命的短暂性都有所觉知，人会感受到自己的孤独，进而通过各种方式来克服孤独感。

经历过孤寂的人必然会有恐惧感。实际上孤寂感是每种恐惧的根源。孤寂意味着与外界没有联系，不能发挥人的力量，意味着一筹莫展，不能把握世界，事物和人；意味着世界把我淹没，而我只能听之任之。所以孤寂是引起强烈恐惧感的根源，同时孤寂还会引起羞愧和负罪的感觉。

为摆脱孤独感，人们有与其他人结合的强烈追求，他们通过各种方法来实现与人的结合，主要有三点。

①不同形式的纵欲，比如毒品、集体纵欲等，通过纵欲达到人与人的结合有三个特

点：第一，这类方式是强烈的；第二，需要全身心投入；第三，需要不断重复。纵欲的效果往往十分短暂。

②同一化，即通过与一组人在习惯、风格、看法等方面保持一致来达到与他人的结合。这是一种既不激烈也不强烈的过程，是按照一个刻板的公式十分平静地进行的，且具有持久性。

他们生活在一种幻觉中，以为自己是按照个人的意愿行事，是具有个性的人，是经过大脑的思考形成自己的看法——他们认为他们的观点之所以和大多数人吻合纯粹是巧合罢了。他们甚至认为这正好证明了"他们"的观点是正确的。至于他们尚存的、希望自己有个性的要求则通过微不足道的东西得到满足，如在手提箱和毛衣上绣上自己的名字的缩写字母，在玻璃窗口上挂上自己的名牌，参加一个政党或者一个学生联合会。"来点儿别的"这一广告口号证明了在一个几乎不存在个性的社会现实中，人们是何等需要个性！

人们通过同一性减轻孤独感带来的恐惧，按照规定的速度、规定的方式来度过人生，工作或学习任务是组织结构规定的，看的电影是电影公司选定的，看的新闻和短视频是平台推送的，旅游、看电视、打牌、社交活动等都是雷同。

③创造性劳动，在创造性劳动中，创造者与他的物资——组成人的周围世界的物资达成一致。木匠做桌子、金匠打首饰、农民种地等都是劳动者与对象合二为一的过程，人们在创作的过程中同世界一致。

通过纵欲达到的统一是暂时的。通过同一组人统一和适应这一组人达到的统一仅仅是一种假统一。通过创造性的劳动达到的统一不是人与人之间的统一。爱情是对人类生存的回答，而对人类存在问题的真正的和全面的回答是要在爱中实现人与人之间的统一。但是人与人之间结合的所有方式都不能归类为爱情，爱情应该是一种特殊的结合形式，还应该包括母亲与孩子之间的结合、受虐癖者与他的保护者之间的结合、施虐癖者与他的崇拜者之间的结合等等不同形式的结合。成熟的爱情，是在保留自己的完整性和独立性的条件下，也就是在保持自己的个性条件下与他人合二为一。

如果我们说，爱情是一项"积极的活动"，我们就会遇到"积极的活动"这个词有双重意义的问题。这个词的现代用法一般就是指人们通过付出劳动改变现存状态的行为。所以经商的人，学医的人，流水作业线上的工人，做椅子的木匠或者运动员都是积极活动的人。他们活动的共同点都是为了达到一个外部的目的。但这里我们都没有考虑产生积极性的根源。

我们可以举一个例子加以说明。有的人由于内心极度的不安或者孤独而狂热地工作，有的人则是为了升官发财。在这种情况下这个人就是一种狂热、一种热情的奴隶，而他的"积极性"实际上是一种"消极性"，因为他是受外力的驱使。他是一个受苦的人，而不是一个"行动"的人。另一方面人们往往把一个坐在椅子上沉思默想、观察和体验自己以及自己同世界关系的人看作是"消极的"，因为他什么也不"干"。实际上这种精神高度集中的禅坐是最高的积极性，是灵魂的积极性，只有那些内心自由和独立的人才能做到这点。

爱情是一种积极的情绪。首先，爱要求人们给予，"给"表现给予者的生命力，体现给予者拥有爱人的能力，给予者通过"给"体验接受者同样的感情经历。一个性格还没有超越接受、利用或者贪婪阶段的人对"给"的理解就是放弃，被别人夺走东西或做出牺牲；一个重商主义者的"给"就是交换，只要"给"没有"得"对他们来说就是欺骗；还有一些人把"给"视为一种自我牺牲的美德，"给"的美德就是准备牺牲；而有创造性的人认为"给"是力量的表现，通过"给"展现生命力、体验自我的力量与活力，"给"让他们生机勃勃，欣喜万分。

一个人究竟能给予别人什么呢？他可以把他拥有的最宝贵的东西，他的生命给予别人。但这并不一定意味着他一定要为别人献出自己的生命，而是应该把他内心有生命力的东西给予别人。他应该同别人分享他的欢乐、兴趣、理解力、知识、幽默和悲伤——简而言之一切在他身上有生命力的东西。他通过"给"，丰富了他人，同时提高了自己生命感和对方的生命感。他"给"并不是为了"得"，但是通过他的"给"，不可避免地会在对方身上唤起某种有生命力的东西。因此他的"给"同时也包括了使接受者也成为一个"给"的人，而双方都会因为唤醒了内心的某种生命力而充满快乐。在给的行为中诞生了新的东西，给和得的人都会感谢这新的力量。

爱情的积极性除了有给的要素外，还有一些其他的基本要素。这些要素是所有爱的形式共有的，那就是关心、责任心、尊重和了解。

如果爱一个人，这个人的哭和笑、生活习惯自然会刻印在你的脑海里，会不自觉去关心这个人，这就是爱正常的外部表现，就像一位母亲关心孩子，别人自然会相信她爱孩子，可是若她拒绝给孩子喂食、洗澡和关心他的身体，无论她如何强调她对孩子的爱，也不会有人相信她。

关心和关怀还包括爱情的另一方面，即责任心。今天人们常常把责任心理解为是义务，是外部强加的东西。但是责任心这个词的本来意义是一件完全自觉的行动，是我对另一个生命表达出来或尚未表达出来的愿望的答复。责任心在母子关系中表现为母亲对孩子生理需求的关心，在成人中的表现包括关心对方的精神需求。

为了避免责任心控制和奴役别人，在爱中还应有尊重。爱一个人，不是去要求他按照你的设想去成长，而是应该让他以自己的方式去生活，接受他本来的面目，现如今很多父母就是因为太过于干涉孩子的生活，让孩子感觉到的不是爱而是窒息的管制；另外，认识是关心和尊重的重要前提，如果不以了解为基础，关心和责任心都会是盲目的，但是不以关怀的角度去了解对方，这种了解也是无益。

关心、责任心、尊重和了解是相互依赖的。在成熟的人身上可以看到这些态度的集中表现。成熟的人就是指能够创造性地发挥自己力量的人。成熟的人只想拥有他自己的劳动果实，放弃了获取全力和全知的自恋幻想，并有一种谦恭的态度。这一态度的基础是他内心的力量，单单这股力量就能使他进行真正的、创造性的劳动。

由此可见，经营一份爱是一件不容易的事情，不仅需要彼此无私奉献，还需要彼此了解、关心等。总抱怨自己的爱情坎坷而且找不到自己真爱的人往往是爱无能，他们甚至还不知道爱也需要付出，不是他们想当然地自然会有人来呵护和关怀自己的爱情憧憬。

弗洛姆也说过："几乎没有一场冒险像爱情那样，是以如此巨大的希望和期盼所开始，并以如此的规律性遭到失败。"弗洛姆先后有过数次情感经历，这些经历最后促使他对爱如此深的理解，让周围的朋友感受他爱的能力、爱的魅力。在我看来，也许年月是爱的历练。

（2）父母和孩子之间的爱。

从我们诞生的那一刻起，父母的爱就会包围着我们，让我们得到温暖和食物，远离陌生的恐惧。人们歌颂父母对孩子的爱，因为父母哺育我们长大成人、教会我们如何生活，让我们有机会参与这个世界的一切。

一个婴儿，自出生起就可以感受到母亲对他的关爱，母亲对他而言是温暖，是食物和安全感，等他慢慢长大，他会意识到母亲不是食物唯一的来源，他还会感知到世界上还有与他不相关事物的存在，开始在人生的道路上打滚，这时，母亲是他最好的保护者，父亲对他的影响也开始尤为重要，他会知道他被人爱。等他发展到八岁以后，会产生一种新的感情，就是想通过自己的努力去唤起爱，从被人爱变成去爱别人、创造爱，将别人给予他的爱的那份快乐和愉悦同样传送给他人。进入少年时代后，他会克服自我中心阶段，认识到爱比被爱更重要，从由自恋引起的孤独中解脱出来。

进入少年时代的儿童最终会克服他的自我中心阶段，他人就不会再是实现个人愿望的工具，他人的要求同自己的要求同等重要——事实上也许更为重要。给比得更能使自己满足，更能使自己快乐，爱要比被爱更重要。通过爱他就从他的由自恋引起的孤独中解脱出来，他开始体验关心他人以及同他人的统一，另外他还能感觉到爱唤起爱的力量。他不再依赖于接受爱以及为了赢得爱必须使自己弱小、孤立无援、生病或者听话。

天真的、孩童式的爱情遵循下列原则："我爱，因为我被人爱。"

成熟的爱的原则是："我被人爱，因为我爱人。"

不成熟的、幼稚的爱是："我爱你，因为我需要你。"

而成熟的爱是："我需要你，因为我爱你。"

那么母爱和父爱有何区别？

①母爱。

母爱是爱情的最高形式和最神圣的感情联系，是一种祝福，是和平，是不需要去赢得，也不用为此付出努力的，也就是说母爱是无条件的。对孩子来说，母爱虽然不用努力去换取，但是也无法赢得。

母亲通过生育来实现超越自我的追求，她对孩子的爱使她的生活更有意义，因为孩子是她身体的一部分，是她满足自己自恋的一种途径，又或者是为了满足自己的权力欲和占有欲。

衡量一位母亲是否真正懂得爱，应该是看这位母亲在孩子要与她分离时是否能够忍受与孩子分离，在分离后是否能够继续去爱孩子。

母爱的体验是一种消极的体验。我什么也不做就可以赢得母亲的爱，因为母亲是无条件的，我只需要是母亲的孩子。母爱是一种祝福，是和平，不需要去赢得它，也不用为此付出努力。但无条件的母爱有其缺陷的一面。这种爱不仅不需要用努力去换取，而且也根本无法赢得。

②父爱。

父亲与母亲不同，母亲对于孩子来说是故乡，是大自然、大地和海洋，而父亲不体现任何自然渊源，但是父亲却代表着思想的世界，是教育孩子、为孩子人生指路的人。在孩子六岁左右，孩子不仅需要母亲提供的生活上的安全感，还需要父亲的权威指导，父亲应该使孩子开始有处理事情的能力，要发展他自信心直到他成为一个成熟的人，而不再需要生活在父亲的权威之下。

与母爱相反，父爱是有条件的，需要通过努力去换取得来的，可以受控制和努力的支配。父爱的本质是：顺从是最大的道德，不顺从是最大的罪孽，不顺从者将会受到失去父爱的惩罚。也正是因为这样的缘故，父亲大多严厉不轻易夸奖孩子。

弗洛姆的父亲生性胆小，同时热衷于小家庭生活，把继承犹太教法典学者的祖传家业的希望寄托在孩子身上，弗洛姆的父亲对弗洛姆的爱是一种温柔的爱和充满焦虑的关怀。弗洛姆的母亲是一个乐观快乐的并乐于与人交往的人，而且在家里拥有发言权，她的一生都是为了这个唯一的儿子，她的爱是主动的，让弗洛姆难以摆脱。正是由于这样的家庭环境，弗洛姆在20世纪三四十年代非常傲慢和自信，有人说这应归结于他母亲充满自恋的爱。后来，弗洛姆用了很长的时间，做了很大的努力来摆脱这份把他理想化的母爱。相对于母爱来说，弗洛姆比较容易地克服限制了他爱的能力的父爱，在青年时代他在拉比纳赫尔米·诺贝尔身上找到另一位有宗教修养的父亲，后来另一位犹太教神学家帮助弗洛姆摆脱他父亲的宗教。他通过违反犹太人的饮食规定来放弃父亲的宗教从而拒绝父亲的爱，最后提高创造力和爱的能力。因此，弗洛姆深知父母的爱对自己爱的能力会产生什么障碍。弗洛姆越认识到自己内心对爱的能力的障碍并克服这些障碍，越不把爱的能力当作一种感性的需求来实践，可以说，弗洛姆懂得爱和如何去爱，是当之无愧的爱的专家。

（3）爱的对象。

①爱他人应如爱自己——博爱。

一切爱的形式都是以博爱为基础，博爱即对所有人都有一种责任感、关心、尊重和了解他人，这种爱没有独占性。医生对病人的关爱、老师对学生的辛苦教诲、陌生人对需要帮助的人伸出援手，等等，不都体现着伟大的博爱吗？对需要帮助的人、穷人和陌生人的爱是博爱的基础，人要学会爱，应该先学会博爱，也就是说，当人们开始爱那些与他利益不相关的人时，他的爱才开始发展。

博爱意味着人人平等，但虽然我们是同等的，事实上也不完全同等，今天这个需要帮助，明天或许那个也需要帮助。通过博爱，这个世界才能够和谐统一。

②不平等人的爱——母爱。

母爱是对儿童生活和需求做出的毫无保留的肯定，母爱体现在两个方面。一方面是关心幼儿并对其成长负有责任，以维护和发展弱小的生命；另一方面是使孩子热爱生活，让孩子感到活着很美好。

大多数母亲在孩子年幼还完全依赖自己时确实很爱孩子，但真正困难的是对正在成长中的孩子的爱和对孩子忘我无私的爱。检验一个母亲是否做到真正爱孩子的试金石是看这个母亲愿不愿意忍受与孩子的分离，以及在分离后能不能继续爱孩子。母亲不仅能够赋予生命，也能夺走生命，母亲是活跃生活，也是破坏生活的人，她能够创造爱的奇迹，但也没人能比她更伤害人。

拓展阅读：《母爱的羁绊》

这是一部为深受母亲情感上折磨的女儿们所撰写的作品。本书为女儿们摆脱过去阴影，重塑自我人生提供了宝贵意见。作者卡瑞尔·麦克布莱德，美国注册婚姻和家庭治疗学家，已有28年的心理咨询实践经验，是治疗家庭问题方面的专家。近十几年里，麦克布莱德博士主要从事有关自恋家长对孩子影响的研究，已经成功解决了许多此类案例。麦克布莱德博士还在创伤、性虐待、家庭暴力、离婚、重组家庭、婚姻和家庭治疗方面拥有广泛经验，她专长眼动脱敏再加工治疗（EMDR）创伤治疗以及涉及焦虑、忧郁和人生转折的个体适应治疗。本书源于作者20余载在妇女心理和健康方面的研究，本书将帮助你深刻认识到这种母性情感羁绊的巨大副作用，并引领你创造自卫、解决和完全康复的个体方案。作者自己的母亲就是位自恋者，因此深有同感，书中涵盖了作者自身的挣扎经历，以及多年来和成百上千位受折磨女儿的访谈这使本书更添权威性。书中娓娓道来她们如何深受母亲虐待的悲惨遭遇，以及并尽力来克服这种不快的过去在她们人生中留下的阴影，并告诉你不是在独自承受，有很多的人有着跟你相同的经历，你可以找回并掌控自己的人生。

④令人迷惑的爱——性爱。

通常人们认为如果两个人互相愿意占有对方的身体，那么这两个人便是相爱的，但是若生理上的结合不是以爱情为基础，那么这种结合只会造成暂时的纯生理的结合，在结合之后两者之间的距离并没有得到减小。真正的性爱是要求完全彻底地实现合二为一，要求双方完全融合。如果男女双方真的相爱，那么他们从生命的本质去爱对方，并且去体验对方的本质，在我看来，相爱应该以了解对方为前提，去尊重对方，还要有一定的意志去坚持一段爱情。

性爱与博爱、母爱的不同在于它的专一性与独占性，虽然性爱具有独占性，但是这同时也是在通过爱一个人，进而爱全人类，爱一切生命。

如今，人们还在不断探究爱情的玄妙之处，研究大脑在爱情发生时会产生什么生理反应，研究应该如何让去爱，研究应该如何让去维持爱的新鲜度等。但是如果认为爱情仅仅是一种感情，忽视意志的因素，缺少决定、判断和诺言，这种感情容易产生，但也许很快就会消失，哪里能够保证恋人间能够保持永远相爱呢？

⑤爱自己不是罪恶——自爱。

爱别人是理所当然，那么爱自己呢？人们普遍认为爱别人是一种美德，爱自己却是一种罪恶。在这里，弗洛姆驳斥了这一观点，如果爱别人与爱自己相互矛盾，自爱是一种恶习，那么忘我难道就是一种美德？所以如果把他人当作是对象来爱是美德，那么爱自己也是以自己当作对象来爱，毫无疑问自爱也是一种与爱别人一样的爱，也是美德。

一个人有没有能力去爱人，首先要关心、尊重自己的生活，才能够去爱自己一样去爱别人，所谓设身处地、换位思考也是自爱的实证。

3. 爱的实践

爱这门艺术课，光学会理论还远远不够，还需要人们去实践它。爱情是一种个人的体验，每个人只能通过自己为自己得到这种体验，爱的实践却只有最初的步骤，最终的步骤往往只能由本人自己走，没有绝对的捷径可以走。爱情要求人们集中、有纪律、有耐心、有极大的兴趣且谦恭地去爱别人。

在集中方面，最重要的是要学会一个人单独待着，学会专心做一切事情，完全的现时现地的生活，而不是做着这事想着那事，同时，对自己和他人保持觉察。比如与别人的关系中集中首先意味着要有听别人讲话的能力。

在纪律方面，最重要的是不要把纪律看作是外部强加的东西，而是把它视为自我意志的体现，是一种让我们感到愉快，并且逐渐习惯的生活态度。比如，每天早上按时起床，按时进行一定的活动，如禅坐、看书、听音乐，有限度地做一些分散注意力的事情，如刷微博、看电影等。

思维拓展：正念

正念是通过有目的地将注意力集中于当下，不加评判地觉察此时此刻的体验，而涌现出的一种觉知力。这里的不评判有三个内容，第一，不评判就是不分析，当念头升起时，不去分析它从哪里来，它代表了什么，它是不是说明我今天状态不好，当念头升起了，它就升起了，我们不迎不拒不追；第二，不评判意味着不分别，对发生的一切，都是平等接纳，全然接纳；第三，不评判意味着不贴标签，真实面对。

正念觉察是觉察些什么呢？首先，觉察情绪，情绪是信号，会提醒我们问题的出现，让我们面对不同场景时采取不同的方法；其次，觉察思维，从容的留意有什么念头经过你的脑海，或者是什么画面，对思维的觉察让我们发现那些经过我们头脑的思维是怎样影响我们的，同时，我们也会发现，想法只是一种想法，想法不等于我自己；再次，觉察身体反应，我们的身体是净化过程的产物，它帮助我们最早感知环境中的危险，并做出反应，关注自己的身体是一种学习和成长的方式；最后，觉察行为，对自己的行为进行觉察。

正念训练有哪些技术呢？

①静坐冥想。在练习中，有意识、不逃避、不加评判的观察，随着呼吸时腹部的起伏，观察自身各种感受，注意想法的产生、发展、变化，直到消失。

②全身扫描。引导练习者直接而系统地对身体的每个部位轮流进行注意，先闭上眼睛，按照顺序扫描和感知不同身体部位的感受，为了精确觉知身体的每个部位。

③正念式行走（行禅）。注意行走本身或体会脚掌与地面接触的感觉，以及身体重心转移和身体整体的移动，将行走的感知与出入息结合。整个过程大约 10~15 分钟，自然呼吸，不加控制。

④正念瑜伽。将正念纳入瑜伽的体位练习中，强调在瑜伽的体位练习中观察身心感受，了解自己的身体极限。

获得爱的能力的主要条件是克服自恋，能否学会爱，取决于人的自恋程度和能否不断培养自己的谦恭、客观性和理智。谦恭和客观性同爱情一样不能只限于生活的一些范围，而是在任何情况下都能力求客观。

爱的能力也取决于我们本人的成熟程度，以及我们的信仰，爱情是以信仰为基础的，合理的信仰牢牢扎根于创造性的智力和情感的积极活动，信仰是真正的友谊或者爱情的不可缺少的特点，相信一个人意味着了解这个人基本态度的可靠性和稳定性，了解这个人的核心或者他的爱。在同样的意义下，我们也相信我们自己，意识到自我的存在，意识到我们人格的核心，在我们的一生中，观点和情感会变化，但人格的核心始终存在。

《爱的艺术》一书很薄，读下来又感觉非常厚重，一个"爱"字，世人都读得好辛苦。弗洛姆说，没有爱，人类很难存活下来。的确，在不同的个体间，我们是通过爱来链接，于是才有了关系，才衍生出那么多故事。具有爱的能力才能够去爱人，让别人爱自己，不是单纯的让自己有被爱的资本，而是同样地去付出，爱是一个相互作用的动作，你爱人，所以你才会被爱，同样，他人爱你，所以他人也会被你所爱。

如今社会上的"快餐爱情"泛滥，容易获得又不屑于坚持，这些人有谁懂得爱的真谛？只是一批追求暂时快乐的无知男女罢了，须知爱情是需要经营，需要意志，没有决定判断还有诺言的爱只不过是脆弱的枯枝，风一吹就掉下来。矢志不渝的爱通常要建立在互相理解、尊重、关心之上。爱是一门晦涩难懂的艺术修养课，值得我们用一生去进修和感悟。

 参考文献

［1］理查德·格里格，菲利普·津巴多. 心理学与生活 ［M］. 王垒，等译. 北京：人民邮电出版社，2016.

［2］马丁·林斯特龙. 感官品牌 ［M］. 赵萌萌，译. 北京：中国财政经济出版社，2016.

［3］尼克·利特尔黑尔斯. 睡眠革命 ［M］. 王敏，译. 北京：北京联合出版公司，2017.

［4］郭艳霞. 基于思维导图的教学模式研究 ［D］. 长沙：湖南师范大学，2011（5）.

［5］约翰·瑞迪，埃里克·哈格曼. 运动改造大脑 ［M］. 浦溶，译. 杭州：浙江人民出版社，2013.

［6］卡尔·荣格. 心理类型 ［M］. 吴康，译. 上海：上海三联书店，2009.

［7］阿尔弗雷德·阿德勒. 自卑与超越 ［M］. 语娴，译. 呼和浩特：内蒙古出版集团远方出版社，2016.

［8］艾·弗洛姆. 爱的艺术 ［M］. 吴康，译. 上海：上海译文出版社，2008.

［9］卡瑞尔·麦克布莱德. 母爱的羁绊 ［M］. 于玲娜，译. 北京：机械工业出版社，2015.

［10］江琴. 威廉詹姆斯的自我理论解析 ［J］. 商丘师范学院学报，2012，28（5）：30-32.

［11］孙名之. 埃里克森的自我同一性述评 ［J］. 湖南师院学报（哲学社会科学版），1984（4）：88-93.

［12］彭申珍. 团体辅导对大学生自我同一性的促进 ［M］. 长沙：湖南师范大学，2018.

［13］徐佳怡. 新时代大学生心理健康与自我成长 ［J］. 校园心理，2019，17（4）：322-323.

［14］邱赤宏. 欧文·亚隆的存在心理治疗研究 ［M］. 长春：吉林大学，2017.

［15］钟静，吴金庭，李诗宇，等. 探究大学生心理健康与人际交往及学习状况间关系 ［J］. 安徽卫生职业技术学院学报，2015，14（4）：4-6.

［16］马芳. 大学生心理健康状况对学习成绩的影响 ［J］. 中国卫生产业，2015（3）：174-175.

［17］郭良才. 大学生学习与心理健康 ［J］. 天津师范大学学报（社会科学版），1999（12）：24-29.

［18］范寅莹，张灏，陈国典. 高职院校大学生自我接纳与心理健康的关系研究 ［J］. 中国健康心理学杂志，2011，19（8）：997-1000.

［19］张玉妹，孔令豪. 贫困大学生自我概念、成就动机及心理健康［J］. 中国健康心理学杂志，2013，21（7）：1097-1099.

［20］朱利娟，周海渤. 试论积极自我概念的构建与大学生心理健康教育［J］. 科教导刊，2012（1）：249-250.

［21］任福会. 谈大学生的恋爱心理发展及其自我调适［J］. 辽宁师专学报（社会科学版），2019（6）：81-82.

［22］郝夏. 当代大学生恋爱与心理健康调查［J］. 高校后勤研究，2019（3）：74-76.

［23］张雷，乔凯，吴娜. 大学生恋爱心理压力和影响因素调查研究［J］. 集宁师范学院学报，2018（4）：98-101.

［24］丁兆叶. 大学生恋爱心理的现状调查与对策研究［J］. 山东广播电视大学学报，2020（2）：50-56.

［25］邵阡，张念伟. 心理建设在大学生职业规划中的作用研究［J］. 美与时代（城市版），2018（7）：120-121.

［26］鹿丰玲，王常柱. 心理资本视域下的大学生职业生涯规划教育［J］. 中国成人教育，2016（16）：63-65.